Couvertures supérieure et inférieure manquantes

ÉTUDES ÉCONOMIQUES

SUR

L'ALSACE ANCIENNE ET MODERNE

TOME DEUXIÈME

DENRÉES ET SALAIRES.

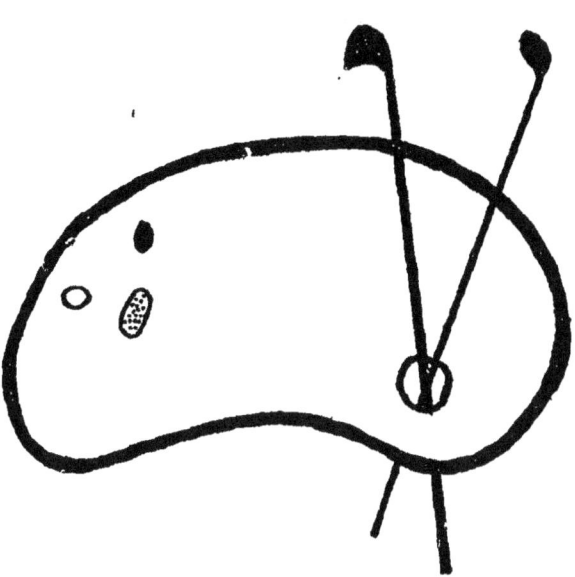

ORIGINAL EN COULEUR
NF Z 43-120-8

ÉTUDES
ÉCONOMIQUES

SUR

L'ALSACE ANCIENNE ET MODERNE

PUBLIÉES SOUS LES AUSPICES

DE LA SOCIÉTÉ INDUSTRIELLE DE MULHOUSE

PAR

L'abbé A. HANAUER

PROFESSEUR AU COLLÈGE LIBRE DU HAUT-RHIN

TOME DEUXIÈME

DENRÉES ET SALAIRES

PARIS — STRASBOURG
A. Durand & Pédone-Lauriel — Hagemann, libraire
rue Cujas, 9 — Grand'rue. 135

1878

INTRODUCTION

Un problème économique. — Le pouvoir de l'argent. — Le blé comme mesure. — Le salaire comme mesure. — Éléments de comparaison. — Sources auxquelles nous puisons. — Division de notre travail. — Les corporations. — Les confréries. — Assistance des malades. — La confrérie et les grèves. — La confrérie comme société d'amusement. — Causes des grèves d'autrefois. — Les confréries et la Réforme. — La confrérie au siècle dernier.

Un jeune commis, employé chez un armateur de Marseille, voit un jour entrer chez lui un riche négociant de New-York. « Mon ami, lui dit ce dernier, après avoir pris place, je vais droit à l'objet de ma visite. Je vous connais depuis longtemps, et vous me convenez. Votre patron, à qui j'ai parlé de mes intentions, ne s'oppose pas à votre départ. Venez chez moi, vous y trouverez le même genre d'occupation, les mêmes heures de bureau qu'ici, les mêmes relations cordiales et faciles, les mêmes espérances pour l'avenir. Je vous paie vos frais de déplacement et vous assure le triple de vos appointements actuels. »

Notre jeune homme, de son côté, n'est retenu à Marseille par aucune considération de santé ou d'intérêt, par aucune affection de famille ou autre, par aucun goût qu'il ne puisse satisfaire partout. Il ne redoute ni les ennuis, ni les dangers, d'un voyage, si court d'ailleurs aujourd'hui. Il n'éprouve

Un problème économique.

aucune répugnance à visiter le Nouveau-Monde et ses habitants. Bref, son intérêt matériel, la question économique, doit dicter sa réponse.

Or cette question économique semble de la dernière clarté. On lui triple la somme de ses appointements. Pourrait-il hésiter ?

Il hésite cependant. « Neuf mille francs, se dit-il, c'est beau, bien beau, pour un homme qui n'en touchait que trois mille. Mais.... Je vois bien le chiffre de mes recettes. Mais quel sera celui de mes dépenses ? Si celui-ci allait tripler à son tour, que gagnerais-je au change ? »

Il hésite donc, et, avant de répondre, il fera son enquête. S'il est garçon, il demandera quel est à New-York le prix des chambres garnies, des pensions, etc. S'il est marié, il entrera dans les détails; il voudra savoir ce que coûtent dans cette ville le pain, la viande, les légumes, le vin, le sucre, le café, etc. Selon les tendances plus ou moins méticuleuses de son esprit et la nature de ses sources d'informations, il étendra ses recherches à l'éclairage, au chauffage, à tout ce qui occupe une place sérieuse dans le budget des familles. Puis, ces renseignements obtenus, il fera ses calculs et croira se décider en connaissance de cause.

A-t-il tort de le croire? Sans doute le budget qu'il établira de la sorte, ne sera qu'approximatif. Mais cette approximation ne lui suffit-elle pas? Ne lui permet-elle pas d'apprécier la valeur réelle des avantages qu'on lui promet?

Le procédé que le bon sens et la logique inspirent à notre marseillais, pour comparer entre eux deux pays distincts, ne peut-il pas être appliqué avec le même droit à des époques différentes ? Ne peut-on pas apprendre, de la même manière et par les mêmes voies, ce qu'aurait valu une somme donnée d'argent, à une époque quelconque du xve, du xvie ou du xviie siècle ?

Nous l'avons pensé, et c'est le résultat de nos recherches que nous offrons aujourd'hui à l'appréciation du public.

Dans notre premier volume, nous avons établi la valeur des anciennes monnaies de l'Alsace. Il vous permet d'évaluer en francs et en centimes une somme quelconque de deniers, de schillings, de livres, de florins, etc. C'est quelque chose. Mais ce n'est pas tout.

Vous ouvrez, par exemple, un recueil des Ordonnances de Strasbourg. Vous y trouvez un édit de 1425, qui fixe la journée du maçon ou du charpentier à 20 δ. en été, à 16 δ. en hiver. Que vous disent ces chiffres? Rien, absolument rien. Vous consultez nos tableaux; ils vous apprennent qu'en 1425, 20 δ. valaient 1 fr. 23 et 16 δ. 0 fr. 99. Voilà déjà quelque chose de plus clair et de plus saisissable. Mais la lumière n'est faite qu'à moitié et votre esprit n'est point satisfait. Vous ne savez pas quelle somme de denrées alimentaires ou autres, le charpentier de 1425 *pouvait* se procurer avec son salaire.

Si l'on vous disait qu'en 1425, à Strasbourg même, il *pouvait* acheter avec 1 fr. 23 :

34 litres de froment   à 3 fr. 64 l'hect., qui coûtaient en 1875 : 6 fr 65
15 ¼ k. de pain bis blanc à 0   04 le kilo   »   5 25
4 ½ kilos de bœuf   à 0   27   »   »   7 65, etc.

le jour se ferait aussitôt pour vous. Vous ne serez peut-être pas en état d'affirmer d'une manière absolue, que les 1 fr. 23 de 1425 équivalaient à un salaire de 6 fr., 6 fr. 50 ou 7 fr. de 1875; mais, sans arriver à une précision rigoureuse et mathématique, vous vous ferez une idée suffisamment approximative de la vérité, vous comprenez la condition économique qu'avaient, en 1425, les ouvriers en bâtiment.

La recherche du prix des denrées et du taux des salaires, formait ainsi le complément naturel et nécessaire de notre première étude. Mais la quantité de marchandises ou de travail, que la même somme d'argent *peut* acquérir, varie sans cesse selon les temps et les lieux. L'objet de ce volume sera donc de saisir toutes ces variations, en concentrant l'enquête, autant que possible, sur une même localité. C'est ce qui s'appelle, en style technique, déterminer le *Pouvoir* de l'argent.

Pour arriver à un résultat, nous avons besoin de continuer ici l'hypothèse qui sert déjà de base à nos évaluations monétaires. *Il faut admettre que l'argent a toujours eu une valeur constante et uniforme.* Sans cette fixité, l'argent ne pourrait nous servir de mètre commun.

L'hypothèse n'est pas complètement vraie, nous l'avons reconnu et le reconnaissons encore. Mais si les variations subies par la valeur de l'argent n'ont qu'une importance fort restreinte pour l'estimation des espèces monnayées, elles sont nulles et sans influence pour la question du Pouvoir.

Quoi, nous dira-t-on, nierez vous que l'argent, comme toute autre marchandise, est soumis à la loi de l'offre et de la demande. Grâce à la découverte de l'Amérique et de ses mines, la quotité du numéraire en circulation a successivement doublé, quintuplé, décuplé; cette masse de métaux précieux, jetée sur les marchés de l'Europe, n'a-t-elle pas dû en amener l'avilissement et modifier par suite le prix des denrées?

Nous ne nions rien de tout cela; mais nous n'avons pas à nous en préoccuper. Supposons qu'aujourd'hui le kilogramme de bœuf se vende 1 fr. à Nuremberg et 2 fr. à Londres. Avons-nous besoin de rechercher, si le bon marché relatif de Nuremberg provient de que cette ville a moins de numéraire en circulation, si l'offre de la viande y est plus considérable ou la consommation plus faible, etc.? Toutes ces investigations présentent, pour le commerce, leur utilité, leur importance aussi incontestable qu'incontestée. Mais ne sommes nous pas en droit de dire, sans nous y livrer, qu'avec la même somme d'argent on *peut* se procurer deux fois plus de bœuf à Nuremberg qu'à

Londres, que le *Pouvoir* de l'argent y est par conséquent, à ce point de vue du moins, deux fois plus grand? Et le même raisonnement ne peut-il pas s'appliquer, tour à tour, à toute espèce de denrée ou de marchandise?

Ce qui est vrai de deux pays différents, ne l'est pas moins de deux époques différentes. Notre mission consiste donc essentiellement, non à étudier les causes, mais à constater les faits, sans les analyser spéculativement, à noter des prix, à les coordonner, à en déduire des moyennes, à fonder sur ces bases des conclusions aussi générales et aussi exactes que possible.

Certains savants ont cru pouvoir tirer ces conclusions d'un seul ordre d'observations. Ils se sont occupés, par exemple, uniquement du blé, sous prétexte que cette denrée, dont la valeur intrinsèque ne présente que de faibles oscillations, a servi de tout temps à satisfaire l'un des besoins les plus impérieux de la nature humaine.

Il est évident qu'à ces divers titres rien n'est plus propre que le blé à déterminer le Pouvoir de l'argent. Mais cet élément suffit-il? A-t-il le droit d'exclure tous les autres? Son importance est-elle si grande, que le prix de toutes les autres denrées se règle naturellement et nécessairement sur le prix du blé? Jetez un coup d'œil sur les Mercuriales de notre siècle, et vous verrez sans peine que la hausse des grains est loin d'avoir suivi, depuis cinquante ans, celle des autres denrées alimentaires. Or ce qui se voit de nos jours, peut s'être vu en d'autres temps; il est au moins présomptueux de renoncer, systématiquement et de propos délibéré, à toute autre voie d'information.

N'est-ce pas d'ailleurs sous forme de pain que le blé occupe une si large place dans l'alimentation des hommes? Or, avant de devenir pain, le blé subit des frais de mouture, des frais de panification ; il subit, ou du moins subissait autrefois, des impôts plus ou moins variables : dépenses accessoires, qui —

n'augmentant pas avec le prix des grains, — pesaient plus lourdement sur la boulangerie ancienne que sur celle de notre temps. Dans l'exemple cité plus haut, le Pouvoir de l'argent sera, en 1425, 5,41 si vous le calculez sur le prix du froment ; il descendra à 4,27, si vous prenez le pain pour point de départ. La différence est assez sensible pour mériter qu'on y réfléchisse.

<small>LES SALAIRES COMME MESURE.</small>

Un système, moins spécieux encore, consiste à ne s'appuyer que sur le taux des salaires. Sans aucun doute, dans sa journée, le maçon, ou l'ouvrier, rendait, au XVe siècle, les mêmes services qu'il rend encore de nos jours. Sous ce rapport donc la comparaison ne laisse rien à désirer.

Il est probable aussi que, dans la fixation du salaire, on a de tout temps tenu compte du prix des denrées et des besoins d'une famille ouvrière. Mais ici l'arbitraire a dû s'exercer à l'aise. On peut vivre avec plus ou moins de privations. On peut calculer les besoins de l'ouvrier avec plus ou moins de libéralité. Le manœuvre a-t-il le même salaire que l'artisan ? Que de fois cependant ses charges ne sont-elles pas aussi lourdes ?

Savoir quelle fut, aux différentes époques de l'histoire, la somme des jouissances que l'ouvrier a pu se procurer avec son salaire, la somme des besoins qu'il a pu satisfaire, est l'un des problèmes les plus intéressants de l'économie politique. A-t-on le droit de le supprimer par une pétition de principe ?. Cent fois, dans le cours de ce travail, nous aurons à indiquer les phases diverses, que le bien être des ouvriers a traversées dans le cours des siècles. Il est donc inutile d'insister ici sur un point qui sera largement prouvé dans la suite. Le lecteur le plus étranger aux études économiques verra alors — comme il peut le soupçonner dès-maintenant — ce que le système que nous combattons a d'exclusif et d'aventuré.

Revenons à notre marseillais. Il ne se croirait pas en état de se décider, si ses renseignements se bornaient au prix du pain et aux salaires des journaliers. Comme lui, sans négliger ces données, nous pousserons notre enquête plus loin, persuadé que plus nous multiplierons les points de comparaison, plus nous pourrons approcher de la vérité.

Avouons-le toutefois, nous n'avons pas toutes les ressources dont il dispose. S'il tient à savoir exactement le prix de son logement de New-York, il peut indiquer le nombre et la grandeur des pièces qu'il désire, entrer dans les moindres détails, et, sans sortir de sa chambre, obtenir les renseignements les plus précis. Pouvons-nous en faire autant? Le nombre des locataires était autrefois très-limité. Chacun avait sa maison ou sa fraction de maison. C'était même une condition qu'il fallait remplir dans la plupart des localités, pour obtenir le droit de bourgeoisie. Nos données sur le prix des loyers sont donc excessivement rares, et, comme nous ignorons la grandeur et la beauté des logements qu'elles concernent, on ne peut en tirer aucune conclusion.

Nous nous contenterons, par conséquent, de faire connaître le prix des matériaux de contruction et celui de la main d'œuvre. Si quelque architecte voulait s'amuser à calculer, pour une époque quelconque, le prix de revient d'une maison, il trouverait plus loin la plupart des éléments de ses devis. C'est tout ce que la situation nous a permis de faire.

Que dire d'une foule d'objets vagues, comme les maisons, les terres, les meubles, les chevaux, etc. ? Ils fournissaient autrefois, comme de nos jours, matière à de nombreuses transactions. Les renseignements ne manquent point. Mais il y a maisons et maisons, chevaux et chevaux. Mille circonstances particulières en déterminent la valeur. Il est impossible de trouver autour de vous leur équivalent exact. Vous êtes donc en face de trop d'inconnues, pour raisonner avec quelque assurance. Si nous rapportons des données de ce genre, ce ne sera pas pour calculer le Pouvoir de l'argent, mais pour satisfaire un légitime intérêt de curiosité.

La même exclusion doit frapper les tableaux, les statues, les manuscrits, les œuvres d'art en général. Elles répondent à des besoins intellectuels et moraux, qui sont le partage d'un petit nombre d'hommes, auxquels on ne cède qu'après avoir satisfait d'autres besoins plus pressants et plus communs. Leur valeur vénale dépend d'une foule de causes accidentelles, de la concurrence des amateurs, de la réputation d'un artiste, des caprices d'un collectionneur, de l'engouement d'une mode. Elle peut être piquante à noter. Quant on voit, dans les comptes des chevaliers de Malthe de Schletstadt, la mention suivante « 1465—1466 : *ein bappiren* Biblia, une Bible en papier, 3 *tl.* 11 β. en sus de 4 fl. qu'on nous a donnés pour cette acquisition, » ce qui met la Bible à 81 fr. 36, on se rappelle avec plaisir qu'en 1816, à la vente Mac-Carthy, la *Bibliotheca Grenvilliana* paya, pour un exemplaire de la même édition, 6200 francs. C'est un rapprochement curieux, un détail intéressant pour l'histoire de l'imprimerie. Mais de pareilles rencontres, qui font les délices d'un bibliophile, ne sauraient nous renseigner sur le Pouvoir de l'argent.

Nous avons cru longtemps que les étoffes, les draps, les habits, devaient être rangés dans la même catégorie. Mais la réflexion et les résultats de notre enquête ont modifié cette première impression. Il serait difficile sans doute, impossible même, d'indiquer ce que coûterait aujourd'hui tel habit du xve siècle, ou ce qu'eût coûté au xve siècle tel habit moderne. Mais on peut savoir ce qu'à une époque donnée, un homme d'une condition connue payait pour s'habiller. En d'autres termes, on peut comparer, dans une certaine mesure, non les objets eux-mêmes, mais les services qu'ils rendent, leur valeur d'usage. Pour l'économiste, c'est le point essentiel.

Plus constantes dans leur nature et plus susceptibles d'une comparaison directe sont les diverses denrées, qui servent à la nourriture de l'homme, à l'éclairage et au chauffage.

Se nourrir, se chauffer, s'éclairer, sont, dans nos climats surtout, des besoins impérieux. Ils absorbent presque en entier le budget des classes inférieures : ils constituent la dépense principale de la plupart des autres hommes ; il en est fort peu qui ne soient pas forcés de compter avec eux. Tout ce qui tend à les satisfaire a donc été de tout temps recherché et apprécié, et — comme il s'agit ici d'une province dont les habitants n'ont guère dû modifier leurs habitudes et leurs goûts — nous pouvons ajouter, recherché et apprécié de la même façon.

D'un autre côté, les denrées alimentaires ont en général une nature fixe et invariable. Un hectolitre de froment, de seigle, de pois, de lentilles, doit avoir été, au XVIe siècle, ce qu'il est encore aujourd'hui. Une livre de viande, une livre de poisson, une livre de sel, une livre de miel, un hareng, ne nous rendent ni plus ni moins de services qu'à nos pères.

Il en est de même du charbon et du bois. Quant à l'éclairage, les découvertes modernes ont pu multiplier les moyens de produire la lumière, elles n'ont guère modifié ceux qu'on connaissait autrefois. Par suite, si ces derniers n'ont pas suivi, dans toute son étendue, la hausse générale des denrées alimentaires, ils n'en constituent pas moins un élément sérieux de comparaison.

Dans le prix de tous ces objets, le caprice et la fantaisie n'entrent pour rien. Ils répondent à des besoins universels et permanents de l'homme, ils y satisfont dans une mesure connue et bien déterminée, et c'est cette satisfaction qui se paie, tantôt librement, après débats contradictoires, suivant la loi de l'offre et de la demande, tantôt obligatoirement, d'après les tarifs arrêtés et édictés par l'autorité publique.

Sources auxquelles nous puisons.

Les fruits de la terre échappaient, en général, à la taxation officielle. Elle n'intervenait que très-rarement, et dans des circonstances tout à fait critiques, par des décrets de maximum. D'ordinaire le marché restait libre. Dans les années de cherté, les magistratures locales se bornaient à peser indirectement sur les prix, en déversant sur les halles les provisions, que, pendant les années d'abondance, elles emmagasinaient dans leurs greniers.

Leurs prix nous sont connus par plusieurs voies, par les registres d'achat et de vente des villes, des seigneuries, des couvents surtout, par les taxes du pain, de l'huile, etc. auxquels ils servent de matière première, et par les relevés des mercuriales.

Celles-ci ont naturellement nos préférences. Elles donnent des moyennes plus sûres et plus régulières, et forment une suite imposante. Nous avons retrouvé toutes les mercuriales de Strasbourg depuis 1591 jusqu'à nos jours. On y inscrivait toujours les grains, très-souvent les légumes secs, et parfois les pavots, employés à la fabrication de l'huile.

Mais si nous n'avons recouru aux livres de Comptes que lorsque les mercuriales n'étaient point là pour nous guider, il ne faudrait pas en conclure que nous suspectons leur autorité. Quand un monastère vendait dans le cours de l'année, à des époques diverses, et par quantités variées, quelques centaines d'hectolitres de blé, il est difficile de croire que les moyennes de ces ventes s'écartent sérieusement des moyennes du marché.

Une autre source quasi officielle, que nous avons suivie notamment pour le vin, est formée par les prix de la S.-Martin. Nous en avons rencontré plusieurs séries, se prolongeant sans interruption pendant cent cinquante, pendant deux cents et même trois cents ans. Il est inutile d'insister sur la valeur de ces documents, dont l'importance n'échappe à personne.

La plupart des autres denrées alimentaires étaient autrefois taxées. Tels sont la viande, le gibier, la volaille, le poisson, le sel, le vin vendu en détail. Tout en épargnant les fruits de la terre, la taxe officielle atteignait les produits fabriqués. Si le prix du froment se débattait entre l'acheteur et le vendeur, le pain était taxé. Si la vente de l'orge et du houblon était libre, la bière était taxée. Si la navette, les noix, les pavots subissaient la loi de l'offre et de la demande, l'huile était taxée. Quand un étranger descendait dans un hôtel, son écot se trouvait en quelque sorte réglé d'avance ; le diner, le souper, chaque plat qu'il mangeait, même la nourriture de son cheval, formaient l'objet d'un tarif officiel. On taxait de même le foin, la paille, le bois, le charbon, le suif, les chandelles, les salaires des ouvriers, les gages des domestiques, tous les produits de l'industrie.

Ces principes économiques, si différents de ceux qui prédominent aujourd'hui, nous n'avons ni à les attaquer, ni à les défendre. Mais on nous permettra de remarquer, que, pour un ouvrage comme le nôtre, ils présentent un avantage incontestable.

Au lieu de nous trouver, comme dans notre siècle, en présence de prix variant à l'infini, selon mille circonstances particulières, nous sommes toujours en face d'une règle fixe et inflexible. Qu'un chiffre nous soit donné par le texte d'une ordonnance publique, ou par la minute d'un protocole, ou par la note d'un comptable. Peu importe. Nous avons toujours devant nous un renseignement d'une portée générale, une moyenne, que vous n'obtiendriez aujourd'hui qu'à force des recherches et de calculs.

Aussi notre embarras ne commence-t-il qu'à la Révolution. Partout où les mercuriales nous faisaient défaut, nous avons eu une peine infinie à réunir, pour l'époque moderne, des données moyennes et régulières. Nous indiquerons en temps et lieu les collaborateurs obligeants, qui nous ont aidé à sortir de ces inextricables difficultés. Nous devons cependant mentionner, dès-maintenant, un économiste distingué, dont le concours nous a été particulièrement précieux.

M. Auguste Dollfus, l'infatigable président de la Société Industrielle, s'était occupé longtemps d'un travail, qui présentait plus d'une analogie avec le nôtre. Il voulait établir les changements survenus, depuis une quarantaine d'années, dans les salaires des ouvriers de Mulhouse, et mettre en regard de cette hausse successive, celle que subit, pendant la même période, le budget de leurs dépenses. Le monde économique regrettera qu'une plume si compétente ait été détournée, par d'autres travaux, de cette intéressante étude. Avec son expérience, ses relations, son esprit large et impartial, M. Dollfus était appelé, plus que personne, à mener son entreprise à bonne fin. On retrouvera, du moins, dans ce volume, une partie de ses chiffres. Les notes qu'il a mises gracieusement à notre disposition, nous ont fourni presque toutes nos données modernes sur les prix des denrées et les salaires de Mulhouse.

En dehors des renseignements contemporains, que nous avons dû glaner de tous côtés, les sources auxquelles nous avons puisé, se trouvent renfermées dans les dépôts des archives, soit municipales, soit départementales, de l'Alsace. Nous avons consulté en outre plusieurs fonds particuliers d'une grande valeur, ceux du Chapitre de S.-Thomas, de l'hôpital de Strasbourg, de l'Œuvre Notre-Dame, de la Cathédrale, de S.-Georges de Haguenau.

MM. Charles Schmidt, professeur de théologie, Bernhard, receveur de S. Marc, Destrois, receveur du *Frauenhaus,* Marula, vicaire général de Strasbourg, Guerber, curé de S.-Georges, nous ont introduit dans ces sanctuaires, où se trouvent tant de richesses encore peu connues. Nous sommes heureux de pouvoir joindre ces noms à ceux de MM. Spach et Brièle, à ceux des bienveillants archivistes que nous avons déjà eu l'occasion de remercier ailleurs. Arrivé au terme de ses pérégrinations, le voyageur aime à se rappeler les gîtes, où il a rencontré une fraternelle et généreuse hospitalité.

Ce volume comprendra quinze chapitres.

Le *premier* chapitre a pour objet la réduction en mesures métriques des mesures de l'ancienne Alsace. Sans ce travail préliminaire, notre entreprise devenait impossible. Seul, il permet de reconnaître la quantité exacte des diverses denrées que nous aurons à évaluer par la suite.

Dans le *second*, nous avons rappelé, et apprécié en peu de mots, les indications économiques disséminées dans les chroniques, ainsi que les essais de statistique alsacienne qui ont précédé ceux-ci. Ni les unes, ni les autres, n'ont grande importance à nos yeux. Mais nous ne voulions pas qu'on pût nous accuser de les ignorer, ou de les négliger sans examen.

Avec le chapitre *troisième* commence notre enquête. Elle débute de droit par les grains, froment, seigle, épeautre, orge et avoine. Après un exposé sommaire des principes qui régissaient le commerce du blé et les approvisionnements des villes, une série de tableaux résume les prix des grains dans la Haute et la Basse-Alsace, depuis 1386 jusqu'en 1875.

Le *quatrième* chapitre est consacré aux farines et au pain. Nous nous sommes surtout attaché à retrouver la suite des tarifs qui servaient à la taxation du pain, et les essais qui les justifient.

Le chapitre *cinquième* comprend d'abord la viande, ses prix, et la législation de la boucherie. Il nous a semblé qu'à la viande proprement dite se rattachaient assez naturellement le gibier, la volaille, le poisson d'eau douce et la marée.

Parmi les légumes, qui figurent en si grande abondance et en si grande variété sur la table des Alsaciens, la plupart se vendent par quantités vagues et mal définies. Nous n'avons pu nous occuper, dans notre chapitre *sixième*, que des légumes secs, du riz, des choux, des navets et des pommes de terre.

Le chapitre *septième* embrasse toutes les autres denrées alimentaires, susceptibles d'une comparaison sérieuse. Tels sont les diverses espèces d'épices, les fruits du midi, le sucre, le café, le sel, le miel, l'huile d'olive, les œufs, le lait, le beurre et le fromage. Nous y avons joint certains articles d'épicerie qui n'entrent point dans l'alimentation, mais qu'il eût été difficile de placer ailleurs, comme les savons, l'amidon, l'encens, etc.

Le chapitre *huitième* épuise la série des questions alimentaires, par des données d'ensemble, comprenant non plus des articles isolés, mais les prix de tables d'hôte, les pensions d'ouvriers, les budgets culinaires. C'est la synthèse qui suit l'analyse.

Les boissons, vins, bière et eaux de vie, forment le chapitre *neuvième*. Nous espérons que le lecteur approuvera le parti que nous avons pris de mettre en première ligne les taxes du vin nouveau. Si les récoltes varient d'une année à l'autre, des moyennes calculées par 25 ans doivent donner des résultats assez réguliers.

Au Chapitre *dixième* est traitée la question de l'éclairage et du chauffage. Nous avons dû insister surtout sur la cire, sur la chandelle, l'huile du pays, le bois et le charbon de bois, qui étaient seuls connus dans les siècles passés. Pour la houille, nous n'avons guère que des données contemporaines. Le gaz et le pétrole sont plus modernes encore.

Le chapitre *onzième* doit suppléer à notre ignorance de la valeur des loyers. C'est là que se trouve groupé tout ce que nous avons pu réunir sur les salaires des ouvriers en bâtiment et sur le prix des matériaux de construction.

Toutes les données économiques qui se rapportent à l'habillement, depuis les matières premières jusqu'aux habits confectionnés, sont l'objet du chapitre *douzième*. Aux prix des étoffes et des cuirs s'ajoutent les salaires des diverses catégories d'ouvriers, qui s'occupent de leur préparation ou de leur emploi.

Le chapitre *treizième* traite des domestiques, et des journaliers qui se partagent la culture de la terre.

Enfin dans le *quatorzième* chapitre est entassé, un peu confusément, tout ce qui, en dehors des matières précédemment exposées, peut, à un titre quelconque, intéresser l'économiste ou l'historien. Il y a là beaucoup de curiosités ; mais la science, nous l'espérons du moins, y trouvera aussi son profit.

Notre enquête terminée, restait à tirer quelques unes des conclusions qu'elle autorise, à fixer enfin, pour l'Alsace, le Pouvoir de l'argent. Ce sera l'objet de notre dernier chapitre.

Dans ces courses économiques à travers les siècles, chaque fois qu'un corps de métier se rencontre sur nos pas, il nous arrête quelques instants. Non content d'indiquer les salaires, soit à la pièce, soit à la journée, que nous avons pu réunir, nous nous attachons à faire connaître les statuts des anciennes corporations. Notre but, en nous laissant aller à ces digressions, n'est pas de répéter, à leur occasion, des considérations critiques, qui sont aujourd'hui des lieux communs, mais d'exposer, aussi fidèlement que possible, leur organisation intime.

Les corporations.

Il y a, ce nous semble, un intérêt sérieux à rappeler les traditions, les mœurs, les institutions tombées en désuétude, qui présidèrent si longtemps aux destinées des classes ouvrières.

Qu'on nous permette seulement de faire dès maintenant quelques réflexions générales, qui nous épargneront de fréquentes redites.

Les mots *tribu* et *métier* ou *corporation*, sont souvent employés l'un pour l'autre. Ils présentent néanmoins, dans les grandes villes, des acceptions nettement distinctes.

La tribu (*zunft*), composée d'ordinaire de plusieurs métiers groupés selon leur lien d'affinité, est une division politique de la cité. C'est par son intermédiaire que se règlent les corvées, les gardes, les impositions, le service militaire, l'élection de certains magistrats. C'est par elle que, dans les circonstances graves et difficiles, les dépositaires du pouvoir entrent en rapport avec l'ensemble de la bourgeoisie.

Mais si la tribu a son lieu de réunion (*stube*), ses statuts, son tribunal et son chef (*zunftmeister*), chaque métier (*antwerck*) a ses statuts, son tribunal et son chef particuliers. Ce sont les statuts du métier, qui règlent seuls les questions techniques, la durée de l'apprentissage et du compagnonnage, les conditions exigées pour la maîtrise, les rapports des maîtres avec leurs confrères, leurs ouvriers ou leurs clients, etc. C'est le tribunal du métier, qui, sous la présidence de son chef, juge, au moins en première instance, tous les différends que provoque l'application des statuts.

Là ne s'arrêtait pas toutefois cet esprit d'association si cher à nos ancêtres, si naturel au cœur de l'homme. Le compagnon pouvait faire partie de la tribu, il était inscrit sur les registres du métier ; mais, dans l'une et l'autre de ces corporations, il n'avait qu'un rôle très-effacé. Il y rencontrait plus de supérieurs que de pairs. Il lui fallait donc un autre milieu, plus conforme à ses goûts, où il verrait des hommes, dont il ne fût séparé, ni par l'âge, ni par la fortune, ni par la considération publique, avec lesquels il pût toujours traiter d'égal à égal.

Les confréries. Telle était la société que lui présentait la Confrérie (*bruderschaft*). Ici encore nous sommes en présence d'un mot équivoque. L'expression de Confrérie désigne souvent tout le corps d'un métier. Dans les pages qui vont suivre, nous la réservons pour les associations composées de compagnons.

Il existe sans doute une différence profonde entre l'ouvrier de notre siècle et celui des temps passés. Pour le premier, dans une foule de carrières et de lieux, il est destiné à vivre et à mourir comme simple ouvrier. Pour le dernier au contraire, cette condition, au lieu d'être la règle, formait l'exception. Dès qu'il avait un peu d'intelligence, le compagnonnage n'était pour lui qu'une période de transition et d'épreuves ; après quelques années de courses à travers le monde, il se fixait quelque part et devenait maître à son tour. Il devait donc accepter avec une résignation plus facile les ennuis du moment, et ces privilèges de patron dont il était appelé à jouir bientôt lui-même.

Mais quelque influence que cette perspective dût exercer sur l'esprit du compagnon, c'est lui néanmoins qui répond le mieux, dans le passé, à l'idée de l'ouvrier moderne. On ne peut donc dédaigner de s'occuper de lui, quand on veut étudier, dans la suite des temps, la condition sociale de l'ouvrier. Aussi ne craignons-nous pas de fatiguer le lecteur, en donnant quelques détails sur l'organisation des Confréries.

La Confrérie est, avant tout, une inspiration religieuse. Les compagnons déclarent tous, en tête de leurs règlements, qu'ils se réunissent pour le salut de leur âme, pour rendre gloire à Dieu Tout-Puissant, à sa sainte mère Marie, la reine des cieux. Quelquefois, ils tirent de leurs occupations spéciales des considérations moins générales. « Tout chrétien, disent les tailleurs de pierre de Strasbourg[1], est tenu de songer au salut de son âme. Mais cette pensée doit surtout frapper les

---

1. Ordonnances de la ville, t. XIX. C'est à ce recueil, à quelques boîtes consacrées aux corporations, et aux archives de l'hôpital, que sont empruntés les documents que nous citons ici. Nous ne parlerons qu'exceptionnellement de confréries étrangères à Strasbourg. Il y en avait partout, même dans les villages, où elles sont appelées *Rotte*. L'ensemble des documents qui les concernent, formerait un volume très-important. Quelques uns d'entre eux viennent d'être publiés par le Dr Schanz : *Zur Geschichte der deutschen Gesellen-Verbande*, 1876.

maîtres et les ouvriers auxquels Dieu a fait la grâce d'élever, par leur art et leur travail, des églises et d'autres monuments précieux [1] et de gagner ainsi honorablement leur vie. La reconnaissance doit donc pousser leur cœur chrétien à accroître le service de Dieu et à se sanctifier ainsi. » D'autres se fondent, comme les maçons et les charpentiers, sur les dangers qu'ils courent dans l'exercice de leur métier, ou, comme les bateliers, sur l'impossibilité où ils se trouvent d'observer régulièrement les dimanches et jours de fêtes.

La portée sociale de l'institution se trouve aussi indiquée parfois dans les règlements. Après avoir dit qu'ils fondent une Confrérie pour la gloire de Dieu et le salut de leurs âmes, les compagnons tanneurs de Colmar ajoutent que, par suite, ils pensent aussi « exercer leur métier avec plus de droiture, vivre ensemble avec plus de concorde [2]. »

La Confrérie est toujours annexée à une église. C'est ainsi qu'à Strasbourg, les tailleurs de pierre se réunissent à la chapelle N.-Dame (cathédrale) ; les tanneurs et les charrons, chez les Augustins ; les tailleurs et les bateliers, à S.-Guillaume ; les serruriers, à S.-Martin ; les pelletiers, chez les Dominicains ; les tisserands, les charpentiers, les écuyers (*schildknecht*), les cordiers, à l'hôpital ; etc. etc.

Dans cette église se célébraient les fêtes de la Confrérie. Elle fournissait pour les confrères défunts un lieu de sépulture, soit dans ses caveaux, soit dans son cimetière, et, par suite, servait aux enterrements et aux anniversaires. Elle avait souvent en dépôt la caisse de l'association et devait l'hériter, si celle-ci venait à se dissoudre.

---

1. *So sol das gar billich bedacht werden von den meistern und werkluten die der allmechtige Gott gnediklich begobt hatt mit ir kunst und arbeit gotteshüser und ander kostelich Werck lobelich zu buwen.*

2. *Umb das sy ire hantwerck dester ufrechter und redlicher triben ouch dester fridlicher by einander sin, wonen und besten möchten,* 1470.

Une grande préoccupation des anciennes Confréries semble être l'entretien d'un certain nombre de cierges, destinés à brûler pendant leurs offices et même en d'autres temps. Ces cierges figuraient aussi dans les processions publiques, portés par les dignitaires de la Confrérie et suivis par les autres membres de la société.

C'est surtout pour pourvoir à ces frais de luminaire que la Confrérie a une caisse, alimentée par des cotisations régulières et par les amendes qu'encourent ceux qui manquent aux offices ou aux enterrements.

Voici quelques chiffres au sujet de ces cotisations. A Strasbourg, chez les valets de nobles ou de bourgeois (*schildknecht*), chaque membre paie à son admission 1 β. (0 fr. 62) d'entrée et 1 δ. (0 fr. 05) d'inscription, plus 8 δ. (0 fr. 42) par an. Ceux qui remettent 1 fl. d'or (6 fr. 25) une fois pour toutes, sont ensuite exempts de toute espèce de contribution. A la même époque (1509), les tailleurs qui ont plus de 10 β. (6 fr. 20) de salaire par trimestre, paient 5 δ. de cotisation et 1 δ. d'offrande (0 fr. 31); ceux des apprentis qui touchent moins, donnent la moitié. Au XVe siècle, les bateliers doivent 3 δ. par trimestre (0 fr. 70 par an). Chez les pelletiers (1404), la cotisation est de 1 heller par semaine (1 fr. 78 par an), et se réduit à 2 δ. par trimestre (0 fr. 48 par an), pour ceux des apprentis qui n'ont pas plus de 3 fl. (25 fr. 63.) de salaire. Les tanneurs paient 4 δ. d'admission, 4 δ. d'inscription et 4 δ. par trimestre (0 fr. 92 par an).

La caisse de la Confrérie fournissait aussi des secours aux malades, ou plutôt elle leur faisait des avances, en général peu considérables (5 β., de 3 à 4 francs), qu'ils s'engageaient à rembourser dès qu'ils le pourraient. On n'accordait des prêts plus importants, qu'à ceux qui offraient en garantie des gages de quelque valeur. Cependant les tailleurs assistent le malade sans réserve, « autant qu'il en a besoin, pour qu'il n'aille pas

ASSISTANCE DES MALADES.

à l'hôpital[1]. » Les pelletiers (1529) veulent aussi secourir les malades pauvres et indigents, « pour qu'on ne les conduise pas de suite à l'hôpital ou aux variolés[2]. »

Il ne faudrait sans doute pas abuser de pareils textes et croire à une répugnance sérieuse pour l'hôpital. La plupart des Confréries achetaient à cet établissement des lits pour leurs malades, même celles qui avaient leur siège ailleurs. La convention conclue entre l'hôpital et les boulangers nous édifie, à la fois, et sur le régime intérieur de cette maison au xve siècle, et sur la sollicitude avec laquelle la Confrérie veillait aux intérêts de ses membres.

« L'administrateur de l'hôpital recevra tout garçon boulanger qui lui sera amené par le valet de la Confrérie, quelle que soit la nature de sa maladie ou de ses blessures. A son arrivée, le malade se confessera, sera muni du saint sacrement et se conformera, comme un autre, aux conseils du confesseur. Il aura un lit bien propre, qu'on renouvellera selon les exigences de la maladie et les usages de l'hôpital. On lui servira à chaque repas, comme d'ancienneté, un cruchon de vin, du pain en suffisance, une bonne écuelle de soupe ou de légumes, autant de viande, d'œufs, de poissons, de fromage, etc., qu'à un autre malade; ce qu'il ne consomme pas, restera à l'hôpital; il n'a le droit, ni de le vendre, ni d'en disposer. Il sera traité absolument comme un autre malade, et si son état ne lui permet pas de manger de la viande ou du poisson, on lui préparera des œufs ou quelque autre plat, selon les circonstances. Il aura, comme un autre, sa part aux repas de fondation.

« Pendant son séjour dans la maison, il ne recevra aucune visite déplacée d'homme ou de femme, et ne poussera pas ses promenades au-delà de la porte et du fossé de l'hôpital. Il

---

1. *So fern sie sin notturftig sient, das sie nit in den spital koment.*
2. *Damit nit ein jeder gleich in das spital oder platterhauss gefuret würde.*

n'offensera personne, ni en paroles, ni en actes, et s'il avait à se plaindre de quelqu'un, il le dirait à l'administrateur qui lui fera droit.

« Le valet de la Confrérie visitera trois fois par semaine les confrères malades, pour voir si leur conduite est toujours convenable et leur faire quitter l'hôpital, quand ils sont rétablis. A son défaut, l'administrateur peut congédier les compagnons après leur guérison, et les confrères ne lui en voudront pas pour cela. »

Sans entrer dans tant de détails, la Confrérie des sommeliers et écuyers (cocorum et scutiferorum, *wurth und schildknecht*) achète, en 1416, pour 30 *ll.* (492 fr.) et une rente annuelle de 15 *β*. (12 fr. 30), « deux lits avec des draps bons et blancs, coussin, oreillers et couvertures', stipulant que ses malades recevront en outre tous les soins et la nourriture, que l'on a coutume de donner aux autres [1].

Dans un règlement postérieur (1509), la même Confrérie accorde à chacun de ses malades 1 *β*. (0 fr. 60) par semaine pour ses besoins extraordinaires. Son valet doit les visiter une ou deux fois par semaine, pour voir s'ils ne manquent de rien. Son conseil devra aussi se rendre à l'hôpital de temps en temps, pour s'assurer que, « si Dieu le Tout-Puissant, ou la vierge Marie, inspirent à quelque âme pieuse, confrère ou non, de faire à un malade une largesse en habits, linge, boissons, ou mets, les intentions du donateur sont fidèlement remplies. »

En 1414, les cordonniers ne donnent que 6 *ll.* (98 fr. 40) pour un lit, mais ils fournissent les draps, les oreillers, la couverture, etc.

---

1. Duo strata sive grabata, vulgariter dicendo *zwei siechen bettestat*, cum mundis et bonis linteaminibus (*lilachen*), cussino (*kussen*), pulvinaribus capitis (*houptpfulgen*) et tegmentis (*decken*), cum cibis et potibus ac aliis servitiis et ministrationibus, ut ceteris infirmis.

Nous n'avons fait aucune recherche spéciale pour obtenir un relevé exact de ces sortes de fondations ; mais nous en connaissons une trentaine pour l'hôpital de Strasbourg. Il est probable qu'aucune Confrérie ne resta en dehors du mouvement.

Jusqu'en 1730 chaque lit renfermait deux malades.

A la sollicitude pour les malades se joignaient naturellement leur enterrement aux frais de la Confrérie, s'ils étaient indigents, et un service pour le repos de leurs âmes. Ce dernier s'accordait du reste à tout le monde, même aux confrères qui mouraient au dehors.

La Confrérie avait à sa tête deux à quatre *büchsenmeister*, renouvelables par trimestre ou par semestre, qui avaient la garde de la caisse *(büchse)* ou boite commune, recevaient les cotisations et les amendes des confrères, faisaient, soit seuls, soit avec le concours de quelques compagnons, les avances nécessitées par les circonstances, présidaient enfin les assemblées *(gebot)* trimestrielles, où se vérifiait leur gestion financière, où se votait, par toute la communauté, l'emploi des fonds disponibles.

Tels sont les traits généraux et parfaitement inoffensifs, qui se rencontrent dans toutes les Confréries. Mais il y a d'autres usages, indiqués ici, sous entendus ailleurs, qui pouvaient présenter, à l'occasion, et pour l'individu et pour la société, de plus graves conséquences.

« On ne doit recevoir dans notre Confrérie, disent les bateliers, aucun homme connu comme adultère ou comme usurier. Si un confrère venait à être accusé de ces crimes, les quatre *büchsenmeister* le feraient venir, écouteraient sa justification, et lui imposeraient l'obligation de renoncer à de pareils désordres. Refuse-t-il d'obéir aux *büchsenmeister,* il sera exclu de la Confrérie, et ne sera plus regardé comme confrère, tant que durera son obstination. » Borné à des matières de cette importance et exercé par une Confrérie libre, comme celle des bateliers, le contrôle de la communauté sur la conduite de ses membres, ne pouvait avoir que des fruits heureux.

Mais quand la Confrérie se contente de dire en termes généraux et vagues, qu'il faut fuir le confrère déloyal, comme le fait celle des cordiers ! Quand elle défend, comme celle des tisserands, *de travailler en ville* à tout compagnon qui est accusé d'avoir failli *à sa parole ou à son honneur, ici ou ailleurs* [1], sans pouvoir se disculper, et qu'elle interdit à tout bon compagnon, de manger, ou de boire, ou de travailler avec lui ! Quand ces Confréries, comme toutes celles qui regardent les ouvriers proprement dits, n'admettent pas qu'un compagnon puisse leur rester étranger, subsister en dehors d'elles ! La porte n'est-elle pas largement ouverte aux interprétations les plus arbitraires et à l'ostracisme le plus complet [2].

Aux yeux d'un ouvrier, il faillira à sa parole et à son honneur, celui qui refusera de faire toujours et partout cause commune avec ses confrères, qui ne voudra pas les suivre jusqu'au bout dans des résistances parfois légitimes, mais souvent aussi ridicules que criminelles.

Prenons pour exemple l'affaire des boulangers de Colmar [2], qui dura de longues années, mit en branle toutes les juridictions de l'Empire, coûta des milliers de francs,

le tout au sujet d'un cierge.

Exclus du rang qu'ils occupaient aux processions de la Fête-Dieu par les cierges mieux ornés des baigneurs, ces boulangers s'étaient mis en frais et avaient acquis pour la somme importante de 120 florins [3], quatre magnifiques cierges, qui devaient éclipser tous les autres et les remettre triomphale-

---

1. *Der sin truw oder ere hie oder anderswo nit gehalten sol han.*
2. V. le récit si intéressant de M. l'abbé Mercklen : *Les boulangers de Colmar.* Colmar, 1871.
3. Quatre mille francs au pouvoir actuel de l'argent.

ment à leur poste d'honneur. Vain espoir! Les baigneurs gardèrent le terrain qu'ils avaient conquis. De là, fureurs des boulangers et leur fuite, sur la nouvelle que la police voulait mettre un terme à leurs conciliabules séditieux.

Quelques mois se passent, l'un des fugitifs s'est soumis, de nouveaux venus ont remplacé les autres. Comment faut-il se conduire à leur égard, demande la Confrérie des boulangers de Schlestadt à celle de Strasbourg. Voici quelle réponse elle obtint : « Notre opinion et notre volonté est que vous écriviez à celui qui a été dans l'affaire, qu'on ne l'acceptera plus dans aucune Confrérie et qu'on ne recevra plus de lui aucune cotisation. Quant aux autres qui ont été étrangers à la querelle, écrivez leur amicalement et priez les fraternellement de quitter la ville et de n'y plus travailler, jusqu'au règlement du procès. S'ils le font, cela nous sera très agréable; mais s'ils ne le font pas, et restent à Colmar, on ne doit plus les admettre dans aucune Confrérie et ne plus accepter leur cotisation (28 octobre 1495). » Voilà donc des hommes exclus du métier, pour le seul fait d'avoir abandonné leur confrères, dans une misérable querelle de préséance.

Les boulangers de Colmar ne reçurent-ils du dehors que cet appui moral? En d'autres termes, des grévistes pouvaient-ils trouver des ressources dans la caisse des Confréries?

La Confrérie des tisserands (1479) répond directement à notre question. « Si les compagnons, dit-elle, veulent faire un procès aux maîtres, en justice ou à la *Pfalz*, ils doivent prendre l'argent dans leur bourse et non dans la caisse de l'association. »

D'autres Confréries, comme celle des pelletiers, déclarent formellement que l'argent des cotisations et des amendes ne doit servir qu'à l'entretien des cierges, aux frais du culte, au soulagement et à l'enterrement des indigents. Si, ces dépenses soldées, il reste un excédant de recettes, il doit être employé, en entier, à l'acquisition d'ornements d'église. Ailleurs, des maîtres délégués par le métier surveillent l'emploi des fonds, et jamais, la chose est évidente, ils n'eussent consenti à ce qu'on s'en servît contre eux.

Ni les règlements, ni aucun document à nous connu, ne nous permettent donc de dire que les caisses des Confréries aient soutenu des grévistes dans leur résistance. Mais le texte des tisserands que nous venons de citer, l'insistance avec laquelle, dans une enquête provoquée par l'affaire des boulangers, les diverses Confréries de l'Alsace prétendent n'avoir jamais ouvert leurs caisses aux fugitifs de Colmar, prouvent que des allocations de ce genre semblaient naturelles. Les grévistes étaient des confrères dans le besoin, ils souffraient pour une cause qui paraissait intéresser l'honneur du corps entier. Ne devait-on pas être tenté de leur faire des avances sur la bourse commune ? Était-ce s'écarter des œuvres pies que la Confrérie avait en vue, que de soutenir des hommes qu'on regardait comme des martyrs ?

Il y avait d'ailleurs dans la Confrérie autre chose encore qu'une association de prière et de charité. Ce qu'elle ne faisait peut-être point à ce titre et avec les fonds destinés à des usages pieux, elle pouvait le faire à d'autres titres et avec d'autres ressources.

Les compagnons étaient, pour la plupart, des étrangers, venus de pays lointains, qui n'avaient dans la ville ni parenté, ni relations intimes. C'était beaucoup pour eux de rencontrer une association religieuse qui leur assurait des confrères, une paroisse, des soins en cas de maladie, un enterrement convenable en cas de mort, des prières pour le repos de leur âme. Mais cela suffisait-il? Ne devaient-ils pas se trouver bien isolés, quand venaient ces jours de fêtes, si nombreux alors et si scrupuleusement chômés ? Ne devaient-ils pas souhaiter de voir leurs confrères ailleurs qu'à l'église, de trouver des lieux

LA CONFRÉRIE COMME SOCIÉTÉ D'AMUSEMENT.

de réunion, qui s'ouvrissent pour eux dès leur arrivée, où ils pussent goûter avec des gens de leur âge et de leur condition, quelques heures d'abandon et de gaieté?

La Confrérie avait compris cela, et si cette partie plus profane de son programme n'est pas toujours inscrite dans ses statuts, elle y obtient aussi parfois une place assez large. Analysons, comme exemple, le règlement des garçons tailleurs de 1509[1], renouvelé avec quelques variantes d'un autre plus ancien de 1454. Nous laisserons de côté les détails déjà connus du lecteur. Les quatre *büchsenmeister* doivent être, autant que possible, de nationalités différentes : un de l'*oberland*, un des Pays-Bas, un *swobe*, un alsacien. Chacun d'eux, à tour de rôle, pendant quinze jours veille aux écots, et prend alors le nom d'*ürtenmeister*. Les jours de fêtes, il est assisté de deux compagnons, qui se renouvellent aussi tous les quinze jours, un *würt*, chargé de chercher le vin, et un *halbwürt*, qui a pour mission de préparer les tables, de servir le pain, le fromage, les poires, les pommes, les raisins, etc. Il y a un supplément de *kuchenmeister*, et d'*ürtenmeister*, quand les compagnons célèbrent leurs fêtes solennelles, leurs *Laubertagen*, à Noël, quand ils font leur roi, au *schürtag*, à la S. Michel, lorsqu'ils mangent leur *liechtbroden*[2], etc.

Le roi se fait le septième jour[3].

Dix compagnons réunis peuvent avoir un *schlaftrunck* (coup du soir), mais ils se retireront à neuf heures. Ceux qui ne paient pas comptant, remettent des gages qui peuvent être vendus, s'ils ne sont pas retirés dans la quinzaine.

---

1. Ordon. de Strasbourg, t. IV. page 78 et suiv.
2. Collation servie à la suite d'un enterrement, ou à une autre occasion. Chez les couteliers, il était défendu de dépenser plus d'un demi florin (3 fr.) pour un *liechtbraten* ; mais cette règle fut abolie en 1540.
3. Ce roi s'appelait *bischof* chez les tanneurs. Ces dignitaires dont les fonctions se devinent, sont probablement l'origine des *König*, des *Pabst*, des *Kaiser*, des *Bischof*, des *Abt*, des *Herzog*, etc., si communs comme noms de familles.

Les compagnons ne joueront ni aux quatre grandes fêtes, ni aux quatre fêtes principales de la S. Vierge. Hors de là, il est permis de jouer aux cartes, au trictrac et aux quilles. On ne paiera pas plus de 5 δ. ou 25 centimes pour les cartes et deux chandelles.

Il est défendu de provoquer à boire (*zutrincken*), sous peine d'une livre de cire.

Dans ces réunions, il y a une amende de
un quart de vin, pour ceux qui ne paient pas leur écot ;
» » traitent un autre de menteur ;
une de cire, pour ceux qui jurent ou se laissent aller par ivresse à des actes indécents ;
½ mesure de vin, pour ceux qui frappent ou lancent un projectile ;
1 mesure de vin pour ceux qui dégainent le couteau ou l'épée.

Quand il y a effusion de sang, l'amende est arbitraire et la ville se réserve le droit de punir.

Tout compagnon doit se taire sur les décisions de ses confrères, lorsque les büchsenmeister demandent le secret.

Les *ürten* ne peuvent se faire qu'aux lieux où les compagnons se réunissent habituellement. Défense était même intimée de boire dans la maison d'un maître, avec plus de quatre personnes étrangères à la maison.

Chez les cordiers (1512), tout nouveau venu était fêté par un *schenck,* et même ceux qui ne s'y trouvaient point, payaient la moitié de l'écot.

Un jury composé de douze juges, pris parmi les anciens *vierer* ou à défaut parmi les plus anciens compagnons, recevra les plaintes, écoutera les raisons, et ordonnera les amendes, en présence d'un maître que le métier leur assigne pour président. Ce dernier ne vote que si les voix sont partagées.

Quiconque débauche l'ouvrier d'un maître entre temps, paie 2 *ll.* de cire.

Dans ces assemblées s'entendaient d'ordinaire de gais propos, de joyeuses chansons, des charges grotesques, des récits humoristiques, ces traits tour à tour malins et bouffons, que le vin et les applaudissements inspirent à un loustic de taverne. Mais par moment aussi l'air s'assombrissait. On se plaignait de la dureté des temps, de l'avarice de l'un, des tracasseries de l'autre. Les esprits s'échauffaient peu à peu et, au milieu de l'effervescence générale, était prise quelqu'une de ces résolutions violentes, qui aboutissaient à une fuite plus ou moins collective, à l'interdit lancé contre les patrons, à une lutte ouverte avec les maîtres et les villes qui les soutenaient.

Quand Strasbourg édicta, en 1465, de concert avec plusieurs villes voisines, son fameux règlement sur les valets et les ouvriers, elle ne toucha point aux *gebott* trimestriels, où les Confréries réglaient « leurs affaires de cierges. » Mais on y lit que « les ouvriers et les gens en condition ne pourront plus louer de buvette (*trinkstube*), de maison, de jardin, ni former des sociétés (*gesellschaft*), ni s'y réunir pour boire et manger en commun ou pour quelque autre motif.

De pareilles défenses, provoquées par quelque conflit passager, n'avaient cependant qu'une action transitoire. Les réunions ouvrières étaient dans la nature des choses. En temps ordinaire, la police elle même, remplacée par les chefs de la Confrérie, y trouvait son compte. Elles ne tardaient donc pas à reparaître. Le règlement de nos garçons tailleurs le prouve surabondamment, puisqu'il est postérieur à l'ordonnance de 1465.

Un frein plus efficace peut-être se trouve dans la règle imposée aux Confréries, de ne se réunir qu'en présence de deux maîtres délégués par le Zunftmeister [1], avec voix délibérative

---

1. Encore au siècle dernier les statuts des tailleurs de Colmar établissent, que l'un des deux maîtres inspecteurs, au moins, assistera aux assemblées des compagnons, « afin qu'ils n'introduisent point de nouveauté et ne fassent pas de règlement entre eux. » Il les aidera à terminer les petites querelles, qui peuvent les diviser.

dans toutes les discussions. De plus, un certain nombre d'autres maîtres, par politique ou par sympathie, se faisaient inscrire parmi les confrères, payaient leurs cotisations, assistaient aux offices, et tempéraient ainsi les ardeurs des jeunes sociétaires par la maturité de leur âge et de leur expérience [1].

Les compagnons de Strasbourg, de l'Alsace, de tout l'Empire, étaient ainsi groupés tous et forcément par Confréries, reliées entre elles par une communauté complète de position et d'intérêts, mais surtout par cette obligation, si inévitable alors, de rouler, qui poussait sans cesse les confrères de l'une à l'autre. Les grèves et les coalitions leur étaient donc faciles, et l'on ne peut s'étonner qu'on en découvre, non-seulement au XVIe et au XVe siècle, mais aussi haut que les archives nous permettent de remonter.

Ces grèves n'avaient pas d'ordinaire leur point de départ, comme la fuite des boulangers de Colmar, dans une futile question de vanité et de préséance. Dans la coalition qu'ils forment à Colmar, en 1361, les meuniers de l'Alsace veulent limiter le salaire des garçons, et les empêcher de quitter leurs patrons entre les termes. Outre ces deux points, la convention conclue, en 1457, par Strasbourg et vingt des villes les plus importantes de l'Allemagne, contre les ouvriers tailleurs, en ajoute deux autres : la défense de travailler pour les clients à l'insu du maître et celle de chômer plus d'un jour par quinzaine. Les arrêtés pris par les seigneuries de la Haute-Alsace contre les garçons cordonniers, en 1399, et par celles de la Basse-Alsace, en 1400, contre les forgerons, ont surtout pour objet d'interdire aux compagnons de se rendre justice eux-mêmes et de les soumettre, pour leurs querelles avec leurs maîtres, à la juridiction du métier, ou, à défaut, à celle des autorités locales.

De ces différentes questions, celle qui provoqua le plus de

---

1. Pelletiers (1428), Tanneurs (1477).

conflits, était l'obligation de rester jusqu'au terme (Noël ou la S. Jean-Baptiste). Les tailleurs prétendaient avoir le droit de quitter, quand ils le voulaient, en se substituant un autre compagnon. Mais si l'usage leur avait accordé ce privilège, il leur fut enlevé par la loi. Le seul adoucissement admis par la jurisprudence, fut l'adoption du *petit terme*. Le compagnon pouvait se retirer au bout de quinze jours, si la place lui déplaisait. Mais, ce délai passé, il était lié. S'il partait plus tard, il était mis à l'amende et ne devait être employé par un autre patron, qu'après s'être accordé avec le premier. Dans le cas cependant où celui-ci se montrait intraitable, le métier intervenait pour faire au déserteur des conditions plus humaines.

Les chômages, le lundi bleu [1], étaient aussi une grande pierre d'achoppement. Certains métiers les interdisaient d'une manière absolue. D'autres les admettaient avec des réserves [2]. Quelques uns les punissaient par une retenue sur le salaire [3], par la défense faite au maître, sous peine d'amende,

---

1. Il ne commençait chez les couteliers (1540) qu'à 2 heures. Ailleurs il durait de 1 heure à 7 heures.
2. Chez les cordiers (1509), tout ouvrier qui a plus de 1 β. (0 fr. 60) par jour, a droit à un lundi par quinzaine. Au siècle dernier, les compagnons tisserands avaient partout la faculté de chômer le lundi soir ou une autre demi-journée, quand il n'y avait pas de fête dans la semaine. A Châtenois, où les mêmes statuts comprennent les tailleurs, les cordonniers et les tisserands, il est formellement noté que cette liberté ne concerne que les derniers.
3. Chez les cordonniers (1387), 1 β. ou 0 fr. 84; chez les forgerons (1407), 6 d. ou 0 fr. 41; chez les tailleurs (1457), 10 d. ou fr. 0,60. Mais en 1471, les ouvriers tailleurs ont droit à un jour de chômage par quinzaine, sauf pendant les quatre semaines qui précèdent Noël et la Pentecôte. La retenue de salaire ne frappe que ceux qui dépassent ce jour de tolérance. Les pelletiers (1509) font une réduction proportionnelle, si la semaine compte déjà un jour de fête. En 1521, on abolit les chômages tolérés pour les pelletiers. Si la semaine ne renferme pas de fête, ils pourront avoir une demi-journée. Quand l'ouvrier a des raisons plausibles pour demander un jour de liberté, il les exposera à son maître, qui en référera au zunftmeister, seul en droit d'accorder cette permission, *und sol keyn meister fur sich selbs macht haben synem gesinde erlaupniss uber und*

de nourrir ces jours là le compagnon rebelle. C'est par crainte des chômages, que Strasbourg exigeait (1465) des Confréries, qu'elles fissent leurs enterrements les jours fériés. Pour s'excuser, les ouvriers mettaient volontiers en avant le désir de prendre un bain.

Quant aux salaires, nous noterons en temps et lieu ceux que nous avons rencontrés. Ils étaient fixés d'une manière générale, par des tarifs officiels, pour les compagnons, comme pour les maîtres. Chez les tailleurs, les pelletiers, etc., les apprentis étaient payés dès qu'ils gagnaient plus que la valeur de leur pension. Les taxes les appellent des *junge*, des *knabe* [1]. Au XVe et au XVIe siècle, les tailleurs refusaient de travailler à la pièce [2]. Les pelletiers, au contraire, y consentaient volontiers.

La situation que nous venons d'esquisser, subsista, sans modification sensible, depuis le XIIIe jusqu'au commencement du XVIe siècle. A cette dernière époque la Réforme vint enlever aux compagnons leurs jours de fêtes, sans augmenter leur salaire, aiguisant ainsi leur goût pour le saint lundi [3]. La

---

wider obgemelt artickel zu fieren und mussig gon zu erlauben. uff das es keyn zwytrach erwege und gleich zugange. Il est toutefois permis de chômer, comme d'ancienneté, le *schwortag*, le carnaval, le mercredi des cendres, quand les ouvriers ont leur danse à la S.-Jacques, quand ils mangent leur *liechtbroden*, à la S.-Luc et à la fête des trépassés. Il en est de même pour ceux qui sont invités à une noce. Hors ces cas, le chômage est puni par l'expulsion du délinquant.

1. Ils pourront dès lors entrer dans la Confrérie. Cependant les statuts des tailleurs de Colmar défendent formellement aux apprentis de prendre part aux assemblées des compagnons.

2. Le maître qui faisait travailler à la pièce était puni d'une amende de 10 d. ou 5 fr. 82 en 1521.

3. Pelletiers, 1525 : *dieweyl die feyertag jetzt all abgethan und unser wuchenlon umb keinen heller gebessert wurde, were es auch billich dass die meister in solchen* (Lundi) *und andern ein cristlich einsehens hetten.* — *Dweil sye jetzt feurtag und wercktag arbeiten müssen.* les tailleurs demandent, en 1526, qu'on veuille *ine iren stundenlon zepessern und zu vierzehn tagen ein mussigonden oder ein badtag zu vergönnend.* Par suite, ils obtiennent d'avoir, comme autrefois, un jour par quinzaine, tout en étant nourris par le maître. On donne aux maîtres et aux vieux ouvriers 1 β. par semaine.

Confrérie perdit son caractère religieux. Elle ne fut plus qu'une société d'assistance mutuelle, et de placement pour les nouveaux venus, une occasion de se voir à table et de vider en commun quelques choppes de bière ou de vin.

LA CONFRÉRIE AU SIÈCLE DERNIER.Dans les temps postérieurs, les artisans de Strasbourg furent l'objet de nombreuses ordonnances (31 déc. 1572, 9 juin 1627, 18 avril 1629, 22 août 1635, 24 oct. 1659, 31 déc. 1666, 7 juin 1667, 3 juin 1671, 9 oct. 1680, 13 déc. 1687, 17 déc. 1706, 16 déc. 1707, 5 janvier et 28 mars 1711, 11 oct. 1732) Cette législation nous révèle une foule de détails curieux sur les mœurs des compagnons et sur les pratiques des métiers. Mais il faut savoir se borner. Contentons-nous donc de dire, que toute assemblée, toute convention, tout usage écrit ou traditionnel, qui n'aurait pas l'approbation de l'autorité municipale, sont formellement interdits aux compagnons. Les désobéissances, les grèves, les coalitions, sont punies d'amende, de prison, d'exclusion du métier, et, selon les circonstances, de galères et de mort.

Au siècle dernier, la *geselschaft*, héritière de la Confrérie, ne comprend que les étrangers. Elle recommande le decorum à ses membres, les fait soigner à l'hôpital. Mais, placée sous la stricte surveillance des maîtres, elle ne dispose plus que du tiers de ses cotisations. Elle est, avant tout, pour la police urbaine, un moyen sûr et commode de maintenir dans le devoir une population remuante et difficile à saisir.

DENRÉES

ET

SALAIRES.

CHAPITRE Ier.

MESURES DE L'ANCIENNE ALSACE.

Variété des mesures anciennes. — Les tables de réduction. — Documents divers. — Mesures de longueur. — Mesures de superficie. — Mesures caves pour les grains. — Mesures caves pour les liquides. — Mesures cubiques pour bois, etc. — Poids. — Mesures diverses.

Quand on veut comparer les données économiques de notre époque avec les données analogues des âges antérieurs, le premier point à fixer, c'est la valeur des anciennes mesures.

Or, à cet égard, personne ne l'ignore, régnait autrefois la plus grande diversité. Les mesures variaient d'une province à une autre. Dans l'intérieur de chaque province, les étalons d'une seigneurie ou d'une cité différaient, dans des proportions plus ou moins sensibles, des étalons admis dans les seigneuries ou dans les cités voisines. Bien plus, pour la même ville, coexistaient parfois plusieurs mesures, qu'on employait simultanément, selon la nature des marchandises.

Cette diversité de mesures, si contraire à la raison et aux véritables intérêts du commerce, avait jeté dans les mœurs de si profondes racines, que tous les efforts tentés par les rois

Variété des mesures anciennes.

de France, pour établir l'unité, ne purent aboutir. Louis XV eut beau manifester ses vues à cet égard (16 mai 1766), les négociants de Strasbourg, et le magistrat de cette ville, en leur nom, insistèrent vivement pour obtenir le maintien des mesures locales [1].

Quelques unes cependant des mesures parisiennes, le pied, l'aune et la livre, pénétrèrent peu à peu sur les marchés de l'Alsace. D'un autre côté, les statistiques, que toutes les places importantes envoyaient périodiquement à l'administration centrale, étaient évaluées, pour toutes les denrées, en mesures de Paris. Tels sont les seuls résultats qu'obtinrent, avant la Révolution, les efforts d'ailleurs si éclairés du gouvernement français.

En face de ce chaos, notre tâche serait bien difficile, si des documents nombreux et officiels ne nous aidaient à le débrouiller. On les réunit lors de l'établissement du système métrique. Des commissions furent alors nommées, notamment en l'an VII, pour déterminer avec une précision rigoureuse le rapport des anciennes mesures avec les nouvelles. Partout on chargea de ce soin les hommes les plus capables, par leur profession ou par leurs études, de remplir heureusement la mission qui leur était confiée. Enfin, au chef-lieu du département, les rapports des autorités locales furent soumis à une révision minutieuse.

Que sont devenus ces travaux? Ils existent sans doute encore dans les Archives de nos Préfectures. Mais nous les avons vainement cherchés. Ce n'est qu'avec beaucoup de peine que nous avons pu rencontrer, dans les Archives des communes, quelques pièces isolées de cet important dossier.

LES TABLES DE RÉDUCTION. Ce contre-temps n'a sans doute qu'une importance restreinte. Si les rapports des commissions locales ont, pour la plupart, échappé à nos recherches, les principaux résultats

---

[1]. « Le corps des marchands à Strasbourg est de ce dernier sentiment (maintien des anciens poids et mesures), attendu que le contraire seroit fort nuisible au commerce de cette ville et a celui de la Province d'Alsace, limitrophe de l'Allemagne et de la Suisse, avec lesquelles elles font la plus grande partie de leur commerce. On ne pourroit y introduire un nouveau Règlement pour ces deux objets, sans beaucoup de difficultés et de gêne. » Avis du corps des marchands.

de l'enquête subsistent et se trouvent entre les mains du public. Les citoyens Carondelet et François Français les ont édités, avec un soin et une fidélité que rien ne permet de mettre en doute [1].

Nous n'en regrettons pas moins notre échec. Ces publications présentent en effet, à notre sens du moins, de sérieuses lacunes. Carondelet et François composaient des livres pratiques, des guides, qui devaient faciliter aux habitants du pays l'adoption du système métrique. Ils n'avaient donc qu'un objet, celui d'évaluer avec précision les mesures les plus usuelles de leur temps. Aucune préoccupation archéologique n'entrait dans le cadre de leur travail. Cette position qu'il est facile de constater, enlève à leurs livres une grande partie de l'importance historique qu'ils auraient pu avoir.

Ne cherchez dans les *Tables de réduction*, ni les mesures qui n'avaient qu'un usage restreint, ni celles qui étaient tombées en désuétude; ne demandez pas qu'elles vous indiquent toutes les mesures qui servent de multiples ou de divisions aux mesures communes. Ce sont là de ces choses dont le commerce contemporain se souciait fort peu, ou qu'il savait de reste.

La Seigneurie de Horbourg avait adopté, avant 1789, les mesures de Colmar; ses mesures locales ne figurent donc point sur les *Tables*. Le Sundgau se servit pendant des siècles de *vierentzel*, de *mut*, pour mesurer les grains; les *Tables* n'en parlent point. Le *fuder* contient tantôt 21, tantôt 22, tantôt 24 mesures de vin; il n'est mentionné qu'exceptionnellement. La Haute-Alsace, sauf Mulhouse, réunie récemment à la France, avait adopté le pied de Paris; l'ancien pied local n'est indiqué nulle part, et ce n'est que par le calcul qu'on peut le déduire indirectement des mesures agraires.

Il se rencontre ainsi dans les ouvrages de Carondelet et de François des omissions nombreuses. Les lecteurs contemporains, auxquels ils s'adressaient, n'y furent sans doute que fort peu sensibles. Mais elles n'en sont pas moins regrettables pour l'historien, qui voudrait exposer dans tous leurs détails les traditions anciennes. On ne lui apprend rien sur une foule

---

1. *Tables de réduction* contenant la comparaison des anciennes mesures aux nouvelles, et des mesures nouvelles aux anciennes. Strasbourg, Levrault. An X.

de mesures qu'il trouve rappelées dans les documents; et pour les mesures même qu'on lui expose, il peut toujours se demander, si elles remontent réellement à une haute antiquité.

Les procès-verbaux de l'enquête répondaient-ils à tous ces desiderata. Il est permis d'en douter. Nous n'hésitons pas toutefois à croire, que, sur bien des points, ils nous eussent donné satisfaction complète.

DOCUMENTS DIVERS.
Privé de cette ressource, nous essaierons d'y suppléer de notre mieux. Quelques contrats d'échange ou de vente nous permettent de comparer entre elles des mesures appartenant à des localités diverses. Il existe ensuite, du siècle dernier, plusieurs rapports officiels sur les mesures de l'Alsace.

Le gouvernement français n'avait pas attendu la Révolution, pour se renseigner à ce sujet. Dès 1723, il se fait transmettre périodiquement des mercuriales très-détaillées sur les marchés importants de l'Alsace. Un pareil travail exigeait nécessairement une évaluation assez exacte des mesures locales. En 1747, le contrôleur général M. de Machault, revient sur cette question (9 déc.) « Les différentes dénominations des mesures dans toutes les généralités du Royaume, la différence qui se trouve dans le poids de celles qui ont la même dénomination, causent journellement des erreurs qui me mettent hors d'état de connaître le véritable prix des grains, chose essentielle dans les circonstances présentes. Cela m'a déterminé à faire dresser une carte, qui a pour objet de me mettre au fait des mesures de tous les marchés dans votre généralité et du poids de chacune. » En 1757, M. de Courteille demanda de nouveaux renseignements, « pour perfectionner le recueil que je fais faire, dans mon bureau, des tables du rapport des mesures et poids usités dans tous les principaux marchés du Royaume. »

Le plus important des Mémoires que provoquèrent les exigences de l'administration supérieure, concerne la ville de Strasbourg. Il est du 5 octobre 1791, et fut composé par M. Vial, ajusteur de la ville, assisté de trois professeurs de l'Université, ceux de Physique, de Chimie et de Mathématiques. C'est un document du plus haut intérêt, non-seulement pour l'exactitude rigoureuse des calculs, mais surtout pour la variété des renseignements commerciaux qu'il renferme

A ces informations manuscrites, il faut ajouter quelques publications relatives à la ville de Strasbourg. Telles sont la dissertation de Reichelt (*de pede argentinensium geometrico*, 1676), l'étude déjà mentionnée ailleurs d'Eisenschmid (*de ponderibus et mensuris veterum*, 1708) et quelques pages de Schilter (édition de Kœnigshofen, p. 1167 et 1168).

Les anciennes mesures de la ville de Bâle, que nous continuons à rattacher à l'Alsace, ont été officiellement décrites avec une précision qui ne laisse rien à désirer. Nous n'aurons donc qu'à résumer, pour ce qui les concerne, les renseignements publiés par ordre du petit sénat dans les années 1836 et 1837 [1].

Nos anciennes mesures de longueur se rapportent presque toutes au pied (*schuh*).

Le pied se divisait en douze pouces (*zoll*) et le pouce en 12 lignes. Le pays de Saarunion faisait seul exception à cette règle. On s'y servait concurremment des pieds de Lorraine et du Rhin, qui se subdivisaient tous deux, pour cette localité, en dix pouces.

Six pieds formaient une toise (*Klafter*)

Quant à la Perche (*Ruth*), sa longueur variait selon les cantons. Elle pouvait renfermer 10, 12, 15, 16 et même 20 pieds.

L'*aune* du pays, appelée aussi demi-aune, parce qu'elle valait à peu près la moitié de l'aune parisienne, l'*elle*, n'a pas habituellement de rapport direct avec la valeur du pied [2].

Il y avait à Strasbourg deux sortes de pieds, le pied de ville (*stadtschuh*) et le pied de campagne (*landschuh*), « entre lesquels le premier a été de tout tems le plus en usage. »

Comparés au pied de France, dit le pied de Roi (0 m. 3248), ils valaient d'après :

Schilter, pied de ville 1283/1440 ou 0 m. 2894 et le p. de camp. 10 pouces 11 l. ou 0 m. 2955

Eisenschmid   » $\dfrac{1282\,^{18}/_{22}}{1440}$ 0   2893   1309/1440   0   2952

Malgré leur concordance assez exacte, ces résultats furent soumis à une nouvelle vérification par la commission de

---

1. *Kurze Darstellung der schweizerischen Mass- und gewichtordnung in Bezug auf Basel*, 1836. — *Reductions Tabellen*... 1837.
2. A Wissembourg toutefois, l'*elle* = deux pieds.

1791. « Il existe pour chaque pied un étalon ; car avant de monter par l'escalier de la partie de la maison commune qui a été autrefois dévastée par un incendie, on voit à gauche, en entrant dans la petite cour, deux barres de fer prismatiques fortement fixées au mur, qui sont les seuls étalons de pieds que pouvaient trouver les commissaires. L'une desdites barres, avec l'inscription gravée *Stadtschuh,* présente une longueur de 5 pieds de ville, dont l'un est subdivisé en douze pouces. L'autre barre donne de même 5 pieds de campagne, dont l'un est encore divisé en 12 parties égales, avec cette inscription gravée *Landschuh.*

« Les commissaires ont comparé ces deux barres avec une toise de France étalonné à Paris, le 5 novembre 1763, à une température de 10 degrés. »

Le pied de v. = 10 pouces 8 lignes 2 points ou $1538/1728$ du pied de France, ou 0 m. 2891
Le pied de c. = 10   10   9 $1569/1728$ »   0   2949

Les mêmes commissaires nous apprennent que l'aune de Paris *(pariser stab),* employée à Strasbourg, avait 3 pieds 7 p. 9 l. de Roi ou 1 m. 1843 et se confondait presque avec celle des drapiers de Paris [1]. L'*elle* ou aune de Strasbourg avait 1 pied 7 pouces 10 lignes 6 points de Roi, ou 0 m. 538. L'étalon de l'aune était une barre de fer, placée à côté de l'étalon des pieds.

Schilter estimait l'aune strasbourgeoise à 1 p. 7 p. 11 $3/10$ l. ou 0 m. 5395, et l'aune de Paris usitée à Strasbourg à 3 p. 7 p. 11 $2/5$ l. ou 1 m. 19126. Le même écrivain, nous apprend, que l'*elle* strasbourgeoise avait été réglée par une ordonnance de 1314. Eisenschmid établit que l'aune de Strasbourg vaut 0 m. 5382 ou 0 m. 5395, suivant que l'on prend pour base l'étalon de la Chancellerie ou celui du mesureur juré. « On estime vulgairement, ajoute-t-il, que l'aune de Paris vaut 2 aunes $3/10$ de Strasbourg. »

Le commerce ne procédait pas en effet avec une rigueur bien grande. En 1751, il estimait la demi-aune de Paris à 1 p. 10 pouces de Roy et l'elle de Strasbourg à 1 p. 8 p. (exac-

---

[1]. On distinguait à Paris deux espèces d'aunes :
celle des merciers, 3 pieds 7 pouces 10 $4/5$ lignes ou 1 m. 188
et celle des drapiers, 3   7   9 $3/5$ 1   185

tement 7 p. 10 l.). D'après ces données, l'aune de Paris n'aurait valu que 1 m. 137, et l'elle de Strasbourg 0 m. 5369. Nous signalons le fait sans insister sur son inexactitude.

On se servait aussi dans le Bas-Rhin du pied du Rhin *(rheinländischer Schuh)*, que Schilter fixe à $\frac{1301\ 1/2}{1346\ 1/3}$ du pied de Paris, ce qui le met à 0 m. 314.

Les Annales des Dominicains de Colmar, conservées à la Bibliothèque royale de Stuttgard[1], renferment une ligne de 0 m. 137, avec cette inscription : ***dimidius pes***. Le pied de Colmar est ainsi estimé à 0 m. 274, ce qui concorde assez exactement avec la longueur que nous avons déduite des mesures agraires de la ville (0 m. 2777).

Carondelet n'indique qu'approximativement la valeur du pied de Wissembourg. Un mémoire conservé dans les Archives de cette ville, la fixe à 0 m. 2777.

D'après les ouvrages indiqués plus haut, Bâle avait, en 1836, deux pieds. L'un avait été fixé, par arrêt de 1820, à 135 lignes de Paris ou 0 m. 3043 ; l'autre, plus ancien et tombé en désuétude, valait 124 lignes $7/_{10}$ ou 0 m. 2813. Un règlement d'arpentage portait ce dernier, en 1770, à $^{896}/_{1000}$ du pied rhénan, ce qui donne de même 0 m. 2813. Comme à Strasbourg, la toise comprenait, à Bâle, 6 pieds ; et la perche, 10 pieds.

L'aune de Bâle, dont l'étalon se conservait à la tribu du Saffran, était de 0 m. 5398. Certains commerçants, entre autres les drapiers, employaient depuis longtemps la demi-aune de Paris (0 m. 594).

Si les tableaux, qui vont passer sous les yeux du lecteur, renferment de trop nombreuses lacunes, nous le regrettons. Il nous eût été agréable de dresser l'inventaire complet des anciennes mesures de l'Alsace, et nous n'avons rien négligé pour atteindre ce but. Mais quelque graves et quelque fréquents que soient en eux-mêmes ces desiderata, les localités qu'ils concernent ont trop peu d'importance, pour que des recherches historiques ou économiques puissent être par là sérieusement entravées.

---

1. L'ouvrage original est du XIIIe siècle. Mais le manuscrit dont nous parlons, ne date que du XVIe. V. notre *Étude critique* sur cet ouvrage, Strasbourg, 1862, p. 27.

VALEUR EN MÈTRE.

	Pied.	Toise.	Perche.	Aune
Altkirch			3,898	0,552
Ammerschwihr			4,166	0,541
Aubure				0,546
Bâle	0,2813	1,6878	4,50	0,5398
Barr				0,538
Belfort				0,564
Benfeld	0,3056		3,056	0,538
Cernai				0,564
Colmar	0,2777		4,166	0,546
Dannemarie			4,548	0,550
Delle			4,230	
Ensisheim			4,160	0,541
Erstein	0,2949			0,538
Ferrette				0,552
Guebwiller				0,550
Giromagny			6,497	
Habsheim				0,564
Haguenau			6,497	0,538
Hirsingue				0,564
Isenheim	0,3039		3,647	0,487
Landau	0,2707		2,1656	0,554
Lapoutroie				0,541
Lorraine	0,291		2,910	
Marmoutiers			3,248	0,538
Massevaux			5,19	0,546
Mulhouse	0,2931		3,517	0,541
Obernai				
Paris	0,3248	1,949	7,146	1,1843 [1]
Rhin (du)	0,314		3,140	
Ribeauvillé				0,541
Rouffach	0,3089		3,647	0,546
Saarunion	0,291 / 0,314			
Soultz	0,3068		3,081	0,559
Strasbourg	0,2891 / 0,2949	0,7346	3,891	0,538
Thann				0,552
Villé			3,898	0,5685
Wasselonne				0,538
Wissembourg	0,2777		4,444	0,555

Mesures de superficie. La valeur d'un champ dépend non-seulement de son étendue exacte, mais encore et surtout de sa fertilité naturelle, de sa mise en culture, de son exposition, etc. Plus d'une fois nous avons rencontré dans le même acte, et pour le même ban, des terres de contenances égales dont les prix variaient du double et même du triple. Il est donc difficile d'asseoir une comparaison sérieuse sur des données de ce genre, et elles ne peuvent guère être mentionnées qu'à titre de curiosités.

---

1. Sur la place de Strasbourg. A Paris elle vaut 1,1884

Cette circonstance nous rend moins regrettables les ténèbres, qui enveloppent les mesures agraires de nos ancêtres.

La difficulté n'est peut être pas insurmontable par elle-même. Les terres sont là, on connait leur contenance ancienne et leur contenance actuelle ; en rapprochant ces deux termes, il ne doit pas être impossible de saisir les rapports des mesures elles-mêmes. Quant aux incohérances de détail, que l'on peut trouver çà et là, elles s'expliqueraient par l'histoire de la propriété du sol.

Mais une pareille étude entraînerait à des recherches immenses, et les résultats ne sauraient être en rapport avec les peines qu'elle imposerait. Nous nous contenterons donc des indications relatées dans les livres qui nous servent de guides, nous bornant à les enrichir de quelques observations personnelles.

Les *Tables* du Bas-Rhin ne donnent que la contenance des perches carrées. Il était cependant facile d'entrer dans des détails plus précis. Voici par exemple, ce que nous apprennent les commissaires de 1791, pour la ville de Strasbourg.

La toise carrée (*quadrat klafter*) = 36 pieds carrés ou 3. m. 088.
La perche carrée (*quadrat* ou *creutz Ruthe*) = 100 p. c., = 2,2005 toises carrées de France ou 8,3575 mètres carrés.
L'arpent (*morgen*) = 240 perches c., = $19981/100000$ de l'arpent français ou 2005,89 m. c.
Il se divise en 4 *vierzel*, 12 *pfennert*, 24 *helbert*.
Un *gross acker* ou *frücht* = 1 ½ arpent ou 3008,84 m. c. Il se subdivise en 2 *zweitel* et 4 *viertel*.
Trente arpents ordinaires forment une *huff* ou *hub*, qui = 60176,88 m. c.

A Colmar, un règlement édicté au xve siècle pour l'instruction de l'arpenteur, nous apprend que la *juchert* de terre arable et le *tagwan* de prés ont chacun 9 *schatz*. Le schatz à 30 perches de longueur sur une perche de largeur. Le *juch* n'a que 6 schatz.

D'après un document d'Isenheim [1], « les paysans donnaient quelquefois le nom de *Rueth* à toute pièce de terre, qui avait une perche en largeur, quelle que fut du reste sa longueur. » Nous rappelons ici cette coutume, parce qu'elle peut expliquer

---

1. V. nos Paysans de l'Alsace, p. 59.

le langage de certains actes, qui sans cela nous désorienteraient. Quand nous lisons dans un contrat de 1328, qu'à Logelnheim six perches faisaient une juchert [1], ce texte ne devient intelligible que si l'on prend ces perches pour l'équivalent du schatz, qui avait en effet 30 perches en longueur, mais une seule perche de largeur.

Le *morgen* du mundat de Wissembourg a 128 perches de 16 pieds. Nos évaluations sont plus fortes que celles de Carondelet, parce qu'il a pris pour le pied qui leur sert de base une estimation trop faible.

A Bâle [2], la perche avait 16 pieds, la perche carrée 256 p. c. ; la juchert 140 perches c. (28 de long. sur 5), quand il s'agissait de champs ou de bois, 210 (30 sur 7) pour les prés. Dans ce dernier cas, elle s'appelait aussi *tauen, mannwerck, tagwerck*.

La diversité des anciennes mesures agraires provient de ce que nos pères tenaient compte, moins de l'étendue de la terre, que de sa fécondité. Là où le sol est plus léger et par suite d'une culture plus facile et moins productive, les champs sont plus grands. C'est ce que reconnaît encore en 1744 le code rural de Mulhouse [3].

La grande unité agraire était le *manse, mansus, hub, huff, hoba, huba*. Il se cultivait avec les ressources ordinaires d'une famille, et suffisait à son entretien. On le définissait « la quantité de terre que deux bœufs peuvent labourer dans l'année. [4] »

Le manse valait à Strasbourg, on vient de le voir, 30 arpents, un peu plus de six hectares. Il comprenait de même 30 acres dans les dépendances de l'abbaye de Marmoutiers [5]. La même étendue se rencontre à Hausbergen, à Eckbolsheim [6], à

---

1. Fonds des Catherinettes. *6 ruetten machen 1 juchert.*
2. *Rechtsquellen*, p. 1030. Année 1770.
3. *Feldrecht*. Art. V. *Dieweilen aber solches mäsz nicht aller Orten eintrifft, und etwann vor diesem die äcker nach der güte des Bodens grösser, oder kleiner ausgemessen worden.*
4. Cf. Les paysans de l'Alsace, p. 59.
5. Ib. Charte de 1166. Le total des acres énumérés dans la charte est de 62 $^1/_2$ et non de 72 $^1/_2$ comme nous le disions à tort.
6. Grimm, Weisthümer, t. 1, p. 716 et 720. Dans la dernière localité nous avons toutefois rencontré une contenance différente pour les manses de bois. On lit dans une charte de 1415 ; *dimidium mansum virgultorum seu lignorum frondiferorum ($^1/_2$ hube holtzacker oder werdes) estimatum ad decem agros in banno Eckeboltzheim.*

Wolfisheim [1]. Le manse n'est que de 20 acres à Wangen [2], de 24 à Witprecht et à Batzendorf. Il s'élève à 32 pour Heiligenberg, à 42 pour Adratzhoven [3].

Dans le Haut-Rhin on trouve, comme ter nes correspondants, le *tschuppen, tschubi, scopoʒa, et le mendag, lunadia*. Le tschuppen a une étendue très-variable, de 15 ares jusqu'à 8 et 9 hectares. Le mendag se subdivise en *grosse mendag* (9 à 12 journaux), et en *kleine mendag* (6 à 7 journaux [4]).

On désigne aussi parfois la contenance d'une terre d'après la quantité de grains qu'il faut pour l'ensemencer. Ainsi à Mulhouse le code rural nous apprend qu'on compte d'ordinaire 8 boisseaux de froment pour 1 acker, qui = 4948 m. c. Le *boisseau* vaut 617 m. c. à Cernay ; 520 m. c. à Guebwiller ; 510 m. c. à Giromagny.

Le lecteur a vu plus haut les plus usitées de nos subdivisions agraires et leurs rapports généraux. Mais il ne faudrait pas accorder à ces rapports une valeur absolue. Ils varient quelquefois pour le même ban. C'est ainsi qu'a Riquewihr, la juchert valait 9 schatz dans la plaine, et 8 schatz dans la montagne (*im gebirg*). Aux dénominations déjà connues, nous ajouterons le *gere*, (= 1 ½ acker, d'après une charte des Unterlinden), qui rappelle le français *guéret*.

Le tableau qui suit est emprunté presque en entier aux *Tables de réduction*. Mais nous ne pouvons nous dissimuler ses lacunes. Pour diminuer le nombre de ses tables, François a souvent renvoyé à des mesures *à peu près* équivalentes, au risque de détruire le rapport direct entre le schatz, le juch et la juchert (V. Cernai, Habsheim, Massevaux). A Soultz, l'arpent n'est point un multiple de la perche ; il est probable qu'il est de 300 perches et dans ce cas vaudra 4066 et non 4164 mètres carrés. A Altkirch, à Landser, la perche indiquée est de 12 pieds français ; il est évident qu'une pareille mesure ne saurait remonter au-delà du siècle dernier.

---

1. Hôpital de Strasbourg, Charte de 1265 : 1 mansum salice terre xxx agrorum frugif.
2. Bas-Rhin, H. 2727, xiiie s. Nota quilibet mansus situs in banno opidi Wangen habet xx agros, vel consistit in xx agris.
3. V. nos Paysans, p. 58.
4. V. nos Paysans, p. 58.

VALEUR EN MÈTRES CARRÉS.

	Perche car.	Schatz.	Juch.	Juchert.	Fauchée.
Altkirch . . .	15,1950			5107	5107
Ammerschwihr	17,3497	520	3123	4684	
Bâle.	20,25			2835	4252
Belfort				5107	
Benfeld . . .	9,3431				
Cernai		618	2172	3708	3708
Colmar . . .	17,3497	520	3123	4684	4684
Dannemarie . .	20,6821		2068		
Delle	18,0623	398		3251	2528
Ensisheim . .	17,15			1715	
Guebwiller . .		798	2393	3590	3590
Giromagny . .	42,2083			4221	3282
Habsheim. . .	15,1950		2724	4086	4086
Haguenau . .	12,2083				
Isenheim . . .	13,30	638	2554	3830	3830
Landau . . .	4,6898				
Landser . . .	15,195				1519
Lorraine . . .	8,4682				
Marmoutiers .	10,5521				
Massevaux . .		520		4164	4164
Mulhouse. . .	12,3704	495		4948	4330—4948
Paris	51,072			5107	
Rhin (du) . . .	9,8598				
Ribeauvillé . .				3779	
Rouffach . . .	13,2957	399	2393	3590	
Soultz	13,5535		1355	4164	4164
Strasbourg . .	8,3592		2006	3009	3009
Thann		780		4684	
Villé.	15,1950		Morgen.		
Wissembourg . .	19,733		2528		

MESURES CAVES POUR LES GRAINS.

Les mercuriales sont notées par hectolitre depuis le 1ᵉʳ vendémiaire an XI. Antérieurement, la mesure la plus usitée pour les grains, était le *viertel, quartale, rézal*. Il renfermait 6 boisseaux, dont chacun se subdivisait à son tour en 4 *vierling, küpfle*, picotins, ou 16 *messelein, schüsseln*, litrons. On rencontre aussi le *dreiling*, tiers de boisseau. Pour l'avoine, le rézal comprenait ordinairement 7 boisseaux. Quelques documents parlent aussi de l'*octale, achtel*, qui formait la moitié du viertel, en 3 boisseaux.

L'étymologie du mot sextarius s'explique aisément, puisque le boisseau est le sixième du rézal. Les mots quartale et octale doivent venir, de même, de ce que originairement ces mesures étaient le quart et la huitième partie d'une mesure plus considérable, du *mut* ou modius.

A Strasbourg coexistaient deux espèces de boisseaux. Le

boisseau de campagne *(landsester)*, servait au marché et pour les cens. Le boisseau de ville *(stadtsester)*, était employé pour le détail de la farine et des légumes secs. Nous verrons même tout à l'heure, qu'on y rencontrait un troisième boisseau, réservé pour le sel.

Schilter estime le premier à 11 $^7/_{100}$ et le second à 10 $^{98}/_{100}$ pouces cub. de Strasbourg. Eisenschmid compte le boisseau de ville à $\frac{1306,866}{1728}$ du pied cube et constate que le boisseau rural est $^1/_{32}$ plus grand. Ces calculs furent repris par la commission de 1791. L'étalon en cuivre du *landsester* conservé au Pfennigthurm pesé d'abord vide, puis rempli d'eau distillée, a donné pour celle-ci un poids de 39 *ll.* 3 onces 655 grains, poids de marc. La contenance était donc de 976,204 pouces cubiques de France. Quant au stadtsester, le même calcul a eu pour résultat 936,231 pouces cubiques. Un étalon servant pour le sel contenait 933,231 des mêmes pouces. Donc le boisseau de Paris = $^{1000}/_{1475}$ du landsester, $^{1000}/_{1415}$ du stadtsester, et $^{1000}/_{1508}$ du salzsester. Ceux-ci valaient ainsi 19,36 — 18,57 — 19,76 litres.

La même commission ajoute quelques observations, qui peuvent avoir leur utilité. La farine, dit-elle, se vend ordinairement au poids, par sac de 150 *ll.* Les grains, la farine, les légumes secs se mesurent ras, le son est mesuré enfoncé et comble. On compte 10 à 12 sacs par charrette à un cheval, 30 sacs pour un chariot de meunier attelé de 3 chevaux. Il se rencontre aussi dans le commerce des grains une mesure plus grande, le *Königsfiertel*, qui est de 7 boisseaux pour le blé, et de 8 boisseaux pour l'avoine.

Dans un rapport adressé, en 1756, à l'administration centrale, les principales mesures de l'Alsace sont évaluées en boisseaux de Paris, de la manière suivante :

	Blé.	Avoine.		Blé.	Avoine.
Strasbourg-fiertel	9	10 $^1/_2$	soit	117 l. 07	136 l. 59
Landau-malder	9 $^{22}/_{25}$	11 $^1/_{77}$	»	128 52	146 95
Wissembourg-malder	9	11 $^2/_7$	»	117 07	151 76
Saverne-fiertel	9	10 $^1/_2$	»	117 07	136 59
Schletstadt-fiertel	8 $^{11}/_{15}$	10 $^1/_{15}$	»	113 56	131 71
Colmar-fiertel	8 $^7/_{10}$	10 $^3/_{10}$	»	113 17	134 73
Belfort-quarte	2 $^1/_8$	3 $^1/_8$	»	27 12	48 65

Ces données, on le verra plus loin, se rapprochent assez exactement de la vérité.

Sur les frontières de l'Alsace, les mesures s'écartent du type général que nous indiquons plus haut. A Landau et à Wissembourg, on rencontre le *malter*, qui renferme 8 boisseaux *(simmer)*, pour les grains lourds (seigle, orge, pois, lentilles), et 9 boisseaux, pour les grains légers (avoine, épeautre). Cette mesure se trouvait en concurrence, dans la dernière localité avec le rézal de Strasbourg, et dans la première avec un autre boisseau plus petit.

A Saarunion le rézal a, peu s'en faut, la même contenance que le *malter*, mais il ne se divise qu'en 4 simmers. Ce mot de *simmer* semble du reste avoir désigné des mesures très diverses. Une charte de Marmoutiers en fait l'équivalent du rézal [1].

Villé possédait aussi, en dehors du *landfiertel* de Strasbourg, un rézal particulier, qui se divisait en 8 boisseaux. Même subdivision pour le rézal de S. Marie-aux-Mines.

Dans les cantons français qui s'étendent autour de Belfort, se rencontre un système tout différent. Là, d'après les *Tables de Réduction*, on compte par sac. Le sac a 4 quartes pour l'avoine et 5 quartes pour le blé; mais la quarte d'avoine contient 3 boisseaux, tandis que celle de blé n'en renferme que deux. Ce boisseau ou *coupot* se partage lui-même, selon les lieux, en 10, 12, 18 coupes.

A ces renseignements se rapportent assez exactement ceux que nous avons rencontrés, en 1742, dans l'Urbaire des Mazarin. Il y est dit que le sac, mesure de Belfort, vaut 5 quartes de 2 coupons, 8 leroux ou 26 quesses (alias *caisses*) chacune. Mais en même temps il est fait mention d'un *bichot* ou *mut*, qui en avoine vaut 7 rézaux de 6 boisseaux, en froment et en épeautre 4 ½ rézaux de Rougemont, soit 787 et 506 litres. Déjà au xvᵉ siècle les comptes de la Seigneurie parlent du *bichot* de Belfort [2], et l'estiment à 4 rézaux de six boisseaux. Ils ajoutent même que ces 24 boisseaux équivalent à 27 boisseaux de Massevaux. Or ceux-ci valaient, d'après les

---

1. Als. dipl. t. I, p. 230. Charte de 1143 : Sextarium avene, quod est sexta pars quartalis, vel *sumbrini* forensis mensure Mauri monasterii.

2. Qu'il ne faut pas confondre avec le bichot, boisseau.

Tables 506.20 litres, ce qui concorde parfaitement avec les données du xviiie siècle.

Ce bichot se confond sans doute avec le *mut* (modium) employé à Ferrette et dans les autres cantons du Sundgau. Ce *mut* est évalué, lui aussi, à 4 rézaux de 6 boisseaux. Le boisseau, vingt-quatrième partie de ce mut, doit se retrouver dans le boisseau d'Altkirch, de Habsheim, de Thann. etc.

En dehors du *mut* le Sundgau se servait encore du *vierentzel*, qui valait tantôt 15 tantôt 16 boisseaux.

Ce *viertzel* ou *vierentzel* se rencontre aussi à Bâle, et même avec deux valeurs différentes. L'un, *le bürgermäss*, servait exclusivement, du moins dans les derniers temps, à tous les besoins du commerce; l'autre, le *rittermäss*, était employé pour le paiement de certaines rentes foncières; ce dernier était de $1/16$ plus grand. Tous deux se divisaient en deux sacs de 4 grands ou 8 petits boisseaux.

Des données que nous avons rencontrées dans les Archives, nous ont permis de contrôler parfois les estimations fournies par les *Tables*. En voici quelques exemples.

Pendant la disette de 1770, Bâle cède à la ville de Colmar, 600 sacs de froment à 8 boisseaux. Chacun de ces sacs est dit valoir 7 boisseaux 1 *bon* vierling de Colmar [1]. Le sac de Bâle, d'après les tables bâloises, = 136,66 litres; 7 $1/4$ boisseaux de Colmar = 136,95 litres. Ces deux résultats ne présentent entre eux qu'un écart insignifiant.

En 1715, 108 $1/2$ q. d'Ensisheim sont dits valoir 111 q. 5 bois. 1 $1/2$ quarts de Colmar. Donc 1 q. d'Ensisheim = $10723/10416$ du q. de Colmar. Or le q. de Colmar = 112,49 litres; donc 1 q. d'Ensisheim = $112,49 \times 10723/10416$ ou 115,85 litres. Les tables l'estiment à 116,24; il n'y a donc entre les deux chiffres qu'une différence de 39 centilitres [2].

Dans les comptes du prieuré de S. Morand, nous avons trouvé de nombreuses comparaisons entre le viertel d'Altkirch et le viertzel de Bâle, le viertel de Dannemarie, ceux de Traubach, de Ferrette, etc. En faisant les calculs, nous avons toujours obtenu des résultats qui concordaient à un ou deux litres près, avec les Tables de Réduction.

1. Comptes de Colmar.
2. Rathsprotocoll, 1715.

VALEUR EN LITRES.

	Boisseau.	Rézal. Blé.	Rézal. Avoine.	Sac. Blé.	Sac. Avoine.	Viertzel.	Mut ou Bichot.
Altkirch . . .	20,24	121,44		141,68	161,92		
Ammerschwihr.	18,75	112,49	131,24				
Bâle	17,09 | 34,18			136,66 / 145,20		272,32 / 290,40	
Belfort	13,85	27,71		138,54	166,24		506
Benfeld . . .	19,26	116,18	135,55				
Cernai	19,37	116,24					
Colmar	18,75	112,49	131,24				
Dannemarie . .	22,41	134,47					
Delle.		28,12		168,71			
Ensisheim. . .	19,37	116,24					
Ferrette. . . .	19,37	116,24		135,61	154,96	309,92	506,20
Guebwiller . .	19,37	116,24					
Giromagny . .	14,06			140,59			
Habsheim. . .	20,24	121,44		161,92			
Haguenau . . .	19,36	116,18	135,55				
Isenheim . . .	19,37	116,24					
Landau	11,43 / 15,83			126,65	112,48		
Landser . . .	18,75	112,49					
Massevaux . .	18,75	112,49					
Mulhouse . . .	19,37	116,24					
Paris.	13,08			156,10			
Ribeauvillé . .	18,75	112,49					
Rouffach . . .	18,25	109,49					
Saarunion . . .	32,03	128,10					
Schlettstadt . .	18,57	111,43	130,00				
Soultz	19,37	116,24					
Strasbourg . .	18,57 / 19,37	111,43 / 116,18	135,55				
Thann	20,92	125,52					
Villé	19,36 / 13,77	116,18 / 110,20					
Wasselonne . .	19,36	116,18					
Wissembourg .	15,36 / 15,83	116,18		126,65	142,48		

MESURES CAVES POUR LES LIQUIDES.

Les liquides s'évaluent presque partout par *fuder (carrata)*, *omen* (*ama*, mesure) et *mass* (pot). Mais le nombre des pots que renferme la mesure, et le nombre des mesures qui constituent le *fuder*, varient selon les localités.

En dehors de ces dénominations, on rencontre encore le *saum (soma)*, qui vaut de 2 ½ à 3 mesures [1]; le *sicle (situla)* ou

---

1. A Schlettstadt en 1420, 7 söm = 18 mesures ; en 1439, 2 söm = 5 mesures.

demi-mesure [1], le *quart (viertel,* quartale) qui est de 4 pots, le *shrot* équivalent de 4 mesures.

Dans les Annales des Dominicains de Colmar (xiiie siècle), on lit la note suivante : « A Colmar cinquante œufs font un pot (bicarium), iv pots font un quart, viii quarts font une mesure *(omen)*, xxi ome font une charrette (carratam). La charrette est la quantité de vin que peuvent traîner six chevaux ou quatre chevaux forts. » Cette estimation du fuder à 21 mesures se retrouve encore au xive siècle, dans une charte de Murbach (1330) et dans une autre de Marbach (1329). Le chiffre ordinaire pour la Haute-Alsace n'est que de vingt. Il se pourrait que l'on ait donné 21 mesures pour 20, quand il s'agissait de vin nouveau. Du moins rencontre-t-on des stipulations de ce genre.

A Belfort et aux environs, la mesure, d'après les *Tables*, est de 21 ½ *pintes*, de 24 pintes pour le détail. La première de ces divisions semble fort étrange. L'urbaire des Mazarin (1742) partage la mesure ou *tinne* en 18 pots ou 36 pintes. Un Compte de 1434 suppose à Belfort un *fuder* de 20 omen à 20 pots chacun. Au milieu de ces données divergentes, nous ne savons que décider.

De pareilles difficultés se présentent assez fréquemment. Des documents du xve, du xvie et même du xviiie siècle, nous apprennent qu'à Altkirch la mesure n'avait que 27 pots, tandis qu'elle en renfermait 32 dans les environs. L'État des revenus de la Baronnie d'Altkirch, pour 1753, nous apprend que 52 grandes mesures d'Altkirch valent 62 mesures ordinaires. Mais les *Tables* ne connaissent qu'une seule mesure, et la divisent en 30 pots. Cette mesure est-elle calculée sur la contenance du pot, ou a-t-on établi la valeur du pot d'après un étalon de la mesure? Nous l'ignorons, et ne pouvons que signaler nos scrupules.

Heureusement ces difficultés ne portent que sur des localités d'une importance secondaire; elles ne touchent pas aux grands marchés de l'Alsace.

La commission de 1791 a repris, pour Strasbourg, les vérifications de Schilter et d'Eisenschmid. L'étalon de l'*omen* con-

---

2. Als. dipl., t. i, p. 193. Charte de 1119 : due situle, quod nos teutonice ama vocamus. Cfr. nos *Constitutions*, p. 175 : situlam, id est, dimidium ame.

servé au trésor du Pfennigthurm, « qui n'est accessible qu'une fois par an, le jour de la S. Jean-Baptiste, fut soumis à une étude attentive. Il contenait 92 ℔. 11 onces 4 gros 42,8 grains d'eau distillée, et valait, par conséquent, 2309,439 pouces cubiques de Paris. Eisenschmid était arrivé à un résultat différent, parcequ'il n'admettait pas le même poids, pour l'eau distillée. Cette conclusion fut contrôlée par des contre-épreuves, faites sur les étalons des pots.

Depuis 1547, année où l'on établit des droits sur la vente en détail, Strasbourg avait deux espèces de pots. Le grand pot ($1/24$ de la mesure), servait à la vente par fut, vins, eaux de vie, bières, huiles (sauf l'huile d'olives, qui se vendait au poids). Le petit pot, appelé aussi pot de cabaretier ($1/32$ de la mesure), était employé pour le détail.

A Colmar, nous dit un mémoire de 1723, le fuder a 20 mesures, et la mesure compte 32 pots (divisés en 2 demi pots, ou 4 chopines), qui font 56 pintes de Paris. — Pour le vin trouble, les mesures étaient de $1/14$ plus fortes.

D'après un mémoire, conservé aux archives de Wissembourg, l'*ome* (mesure) de cette ville équivalait à 90 litres moins 6 chopines, la *mannslast* (charge d'homme), à 45 litres moins 3 chopines, et la *stutzkann*, à environ 15 litres. L'*ome* se subdivisait, d'ailleurs, en 12 viertel, 48 pots et 192 chopines. Nous aurions ainsi les résultats suivants :

mesure	87 l. 272
mannslast	43 636
stutzkann	14 545
pot	1 878

Ces chiffres diffèrent notablement de ceux de Carondelet.

Le pot de Bâle était $1/32$ de la mesure, $1/96$ du *saum;* il valait 1 l. 4221, ce qui donne au saum 136 l. 52; on a noté avec raison que la contenance du saum concordait ainsi complètement avec celle du sac (136,66). Un autre pot, la *neue mass*, doit, sans doute, son origine aux mêmes causes que le *petit* pot de Strasbourg. Il servait dans les mêmes circonstances et formait $1/120$ du saum; il existait déjà en 1590. On employait pour le lait la *neue moss*, et pour l'huile un pot plus fort (1 l. 556). Quand le vin vendu était encore trouble, on donnait 34 vieux pots, pour la mesure.

VALEUR EN LITRES.

	Pot.	Mesure.	Fuder.	Saum.
Altkirch	1,630	48,898	977,96	
Ammerschwihr .	2,001	48,037		
Bâle	1.4221 / 1,1138	45,51		136,52
Belfort		25,266		
Benfeld		45,81		
Cernai.	1,54	49,24		
Colmar	1,501 / 1,608	48,04 / 51,44	1152,90 / 1234,63	
Delle		50,22		
Ensisheim . . .	1,608	51,44		
Erstein		45,81		
Ferrette	1,454	46,54	930,80	
Guebwiller . . .	0,793 / 0,893	28.57		
Giromagny . . .	1,40	50,22		
Habsheim . . .	1,57	50,27		
Haguenau . . .		45,81	1099,162	
Landau	2,248	107,909		
Landser		46,54	790,80	
Massevaux . . .	1.32			
Mulhouse . . .	1,454 / 1,230	46,54	930,80	
Obernai	1,636 / 1.909	45,811	1099,162	
Ribeauvillé . . .	1,618 / 1,912	38,82 / 45,88	851,09 / 1009,48	
Rouffach	1,571	50,27	1005,44	
Saarunion . . .	2,082	45,811		
Schlettstadt . .	1,909	45,811	1099,462	
Soultz	1,57	50,22	1004,43	
Strasbourg . . .	1,527 / 1,909	45,811	1099,462	
Thann	1,54	49,24		
Villé	1,046	50,211		
Wasselonne . .		45,81		
Wissembourg . .	2,248	107,909		

Paris, pinte : 0,932 — muids (288 pintes) : 268,21.

Les auteurs des *Tables de Réduction* ont tous glissé avec une grande légèreté sur les autres espèces de mesures cubiques. Celles du Bas-Rhin se bornent à indiquer la valeur de la corde de Strasbourg, de la corde qui servait à l'administration des Eaux et Forêts et du pied solive. Les *Tables* du Haut-Rhin énumèrent un plus grand nombre de cordes ; mais là s'arrêtent leurs renseignements.

Pour suppléer à ce silence, nous croyons utile de transcrire les détails qui se trouvent dans le rapport consciencieux rédigé, en 1791, par la commission de Strasbourg. On y trouvera

MESURES CUBIQUES POUR BOIS, ETC.

plus d'une donnée intéressante pour l'étude des questions économiques.

Le *Klafter* ou *fuder holz* de Strasbourg a 6 pieds de camp. de long, sur 6 de haut. Les buches ont 3 pieds 2 pouces. Aujourd'hui (1791), cette longueur varie entre 3 et 4 pieds. La corde de Strasbourg se divise en 12 *rings*; l'étalon est attaché au mur de la tribu des pêcheurs avec le millésime 1671.

Le charbon se mesurait autrefois dans des vans, espèces de paniers portés sur le dos. Mais le magistrat a donné aux mesureurs, un prisme de la forme d'un parallélipipède rectangle, qui a 3 pieds de roi de long sur 3 de large et 18 pouces de haut. Il a donc 13 $\frac{1}{2}$ pieds cubes de roi. Trois de ces prismes remplis exactement font un *viertel* de charbon. En opérant sur ces données, nous trouverons pour le prisme une valeur de 463 décimètres cubes, et pour le viertel 1,388 mètre cube. Ce viertel diffère notablement de celui qui servait pour les grains. Il est permis de croire qu'il n'en était pas de même à l'origine.

Pour les bois de charpente, on se sert du pied cube (de ville) de Strasbourg; on emploie aussi parfois la solive de France qui vaut 3 pieds cubes de Roi.

On procède de même pour les pierres, les tuiles et les briques.

Le *viertel* usité pour la chaux vive, est une espèce de cône tronqué, qui $= 3,4175$ pieds cubes de roi. Cinq de ces *viertel* font un *Karch* (chariot). Contrairement à ce que nous remarquions tout à l'heure pour le charbon, ce viertel, qui vaut 117 litres 14, ne diffère que de quelques centilitres du rézal employé pour les grains (116,18).

Le *Karch* de sable pour bâtir comprend 30 boisseaux combles. Cette donnée concorde avec la précédente, puisque cinq viertel font 30 boisseaux.

A Bâle, le Klafter de bois présentait une surface de 36 pieds carrés; mais les bûches n'avaient pas, à ce qu'il paraît, de longueur régulière. La corde de bois du Rhin valait $\frac{1}{36}$ de plus que la corde ordinaire. La corde suisse vaut aujourd'hui 4 stères, si la longueur des bûches est de 3 pieds ou 1 mètre; davantage, si cette longueur était plus grande. A longueur égale, l'ancienne corde bâloise valait 3 % de plus, et la corde de bois du Rhin à peu près 9 % de plus.

VALEUR EN MÈTRES CUBES.

	Corde.	Solive.	Viertel.	Karch.
Altkirch	3,085			
Ammerschwihr . .	3,702			
Belfort	4,936			
Cernai	2,999			
Colmar	1,936			
Delle	2,571			
Ensisheim	3,702			
Guebwiller . . .	3.702 — 4,936			
Habsheim	1.319			
Isenheim	4,319			
Masseyaux	3,702			
Rouffach	4,319			
S^{te}.-Marie	4,936			
Soultz.	4,319			
Strasbourg	3,233		0,117 11	0,585 71
Eaux et forêts. . .	3,839			
Solive de France .		0,102832		

La livre se divisait en 16 onces, ou 32 *loths*. Nous ne reviendrons pas ici sur l'histoire de l'ancienne livre strasbourgeoise, que nous avons retracée ailleurs [1]. Il nous suffit d'indiquer rapidement la valeur et l'usage des différents poids, qui se rencontrent concurremment sur les mêmes places.

On distinguait à Strasbourg :

1º La livre lourde *(schwere pfund)*, qui servait pour les ventes en gros ; le quintal valait 104 *lb.* ;

2º La livre légère ou ordinaire *(leichte pfund)*, usitée pour le détail ;

3º La livre d'argent *(silbergewicht)*, que l'on employait pour la vaisselle, les galons d'or et d'argent ;

4º La livre d'apothicaire, qui avait 16 onces, 32 loths, 128 gros, *quintlen* ou drachmes, 384 scrupules et 7680 grains ;

5º Le poids de couronne *(Krongewicht)*. Soixante-quatre couronnes pesaient 7 onces, 37 grains, poids de marc. Il était réservé pour les matières d'or.

La bijouterie se servait aussi parfois de l'as de Cologne *(Kölnisch as)*, dont 4096 = 6 onces, 3 gros, 32 ½ grains de Paris; et du *ducaten gewicht.* Cent vingt-huit ducats = 14 onces, 5 gros, 1 ¾ grains.

Poids.

[1]. V. Tome I, p. 7 et suiv.

A Bâle on rencontre :
1° La livre de gros ;
2° La livre légère pour le détail ;
3° Une livre légère qu'employaient les confiseurs et les merciers ;
4° La livre d'argent, divisée en 2 marcs, 16 onces, 32 loths, 128 quintchen, 512 pfenninge (dont chacun se subdivisait encore en 256 parties).
5° La livre des pharmaciens, qui avait 12 onces, 96 drachmes, 288 scrupules et 5760 grains.

D'après les comptes du siècle dernier, conservés à l'église de Wissembourg, la livre de cette ville pesait 7/8 d'once moins que la livre de Paris.

VALEUR EN GRAMMES DE LA LIVRE.

	Ordinaire.	de Gros.	D'argent.	de Pharmacie.
Altkirch	474,82			
Ammerschwihr	503,47			
Bâle	480,23 / 486,20	493,24	467,71	357,78
Benfeld	473,21			
Bischwiller	478,30			
Colmar	493,22			353,35
Dannemarie	491,06			
Delle	484,86			
Erstein	471,70			
Ferrette	503,47			
Guebwiller	500,37			
Habsheim	511,88			
Haguenau	480,10			
Isenheim	500,37			
Landau	466,91			
Landser	511,88			
Massevaux	500			
Mulhouse	503,47			
Paris	489,51			
Ribeauvillé	511,88			
Rouffach	511,88			383,91
Schlettstadt	473,21			
Strasbourg	471,70	480,10	467,96	477,70
Thann	503,47			
Villé	486,37			
Wasselonne	471,70	480,40		
Wissembourg	463			

Strasbourg — poids de couronne 3,377 ; 64 = 216,13
» de ducat . . 3,196 ; 128 = 117,54
as de Cologne . 0,048 ; 4096 = 196,76

MESURES DIVERSES.

Aux mesures que nous venons de passer en revue, il faut ajouter l'explication de certains termes, qui peuvent se rencontrer dans d'anciens documents et qui sont, pour la plupart, tombés en désuétude :

          1 *decher* ou *dechent* = 10 pièces.
          1 *dutzet* = 12 pièces.
          1 *mandel* = 15 »
          1 *steige* = 20 »
          1 *viertel* = 25 »
          1 *schock* = 60 »
          1 *pfund* = 240 »
          1 *schilling* = 12 »
          1 *untz* = 20 »
          1 *zimmer* = 40 balgen (zobel).
          1 *stro* bicking = 1000 pièces.
          1 *last* = 12 tonnen.
          1 *roll* = 180 stockfisch.
          1 *zahl* = 220 blatislen.
          1 *hauf* salmen = neuvième partie du saumon.
Pour le papier : 1 *ball* = 10 riss.
          1 *riss* = 20 buch.
          1 *buch* = 25 bogen.
Pour la toile : 1 *vartl* = 45 barchent.
          1 *barchent* = 24 elen.
          1 *saum* = 22 tuch.
          1 *tuch* = ordinairement 32 elen.

Le sel et l'huile se vendaient tantôt au poids, tantôt à la mesure. Nous réservons les détails pour les pages qui seront consacrées à ces denrées.

CHAPITRE II.

HISTOIRE ET STATISTIQUE.

Si la science économique ne date que d'hier, les préoccupations économiques sont de tous les temps et de tous les lieux. Elles avaient une large place dans la sollicitude des magistrats, que la naissance ou la confiance de leurs concitoyens mettait à la tête de nos cités. Elles agitaient surtout les gens du peuple, les ouvriers, le petit commerce, les fonctionnaires subalternes, tous ces hommes qui vivent du produit de leur salaire et qui voient leur bien être, parfois même leur existence, ou celle de leur famille, dépendre d'une hausse ou d'une baisse dans le prix des denrées.

Il s'est donc rencontré, dans tous les siècles, des écrivains qui ont conservé le souvenir de ces préoccupations. Mais il ne l'ont pas fait tous avec les mêmes vues, avec la même intelligence de l'intérêt historique, qui s'attache à ce problème.

Les uns, trop dociles à ce penchant naturel de l'esprit humain, qui nous fait dédaigner les choses ordinaires et communes, n'ont parlé dans leurs Chroniques, que des années d'abondance ou de disette. Même sur ce terrain exceptionnel, ce seront encore les prix exceptionnellement bas ou exceptionnellement élevés qui frapperont de préférence leur attention. C'est le côté curieux, extraordinaire, anormal, qui les attire dans leurs digressions économiques. Ils les composent dans le même esprit et avec la même pensée, qui les pousse à relater les éclipses, les comètes, les monstruosités de la nature.

De pareilles indications ont, sans aucun doute, leur importance. Elles doivent figurer dans l'histoire, comme les faits qu'elles mentionnent, ont figuré dans la vie réelle. Mais en quoi nous renseignent-elles sur la valeur moyenne et normale des choses? Comment nous autorisent-elles à des conclusions générales?

Le 6 juin 1817, l'hectolitre de froment se vendit 96 fr. sur le marché de Strasbourg; c'est le prix qu'eût noté un Chroniqueur de cette école. Cependant le prix moyen de l'année n'est que de 48 fr., la moitié; le prix moyen de 1810—1820, n'est que de 24 fr. ou le quart. A une époque où les communications étaient moins faciles, moins promptes, plus coûteuses, l'écart entre les prix extrêmes d'une même année, pouvait être trois, quatre fois plus considérable.

D'autres écrivains, mieux avisés, songent plus à nous instruire qu'à nous émerveiller. Au lieu de ne s'attacher qu'à des faits accidentels, leurs Chroniques enregistrent tout ce qu'ils savent, tout ce qu'ils ont découvert. Ils interrogent les livres de Recettes et de Dépenses, et nous apprennent le résultat de ces recherches. Ils consultent surtout et nous font connaître les taxes officielles, qui s'établissaient autrefois à la rentrée des récoltes, pour faciliter la conversion en argent, des rentes payables en nature.

Après ces travaux il ne restait plus qu'un pas à faire, pour arriver au but que nous poursuivons : grouper toutes ces données économiques, en un tableau méthodique et suivi, d'où pût ressortir, avec netteté, le prix comparatif des denrées, le Pouvoir relatif de l'argent.

Ce pas fut franchi dans notre siècle. Des hommes, dont nous parlerons plus loin avec plus de détail, essayèrent de préciser, dans un intérêt purement économique, la hausse successive des denrées alimentaires, ou, ce qui revenait au même dans leur pensée, l'avilissement successif de l'argent.

Mais, disons le de suite, ces efforts n'eurent pas et ne pouvaient avoir le résultat désiré. Comme les chroniqueurs qui les précédèrent, ces économistes ne connaissaient pas les vicissitudes que traversa, dans le cours des siècles, la valeur intrinsèque des espèces monétaires. Ils rejetèrent, sur le prix du blé et du vin, des hausses plus apparentes que réelles, qui tenaient en grandes partie, parfois même exclusivement, à l'affaiblissement de l'argent monnayé.

Leurs conclusions ne doivent donc être acceptées que sous

bénéfice d'inventaire. Mais nous ne sommes pas en droit de les repousser sans examen.

Les évaluations des Chroniqueurs sont presque toujours faites en monnaies anciennes. Jusqu'à preuve du contraire, nous devons croire qu'elles sont fidèlement empruntées aux documents, qui leur servent de base [1]. Quant à celles des économistes, comme nous connaissons la source de leurs erreurs, il est possible de les rectifier, et, ce travail fait, nous sommes en face d'une œuvre sérieuse qu'il serait injuste de condamner à la légère.

Les renseignements fournis par les Chroniques, les calculs rectifiés des économistes, nous aurions pu les insérer dans les tableaux qui résumeront nos propres recherches. Nous nous étions même arrêté à ce parti dans une première ébauche de cette étude. Mais la réflexion nous a fait changer plus tard de dessein. Il nous a paru plus avantageux d'éviter toute confusion entre nos travaux personnels et ceux de nos devanciers

Si le lecteur daigne parcourir le tableau où nous avons condensé, année par année, les renseignements économiques fournis par les Chroniqueurs, il verra qu'il est souvent difficile de les concilier entre eux. La même année est signalée, par l'un comme un temps de cherté, par l'autre comme une époque d'abondance. A qui croire? Ils ont peut-être raison tous deux. La physionomie des six premiers mois d'une année n'est pas toujours celle que présentent les six derniers. Mais en l'absence de toute lumière directe, comment se prononcer avec quelque assurance?

Ailleurs, les Chroniques s'expriment à propos d'années différentes en termes complétement identiques. Cette coïncidence est-elle fondée sur les faits, ou doit-elle son origine à une erreur de copiste?

Enfin, les Chroniques se rapportent à des localités très-diverses, souvent distantes l'une de l'autre. Or nous croyons que, pour mériter une confiance sérieuse, les données écono-

---

[1]. Il se présente cependant parfois des difficultés sérieuses. Au lieu de reproduire les chiffres qu'ils rencontraient, les Chroniqueurs se permettent des conversions, plus que hasardées. C'est ainsi que nous trouvons chez eux des batzen, des kreutzers, des thalers, etc. bien des siècles avant que ces monnaies fussent connues ou usitées dans le pays.

miques doivent être des moyennes, et se rattacher avec suite au même milieu.

Mieux vaut donc laisser aux notes des anciens annalistes leur caractère propre, celui de documents, respectables en eux-mêmes, mais qu'on ne saurait accepter sans contrôle.

Ce chapitre se divisera en deux parties. Dans la première, à la suite de quelques observations générales, nous résumerons les renseignements que fournissent les Chroniques. Dans la seconde, nous apprécierons les essais de statistique qu'on a faits jusqu'ici sur la valeur historique du froment en Alsace.

Première Section.

Les Chroniques.

Le lecteur n'attend pas qu'à l'occasion de nos anciennes Chroniques, nous étalions ici une érudition, aussi facile que déplacée. Tout le monde connaît, ou peut connaître aisément, la biographie de leurs auteurs, le nom des écrivains modernes, qui, par des éditions multiples ou par des traductions plus ou moins réussies, ont travaillé à les répandre. Il nous suffira donc d'en dire peu de mots, ce qui est strictement nécessaire au but que nous nous proposons.

Les deux pères de la Chronique strasbourgeoise, Closener et Königshoven, rentrent dans la première des deux catégories que nous avons indiquées plus haut. Le prix des denrées ne les intéresse, que quand il est très-bas ou exceptionnellement élevé. S'ils notent un cours moyen, c'est lorsque celui-ci tire un certain caractère de singularité de quelque cause accidentelle, comme d'une guerre, d'un siége, etc.

La même tendance se retrouve dans la plupart des Chroniques, qui furent composées à leur imitation, pendant le cours du XVIe et du XVIIe siècle. La bibliothèque de Strasbourg en renfermait plusieurs, et il en existe encore quelques unes dans des collections particulières [1].

De tous ces ouvrages il n'en est qu'un seul qui, au point de

---

1. V. aussi Bibliothèque nationale de Paris, n° 88.

de vue économique, nous ait paru d'une véritable importance. C'est une Chronique attribuée à l'ammeistre Henri Trausch. Elle résumait du reste toutes les données de ses prédécesseurs, et les continuait jusqu'à l'année 1633. Elle formait trois volumes in-folio et a péri, comme tant d'autres richesses littéraires, dans l'incendie de la Bibliothèque de Strasbourg.

Trausch avait un esprit vraiment critique, mûri par la pratique des affaires. Son recueil, riche en documents de tous genres, nous a paru du plus haut intérêt. Nous lui avons fait de nombreux emprunts dans la première partie de ce travail ; il nous fournira encore ici, pour notre Chronique économique, l'appoint le plus considérable.

Moins importante à d'autres points de vue, la *Chronique de Thann*, rédigée par le P. Tschamser, mérite aussi une mention spéciale. Lorsqu'il fut publié en 1864, cet ouvrage ne reçut de la critique qu'un accueil assez froid. Nous même, nous l'avouerons franchement, nous avons partagé quelque temps cet injuste dédain. Les Annales de l'ordre religieux auquel appartenait l'auteur, les faits de l'histoire générale, occupent tant de place dans son livre, qu'au premier abord, celui-ci ne paraît qu'une laborieuse et indigeste compilation de matériaux presque tous étrangers à notre histoire locale. Mais une lecture plus attentive nous força bientôt à reconnaître, que Tschamser a habilement profité de toutes les ressources dont il disposait.

Comme économiste par exemple, il ne s'est pas contenté de recueillir, à l'exemple de ses prédécesseurs, des faits rares et singuliers. Son ambition est de donner pour chaque année le prix du vin et du blé. Tantôt il se base sur des taxes officielles; tantôt il s'appuie sur les livres de comptes et·les cours des marchés. Si dans l'état de dispersion où étaient alors les Archives, si avec les difficultés de toute espèce qu'on rencontrait à les consulter, il lui était impossible de remplir ce programme à la lettre, du moins n'a-t-il rien négligé pour atteindre son but. Nous devons lui savoir gré, et de ces efforts, et de l'intelligence des choses économiques qui les lui inspirait. C'est à un bon sens vraiment supérieur qu'il dut l'heureuse idée d'abandonner les errements de ses devanciers, pour se frayer une voie nouvelle, si commune aux yeux du vulgaire, si intéressante en réalité.

Parmi ces devanciers nous citerons, les *Annales des Dominicains de Colmar, la Chronique de Bâle* par Wursteisen, l'*histoire de Mulhouse* par Pétri, la *petite Chronique* de Bâle (1614). etc. La Chronique des *Dominicains de Guebwiller* est la seule qui rapporte, pour certaines époques, des prix ordinaires et moyens.

Dans le désir d'être aussi exact et en même temps aussi court que possible, nous avons dû recourir à de nombreuses abréviations. Le lecteur s'y fera très-facilement. En voici l'explication :

    Cl. désigne Closener
    K. » Königshoven
    T. » Trausch
    St. » les petites Chroniques de Strasbourg
    C. » Colmar (Dominicains de)
    G. » Guebwiller (Dominicains de)
    M. » Mulhouse (histoire de)
    TH. » Thann (Chronique de)
    W. » Wursteisen
    B. » Bâle (petite Chronique de)
    Ch. » Basler-Chroniken. Leipzig 1872
    P. » Petite chronique de Colmar (ms. de M. Ignace Chauffour).

Les autres écrivains que nous aurons rarement à citer, seront nommés en toutes lettres.

Les évaluations des quatres premières Chroniques, sont faites en deniers strasbourgeois; les autres comptent par deniers bâlois ou steblers. Tschamser suppose toujours le fl. à 25 β., et le δ. colmarien à 2 δ. steblers.

Les denrées les plus ordinairement mentionnées sont :

    F. le froment
    S. le seigle
    O. l'orge
    A. l'avoine
    V. le vin
    E. épeautre égrugé ou non.

Quand la mesure des grains n'est pas marquée, il s'agit du *quartale* (viertel, rézal). Le *b*. désigne un boisseau *(sester)*. Lorsque les Chroniques parlent de *sac* ou de *viertzel*, nous le signalons. Pour le Vin, les prix indiqués se rapportent, selon les circonstances, au

    f. fuder (charrette, carrate)
    s. saum
    o. ome
    p. pot, *maʒ*.
    q. quart (quartale ¹/₈ de mesure).

1069, T. Gelées. V. si cher qu'il coûte 6 δ. (1 fr. 05) le pot.
1125, T. Cherté.
1126, T. Cherté et famine, — G. Grande cherté et famine.
1129, G. Cherté et famine, à la suite d'un hiver rigoureux.
1136, G. Grande sécheresse.
1146, G. Grains, vignes et arbres fruitiers gelés, d'où cherté.
1147, G. Disette, peste.
1157, G. Grands froids.
1182, G. Les ouvriers qui travaillent à l'église de G., ont 4 δ. (0 fr. 86), les werckmeister ou contre-maîtres, 8 δ. En semaine on leur donne du pain et des aulx ; le dimanche, de la viande et tout en suffisance. TH. Cherté si grande, surtout dans le *Welschland*, que le boisseau de grains se paie 32 β.
1184, TH. Année fertile en vin et grains.
1186, B. Année très-précoce et très-abondante.
    TH. Hiver très-doux, qui donne pour 1187 une année précoce.
1187—88, Th. Hiver rigoureux, tout mûrit trop tard.
1189, TH. Cherté, Vignes gelées.
1191, TH. Mauvaise récolte. Cherté et famine.
1195, Cl. K. Grande cherté, l'o. V. 80, F. 60, S. 40, O. 25, A. 17, E. égrugé 45 β.
1196, T. Grande cherté. S. 1 marc. On saccage les boulangeries, parce que le pain manque. En un jour la ville distribue 100 q. — TH. Pluies, inondations, Cherté qui dure trois ans : Maxima tres annos pressit fames hic Alemannos.
1197, TH. K. S. coûte 1 marc.
1201, B. V. le s. coûte 9 kr. (45 δ.)
1202, TH. Mauvaise récolte. Disette et mortalité.
1204, TH. Peste et famine.
1206—07, K. St. 1 q. V. 2 β., la semaine suivante 2 δ. ; un tonneau vide se paie 2 ℔.
1210, TH. Année moyenne. Peu de V. mais excellente qualité.
1213, G. Cherté, le f. V. 100 ℔.; S. 1 marc.
1217, Grandidier (N. 525) V. abondant.
1220, Würdtwein (t. xiii, p. 243). Grande stérilité au diocèse de Strasbourg. — TH. Les trois années précédentes si bonnes que f. V. se vendait 1 fl.
1221, TH. Disette et mortalité.
1222, TH. Épizootie. La livre bœuf à 12, veau 16, mouton 15 ¹/₄ β.

1223, TH. Guerre. L'épizootie continue et a déjà enlevé plus du tiers des bêtes. — C. Épizootie.
1224, TH. L'épizootie cesse enfin, après trois ans de ravages.
1227, TH. V. excellent, mais petite vendange, le p. à 2 ß. Un b. S. 40, 12 œufs 8, 1 poule 20 ð.; 1 p. miel à 10 ß.; 1 livre de cire à 5 ß. Année précoce. — P. Été très-chaud, le q. V. à 1 ð.
1228, Cl. St. Les vignes fleurissent en avril. Vendange précoce. — B. Année précoce et assez bon marché. — TH. C. Année précoce.
1230, TH. Récolte et vendange médiocres. La guerre a gêné la culture.
1232, TH. Excellente année. F. 40, S. 30, b. de pois 13 ß.; V. nouveau trés-bon à 2 ß. le p.; le V. vieux à 1 ß. — C. Été très-chaud.
1234, TH. Froids affreux d'où disette. — C. Vignes gèlent.
1236, C. V. abondant, 1 q. V. pour 1, bientôt après 16 ð. — Luck : Abondance, S. 1 ß., peu de mois après 16. — TH. V. si abondant que 1 p. pour 1 ð., plus tard cependant 16.
1243, TH. Hiver froid et inondations.
1246, TH. Beaucoup d'insectes, qui amènent une disette. S. à 60 ß., 100 livres de foin à 2 ß., 1 poire à 3 ð., 1 pomme à 8 ð., un b. de noix à 15 ß., le f. V. 22 ß.
1247, TH. Long hiver, qui fait souffrir les vignes.
1248, TH. Grande disette, des milliers d'hommes meurent de faim.
1250, TH. Hiver long et rigoureux, suivi d'inondations.
1253, Cl. K. Quatre jours avant la S. Marguerite (8 juillet), le vieux S. est à 16 ß. et le lendemain de cette fête à 7, le nouveau à 4 ß. — TH. Grande grêle. Avant cet orage (2 juillet), tout était si bon marché que le S. se payait 21 ß. et l'o. de vin 30 ð.; mais après la S. Martin l'o. V. s'éleva à 1 fl. et le S. à 2 ⅔ fl. (67 ß. ⅓).
1255, T. Vendange abondante. A Strasbourg le s. (3 ome) du Brisgau se vendait 14 ð.; on donnait 4 p. de bon V. pour 1 ð. Le V. médiocre était employé à faire du mortier.
1256, C. TH. Grande famine.
1258, St. Cl. Été humide, le grain pourrit dans les champs. Les vignes ne mûrissent pas. Mauvaise vendange.
1259, Cl. Bon vin. Le q. se vend 4 ß., le S. à 4 ß.
1260, K. Abondance. Un o. de bon vin se donnait partout à 4 ð., le f. de V. s'échangeait pour un tonneau vide. Quoique Strasbourg fût assiégé, on n'y payait le q. V. que 4 ð. et le S. 4 ß.
1261, Cl. K. Un o. V. à 2 ð., le meilleur à 6. Abondance. — St.. telle abondance que l'o. V. 4 ð. et le S. à 4 ß. — C. Cherté des grains.
1262, TH. Excellente année, le S. à 12 ß., le pot de V. à 8 ð. — C. Cherté du blé.
1264, TH Peste.
1266, TH. Hiver humide. Le blé en souffre.
1267, T. Cherté. On vend pour 3 oboles un pain gros comme un œuf de pigeon. — TH. Excellente année. S. à 1 fl., l'o. V. à 16 ß. 8 ð. On ne peut manger ce qui se sert à l'auberge pour 10 ð., en fait de viande et de poisson.
1268, T. Peu de vin, beaucoup de blé. F. 30, S. 20, O. 13 ð. — C. Tant de noix que les arbres en sont brisés. — TH. Hiver froid, le V. rare, mais S. et O. 5 ß., l'E. égrugé 7 ½ ß.

1269, C. Bon Vin.
1270, C. F. à 30 ♂.—T. une livre de pain est plus chère qu'une livre de figues.
1271, TH. Beaucoup de souris. Cherté. — C. Raisin pourrit sur pied. Souris. Grande cherté.
1273, TH. A Mulhouse, F. 30 β., S. 68 ♂., l'O. à 36 ♂.; 14 œufs 4 ♂.; 8 harengs 1 ♂. Peu de Vin, le meilleur se vendait dans les auberges 16 ♂. le pot.— C. Gelées. peu de Vin.—T. Abondance. F. 20, S. 16, O. 22, 14 œufs 1, 8 harengs 1 ♂. — St. 1 poule à 2 ♂. (Cf. 1276).
1274, T. F. 42, A. 42 ♂. Bon vin. — C. Beaucoup de miel et de cire.
1275, C. Cherté. S. 10 β. à Bâle. Peu de fruits.
1276, Cl. K. Abondance. F. 28, S. 16, O. 10, 14 œufs 1, 8 harengs 1, 1 poule 2 ♂. (Cf. 1273). — C. le q. sel 6 β., F. 72 ♂., S. 40, O. 20.
1277, C. Abondance. O. 3, A. 1 ½, S. 4, F. 6 β. — G. W. Grande abondance, le sac. E. égrugé 42 ♂., E. 24, A. 18. — TH. Abondance, sauf pour le chanvre et le lin. O. 36 ♂., A. 28, S. 48, F. 72, 12 œufs pour 6 ♂.
1278, Cl. Souris mangent le blé. Cependant S. 16 ♂., O. 10, A. 8 — St. K. V. se gâte. mais blé abondant, F. 30 ♂., S. 20, O. 13 — G. W. Froids et souris. Un tiers de la récolte périt, mais pas de cherté. — TH. Froids. Cependant F. 9 β. bâl., S. 6 β. 8 ♂., O 42 ♂.— C. A l'avent : F. 4, S. 2 β., O. 14 ♂., A 10 ♂. Une livre de viande à 1 ou 1 ½ ♂., 1 q. de pois, fèves et lentilles à 3 β. Souris, mais abondance, l'o. V. à 1 β., 1 q. E. 20 ♂. — T. F. 30 ♂., S. 20, O. 14, A. 8, 14 œufs ou 8 harengs pour 1 ♂., une poule 2 ♂. Après la S. Urbain (25 mai), F. 36, S. 20, O. 13. Mais mauvaise vendange. — M. Grands froids. Vin gelé, grain réussit. S. 42 ♂., E. 24, A. 30.
1279, C. A Colmar, F. 30, S. 17, O. 18, A. 19 ♂. avant la récolte. Vin bon, le pot 20 ♂., le saum 30 ♂. — TH. Grands froids. On fait à peine le dixième d'une vendange ordinaire. Cependant S. 34, O. 36, A 30, E. égrugé 60 ♂. — Cl. Froids au printemps, qui détruisent les fruits.
1280, TH. Bon Marché. F. à 6 β., 8 œufs ou 4 harengs pour 2 ♂.
1281, TH. l'o. V. à 13 ½ β., S. 17. — C. S. 17 β., le q. V. 9 ♂.
1282, C. S. 20 β., le q. V. 2 β. En décembre, F. 12 β.
1283, C. Fruits abondants.
1284, TH. l'o. V. à 40 ♂., E. égrugé à 20 β. bâl. — C. Bonne vendange.
1286, C. Année abondante en fruits et en tout.
1288, K. F. 36 ♂., S. 24, O. 13, A 36, abondance. — T. F. 30, S. à 24, O. à 13, A à 13 ♂. — TH. Bon marché, malgré les froids. A Noël V. 9 β., S. 5, O. 4, 12 œufs pour 6 ♂. — C. Un vigneron a 1 β. par jour. Le vin de Chypre se vend 5 β. le becher, 20 β. le quart de Bâle. — B. à 4 ₰. le pot.
1289, T. Bonne récolte. F. 24 ♂., S. 16, O. 14. — Cl. K. Expédition, pendant laquelle on paie 9 ♂. pour 1 œuf, 1 β. et même 5 pour un fer à cheval ; 3 gros tournois pour un pain de 1 ♂. — B. le vierz. E. égrugé 4 β., le sac S. 3, le vierz. A. 2 β., 6 pots de vin 1 ♂.
1290, C. S. 10 β., mais — TH. en petite quantité.
1291, C. Bon Vin.
1293, C. TH. Excellent vin. — C. S. vaut 7 β., mais comme les eaux sont détournées, la farine coûte 20 β. Été sec. Vin bon et abondant.

1294, M. Cherté, S. 32 β. — C. Cherté, S. 18 β. — P. Grande cherté. — Cl. K. A la S. Marguerite (juillet), S. 13 β.; le F. 14. On distribue aux pauvres 100 q., huit jours après le pain manque, le peuple saccage les boulangeries. — TH. Grande cherté, F. 42 β. bâl. ; le méteil 22, surtout farine chère. Mais après il y eut bonne récolte et bonne vendange.

1296, G. TH. Grande abondance. E. 4 β., S. 3, l'o. V. à 16 δ. Un bourgeois de Bâle achète 100 sacs S. à 4 β.; quelques mois après, le sac valait 3 ₶.; par scrupule il bâtit, avec ce bénéfice, la chapelle S. Oswald. — M. S. 3 β. — W. Bon marché, le viertz. E. 4 β., S. 3, 6 pots de V. pour 1 δ.

1297, C. TH. P. Vin si abondant, qu'on le donne gratis pour vider les tonneaux. — Cl. K. Vin si abondant, que les tonneaux manquent. S. 7 β. — C. A Schlettstadt l'o. V. 8 δ.

1298, Cl. K. Vin abondant, 1 becher se donnait pour un œuf; le meilleur se vendait 1 δ. le becher.

1300. TH. Bon marché fabuleux. Il est difficile de trouver un tonneau vide en échange d'un f. de vin. — T. Vin excellent et très-abondant.

1302, TH. V. mauvais. — C. le q. V. 4 β., le pot V. mauvais et nouveau 2 β., le vieux à 32 δ.

1303, T. Blé bon marché, mais farine chère, parce que la sécheresse empêche de moudre.

1304, C. TH. Sécheresse. Blé bon marché, farine chère. F. 5 à 6 β., le pain très-petit, V. abondant.

1305, TH. V. aigre, mauvaise vendange. Mortalité.

1306, TH. Cherté, E. égrugé 25 β., S. 18 ½, A. 15, l'o. V. 10. Demi-vendange.

1309, TH. V. très-bon, mais quantité moyenne. Récolte meilleure, beaucoup de foin.

1313, G. TH. Peste et disette. — T. Peste suivie de disette, S. à la campagne 40 β.; en ville, 30. On en fait venir de Sicile.

1314, Nachtigall : Affreuse disette. On détache des pendus de la potence pour les manger.

1315, TH. Rien ne mûrit. Cherté affreuse. On mange des enfants.

1316, Cl. K. Cherté qui dure un an et mortalité. S. à Strasbourg coûte 30 β., à la campagne 40 et 45. — M. Mortalité et famine, S. 75-80 β. — TH. L'E. égrugé se vend 6 ₶.

1317, W. TH. G. Encore cherté. Dans le Sundgau le sac d'É. égrugé se vend 5 ₶. bâl. — Cl. Cherté comme en 1316.

1318, TH. Disette à Rouffach et dans les environs.

1325, Cl. K. Abondance, le q. S., choux, raves à 3 ½ β. Un bon pot de vin à 1 δ.

1327, TH. Année ordinaire en tout. — Ochs : 1 sac d'E. égrugé 5 ₶., 1 vierz. A. 2 ₶..

1328, Ochs : 1 vierz. E. 4 β.

1332, TH. V. abondant, mais médiocre. Récolte moyenne. Peu de fruits. Beaucoup de foin.

1333, St. T. V. très-bon et si abondant que les tonneaux manquent. —

TH. Bon marché. F. 18 *β*., S. 13 à 15 *β*., 15 à 20 œufs pour 2 *δ*., une poule pour 8 *δ*. Un tonneau de V. pour un tonneau vide.

1334, K. Les vignes gèlent.

1335, B. Le vierz. S. 4 *β*.

1337, TH. Sauterelles, cherté, S. 4 *α*., 1 œuf pour 1 *β*., une livre de beurre pour 2 *β*. Peu de V.

1338, TH. Abondance très-grande, F. 21 *β*., S. 16, O. 14—15 *β*., le f. meilleur V. 10—12 fl. — B. le vierz. S. 4 *β*.

1340, TH. Peste affreuse. Culture délaissée faute de bras.

1340, Nachtigall : Année si abondante que le vierz. S. 42 *δ*., le s. V. 30 *δ*.

1343, TH. Inondations. Excellente vendange.

1347, TH. G. Grande famine. Mauvaise vendange. — P. le f. V. coûte 60 à 100 *α* bâloises.

1348, TH. Mortalité qui dure deux ans.

1319, TH. Cl. St. G. Grande mortalité en Alsace et partout. On ne cultive rien.

1351, TH. Année extraordinairement bonne en blé, vin et fruits.

1353, TH. Telle abondance qu'on ne peut rentrer toute la récolte, le pot de vin est à 2 *δ*. — T. Si bonne vendange qu'on remplit pour 10 *β*. un tonneau qui en coûtait 30.

1356, Tremblement de terre à Bâle.

1358, TH. Mortalité.

1359, Note d'un compte de S. Étienne. Été pluvieux, ni récolte, ni vendange. — B. cherté, le vierz. S. 40 *β*. rappen.

1360, B. Pénurie de foin, cherté, un pot de V. se vend 30 *δ*.

1361, T. Souris. Cependant F. 48 *δ*., S. 30, O. 20.

1362, Cl. K. Pois si chers qu'une livre de pois coûte plus qu'une livre de figues. — TH. Sécheresse, le fourrage manque.

1363, TH. Peste, épizootie, cherté. — St. Hiver long et rigoureux. — B. Sécheresse et rareté du foin. — M. Grandes gelées.

1364, T. Froids, cherté du blé et mauvais V. — G. Invasion des Anglais. — K. On taxe le bois.

1365, T. Cherté, S. 12 à 16 *β*. — TH. Hiver froid et cherté. — W. Cherté suite de l'invasion des Anglais. S. à 1 *α*. str. (colm.) — K. Six années mauvaises de suite. S. ordinairement 10 à 12 *β*., s'il descendait parfois à 8, il remontait bientôt à 18 et 20 *β*.

1366, K. TH. Souris, Cherté. — W. Mauvaise récolte. — St. Souris.

1368, K. St. T. A la S. Ulrich (4 juillet), S. 20 *β*.; 4 jours après 7 *β*., A. 10 *β*. et pendant trois ans au moins à ce prix. Si grande cherté qu'un pain gros comme un œuf de pigeon, se paie 3 *δ*. Un malter de S. se vendait 1 ½ mures d'argent (77 fr.) et l'on en trouvait à peine pour les riches.

1370, K. A Strasbourg S. 20 *β*., à la campagne 30. — TH. La cherté diminue, S. descend de 14 et 16 *α*. à 3 *α*. 3 *β*. — T. La cherté diminue, S. descend à 2 fl. (21 *β*.)

1371, T. S. se paie en ville 21 *β*., à la campagne 30.

1372, K. V. si cher qu'on permit de le vendre à volonté (il se payait 32, 40 à 48 *δ*. le pot). On en amena de la Suisse, de Spire, de

Wormbs, etc. Le jour de la S. Maurice, il descendit de 12 à 1 ð. et se maintint toute l'année à 1 ð., et même à ¹/₂ ð. — Pendant la cherté 1 q. de V. et 1 q. de S. se vendaient 4 ꞵ. — T. Tout cher, sauf les grains. F. se payait 4 ꞵ. Une livre de pois et une livre de figues avaient même valeur. — TH. Avant la vendange, l'o. coûtait à Strasbourg 60 ꞵ., ici 64. Après, à Strasbourg 8 ð., ici 36. Le blé bon marché, F. ¹/₂ fl., S. 5 ꞵ., A. 1. — G. W. Le vin valait d'abord 1 ꞵ. (¹/₁₂ fl.) le pot. On donna après la vendange le s. à 24 ð. et 6 pots pour 2 ð.

1373, TH. F. 10 ꞵ., méteil 6, 16 œufs pour 2 ð. La livre de bœuf 4 ð., de veau à 2 ²/₃. — Bonne vendange, le pot V. 4 et 6 ð.

1375, K. Abondance. Malgré la présence des Anglais, le pot bon V. à 3 ð., S. ne dépasse point 7 ꞵ.; après leur départ, 5. — M. Malgré la présence des Anglais, le pot 6 ð., S. 16 ꞵ. au maximum. Il y eut ensuite tant d'années d'abondance, que bien des gens en furent fatigués.

1377, Berler : Cherté du Vin. Un f. coûte à Ribeauvillé 28 ₰. et 3 ₰.

1378, K. Les souris mangent les ²/₃ des grains. Cependant S. 18, A. 10 ð. — T. Souris. Cependant S. 16 à 18 ð., O. 10 à 12, A. 8 à 10. Vin cher.

1380, B. Le raisin est brûlé par la chaleur. Le s. V. coûte 8 ꞵ. Le vierz. S. 10. — M. Grains bon marché. — Nachtigall : Été chaud et si bon marché que 1 s. V. à 8 ꞵ. et 1 vierz. S. à 9.

1382, TH. Assez de vin et de grains, mais peste.

1384, TH. Vendange bonne. 1 f. V. 1 fl. Le blé un peu plus cher.

1386, T. V. abondant. 1 pot ¹/₂ ð. en détail. Le f. à 1 fl. Un tonneau de 1 f. coûte 3 à 4 fl.

1387, T. Le q. F., S., O., A., pois, lentilles, poires, pommes, noix indifféremment à 42 ð. — G. Grande abondance. 1 f. V. à 1 fl., une vache à 3 ꞵ., 1 tonne de bière à 4 ꞵ., 1 journalier à 3 ð.

1388, T. F. 48 ð., S. 24 à 36, A. à 48. — TH. Bon marché. S. à 10 ꞵ. bâl.; l'o. V. 3 ou 4 ꞵ.

1392, TH. Beaucoup de raisins, mais gèlent à la vigne. — Cl. Assez bon marché. S. 6 ꞵ., pot de V. 3 à 4 ð. — T. S. 6 ou 7 ꞵ. Le pot de vin 2 à 3 ð., à la campagne 4.

1393, TH. Bon V. Blé bon marché. F. 20 ꞵ., l'E. à ¹/₄ fl. — W. B. Été chaud. Bon V. Le vierz. E. ¹/₈ fl. — Nachtigall : 3 vierz. E. 1 fl.; 3 vierz. A. 1 fl. 3 ꞵ., 1 pot de V. 1 ð.

1394, T. Vin bon et abondant.

1395, B. 1 pot de vin 1 à 1 ¹/₂ ð.; 1 vierz. E. 10 ꞵ., S. 15, A. 9 ¹/₂. — TH. Très-bon marché. 1 pot de V. 2 ð., 1 boisseau S. 4, 12 œufs 2. On pouvait aller trois fois à l'auberge et y vivre bien pour un écot de 10 ð. On commence à faire des heller brod.

1396, Ochs : 1 sac E. 5 ꞵ., S. 7 ¹/₂, A. 56 ð., 1 pot de V. 1 ð.

1397, TH. Année précoce. F. 1 fl., S. ²/₃ fl., l'o. V. à 14 ð. Peste.

1398, TH. Bonne vendange. Le f. de V. nouveau à 3 ₰, vieux à 2, thalers, grains aussi à bon prix. — K. Avant la vendange le f. V. à 25 fl., après à 2 fl. Un pot à ¹/₂ ð. Le tonneau qui avant la vendange coûtait 8 ꞵ., se paie après 20.

1399, Nachtigall. Vin si bon marché que 1 f. à 30 β. Le f. charbon à 30 β.
1401, K. Pluies. Cherté. Peste.
1403, TH. Vent gâte la récolte et les fruits.
1404, T. K. TH. Inondations qui ruinent les prés.
1407, K. St. Froids continus de la S. Martin à la Chandeleur empêchent de moudre. — M. Froids les plus grands de mémoire d'homme.
1414, T. Un repas à l'auberge coûte 4 δ., le meilleur 6.
1415, TH. Peu de V., de blé et de fruits. K. Pluies, Inondations, foins et vignes perdus.
1416, T. Cherté jusqu'à la récolte. Le f. V. se paie de 20 à 30 fl., après la vendange le pot à 1 δ., F. 5 β. — TH. Idem. Le q. E. égrugé 15 β.
1418, TH. Pendant le concile de Constance on payait le bœuf 6 δ., le mouton 7, une poule 3 β., un œuf 1 obole, une livre de brochet 44 δ., de carpe 33, de tanche, d'outarde 38, de beurre frais 12, de beurre fondu 16, un muid de blé 18 β. 6 δ., le pot de malvoisie 24 δ., de vin d'Alsace, 8, 10 et 12 δ., de vin du pays 8, de vin du Rhin 40.
1419, St. Grandes pluies qui nuisent au foin, au blé, au Vin.
1420, T. Année précoce. — B. En prévision d'une cherté, Bâle s'approvisionne, les bourgeois ont 16963 vierz. de grains. — W. G. Tout précoce. Bonne vendange.
1421, T. Inondations. Bois cher. Le f. à 10 β. (2 fr. 31 le stère); les 100 fagots à 12 β. (9 fr. 94).
1422, K. Bois cher, le f. à 10 β. (2 fr. 31 le stère); 100 fagots à 7 β. (5 fr. 22), par suite des guerres. — Berler: Grains cher. Mais Vin 2 pots pour 1 δ.; 1 omen pour 8 δ.; 3 œufs 4 δ.
1424, T. S. 36 δ., le pot de vin à 1/2 δ., — Inondations.
1425, Berler: Hiver précédent très-froid. Vignes gèlent. Le f. V. 22 fl.
1428, T. Blocus. Le boisseau de sel monte à 7 β. (29 cent. le kilo).
1430, St. Hiver rigoureux, le blé gèle. Cherté. TH. Vignes et blés gèlent.
1431, Vin si abondant qu'on l'emploie à faire du mortier.
1432, T. S. 12 β. Le q. de poires à 18 β. le pot de vin à 5 δ.
1433, TH. Grande abondance. F 30 β., méteil 27, A. 15, l'o. V. bon 16, ordinaire 12. — W. Sécheresse et cherté. Un s. V. 3 fl., deux pommes ou poires 12 δ. — M. Cherté suite de la sécheresse. — Ochs: Cherté de V. et fruits, le s. à 3 fl. — Berler: les vignes gèlent.
1435, M. Cherté à cause des froids. — TH. Gelées; le pot de V. coûte 12 δ., il y a un an 8. — Comme W. en 1433.
1436, T. Le f. V. 60 β. F. à 4 β., S. à 3, O. à 2. — TH. D'abord à cause des froids le f. V. à 18 ϑ., après 4, 5, 6 ϑ. au plus. Le S. à 4, 5, 6 β., l'A. de 3 à 4 β.
1437, T. Après Pentecôte, cherté. S. 10 β. (en Souabe 40 a 50), 1 pot de vin 5 à 6 δ., 1 poire 1 δ., 1 pomme 1 δ.
1438, T. Mortalité et Cherté. S. à 18 β. — TH. Pluies et cherté. Le sac d'E. égrugé 92 1/2 β.; S. 70; l'o. V. bon 25, ordinaire 18 (28 fr. 30 l'hect.), chose alors inouïe. — M. Pluies et cherté. F. à 66 β.; méteil 50; S. 30, l'ome V. ordinaire 25 β., bon 30; deux poires ou deux pommes à 1 β. — B. W. G. Cherté. Un sac d'E. égrugé à 3 1/2 fl., un omen de V. ordinaire 3 fl., bon à 4 1/2 fl.

1439, L. Cherté plus grande qu'en 1438 et peste.—G. Peste.—W. Cherté. Le sac de S. à 6 *a*. ; le vierz. E. à 6 fl. ; sac F. à 8 *a*. — Ochs: id., d'ordinaire le vierz. de S. à 1 *a*. — Berler : Grande cherté, le F. 30 à 33 β. str.

1441, T. Bonne année F. 20 δ.

1442, T. Été chaud. Bonne moisson. S. 4 β., 1 pot de vin à 1 δ.; foin cher ; 1 livre de beurre 7 et 8 δ. ; 1 q. d'oignons à 20 β. — B. hiver froid. — St. froids qui nuisent au blé. Vin et blé gèlent.

1443, T. Hiver froid, mauvais vin, S. à 4 β. ; 1 q. d'oignons à 18 δ; point de noix. — TH. Cherté, suite des froids ; 1 boisseau d'E. égrugé à 16 β.; 100 livres de foin 9 β.; un pot V. à 6 δ.

1444, TH. Hiver rigoureux. Le grain se rouille. F. 43 à 45 β., S. 35, A. 25, l'o. V. ordinaire 40. — W. En vue d'un siége, Bâle s'approvisionne à 26 β. le vierzel.

1445, T. Année abondante en V., l'o. 14 δ., S à 18, 15 œufs pour 1. — B. Le 3 mai, on achète un saumon et 18 sacs de S. au même prix (4 fl. ou 33 fr., soit 5 ½ β. le sac), 30 œufs pour 2 δ. — St. Beaucoup de V. mais aigre, le f. ancien à 20., le nouveau 2 à 3 fl.

1446, T. Les vignes gèlent. Le pot se vend 7 δ. On fait de la bière à 2 ou 3 δ. le pot. —TH. Après les gelées le pot se vend 7 β. Bière — G. Cherté, parcequ la secheresse empêche de moudre.— M. Le f. Vin monte à 32 *a*. (22 fr. 52 l'hect.) par suite de la sécheresse.

1447, M. Le f. Vin redescend à 4 *a*. (2 fr. 81 l'hect.) — TH. Vin et blé réussissent mal.

1448, M. Le f. Vin à 2 *a*. (1 fr. 42 l'hect.) — T. Le f. Vin à 2 fl. (1 fr 37); le pot à ½ δ. Excellente année. F. 56 δ., S. 28, O. 20, A. 16, 6 œufs pour 1, δ. — TH. Vin très-bon marché, le pot à 6 δ. F. 40 β., A. 18.

1449, TH. Le pot V. à 4 δ., S. et O. 12 β., E. égrugé 18, A. 9; mais ces prix durent peu.

1451, T. En carême 8 œufs, 30 pommes, ou 1 pot de vin pour 1 δ.; S. 36 δ.

1455, TH. Bon marché. L'o. V. le meilleur 5 β., F. et E. égrugé 1 fl., S. 16 β. 8 δ.; 1 poule 5 δ., 12 œufs 2, une livre de viande 2.

1458, TH. Cherté. F. 2 fl., l'o. V. 20 β., 1 œuf 2 δ., 1 poule à 16, la livre de viande 8. — B. Gelée blanche le 21 mai. Avant on avait 18 pots pour 4 et 5 δ.; après le pot se vend 12.

1460, TH. Grande cherte. S. 40 β., l'o. V. 5, en suite d'un hiver rigoureux.

1465, T. Vendange abondante. Le f. V. nouveau à 2 ou 3 fl., mais le vieux se vend de 16 à 20 fl. — St. Vin abondant, mais aigre. — W. Si bonne récolte que le vierz. E. coûte 6, 7 et 8 δ. — B. Blé si bon marché et poisson si cher que l'on donne 9 sacs de S. et 2 β., pour un saumon.

1466, T. Vin excellent. Le f. de V. nouveau 20 fl., et 8 f. de V. vieux 20 fl.; F. 42 δ., S. 26.

1467, B. 100 choux coûtent 30 δ. et 1 boisseau de raves, 2.

1468, TH. Peste et cherté. Les Suisses ravagent le Sundgau.

1469, TH. A Strasbourg tout est si bon marché, que le dîner de l'ammeister coûte 5 δ.

1470, TH. F. 40 β.; S. de 30 à 34; A. 23 à 25; V. l'o. 16 à 25. — M. F. 14 β.; S. 8; A. 4; l'o. V. 6; le boisseau de sel à 8 (14 centimes le k°).
1471, Vin excellent et abondant.
1472, St. Été très-chaud.
1473, G. TH. Sécheresse, précocité, blé rare mais peu cher : S. 10 β., l'o. V. à 3, légumes chers, 1 chou coûte 1 β. et un navet 4 δ. — T. Bonne récolte et bonne vendange. S. 3 et 4 β. L'o. V. 15 et 16 δ. même 8. Le pot de V. ordinaire ¹/₂ δ., le pot de bon V. 3 δ. Légumes chers à cause de la sécheresse. Été si chaud qu'à la S. Martin il y eut de nouveau des cerises. — M. Peu de légumes mais S. 5 β. et l'o. V. 2. — W. comme TH. plus : un saumon coûte autant que 15 sacs de S. — Berler, Été très-sec, mais tout réussit. — B. Le vierz. S. 10 β., le s. V. du Brisgau 7.
1474, B. TH. Pluies. Vin aigre. A Bâle une voiture de vin à 3 ℔. A Thann l'o. V. vieux 15 β., V. nouveau 4 — M. V. abondant mais mauvais, le f. à 40 β. (1 fr. 31 l'hectolitre).
1477, TH. Cherté par suite de guerres.—W. et de gelées.—G. l'o. V. à 10 β.
1478, W. Vendange si belle qu'en cinquante ans on n'en vit pas de semblable. — Berler, Sauterelles. Pestilence.
1479, Pendant le siége, les bourgeois de garde ont par jour 18 δ. de salaire et de nourriture.
1480, T. Grands froids et inondations. Cherté : F. 20 β., S. 17, O. 13, auparavant 4 et 6. Bien des gens font du pain de son. La ville distribue aux bourgeois et même à des étrangers, F. 14 β. et S. 11. Le V. vieux à 30 fl., le nouveau à 20 fl. le f. — TH. W. Cherté, on cherche du blé dans la Basse-Alsace. S. est à 3-5 ℔. Les pauvres achètent du son à 4 β. le boisseau et le cuisent mêlé à la farine d'avoine et de fèves. — G. l'o. V. à 10 β., le boisseau de son à 4. Berler : Cherté! S. à 3 fl. en or et 4 ℔. bâl.
1481, T. Vendange abondante et bonne. — G. La cherté continue en 1481 et 1482. — M. et W. le S. ne descend pas au-dessous de 3 ℔.
1483, G. Mortalité, suite des 2 chertés précédentes. — Berler : Peste. — St. Vin très-bon marché. On vend le pot à 5 ¹/₂ et 6 δ. au marché. TH. Vin très-abondant et surtout très-bon.
1484, M. Le bon marché revient. S. est à 15 β. — G. W. Bon marché. Au printemps un sac d'E. égrugé se vend 16 β. On donne 2 et même 3 pots pour 2 δ. — T. Les tonneaux manquent, on donne un eymer pour 1 œuf, pour rien. Le V. du pays à 6 et 7 et même 2 δ. l'o., le meilleur à 20, S. à 3 β.—St. On donne un o. de V. pour un œuf, tant il est bon marché.
1485, TH. Bon marché qui dure longtemps. Le f. V. à 35 β., F. à 5, S. et A. à 2. A l'auberge on paie 2 δ. le pot. — M. Le S. à 5 β., l'ome V. à 1 au plus. — G. Avant Noël, comme TH. après Noël, le f. V. à 13 ℔. et S. 11 β. à cause des gelées. — Berler : Cherté et peste. —B. En mai le s. bon V. 6 β., le vierz. E. à 5. En octobre le s. V. à 1 fl. et le vierz. korn 15 β.
1486, T. Mauvaise année. Le q. d'oignons à 30 β., chose inouïe.
1489, TH. Année moyenne. F. 100 β., E. égrugé 90, S. 60, A. 30. Le f. V. ordinaire 9 ℔., rouge 10 à 11 ℔., bon 13 ¹/₂ ℔.

1490, TH. L'E. égrugé à 6 β.
1491, T. St. Long hiver, pluies. Cherté. Le S. sec 18 β., mouillé 9 β. 2 δ. On achetait dans le Brisgau du vin à 18 fl. le f., pour le mêler au V. de Thann, aigre, qui coûtait 3 à 4 fl. Les vignes gèlent ensuite, ce qui met le V. vieux à 40 fl. et le V. aigre à 20 fl. On fait de la bière. — TH. L'E. égrugé à 8 ₰. La Cherté dure 3 ans.
1492, T. Le pot V. aigre se vend 6 δ. Cherté inouïe.
1493, T. Vin abondant et bon. L'o. à 5 et 6 δ., le meilleur à 7. Mais les années suivantes le V. de nouveau aigre et cher. Été chaud. Un boisseau d'oignons coûte 5 β. comme 9 boisseaux de S.
1494, G. Gelée à la S. Georges. Avant le V. coûte 12 ₰., après 24. — TH. Mortalité. Gelées blanches, le vin monte à 1 ½ ₰. l'o.
1495, T. Vin abondant à 4 fl. le f.; le meilleur à 5 fl. — St. Les tonneaux manquent.
1496, T. Vendange excellente, le f. à 3 ou 4 fl., les tonneaux sont deux fois plus chers que le vin. — Berler : V. si abondant que l'o. se vend 1 β., le f. à 1 fl.
1497, T. Blé si cher que S. coûte 10 à 12 β. Mais la ville en put donner aux bourgeois et aux étrangers à 5. — TH. Vin médiocre. Le *rangen* à 75 β. l'o., le V. ordinaire à 40 β. F. 80, S. 50, O. 40, A. 25, pois 90, la livre de lard 8 δ.
1499, T. Bonne Vendange. — G. l'o. se vend 8 β. — TH. l'o. à 8, F. 30. — W. Louis XII promet aux Suisses 3 ¼ fl. de solde par mois.
1500, TH. Famine.
1501, TH. Cherté et peste.
1502, TH. L'o. V. 7 ½ β. F. 60, méteil 35 ½. — G. l'o. à 7 ½.
1503, G. Cherté. — T. Bonne récolte partout pendant trois ans. Le f. V. se payait 2, 3, 4 fl. F. à 3 β.
1504, G. Grande cherté. Sécheresse. Cependant l'o. V. à 4 β. — W. Sécheresse, léger renchérissement des grains. — St. Excellente année. L'o V. coûtait 14, 16, 18 δ.; le meilleur 20. — La botte de radis coûtait 6 δ. comme 8 pots de Vin. — TH. Sécheresse. Tout renchérit, S. 50 β., A. 38, l'o. V. 15. Puis vendange moyenne, mais excellente, le meilleur Vin à 4 β. l'o. Malgré la douceur de l'hiver l'o. V. vieux à 45 δ., le nouveau à 40.
1505, T. 4 aloses qui d'ordinaire coûtent 2 β. se vendent 14; 100 saumoneaux se paient 3 fl.; une botte de radis autant que 8 pots de vin. Jamais on ne vit autant de vin. — TH. Depuis un siècle on n'a vu d'aussi belle vendange. En beaucoup de lieux, le Vin se donne pour rien. — G. le pot de V. à 1 δ., 1 œuf à 1.
1506, T. Été chaud et sec. Beaucoup de vers, F. 3 à 4 β., S. 3. — TH. Grande abondance, S. à 6 ¼ β.
1507, T. Été si chaud que tout dessèche. Cherté. — TH. Bon marché jusqu'au carnaval suivant; 3 œufs pour 4 δ.; S. 25 β.; le meilleur vin à 10 β. l'ome. — G. abondance, 13 œufs pour 1 δ.
1508, T. Printemps froid, suivi d'épizootie. — TH. Été humide. Épizootie.
1509, TH. Hiver froid. Beaucoup d'alouettes prises, se vendent 4 δ. la douzaine. Été sec. L'o. V. à 7 β. — G. l'ome V. à 7 β.
1510, G. TH. Dans le Sundgau, le S. coûte 32 δ. Le long des Vosges, le

S. est à 4 β. et le f. V. à 7 *ıl*.— M. Grande abondance, F. 7 β., S. 5, A. 3 $^1/_2$, l'o. V. 5.

1511, T. Grands froids, les vignes gèlent, le f. V. se vend 20 fl. à la vigne.

1513, G. Gelées. Le V. est à 20 fl., un accapareur le fait monter à 20 *ıl*. Beaucoup de grains. — TH. l'o. V, à 25 β., mais baisse dès qu'on reconnaît que la vendange est assez bonne.

1514, G. Bonne année en Vin et Blé.

1515, T. Été humide. Cherté. F. 8 à 9 β. S. à 5, 1 pot de Vin 4 δ., un becher de beurre 27 δ.

1516, TH. Grande Cherté. F. 30 β. A. 17. Vin excellent, mais petite récolte ; le f. à 12 *ıl*. st. — T. Été sec et cherté. F. 11 β., S. 9, 1 bo te de raves à 3 δ., Vin très-bon mais rare.

1517, G. Cherté tempérée par des importations. Le f. V. à 30 *ıl*, S. 3 *ıl*. — M. En suite de grèles, cherté suivie jusqu'en 1520, de peste. — TH. Cherté d'abord excessive, le S. monte à 3 *ıl*., mais des importations faites par les Français la rendent supportable ; S. 45 β., 100 choux à 30, l'ome V. à 20. — T. Cherté. Strasbourg distribue plus de 50,000 sacs à 7 $^1/_2$ β. ; ailleurs S. coûtait 17 à 18 β. Le vin monte à 26 et 30 fl. ; le pot se vend 8 δ.

1518, T. Vin et blé réussissent mal. Cherté. — TH. Vendange médiocre, le f. V. nouveau à 14 ou 15 *ıl*., F. 70 β., S. 50. — G. Abondance. Les prix baissent à partir du carnaval.

1519, G. l'ome à 7 β.

1520, G. l'ome à 15 β.

1521, TH. Bonne année. Peu de fruits, sauf les noix. S. à 50 β., l'ome vin à 15. — G. l'ome à 15.

1522, G. Les harengs sont chers, 5 δ. la pièce.

1523, G. Bonne année, le boisseau de sel à 15 β. — T. Beaucoup de Vin. — TH. Bonne année. S. à 15 β. l'ome de V. 7, avant la vendange.

1524, G. Beaucoup de blé, peu de vin, le boisseau de sel à 11 β. L'o. 20 β. — TH. F. à 60 β., S. à 50, l'ome de bon V. 20, le boisseau de sel 11. — Friese dit : un journalier a 10 δ., S. est à 7 β., l'ome de V. à 8, la livre de bœuf à 1 $^1/_2$ δ. ; un mois d'écolage à 1 β. — Ch. Peu de vin.

1525, G. Assez bonne année. L'o. V. à 10 β. — TH. Sécheresse, beaucoup de seigle, peu d'O. et d'A. Bonne vendange. F. 45 β., métoil 30, A. 30, un o. de V. 10 à 12.

1526, G. Excellente année. A la vendange un f. V. 13 *ıl*. et S. à 12 β. — TH. Excellente année. Vin et blé en abondance, mais V. médiocre. Le f. à 13 *ıl*. F. 18—20, S. 12. — T. Les paysans condamnés après la révolte à 3 *ıl*. d'amende, peuvent à peine les payer avec 20 q. de S. (donc le q. à 3 β.) — Ch. Grande rareté de viande, qui dure deux ans.

1527, G. Bonne année. Le f. V. à 20 *ıl*., S. 12 β. ; mais viande chère. — TH. Abondance. Le f. excellent vin à 20 *ıl*., S. à 12 β. ; mais viande à 8 β. la livre.

1528, G. Bonne année. L'o. V. 13 β. — TH. Assez d'abondance. Le S. 25 β., l'ome de V. 12.

1529, G. Cherté surtout par suite d'exportations. Le V. nouveau est mauvais, le vieux se paie 29 et 30 *tt*, S. 50 *β*. — TH. Cherté. Le f. V. vieux à 30 *tt*., point de nouveau. S. 50 *β*. — Ch. Cherté. 1 vierz. korn 70—75 *β*., A. 1 couronne, 1 sac S. 50 *β*.

1530, G. Assez bonne année. Cependant le f. V. à 33 *tt*., la livre de beurre à 2 *β*., le pot d'huile à 5, le boisseau de fèves 10, de pois 8. Le S. reste à 50 *β*. Les Suisses exportent beaucoup. Les Welches inondent le pays. A la fin de l'année l'o. V. coûte 19 *β*. et le pot d'huile 7, le f. V. vieux 30 *tt*., nouveau 25. — TH. Fruits en abondance, mais cherté continue. Les Suisses exportent, les Welches inondent le pays, beaucoup meurent de faim. Le V. vieux 34 à 38 *tt* le f., le nouveau 20 fl., S. 60 *β*., le boisseau de pois 8, de fèves 10, le pot d'huile 7. — T. Cherté continue. S. à 3 fl., le f. V. à 32 fl., le pot, quoique aigre, se vend 6 à 8 *δ*. — Ch. W. Gelées. Au printemps le s. V. à 5 *tt*. et le sac d'E. égrugé à 4. Poisson très-bon marché, le *hanf* saumon à 20 *δ*. (15 *β*. le saumon). A la moisson, le S. descend à 2 fl., mais pour remonter à 5 fl. La ville distribue 150 sacs par semaine à prix réduit. — Ch. Le vierz. korn 65—75 *β*., A. une couronne ou 40. 1 sac kernen 80, S. 50. — M. Grande famine chez les Allemands et les Welches. La cherté dure depuis 1526. — Buxtorf. Bâle distribue à 15 *β*. le boisseau de farine faite avec A. S. F. en égale proportion. On fait du pain d'O., d'A., de fèves, etc. — W. Froids, le s. V. monte à 5 et le sac E. égrugé à 4 *tt*., à la récolte l'E. descend à 2 fl., pour remonter à 5.

1531, G. TH. D'abord le S. à 88 *β*., le f. V. 20 *tt*. (à Pâques 30), le boisseau de fèves et de pois 12 *β*. En juin F. 120 *β*., S. 100, O. 78, A. 28. A Colmar, le 25 juillet le F. à 136 *β*. et le 3 août à 50. Petite vendange, l'o. V. à 16 *β*. — T. Cherté continue, le f. V. à 25 fl. Le F. à 34 *β*., S. 28—30, O. 25, A. 11. Le pain de 1 *δ*. pesait 8 onces, 4 à 5 œufs pour 2 *δ*., la livre de viande 6 à 7, le boisseau de sel à 7 *β*. Les États fixent comme maximum F. 13, S. 11, O. 6, A. 3 ½ *β*. et les prix tombent. — B. Le vierz. S. 90 *β*., en mars 110. — M. La cherté dure de 1526 à 1538, surtout par malice. Mulhouse distribue du grain à prix réduit. Le F. monte à 120 *β*., mais le magistrat fixe le maximum F. à 66 *β*., le méteil à 54 et le seigle à 50. l'O. et l'A. non taxés se vendirent 20 et 25 *β*. — St. Vendredi avant Pâques, A. 9 ½ *β*., le f. V. 25 fl. A la S. Georges F. 34, S. 29, O. 15, A. 11 *β*., le pain d'une obole pesait 4 loth. La ville distribue la farine d'abord à 14 *δ*., puis après la S. Georges à 24 le boisseau. — Ch. Des grains arrivent de la Souabe, le sac kernen 5 *tt*., le vierz. korn 95 *β*., S. 86, A. 50. Après la récolte, le saum V. descend à 1 fl., le korn à 2 fl.

1532, G. Beaucoup de fruits, de regain, de vin (l'o. à 13 *β*.) — TH. Abondance, l'o. V. 18 *β*., F. 36, S. 14 ¼.

1533, M. Le pot de V. se vend 5 et 6 *β*. — TH. En janvier, les prix baissent : F. 30 *β*., méteil 14, S. 12 ½. Vin aigre, le f. V. vieux 14 *tt*., le nouveau 5 *tt*. — G. En novembre F. à 30 *β*., S. 26, O. 18, A. à 12, encore cher, hiver rigoureux, l'o. V. 13 *β*.

1534, G. TH. Point de fruits, sauf des noix. Peu de vin, le f. nouveau

16 ℔., le vieux 12. Assez de grains, sauf l'A. Le F. coûte 25, S. 10, O. 18. l'A. 15 β. L'o. V. se vend 17 β.

1535, G. Peu de vin et aigre, l'o. à 10 β. — T. Année abondante, la cherté cesse. F. 24 β. et le f. V. à 40 fl. — TH. Abondance.

1536, T. Hiver froid. Bon marché. F. 7 et 8. β. et le f. V. à 12 fl. — G. Abondance, le F. 23 β., le f. V. 13 à 14 ℔. — TH. Abondance. F. 23 β. Vers le Nouvel an F. 20, S. 15 et 1 f. V. à 17 ℔ — Ch. Grande abondance, le vierz. korn à 18 β., le saum V. 15, le pot en détail à 2 δ.

1537, T. Le F. 9 et 10 β., le f. V. en ville 10 fl. — TH. Excellente récolte en blé et vin. — G. D'abord F. 20 β., et S. 15. Plus tard pluies et hausse.

1538, T. Hiver doux, mais les vignes gèlent au printemps. Le F. 11 β. et le f. V. de 36 à 40 fl. — W. Gelées blanches. Le f. V. coûte en Alsace de 30 à 44 fl., à Bâle, le pot se vend 30 δ. — Ch. Gelées en avril, le saum V. vieux monte à 5 ¼, le V. nouveau à 4 ℔. Vendange assez bonne, cependant le saum reste à 5 ℔. et le pot à 1 β. Après la S. Michel. le saum descend à 60 et 65 β., puis remonte. Le vierz. korn avant Pâques à 14 et 15 β., monte à 25, puis descend à 13 et 14. pour remonter en automne à 18. — G. TH. En avril, F. à 18 β., S. à 13, le f. V. à 34 ℔. Gelées, souris, cependant abondance. En été renchérissement, à Scultz et Guebwiller, le F. 30 β. A Thann le F. 18 à 20, le méteil 15. Vin et fruits en abondance, sauf les noix, aussi le pot d'huile à 6 β. A la fin de l'année F. 20, S. 15, O. 12, A. 8 β. Avant la vendange le f. V. à 36—40 ℔., après, l'ome vin de cens à 5 β., le f. de V. nouveau à 8 ℔. — B. Après les gelées le s. V. monte de 15 à 80 β. le pot se paie à Bâle 15 kr.

1539, G. TH. En avril le F. 30, S. 28, O. 18, A. 12 β., le f. V. à 40 ℔. Abondante récolte, le pot de V. se vend 8 δ. — TH. Après la vendange le f. V. ne coûte plus que 4 à 5 fl. En decembre F. 18, S. 14, O. 16, 100 choux à 60 β., une livre de beurre à 39 δ. — W. P. Abondance. Le f. V. tombe de 40 à 4 fl., le panier de pommes coûte autant que l'année précedente une pomme. — Ch. Vendange magnifique. En Alsace le f. descend de 25 à 4—5 ℔. bâl. A Bâle le p. se vend 3 et 2 δ., le vin d'Alsace 4. — T. Vignes très-belles. Un acre de vignes qui donne ordinairement ½ f. en produit 6 à 8. Pour un tonneau vide on donnait volontiers trois fois autant de vin. On jeta beaucoup de vin vieux. L'ome descendit à 8 δ.

1540, G. TH. En avril, S. 20 β. le f. V. à 5 ℔. Sécheresse et mortalité. Vendange assez bonne, le f. à 7 ℔. En novembre un oignon à 1 δ., 100 choux 54 et 75 β., 1 livre de beurre 92 δ., 1 paire de mauvais souliers 8 β., 1 q. A. 12 β.; tout cher. — TH. En avril le F. 45. β. — M. Vin abondant et très-bon, l'o. V. vieux 20 δ., nouveau 30. — T. Bonne Vendange. le f. du meilleur V. à 8 fl.; en octobre, on a de nouveau des cerises, des fraises, des framboises. S. à 5 β., l'o. V. vieux 2 β. — W. Vendange abondante, le s. V. vieux 5 β., nouveau 7 à 8. — Nachtigall : Sécheresse. Cependant 1 vierz. S. à ½ fl. et 1 saum V. à 4 β. — Ch. Assez bonne récolte, peu de foin, cherté du beurre et du fromage, la ℔. de beurre 7 à 10 rapp

1541, G. En janvier, F. 17 β., 1 boisseau de pois 20, le f. Vin 8 ℔. Bon printemps et bonne récolte. Baisse. — TH. Blé mouillé, assez bon marché, parce qu'il se conserve mal. F. 24, méteil 18 β. Le f. V. nouveau 10 ℔. 18 β., vieux 15 à 16 ℔. — M. Cherté. — W. Vin aigre — Ch. fruits et oignons chers. — T. St. Le f. V. à 8 fl., le pot à 2 ou 3 ♂.; le F. 8. β. Beaucoup de raisins, mais ne mûrissent pas.

1542, G. Bon hiver. Baisse des prix. Été humide, fruits en abondance. V. aigre. Le f. vieux 120 fl. et nouveau à 20 ℔. F. à 15 β. — TH. Vin aigre, assez de grains, mais se conservent peu.—W. Vin aigre. Le V. de 1540 monte à 5 ℔. le s. — T. Grande mortalité. Été chaud ; le boisseau de sel et d'oignons à 32 ♂. (le k° sel 8 centimes). — Nachtigall : 1 vierz. S., 1 vierz. A., 1 saum de V., 1 hanf de saumon à 16 β. chacun.

1543. G. Hiver rude. Bois cher. 5 β.. les 50 fagots : 4 β., la charrette de bûches. Été froid, le V. monte à 40 ℔. le f., l'o. à 8 β. — TH. Blé humide et se conserve mal. F. vieux à 5 ℔., le nouveau à 45 β. S. 30, O. 23. Le f. V. vieux 25 ℔., nouveau 12 fl.

1544, G. Hiver cher. 1 œuf, 1 oignon, 1 pomme coûte 1 ♂. Le F. à 5 ℔. Le f. V. à 40 et même 55 ℔. — M. Cherté par suite d'inondations. Le F. à 70 β., le f. V. à 35 ℔., la livre de viande 6 ♂. — TH. Vin médiocre, le f. à 20 ℔., F. à 55, S. à 26 β. — T. Grêle qui fait monter le S. à 20 β., le f. V. à 30 ou 40 fl. Le dîner mis à l'ammeister stube de 8 à 10 ♂., à la herren herberge de 10 à 12 ♂.

1545, G. Été sec. Vendange bonne pour ceux qui ne se pressent point. F. à 60 β. — B. Peu de fruits.

1546, G. Bon vin. La livre de beurre 10 ♂. L'o. V. 12 β. — TH. Excellent Vin. Beaucoup de fruits. Peu de paille, mais beaucoup de grains.

1547, G. Hiver chaud. Au printemps F. 20 ; S. 17 ; O. 15 ; A. 9 β.

1548, Nachtigall : Coûtent également 20 β., 1 vierz. S., 1 vierz. A., 1 s. V. et 1 hanf de saumon.

1550, T. Mauvaise récolte, 50 à 60 gerbes donnent à peine un boisseau.— TH. Récolte assez bonne pour Vin et blé.

1552, TH. Mauvaise récolte, le F. à 50 β., le f. V. à 24 ℔.

1555. T. Été froid. Vin aigre. Mais assez de blé. F. 10 à 12 β. S. 9 à 10. — G. l'o. V. à 17 β.

1556, T. Été chaud, le blé fleurit à la S. Georges.—TH. B. Vin délicieux. — G. l'O V. à 12 β.

1557, T. Été chaud. Les chenilles nuisent à la récolte. — G. l'o V. à 26 β.

1558, T. Été chaud. Sécheresse empêche de moudre. — G. l'o. V. 10 β.

1559, T. Été sec. On établit un moulin sur le Rhin. — TH. Récolte et vendange bonnes. Peu de foin, choux, fruits (sauf noix). Le F. à 30, le méteil 25, l'o. de V. 10, le très-bon 16 β. La sécheresse empêche de moudre.

1561, T. Grêles. Cherté. Le F. à 4 fl. — TH. Orages. Cherté. F. 120 β., méteil 2 thalers, 1 f. V. à 40 ℔.

1562, T. Blé réussit, cependant est cher. F. 25, S. 20, O. 15 β. Le dîner de l'ammeister stube porté antérieurement à 12 ♂. est mis à 14 ♂.— TH. Mauvaise récolte.

1563, T. Cherté. F. 35—40, S. 30, O. 24 β. Malgré un maximum établi par la ville, les prix haussent. F. 4 fl., S. 3, O. 2 ½. Strasbourg nourrit plus de 1500 pauvres étrangers. — TH. Il y a cherté depuis plusieurs années, le F. se payait 6 u. et le f. V. 40 u. Maintenant F. à 70 β. et le f. V. 25 u. — M. Mauvaise récolte et peste. En 1563—64 le F. 111 β., S. 80, A. 25. — G. l'O. V. 21.

1564, T. Vignes gelées et grêlées. Cherté. S. 40 β., après la moisson 16.— TH. Peu de vin, mais bon. à 60 β. l'omen. Le blé cher. En mai, le F. à 7 u.; après la moisson 50 β. Pendant la cherté beaucoup de gens mangent du pain d'avoine. — G. l'o. V. 18 β. — P. Un o. V., 1 q. S., 1 paire de souliers se vendent au même prix, 6—8 β.

1565, T. Grands froids. Le f. V. à 30 fl., le S. de 25 à 30 β. Cherté. — TH. Hiver froid. Le f. V. à 50 fl., mauvais V. à 40 fl. Petite vendange, mais assez de blé. — W. gelées. Vin d'Alsace à 40 fl. le f. — G. l'o. V. 40 β. — P. Gelées, le vin cher, à 30 fl. le f.

1566, W. Cherté du vin continue, parce que 3 jucharten de vignes donnent à peine ½ f.

1567, T. Strasbourg tire du Palatinat 12000 q. de blé à 16 β.

1568, T. Bonne année. Le S. descend à 10 β. et le V. est à un prix raisonnable. — TH. Hiver rigoureux. Printemps et été humides. Moisson et vendange médiocres.

1570, Ch. Après un été humide, la cherté commence en décembre, le vierz. korn monte subitement de 2 à 5 u. — TH. Pluies. Cherté. F. à 15, S. 13, A. 10 ½ u., 1 livre de beurre à 6 β.; 4 œufs pour 20 δ. Le pot V. vieux 30 δ., nouveau 24. — T. Été humide. Le blé pourrit. Il monte à 3 fl. Cherté accrue par l'exportation. Le V. à peine potable se vend 15, 16 fl. On mange du pain fait de glands mêlés à du son. Cherté dure 6 ans.

1571, T. Le S. à 5 fl. et grâce à l'exportation 7 et 8 fl. — G. W. TH. Alors commence la cherté de 5 ans, plus dure que celle de dix ans (1525—1535). L'archiduc Ferdinand envoie quelques milliers de q. de blé dans le Tyrol. Les pauvres mangent du pain de son. — W. Le mc d'E. ne descendit pas au-dessous de 3 fl. et monta au-delà de 7. Le s. V. (96 pots) varie de 2 ½ à 9 fl., pendant les 5 années. Quoique la récolte de 1571 assez bonne en certains lieux, le S. dépasse toujours 6 fl. et le f. V. 45 fl. — B. Bâle fait venir du blé de Strasbourg, on fait du pain avec des pommes. — M. Comme le F. à 8 u., on ordonne aux boulangers de faire des pains de 2 δ. à 5 loths (40 centimes le k°); sur leur refus, la ville fait cuire elle-même jusqu'à leur soumission. — TH. F. 15 à 16, S. 13 ½; le f. V. à 70, 8 u. — Ch. La cherté dure plusieurs années, surtout par le fait des accapareurs.

1572, T. Le S. en ville 5 thalers a 6 fl., le boisseau de farine 7 β., de sel 20 à 21 β. (0 fr. 57 le k°); 1 moineau 2 δ., 1 œuf 2 δ., un lièvre 6 β., 1 hareng 3 δ., 1 cochon de lait 6 β., 1 becher de lait 1 β., 1 ome V. 2 fl. On mange tout ce qui est mangeable. Pas de viande aux boucheries. Le grain est volé avant d'être mûr. Le pain de 1 δ. ne pèse que 4 loths (72 ½ cent. le k°). Les règlements ne font que renchérir les denrées. On établit un maximum, mais il faut l'abolir parce que le marché est abandonné. On fait un refuge pour les pauvres. — TH. Hiver rigoureux. La cherté diminue un peu, F. à 13, S. à 10 ¹/₂, l'o. V. à 4 ₩., mais cela ne dure pas.

1573, T. Harengs très-chers. de 22 à 24 fl. la tonne. Raisin pourrit, vin aigre. Le V. vieux valait à la S. Martin 60 à 80 fl. le f., 1 β. le pot. Le S. 5 à 6 fl.; à la campagne, 7 fl. Un pain de 1 δ. ne pèse que 3 ¹/₂ loths (81 cent. le k°), le boisseau de sel 19 à 20 β., le becher de beurre 6 β., la livre de chandelles 1 β. Les États font un maximum: F. 28, S. 21, O. 18 β., veau 4 δ. la livre; V. 25 à 26 fl. Mais il ne fut pas observé, et comme on ne venait plus au marché, il fallut y renoncer La ville distribuait aux boulangers, par semaine, 14 q. F. et 14 q. S. — TH., Vin rare et aigre. Le f. V. vieux à 110 ₩. Blé humide, le moindre se vend 10 à 12 ₩. On fait du pain de glands. La cherté augmente sans cesse. — Ch. Neiges abondantes en avril, et été humide, le juchert vignes ne rapporte que 1 saum. Depuis la S. Jacques 1573–1574, le s. se vend de 9 à 11 fl., le p. vieux 14 rap., nouveau 8 rap.

1574, T. Le S. en ville 6 fl., au dehors 8 à 9 fl. Le f. V. 80 fl. On en défend l'exportation.

1575, T. Bonne vendange. Le f. V. redescend à 15 et 16 fl.—TH. Cherté diminue; le F. ne coûte plus que 8 ₩., le S. 6 ¹/₄ ₩. — Ch. Abondance, le vierz. korn qui valait 6, 9 ₩., descend à 2 ₩., S. 25 β., A. 30; le s. V. qui coûtait 5 à 12 ₩., se paie 55, 80 β.

1576, T. Les vignes gèlent et le vin monte à 40 fl. Mais le blé descend subitement à 12, puis à 10 β. — TH. Misérable année. Le f. bon V. 70 à 80 fl. Le F. 7 à 8 ₩. S. 125 β., A. 115. — M. Après la cherté on fait de nouveau des pains de 1 δ. à 6 loths (17 cent. le k°); l'ome V. redescend à 10 β. — Ch. Gelées blanches, V. cher.

1577, T. Les bouchers donneront le bœuf gras 4 ¹/₄ δ., le bœuf moindre, la vache et le veau 4. le mouton 3 à 4, le porc 4 à 4 ¹/₄.

1578, T. Bon marché. En septembre, le meilleur F. 12 à 13, S. 10, O. 8, pois à 18 β., 1 f. V. à 18 fl. — TH. Excellente année. F. 35, S. 25, A. 15 β., le f. meilleur V. à 24 ₩.

1579, T. Été humide, V. si mauvais qu'on en donnait le f. à 10 β., tandis que le V. vieux coûtait 50 et 60 fl., F. à 28 β. — M. L'ome V. à 5 ₩., S. 9 à 12 ₩., A. 4 ₩. Mais la ville vend aux bourgeois le métcil à 8 batzen (160 δ.) cette année et la suivante. — TH. Beaucoup de blé noyé. F. 10 ₩., S. 8. A. 6 ¹/₂. f. V. vieux 45 à 50.

1580, TH. Mauvaise année. Cherté. — Ch. Beaucoup de vin et de grain, le s. V. est à 20 β.

1581, TH. Beaucoup de blé et de Vin. La ₩. de sel à 18 δ.

1582, T. Grande pêche de harengs. Sur des bruits calomnieux, la tonne s'était payée 16 fl.; elle tomba a 6, 5 et même 4 fl. Elle renfermait 1317 pièces. soit 29 pour 1 β. — G. L'o. V. 29 β.

1583, T. Beaucoup de fruits. de blé. Le S. à 30 β. Le vin excellent à B. 9, 10 et 12 fl. le f. Les tonneaux valent trois fois leur contenance de Vin. Gelées vers Noël, on paie un instant 1 β. pour 1 becher de lait, 2 δ. pour 1 œuf.

1584, TH. Blé en abondance, F. 35 β. S. 20, 1 pot de V. à 2 δ.—B. Abondance surtout en Vin. Le s. 20 β. Le vierz. S. 3 ll. — T. Le F. à 20 β., S. à 15 ou 16. Plus tard F. 16 à 17, S. 12. Vin si abondant que le f. 5 à 6 fl. A Schlettstadt, l'o. V. à 3 β., le pot de beurre à 3.

1585, T. Été humide et cherté. Le f. V. monte de 6 à 30 fl., le S. à 4 fl. 4 œufs pour 6 δ., le becher de beurre 5 $^1/_2$ β. (ailleurs 8 et 9), 1 becher de lait 1 β., le boisseau de sel 20, 1 hareng 3 δ. Viande rare, le porc à 10 δ. — TH. Taxe du 7 janvier : F. 35, S. 25, A. 18 β., le boisseau de pois 8 β., le f. de bon V. 15 $^1/_2$ ll. Mauvaise récolte; après la vendange le f. V. s'élève à 45 ll. Le F. avant la moisson 20 à 40 β., après 80 à 100. — B. Peu de fruits, de blé et de Vin. — Nachtigall : assez bonne vendange, le s. du meilleur V. 30 et 25 β., le pot à 6 δ. au plus.

1586, T. Grande cherté. F. monte de 20 à 60 β., S. 50, dans la Haute-Alsace 80, à Bâle 100 à 110. Le S. à 35, le bœuf 8 δ., le mouton 24 δ., 1 jeune oie 5 β., un poulet 18 δ., 8 œufs pour 1 β., 1 boisseau d'oignons 10 β. Beaucoup de fruits. La ville distribue aux bourgeois 15300 q. — TH. En avril : F. 10, S. 8, A. 6 $^3/_4$ ll. Récolte mauvaise, le F. monte à 24 ll. — B. Cherté. Le sac E. égrugé 17 ll., S. 11. Le vierz. E. 14, d'A. 9, le s. V. 7. Peu de légumes. Au bout de 6 mois le vierz. S. retombe à 4 fl.

1587, T. Rassemblement de troupes en Alsace, qui renchérit tout. Le S. 7 à 8 fl., dans la Haute-Alsace 9 fl., le boisseau de sel 16 β. Été humide. On espérait le S. 10 β., il monte à 10 fl., par suite des ravages des protestants, qui ne ménagèrent pas leurs corréligionnaires plus que les autres. — B. En mai, le sac E. égrugé à 14 ll., le vierz. E. 12, S. 11, O. 10, A. 8, le s. V. se paie 10 à 15. — TH. Peu de vin. La moisson varie selon les lieux. F. 10 à 11 ll., méteil 8, S. 7 à 8, le f. de bon vieux V. 125 fl.

1588, T. Grande cherté. La corde de bois qui coûte d'ordinaire 6 β. (0 fr. 84 le stère), monte à 26 β. (3 fr. 62), le S. à 6 fl., le f. V. à 150 fl., le pot de mauvais V. 30 δ., un œuf 2 δ., le becher de lait 18, livre de viande 8. — B. Cherté, le s. V. se vend 22 ll. — TH. Pluies, cherté, méteil 9 à 10 ll., f. V. vieux 100 fl., le pot de mauvais vin 5 β. — G. l'o. V. taxé à 3 ll.

1589, T. Cherté, le f. monte à 120 et 130 fl. — B. Cherté, le sac d'E. égrugé à 10 ll. — TH. Taxe du 2 janvier, l'o. bon V. 6 ll., vin ordinaire 2 thalers ou 90 β., V. nouveau 40 β., F. 4 fl., méteil 4 ll.

1590, T. Excellente vendange, l'o. se paie 6, 7 et 8 β., cependant plus cher en quelques lieux. — TH. Abondance de blé, fruits, légumes. Peu de vin, mais bon, le f. à 200 fl.

1591, G. L'o. V. taxé à 50 β.

1592, M. Cherté. Le S. au moins 10 ll., l'o. V. 5 à 6. — G. l'o. V. taxé à 70 β. — P. Colmar n'a pas de fruits.

1593, M. Riche moisson. Le S. à 3 ll. — T. Cherté causée par les souris. — TH. Souris. Le F. à 6 ll., vendange moyenne, le f. V. à 50 ll. — G. l'o. V. taxé à 29 β.

1594, T. Les vignes gèlent.

1596, TH. Sécheresse. Cherté. F. 28, méteil et S. 20, O. 18, A. 15 fl. Pois 14 th., lentilles 10 th., 1 veau de six semaines 20 ll., vache grasse 40 th., 1 paire de bœufs gras 150 th., 1 agneau 7 fl., 1 mouton 10 à 12 fl., une poule 30 β., 1 oie 1 th., un canard ¼ th., 1 œuf 5 β., 1 livre de beurre 16 à 18, 1 f. V. 100 fl. et plus.

1597, TH. Blé et vin manquent. Après la S. Martin l'ome V. à 7 ¼ ℓℓ. F. 135, S. 100 β.

1598, TH. Le F. 90, S. 70, O. 60, l'ome V. du rangen 100, V. ordinaire 60, le boisseau de sel 33 β.

1599, T. Excellente vendange, l'ome du meilleur V. de 7 à 8 β. — B. Vin délicieux, de mémoire d'homme on n'en a pas vu de meilleur. — TH. Année très-fertile. Le F. à 50, méteil 40 et 35 β., le f. meilleur V. 25 ℓℓ., la livre de beurre 30 δ., souliers d'homme 20—25 β., un boisseau de sel 32 β., 1 boisseau de pois 15 β., 12 œufs 6 δ. — G. Vin excellent, l'o. à 25 β.

1600, TH. Assez de vin, mais aigre. A la vendange un o. V. ordinaire 40, *rangen* 80, *stauffen* 60 à 70. Le F. 108, S. 50, O. 60, A. 40 β., la livre de porc 12 δ. — P. point de V. à Colmar.

1601, G. Vendange mauvaise, le schatz, qui l'année précédente avait donné ½ f., rapporte à peine 2 *bittig* (cuveaux), l'o. 50 β. — P. V. aigre à 2 fl. l'o. Celui de 1599 se vend 70—80 fl. le f.

1602, T. Les vignes et les noyers gèlent. L'o V. monte à 40 et 45 β. — B. Les vignes gèlent, le pot qui coûtait 16, 18 δ. coûte 4 et 5 β. — TH. Gelées. L'o. V. se paie 9—10 ℓℓ. le S. 68 β. — M. Gelées suivies de cherté. L'o. V. coûte 5 ℓℓ. et le pot 4 β.

1603, TH. F. 120, S. 90, O. 86, A. 45 β. Vin aigre cependant 5 et 6 ℓℓ. l'o.

1604, TH. Année excellente. V. délicieux. Sur 5 schatz au rangen on fait 30 bettig. Le V. du rangen coûte 75 β. l'o., le V. ordinaire 50. F. 70, S. 50.

1605, TH. Moisson et vendange excellentes. Le V. du rangen 55, V. ordinaire 30 l'o., le F. 66, S. 40, O. 35 β. — P. Vendange si abondante que plus d'un propriétaire eut 50—500 f. en cave (600 à 6000 hectolitres).

1606, TH. Mauvaise vendange. Le *rangen* 5 ℓℓ., le V. ordinaire 75 β. l'o. — V. vieux du rangen 4 fl., ordinaire 1 fl. l'o. F. 85, S. 60, O. 55, A. 28 β.

1607, TH. Peu de V. mais bon. Le rangen à 85 β. l'o., F. 66, S. 45, O. 40, A. 25, le porc 14 δ. Beaucoup de fruits, grains, glands.

1608, M. Gelées. L'ome de V. coûte 4 à 5 ℓℓ. — G. Froids, fruits et vignes gèlent, l'o. taxé à 60 β. — TH. Froids affreux qui ruinent les vignes et empêchent de moudre. Vendange nulle. Cent schatz donnent 6 mesures et encore ne peut-on pas les boire. — P. Froids, point de vendange.

1609, T. Cherté. Le F. à 42 β. — B. Sécheresse empêche de moudre. Le s. V. se paie 15 à 18 ℓℓ. — TH. Vendange petite mais bonne. L'o. de V. nouveau coûte 4, 5 ℓℓ. F. 90, S. 75, A. 45 β. Assez bonne récolte, peu de fruits.

1610, T. Grande c' te la Pentecôte, F. 6 ½ à 7 fl., S. 5 ½ à 6, O. 4, A. 2, l'o. v. de 16 β. à 3 ½ fl., mais de peu de durée. — TH. Grêle. L'o. de V. 2 à 3 fl. F. 7 fl., S. 5 ⅖. Un soldat reçoit par jour 2 livres de pain, 1 livre de viande et 1 fl

1611, TH. Bonne vendange, l'o. V. 70, F. 85, S. 60, O. 50, A. 30 β. — G. Mortalité, l'o. V. taxé à 30 β.
1612, T. Été sec. La farine manque, la ville en distribue à 2 ½ β., le boisseau. F. 4 fl., S. 34 β., O. 32. Après la moisson légère baisse, F. 30, S. 28, O. 24 β. L'o. V. 16 à 18. — TH. Année bonne. F. 90, S. 60, A. 30 β., l'o. bon Vin 40 β., ordinaire 10—25, 100 livres de foin 6 à 7 ½ — P. Vignes gelées. V. vieux et nouveau à 36, 40 fl. le f.
1614, TH. Vin un peu aigre, l'o. à 50 β., le rangen à 90. F. 110, S. 85, O. 60, A. 30.
1615, TH. Peu de V., mais bon. — G. l'o. V. taxé à 50 β.
1616, TH. Beaucoup de Vin. Au pressoir l'o. se vend 50 β., le rouge à 80. Le schatz donne 6 cuves. Peu de fruits.
1617, B. Abondance jusqu'en 1619. Le S. à 60 β. — G. Beaucoup de souris, l'o. V. taxé à 25 β. — TH. Le rangen 90, V. ordinaire l'ome à 50, F. 100, S. 30, O. 40, A. 20 β. — Nachtigall : le s. V. se vend 4 ℔.; l'année précédente 8 ℔. et plus.
1618, B. 1 s. V., une corde de bois, 3 vierz. S. coûtent 7 ℔. — TH. Mauvaise vendange en 1618 et 1619, *rangen* à 100, V. ordinaire à 60 β. F. 60, S. 40, A. 35. — G. l'o. taxé à 45.
1619, TH. Année assez abondante.
1620, G. l'o. V. taxé à 50 β.
1621, T. Froids suivis de cherté. Le F. monte de 2 à 5 et 6 fl. — TH. Froids. Peu de Vin. Le f. se vend de 50 à 60 ℔. F. 100, S. 70 ; . Vers la fin de l'année hausse, F. de 6 à 7 fl.
1622, B. Malgré l'abondance grande cherté. 1 vierz. S. 30 ℔. et plus, 1 s. V. 40 à 50, 2 porcs 100 ℔. et même 100 fl., souliers 4 et 5 fl., une livre de viande 40 δ., 1 œuf 1 β., 1 livre de chandelles 15, de beurre 10. Cette cherté provenait de l'affaiblissement des monnaies. — P. Blé rare à Colmar, parcequ'il fut taxé en ville à 9 fl. et se vendait au dehors 15. Le f. V. 250 fl., nouveau 220.
1623, B. Excellent vin, comme en 1599. — TH. Guerre et cherté. F. rare à 24 ℔., l'ome mauvais V. 45 β., bon V. 14 à 15 ℔., 1 œuf à 10 β., 1 poule 2 fl., 1 porc gras 40 ℔., 1 chou 2 ℔., 1 poire, 1 pomme 6 β., un radis, une rave 10 β. et plus. — T. Avant la réforme des monnaies F. 46 à 60 fl., S. pois et lentilles 30 à 46, O. et fèves 16 à 18, A. 10 à 14 fl., l'o. V. rouge 20 à 30, blanc 10 à 27 fl., bœuf 3 à 4 β., veau 6 à 7, mouton 4 à 5, porc 6, chandelles 9, huile 8 à 12, beurre frais 8, fondu 15 à 16 la livre ; 1 boisseau de sel 5 à 6 fl., d'oignons 24 β., 100 choux 100 à 120 fl., corde de bois 16 à 24 fl.
1624, Vendange précoce et bonne. — G. l'o. V. taxé à 55 β. — Peu de vin, mais excellent.
1625, TH. Bonne année. F. 60 β., méteil 1 thal. au plus, l'o. V. blanc 20, rouge 30, rangen 40 β. au plus. — G. l'o. V. se paie 175 β.
1626, G. l'o. V. taxé à 3 ℔.
1627, G. l'o. V. nouveau 65 β., le f. vieux 115 fl., froids.
1628, T. Mars : l'o. V. vieux 4, nouveau 2 fl. Mauvaise récolte, les Juifs accaparent le V. qui monte vieux à 10—12 fl., nouveau 38 à 48 ; . On le taxe à 24 β. et il finit par se fixer à 26. — TH. Bonne Année.

F. 2 thaler, S. 65 β. Le f. V. 40 fl. — G. Été humide. Mauvaise année, les riches mêlent au S. de l'O. et de l'A. Les pauvres mangent du pain de son, le f. V. de 1626 à 150 fl.; V. nouveau, l'o. à 70 β. — P. Vignes gèlent.

1629, G. En mars le f. V. de 1627 coûte 100 fl., l'o. V. nouveau 55 β. — TH. Pluies, peu de grains, de foin et de vin. — P. Après vendange le f. V. tombe de 396 à 60 fl.

1631, G. L'o. V. nouveau 20 β.

1632, G. Point de taxe pour le V., mais vendu 26 β. 8 δ., et, comme la taxe est de 5 β. plus bas, elle aurait été de 21 β. 8 δ.

1636, TH. Grande famine. On donne 1 schatz reben (vignes), pour une miche de pain.

1637, G. Pendant l'occupation suédoise le méteil monte à 30 *tt*.; faute de voiture, il faut le transporter à dos d'homme.

1641, TH. Ni foin, ni blé, ni vin bon. L'o. V. ordinaire vieux 7 ½, nouveau 5 *tt*., rouge 10 à 12 *tt*. et encore mauvais.

1642, TH. De 1630–1642, la guerre a empêché les vendanges et la culture du blé. Le pays est ruiné.

1647, TH. Année bonne pour la qualité et la quantité. L'o. V. à 30 β., F. 22 batzen. — P. L'o. V. à 1 fl. et quelques batzen.

1648, TH. F. 120, méteil 30 à 35, l'o. vin ordinaire 55, rouge 75 à 80 β. F. 120, S. 90 à 95 β. 72 cuveaux de raisin donnent 138 ome.

1649. TH. Mêmes prix.

1650, G. Vin bon et abondant. — TH. Bonne année. F. 30 β., méteil 20 à 25, l'ome du meilleur V. 12 ½.

1651, TH. Assez bonne année. F. 35, S. 20, A. 15, boisseau de pois 20, de fèves et de lentilles 8 à 9 β., 12 œufs pour 8 δ., viande 12 δ. la livre. 100 choux 30 β., un porc gras 3 *tt*. L'o. V. 1 ½ fl.

1652. TH. Bonne année. Méteil 80 β., l'o. *rangen* 60, V. ordinaire 40 β. d'après taxe de S. Martin.

1653, TH. Année excellente. F. 75, méteil 55, l'o. V. bon 45, ordinaire 25 β. Beaucoup de fruits, de glands.

1654, TH. F. 6 à 7 *tt*., méteil 4 fl. Mauvais Vin. Le f. V. vieux 100 *tt*.

1655, TH. Année moyenne. L'o. de V. ordinaire 40 β., S. 80. — P. le F. 1 fl. à 1 thaler, S. 1 crone, O. ½ thaler. A. 12 batzen.

1656, TH. Été humide. Vin aigre, l'o. nouveau 30 β., vieux 95. Mauvaise récolte, F. 95 β., S. 1 thaler. Peu de fruits, pas de noix. — P. comme en 1655.

1657. TH. Mauvaise vendange. L'o. V. ordinaire 80, *rangen* 105, vieux 120, rouge 150 β. F. 6 *tt*., méteil 4 *tt*. à 2 th., A 35 β. Gibier très-abondant. — P. comme en 1655.

1658. TH. L'o. V. coûte à Noël 4 *tt*. Moisson humide, S. 120 à 135 β. — P. Vignes gelées.

1659, G. Vin abondant, mais aigre. — TH. V. aigre, cependant l'o. se paie 2 thalers. S. 110 β.

1660, G. Bonne vendange. — TH. Bonne année. F. 120, méteil 90, l'o. V. ordinaire 50, rangen 75, 100 choux 55 β.

1661, TH. Vin aigre et rare. L'o. à 60 β. Moisson moyenne. F. 120 à 130, méteil 100 β.

1662, TH. Vendange moyenne, l'o. nouveau 90 β. Moisson abondante. F. 4 fl.
1663, TH. Peu de Vin., le f. rangen 40, ordinaire 36, nouveau 27 $^1/_2$ $\mathit{\alpha}$. Récolte médiocre, cependant peu de cherté. F. 45, méteil 30, A. 15 β. — G. Été humide, le foin pourrit, mauvaise vendange.
1664, TH. Année médiocre. Cependant peu de cherté. F. 1 th. à 1 th. 5 β., S. 30, A. 22 $^1/_2$, V. vieux. l'o. 40, nouveau 30, le boisseau de pois 12 $^1/_2$, 100 choux 25 β., 12 œufs 12 δ., 1 gélinotte 35, 1 bécasse 36, un lièvre 90, 1 livre de venaison 6, 12 alouettes 20, 12 œufs 8, 100 poires 24, 100 pommes 18, 1 $\mathit{\alpha}$. beurre 8, de lard 4. — G. Vin rare et aigre.
1665, TH. Vendange abondante, mais qualité médiocre. L'o. 30 β., *rangen* 60, F. 90. — G. abondance de fruits, blé et vin.
1666, G. Bonne année en blé, fruits et vin. L'o. ne coûte que 22 $^1/_2$ β. — TH. Beaucoup de vin, l'o. médiocre un demi thaler, le bon 1 fl. — P. V. abondant, l'o. à $^1/_2$ fl. ou pour un fût vide.
1667, G. Beaucoup de fruits et de vin. — TH. l'o. 25, le meilleur 30—35 β. Le F. 1 thaler. Peu de vin. Souris gâtent les grains. — P. l'o. V. à 1 fl. et quelques batzen.
1668, G. Peu de fruits et de vin, cependant bon marché. — TH. Bonne année. L'o. ordinaire 4, le *rangen* 5 $^1/_2$ $\mathit{\alpha}$. F. 90, S. 75, O. 65, A. 40, 1 boisseau de pois 15 β., de sel 10·batzen, 1 livre de porc 10 δ.
1669, G. Été sec. Peu de fruits et de légumes. Bon vin. L'o. ordinaire 45, très-bon 60 β. — TH. Petite vendange, l'o. à 22 batzen, méteil 75 β.
1670, G. Année médiocre, l'o. V. 50 β., S. 25 β. — TH. Vin rare et aigre, l'o. à 50 β. Moisson assez bonne, S. 75.
1671, G. Beaucoup de fruits, vendange moyenne, l'o. V. 40 β., le S. 30. — TH. Année moyenne.
1672, G. Peu de Vin, fruits et foin. L'o. 33 $^1/_4$ β. S. 26 $^2/_3$. — TH. Excellente année (sur 30 schatz on fait 109 cuveaux, 12 f.). Le meilleur rangen 50—60 β., ordinaire 40 à 1 thaler, vieux V. 30, F. 70—75, S. 40—50, E. égrugé 60, méteil 50, pois 60, choux le cent 40.
1673, TH. Vin rare, mais bon (3 cuveaux par schatz). L'o. V. nouveau 30, *rangen* 45—50. F. 100 à 120, S. 80 β. — P. méteil 4 $^1/_2$ fl.
1674, TH. Médiocre vendange. Guerres. — P. A Colmar on taxe le S. à 3 fl. et le F. à 4 fl.; sans la taxe S. à 4 fl. 3 b., F. à 5 fl., un veau 10 fl., 2 œufs 3 β., 1 poule 20 b., 1 livre de beurre 3 b., le f. V. 100 fl.
1675, TH. G. Mauvaise vendange. — TH. Vin rare et aigre, 8 $\mathit{\alpha}$. l'o. F. 12—13, S. 9, O. 8, A. 3 $^3/_4$ $\mathit{\alpha}$.
1676, TH. Vin médiocre, varie selon les lieux, l'o. 60 β. Les fruits abondent, sauf les fruits à noyaux. F. 90, méteil 60—75 β.
1677, TH. Moisson bonne. A la Pentecôte le F. 2 thal., après la moisson 3 $\mathit{\alpha}$., méteil 40 β., A. 25. Vendange manque, l'o. V. vieux 70 β., le nouveau qui est mauvais 1 fl. à un thaler. Peu de fruits. Porc cher, à Noël 14 δ. la livre. — P. L'o. V. à 1 fl. et quelques batzen.
1678, TH. Tout réussit, blé et Vin.
1679, TH. Peu de Vin. L'o. ordinaire 120, le *rangen* 150—160 β.

1680, TH. Vin et blé abondant. F. 55, méteil 30, l'ome *rangen* 70, ordinaire 40 *β*., 12 œufs à 6 *δ*.
1681, TH. Vendange moyenne, l'o. 55 *β*., F. 5 *α*., S. 2 thalers.
1682, TH. Tout réussit. F. 45, S. 30, A. 25, l'ome meilleur V. 50 à 60 *β*., livre de lard 10 *δ*., 12 œufs 12, 100 choux 30 *β*., 12 alouettes 6 *δ*., 1 bécasse 30—36 *δ*., 1 lièvre 36, 1 chevreuil 30.
1683, TH. Bonne année. V. 45, nouveau 30, *rangen* 55, rouge 60 *β*., F. 60, méteil 40, A. 30, cent choux 35, cent pommes 22 $^1/_2$, 1 q. noix 50 *β*. -
1684, TH. Été très-chaud. Point de foin, les cent livres coûtent 40 *β*., 1 thaler et plus. — Belle récolte, le meilleur F. 60 *β*. Peu de vin. — P. Vignes gelées.
1685, TH. Mauvaise année. L'o. V. 35 *β*., F. 90, S. 60.
1686. TH. Bonne année. L'o. V. 60 *β*., F. 60. — Ochs : Excellent vin.
1687. TH. Récolte en vin et blé médiocre pour la qualité et la quantité. L'o. V. vieux 4 *α*., le méteil 6. — P. Un o. V. à 1 fl. et quelques batzen.
1688, TH. Gelées blanches, hannetons. Vin passable, à 90 *β*. l'o. Demi-moisson, le méteil 5 à 6 *α*.
1689, TH. Mauvaise année. Le f. V. 100 *α*. au pressoir, l'o. vieux 7 $^1/_2$, bon 10 *α*., F. 150, méteil 115. — P. Vignes gelées.
1690, TH. Encore mauvaise année. F. 140—180, S. 110—115, A. 15 *β*. L'ome V. vieux 9 *α*., nouveau 6—7 $^1/_2$, le boisseau de pois 50 *β*., de lentilles 15, de fèves 13 *β*., 12 œufs 20 *δ*. après Pâques.
1691, TH. F. 6—7 fl., méteil 110, A. 55, boisseau de pois 45 *β*. L'o. V. vieux bon 15 *α*., ordinaire 7 $^1/_2$ à 8 *α*., nouveau 6, *rangen* 7 à 8.
1692, TH. Disette. En été méteil 10—12 *α*., en quelques lieux 14 à 15. Le S. 6 fl. au moins. On mange de l'herbe, du son, etc. Vendange nulle, l'o. bon V. 6 à 8 fl.
1693, TH. Cherté, méteil au moins 11—12 *α*., l'o. V. 8 à 10. — P. le S. à 8 fl. 6 b., l'o. V. de 1682 et 1683 à 12 fl., de 1692 à 5—6 fl. — Ochs : Vin très-bon, mais cher.
1694, TH. Cherté augmente encore. F. 30 à 34 *α*., méteil 20 à 26. On fait du pain avec des pommes de terre, du son, des écorces, etc. — P. Vu guerre et accaparement, le F. à 22 fl., S. et O. à 18, V. 6 à 7 (l'o.)
1695, TH. Enfin bonne récolte. Dès la S. J.-Baptiste F. 140—160, meteil 120 *β*., après la moisson F. 70, méteil 45. L'o. V. 25 à 30. Vin mauvais. — P. Le f. à 7 fl. 4 b., S. 6 fl. 3 b., O. à 6 fl., avant la moisson F. 2 $^1/_2$ fl., S. 2 fl., O. 25 b.
1696, TH. F. 150 et plus, S. 100—120, A. 40—60, 1 boisseau de pois 45, de lentilles 22 $^1/_2$ *β*. Peu de fruits. L'o. V. rouge 160 à 180, *rangen* 180 à 200, ordinaire 100, vieux 120 à 160 *β*. — P. Vignes gelées. V. aigre, l'o. dans la montagne 1 fl., le bon 3 fl., celui de 1695 à 6 fl. Bonne moisson. S. à 1 $^1/_2$ fl.
1697, TH. De nouveau cherté. F. 140—160, S. 135, méteil 100—120 *β*. L'o. range 7—9, ordinaire 7 $^1/_2$, rouge 10 *α*. — P. Vignes gelées.
1698, TH. Mauvais vin. L'o. nouveau au pressoir 40—50 *β*., vieux médiocre 75, bon vieux 120. Moisson moyenne, F. 100—120, S. 75—80
1699, TH. Vin bon, mais quantité moyenne. — P. V. fort et délicieux

En carême, F. 15 fl., S. 12 fl. 2 b., O. 10 fl. — Ochs : Vin délicieux.

1700, TH. Vendange médiocre, l'o. 5 *tl.*, *rangen* 7 ½. Le F. à 6, S. 4 ½.
1706, Ochs : Vin excellent.
1708, Ochs : Abondance extraordinaire.
1709, P. Froids affreux. F. 15 ½ fl., S. 14, O. 6. On mange beaucoup de pain d'orge.
1712, P. Vin fort et délicieux. Mauvaise récolte, F. 11 fl., S. 9 ½, O. 8.
1713, G. Vendange mauvaise. Treize schatz donnent 13 *bittich*. qui, au lieu de 1 ½ o. ne donnent que 1 o. chacun. — P. Le F. à 20 fl.
1714, G. Vendange moyenne. — P. F. 14, S. 12, O. 10 fl. A la S. J.-B. F. 17 ½, S. 16, O. 13 fl. Epizootie et par suite la livre bœuf 2 ¼ b., porc 4 ½, veau 1 ½, lard 7 ⁸/₁₀, beurre 6—9, chandelles 7 ½ b., choppe de lait 5 *d.*, d'huile 5 ⁴/₁₀ b., 1 corde de sapin 6 fl., de chêne 7 ½.
1715, G. Vin aussi bon qu'en 1712.
1716, G. Vin rare et aigre. — P. Vignes gelées.
1717, G. Vin délicieux, mais quantité moyenne, l'o. se vend 1 thaler. — P. Bonne année en vins et blés.
1718, G. Vin bon et abondant. — P. Vignes gelées.
1719, G. Vin abondant, l'o. de 30—40 sous. Blé d'été rare, d'hiver abondant. — P. Vendange extraordinairement bonne, l'o. V. 12—15 b., S. 8 fl. — Ochs : Vin excellent et à bon marché.
1720, G. Cherté, suite de variations monétaires. Vendange extraordinairement abondante.
1721, G. Petite vendange. — P. V. bon marché, F. 6 à 8 fl.
1722, G. Vin abondant et bon. — P. Beaucoup de V., le F. 4—6 fl.
1723, G. Bonne année. Beaucoup de vin. — P. Vignes gelées.
1725, Vin aigre.
1727, Ochs : abondance de vin.
1733, Ochs : V. fort et abondant.
1738, P. Vin délicieux, l'o. coûte au pressoir 7 ½ l., l'année suivante 9—10 l.
1739, P. Vendange extraordinairement abondante. Ici l'o. coûte de 1 ½ à 3 ¾ l., dans la montagne 1 l.
1740, P. Vin aigre, moins bon qu'en 1725.
1745, P. Vignes gelées.
1749, P. Cherté des grains. F. 21, S. 15, O. 12 l.
1750, P. Vignes gelées. Grains à bon marché. F. 16—12, S. 14—9, O. 11—4 ½ l.
1753, Excellent vin.
1755, P. Vignes gelées, cependant très-bon vin.
1766, P. Vignes gelées.
1767, P. Vignes gelées.
1770, P. Trop grande exportation. En avril et mai, F. 20 à 24 l., S. 17, O. 14. Le 5 juillet, F. 30 à 33 l., le b. de pommes de terre à 30 s. Le 10 juillet, F. 40 à 33 l., S. 26 à 30, O. 20 à 24. Le 19 juillet, F. 21 à 28 l., S. 13 à 18, O. 13. L'o. V. nouveau de 9 à 16 l.
1771, P. En mars, F. 30, S. 26, O. 20 l. Moisson excellente, le plus beau blé qu'on ait vu depuis 1726. F. 18 à 20 l. Le 14 août, F. 17 à 15 l.,

O. 7. Le 22 août, F. 11 à 14 l., S. 10 à 11, O. 6 $^1/_4$. Mauvaise vendange.
1772, P. Vendange abondante. L'o. V. nouveau de 4 à 8 l.
1773, P. La vendange manque. L'o. V. nouveau 7, 10 et 12 l.
1775, P. Vendange extraordinairement abondante. L'o. V. nouveau 3 à 9 l., moins fort qu'en 1774.
1776, P. Vin médiocre et peu abondant.
1777, P. L'o. V. nouveau 7 à 10 l.
1778, P. L'o. V. nouveau 5 à 7 l., dans la hart 7 à 8 l.
1779, P. L'o. V. nouveau bon 7 à 9 l.
1780, P. Vendange moyenne, l'o. V. nouveau 5 à 7 l.
1781, P. Vin extraordinairement bon. L'o. V. nouveau de l'aw 2 $^1/_2$ l., de la hart 4 à 4 $^3/_4$ l., dans la montagne 3 à 6.
1782, P. Vin abondant, mais médiocre. L'o. dans l'aw de 36 s. à 3 l.
1783, P. V. excellent, l'o. 4—6 l. — Grains bon marché. F. 13—15 l., S. 10—12, O. 5—6.
1784, P. Vignes gelées. Dans la hart l'o. 9 à 12 l.
1785, P. Vin abondant, l'o. V. de Colmar 4—5 l., V. bon et étranger 6—7.
1786, P. Vignes gelées. L'o. V. nouveau 7—9 l.
1787, P. Vendange moyenne, V. assez bon, l'o. dans l'aw 7 $^1/_2$ — 8 $^3/_4$ l., dans la hart 10—10 $^1/_2$.
1788, P. Vendange excellente, l'o. dans l'aw 5—8 l., dans la hart 7—8.

Deuxième Section.

Statistique.

Depuis plusieurs années nous nous occupions de nos recherches économiques, lorsque tomba entre nos mains une publication officielle, intitulée *Statistique générale de la France*. A la tête du t. xv (2e série) de ce volumineux recueil de documents de toute nature, se trouvait un tableau indiquant le *Prix moyen du froment sur le marché de Strasbourg depuis l'année 1268*.

Le titre était peut-être un peu prétentieux. En réalité notre tableau ne renfermait que cinq données pour le xiiie siècle, cinq pour le xive, sept pour le xve, et ce n'est que depuis 1610 que les renseignements *annuels* se suivent sans lacune. Mais même réduite a ces proportions, la pièce strasbourgeoise devait fixer notre attention. Le caractère de la publication qui lui donnait l'hospitalité, la place d'honneur qu'on lui attribuait, les termes dans lesquels on la signalait, tout contribuait d'ailleurs à la mettre en relief.

Notre première impression à la vue de ce document, pourquoi ne l'avouerions-nous pas? fut toutefois un sentiment de stupéfaction. Il nous sembla que nous étions en face d'une mystification plus ou moins naïve. Les prix moyens étaient indiqués par hectolitre, en francs et en centimes!!! La conversion du rézal de Strasbourg en litres était facile. Mais l'évaluation en monnaie moderne des anciennes monnaies strasbourgeoises était une opération plus délicate. Comment l'avait-on faite, et à la suite de quelles études monétaires?

Pour avoir la solution de ce problème, nous nous rendîmes à l'hôpital de Strasbourg, qui avait fourni le *Tableau*. Mais nos recherches n'aboutirent qu'à un résultat négatif. On nous montra la minute du travail imprimé par la commission de Statistique. Mais on ne put nous faire connaître ni l'auteur de ce travail, ni les documents qui lui avaient servi de base, ni les principes qui l'avaient guidé dans ses évaluations monétaires.

Cet insuccès ne nous découragea point. Il était clair à nos yeux que, sous sa forme actuelle, ce tableau ne pouvait avoir de valeur que pour les temps les plus rapprochés de nous. Il n'y avait pourtant rien d'absurde à croire, qu'il était le fruit de recherches sérieuses, que l'auteur avait réuni des renseignements exacts, et ne s'était trompé que sur leur estimation en style moderne. Dans ce cas, nous étions intéressé à trouver la source de l'erreur et à la rectifier.

Nous avons dit ailleurs [1] que, lors de la réunion de Strasbourg à la France, les monnaies de cette ville avaient été réformées, de manière à valoir le quadruple des monnaies françaises du même nom. Il arriva par là qu'après 1726, lorsque la livre française valait à peu près notre franc actuel, la livre strasbourgeoise valut quatre francs. Ainsi se forma un préjugé, qui dura jusqu'à nos jours, d'après lequel on évalua toujours, sans distinction de temps, la livre strasbourgeoise à 4 francs, le β. à 0 fr. 20.

En supposant, ce qui était assez vraisemblable, que notre

---

1. V. le premier volume de ces Études, pag. 20 et passim.

économiste de l'hôpital avait cédé au préjugé commun, il suffisait de diviser les prix qu'il indique par 4, pour retrouver la valeur de l'hectolitre en monnaie strasbourgeoise, et de multiplier ce quotient par 1,1618 (valeur du rézal en hectolitre), pour rencontrer le prix par rézal, qui servait de base à toutes ses évaluations.

Nous avons fait ces calculs et ils justifièrent complètement notre hypothèse. Voici par exemple les résultats que nous obtînmes pour les années 1520—1551. Nous choisîmes cette époque, parce que pour la même période nous possédions les taxes de la S. Martin admises dans la colonge d'Ingenheim. Ces taxes étaient notées sur les derniers feuillets d'une Chronique, conservée naguère à la bibliothèque de Strasbourg [1], et il nous semblait probable que notre économiste anonyme les aurait consultées. Les chiffres que nous donnons désignent des δ. strasbourgeois.

Année.	Statistique.	Taxe.	Année.	Statistique.	Taxe.
1520	60	60	1536	96	96
1521	54	54	1537	90	90
1522	54	54	1538	108	108
1523	54	55	1539	90	90
1524	96	96	1540	96	96
1525	60	60	1541	72	72
1526	72	72	1542	72	72
1527	60	60	1543	126	128
1528	96	96	1544	216	168
1529	74	144	1545	168	168
1530	80	180	1546	156	156
1531	20	120	1547	84	84
1532	56	152	1548	108	108
1533	96	96	1549	120	120
1534	20	120	1550	108	108
1535	56	156	1551	192	192

Il suffit de comparer entre eux ces chiffres, où sur 32 cas, nous arrivons 26 fois à des résultats rigoureusement identiques, où ne se présentent que trois variantes, dignes d'être notées, produites peut-être par des erreurs de copiste, pour conclure : 1° que notre hypothèse était exacte ; 2° que le tableau fourni par l'hôpital repose réellement sur des données sérieuses ; 3° qu'il mérite d'être rectifié et publié, comme un

---

1. Chronic, Argent. Sec. xv, N° 40, aujourd'hui brûlée.

élément précieux pour l'enquête économique, que nous avons ouverte.

A ce titre nous lui adjoindrons deux tableaux, donnés par Hermann, dans ses *Notices historiques*. Nous avons déjà rendu hommage au goût de cet écrivain, pour tout ce qui touche aux questions économiques. Il nous arrivera souvent de nous trouver sur le même terrain que lui, et, si nous le citons peu, cela vient uniquement de ce que, fidèle à nos habitudes, nous recourons, autant que possible, aux documents originaux eux-mêmes.

M. Hermann a noté également le prix du vin, depuis le xve siècle, d'après la taxe de Molsheim. Mais comme cette taxe forme une série d'estimations officielles, que nous citerons en temps et lieu, nous n'avons pas à nous en occuper ici.

Nous ne parlerons donc que de ses deux relevés sur le prix du froment. Le premier, emprunté aux Chroniques, s'étend, avec de nombreuses lacunes, de 1197 à 1610. Le second va de 1615 à 1817. Les années 1615—1746 sont extraites d'un travail fait par Chrétien Hænle, garde-magasin des greniers de Strasbourg, et doit résumer les cours des mercuriales. Comme il nous a été impossible de mettre la main sur le manuscrit même de Hænle, nous sommes heureux de pouvoir citer les chiffres de Hermann.

Aux indications des *Notices,* qui sont données en monnaies strasbourgeoises et par rézal, nous ajouterons une traduction en francs et par hectolitre.

Le tableau publié dans la *Statistique de la France,* renfermera aussi deux colonnes ; la seconde a pour objet de rectifier les données de la première, d'après la valeur des monnaies strasbourgeoises aux diverses époques. Cette rectification ne va que jusqu'en 1726 ; depuis cette époque, l'évaluation admise par l'auteur pour la livre strasbourgeoise est parfaitement exacte.

A partir de 1825 ce tableau ne fait que copier les chiffres que nous avons rencontrés à la Mairie de Strasbourg, comme moyennes des mercuriales. Ces chiffres, nous les donnerons dans notre Chapitre III, il nous a paru inutile de les reproduire ici.

STATISTIQUE.

An.	HERMANN. Rézal.	HERMANN. Hectol.	STATISTIQUE. Texte.	STATISTIQUE. Rectifiée.	An.	HERMANN. Rézal.	HERMANN. Hectol.	STATISTIQUE. Texte.	STATISTIQUE. Rectifiée.
1197	1 marc.	43 fr. 55			1536			1 fr 39	3 fr. 80
1253	7 β.	5 80			1537	9 β.	4 fr. 20	1 30	3 55
1263	4	3 30			1538	11	5 20	1 55	4 25
1268	2	1 65	0 fr. 44	1 fr. 82	1539			1 30	3 55
1273	10 kreutz.	1 38	0 30	1 38	1540			1 39	3 80
1276	28 d.	1 93			1541	8	3 80	1 03	2 85
1278	16	1 10			1542			1 03	2 85
1288	3 β.	2 48			1543			1 81	4 95
1289			0 35	1 65	1544	18	8 50	3 09	8 50
1293			2 34	10 73	1545			2 41	6 60
1294	14 β.	11 56	2 41	11 56	1546			2 21	6 15
					1547			1 21	3 25
1316	30 β.	36 00	6 12	42 60	1548			1 55	4 20
1318			0 26	2 60	1549			1 70	4 65
1368			1 21	5 90	1550			1 55	4 20
1370	21 β.	17 65			1551			2 75	7 45
1373	2 à 3 β.	2 10			1552			3 09	8 35
1374			0 69	3 35	1553			2 41	6 55
1375			0 86	4 20	1554			1 81	4 90
1378	5 à 6 β.	4 60			1555			2 07	5 20
1388	2 à 3 β.	2 10			1556			2 41	6 10
					1557			2 59	6 50
1416	5 β.	3 55			1558			1 89	4 80
1436	5, 6, 7 β.	3 70			1559			2 92	7 50
1437			2 92	10 55	1560			2 92	7 50
1438	18 β.	11 15	2 92	10 55	1561			3 96	10 10
1470			1 72	5 30	1562			4 30	11
1478			3 41	11 85	1563	40	17 60	5 51	14
1482			3 44	11 30	1564	28	12 50	4 80	12 50
1483			0 86	2 85	1565			4 30	11
1484			0 52	1 70	1566			3 96	10 10
					1567			3 41	8 80
1501			0 52	1 55	1568			2 07	5 30
1505			1 21	3 60	1569			2 24	6 15
1506	2 β. 6 d.	1 30	0 52	1 55	1570	30	13 20	5 16	13 20
1515			1 55	4 50	1571	50	22	3 88	9 90
1516			1 89	5 50	1572			10 33	26 40
1517	18 β.	9 00	3 29	9 50	1573	50	22	12 91	33
1518			3 41	10 05	1574	90	39 60	15 49	39 60
1519			0 86	2 50	1575			10 33	24 90
1520			0 86	2 50	1576			2 92	7 05
1521			0 78	2 25	1577			2 07	5
1522			0 78	2 25	1578	12	4 98	2 41	5 80
1523			0 78	2 25	1579	28	11 62	4 80	10 60
1524			1 39	4 00	1580			10 33	24 90
1525			0 86	2 45	1583			3 44	8 30
1526	—		1 03	2 90	1584			6 88	16 60
1527			0 86	2 45	1585	55	22 70	2 59	6 20
1528	10 β.	4 85	1 39	3 90	1586	60	23 25	10 33	23 25
1529	19	9 25	6 79	18 90	1587			12	27 10
1530	20	9 75	2 59	7 30	1588			11 18	25 20
1531	30	14 60	6 20	17 50					
1532			2 24	6 15	1610	60–70	22 00	12 39	24 50
1533	12	5 70	1 39	3 80	1611			8 60	16 85
1534			1 71	4 75	1612			6 02	11 65
1535	24	11 35	2 24	6 15	1613			5 69	11 00

An.	HERMANN.		STATISTIQUE.		An.	HERMANN.		STATISTIQUE.	
	Rézal.	Hectol.	Texte.	Rectifiée.		Rézal.	Hectol.	Texte.	Rectifiée.
1614			8 fr. 18	15 fr. 88	1670	14 β.	4 fr. 65	2 fr. 41	4 fr. 65
1615	35 β.	11 fr. 35	5 77	10 90	1671	14	4 65	2 41	4 65
1616	24	7 80	4 05	7 65	1672	17	5 65	2 84	5 45
1617	23	7 50	4 05	7 65	1673	20	6 65	3 61	7
1618	22	6 85	3 28	5 95	1674	43	14 35	7 48	14 50
1619	21	6 05	3 61	6 05	1675	58	19 35	14 55	28 20
1620	35	8 25	5 77	7 90	1676	63	21	3 61	7
1621	39	7 05	7 23	7 60	1677	65	21 65	11 02	21 35
1622	110	12 20	18 93	12 20	1678	54	18	9 39	18 15
1623	40	13 35	66 28	32 25	1679	59	19 65	9 89	19 15
1624	40	13 35	6 29	12 85	1680	45	15	8 09	15 65
1625	48	15 35	8 09	15 40	1681	47	15 65	8 09	15 65
1626	55	17 60	9 31	17 30	1682	26	7 45	4 48	7 45
1627	51	16 30	8 69	16 20	1683	25	7 20	4 13	6 90
1628	55	17 60	9 47	17 60	1684	22	6 30	3 61	6
1629	54	17 30	9 61	17 95	1685	24	6 90	3 88	6 45
1630	51	16 30	8	17 10	1686	22	6 30	3 61	6
1631	33	10 55	5 77	10 70	1687	22	6 30	3 44	5 75
1632	34	10 85	6 38	11 80	1688	28	8 25	4 57	7 80
1633	51	16 30	9 89	18 05	1689	47	13 40	7 92	13 10
1634	72	23 05	11 38	21 10	1690	77	20 80	12 66	19 85
1635	105	33 60	16 70	31 10	1691	73	19 70	11 97	18 80
1636	140	44 80	25 82	48	1692	66	17 80	10 41	16 35
1637	140	44 50	24 10	44 50	1693	90	23 85	15 16	23 30
1638	140	44 .50	21 52	39 80	1694	88	23 30	14 47	22 30
1639	88	27 45	20 66	37 45	1695	40	10 60	6 02	9 25
1640	72	24	14	11 27 35	1696	24	6 35	3 79	5 85
1641	52	17 30	12 48	20 80	1697	38	10 05	5 60	8 60
1642	59	19 70	10 24	19 85	1698	93	24 65	14 89	22 95
1643	53	17 65	9 01	17 50	1699	78	20 65	13 18	20 30
1644	55	18 30	8 95	17 30	1700	75	18 85	6 80	9 95
1645	35	11 65	6 29	12 15					
1646	17	5 65	4 80	9 35	1701	43	6 10	7 58	6 35
1647	15	5 00	3 29	6 35	1702	65	15 20	11 62	16 40
1648	24	8 00	3 70	7 15	1703	65	16 15	11 18	16 15
1649	46	15 30	6 89	13 85	1704	70	16 50	6 98	9 55
1650	37	12 30	6 98	13 50	1705	60	13 60	10 68	14 10
1651	45	15 00	7 60	14 65	1706	40	9 60	6 98	9 70
1652	22	7 35	5 69	11	1707	43	10 65	7 58	10 90
1653	18	6	2 92	5 65	1708	65	16 25	11 02	16
1654	14	4 65	2 75	5 30	1709	110	24	18 77	23 80
1655	12	4	2 07	4	1710	50	9 25	8 18	8 80
1656	12	4	2 16	4 15	1711	57	12 55	9 39	10 15
1657	12	4	2 16	4 15	1712	86	14 80	14 80	14 80
1658	20	6 65	2 16	4 15	1713	125	21 51	21 51	21 51
1659	16	5 30	2 41	4 65	1714	81	14 05	13 95	13 95
1660	27	9	3 79	7 35	1715	37	7 85	6 46	7 95
1661	48	15	7 66	13 65	1716	34	6 80	5 86	6 80
1662	44	14 65	8 18	15 85	1717	29	5 80	4 99	5 80
1663	20	6 65	4 05	7 80	1718	40	7 15	6 98	7 25
1664	18	6	3 09	6	1719	52	7 60	9 04	7 75
1665	19	6 35	3 29	6 35	1720	107	11 45	17 65	11 10
1666	17	5 65	3 09	6	1721	40	4 60	6 98	4 65
1667	16	5 35	2 75	5 30	1722	47	5 40	8 09	5 40
1668	13	4 35	2 07	4	1723	50	6	8 60	6
1669	12	4	1 99	3 85	1724	44	7 75	7 58	7 75

STATISTIQUE.

Année.	HERMANN. Rézal.	HERMANN. Hectol.	STATISTIQUE. Texte.	STATISTIQUE. Rectifiée.	Année.	HERMANN. Rézal.	HERMANN. Hectol.	STATISTIQUE. Hectol.
1725	39 fr.	8 fr. 40	6 fr. 71	8 fr. 40	1776	12 fr. 05	10 fr. 37	10 fr. 85
1726	51	7 10	8 77	7 10	1777	14 20	12 22	9 47
1727	46	7 90	7 92		1778	15	12 91	12 66
1728	41	7 05	7 31		1779	14	12 05	12 91
1729	39	6 70	6 71		1780	16 55	14 24	12 57
1730	44	7 58	7 58		1781	12 50	10 76	11 38
1731	52	8 95	7 58		1782	15 25	13 13	12 66
1732	51	8 80	8 77		1783	14 25	12 26	12
1733	48	8 25	8 35		1784	16 60	14 30	14 11
1734	75	12 90	12 99		1785	13 90	11 96	11 70
1735	61	10 50	11 45		1786	12 75	10 97	11 02
1736	47	8 10	8 09		1787	17 55	15 10	15 69
1737	60	10 35	10 33		1788	18 90	16 17	16 18
1738	57	9 80	9 81		1789	26 25	22 60	25 07
1739	51	8 80	8 95		1790	16 76	14 42	14 12
1740	42	7 20	12 57		1791			13 43
1741	78	13 45	13 43		1792			17 95
1742	51	8 80	8 88		1793			21 69
1743	64	11 00	11 10		1794			30 73
1744	63	10 85	10 85		1795			40 03
1745	71	12 20	12 22		1796			19 62
1746	68	11 76	11 79		1797			17 90
1747			10 41		1798			11 20
1748			9 47		1799			13 98
1749			12 66		1800			14 55
1750			9 56					
1751			12 22		1801			17 05
1752			11 16		1802			20 75
1753			11 53		1803		15	17 30
1754			9 81		1804		14	15 02
1755			8 95		1805		19 85	17 56
1756			7 75		1806		16 70	18 25
1757			6 94		1807		15 35	16 38
1758			8 95		1808		13 70	15 12
1759			9 47		1809		13	12 84
1760			11 53		1810		20	15 36
1761			8 60		1811		27 50	22 44
1762	12 fr. 05	10 37	9 47		1812		24 70	28 42
1763	10 50	9 03	8 95		1813		16	19 21
1764	10	8 61	7 75		1814		15	16 95
1765	10 20	8 86	7 58		1815		22 85	17 41
1766	13 20	11 36	9 47		1816		12 15	31 88
1767	14 85	12 78	11 38		1817			47 93
1768	16 80	14 46	12 39		1818			24 12
1769	15 40	13 25	12		1819			16 32
1770	21 25	20 87	23 24		1820			15 49
1771	15 60	13 43	26 69		1821			11 63
1772	15 85	13 64	14 98		1822			15 50
1773	15 55	13 38	15 16		1823			16 59
1774	13 45	11 57	12		1824			11 28
1775	12 60	10 84	13 26		1825			12 96

RÉCAPITULATION.

PRIX DE L'HECTOLITRE DE FROMENT.

Année.	Hermann.	Statistique.
1251 — 1275	3 fr. 03	1 fr. 60
1276 — 1300	34 27	7 95
1301 — 1325	6	22 60
1351 — 1375	9 87	4 48
1376 — 1400	3 35	
1401 — 1425	3 55	
1426 — 1450	7 42	10 55
1451 — 1475		5 30
1476 — 1500		6 92
1501 — 1525	5 15	3 89
1526 — 1550	7 72	7 05
1551 — 1575	21 15	12 03
1576 — 1600	23	14 55
1601 — 1625	10 92	12 85
1626 — 1650	18 62	18 90
1651 — 1675	7 61	7 93
1676 — 1700	13 19	13 85
1701 — 1725	11 16	10 84
1726 — 1750	9 84	9 43
1751 — 1775	11 91	11 65
1776 — 1800	16 56	16 28
1801 — 1825		19 07

Le lecteur ne doit pas oublier que plusieurs de ces moyennes, calculées sur un petit nombre de données exceptionelles, ne méritent pas d'être prises en considération. Les tableaux qui précèdent suffisent pour l'édifier sur ce point. Leur valeur sérieuse commence, pour la *Statistique,* au xvie; et pour Hermann, au xviie siècle.

CHAPITRE III.

LES GRAINS.

On a pu le constater dans le Chapitre précédent, lorsqu'un Chroniqueur nous veut faire apprécier le bien être du peuple, il nous parle de l'état des récoltes, il nous donne le prix du blé et du vin. Quand l'économiste se propose de comparer entre elles deux époques distinctes, c'est encore le prix des grains qui sera la base ordinaire de ses calculs.

Ces deux éléments se prêtent en effet, d'une manière suffisante à ces fonctions délicates, le blé surtout. Il occupe dans l'alimentation de l'homme civilisé la place la plus générale, la plus nécessaire et par suite la plus constante. D'un autre côté, sa valeur intrinsèque ne varie pas autant que celle du vin. Une récolte ne l'emporte guère sur l'autre que par la quantité. Sans être toujours et partout la même, la qualité des grains ne présente que des oscillations d'une importance secondaire.

C'est donc avec raison que le prix des grains tient le premier rang dans l'estime des économistes, qui veulent sortir de leur pays ou de leur temps, pour mesurer la valeur qu'obtiennent les choses dans d'autres régions ou à d'autres époques.

Mais s'il y a injustice, comme nous l'avons dit ailleurs, à ne se préoccuper que du blé, il y aurait injustice aussi à ne tenir compte, parmi les diverses espèces de grains, que du froment.

Jusqu'à notre siècle, l'épeautre remplaçait le froment aux deux extrémités de l'Alsace, à Bâle et à Wissembourg, et y obtenait, égrugé, le même prix et la même estime.

Dans le centre même de la province, la culture du seigle était plus répandue, et entrait, par conséquent, pour une part plus large, dans la consommation publique. On le verra plus loin par les chiffres que nous citerons sur les réserves des greniers de Strasbourg. Ce n'est que vers notre époque que les proportions se modifient, et que le froment s'empare de la prééminence [1].

L'orge n'entrait guère dans la fabrication du pain; il servait surtout comme légume sec. Ce titre suffirait déjà pour lui assurer sa place dans une étude économique et historique des denrées alimentaires. Mais ne perdons pas de vue le rôle que joue et que doit jouer l'orge dans l'industrie des brasseurs. A l'époque où l'autorité municipale taxait la bière, c'est le prix de l'orge qu'elle prenait, avant tout, en considération; souvent même elle ne tenait compte que de ce seul élément. On ne saurait donc méconnaître l'importance de l'orge, à une époque surtout, où la fabrication de la bière a reçu dans toute l'Alsace, mais particulièrement à Strasbourg, des développements si larges et si bien justifiés.

Quant à l'avoine, il faut remonter aux capitulaires de Charlemagne, ou aux désordres provoqués par certaines époques de famine, pour la voir transformée en pain. Mais si la farine d'avoine n'a, en temps ordinaire, qu'un emploi fort restreint, nous ne devons pas oublier que l'avoine est l'aliment essentiel du cheval. Or le cheval a toujours été, et était surtout au Moyen-Age, le premier auxiliaire de l'homme. Il était indispensable au commerce, à l'agriculture, à la guerre. Il n'est donc pas sans intérêt de comprendre l'avoine dans notre Statistique des grains.

Ce chapitre se divisera en deux parties. La première est consacrée à la législation des grains. Elle expose les principes généraux qui réglaient la vente des grains, les mesures destinées à prévenir les disettes ou à en atténuer les effets. La seconde a pour objet de grouper, en forme de tableaux, nos données sur le prix des grains. Ces données seront assez nombreuses et assez suivies pour faire comprendre la suite complète des variations que, par le fait des hommes ou de la nature, ce prix a rencontrées dans le cours des siècles.

---

1. Cette prééminence est même arrivée si loin de nos jours, que l'on ne tenait plus compte du seigle et de l'orge dans les mercuriales de Strasbourg. On ne les marquait plus qu'exceptionnellement. Mais les habitudes économiques des troupes allemandes logées en Alsace, ont remis en honneur ces grains de qualité inférieure!

Première Section.

Législation des grains.

Condition ancienne du commerce des grains, — à Strasbourg, — à Colmar, — à Schlettstadt. — Défense d'accaparer. — Règlement pour les chertés. — Achats faits par l'étranger. — Le Maximum. — Réserves des villes. — Réserves des monastères. — Réserves des seigneurs. — Résultats de ces précautions.

L'amélioration des routes, les progrès de la navigation, la construction des canaux et des chemins de fer, ont amené, dans la situation économique des peuples, une révolution aussi profonde que bienfaisante. Aujourd'hui un pays déverse sans peine sur les contrées moins favorisées l'excès de sa production. Dans les temps de disette, il supplée à l'insuffisance de ses propres récoltes par l'abondance des régions mieux partagées, ces régions fussent-elles éloignées de plusieurs centaines de lieues.

<small>Condition ancienne du commerce des grains.</small>

De là, pour notre époque, une fixité relative dans les prix des blés ; de là, l'impossibilité pour les hommes qui voudraient spéculer sur la misère publique, d'accaparer entre un petit nombre de mains l'approvisionnement des marchés.

Nos pères ne jouissaient pas des mêmes avantages.

Aussi voyons-nous chez eux les prix du blé présenter d'une année à l'autre, on pourrait dire d'un marché à l'autre, des écarts presque incroyables. L'approche d'une nouvelle récolte, par les espérances ou les craintes qu'elle faisait naître, suffisait pour diminuer ou augmenter du double, du triple, le cours des grains.

On devine en même temps, aux nombreuses ordonnances qui ne cessent d'être édictées contre les accapareurs, quelle influence prépondérante la spéculation pouvait exercer sur le prix des blés. Quand la marchandise était rare, il suffisait de l'entente de quelques hommes, pour amener une hausse factice.

Les économistes recommandent aujourd'hui aux gouvernements, de se tenir à l'écart, de laisser au commerce des grains une liberté illimitée. Cette abstention eût été funeste au public dans les siècles passés, au moyen-âge surtout. Mais si une intervention de l'État était alors nécessaire, on alla trop loin dans cette voie, et les entraves qu'on multiplia de toutes parts, durent être souvent aussi contraires à l'intérêt commun, que les manœuvres qu'elles voulaient prévenir.

STRASBOURG Voici quels étaient, en temps ordinaire, les règlements du marché de Strasbourg. Nous les empruntons au *Kornmarcks-Ordnung* de 1609 [1] :

1° Aucun bourgeois, manant ou étranger, n'y peut acheter des grains, dans le but de les revendre. Tout acheteur doit donc garantir au bureau de l'*Umgelt,* que les grains, acquis par lui, sont destinés à sa consommation particulière.

2° Aucun bourgeois ne peut acheter, à la fois et à un même marché, plus de 10 rézaux de froment et de seigle, de six rézaux d'orge, et s'il possède ou loge des chevaux, plus de 10 rézaux d'avoine.

3° De même un boulanger ne peut acheter, à un même marché, que la quantité de grains qu'il consomme par semaine.

4° Conformément à la défense édictée en 1575, les marchands de farine ne doivent faire aucun achat sur le marché. Il en est de même des brasseurs. Ces industries ont à s'approvisionner dans les greniers ou ailleurs.

Une série d'amendes et de précautions plus ou moins gênantes, devait assurer l'application loyale et sincère de ces principes [2].

Leur objectif principal est d'assurer au marché une liberté pleine et entière. Aucun intermédiaire ne doit s'interposer entre le producteur et le consommateur. On veut empêcher que le consommateur lui-même ne puisse, à un moment donné, par des demandes trop considérables, exercer sur l'approvisionnement du marché une influence fâcheuse.

---

1. Recueil des ordonnances de Strasbourg. Archives.
2. Nous croyons inutile d'insister ici sur certaines prescriptions qui se rencontrent partout, la défense d'acheter, surtout pour les boulangers, avant une heure donnée, d'aller à la rencontre des paysans qui amènent des grains en ville, etc., etc.

Le commerce des grains est formellement et universellement défendu. Cette interdiction existait encore à la fin du siècle dernier[1]. Elle se trouvait déjà dans le règlement édicté à Colmar en 1397[2]. Elle ressort même des principes économiques qui inspirent les Capitulaires.

A COLMAR.

La seule exception que nous connaissions à cette règle générale, se rencontre dans l'ancien livre rouge de Schlettstadt[3]. On y lit, « que tout individu, étranger ou bourgeois, qui achète du grain en petite ou grande quantité, du froment, du seigle, de l'orge ou de l'avoine, avec intention de le revendre, doit le laisser un mois sur place, sans en disposer, lorsqu'il veut le revendre en ville. Mais s'il veut l'emmener au dehors et le revendre ailleurs, il peut l'enlever, quand il le désire. » En réglementant certains détails dans le commerce des grains, ces prescriptions supposent nécessairement l'existence légale de ce commerce.

A SCHLETTSTADT.

La législation ne se borne pas à interdire l'achat, direct ou par mandataire, de grains destinés à la revente. En vue de prévenir à la fois et l'accaparement du blé et les pratiques d'une usure déguisée, elle défend, tantôt avec certaines réserves, tantôt d'une manière absolue, de faire des avances d'argent sur des grains non vendus, d'acheter des récoltes encore sur pied, ou même des grains qui ne seraient pas séparés de la paille.

DÉFENSE D'ACCAPARER.

C'est ainsi que s'exprime une ordonnance du magistrat de Strasbourg[4], inspirée par une hausse inattendue, que les spéculateurs avaient amenée. Elle défend d'abord d'acheter des grains pour les revendre avec profit. Puis elle continue en ces termes : « S'il arrivait que quelqu'un des nôtres, quel qu'il fût, eût avancé de l'argent sur du blé non encore mûr ou battu (*ehe die gewachsen oder auszgetroschen*), sans en avoir besoin pour son usage personnel, mais dans le but de le revendre, le cultivateur ne devra point livrer ce blé; le

---

1. *Verbesserte Kornmarkts-Ordnung* de Strasbourg, 3 décembre 1692, 30 juin 1736.
2. Vieux livre rouge, pag. 43. *Kein Korn und ouch weder haber noch gersten kouffen söllent, denn so vil sü bedörffent ze essende zuo ire notturft, also daz sü es nüt wider verkouffent.*
3. Arch. de Schlettstadt, N. 72.
4. Affiche imprimée du samedi après la S.-Mathieu, 1529.

prêteur se contentera du remboursement de son argent, fait à des termes convenables. »

Des défenses de ce genre semblent avoir parfois pour but d'empêcher que le cultivateur ne garde son blé, sans le vendre. Dans le règlement colmarien de 1397 cité plus haut, on lit ce qui suit : « Les bourgeois ne devront plus prêter de l'argent à un étranger sur du grain, froment, orge, seigle ou avoine, déposé dans leurs maisons ou dans la ville, *avant qu'il ne soit vendu.* »

On conçoit en effet que si le créancier pouvait abuser de sa créance pour obtenir un prix de faveur ou un intérêt usuraire [1], le cultivateur, de son côté, pouvait aussi, grâce à ces avances, garder son blé en magasin et contribuer ainsi au renchérissement de cette denrée. Plus d'une fois nous voyons l'autorité intervenir pour solliciter ou obliger à la vente des détenteurs de grains. «Quatrièmement, dit une ordonnance du magistrat de Strasbourg (22 oct. 1636), quiconque a du grain destiné à la vente ou inutile à sa consommation personnelle (*ermanglen kan*), doit être averti par la présente de ne pas le conserver indûment (*wider gebühr*), mais de contribuer à l'approvisionnement du marché, afin qu'on ne soit pas forcé de prendre contre lui d'autres mesures [2]. » Le Magistrat de Colmar allait plus loin en 1439, il forçait tous ceux des habitants qui avaient des grains au delà de leurs besoins, d'en faire porter par semaine le dixième au marché, soit 10 sacs sur cent, 5 sacs sur 50 [3], etc.

En temps de cherté on ne se contentait pas d'exclure du marché de Strasbourg, comme nous l'avons vu plus haut, les fariniers et les brasseurs. Le même interdit frappait parfois les boulangers [4]. A ces professions s'ajoutait au siècle

---

1. Telle est la fraude que flétrit et condamne une ordonnance strasbourgeoise du 13 sept. 1539. *Und aber wir glaublichen berichtet seind, das etliche den armen leuthen uff die wein und früchten, lang vor herbst und auch der ernd zeiten, geld gelichen und geben, und darmit die arbeytenden leut behafft und inn ihrer noth dahin trungen, das sie ihnen zuosagen müssen, den wein und die frucht um eynem sonderen und wolflen schlag zuo geben.*
2. *Damit nicht noth seye gegen Ihme ein anders zu verordnen.*
3. V. l'ancien Stettbuch.
4. Règl. du 23 oct. 1623. *Den Bäkhen, Mehlleuten und Biersiedern soll allerdings auff dem Marck früchten, welcher gattung es auch were, ein-*

dernier, celle des fabricants d'amidon, auxquels on interdisait, sous des peines sévères, l'emploi de blés propres à la panification. Ils ne devaient se servir que de grains gâtés, de sons, de déchets, et ne pouvaient conserver, à leur domicile, une provision de blé ou de farine supérieure aux besoins de leurs ménages [1].

Dans les temps difficiles, les particuliers étaient aussi plus étroitement limités dans leurs achats. Le règlement strasbourgeois de 1609, cité plus haut, leur permettait d'acheter à un même marché dix rézaux de froment et de seigle, six rézaux d'orge, etc. L'article 1er de l'ordonnance de 1623, défend « à un bourgeois, d'acheter à un marché plus de deux rézaux de blé, d'une ou de plusieurs sortes, que ce blé fût mis en vente par le Magistrat ou par de simples particuliers. » Le règlement de 1692, renouvelé en 1736, non content d'intimer la même défense dans son article 2, ne veut même pas qu'on puisse acheter des grains « en quantité notable, dans les greniers, à moins d'une permission spéciale. »

Pour faire mieux connaître les mesures qu'on prenait en cas de cherté, nous allons traduire littéralement un mandement de 1531 (1er novembre). Il est commun à tous les États de la Basse-Alsace et a été fréquemment réédité dans le cours de ce XVIe siècle si fécond en disettes.

« Nous Guillaume, évêque de Strasbourg et landgrave d'Alsace.... L'année dernière, dans l'intérêt public et par nécessité, nous avons pris, pour assurer l'approvisionnement des marchés et la modération des prix, des mesures qui ont prévenu la famine et adouci les rigueurs de la cherté. Nous espérions qu'avec la grâce de Dieu, la récolte de cette année remédierait à tous les maux. Mais bien que la moisson ait paru abondante, les prix ont peu baissé et continuent à peser lourdement sur les classes indigentes ; il est même à craindre qu'ils ne s'élèvent encore. En conséquence, dans l'intérêt des pauvres, pour prévenir la famine et d'autres malheurs, nous renouvelons dans nos terres, et dans toute la province de ce côté-ci du Rhin, entre la forêt de Ha-

---

ʒukauffen verbotten ; dabey ihnen aber ʒugelassen sein, sich auff den Casten und sonsten wo sie können mit Früchten ʒu versehen. On voulait par là, non seulement affranchir le marché de leur concurrence, mais encore empêcher que, par des manœuvres, ils n'influent sur le cours des grains. Comme ces cours servaient de base à la taxe de leurs marchandises, ils avaient intérêt à lui imposer une hausse factice.

1. Ord. 28 juillet 1770, et du 2 novembre 1789.

guenau et l'Eckenbach — avec l'aveu et l'assentiment des autorités locales — les dispositions suivantes :

« 1° Pour assurer l'approvisionnement des marchés et faciliter à chacun l'achat du blé qui lui est nécessaire, chaque ville ou Seigneurie fera publier dans l'étendue de son ressort, qu'à partir de ce jour jusqu'à la St.-Jacques (25 juillet) de l'année prochaine, il sera défendu d'acheter ou de vendre du blé, froment, seigle, orge ou avoine, dans les lieux où n'existerait pas de marché libre et régulier. Chacun devra faire ses ventes ou ses achats aux foires ou aux marchés hebdomadaires. En cas de contravention, le vendeur verra son grain confisqué par l'autorité, et distribué aux pauvres ; l'acheteur paiera une amende de 10 β. par sac (5 fr. 60) au profit de l'autorité locale.

« 2° Les grains amenés aux marchés ne pourront être vendus ou achetés, au-dessus du prix maximum de :

13 β. le rézal de froment (l'hectolitre à 6 fr. 32)
11 »   seigle   (»   à 5 35)
6   »   orge   (»   à 2 92)
3 $\frac{1}{2}$ »   avoine (»   à 1 46)

On observera le même maximum pour les blés vendus sur les greniers, que ceux-ci appartiennent à des riches ou à des pauvres, à des laïcs ou à des ecclésiastiques. Mais on sera toujours libre de traiter à des prix inférieurs.

« 3° Durant le même temps, personne ne pourra acheter du blé pour le revendre avec profit, ni renchérir sur un autre au marché, ni dépasser les prix marqués ci-dessus, sous peine d'une livre (11 fr. 20) par rézal, payable par les deux parties sans aucune remise.

« 4° Un étranger qui a besoin de grain, et qui n'en a, ni dans sa grange, ni dans son grenier, ne pourra pas en acheter plus d'un rézal, par semaine et à un même marché ; encore l'autorité dont il relève, devra-t-elle certifier qu'il s'est engagé par serment à ne l'employer qu'à son propre usage. Un habitant de la province qui aurait beaucoup d'enfants ou de domestiques, pourrait, avec la même garantie, en acheter deux rézaux et même davantage, si sa consommation hebdomadaire était plus considérable. Un bourgeois pourra, sur le marché de l'endroit qu'il habite, acheter deux ou trois rézaux, à la condition qu'il ne les revende pas à profit. Mais il serait puni, s'il en achetait davantage.

« 5° Les boulangers établis dans des lieux dépourvus de marché, pourront acheter à un marché du voisinage jusqu'à quatre rézaux par semaine. Si cela ne leur suffit point, ils auront le droit, avec une attestation de l'autorité, de s'en procurer davantage, soit au marché, soit dans les greniers, soit chez les paysans. Mais ils devront convertir ce blé en pain et ne point le revendre. Les boulangers des localités où se trouvent des marchés, pourront acheter là ou ailleurs tous les grains qui leur sont nécessaires par semaine. Il reste entendu toutefois qu'ils les transformeront en pain dans le lieu de leur domicile et ne chercheront pas à les exporter avec profit.

« 6° Il est arrivé dans le passé, que de riches paysans, ou d'autres, achetaient les grains des pauvres, sous prétexte de les employer en semailles, en réalité pour conserver leurs propres récoltes, qu'ils espéraient vendre plus tard avec plus d'avantages. Cet abus sera supprimé et interdit sous peine de 5 fl. (36 fr.). On ne permettra de semblables achats qu'à ceux qui pourront attester, par serment, qu'ils n'ont, ni dans leurs greniers, ni dans leurs granges, des grains propres aux semailles. Il sera aussi loisible à chacun d'acheter chez un voisin, deux, trois boisseaux de blé, nécessaires à l'entretien de sa famille, pourvu que cela se fasse sans fraude.

« 7° La présente n'a pas le dessein d'enlever aux pauvres, qui ne peuvent acheter comptant, la faculté d'emprunter du grain. Ils continueront donc à pouvoir emprunter ou acheter du blé, moyennant des garanties données par eux-mêmes, par leurs seigneuries ou leurs communes, selon les circonstances. De même chacun pourra prêter ou vendre à crédit à ses sujets, vassaux, journaliers, ou à d'autres pauvres, pour les aider à entretenir femme et enfants, en se conformant au maximum ci-dessus édicté. Il est entendu toutefois, que ce blé ne pourra être revendu à profit, sous peine d'une livre (11 fr. 20) par rézal. — Si antérieurement à cet édit, une seigneurie de la province avait promis du blé à quelqu'un du dehors, elle est autorisée à exécuter son contrat, pourvu qu'à cette occasion il n'y ait ni fraude, ni dommage pour la province.

« 8° Chacun est libre de conduire son blé sur l'un des marchés de la province, à son gré, mais non de le mener au dehors. Les autorités locales veilleront à l'observation de cet article. Si quelqu'un gardait ses blés en magasin, on l'inviterait à les vendre, en tenant compte de ses besoins, de sa fortune et de l'importance de ces réserves. Si ensuite il persiste à les conserver, il devra être sévèrement puni. »

L'ordonnance conclut en recommandant à la vigilance des autorités l'exécution de toutes ces mesures. Puis elle énumère les divers États qui y ont adhéré, à savoir : l'Évêché, le Grand Chapitre, les comtes des deux Ponts, de Hanau-Lichtenberg, la marche de Marmoutier, le val de Villé *(Obrechtstale)*, la seigneurie de Barr, les villes de Strasbourg, Haguenau, Schlettstadt, Obernay, Rosheim, et enfin toute la petite noblesse de la province.

Les termes de cette ordonnance avaient été arrêtés, dans une conférence commune, tenue à Molsheim le 25 octobre 1530. Dans la Haute-Alsace, la Régence d'Ensisheim avait déjà édicté un mandement analogue, le 3 août 1530. Les mêmes prescriptions furent renouvelées en 1533, 1545, 1552, 1562, 1565, 1571, 1573, etc.

Cette législation défendait aux producteurs de la province, d'exporter leur blé au dehors, mais elle n'interdisait pas aux étrangers de s'approvisionner sur nos marchés. Si l'on s'en tenait à la lettre de notre charte, cette faculté pourrait paraître illusoire ; elle n'aurait en tout cas d'importance que pour les villages voisins de l'Alsace. Mais là ne s'arrêtait pas la tolérance accordée aux étrangers [1]. Tout en sauvegardant leurs intérêts particuliers, tout en s'efforçant de prévenir les abus de la spéculation, les hommes du xvie siècle entendaient plus largement les devoirs de l'humanité et de la charité internationale.

Quand il prohibait le commerce des grains, l'État s'engageait implicitement à le faire lui-même en certains cas. Lorsque survenait une disette réelle, lorsque la production d'un pays ou d'une localité ne suffisait point à sa consommation, il fallait bien chercher au dehors de quoi combler ce déficit. Or la loi ne permettait pas à un particulier de le faire pour le compte des autres, et il était impossible que chacun le fît pour son propre compte. Il ne restait donc qu'un parti praticable. La commune elle-même devait envoyer à l'étranger des émissaires, chargés d'acheter en son nom des quantités plus ou moins considérables de grains, qu'on répartirait ensuite entre les habitants de l'endroit.

C'est ainsi qu'on agissait en effet. Notre charte ne fait aucune allusion à cet usage. Mais il ne faut sans doute voir dans ce silence qu'une omission sans conséquence pratique. Elle ne se rencontre plus dans les documents postérieurs. « S'il arrive, dit l'ordonnance de 1545, que des communes étrangères demandent à acheter des grains en quantité notable, et si elles prouvent, par certificat authentique, que ces grains doivent servir à leur consommation et ne pas être revendus à profit, l'autorité des lieux où elles veulent faire ces

---

[1]. Notons en passant qu'à Strasbourg, la faculté d'emporter une plus grande quantité de blé était parfois accordée aux personnes, qui amenaient en ville certains objets de consommation. Voici un tarif de ce genre, édicté le 24 avril 1622 :

1 fuder de vin (11 hect.)	donnait droit à	4 sacs
100 *ll.* de suif	»	2
100 *ll.* de beurre	»	2
un bœuf engraissé	»	3
une vache ou un veau	»	1
une voiture de bois	»	1
une voiture de sel ou de charbon	»	2

achats, s'y prêtera, autant que le permettront les conditions particulières de la localité [1]. » Dès lors cette clause ne disparaît plus des ordonnances de ce genre.

Le point le plus important de notre Charte, c'est l'établissement d'un maximum. L'idée n'était pas neuve, on la rencontre dans des ordonnances plus anciennes [2], dans les capitulaires de Charlemagne, dans les traditions économiques de la politique romaine. Elle fut souvent appliquée dans la suite Mais dans leurs conférences économiques, les États de l'Alsace ne s'accordèrent pas toujours sur cette matière. Souvent ils abandonnaient la détermination du tarif à l'appréciation des autorités locales, souvent ils le supprimaient complétement.

C'était en effet une prétention étrange, au premier abord, de fixer un prix uniforme pour toute une province, lorsqu'en temps ordinaire, et par suite de circonstances toutes naturelles, les divers marchés du pays présentent des écarts plus ou moins considérables. D'un autre côté, la rareté d'une marchandise a pour conséquence logique son renchérissement. Si ce renchérissement pèse d'une manière désagréable sur le consommateur, il n'est pour le producteur qu'une compensation, le plus souvent incomplète, de la perte qu'il subit sur la quantité de ses produits. Comment concilier sans injustice des intérêts si opposés ? Comment fixer sans arbitraire le taux des dédommagements, que le producteur pourrait réclamer ?

Il devait donc se rencontrer des hésitations, des divergences de toute espèce, dans les délibérations des États provinciaux. La difficulté générale de la question se compliquait encore de la condition particulière des diverses seigneuries, qui étaient plus riches, tantôt en consommateurs, tantôt en producteurs. Enfin l'expérience elle-même n'était guère propre à l'éclairer d'une lumière incontestable.

L'établissement d'un maximum réussissait souvent. Les

---

1. *So sich aber begebe, das frembde gemeynden in grossen summen frucht zu kauffen begeren, und schein unnd urkunden bringen wurden das sye solche frucht, alleyn zuo irer notturfft, on eynchen merschatz, brauchen wolten, so soll ynen nach gelegenheit der Oberkeyt der enden, da sye die kauffen wollen, solchs zymlicher massen unbenummen sein.*

2. A Colmar, 1439, 1445, 1446, etc. Bâle, 1414, etc.

Chroniqueurs l'affirment[1] et la raison le comprend. Il devait arriver que les marchands de grains, habitués à des prix élevés, par une cherté antérieure, conservaient leurs prétentions, alors même que l'abondance d'une nouvelle récolte ne justifiait plus ces exigences. Il a pu se faire aussi que des manœuvres frauduleuses, écartant les blés des marchés, aient maintenu au milieu d'une abondance réelle une disette factice. Dans ces circonstances, une entente commune et une action énergique du gouvernement pouvaient amener une baisse immédiate. Sans doute la libre concurrence aurait fini par aboutir au même résultat. Mais la décision de l'autorité y arrivait de suite, et la reconnaissance des populations lui en attribuait tout le mérite. Si ces lois de maximum n'avaient jamais eu d'heureuses conséquences, y eût-on sans cesse recouru, avec tant de confiance et d'obstination ?

Mais la disette pouvait être et était trop souvent un fait réel. Alors on avait beau fixer des maximums, lancer des ordonnances, statuer des peines, tous ces efforts de la volonté humaine venaient échouer impuissants devant la force même des choses. En voici quelques preuves empruntées à la Chronique de Trausch. « A. 1563 : l'année dernière le sénat fixa par ordonnance le prix auquel devaient se vendre les grains ; mais après cela la cherté augmenta encore[2]. — A. 1572 les États se réunirent pour fixer un maximum ; alors on n'apporta plus rien au marché, et le rézal de blé haussa encore de un florin. On abolit la taxe. — A. 1573, les États mettent le froment à 28 β... cette ordonnance ne subsista que quatre semaines ; elle ne fut même jamais observée hors de Strasbourg, et comme on n'amenait plus rien au marché, il fallut y renoncer. »

Les renseignements fournis par les Archives ne font que confirmer ces données du Chroniqueur. Le maximum de 1573 avait été établi dans une conférence tenue à Strasbourg le 7 mai. Un mois après, le 8 juin, le Magistrat de cette ville recevait une lettre que la Régence de l'évêché lui avait envoyée à ce sujet. « Il est impossible, disait celle-ci, de s'en tenir au règlement, surtout pour ce qui regarde la taxe ; elle n'a eu

---

1. Entre autres pour notre ordonnance de 1531.
2. *Darauf wird die frucht noch theurer.*

qu'un résultat, c'est que dans les localités où la taxe est suivie, le marché a été abandonné, on n'y amène aucun blé [1]. » C'est vrai, répondaient les strasbourgeois, les villes de Haguenau, Schlettstadt et Obernay ont supprimé la taxe. Nous avons dû faire porter au marché le blé de nos greniers, pour l'approvisionner. Nous ne savons que faire — La semaine qui suivit, le 16 juin, la suppression de la taxe était adoptée par tous les États.

Le maximum n'était donc qu'une ressource inefficace, quand on se trouvait en présence d'une disette réelle et sérieuse. Le seul remède au mal se rencontrait dans les réserves, que l'on amassait pendant les années d'abondance.

Chaque ville avait ses greniers. Les Chapitres, les monastères, les seigneurs, en possédaient également. C'est là que les bonnes récoltes s'entassaient et se conservaient pendant de longues années. C'est dans ces dépôts que l'on venait puiser en cas de disette, et ils suffirent presque toujours à paralyser l'intensité du mal.

Réserves des villes.

Comme l'emploi de ces réserves a disparu presque partout de nos habitudes économiques, il nous est difficile de nous faire une idée exacte de leur importance. Voici quelques détails qui pourront intéresser le lecteur.

Dans la préface de sa Chronique, Trausch nous apprend qu'à l'époque où il écrivait (1633), le grenier de la ville de Strasbourg, le *stadtspeicher*, avait encore du blé de 1591, de 1525 et même de 1439, comme l'attestait l'inscription suivante :

> *Anno vierzehn hundert dreissig und neun*
> *Sein erster Gecken im Land gesein*
> *Wuchs dise frucht nach sag der Alten*
> *S. Klar im Werdt wurd sie behalten*
> *Und Achtzig funf jar daselbst zuo kasten*
> *Darnach gelegt in dissem kasten* [2].

Sans doute il n'entrait pas dans l'institution des greniers de conserver du blé pendant un siècle ou deux. Les exemples que nous venons de citer sont, avant tout, des curiosités. D'or-

---

[1]. *Sonder das daraus dises ervolgt, das die märckt an Orten und enden, da man bey der tax verpliben, wüst gelest, kein frucht darauf gebracht.*

[2]. En l'année 1439, lorsque les premiers Armagnacs furent au pays, mûrit ce blé, au dire des anciens; à S. Claire au marais il fut d'abord placé et pendant 85 ans conservé ; ensuite on le mit dans ces greniers.

dinaire le grenier renouvelait ses provisions, en écoulant les anciennes. Mais de tels faits n'en prouvent pas moins, qu'on poussait fort loin l'art de conserver les grains. Pendant la guerre de Trente ans, en 1645, la ville de Strasbourg céda à l'armée française du blé qui avait plus de trente ans (*so über dreissig jar alt seind*)[1].

Après s'être vidé pendant plusieurs années consécutives de cherté, le grenier de Strasbourg renouvelle son approvisionnement en 1577, « afin, qu'en cas de besoin (dont Dieu nous préserve), on ait du blé sous la main[2]. » On en achète à Metz, de tous côtés. Au mois de décembre, il y a déjà 30000 sacs en magasin, et le magistrat autorise encore l'achat de 10000 sacs. Voici comment se répartissaient ces grains, d'après un état du 11 décembre :

froment	8268 rézaux, soit	9605,76	hectolitres
seigle	21753	»	25272,63
farine	1237	»	1437,15
avoine	14427	»	19526,95
	C'était un total de	55812,44	

Tel semble avoir été l'approvisionnement normal des greniers de la ville. D'après le Protocole des XV, la situation était au 21 décembre 1610 :

froment	15278 rézaux, soit	17749	hectolitres
seigle	15698	»	18237
orge	25	»	29
farine	2300	»	2672
avoine	10251	»	13875
			52562

Ce chiffre est un peu plus faible que le précédent ; mais la ville continuait encore ses achats.

Le 5 juin 1623, après plusieurs mois de cherté, le grenier municipal comptait encore :

froment	29155 rézaux, soit	33872	hectolitres
seigle	13867	»	16111
avoine	4450	»	6023
			56006

---

1. Disons toutefois que le Protocole des XV, auquel nous empruntons cette donnée (4 juin), ajoute : *und je lenger, je schlechter werden*.
2. Prot. des XV, février.

Ces réserves sont loin cependant de représenter les ressources dont disposait, en cas de besoin, le Magistrat de Strasbourg. La ville renfermait un certain nombre d'établissements, comme l'Hôpital, les Orphelins, S. Marc, etc., qui, sous le nom de *pflegereien*, étaient placés sous la tutelle directe du sénat. On y voyait en outre des Chapitres, des monastères, qui n'étaient pas, il est vrai, sous la dépendance du sénat, mais qui avaient mille raisons de le ménager, qui ne repoussaient jamais les demandes qu'il leur adressait, au nom de la charité chrétienne et de la confraternité civile.

Toutes ces maisons percevaient des rentes considérables, la plupart payées en nature. Dans les années d'abondance, elles emmagasinaient leurs grains sans les vendre, ou n'en cédaient qu'une faible partie. Tout le monde profitait au système. Le consommateur y trouvait une garantie contre les incertitudes de l'avenir. Le petit paysan ne voyait pas les bonnes récoltes amener un avilissement trop notable des prix. Enfin ces détenteurs prévoyants de grains, s'ils laissaient improductif pendant plusieurs années un capital important, s'ils subissaient des frais de manipulation et des déchets de toute sorte, rencontraient après, dans la plus value de leur marchandise, une ample compensation de leurs pertes.

Survenait-il donc quelque disette, le Magistrat ouvrait ses greniers. Mais, en administrateur prudent, il ménageait ses ressources particulières et frappait en même temps aux portes des *pflegereien* et des maisons religieuses. Celles-ci, selon l'état des besoins et de leurs dépôts, livraient, à tour de rôle, 100, 200, 400 rézaux de blé, à un taux fixé de concert avec le sénat, et toujours très-modéré.

Au mois de janvier 1622, comme la guerre se rapprochait de Strasbourg, le sénat voulut se rendre compte des approvisionnements qui existaient en ville. Voici les résultats de l'enquête pour les divers établissements dont nous venons de parler [1] :

Chevaliers teutoniques	674 réz.	S.-Nicolas	4920 réz.
Chevaliers de S. Jean	460	Orphelins	3285
S.-Pierre-le-vieux	2760	Repenties	1318
S.-Pierre-le-jeune	7060	S.-Thomas	1100

1. Protocole des XV, 2 février.

Neuvillers	2016 réz.	Chartreuse.	4200 réz.
Marmoutiers	2050	S.-Marguerite.	1040
La Toussaint	1420	S.-Marc	3450
Gürtler hof (Grand Chap.)	1820	Récollets	1920
Bruder hof id.	400	Pauvres passants	1580
S.-Étienne	700	Hôpital	6900
Œuvre N.-Dame	7290	*Rotkirch*	3350

En groupant les grains selon leur nature, nous trouvons :

froment	13254 rézaux;	soit :	15347 hectolitres.
seigle	42105		48923
orge	2910		3381
avoine	1094		1481
farine	3680		4275
			73407

Nous avons donné ces chiffres, parce que c'est le seul tableau d'ensemble que nous ayons rencontré. Mais en parcourant les comptes de ces maisons, nous avons souvent constaté des stock triples et quadruples de celui qui est signalé ici. Quoi qu'il en soit, si vous ajoutez ces réserves à celles de la ville, vous arrivez déjà à un total sérieux.

RÉSERVES DES SEIGNEURS. Ce n'était pas tout cependant. En dehors des greniers de la ville et des maisons religieuses, Strasbourg renfermait les greniers d'une foule de familles patriciennes ou seigneuriales, qui, elles aussi, prêtaient leur concours, en cas de nécessité. Elles se montraient peut-être moins désintéressées, mais leur appoint n'en était pas moins utile. C'est ainsi qu'en 1579, tandis que le Bruderhof fournissait 1000, et Neuvillers, 400 réz. de seigle à 18 β. (7 fr. 47 l'hect.), les Landsperg en donnaient 200 à 22 β. (9 fr. 13 l'hectol.) et les Kageneck. 500 à 21 β. (8 fr. 72 l'hectol.)[1]. Nous nous bornerons du reste à signaler l'existence de ces dépôts : aucun document ne nous permet d'en apprécier l'importance avec quelque précision.

Quand on se rappelle cette situation, on s'étonne moins de certaines affirmations, qui se rencontrent dans les Chroniques. Trausch raconte qu'en 1575, Strasbourg se prépara à la lutte contre le duc de Bourgogne. Il fut ordonné à tout bourgeois qui en avait les moyens, de s'approvisionner pour deux ans. On fit en même temps le recensement des grains et des vins

---

1. Protocole des XV, 29, 31 octobre, 2 et 16 novembre.

qui se trouvaient en ville. Il fut constaté, qu'on avait du pain pour dix ans et du vin pour trois ans [1]. La ville fit acheter des légumes, pois, lentilles, fèves, etc. pour trois ans. On réunit de même un grand approvisionnement de viande salée, porc, etc. Il nous semble difficile de prendre à la lettre de pareilles allégations. Mais pour se les permettre, ou même les répéter sans scrupule, Trausch, qui avait pris part à l'administration de la ville, a dû être amené, par ce qu'il voyait de ses yeux, à n'y rien trouver de trop exorbitant.

Les Chroniques strasbourgeoises nous ont conservé certains faits qui constatent les avantages de cette organisation économique. En voici quelques uns. Nous les empruntons à Trausch, qui ici, comme ailleurs, n'est que le fidèle écho de ses prédécesseurs. Pour plus de clarté nous convertirons les chiffres anciens en francs et en centimes, sur le pied de l'hectolitre.

1313, Cherté. Le seigle coûte en ville 30 ß. (56 fr.), à la campagne 40 ß. (48 fr.)

1371, Cherté. Le seigle coûte en ville 21 ß. (17 fr. 56), à la campagne 30 ß. (25 fr. 08).

1480, Cherté. On vend le froment 20 ß. (11 fr. 31), le seigle 17 ß. (9 fr. 60), l'orge 13 ß. (7 fr. 35). La ville ouvrit ses greniers et donna aux bourgeois et aux boulangers le froment à 14 ß. (7 fr. 91) et le seigle à 11 ß. (6 fr. 22). Elle vendit aussi beaucoup de grains aux États voisins, ce qui la fit chérir et sauva la vie à bien des gens.

1497, Cherté telle que le seigle coûte de 10 à 12 ß (de 5 fr. 31 à 6 fr. 37); la ville n'en fit pas seulement distribuer à ses bourgeois, elle en expédia de grandes quantités en Suisse, en Souabe et en Lorraine à 5 ß. (2 fr. 65).

1517, Cherté. De la Pentecôte à la S.-Martin la ville distribue 50000 q. (58090 hect.) aux bourgeois et aux boulangers à 7 ß. 6 ð. (3 fr. 75); ailleurs le seigle se payait 17 à 18 ß. (9 fr.). D'après Speckle, elle expédie en outre à l'étranger, en deux années, 342912 q. (398453 hectolitres).

1529, Cherté affreuse. La récolte manque dans tous les pays voisins, qui achètent à tout prix. Le seigle monte successivement de 2 à 5 et même 6 florins (10 fr. 20 à 30 fr. 60). L'hospice des pauvres passants reçut et nourrit plus de 1800 personnes. On logea et nourrit, pendant toute l'année, plus de 1400 paysans aux Récollets. La ville donnait la farine aux bourgeois à 14 ð. le boisseau (6 fr. 03 le kilo), à 18 ð. (0 fr. 11) après la S. Martin, à 24 ð. (0 fr. 15) plus tard.

---

1. *Und befanden das man manniglich zehn jar genug brod haben mochte und für drei jar wein zu trinken.*

1530, Cherté continue. Les Récollets nourrissent encore 1600 personnes par jour, qu'on emploie aux fortifications.
1531, Cherté continue. La ville distribue toujours de la farine à 24 s. le boisseau. Dans la seule journée du 1er mai, les greniers de la ville livrèrent 230 q. L'entente des États fit ensuite baisser les prix.
1562, Cherté. On dressa derrière les murs de S. Jean des tentes, où plus de 1500 personnes étaient logées et nourries avec de la soupe, de la viande et du pain.
1573, Grande Cherté. Strasbourg exporte néanmoins 84430 q. de grains.
1586, Grande Cherté. La ville cède aux Suisses 21767 q., en dehors de ce qu'ils prennent dans les différents greniers ; elle distribue en farine 15300 q.

Abstraction faite de quelques exagérations de détail, qu'on pourrait signaler dans ce tableau, un fait nous semble en ressortir clairement : c'est que, si les disettes, et même la famine avec ses horreurs, pesaient parfois de tout leur poids sur les gens de la campagne, l'habitant de Strasbourg ne les sent que sous une forme très mitigée. Et ce résultat, c'est à l'existence des greniers d'abondance, c'est à l'étendue des ressources publiques qu'il est dû.

Les mêmes faits pourraient se constater pour les autres villes de l'Alsace. Car elles avaient toutes la même organisation économique. Toutes elles possédaient des greniers municipaux. Toutes elles renfermaient des couvents, des hôpitaux, des établissements de diverses sortes, qui, fidèles à l'exemple que Joseph leur avait donné en Egypte, amassaient dans les années d'abondance, au profit de leurs concitoyens moins riches ou moins prévoyants.

Deuxième Section.

Prix des grains.

Les tableaux qui vont passer sous les yeux du lecteur, ne sont qu'un faible extrait des matériaux que nous avons réunis.

Frappé de l'importance du sujet, désireux d'arriver à une appréciation exacte du prix des grains, nous n'avons rien négligé pour éclairer notre conscience. Non content d'extraire des registres de comptes les données suivies qu'ils renferment, nous avons noté avec soin toutes les indications, même isolées, qui se rencontrèrent sous nos pas. De là un amas de renseignements, difficiles à coordonner. Comment grouper en tableaux réguliers des chiffres, où nature des monnaies, valeur des mesures, lieux et époques des ventes, où tout, en un mot, est disparate et incohérent ?

Force nous fut donc de faire un choix.

La première série de nos tableaux se rapporte à la Haute-Alsace. Un manuscrit, conservé à la bibliothèque de Bâle (A. G. V. 23), renferme pour l'épeautre (par *vierntzel*), le seigle (par sac) et l'avoine (par *vierntzel*), l'estimation officielle *(schlag)* que l'autorité faisait elle-même de ces denrées, vers la S.-Martin. Ses indications s'étendent de 1501 à 1682. Ochs, dans son Histoire de Bâle, a publié le *schlag* de l'épeautre, pour les années 1521—1648. Enfin nous avons retrouvé, nous même, dans les archives de cette ville, les renseignements les plus authentiques sur les mêmes estimations, pour les années 1504—1518, 1532—1562, 1739, 1747, 1751—1797. Nous avons reproduit les chiffres du manuscrit, en les corrigeant parfois, en les complétant par les résultats de nos propres recherches.

Le caractère officiel de ces estimations, la régularité avec laquelle on les établissait, leur suite non interrompue pour un nombre considérable d'années, nous ont engagé à cette publication. Sans représenter le prix moyen des grains, pour l'année civile, puisqu'ils ne se réfèrent jamais qu'à une seule récolte, les *schlag* de la S. Martin, calculés, comme nous le ferons dans notre récapitulation, par groupes de 25 années, ne s'en écartent point d'une manière sensible. Nous avons constaté ce fait par de nombreuses vérifications à Strasbourg, à Colmar, à Haguenau, etc.

Cette série se termine par les moyennes des mercuriales de Mulhouse, dont les trente dernières années ont été dépouillées par les soins de M. Auguste Dollfus, qui a bien voulu nous communiquer le résultat de ses recherches.

La seconde série de nos tableaux regarde la ville de Strasbourg, la Basse-Alsace par conséquent.

Pour le xixe siècle, nos chiffres ont été empruntés à la statistique officielle, établie par les soins de la mairie.

De 1591 à 1793, nous nous appuyons encore sur la même base. Avec les archives de S. Thomas, de l'hôpital et de la mairie de Strasbourg, nous avons pu reconstituer la suite complète des carnets où s'inscrivaient, par les soins du Magistrat, les mercuriales de chaque semaine. Les résultats du marché y sont indiqués, pour les diverses espèces de grains, par trois chiffres, le plus bas, le plus élevé et le prix moyen. C'est sur la réunion de ces prix moyens que sont fondés nos calculs. Le procédé n'est peut-être pas d'une rigueur mathématique ; mais il ne doit pas s'éloigner beaucoup de la vérité. C'était d'ailleurs le seul qu'il nous fut loisible de suivre.

D'après les *Notices* de Hermann [1], le même travail a été fait au siècle dernier, pour les années 1615—1746, par un nommé Hænle, garde-magasin des greniers de la ville. Il lui emprunte même ses conclusions sur les prix moyens du froment, citées p. 57 et suiv. Mais, n'ayant pu rencontrer le manuscrit de Hænle, nous avons dû recommencer nous-même, en le complétant, ce long et fastidieux dépouillement des mercuriales.

Antérieurement à l'année 1591, nous avons pris pour guides les comptes du Chapitre de S. Thomas, qui remontent jusqu'à 1386. Ici nos moyennes ont été calculées d'après la méthode moderne, qui divise, comme on sait, le produit des ventes par la somme des quantités vendues. Ces comptes présentaient toutefois des lacunes sensibles entre les années 1424 et 1480. Il nous a semblé utile de les combler, autant que possible, à l'aide des archives de l'Œuvre Notre-Dame, de S.-Claire, de S.-Arbogaste et même de S.-Jean de Schlettstadt.

Pour les années antérieures à 1386, nous en sommes réduits à quelques indications fournies par les comptes de S. Etienne.

On voit que celles de nos données qui n'avaient qu'un caractère isolé, ont été bannies de ces tableaux. Nous n'avons même fait des autres qu'un emploi fort discret. Cependant ces dernières présentent une incontestable importance. Les comptes de l'œuvre Notre-Dame, de S.-Arbogaste, de S.-Jean de Schlettstadt, auxquels nous n'avons emprunté que quelques chiffres, embrassent une partie notable du xve et du xvie siècle. Nous aurions pu citer en outre les comptes de S.-Pierre-

---

1. T. II, pag. 141.

le-jeune (1495—1566), d'Eschau (1498—1669), du Herderhof (1545—1585, hôpital de Strasbourg), d'Engelport (xviie et xviiie siècles), de Thierenbach (id.), de Pairis, des Dominicains et de la ville de Colmar, etc., etc. Nous disposons même de certaines données officielles, comme les *schlag* d'Ingenheim, colonge du Grand-Chapitre (1519—1558. 1621—1627), les prix de la S. Jean et de la S. Martin à Strasbourg pour les années 1571—1600, la S. Martin de Colmar de 1645 à 1669, la S. Martin et le marché de Haguenau pour les années 1721—1751, la S. Martin de Strasbourg pour les périodes 1702—1725, 1741—1756 : les mercuriales de Schlettstadt pour les années 1689—1764.

Avec tous ces renseignements, dont la réunion nous a coûté plusieurs années de recherches, il eût été facile de quintupler l'étendue de nos tableaux. Mais en dehors des longueurs et de la confusion qu'il entraînait, ce luxe de développements n'offrait aucune utilité pour le lecteur. Nous avons commencé par coordonner et élaborer tous ces matériaux ; envisagés en détail, ils présentèrent parfois des divergences plus ou moins notables ; mais groupés par périodes de vingt-cinq ans, ils fournissaient des moyennes, qui ne s'écartèrent jamais que de quelques centimes des résultats signalés plus loin.

Cette concordance une fois constatée, notre conduite était toute tracée. Nous devions nous borner à la faire connaître. Elle a son importance, et, par la valeur qu'elle assure à nos conclusions, nous dédommage, dans une certaine mesure, de nos recherches et de nos calculs.

On sera peut-être étonné de voir le blé plus cher au xive siècle qu'au xve. Nous même nous avons d'abord été surpris de ce résultat. Mais il a fallu nous rendre à l'évidence. N'est-ce pas d'ailleurs la confirmation d'une mention, qui se rencontre dans toutes les Chroniques strasbourgeoises et que nous citons d'après Trausch ? « En cette année 1395, on commença à faire des pains d'une obole, parce que les pains d'un denier étaient trop grands pour être mangés par un homme, *chose qui ne s'était pas présentée auparavant* [1].

---

[1]. *Man hube auch an heller brod zu bachen, wann die pfennwerth brod zu gross waren für einen menschen zu essen, welches zuvor nicht gewesen war.*

A BALE.

Année.	EN β. STEBLER.			EN FRANCS ET PAR HECTOL.		
	Epeautre.	Seigle.	Avoine.	Epeautre.	Seigle.	Avoine.
1501	28 β.	25 β.	20 β.	2 fr 65	4 fr. 57	1 fr. 83
1502	30	19	19	2 74	3 48	1 74
1503	22	18	20	2 01	3 29	1 83
1504	22	20	20	2 01	3 66	1 83
1505	13	11	12	1 19	2 01	1 10
1506	10	8	9	0 92	1 46	0 84
1507	11	8	10	1 01	1 46	0 92
1508	16	10	11	1 46	1 83	1 01
1509	12	8 1/3	10 1/2	1 10	1 52	0 96
1510	9	7	10	0 82	1 28	0 92
1511	16	12	13	1 40	2 10	1 14
1512	26	19	14	2 27	3 16	1 22
1513	18	14	14	1 57	2 45	1 22
1514	17	14	17	1 49	2 45	1 49
1515	22	16	14	1 92	2 80	1 22
1516	36	32	28	3 15	5 61	2 45
1517	38	36	18	3 33	6 31	1 57
1518	17	12	12	1 49	2 10	1 05
1519	17	12	13	1 49	2 10	1 14
1520	34	18	18	2 97	3 15	1 57
1521	16	13	14	1 40	2 27	1 22
1522	16	13	15	1 40	2 27	1 31
1523	15	12	15	1 28	2 04	1 28
1524	25	20	20	2 13	3 40	1 70
1525	21	15	21	1 78	2 55	1 78
1526	17	14	18	1 45	2 38	1 53
1527	26	19	19	2 21	3 23	1 62
1528	29	31	28	2 47	5 78	3 23
1529	44	34	27	3 74	5 78	2 30
1530	46	38	24	3 91	6 46	2 04
1531	50	40	46	4 25	6 80	3 91
1532	31	27	27	2 63	4 59	2 30
1533	31	21	21	2 60	3 53	1 76
1534	32	25	25	2 69	4 20	2 10
1535	19	15	16	1 60	2 52	1 34
1536	24	17	16	2 03	2 86	1 34
1537	15	15	12	1 26	2 52	1 01
1538	22	18	18	1 85	3 02	1 51
1539	27	22	24	2 03	3 30	1 80
1540	25	20	28	1 87	3 00	2 10
1541	18	15	17	1 25	2 25	1 27
1542	24	18	20	1 75	2 63	1 46
1543	44	36	27	3 21	5 26	1 97
1544	76	50	32	5 55	7 30	2 34
1545	70	60	34	5 11	8 76	2 48
1546	25	21	22	1 82	3 07	1 61
1547	20	19	20	1 46	2 77	1 46
1548	35	25	27	2 55	3 65	1 97
1549	35	32	25	2 55	4 53	1 82
1550	38	33	30	2 63	4 67	2 19

PRIX DES GRAINS.

A BALE.

Année.	EN β. STEULER.			EN FRANCS ET PAR HECTOL.					
	Épeautre.	Seigle.	Avoine.	Épeautre.		Seigle.		Avoine.	
1551	56 β.	42 β.	31 β.	4 fr.	09	6 fr.	13	2 c.	26
1552	56	42	31	4	09	6	13	2	26
1553	28	23	32	2	04	3	36	2	34
1554	28	23	27	2	04	3	36	1	97
1555	29	24	29	2	12	3	50	2	12
1556	54	38	36	3	94	5	55	2	63
1557	34	25	26	2	48	3	65	1	90
1558	27	23	27	1	97	3	36	1	97
1559	44	30	33	3	30	4	50	2	48
1560	45	36	35	3	37	5	40	2	62
1561	55	45	35	4	12	6	75	2	62
1562	60	50	34	4	25	7	07	2	40
1563	52	40	32	3	67	5	66	2	26
1564	36	26	32	2	65	3	68	2	26
1565	40	26	33	2	83	3	68	2	33
1566	80	60	40	5	66	8	19	2	83
1567	60	50	50	4	25	7	07	3	53
1568	38	28	34	2	69	3	96	2	40
1569	38	28	34	2	69	3	96	2	40
1570	60	55	37	4	25	7	79	2	62
1571	130	120	60	9	19	16	98	4	25
1572	90	75	65	6	37	10	62	4	60
1573	100	85	45	7	07	12	03	3	18
1574	105	85	50	7	42	12	03	3	53
1575	46	35	34	3	25	4	91	2	40
1576	40	34	34	2	83	4	80	2	40
1577	38	28	28	2	69	3	96	1	98
1578	40	32	32	2	83	4	52	2	26
1579	80	60	45	5	66	8	49	3	18
1580	80	60	36	5	66	8	49	2	54
1581	80	48	60	5	66	6	79	4	25
1582	55	40	40	3	90	5	66	2	83
1583	55	46	45	3	68	6	16	3	01
1584	55	45	40	3	68	6	03	2	68
1585	100	80	60	6	70	10	72	4	02
1586	165	140	100	11	05	18	76	6	70
1587	90	75	60	6	03	10	05	4	02
1588	75	60	45	5	02	8	04	3	01
1589	140	100	60	9	14	13	05	3	91
1590	88	70	60	5	74	9	14	3	91
1591	80	60	50	5	10	7	65	3	19
1592	145	110	80	9	24	14	02	5	10
1593	75	60	50	4	47	7	65	3	19
1594	70	55	45	4	15	7	01	2	87
1595	100	80	60	6	37	10	20	3	83
1596	90	70	50	5	74	8	29	3	19
1597	90	70	60	5	74	8	29	3	83
1598	90	70	60	5	74	8	29	3	83
1599	75	60	60	4	65	7	41	3	72
1600	75	60	60	4	65	7	41	3	72

A BALE.

Année	EN β. BALOIS.			EN FRANCS ET PAR HECTOL.		
	Épeautre.	Seigle.	Avoine.	Épeautre.	Seigle.	Avoine.
1601	75 β.	60 β.	50 β.	4 fr. 69	7 fr. 44	3 fr. 10
1602	95	70	60	5 89	8 88	3 72
1603	100	70	60	6 20	8 88	3 72
1604	75	55	50	4 69	6 82	3 10
1605	75	60	50	4 69	7 44	3 10
1606	80	60	60	4 96	7 44	3 72
1607	80	60	50	4 96	7 44	3 10
1608	100	80	60	6 05	9 68	3 63
1609	110	90	70	6 65	10 89	4 24
1610	120	100	80	7 26	12 10	4 84
1611	115	70	65	6 96	8 47	3 94
1612	90	75	60	5 31	8 85	3 54
1613	75	60	55	4 34	6 93	3 18
1614	135	115	75	7 80	13 28	4 34
1615	90	75	65	5 11	8 52	3 68
1616	70	60	60	3 97	6 81	3 40
1617	60	50	55	3 31	5 53	3 03
1618	60	50	60	3 15	5 25	3 15
1619	60	50	55	3 05	5 08	2 80
1620	90	65	65	3 53	5 10	2 55
1621	180	140	100	3 96	6 93	2 48
1622	400		320	7 70		6 16
1623	140	120	110	7 91	13 56	6 21
1624	125	105	80	7 06	11 86	4 52
1625	105	90	70	5 93	10 17	3 87
1626	115	90	80	6 50	10 17	4 52
1627	160	130	100	9 04	14 69	5 65
1628	160	150	100	9 04	16 95	5 65
1629	170	150	100	9 60	16 95	5 65
1630	165	145	120	9 32	16 38	6 78
1631	85	80	70	4 80	9 04	3 87
1632	85	75	70	4 80	8 48	3 87
1633	145	140	90	8 19	15 82	5 08
1634	160	180	100	9 04	20 34	5 65
1635	250	270	165	13 25	28 62	8 75
1636	280	260	200	14 84	27 56	10 60
1637	225	220	150	11 93	23 32	7 95
1638	230	220	150	10 92	20 90	7 12
1639	180	180	180	8 55	17 10	8 55
1640	170	155	120	8 08	14 73	5 70
1641	220	220	130	10 45	20 90	6 17
1642	150	150	130	7 12	14 25	6 17
1643	140	120	100	6 65	11 40	4 9
1644	150	150	100	7 12	14 25	4 95
1645	105	105	85	5 00	10 00	4 04
1646	65	60	50	3 09	5 70	2 37
1647	45	40	40	2 14	3 80	1 90
1648	60	50	50	2 85	4 75	2 37
1649	170	122	75	8 08	11 59	3 56
1650	110	110	70	5 22	10 45	3 32

A BALE.

Année.	EN β. BALOIS.			EN FRANCS ET PAR HECTOL.		
	Épeautre.	Seigle.	Avoine.	Épeautre.	Seigle.	Avoine.
1651	150 β.	150 β.	90	7 fr. 12	14 fr. 25	4 fr. 28
1652	90	85	75	4 28	8 08	3 56
1653	70	66	55	3 32	6 27	2 61
1654	55	50	50	2 61	4 75	2 37
1655	53	50	40 ½	2 51	4 75	1 92
1656	45	40	40	2 14	3 80	1 90
1657	45	40	45	2 14	5 80	2 14
1658	80	75	60	3 80	7 12	2 85
1659	80	80	55	3 80	7 60	2 61
1660	95	100	65	4 52	9 50	3 09
1661	150	150	90	7 12	14 25	4 28
1662	135	135	85	6 42	12 83	4 04
1663	80	75	60	3 80	7 12	2 85
1664	80	65	60	3 80	6 18	2 85
1665	100	100	65 β.	4 75	9 50	3 09
1666	60	55	50	2 85	5 23	2 37
1667	60	55	55	2 85	5 23	2 61
1668	60	50	50	2 85	4 75	2 37
1669	50	45	50	2 37	4 28	2 37
1670	50	45	45	2 37	4 28	2 14
1671	45	40	40	2 14	3 80	1 90
1672	45	50	40	2 14	4 75	1 90
1673	65	65	50	3 09	6 18	2 37
1674	100	100	75	4 75	9 50	3 56
1675	130	130	100	6 17	12 35	4 75
1676	160	160	110	7 60	15 20	6 65
1677	130	140	120	6 17	13 30	5 70
1678	150	140	120	7 12	13 30	5 70
1679	160	160	120	7 60	15 20	5 70
1680	140	135	100	6 65	12 83	4 75
1681	125	120	100	5 93	11 40	4 75
1682	55	50	50	2 61	4 75	2 37
1739	140	120	110	5 42	9 30	4 24
1747	105	100	80	3 91	7 15	2 98

Dans ces tableaux, l'épeautre est estimé par vierntzel, le seigle par sac, et l'avoine par vierntzel.

L'épeautre dont il est question, est en balle. Quand on l'égruge, son volume diminue environ de moitié. L'épeautre égrugé était regardé comme équivalant à une quantité égale de froment. Nous partirons de ce principe dans notre récapitulation générale.

A BALE.

An.	EN β. BALOIS.				EN FRANCS ET PAR HECTOL.			
	Épeautre.	Seigle.	Avoine.	Orge.	Épeautre.	Seigle.	Avoine.	Orge.
1751	125 β.	120 β.	105 β.		4 fr.66	8 fr 94	3 fr. 91	
1752	90	105	70		3 35	7 82	2 61	
1753	110	105	100		4 10	7 82	3 73	
1754	80	70	60		2 98	5 22	2 24	
1755	80	70	75		2 98	5 22	2 80	
1756	85	95	85		3 04	6 80	3 04	
1757	115	120	100		4 11	8 58	3 57	
1758	140	125	90		5 00	8 94	3 22	
1759	125	135	90		4 47	9 65	3 22	
1760	110	105	100		3 93	7 51	3 57	
1761	95	90	90		3 40	6 44	3 22	
1762	110	100	100		3 69	6 70	3 35	
1763	100	90	90		3 35	6 04	3 02	
1764	90	80	90		3 02	5 36	3 02	
1765	100	100	100		3 35	6 70	3 35	
1766	120	120	120		4 02	8 04	4 02	
1767	130	120	120		4 35	8 04	4 02	
1768	132	130	120		4 42	8 71	4 02	
1769	140	140	140		4 69	9 3o	4 69	
1770	260 1/2	260	200		8 71	17 42	6 70	
1771	240	240	190		8 04	16 08	6 36	
1772	160	160	150		5 36	10 72	5 02	
1773	150	130	100		5 02	8 71	3 35	
1774	130	105	95		4 35	7 04	3 18	
1775	105	105	90		3 52	7 04	3 05	
1776	100	95	110		3 35	7 38	3 69	
1777	130	120	125		4 35	8 04	4 19	
1778	140	130	125		4 69	8 71	4 19	
1779	125	120	120		4 19	8 04	4 02	
1780	120	115	120		4 02	7 71	4 02	
1781	110	120	110		3 69	8 04	3 69	
1782	160	170	180		5 35	11 39	6 03	
1783	135	120	120		4 52	8 04	4 02	
1784	135	125	140		4 52	8 38	4 69	
1785	145	135	150		4 86	9 04	5 02	
1788	165	160	150		5 53	10 72	5 02	
1789	255	235	185		8 53	15 75	6 20	
1790	180	170	150		6 03	11 39	5 02	
1791	150	120	133 1/3		5 02	8 04	4 45	
1792	180	180	200		6 03	12 06	6 70	
1793	240	266 2/3	240		8 04	17 80	8 04	
1794	250	280	266 2/3		8 38	18 76	8 90	
1795	400	360	360		13 40	24 12	12 06	
1796	360	280	280		12 06	18 76	9 38	
1797	200	200	200		6 70	13 40	6 70	
	MULHOUSE.				MULHOUSE			
1798	18 l. 13 s.	11 l. 13 s.	9 l. 4 s.	10 l. 7 s.	16 06	10 04	8 91	8 fr.90
1799	20	12 13	9	11 6	17 20	10 90	8 84	9 72
1800	20 3	10 7	7	8 15	17 30	9 90	6 02	7 01

A MULHOUSE.

Année.	L'HECTOLITRE EN FRANCS.			
	Froment.	Seigle.	Orge.	Avoine.
1801	17 fr. 83	10 fr. 14	8 fr. 45	5 fr. 90
1802	21 87	14 89	12 90	7 10
1803	19 23	12 39	10 76	7 38
1804	16 81	8 18	7 20	7 30
1805	19 21	8 90	8 05	7 19
1806	21 01	12 17	9 94	6 49
1807	20 26	11 49	9 07	6 13
1808	16 65	10 05	8 76	6 88
1809	13 97	8 15	7 31	6 63
1810	17 59	9 50	8 45	6 54
1811	24 83	16 16	13 27	6 83
1812	29 49	18 00	15 39	8 42
1813	20 30	12 75	10 00	7 80
1814	18 40	11 90	10 23	7 85
1815	19 17	13 35	9 72	6 57
1816	34 97	23 50	16 60	10 00
1817	48 78	33 02	32 37	15 23
1818	21 55	15 50	14 46	8 15
1819	19 36	10 80	9 48	6 52
1820	17 95	9 02	6 42	5 57
1821	16 48	8 67	6 76	5 12
1822	16 12	9 82	9 54	6 63
1823	18 82	11 41	10 75	6 92
1824	15 27	8 01	6 40	5 54
1825	14 52	8 96	7 64	7 03
1826	16 67	10 88	8 95	7 19
1827	22 90	13 67	10 20	7 22
1828	21 95	13 29	10 77	7 01
1829	21 14	13 23	11 27	8 12
1830	22 68	14 44	10 90	7 73
1831	24 08	14 72	11 81	6 87
1832	25 77	18 04	15 14	8 33
1833	17 66	11 57	9 68	8 04
1834	15 24	8 54	8 27	7 80
1835	15 83	9 83	9 07	8 30
1836	15 64	9 30	8 31	7 83
1837	17 60	10 25	8 75	7 68
1838	21 33	13 04	11 17	8 00
1839	24 05	14 42	12 31	7 17
1840	21 40	13 96	11 92	7 85
1841	19 30	9 71	8 21	7 24
1842	23 42	13 30	11 02	8 35
1843	22 13	14 95	12 33	9 29
1844	19 44	11 53	10 75	8 21
1845	21 74	13 53	11 21	7 49
1846	28 49	20 91	15 19	9 15
1847	32 13	22 64	19 72	11 11
1848	17 17	9 39	7 99	6 75
1849	15 88	8 13	7 28	6 61
1850	14 86	9 01	7 89	6 53

MULHOUSE.

Année.	L'HECTOLITRE EN FRANCS.			
	Froment.	Seigle.	Orge.	Avoine.
1851	16 fr. 48	10 fr. 96	9 fr. 39	7 fr. 07
1852	19 73	14 10	10 57	7 35
1853	22 90	16 71	12 58	7 51
1854	31 00	19 77	15 36	9 07
1855	30 71	19 61	15 21	8 63
1856	31 07	18 84	15 30	7 97
1857	24 51	14 96	13 94	9 50
1858	17 13	1 65	9 34	9 36
1859	16 70	9 44	9 16	8 66
1860	21 50	13 62	12 33	8 78
1861	24 88	15 52	13 87	9 02
1862	23 15	14 02	11 65	8 36
1863	20 92	11 36	9 30	7 50
1864	17 86	10 13	9 26	7 61
1865	16 22	10 26	9 51	8 61
1866	19 95	12 81	12 31	7 70
1867	25 64	17 13	14 29	9 66
1868	21 74	16 59	14 10	
1869	17 94	12 10	11 21	7 87
1870	22 14	13 52	11 90	
1871	25 79	13 93	13 91	
1872	23 17	13 88	11 10	
1873	25 32	17 81	15 81	
1874	22 22	15 56	14 76	
1875	18 23	12 61	11 97	

Comme les mercuriales de notre siècle peuvent être, pour les économistes, le point de départ de nombreuses comparaisons, nous résumerons ces mêmes données par périodes décennales.

Année.			Froment.	Seigle.	Orge.	Avoine.
1801	—	1810	18 fr. 44	10 fr. 60	9 fr. 09	6 fr. 75
1811	—	1820	25 78	16 40	13 79	8 29
1821	—	1830	18 65	11 24	9 32	6 85
1831	—	1840	19 86	12 37	10 64	7 79
1841	—	1850	21 46	13 30	11 16	8 07
1851	—	1860	23 17	14 77	12 32	8 39
1861	—	1870	21 34	13 34	11 74	8 29
1871	—	1875	22 95	14 76	13 52	

A COLMAR.

L'importance de la ville de Colmar, l'un des grands centres industriels de l'Alsace, celle de son marché surtout. qui est le principal débouché des céréales du pays, nous engagent à joindre au tableau précédent les moyennes de ses mercuriales. Les notes conservées dans les bureaux de la ville, ne permettent pas de remonter au-delà de 1820. Les chiffres que nous publions, nous ont été gracieusement fournis par la mairie elle-même, qui nous a dispensé par là d'en faire le laborieux dépouillement.

Inutiles comme points de comparaison avec le passé, ces données peuvent se prêter, pour le présent et pour l'avenir, à d'intéressants rapprochements.

Année.	L'HECTOLITRE EN FRANCS.			
	Froment.	Seigle.	Orge.	Avoine.
1820	17 fr. 58	10 fr. 08	6 fr. 90	5 fr. 67
1821	16 71	10 39	7 12	5 66
1822	17 68	11 60	10 37	6 50
1823	19 18	12 86	10 72	7 00
1824	11 68	8 43	6 60	5 28
1825	14 99	9 79	8 20	6 62
1826	16 89	12 39	9 50	6 96
1827	21 36	14 52	10 38	6 69
1828	22 83	14 20	10 96	7 47
1829	23 53	14 37	11 43	7 76
1830	23 00	14 85	11 12	7 83
1831	24 31	15 75	12 57	7 73
1832	25 72	18 90	14 86	9 33
1833	20 06	12 61	10 07	8 88
1834	15 86	10 15	6 91	13 11
1835	15 92	10 19	9 32	7 30
1836	15 97	9 72	8 37	8 74
1837	17 77	11 05	9 20	6 10
1838	21 72	13 61	11 53	9 11
1839	24 23	15 45	12 47	9 10
1840	20 96	15 03	12 63	9 11
1841	19 13	10 57	8 72	9 01
1842	23 43	14 36	10 41	9 73
1843	22 76	15 15	12 97	9 31
1844	19 66	12 47	10 46	7 61
1845	22 56	14 96	11 85	7 77
1846	28 75	21 37	14 88	8 91
1847	31 70	22 72	19 16	11 83
1848	17 00	10 63	8 35	7 56
1849	16 15	8 86	7 52	6 73
1850	15 75	9 87	8 13	6 73

A COLMAR.

Année.	L'HECTOLITRE EN FRANCS.			
	Froment.	Seigle.	Orge.	Avoine.
1851	17 fr. 33	12 fr. 18	10 fr. 26	6 fr. 70
1852	20 11	14 82	11 32	7 57
1853	23 23	18 26	11 53	8 11
1854	31 44	20 48	15 15	9 11
1855	30 62	19 84	14 86	8 99
1856	30 17	20 32	15 35	7 72
1857	24 33	15 63	13 40	9 23
1858	16 92	10 11	9 93	11 08
1859	17 09	10 27	10 32	9 00
1860	22 40	14 18	13 26	8 88
1861	21 84	16 46	14 42	8 89
1862	23 27	14 73	11 73	8 72
1863	21 25	12 04	10 05	7 27
1864	18 23	11 25	10 30	8 00
1865	16 52	11 05	9 89	8 83
1866	20 71	13 64	13 19	9 46
1867	27 17	18 07	14 90	9 92
1868	25 31	17 15	13 90	10 00
1869	20 38	12 68	12 46	9 00
1870	23 03	14 76	12 33	10 39
1871	26 78	17 76	14 18	11 26
1872	24 84	14 61	11 56	8 90
1873	28 05	18 24	16 08	9 36
1874	25 50	17 97	15 60	16 05
1875	19 80	13 50	13 27	10 57

Nous résumerons ces mercuriales, comme nous l'avons fait pour Mulhouse, par périodes décennales.

Années.	Froment.	Seigle.	Orge.	Avoine.
1821 — 1830	19 fr. 09	12 fr. 34	9 fr. 67	6 fr. 78
1831 — 1840	20 25	13 25	10 81	8 94
1841 — 1850	21 69	14 10	11 28	8 52
1851 — 1860	23 36	15 61	12 54	8 64
1861 — 1870	22 07	14 18	12 32	9 05
1871 — 1875	24 99	16 50	14 05	11 23

Ces prix sont plus élevés, de quelques centimes, que ceux de Mulhouse, et même que ceux de Strasbourg, dont nous allons donner la série complète, après quelques chiffres moins suivis sur le XIVe siècle.

A STRASBOURG.

An.	LE REZAL EN d. STR.				L'HECTOLITRE EN FRANCS.			
	Froment.	Seigle.	Orge.	Avoine.	Froment.	Seigle.	Orge.	Avoine.
1311		126	80					
1312		80	38					
1313		60	36			5 fr.59	3 fr.35	
1314		84	54			7 83	5 03	
1315		120	72	36		11 18	6 71	2 fr 85
1316		180				16 77		
1319		48	24			4 12	2 06	
1342	96	80	60	48	7 fr.60	6 33	4 75	3 26
1350		75	36	22		5 85	2 80	1 39
1351	97	79	36		7 55	6 16	2 80	
1352	72	62	44		5 60	4 83	3 42	
1353	60	50	30	40	4 67	3 89	2 33	2 52
1354	66	52	32		5 14	4 05	2 49	
1355	72	56	34	33	5 60	4 36	2 65	2 08
1356	80	70	40	38	6 23	5 45	3 11	2 40
1358	72	54	30	31	5 60	4 20	2 33	1 95
1359	78	63	32	31	5 45	4 40	2 21	1 87
1386	62	41	31	30	3 92	2 59	1 96	1 63
1387	52	43	30	31	3 28	2 72	1 90	1 68
1388	77	56	42	42	4 85	3 54	2 65	2 27
1389		58	34	43		3 66	2 15	2 33
1390	66	50	34	43	4 17	3 16	2 15	2 33
1391		48	39	37		2 70	2 19	1 78
1392	74	66	54	53	4 59	4 09	3 35	2 82
1393	71		27	34	4 34		1 67	1 81
1394	118		41	34	7 32		2 55	1 81
1395	68	56	46	47	4 21	3 53	2 85	2 50
1396	84	49	46	48	5 21	3 04	2 85	2 55
1397			44				2 73	
1399	70	53	33	40	4 12	3 21	1 93	2 13
1400	80	74	29		4 69	4 34	1 70	

Le lecteur n'oubliera pas que nos chiffres sont empruntés :
  avant 1386, aux comptes de S. Etienne;
  de 1386 à 1591, aux comptes du Chapitre de S. Thomas :
  après 1591, aux mercuriales de la ville de Strasbourg.

Au XVe siècle nous avons dû compléter S. Thomas à l'aide
  de l'Œuvre Notre-Dame, désignée par la lettre N :
  de S. Jean de Schlettstadt, désigné par la lettre J :
  de l'Hôpital (S. Claire, S. Arbogaste), désigné par la lettre H.

A STRASBOURG.

An.	LE RÉZAL EN ♂. STR.				L'HECTOLITRE EN FRANCS.			
	Froment.	Seigle.	Orge.	Avoine.	Froment.	Seig'e.	Orge.	Avoine
1401	77	66	28		4 fr.52	3 fr.88	1 fr.65	
1402	62	42	29	15	3 64	2 46	1 71	0 fr.75
1404	77	64	36	44	4 52	3 77	2 12	2 22
1105	65	52	30	28	3 83	3 05	1 76	1 41
1406	60	58	42	36	3 53	3 41	2 46	1 82
1108	71	53	35	40	4 18	3 11	2 06	2 01
1109		44	32	38		2 59	1 68	1 92
1410	61	45	30		3 58	2 53	1 76	
1411	63	56	28	39	3 70	3 30	1 65	1 97
1412	66	60	35		3 88	3 53	2 96	
1413	66	52	32	30	3 88	3 05	1 88	1 51
1414	60	49	32	40	3 53	2 88	1 88	2 01
1415	60	48	40	40	3 53	2 82	2 85	2 01
1416		84	39	42	1 94	2 30	2 11	
1417	72	53	27		4 23	3 11	1 59	
1418	57	48	30	34	3 36	2 82	1 76	1 71
1419	48	41	11	40	2 82	2 41	2·41	2 01
1420	53	38	27	35	3 11	2 23	1 59	1 77
1421	69	58	37	38	3 68	2 83	1 97	1 74
1422	61	46	38	43	3 25	2 45	2 03	1 97
1423	51	41	31	41	2 72	2 19	1 68	1 88
1424	57	46	38	36	3 04	2 45	2 03	1 65
1425	N. 72	N. 51	N. 38	N. 43	3 84	2 72	2 03	1 97
1426	J. 78	66	29	26	4 16	3 52	1 55	1 19
1427	64	N. 55	28	36	3 31	2·93	1 50	1 65
1428	66	60	50	48	3 52	3 20	2 67	2 19
1429	N. 120	N. 85	46	53	6 40	4 53	2 45	2 43
1430		J. 84	J. 47		4 48	2 51		
1431	101	85	40	36	5 21	4 38	2 06	1 60
1432		64	38	48		3 31	1 96	2 13
1433		N. 51		N. 36		2 79		1 60
1434		58	46	51		3 00	2 38	2 25
1435		N. 57	36	34		2 94	1 86	1 51
1436		J. 60	J. 46			3 10	2 38	
1437	70	53	J. 54	N. 46	3 60	2 71	2 79	2 08
1438		N. 90	76	68		4 65	3 92	3 02
1439	118	89	66	68	6 09	4 59	3 42	3 02
1440	N. 197	N. 90	49	54	10 16	4 65	2 53	2 40
1441		N. 84	47	62		4 33	2 45	1 90
1442		J. 58				3 00		
1443		J. 62	39	38		3 20	2 01	1 68
1444		J. 68	55	42		3 51	2 84	1 87
1445	78	73	?	36	4 03	3 77	1 96	1 60
1446	N. 91	N. 71	34	37	4 70	3 82	1 76	1 64
1447		J. 53	J. 35	J. 33		2 74	1 86	1 47
1448	J. 65	J. 50	40	42	3 26	2 58	2 06	1 87
1449	J. 55	J. 45	28	36	2 84	2 33	1 45	1 60
1450	J. 58	J. 47	30	37	3 00	2 43	1 55	1 64

A STRASBOURG.

An.	LE RÉZAL EN ₰. STR.				L'HECTOLITRE EN FRANCS.			
	Froment.	Seigle.	Orge.	Avoine.	Froment.	Seigle.	Orge.	Avoine.
1451	N. 60	J. 50		N. 33	3 fr.10	2 fr.38		1 fr.56
1452	N. 59	J. 43	J. 36	N. 31	3 05	2 22	1 fr.86	1 39
1453		J. 46	J. 33	J. 30		2 37	1 71	1 35
1454		J. 59	J. 43	J. 35		3 05	2 22	1 56
1455		J. 60		J. 34		3 10		1 51
1456		J. 60	J. 35	J. 32		3 10	1 81	1 43
1457								
1458	85		46	34	4 38		2 38	1 51
1459		N. 72		36		3 71		1 60
1460	N. 91	N. 53		N. 39	4 70	2 74		1 72
1461	N. 71	N. 50	N. 28	N. 36	3 66	2 58	1 45	1 60
1462	N. 67	N. 47		N. 37	3 16	2 43		1 61
1463	N. 58	J. 54	J. 20	N. 33	3 00	2 79	1 03	1 47
1464	34	26	J. 25		1 76	1 34	1 29	
1465	H. 36	H. 31	J. 40	J. 32	1 86	2 06	2 06	1 13
1466		H. 28	J. 24	J. 21		1 38	1 18	0 96
1467		J. 40		J. 35		1 97		1 48
1468		J. 39	J. 35	J. 24		1 92	1 72	1 03
1469	48	42	28	27	2 36	2 06	1 38	1 16
1470	H. 46	E. 40	H. 28	J. 28	2 26	1 97	1 13	1 20
1471	H. 46	H. 36	H. 27	H. 29	2 26	1 77	1 33	1 24
1472	H. 46	H. 34	H. 26	H. 27	2 26	1 67	1 28	1 16
1473		J. 39		J. 27		1 92		1 16
1474								
1475	H. 40	H. 33	H. 24	J. 28	1 97	1 63	1 18	1 20
1476	H. 40	H. 31	H. 29	H. 28	1 97	1 53	1 45	1 20
1477		J. 46		J. 40		2 26		1 68
1478	49	H. 42	H. 30	H. 36	2 31	2 06	1 48	1 52
1479				J. 36				1 35
1480	H. 56	H. 46	H. 25	H. 31	2 64	2 07	1 13	1 15
1481	134	110	60	30	6 30	5 20	2 83	1 21
1482	129	120	58		6 07	5 65	2 74	
1483	100	80	43	37	4 70	3 78	2 02	1 49
1484	71	32	30	33	3 35	1 50	1 41	1 33
1485	54	35	32	33	2 55	1 65	1 50	1 33
1486	70	55	41		3 30	2 59	1 93	
1487	62	54	29	28	2 92	2 55	1 37	1 13
1488	71	49	53	30	3 35	2 31	1 55	1 21
1489	80	64	48		3 78	3 01	2 26	
1490	108	80	48	41	4 93	3 64	2 18	1 61
1491	115	102	70	38	5 24	4 64	3 19	1 48
1492	112	56	47	34	5 11	4 55	2 11	1 33
1493	98	42	36	33	4 46	1 93	1 64	1 29
1494	52	36	32	32	2 36	1 61	1 41	1 25
1495	45	35	32	32	2 05	1 60	1 41	1 25
1496	56	38	32	34	2 55	1 73	1 41	1 33
1497								
1498	63	40	32	30	2 87	1 78	1 41	1 14
1499	72	52	30		3 19	2 29	1 33	
1500	91	78	53	30	3 90	3 15	2 33	1 14

A STRASBOURG.

An.	LE RÉZAL EN ʃ. STR.				L'HECTOLITRE EN FRANCS.			
	Froment.	Seigle.	Orge.	Avoine.	Froment.	Seigle.	Orge.	Avoine.
1501	76	68	60	42	3 fr.62	3 fr.02	2 fr.66	1.fr.60
1502	88	72	39	36	3 93	3 19	1 73	1 36
1503	78	67	50	42	3 45	2 98	2 21	1 60
1504	72	60	46	48	3 10	2 58	1 98	2 77
1505								
1506	50	39	23		2 15	1 68	0 99	
1507	51	35	19		2 32	1 50	0 82	
1508								
1509	34	32	18	- 25-	1 46	1 37	0 77	0 92
1510								
1511	110	51	29	32	4 58	2 12	1 24	1 13
1512	63	48	28	30	3 12	2 00	1 20	1 07
1513	62	48	32	30	3 08	2 00	1 33	1 07
1514	63	50	24	36	3 12	2 08	1 00	1 29
1515								
1516	118	160	67	54	4 92	4 20	2 79	1 95
1517	113	72	57	48	4 71	3 00	2 38	1 71
1518	56	54	35	36	2 33	2 25	1 46	1 29
1519	57	41	30	38	2 36	1 70	1 26	1 37
1520	63	53	33	36	2 62	2 21	1 37	1 29
1521	76	55	31		3 16	2 29	1 29	
1522	75	59	31		3 04	2 46	1 29	
1523	76	63	35	35	3 16	2 62	1 46	1 25
1524	64	51	48		2 66	2 12	2 00	
1525		54				2 18		
1526	60	50			2 13	2 02		
1527	84	48	36		3 40	1 94	1 46	
1528		88				3 56		
1529								
1530								
1531	162	131	68	42	6 56	5 35	2 75	1 46
1532	117	108	69	54	4 61	4 26	2 72	1 85
1533	123	91	70	48	4 85	3 59	2 76	1 64
1534	102	106	66	72	4 02	4 18	2 60	2 45
1535	95	84	51	42	3 71	3 31	2 01	1 42
1536	90	72	50	42	3 55	2 84	1 97	1 42
1537	96	72	48	42	3 78	2 84	1 89	1 42
1538	120	100	90	60	4 73	3 94	3 55	2 05
1539	89	80	48	42	3 51	3 15	1 89	1 42
1540	86	86	80	78	3 39	2 39	3 15	2 64
1541	82	64	42	42	3 23	2 52	1 65	1 42
1542	70	63	47	18	2 76	2 48	1 85	1 61
1543	162	105	84	63	6 38	4 14	3 31	2 16
1544	172	150	103	78	6 78	5 91	4 06	2 64
1545	192	156	100	81	7 57	6 15	3 94	2 84
1546	180	146	54	60	6 96	5 61	2 09	2 00
1547	88	75	59	48	3 10	2 90	2 28	1 60
1548	98	89	77	72	3 79	3 11	2 98	2 40
1549	111	102	83	76	4 30	3 91	3 21	2 54
1550	168	121	90		6 50	4 80	3 71	

PRIX DES GRAINS.

A STRASBOURG.

An.	LE RÉZAL EN β. STR.				L'HECTOLITRE EN FRANCS.			
	Froment.	Seigle.	Orge.	Avoine.	Froment.	Seigle.	Orge.	Avoine.
1551			9				1 fr 18	
1552		13	12	9		6 fr.03	5 57	3 fr.60
1553								
1554	10	8	7		1 fr.61	3 71	3 25	
1555		10	7	7		4 31	3 04	2 60
1556	17	13	10	8	7 38	5 54	4 34	2 98
1557	11	10	9	8	4 77	4 31	3 91	2 98
1558	11	9	7	6	4 77	3 91	3 01	2 23
1559	15	12	8	6	6 60	5 21	3 52	2 28
1560	17	13	7	5	7 18	5 72	3 08	1 90
1561	19	17	12	5	8 36	7 48	5 28	1 90
1562	27	23	14	5	11 88	10 12	6 16	1 90
1563	12	10	8	5	5 28	4 40	3 52	1 90
1564	12	10	8	8	5 28	4 40	3 52	3 04
1565		16	10	10		7 04	4 40	3 80
1566	22	20	17		9 68	8 80	7 48	
1567	16	15	13	10	7 04	6 60	5 72	3 80
1568	12	10	8		5 28	4 40	3 52	
1569	14	11	8	8	6 16	4 84	3 52	3 04
1570	22	19	13	10	9 68	8 36	5 72	3 80
1571	33	29	19	11	11 52	12 76	8 36	4 18
1572	26	24	17	11	11 44	10 56	7 48	4 18
1573	41	34	27	20	18 04	14 96	11 88	7 60
1574	33	29	24	15	14 52	12 76	10 56	5 70
1575	22	14	11		9 13	5 81	4 57	3 20
1576	13	12	8	8	5 40	4 98	3 32	2 85
1577	14	10	8	7	5 81	4 15	3 32	2 49
1578	13	10	8	8	5 40	4 15	3 32	2 85
1579	24	20	17	14	9 96	8 30	7 05	4 98
1580	25	22	13	10	10 38	9 13	5 40	3 56
1581	33	25	21	13	13 70	10 38	8 72	4 98
1582	24	21	15	11	9 96	8 72	6 23	3 92
1583	21	18	15	14	8 72	7 47	6 28	4 98
1584	17	15	14	10	7 05	6 23	5 81	3 56
1585	27	26	15	10	11 20	10 79	6 23	3 56
1586	42	33	26	15	16 94	12 71	10 01	4 95
1587	31	26	20	14	11 93	10 01	7 70	4 62
1588	31	30	26	15	11 93	11 55	10 01	4 95
1589	37	29	22	14	13 09	11 17	8 47	4 62
1590	32	22	21	15	11 98	8 23	7 85	4 80
1591	26	22	19	14	9 72	8 23	7 07	4 48
1592	29	24	20	15	10 85	8 98	7 48	4 80
1593	38	31	25	16	14 06	11 47	9 25	5 07
1594	33	27	22	13	12 21	9 99	8 11	4 12
1595	38	32	27	17	14 06	11 84	9 99	5 38
1596	31	25	21	15	11 47	9 25	7 77	4 75
1597	32	23	20	15	11 69	8 10	7 31	4 65
1598	26	21	16	13	9 50	7 68	5 83	4 03
1599	23	17	13	12	8 40	6 20	4 75	3 72
1600	26	18	15	13	9 50	6 57	5 17	4 03

A STRASBOURG.

An.	LE RÉZAL EN β. STR.				L'HECTOLITRE EN FRANCS.							
	Froment.	Seigle.	Orge.	Avoine.	Froment.		Seigle.		Orge.		Avoine.	
1601	23	21	19	15	10 fr.	00	7 fr.	50	6 fr.	78	4 fr	59
1602	28	23	18	13	10	00	8	21	6	43	3	97
1603	29	26	20	14	10	35	9	28	7	14	4	28
1604	27	20	18	14	9	64	7	14	6	43	4	28
1605	22	16	14	11	7	48	5	44	4	76	3	86
1606	22	16	12	12	7	48	5	44	4	08	3	56
1607	26	18	14	14	8	83	6	12	4	76	4	15
1608	29	23	16	12	9	85	7	82	5	44	3	56
1609	35	29	24	14	11	89	9	85	8	16	4	15
1610	45	37	30	18	15	28	12	87	10	19	5	41
1611	42	32	26	18	13	98	10	66	8	66	5	14
1612	39	29	24	15	12	99	9	66	7	99	4	27
1613	28	23	18	14	9	83	7	66	6	00	3	99
1614	38	30	22	14	12	65	9	99	7	32	3	71
1615	35	29	23	16	11	36	9	41	7	66	4	45
1616	26	21	18	14	8	44	6	81	5	84	3	89
1617	23	17	15	13	7	46	5	51	4	87	3	61
1618	23	17	13	13	7	16	5	30	4	04	3	46
1619	20	15	12	12	5	90	4	13	3	25	2	78
1620	25	17	14	15	5	80	3	94	3	25	2	98
1621	31	22	18	18	5	58	3	96	3	24	2	78
1622	79	63	62	61	7	31	5	83	5	73	4	84
1623	236	163	113	97	34	46	23	80	20	88	12	13
1624	51	39	30	25	17	00	13	00	10	00	7	14
1625	41	28	22	19	13	66	9	33	7	33	5	43
1626	58	45	30	19	19	33	15	00	10	00	5	43
1627	44	34	26	20	14	66	11	33	8	66	5	71
1628	49	38	29	23	16	33	12	66	9	66	3	72
1629	56	44	30	19	18	66	14	66	10	00	5	43
1630	55	45	35	25	18	33	15	00	11	66	7	14
1631	45	31	26	21	15	00	10	33	8	66	6	00
1632	36	25	21	21	12	00	8	33	7	00	6	00
1633	41	32	24	24	13	66	10	66	8	00	3	99
1634	63	51	36	26	20	16	16	32	11	52	7	12
1635	91	76	56	43	29	12	24	32	17	92	11	78
1636	144	129	100	83	45	16	41	28	32	00	22	74
1637	133	115	96	85	41	43	35	83	29	90	22	69
1638	143	120	100	89	44	54	37	38	31	15	23	76
1639	123	98	76	69	38	31	30	53	23	67	18	42
1640	60	50	36	33	20	00	16	66	12	00	9	42
1641	63	50	35	31	21	00	16	66	11	66	8	84
1642	55	46	32	25	18	33	15	33	10	66	7	14
1643	48	39	28	22	16	00	13	00	9	33	6	28
1644	53	44	32	31	18	33	14	66	10	66	8	84
1645	43	32	21	27	14	33	10	66	8	00	7	41
1646	25	16	15	16	8	83	5	33	5	00	4	55
1647	16	10	9	12	5	33	3	33	3	00	3	42
1648	18	12	9	11	6	00	4	00	3	00	3	14
1649	33	26	18	15	11	00	8	66	6	00	4	28
1650	42	33	24	19	14	00	11	00	8	00	5	43

A STRASBOURG.

An.	LE RÉZAL EN ß. STR.				L'HECTOLITRE EN FRANCS.			
	Froment.	Seigle.	Orge.	Avoine.	Froment.	Seigle.	Orge.	Avoine
1651	41	34	25	21	11 fr.66	11 fr.33	8 fr.33	6 fr.00
1652	35	26	20	16	11 66	8 66	6 66	5 14
1653	17	13	12	12	5 66	4 33	4 00	3 42
1654	16	11	10	12	5 33	3 66	3 33	3 42
1655	12	9	8	9	4 00	3 00	2 66	2 57
1656	12	9	8	9	4 00	3 00	2 66	2 57
1657	12	9	8	9	4 00	3 00	2 66	2 57
1658	18	13	11	12	6 00	4 33	3 66	3 42
1659	19	14	12	10	6 33	4 66	4 00	2 85
1660	19	13	11	11	6 33	4 33	3 66	3 14
1661	33	25	15	13	11 00	8 33	5 00	3 71
1662	49	37	24	13	16 33	12 33	8 00	3 71
1663	27	17	14	13	9 00	5 66	4 66	3 71
1664	16	13	10	11	5 33	4 33	3 33	3 14
1665	19	15	13	12	6 33	5 00	4 33	3 42
1666	18	14	12	11	6 00	4 66	4 00	3 14
1667	17	12	11	11	5 66	4 00	3 66	3 14
1668	14	11	10	10	4 66	3 66	3 33	2 85
1669	14	10	9	8	4 66	3 33	3 00	2 28
1670	14	10	8	9	4 66	3 33	2 66	2 57
1671	13	9	8	8	4 33	3 00	2 66	2 28
1672	14	10	9	9	4 66	3 33	3 00	2 57
1673	27	12	10	9	5 56	4 00	3 33	2 57
1674	33	23	18	17	11 00	7 66	6 00	4 85
1675	54	44	34	29	18 00	14 66	11 33	8 28
1676	69	55	48	30	23 00	18 33	16 00	8 56
1677	54	40	30	25	18 00	13 33	10 00	7 14
1678	57	42	29	29	19 00	14 00	9 66	8 28
1679	56	38	28	28	18 66	12 66	9 33	8 00
1680	51	37	27	27	17 00	12 33	9 00	7 71
1681	49	35	30	26	16 33	11 66	10 00	7 43
1682	31	21	19	18	8 90	6 03	5 45	4 16
1683	25	14	13	14	7 18	4 02	3 73	3 44
1684	23	15	14	14	6 60	4 31	4 02	3 44
1685	24	18	17	15	6 89	5 17	4 88	3 69
1686	23	16	13	11	6 60	4 59	3 73	2 74
1687	25	17	13	12	7 18	4 88	3 73	2 96
1688	22	16	13	13	6 31	4 59	3 73	3 20
1689	41	30	23	22	11 77	8 61	6 60	5 46
1690	60	50	33	29	16 20	13 50	8 91	6 67
1691	68	57	39	29	17 36	15 39	10 53	6 67
1692	65	49	32	24	16 56	13 23	8 64	5 52
1693	75	55	40	35	19 74	14 47	10 54	7 91
1694	102	88	60	46	25 24	21 65	14 76	9 71
1695	50	37	30	26			7 38	5 19
1696	23	16	14	14	5 66	3 94	3 45	2 95
1697	29	19	16	13	7 13	4 67	3 94	2 74
1698	54	39	29	18	13 28	9 58	7 13	3 80
1699	80	67	49	30	19 68	16 48	12 05	6 33
1700	50	34	26	19	12 30	9 74	6 55	4 10

A STRASBOURG.

An.	LE RÉZAL EN β. STR.				L'HECTOLITRE EN FRANCS.			
	Froment.	Seigle.	Orge.	Avoine.	Froment.	Seigle.	Orge.	Avoine
1701	42	28	22	20	10 fr 84	7 fr.22	3 fr.68	1 fr.42
1702	62	40	28	27	14 51	9 36	6 55	5 41
1703	66	41	32	31	16 38	10 17	7 95	6 60
1704	66	38	32	26	15 57	8 97	7 55	5 27
1705	65	41	32	29	14 75	9 53	6 36	5 66
1706	53	33	28	26	12 72	7 92	6 72	5 34
1707	42	23	21	21	10 42	5 70	5 21	4 46
1708	46	28	27	25	11 50	6 00	5 75	6 44
1709	81	69	50	34	18 06	11 84	10 75	6 28
1710	73	56	38	26	13 43	10 30	6 93	4 11
1711	58	41	30	24	10 32	7 30	5 34	3 67
1712	72	54	36	28	12 38	9 29	6 19	4 13
1713	104	84	60	44	17 89	14 45	10 32	6 49
1714	104	75	60	41	17 99	12 98	10 38	6 07
1715	44	26	21	17	9 36	5 50	4 44	3 08
1716	36	22	18	15	7 20	4 40	3 60	2 55
1717	31	21	19	16	6 20	4 20	3 80	2 72
1718	36	22	18	15	6 19	3 78	3 10	2 21
1719	46	31	28	22	6 69	4 22	4 07	2 73
1720	111	66	46	35	11 99	7 13	4 97	3 26
1721	53	34	21	18	6 10	3 91	2 41	2 56
1722	44	29	19	16	5 36	3 34	2 19	2 23
1723	48	31	25	21	5 66	3 67	2 96	2 12
1724	42	29	22	17	8 35	5 04	3 83	2 38
1725	47	32	23	16	10 13	6 92	4 98	2 97
1726	13	29	90	16	8 13	5 48	3 78	2 59
1727	52	36	27	20	8 94	6 29	4 64	2 95
1728	42	28	21	20	7 22	4 82	4 13	2 95
1729	41	26	24	22	7 05	4 47	4 13	3 25
1730	40	27	22	20	6 88	4 64	3 78	2 95
1731	52	33	25	22	8 94	5 68	4 30	3 25
1732	52	33	23	19	8 94	5 68	3 95	2 95
1733	51	31	21	18	8 77	5 33	3 61	2 66
1734	63	40	30	30	10 84	6 88	5 16	4 43
1735	65	49	36	32	11 18	8 43	6 19	4 72
1736	48	33	25	18	8 26	5 68	4 30	2 66
1737	49	29	22	18	8 43	4 99	3 78	2 66
1738	56	38	29	20	9 63	6 54	4 99	2 95
1739	50	39	31	23	8	6 71	5 33	3 40
1740	58	42	31	24	9 98	7 22	5 33	3 54
1741	72	56	36	25	12 38	9 63	6 19	3 69
1742	64	50	37	22	11 01	8 60	6 36	3 25
1743	58	47	38	31	9 98	8 08	6 54	4 57
1744	60	42	36	36	10 32	7 22	6 19	5 31
1745	63	38	36	30	10 49	6 54	6 19	4 43
1746	70	42	35	27	12 04	7 22	6 02	3 98
1747	62	38	34	25	10 66	6 54	5 85	3 69
1748	60	34	31	22	10 32	5 85	5 33	3 25
1749	35	37	36	21	6 02	6 36	6 19	3 51
1750	62	41	34	24	10 66	7 05	5 85	3 54

PRIX DES GRAINS.

A STRASBOURG.

An.	LE RÉZAL EN β. STR.				L'HECTOLITRE EN FRANCS.			
	Froment.	Seigle.	Orge.	Avoine.	Froment.	Seigle.	Orge.	Avoine.
1751	61	41	35	26	10 fr.49	7 fr.05	6 fr.02	3 fr.84
1752	65	44	38	25	11 18	7 57	6 54	3 69
1753	60	40	33	25	10 32	6 88	5 67	3 69
1754	60	35	30	24	10 32	6 02	5 16	3 54
1755	51	29	21	19	8 77	4 99	3 61	2 80
1756	44	27	23	19	7 57	4 64	3 92	2 80
1757	53	28	31	24	9 12	4 82	5 33	3 54
1758	54	39	29	25	9 29	6 71	4 99	3 69
1759	56	37	31	23	9 63	6 36	5 33	3 39
1760	70	49	40	26	12 04	8 43	6 88	3 84
1761	56	37	34	25	9 63	6 36	5 68	3 69
1762	57	38	34	29	9 80	6 53	5 68	4 28
1763	53	31	30	26	9 12	5 33	5 16	3 84
1764	48	29	28	22	8 26	4 99	4 82	3 25
1765	49	32	30	23	8 43	5 40	5 16	3 39
1766	58	37	31	24	9 98	5 33	5 33	3 54
1767	68	43	34	26	11 70	7 40	5 68	3 84
1768	79	49	40	28	13 59	8 43	6 88	4 13
1769	72	50	40	27	12 38	8 60	6 88	3 98
1770	103	76	59	38	17 72	13 36	10 15	5 61
1771	98	67	54	36	16 86	11 52	9 29	5 31
1772	74	47	44	33	12 73	8 08	7 57	4 87
1773	81	49	46	30	13 93	8 43	7 91	4 43
1774	67	36	31	25	11 52	6 19	5 33	3 69
1775	72	42	38	27	12 38	7 22	6 53	3 98
1776	58	35	34	28	9 98	6 02	5 68	4 13
1777	64	37	36	28	10 84	6 36	6 19	4 13
1778	75	41	40	31	12 90	7 05	6 88	4 58
1779	78	46	42	31	13 42	7 91	7 22	4 58
1780	66	40	35	29	11 35	6 88	6 02	4 28
1781	68	42	39	31	11 70	7 22	6 71	4 58
1782	69	43	40	32	11 87	7 40	6 88	4 72
1783	72	49	43	36	12 38	8 43	7 40	5 31
1784	81	45	40	31	13 93	7 74	6 88	4 58
1785	76	47	41	38	13 07	8 08	7 05	5 61
1786	61	39	37	32	10 49	6 71	6 36	4 72
1787	74	48	41	34	12 73	8 26	7 05	5 02
1788	94	57	44	35	16 17	9 80	7 57	5 16
1789	117	66	56	41	20 12	11 35	9 63	6 05
1790	111	64	54	40	19 37	11 00	9 29	5 90
1791	76	47	42	34	13 07	8 08	7 22	5 02
1792	86	47	47	50	14 79	8 08	8 08	7 38
1793	210				31 05			
1794								
1795								
1796					15 45			
1797					16 00			
1798					13 15			
1799					13 40			
1800					14 55	9 12	9 40	6 35

A STRASBOURG.

Année.	L'HECTOLITRE EN FRANCS.			
	Froment.	Seigle.	Orge.	Avoine.
1801	17 fr. 83	9 fr. 92	9 fr. 71	5 fr. 00
1802	20 77	15 08	12 13	7 00
1803	17 00	10 90	10 40	7 60
1804	15 80	8 26	7 88	7 78
1805	17 56	9 68	9 50	7 94
1806	18 10	11 58	10 22	6 93
1807	16 37	10 50	9 28	6 38
1808	15 10	10 21	9 14	7 40
1809	13 00	8 63	8 50	7 48
1810	15 40	8 85	8 82	7 44
1811	22 44	13 17	11 55	7 15
1812	28 78	20 50	16 02	8 67
1813	19 00	13 80	10 80	8 41
1814	17 00	10 90	9 21	7 90
1815	18 61	14 10	10 84	7 20
1816	31 68	20 63	17 46	11 42
1817	47 85	34 05	31 16	17 76
1818	23 75	15 80	14 85	10 06
1819	16 40	10 21	8 84	6 79
1820	15 49	10 04	6 72	5 73
1821	14 65	9 03	7 22	5 42
1822	15 80	10 25	10 28	6 34
1823	16 59	10 57	9 73	7 28
1824	12 95	6 38	6 12	5 96
1825	12 96	7 49	7 75	8 25
1826	14 76	9 09	8 31	6 90
1827	19 35	11 90	9 65	7 40
1828	21 53	13 50	11 89	8 26
1829	20 58	13 12	11 08	9 40
1830	20 71	13 28	10 09	7 84
1831	23 30	14 96	13 98	8 10
1832	23 42	16 94	14 40	9 40
1833	16 59	12 00	10 00	8 57
1834	14 73	10 31	9 24	7 51
1835	15 03	10 45	9 37	7 29
1836	14 58	9 61	8 41	7 75
1837	17 07	10 62	10 12	7 83
1838	20 60	13 95	11 58	8 34
1839	23 08	13 99	12 16	8 28
1840	20 32	12 95	11 59	8 25
1841	18 77	10 40	9 23	7 20
1842	22 58	13 60	11 10	10 50
1843	21 55	14 68	13 35	8 21
1844	18 48	10 87	9 46	7 76
1845	20 74	13 54	12 52	9 00
1846	27 85	20 10	15 19	10 92
1847	31 82	26 47	19 37	9 92
1848	16 61	11 87	10 32	6 50
1849	14 94	8 20	7 47	7 37
1850	14 56	9 44	9 98	7 49

A STRASBOURG.

| Année. | L'HECTOLITRE EN FRANCS. ||||
	Froment.	Seigle.	Orge.	Avoine.
1851	17 fr. 37	12 fr. 01	12 fr. 78	7 fr. 39
1852	20 15	14 32	11 61	6 90
1853	25 54	18 40	18 39	9 80
1854	31 04	19 66	14 10	9 49
1855	29 45	17 50	17 15	8 40
1856	29 61	20 83	16 15	8 50
1857	23 44	11 30	11 30	8 70
1858	16 93	11 04	11 67	10 42
1859	16 77	12 05	13 62	9 25
1860	21 78	14 34	15 92	8 96
1861	24 58	17 67	16 00	10 25
1862	23 62	13 96	10 79	8 00
1863	20 83	11 20	11 45	6 49
1864	18 00	10 87	11 31	7 05
1865	16 60	12 11	12 34	8 29
1866	21 23	16 31	15 96	8 73
1867	25 76	20 80	17 64	11 24
1868	24 89	15 39	15 06	9 58
1869	20 51	14 12	13 62	8 68
1870	22 11	6 91	15 62	11 60
1871	27 29	16 83	13 80	8 88
1872	21 42	15 26	12 37	8 11
1873	27 46	17 55	16 99	9 94
1874	25 10	19 17	17 21	11 68
1875	19 93	15 11	11 90	9 81

Comme depuis quelques années les mercuriales de Strasbourg ne sont plus aussi complètes qu'autrefois, nous avons dû suppléer à ces lacunes à l'aide des prix de la S. Martin. Mais cette remarque ne s'applique pas au froment, et nous ne comprenons pas pourquoi, pendant les cinq dernières années, celui-ci atteint à Strasbourg un prix beaucoup supérieur aux prix de Mulhouse et de Colmar.

On sentira surtout cette différence en comparant aux données fournies plus haut, le résumé, par périodes décennales, des mercuriales de Strasbourg.

Années.		Froment.	Seigle.	Orge.	Avoine.
1801	— 1810	16 fr. 61	10 fr. 36	9 fr. 56	7 fr. 10
1811	— 1820	21 10	16 32	13 75	9 11
1821	— 1830	16 99	10 46	9 21	7 55
1831	— 1840	18 87	12 58	11 00	8 13
1841	— 1850	20 79	13 92	11 80	8 49
1851	— 1860	23 21	15 15	11 27	8 78
1861	— 1870	21 64	14 94	13 98	8 99
1871	— 1875	24 84	16 84	15 07	9 75

RÉCAPITULATION.

L'HECTOLITRE EN FRANCS.

Années.	BASSE-ALSACE.				HAUTE-ALSACE.			
	From.	Seigle.	Orge.	Avoine	From.	Seigle	Orge.	Avoine.
1351 — 1375	5 fr 73	4 fr.67	2 fr.67	2 fr.16				
1376 — 1400	4 61	3 33	2 23	2 14				
1401 — 1425	3 64	2 98	1 97	1 81				
1426 — 1450	4 64	3 46	2 26	1 92				
1451 — 1475	3 08	2 29	1 56	1 38				
1476 — 1500	3 63	2 76	1 82	1 32				0
1501 — 1525	3 15	2 36	1 56	1 38	3 fr 60	2 fr 77		1 fr.37
1526 — 1550	4 56	3 71	2 66	1 95	5 16	4 19		1 94
1551 — 1575	8 60	7 05	5 33	3 33	7 98	6 39		2 65
1576 — 1600	10 60	8 66	6 92	4 27	10 89	8 44		3 49
1601 — 1625	10 96	8 76	6 81	4 56	10 81	8 47		3 74
1626 — 1650	19 97	16 12	12 28	8 75	15 65	14 73		5 41
1651 — 1675	7 41	5 50	4 40	3 53	7 50	7 21		2 83
1676 — 1700	13 54	10 10	7 75	5 54	12 48	12 28		5 09
1701 — 1725	11 19	8 15	5 68	4 13				
1726 — 1750	9 43	6 47	5 12	3 49				
1751 — 1775	10 99	7 47	6 06	3 87	8 61	8 36		3 69
1776 — 1800	13 12	8 10	7 31	5 12	12 92	11 58		6 08
1801 — 1825	19 20	12 46	10 96	7 46	20 94	12 67	10 fr. 80	7 27
1826 — 1850	19 74	13 03	9 56	8 24	20 75	12 89	10 80	7 83
1851 — 1875	23 00	15 40	11 31	9 06	22 31	14 19	12 33	8 54

PAR PÉRIODES DE CINQUANTE ANS.

1351 — 1400	5 17	4 00	2 45	2 15				
1401 — 1450	4 14	3 24	2 12	1 86				
1451 — 1500	3 35	2 53	1 69	1 85				
1501 — 1550	3 85	3 03	2 11	1 66	4 38	3 48		1 65
1551 — 1600	9 60	7 85	6 07	3 80	9 45	7 42		3 07
1601 — 1650	15 47	12 44	9 55	6 62	13 23	11 60		4 58
1651 — 1700	10 17	7 80	6 07	4 53	9 99	9 75		3 96
1701 — 1750	10 31	7 46	5 10	3 81				
1751 — 1800	12 06	7 79	6 69	4 50	10 78	9 97		4 89
1801 — 1850	19 47	12 75	10 26	7 85	20 85	12 78	10 80	7 55
1851 — 1875	23 00	15 40	11 31	9 06	22 31	14 19	12 33	8 54

PAR SIÈCLE.

XIVᵉ siècle .	5 17	4 00	2 45	2 15				
XVᵉ » .	3 75	2 89	1 90	1 60				
XVIᵉ » .	6 73	5 44	4 09	2 73	6 92	5 45		2 36
XVIIᵉ » .	12 97	10 12	7 81	5 58	11 61	10 68		4 27
XVIIIᵉ » .	11 18	7 63	6 05	4 10	10 78	9 97		4 89
XIXᵉ » .	20 65	13 63	11 61	8 25	21 33	13 25	11 31	7 88

N. La hausse de 1626—1650 est due à la guerre de Trente Ans, qui se fit sentir aussi à Bâle, mais moins fortement qu'à Strasbourg.

Il peut y avoir un intérêt, au moins de curiosité, à comparer ces divers prix entre eux, à voir si le cours des siècles n'a pas modifié la valeur relative des différentes espèces de grains.

Les économistes se sont déjà occupés plusieurs fois de calculs de ce genre.

RAPPORT ENTRE LE PRIX DES GRAINS.

Années.	Froment.			Seigle.	Orge.	Avoine
1376 — 1400	1 fr. 61	ou	100	72	51	46
1401 — 1425	3	64	100	82	54	50
1426 — 1450	4	64	100	74	48	41
1451 — 1475	3	08	100	74	51	45
1476 — 1500	3	63	100	75	50	36
1501 — 1525	3	15	100	75	49	13
1526 — 1550	4	56	100	82	59	42
1551 — 1575	8	60	100	82	61	39
1576 — 1600	10	60	100	82	65	40
1601 — 1625	10	96	100	80	62	41
1626 — 1650	19	97	100	81	62	44
1651 — 1675	7	41	100	74	59	48
1676 — 1700	13	54	100	75	57	41
1701 — 1725	11	19	100	75	51	37
1726 — 1750	9	43	100	68	51	37
1751 — 1775	10	99	100	68	55	35
1776 — 1800	13	12	100			
1801 — 1825	19	20	100	65	57	39
1826 — 1850	19	74	100	66	48	42
1851 — 1875	23	00	100	67	62	38

En général, le seigle coûtait autrefois les $^3/_4$ du froment. Pendant les chertés, qui se sont succédées en Alsace de 1526 à 1650, ce rapport a dépassé $^4/_5$; depuis le second quart du siècle dernier, il n'est plus que de $^2/_3$.

L'orge, coté d'ordinaire à un peu plus de $^1/_2$ du froment, des $^2/_3$ du seigle, a haussé de même pendant les chertés, par rapport à la première espèce de grains ; il n'a pas suivi la seconde, dans la baisse que nous signalions pour les cent cinquante dernières années. Ce résultat est dû, sans aucun doute, au développement qu'a pris de nos jours la fabrication de la bière.

Quant à l'avoine, elle vaut à peu près les $^2/_5$ du froment. Elle s'écarte parfois de ce rapport ; mais il nous semble difficile d'en donner la raison.

CHAPITRE IV.

PAIN ET FARINES.

Dès les premières années du siècle dernier, l'administration française se faisait envoyer périodiquement des tableaux très-étendus, qui lui donnaient la physionomie complète de tous les marchés du Royaume. C'était bien. Mais ce qui était mieux, c'est qu'elle lisait ces tableaux. Ce qui était mieux encore, elle les contrôlait avec soin, et, au cas échéant, renvoyait à la province, soit ses critiques, soit la demande d'explications nouvelles.

Dans une *Note* de ce genre, nous rencontrons le passage suivant : « On a de plus marqué dans le susdit État que le setier de froment a coûté, à Colmar, 13 l. 15 s., et la livre de pain de cette espèce, 1 s. 4 d. Le même setier coûte, à Strasbourg, 12 l. 14 s., et la livre de pain, 2 s. 9 d. On demande de même, par rapport à la différence excessive du prix du pain, s'il n'y a point erreur. »

A quoi le magistrat de Colmar fait répondre : « Il n'y a pas non plus d'erreur dans cet article; c'est la taxe suivant laquelle les boulangers vendent leur pain depuis près d'un an, les grains n'ayant point changé de prix, ou du moins si peu, que cela ne méritait point une nouvelle taxe. Il faut que cette grande différence du prix du pain vienne de ce que les droits sur les farines et sur les boulangeries soient plus forts à Strasbourg qu'en cette ville [1]. »

Le magistrat de Strasbourg pouvait répondre de même : Il n'y a point d'erreur. Le 5 septembre dernier [2], le froment

---

1. Archives de Colmar, L. 25.
2. Protocole des XV. A. 1722 et 1723.

valait 47 β., nous avons, d'après notre tarif traditionnel, fixé à 31 ½ loths la miche d'un batzen. Or le rézal étant à 47 β. ou 9 ½ l., le setier qui en vaut les $^{12}/_9$ doit être compté à 12 l. 14 s. D'un autre côté, 1 batzen vaut 32 d., et comme la *ll.* de Strasbourg ne forme que les $^{25}/_{26}$ de la *ll.* de Paris, nous sommes restés plutôt au dessous de la vérité, en comptant la livre de pain à 33 δ. ou 2 s. 9 d.

Il demeure donc bien constaté qu'en 1722 et 1723[1], le pain de froment se vend, à Colmar, à moitié prix de ce qu'il se payait à Strasbourg.

Et ce n'est pas là un fait accidentel, particulier à ces deux villes et à une époque exceptionnelle. Voici d'autres exemples, presque aussi frappants, des mêmes divergences.

Au mois de janvier 1757, on transmet à Paris les chiffres suivants :

Lieux.	Prix du setier de froment.			Prix de la *ll.* de pain de froment.		
Strasbourg	13 l.	2 s.	8 d.	2 s.	2 d.	$^{286}/_{484}$
Landau	13	10	7	2	1	$^{17}/_{103}$
Wissembourg	13	17	1	2	1	
Haguenau	13	9	1	2	7	$^{1}/_{4}$
Schlestadt	13	11	9	2		$^{24}/_{25}$
Colmar	13	19	3	1	6	
Belfort	16	9	9	1	10	

En partant de ces données, et en supposant que le setier de froment ait valu partout un prix uniforme de 20 francs, le kilo de pain de froment coûtait à

Colmar	22 centimes
Belfort	22 ½
Schlestadt	31
Landau	31 ¼
Wissembourg	32 ¼
Strasbourg	35
Haguenau	39 ½

Citons un troisième exemple, emprunté toujours aux mêmes tableaux officiels de statistique. Il est du mois de janvier 1767.

---

1. La correspondance que nous citons est du mois de février 1723.

Marchés.	Prix du froment.	Du méteil.	Du seigle.	Pain de from.	De méteil.	De seigle
Strasbourg	16 l. 19 s. 6$^{2}/_{3}$ d.	11 l. 6 s. 2$^{2}/_{3}$ d.	11 l. 12 s. 11 d.	35$^{1}/_{2}$ d.	23 d.	18$^{1}/_{16}$ d.
Landau	13 14 5$^{1}/_{2}$		9 8	25$^{1}/_{6}$	23$^{1}/_{6}$	15$^{2}/_{3}$
Haguenau	16 18 8	13 18 8	11 2	36$^{2}/_{5}$	25	15$^{3}/_{5}$
Schlestadt	17 17 6	14 8 9	12 14 4$^{1}/_{2}$	33$^{1}/_{3}$	20$^{5}/_{6}$	16$^{1}/_{4}$
Colmar	18 9	14 17 8	12 8 2	22$^{1}/_{2}$	20	
Belfort	21 19 10$^{1}/_{2}$	17 10 9	15 10 6	30	26	

Supposons de nouveau le froment à 20 fr. le setier, le méteil à 17 fr., et le seigle à 15 fr., sur tous ces marchés. Nous aurons pour le kilogramme de pain les prix suivants :

Marchés.	Pain de froment.	Pain de méteil.	Pain de seigle.
Strasbourg	35 $^{1}/_{2}$	23 $^{1}/_{4}$	19 $^{3}/_{4}$
Landau	31 $^{1}/_{3}$		21 $^{1}/_{4}$
Haguenau	36 $^{1}/_{2}$	26	17 $^{2}/_{3}$
Schlestadt.	32	21	16 $^{1}/_{3}$
Colmar	20 $^{1}/_{2}$	19 $^{1}/_{8}$	
Belfort	23 $^{1}/_{4}$	21 $^{1}/_{2}$	

Mais, s'il en est ainsi, dira-t-on, il ne suffit pas de connaître le prix du froment, pour établir celui du pain. Et comme c'est surtout sous forme de pain que le blé entre dans l'alimentation de l'homme, la valeur du pain devient plus importante à noter, que celle du froment lui-même.

Sous l'empire de cette pensée, nous avons étudié dans les Archives des villes, à Strasbourg en particulier, tout ce qui nous pouvait éclairer, et sur la panification de nos pères, et sur les principes qui présidaient autrefois à l'établissement des taxes.

Bientôt il devint évident pour nous que l'explication hasardée, en 1723, par le magistrat de Colmar, ne soutenait point l'examen. Oui, sans doute, Strasbourg, fidèle aux errements du passé, frappait la boulangerie d'un impôt sérieux. Mais Colmar en faisait autant. En 1699, le rézal de froment payait à Strasbourg 3 β. 2 δ. ou 0 fr. 90; à Colmar ces droits n'étaient en 1677 que de 0 fr. 52, après avoir été de 1 fr. 06, en 1661. Quelle était en 1723 l'importance de ces chiffres? Nous l'ignorons. Nous n'hésitons pas toutefois à affirmer, qu'elle ne pouvait pas être assez grande pour hausser de plus d'un centime le prix du kilogramme de pain.

La cause des écarts qui nous frappaient, devait donc se trouver ailleurs.

Elle vient sans doute, en grande partie, de ce qu'à Colmar, — et probablement aussi à Belfort — le pain de froment, au lieu d'être de fleur de farine, se composait, comme cela se fait de nos jours, d'un mélange des deux premières qualités de farines.

Les autres divergences moins considérables s'expliquent par le plus ou moins d'exactitude, ou de libéralité, qu'on mettait dans le calcul, soit des frais de panification, soit du rendement des grains en farine, et des farines en pain.

Le lecteur pourra du reste apprécier la question par lui-même. Il trouvera, dans la seconde section de ce chapitre, tous les renseignements que nous avons pu réunir sur ce point.

Mais avant de les lui présenter, nous exposerons, dans une première section, quelques notions générales sur la meunerie, le commerce des farines, et l'organisation de la boulangerie.

Première Section.

Meunerie, Fariniers, Boulangerie.

Machines a moudre. — Concurrence des meuniers. — Coalition des meuniers, en 1361 — Règlement des meuniers. — Règlement des fariniers. — Règlement ancien des boulangers. — Règlement du XVIIIe siècle

Sillonnée en tout sens par les nombreuses rivières qui descendent des Vosges, l'Alsace a dû adopter de bonne heure les moulins à eau ; les moulins à vent n'y furent guère employés [1]. Les moulins mus à bras d'homme ou par des chevaux, les *Hand* et *Rossmühle*, servirent pour les besoins extraordinaires, jusque vers le milieu de notre siècle.

Machines a moudre.

1. Nous ne les avons trouvés que dans Königshoven, en 1382.

Il peut se faire en effet, sans parler des accidents provoqués par la guerre, que des gelées persistantes, que les eaux trop basses ou trop fortes, ne permettent pas de recourir au moulin ordinaire. On voit alors au milieu de l'abondance et du bon marché des grains, une pénurie et une cherté exorbitantes des farines. C'est pour parer à ces sortes de disettes, que les greniers d'abondance gardaient des farines en réserve. C'est pour la même raison, qu'on imposait aux boulangers des provisions d'hiver. A Colmar, par exemple, ils étaient tenus depuis la mi-novembre jusqu'à la mi-février, d'avoir des farines pour six semaines d'avance.

Mais les réserves pouvaient s'épuiser et le mal persister. On y remédiait alors à l'aide des machines dont nous parlions plus haut. Les Protocoles des XV nous apprennent que Strasbourg y recourait assez souvent [1]. Ils nous donnent même quelques détails sur les efforts qui se faisaient pour les perfectionner.

Le 30 novembre 1615, Jean-Georges Soldt de Cron Wissembourg présente un nouveau modèle de moulin à bras. Dans l'essai qui eut lieu, deux hommes firent autant d'ouvrage en sept quarts d'heure, que six hommes en neuf quarts d'heure avec les anciennes machines. L'inventeur demanda une gratification de 100 ₶. (755 fr.), le droit de bourgeoisie et le privilège d'exploiter seul sa découverte dans les ressorts et les dépendances de la ville. On lui accorda provisoirement 10 ₶. (75 fr. 50), et le 20 janvier suivant, une rente de 100 thalers (580 fr.) à 5 %, incrite sur le *Pfennigthnrm* et transmissible à ses héritiers.

Soldt refait ensuite d'après son système les moulins de Strasbourg, puis se rend à Colmar pour y opérer les mêmes réformes. Pendant son absence, un autre mécanicien, un meunier de Durlach, s'offre à fabriquer des machines, qui permettent à huit hommes de moudre deux rézaux (232,36 litres) par heure.

En face de cette concurrence, Soldt se pique d'émulation. Il reparaît devant les XV, le 27 mars 1619, avec un nouveau perfectionnement. Avec sa machine qui coûte 12 ₶. 10 ß. (91 fr.), deux hommes peuvent moudre un boisseau de blé (20 litres) deux fois en une heure sans le bluter, trois fois en

---

1. Novembre 1580, septembre 1581, janvier 1622, etc., etc.

une heure et demie en le blutant. Le boisseau de bon grain donne 1 ½ boisseau de farine et ½ boisseau de son.

L'autorité n'aimait cependant point à voir ces machines entre les mains des bourgeois ; on craignait qu'elles ne leur servissent à frauder les droits établis sur la mouture [1]. En temps ordinaire, les moulins à eau n'avaient donc à craindre que la concurrence qu'ils se faisaient entre eux.

Les boulangers étaient tenus de faire moudre leurs grains dans le ressort de la seigneurie ou de la ville. « Tout boulanger, dit un règlement colmarien de 1332 [2], s'adressera à l'un des moulins de Colmar et le meunier le servira sans fraude ; si celui-ci s'y refusait, le pouvant faire, il paierait l'amende, et le boulanger serait libre, *pour cette fois*, de faire moudre partout où il voudrait. »

Les autres bourgeois semblent avoir plus de latitude. Les règlements se contentent de statuer que les gens de l'endroit doivent être servis avant les étrangers [3], et que chacun sera expédié d'après son rang d'arrivée.

Cette liberté de choisir entre un certain nombre de meuniers poussait ceux-ci à la chasse aux clients. Moudre au rabais, ils ne le pouvaient point ; les taxes s'y opposaient. On tourna la difficulté à l'aide de pourboires, de cadeaux de toute espèce. Mais ces gracieusetés, selon l'usage, finirent par être considérées comme une obligation. Aussi le règlement colmarien de 1332, qui n'est qu'une sentence arbitrale sur les différends des meuniers et des boulangers, croit-il nécessaire d'établir, que les premiers « ne sont tenus à aucun don, à propos de mouture, à moins qu'ils ne le veuillent bien faire aux quatre grandes fêtes, selon la coutume [4]. »

L'abus devint même si grave que le magistrat de Colmar édicta, en 1352, une ordonnance spéciale pour le prohiber. Il fut défendu aux meuniers, sous peine de 15 *ll.* d'amende, de faire à leurs pratiques, à leurs femmes, domestiques ou enfants,

---

1. Protocole des XV. 10 décembre 1572.
2. Ancien livre rouge, f. 71--72. Le règlement des meuniers de Schlettstadt (1575) ne parle de même que des boulangers.
3. *Stadtbuch* d'Obernai. f. 77. *Ir sollen ouch keim fromden malen, ir haben dann den heimschen nit ze malen... Ir söllen ouch eim jeglichen ye das erst so in die müle kompt zum ersten malen.*
4. *Er füge es denn gerne zu den vier hochgezîten, als gewohnlich.*

directement ou sous main, aucun présent, quelle que fût sa nature ou sa valeur *(mietgobe, schencke)*. Par tolérance, on leur permet de donner à leurs clients boulangers 2 *ll.* (25 fr. 90) par an, soit dix *ß.* à chacune des grandes fêtes [1]. Cette permission fut elle même retirée en 1371 [2], à la demande des meuniers. On alla jusqu'à leur interdire de louer aux boulangers leurs chevaux ou leurs voitures.

COALITION DES MEUNIERS 1361.

Un autre fait plus intéressant, que nous transmettent les archives colmariennes du XIVe siècle, c'est une coalition des meuniers de Colmar et des environs. Elle est dirigée contre les garçons meuniers. « Lorsqu'un garçon se présente chez un patron, celui-ci lui doit demander, dès le premier jour comment il a quitté son maître antérieur, et ne peut le garder que s'il apprend de ce dernier, que le départ a eu lieu de son consentement. Le salaire d'un garçon ne doit dépasser, en aucun cas, 2 *ß.* strasb. (2 fr. 06.) par semaine. »

Le but de cette coalition est facile à saisir. Mais quelles sont les circonstances particulières qui l'ont provoquée? Pourquoi s'est-elle étendue à toute la partie centrale de l'Alsace? Aucun document contemporain ne nous éclaire à ce sujet. Notre charte se contente d'enregistrer l'adhésion des meuniers de Schletstadt, Bergheim, Ribeauvillé, Kaysersberg, Sigolsheim, Kienscheim, Ammerschwir, Türckheim, Rufach, Guebwiller, Soultz et Mulhouse. Elle fut scellée par le magistrat de Colmar, le jour de la Toussaint 1361 [3].

RÈGLEMENT DES MEUNIERS.

L'action des autorités municipales ne se borne pas à consacrer les résolutions des meuniers ou à régler leurs différends, elle les suit dans les moindres détails de leur industrie. Rien de plus minutieux que les règlements édictés par le sénat de Strasbourg sur l'installation des moulins [4]. Aucune place n'est laissée à la négligence; mais, peut-on ajouter aussi, aucune latitude n'est accordée à l'initiative privée, à l'esprit d'amélioration et de progrès. Des inspecteurs assermentés *(muhlschawer)* visitent les moulins, au moins une fois par semaine,

---

1. Ancien livre rouge, fol. 70.
2. Ancien livre rouge, fol. 24.
3. Ancien livre rouge, fol. 70 et 71.
4. *Muhlwäger- Müller- und Mühlschawer-Ordnung.* Imprimé en 1634, 1638, 1656, 1736.

pour assurer la stricte observation des ordonnances sénatoriales. Sauf de légères variantes, la même réglementation se retrouve partout.

Pour prévenir les fraudes des meuniers, on pesait les grains à la balance publique avant leur entrée au moulin, et la farine avant sa livraison. Des caisses de farine placées à la balance même, ou sur la voiture des meuniers [1], servaient à combler, aux frais de ceux-ci, les déficits qui se rencontraient.

A ce système de compensation se joignait une série d'amendes. Le règlement de Schletstadt statue que, si le rézal présente plus de 6 $t\ell$. de déficit, le meunier paie une amende de 1 β. par livre. Sur les plaintes de la bourgeoisie, le sénat de Colmar envoie, en 1449, un et demi rézal de grains à chacun des huit moulins de la ville. Comme il manqua de 5 à 15 $t\ell$. de farine par rézal, chaque meunier dut payer autant de $t\ell$. d'amende (13 fr. 20), que sa livraison présentait de livres de déficit.

Quant à ce poids, il était admis en général que le meunier devait livrer en farines, sons et poussière, un poids égal à celui du grain. On conçoit que de pareilles prescriptions pouvaient être facilement éludées par la fraude. Une ordonnance du sénat de Colmar [2], nous apprend que les meuniers donnaient le poids voulu; mais sur cette somme il n'y avait que 6 ou 7 boisseaux de farine par rézal de seigle, alors que, d'après les essais, ils en pouvaient tirer 8 et même 9 boisseaux. Il fut donc décidé, que les clients recevraient huit bons boisseaux de farine par rézal.

C'est par boisseaux qu'est compté d'ordinaire le rendement des grains en farine. A Schletstadt (1567), on doit fournir :

8 bois. de farine et 2 $\frac{1}{2}$ bois. de sons, par rézal de bon blé
7 $\frac{1}{2}$ »   2 $\frac{1}{4}$ »   pour le grain médiocre
7   »   2 $\frac{1}{2}$ »   pour l'orge et le grain mélangé.

Le coutumier de Ferrette veut que pour deux boisseaux ras d'épeautre égrugé, le meunier rende trois boisseaux ras de farine [3].

Le lecteur trouvera, dans la section suivante, des données

---

1. Obernai *Stadtbuch*, fol. 77.
2. 1ᵉʳ nov. 1612. S. E. L. 23. B. N. 5.
3. Coutumier de la Haute-Alsace, par Ed. Bonvalot. Colmar 1870, page 69.

assez variées sur le rendement des grains en farine. Pour éviter les répétitions, nous les avons réunies aux essais de panification, dont elles font généralement partie.

On mouillait les grains, avant de les moudre. L'emploi des meules d'Alsace, moins dures que celles de Champagne, exigeait cette précaution. Des expériences, faites en 1774, démontrèrent que la mouture sèche était plus avantageuse pour la panification. On persévéra néanmoins, jusqu'à notre siècle, dans les anciens errements, parce que la méthode humide fournit une farine plus blanche et un plus grand volume de farines, circonstance favorable aux fariniers qui vendaient à la mesure.

Les frais de mouture se payaient en nature, et se prélevaient sur le grain lui-même.

A Bâle, le meunier recevait deux picotins *(küpflen)* ou $1/32$ pour égruger un vierzel d'épeautre; il avait de nouveau un demi boisseau ($1/16$) pour moudre un sac d'épeautre égrugé. A partir de 1740, le paiement se fait en argent, mais sur la même base de $1/16$ par sac d'épeautre égrugé. On établit un tarif variant avec le prix des grains. Autant le sac de blé coûtait de livres, autant de fois le meunier touchait 15 *s.* (or 240 : 15 = 16), pour son salaire.

A Strasbourg, Colmar, Obernai, etc., le chiffre traditionnel est d'un *vierling* ($1/24$) par rézal. On y dérogea en certains endroits, pendant quelques années du xvie siècle. Ainsi Obernai adopta le taux de 10 *fl.*, réduites peu après à 8; Colmar accorda aussi 8 *fl.* aux meuniers, vers 1550. Mais on ne tarda pas à revenir à l'ancien système, avec la réserve, établie à Colmar en 1657 et à Strasbourg quelques années plus tôt, que si le froment ne dépassait pas le prix d'un *Reichsthaler* (5 fr. 80), la mouture serait estimée à un *dreyling* ($1/3$ boisseau), soit $1/18$.

Les droits fiscaux, le *malzoll* ou *malgeld,* que les seigneuries, les municipalités surtout, percevaient sur la mouture des grains, constituaient une partie très-importante de leur budget. Au point de vue économique, l'histoire de cet impôt serait d'un incontestable intérêt. Mais nous avons en vain essayé de la faire. Les données que nous avons pu réunir, ne forment pas une suite continue. Elles sont fournies, presque toutes, par les calculs que provoquait la tarification du pain. Le lecteur les retrouvera dans la section suivante.

Ces droits n'étaient pas aussi élevés pour les particuliers que pour les boulangers et les marchands de farine. Au xvi⁣ᵉ et au commencement du xvii⁣ᵉ siècle, la bourgeoisie ne payait que 6 δ. par rézal de froment. Le même impôt était alors de 1 β. pour les boulangers, de 3 ½ δ. en 1632, et de 3 β. pendant toute la suite du xvii⁣ᵉ siècle.

Les marchands de farine ou regrattiers *(melhändler, grempen)* se trouvaient soumis, en outre, à un droit sur les farines. En juin 1643, nous voyons ceux de Colmar se plaindre; après avoir payé pendant de longues années 1 β. et récemment 3 β., ils sont tenus maintenant à une surtaxe de 9 β. pour le froment, 8 β. pour le millet, 6 β. pour l'orge et l'avoine. Leurs doléances furent accueillies, du moins en partie; le magistrat diminua ces droits de moitié.

Au mois de mars de la même année, la taxation des fariniers avait donné lieu aux calculs suivants :

Froment, le rézal. . 8 fl.   l'hect. 25 fr. 75
droits:
| mouture et mesureur   3 β. 3 δ.   0   81
| sur 3 b. far. blanche   3   ⎫ 8 fl. 8 β. 11 δ.   0   78 ⎫ 28 fr. 06
| sur 3 » b. blan.   1   8   0   43
| sur 2 » bise   1   0   26

vente, 3 b. far. blanche 5 fl. 1 β. 6 δ.   50 lit. à 16 fr. 17
  ou 2 b. gruau   33
vente, 3 b. far. bise bl. 3   4   6   ⎫ 9 fl. 6 β.   50   10   81 ⎫ 30 fr. 50
  »   2 b. far. bise   10   33   2   58
  »   2 b. de sons   2   6   33   0   64

bénéfice du farinier . . . . 9 β. 7 δ.   2   41

Orge, le rézal . . . 4 fl. 5 β.   l'hect. 11 fr. 10
droits de mouture . . . 3   3 δ.   0   84
mondage 3   ⎫ 5 fl. 1 β. 3 δ.   0   78 ⎫ 16 fr. 43
droits sur l'or. mondée. 2   6   0   64
Vente de 3 b. à 24 β.   5   9   6   50 lit.   18   55

bénéfice du farinier. 8   3   2   12

Avoine, le rézal . . 2 fl. 1 β. 3 δ.   l'hect. 6 fr. 76
droits de mouture   3   3   ⎫ 2 fl. 7 β.   0   81 ⎫ 8 fr. 24
  »   sur la farine   2   3   0   64
vente de 3 b. de far. à 11 β.   3   4   6 δ. 50 lit.   10   82

bénéfice du farinier. 10   2   58

8

114 CH. IV. — S. I. — MEUNERIE, FARINIERS, BOULANGERIE.

```
Millet, le rézal  . 4 fl. 10 β.  )                1 hectol. 15 fr. 46 )
droits de mouture . . 3   3 δ. |                         0    84 |
   »   de la farine  . . 3     } 5 fl. 6 β. 9 δ.         0    77 } 17 fr. 84
mondage . . . . . . 3          )                         0    77 )
vente de 3 b. de mil. mondé à 24 β.  5  9  6   50 litres         18   55
bénéfice du farinier . . . . . . . . 2  9                         0   71
```

Une autre taxe, postérieure de quelques années, fournit des données analogues. Ici, comme plus haut, la mouture se déduit en nature et ne figure pas dans le compte.

```
Orge, le rézal . . 3 fl. 10 β.  ) {4 fl. 4 β. 9 δ.  l'hect. 12 fr. 24 ) 14 fr. 11
droits . . . . . . . 7   3 δ. ) {                        1   87 )
vente, 3 bois. far. bl.   36    )                50 litres 9 .  28 )
  »   3  »   f. bise bl. 24    } 5 fl. 0 β. 10 δ.  50  »  6  18 16   32
  »   2  »   far. noir   3   4 δ.)                 33  »  0   86 )
bénéfice du marchand . . . . . . 8   7                          2 . 21
```

```
Froment, le rézal  2 fl. 5 β.  )                 l'hect.  7   73  )
droits   . . . . . . 4   3 δ. } 2 fl. 12 β. 3 δ.         0   78  } 9  60
mondage . . . . . 3            )                         1   09  )
Vente de 3 bois. d'orge mondée  3   2   6   50 litres            10  31
bénéfice du marchand . . . . . . 2   9                          0   71
```

```
Millet, le rézal . 7 fl.        ) 7 fl. 8 β.      l'hect. 22   54 ) 24  60
droits . . . . . . . 8 β.       )                         2   06 )
Vente de 6 boisseaux . . . . 7  8   6 δ.                       24   73
bénéfice du marchand . . . . . . . . . 6                       13
```

Au XVe et XVIe siècles, on n'y mettait point tant de calculs. Lorsque le rézal de froment coûtait 7 β., on vendait le vierling (¹/₂₄ du rézal) à 8 δ. pour le *symel* (far. blanche), à 5 δ. pour le *boll* (bise blanche). Chaque fois que le froment haussait ou baissait de 1 β., le vierling de farine haussait ou baissait de 1 δ. Cette règle est sanctionnée par des ordonnances de 1487, 1488, 1524, etc.

Ainsi, vendue en détail, la farine blanche valait 2,28 et la bise blanche 1,43 le même volume de froment. En d'autres termes, l'hectolitre de froment coûtant

```
3 fr.     on paie la f. blanche 0 fr. 68 et la f. bise blanche 0 fr. 43 le décal.
3   50                       0    80                          0   50
4                            0    91                          0   57
4   50                       1    03                          0   64
```

À Strasbourg, nous n'avons rencontré aucune taxe pour la farine avant la seconde moitié du siècle dernier. Après 1771, la livre de farine coûtait autant que la livre de pain de la même qualité.

Nous exposerons plus loin des calculs du même genre pour la tarification du pain. Mais avant d'entamer cette matière plus riche et plus importante, il est bon d'esquisser, en peu de mots, l'organisation de l'ancienne boulangerie.

D'après le plus ancien règlement connu de la boulangerie strasbourgeoise [1], celle-ci se divisait en deux branches principales, les boulangers proprement dits, *becker, brotbecker, wyssbrotbecker*, etc., et les *husfürer*.

Les premiers cuisent pour la vente. Les prescriptions qui les concernent ont surtout pour objet, d'empêcher qu'ils ne trompent le public sur le poids et la qualité du pain qu'ils débitent. Six inspecteurs appelés *brotseher, brotbeseher, brotschauer*, les contrôlent sous ce double rapport, non-seulement dans leurs maisons et sur leurs étaux, mais chez les aubergistes, dans les buvettes des tribus, partout où ils le jugeront convenable.

Si le pain laisse à désirer, le boulanger est mis à l'amende, et se voit forcé de vendre sa marchandise au rabais, à un prix fixé par les inspecteurs, sur une place affectée à cette destination [2]. Lorsqu'il y a fraude évidente et notable, l'affaire est portée devant le sénat. La faute est-elle la suite d'une erreur ou de la maladresse des garçons, le boulanger peut échapper à l'amende, en la déclarant lui-même aux inspecteurs ; on se contente alors de lui taxer le pain à prix réduit.

Le poids du pain est fixé par le magistrat sur le cours moyen des grains ; il se vérifie naturellement à la balance. Sous le rapport de la qualité, le pain se distingue en *symel-*

---

[1]. Il est conservé aux archives municipales de Colmar (S. E. L. 25. N. 1) et se compose d'ordonnances édictées en des temps différents. Les dernières sont datées et s'étendent de 1419 à 1460.

[2]. En 1467 à la *Schintbrücke*, en d'autres temps *uff dem holwige bi dem burnen*. Les aubergistes, hôteliers, etc. ne pouvaient pas y acheter. On en comprend facilement le motif. A Schlettstadt, la vente se faisait au *vormarckt* ; à Colmar, *auf einem sonderbaren darzu verordnten banck vor dem wagkeller*.

brot (blanc), *bollebrot* (bis blanc) et *rockenbrot* (méteil). Les inspecteurs ont le droit d'ouvrir une miche pour l'examiner intérieurement.

Le pain de froment devait être cuit, au moins pour un tiers, en miches de une obole (*heiltwert*), le reste pouvait être fait en miches de un denier (*pfennwert*, 0 fr. 06)[1]. La moitié du pain de seigle devait être en *pfennwert*; l'autre moitié pouvait se composer de *zweyelinge* (miches de 2 δ. ou 0 fr. 12), lorsque le rézal de seigle coûtait plus de 10 β. (6 fr. l'hectolitre). Le but de ces prescriptions était d'assurer la bonne cuisson du pain. Par le même motif est fixé le nombre des baisures, qu'on tolère selon la grandeur des miches.

Enfin, à la demande même de la corporation, le sénat défend aux boulangers riches de rechercher la clientèle des aubergistes, par des avances de fonds, par des cadeaux directs ou indirects, etc. Ces manœuvres seraient à la fois nuisibles aux boulangers concurrents, et au public, qui pâtirait des complaisances réciproques que les hôteliers et les boulangers accapareurs auraient les uns pour les autres. Le crédit que ceux-ci peuvent accorder à leurs pratiques, ne doit être que de 2 à 3 ℔., soit 30 à 45 francs.

La compilation à laquelle nous empruntons ces détails, a été faite au milieu du xve siècle, mais les ordonnances particulières qui y sont relatées ne portent que peu de dates. L'une d'elles semble créer les *hussfürer* ou (*hussbrotbecker*) ou au moins en augmenter le nombre [2].

Les *hussfürer* cuisent pour le public. On leur remet de la farine, qu'ils pétrissent chez eux ou au domicile du client. Dans ce dernier cas, la cuisson doit se faire de jour, entre l'*Ave* du matin et celui du soir, pour que les pratiques puissent surveiller leur pain, jusqu'à ce qu'il soit enfourné. Si le pain se gâte par la faute du boulanger, il en est responsable. Les règlements tantôt, lui permettent, tantôt lui défendent, de cuire pour sa propre consommation; ils lui interdisent tous de cuire pour la vente. Le *huszbacher* a 10 δ. (0 fr. 60) par rézal de farine blutée, 12 δ. (0 fr. 72), lorsque la farine n'est pas blu-

---

1. Mêmes prescriptions à Schlettstadt. Archives de Colmar S. E. L. 29. B. N. 1.
2. D'après le 1er volume des *Staitordnungen*, cette ordonnance est de 1460.

tée. S'il fournit le levain, il a le droit de prendre ensuite un poids égal de pâte.

Voici l'article qui nous paraît constituer cette catégorie de boulangers. « L'on cherchera parmi les boulangers de la ville et du dehors jusqu'à douze (*bitʒ an ʒwölfe*), qui consentent à cuire pour le public de la manière susdite. » Ces *husʒbacher* ne feront point partie de la corporation des boulangers, mais seront dispersés dans les autres corps de métier, avec dispense de monter la garde et de prendre part aux expéditions. Les étrangers qui viendront en ville pour se faire *husʒbacher*, recevront gratuitement le droit de bourgeoisie. Les boulangers de la ville qui accepteront ce règlement, sortiront de la corporation des boulangers ; ils retrouveront toutefois tous leurs droits, eux et leurs familles, si plus tard ils veulent rentrer dans la boulangerie ordinaire.

Cette ordonnance défend aux autres boulangers de cuire pour le public ; une ordonnance postérieure le leur permet ; un troisième règlement, qui date de 1531, le leur interdit de nouveau.

Dans ce dernier document le nombre des *husʒfuerer* est porté à quatorze, et peut même s'élever plus haut. Aucun d'eux ne doit quitter son poste avant l'année révolue, et la maîtrise des boulangers est chargée de combler les vides, sous la surveillance des XV [1].

Les *husfüerer* ne sont plus autorisés à bluter la farine ; ils doivent la convertir en pain, telle qu'on la leur remet, blutée ou non. Dix livres de farine devront donner quatorze livres de pain bien cuit ; « si elles produisaient davantage, le client seul en bénéficierait. » Le salaire du *husfüerer* est de 2 *s.* par boisseau de farine, blutée ou non (10 cent. pour 12 kilos).

Une autre codification de la boulangerie strasbourgeoise, faite en 1660 et communiquée, comme la précédente, au magistrat de Colmar, nous permet de compléter ces données, et de signaler quelques changements amenés par le cours des siècles [2].

---

1. D'où l'on peut conclure que les *husfürer* appartenaient dès lors à la corporation des boulangers.
2. Archives de Colmar, S. E. L. 29. B. n° 1. Cette pièce renferme des documents qui vont jusqu'à 1698. Ce n'est donc qu'après cette date qu'elle fut transmise à Colmar.

La boulangerie y apparaît divisée en trois catégories distinctes, les *wiszbecken*, les *hüszfuerer*, les *pastetenbecker* joints aux *lebküchler*.

Les *wiszbecken* continuent à faire le pain de froment et de seigle, destiné à la vente. Les *husfuerer*, appelés aussi *schwartzbecken* restent exclusivement chargés de cuire pour le public. Les fabricants de pâtés ou de pains d'épices, ont le monopole des pains d'épices *(lebkuchen)*, des pâtés *(pasteten)*, des tourtes *(fladen)*, des galettes *(offladen)*, des gâteaux sucrés *(zuckerscheiben)*, des oublis *(hippen)*, des pains aux œufs *(eyerbrod)* [1], et autres pièces de ce genre. Leur domaine [2] est la pâte préparée avec des épices, du miel ou du sucre *(gewürtz, honig und zucker)*, tandis que les boulangers travaillaient la leur avec du levain *(deisam)*. Ils se fondaient sur cette distinction, pour réclamer le droit de faire des *massepains*, des *biscuits* et des *macarons* ; mais les confiseurs obtinrent un arrêt qui mit cette prétention à néant.

Ceux qui avaient fait l'apprentissage de la boulangerie et de la pâtisserie pouvaient, à la fin de chaque année, passer de l'une de ces trois catégories dans une autre ; mais ils ne devaient exercer, en même temps, que l'une des trois branches du métier.

Dans la pâtisserie, l'apprentissage durait trois ans. Lorsqu'il se faisait gratuitement, il était aussi de trois ans dans la boulangerie ; mais il se réduisait à deux pour ceux qui payaient des frais d'apprentissage. Les apprentis étaient inscrits dans les registres de la tribu, qui avait mission de veiller à ce qu'ils ne fussent pas trop exploités par leurs maîtres.

Son apprentissage terminé, l'ouvrier devait voyager pendant deux ans et travailler pendant deux autres années à Strasbourg même, avant d'être reçu maître. Un décret du 27 avril 1607, qui sanctionne ces dispositions, nous autorise à croire que les boulangers n'exigeaient pas toujours un stage aussi long.

La maîtrise n'entraînait pas d'autres frais que ceux provoqués par l'admission dans la tribu. Cette admission était précédée d'une enquête sur l'honorabilité du candidat.

---

1. Les boulangers pouvaient toutefois faire aussi des *eyerbrod* aux jours de fêtes.
2. Arrêt des XXI, 26 octobre 1549.

Outre le salaire habituel du greffier (2 *ß*. ou 0 fr. 80), celui-ci payait 3 *tl.* (23 fr. 25) pour la caisse municipale, et 3 *tl.* 18 *ß.* (30 fr. 20) pour la tribu. Si le récipiendaire était fils de bourgeois, il ne donnait que les 3 *tl.* 18 *ß.*, et cette somme descendait même à 15 *ß.* (5 fr. 80) pour les fils de maître et pour le premier mari de la fille d'un maître [1].

Par l'entrée dans le corps de la boulangerie, on devenait justiciable du conseil de la tribu et l'on encourait une amende spéciale *(eynung)* de 7 1/2 *ß.* ou 2 fr. 90 pour toute inconvenance, en paroles ou en actes, commise dans l'un des cinq lieux suivants : le poêle de la tribu, le marché aux grains, la *pfaltz*, la boucherie, *(fleischbanck)* et le marché aux bestiaux, *(viehmarkt)*.

« Comme quelques pâtissiers se sont chargés plus d'une fois d'un personnel trop nombreux *(mit übermäszigen gesind)*, » on interdit à un même patron d'avoir plus de deux ouvriers, un apprenti, et un garçon employé aux commissions et au colportage des gâteaux. Par tolérance, il peut encore s'adjoindre, le cas échéant, l'un de ses fils. Il ne doit pas donner au premier ouvrier (*oberknecht*) plus de 6 batzen (1 fr, 60) et au second plus de 5 batzen (1 fr. 30) par semaine. Défense était faite d'apprendre a une femme, sans permission spéciale, à faire des pâtés, tartes, etc. Cette mesure, sanctionnée par une amende de 3 *tl.* (23 fr. 25), avait été prise par le magistrat à la demande de quelques maîtres, qui se plaignaient du tort que des femmes ainsi formées causaient à leur métier.

Les restrictions apportées au développement de la boulangerie étaient formulées en d'autres termes. Le même boulanger [2] ne pouvait faire moudre par semaine plus de dix rézaux, (11,618 hectolitres) de grain *dur (harte frucht)* ; en 1698 ce chiffre fut élevé à 14 rézaux (16,265 hectol.).

Les boulangers, au nombre de 24 au moins, étaient partagés en deux séries qui devaient cuire alternativement de deux jours l'un, en sorte qu'il y eût tous les jours du pain frais [3]. Ils

---

1. Quand elle convolait en secondes noces, ce second mari ne payait que 7 1/2 *ß.* (2 fr. 90), comme les veuves de boulangers et les membres de la tribu qui n'exerçaient pas le métier.

2. Il en était de même des fariniers.

3. A Schlettstadt aux xv⁰ et xvi⁰ siècles, les boulangers cuisaient tous le même jour, trois fois par semaine.

étaient tenus de cuire tous les jours, au carnaval, à Pâques, à Noël, pendant la foire, etc., chaque fois qu'une fête attirait à Strasbourg un concours d'étrangers. Un boulanger qui recevait une commande pour une noce, pour l'approvisionnement d'un bateau, pouvait y satisfaire, alors même qu'il n'eût pas dû cuire ce jour là. En aucun cas, il n'avait le droit de chercher du pain chez ses confrères pour le service de ses pratiques, il devait laisser celles-ci se pourvoir ailleurs [1].

Le pain qu'on trouvait défectueux sous le rapport du poids ou de la qualité, ou qui était devenu trop dur, se vendait à prix réduit, derrière la cathédrale, sur une place qu'on appelait pour cette raison le *harte* ou *truckene marckt*. Si ce marché s'alimentait d'office par les condamnations que prononçaient les inspecteurs, il paraît qu'il se prêtait aussi à des spéculations de diverse nature. Du moins voyons-nous des arrêts, qui défendent de cuire à dessein pour ce marché, d'y débiter du pain frais ou de la veille, d'y vendre le même jour pour plus de deux florins (9 fr.) de pain de seigle et un florin de pain de froment, de donner plus de 14 ou 16 pains pour la douzaine (on allait par abus jusqu'à 18, 20, 24), etc. Sur le pain frais et bien cuit, la remise faite à l'acheteur n'était que d'un treizième.

Pour les *husfuerer* on se borne à renouveler la législation déjà connue du lecteur. Il leur est accordé toutefois, « vu que le métier est devenu assez mauvais par la trop grande concurrence, » de recevoir 4 ₰. (0 fr. 13) par boisseau pour la cuisson [2] (*bacherlon*). Un autre article leur passe 6 ₰. par boisseau de pâte qu'on leur apporte déjà faite. Ce boisseau doit produire 24 ₶. de pain (11 1/2 kilos).

La même organisation se retrouve dans les autres villes de l'Alsace [3]. Nous nous bornerons à relever quelques particularités plus ou moins curieuses.

A OBERNAI,   A Obernai, d'après un reglement du xvᵉ siècle [4], les bou-

---

1. Il lui était interdit de même d'attirer les chalands, d'envoyer le pain à domicile, de faire des avances ou du crédit aux aubergistes, etc.
2. *Weilen der allhiesigen hausfeurer handwerck nunmehro ubersetzt und ziemlich schlecht.*
3. V. Obernai, *Stadtbuch*, fol. 82, un règlement du milieu du xvᵉ siècle. — Colmar, Nouveau livre rouge, fol. 130 à 140.
4. *Stadtbuch*, fol. 81.

langers donnaient 7 pains pour 6 ℨ. aux simples particuliers ; les revendeurs (*grempen*) ne recevaient que 20 pains pour 18 ℨ. De nos jours les termes seraient plutôt renversés. L'interdiction de mettre le pain en vente avant la visite des *brodschauer*, était très-sévère ; on n'admettait une exception qu'en faveur des malades, des femmes en couche et des aubergistes ; encore était-elle limitée pour ces derniers à une douzaine de pains. A l'arrivée des inspecteurs, les femmes et les domestiques des boulangers doivent se retirer du magasin et ne pas assister à la visite ; si elles négligent de le faire, les inspecteurs les y inviteront.

Aux cas ci-dessus mentionnés, ou il est permis de vendre du pain non visité par les inspecteurs, les règlements de Colmar [1] en ajoutent un nouveau. A l'époque de la moisson et des vendanges, les boulangers peuvent donner du pain aux ouvriers, qui voudraient emporter dès le matin leur provision de la journée. Mais celui qui abuserait de cette tolérance pour diminuer le poids du pain, ou qui essaierait d'échapper à la règle, en dehors des exceptions légales, « était passible non seulement d'une amende, mais encore d'une peine corporelle et infamante [2]. » Les boulangers de Colmar ne devaient que treize pains pour la douzaine.

D'après un article analogue à celui que nous citions plus haut pour les pâtissiers de Strasbourg, les maîtres boulangers de Colmar ne pouvaient avoir que deux garçons et un apprenti. Ils ne devaient donner à un ouvrier, sous peine d'amende, que 2 β. (1 fr. 20) par semaine ; la tribu se réservait toutefois la faculté d'autoriser un salaire plus élevé en faveur d'ouvriers qui, pendant la maladie de leurs maîtres ou de leurs maîtresses, rendraient des services spéciaux [3].

L'étranger qui entrait dans la tribu des boulangers de Colmar, payait 30 ℨ. [4] pour la caisse, une nappe pour la table

---

1. Archives, S. B. L. 25.
2. *Soll nicht allein an gelt, sondern auch seinen leib und den ehren, nach gestaltsahme des verbrechens, gestrafft werden.* Règl. de 1605.
3. Archives de Colmar, S. E. L. 25 B. N. 4. Règlement reconstitué en 1485, par voie d'enquête ; le règlement antérieur avait péri dans un incendie.
4. En 1613 cette somme était de 46 β. ou 14 fr. 25, somme plus forte en apparence, en réalité beaucoup plus faible.

du poêle, une serviette, une livre de cire pour le cierge de Notre-Dame, 6 ∂. pour le chef de la tribu, et 3 ∂. pour le restaurant de la buvette. Cette somme de 30 β. (18 fr.) se réduisait à 20 β. (12 fr.) pour le gendre et à 10 β. (6 fr.) pour le fils d'un maître. Dans le mois qui suit sa réception, le nouveau membre de la tribu doit se procurer ses armes : une cuirasse (*krebs*), un casque (*houbt geschyrre*), des gantelets en fer (*ein par ysen hentschühe*), une bonne épée (*gut swert*) et son *hantgewere* (arme qu'on porte à la main, arquebuse, hallebarde, pique, etc.)

Nous avons dit plus haut que le prix du pain s'établissait sur le prix moyen du grain. Un procès verbal, dressé en 1677[1], nous apprend comment les autorités de Colmar procédaient en pareil cas. Le mardi 11 septembre, le sénat avait décidé de nouvelles expériences de panification, sur la demande des boulangers. En conséquence deux rézaux de grains furent achetés par la ville sur le marché du 13. Le 15, ce blé fut converti en farine sous la surveillance de deux députés du sénat, d'un boulanger retiré, et de deux boulangers assermentés *ad hoc*. Enfin le 17, la panification se fit dans la boulangerie du couvent des Unterlinden, en présence de la même commission.

Les règlements des boulangers de Rouffach[2], de Molsheim[3], du bailliage de Benfeld[4], etc., ne présentent rien qui ne soit connu, ou qui ne se retrouve dans toutes les corporations anciennes. Fêtes annuelles, anniversaires pour les défunts, obligation d'assister à l'enterrement d'un confrère, réunions périodiques, police intérieure de la tribu sous la surveillance du bailli, distinction entre pâtissiers, boulangers blancs et boulangers noirs dans les localités d'une certaine importance, défense de débaucher à un autre ses ouvriers ou ses pratiques, etc., etc. Tels sont les points saillants de tous ces statuts. Il nous semble inutile d'y insister plus longtemps.

1 S. E. L. 25 B. N. 5.
2. 1509. Statuts de la tribu de la Licorne. Archives du mundat à la préfecture de Colmar.
3. Statuts en 31 articles, enregistrés au Conseil Souverain, le 6 nov. 1717.
4. Statuts en 24 articles, enregistrés au Conseil Souverain, le 7 déc. 1717.

123

SECONDE SECTION.

Panification et Taxes du pain.

Prix du pain sous Charlemagne. — Panification de Strasbourg au xiii⁰ siècle, — au xiv⁰, — en 1437, — en 1460, — en 1474. — Manière de calculer la taxe. — Essais de 1691, — de 1693. — Pain de ménage. — On taxait le poids du pain. — Réforme de 1752. — Tarif de 1770. — Panification au xix⁰ siècle. — Tableau des divers tarifs de Strasbourg. — Panification à Schlettstadt, — à Colmar, — à Bâle. — Prix du kilogramme de pain, depuis le xiv⁰ siècle jusqu'à nos jours.

Un capitulaire, édicté à Francfort en 794, statue que, sans distinction d'année abondante ou stérile, on doit donner pour 1 denier, 24 livres de pain de froment, 30 livres de pain de seigle, 40 livres de pain d'orge et 50 livres de pain d'avoine.

Il résulte de là qu'à la fin du viii⁰ siècle, le pain de froment coûtait 0 fr. 038 le kilo, le pain de seigle 0 fr. 03, le pain d'orge 0 fr. 023 et le pain d'avoine 0 fr. 018. Ces résultats restent les mêmes, quel que soit le poids de la livre mentionnée dans ce document ; la valeur du denier augmente ou diminue elle-même, avec celle de la livre qui sert à mesurer le pain.

Nous serions plus embarrassés, s'il nous fallait apprécier le rendement des grains en pain. Notre document nous apprend, il est vrai, que la taxe est par muid pour le froment 4 д. ; le seigle 3 д. ; l'orge 2 д. ; et l'avoine 1 д. En adoptant pour la livre carlovingienne le chiffre ordinairement admis de 409 grammes, le muid de froment équivaut à 39 k. 264 gr. de pain de froment, celui de seigle à 36 k. 810 de pain de seigle, celui d'orge à 32 k. 720 de pain d'orge, et celui d'avoine a 20 k. 450 de pain d'avoine. Mais comme nous ne connaissons, ni la mesure exacte du muid, ni la somme allouée pour frais de mouture, de panification, etc., nous sommes en présence de trop d'inconnues pour hasarder une conclusion sérieuse.

Les premiers renseignements précis de ce genre se rencontrent dans les anciens *livres de cuisine* du Grand Chapitre de Strasbourg. L'un d'eux, conservé aux Archives de la Ca-

Prix du pain sous Charlemagne.

Panification au xiii⁰ siècle.

thédrale, nous apprend que pour le pain fourni aux prébendiers, on faisait au rézal de froment 27 miches, pesant avant la cuisson 4 ℔. 22 loths (2 k. 211) et après, 4 ℔. 6 loths (2 k.). Le rézal de froment donnait ainsi 113 ℔. 2 loths, ou 53 $^1/_2$ kilos [1], de pain; et l'hectolitre, 46 kilos.

Ce n'était point toutefois le dernier terme des résultats qu'on obtenait alors. Une note du même livre affirme en effet que, depuis plus d'un siècle, les boulangers de S. Pierre-le-Jeune tiraient du rézal 115 $^1/_2$ ℔., soit 47 kilos par hectolitre. Encore, ajoute-t-elle, pourraient-ils donner 6 loths de plus par pain, ou 2 k. par hectolitre.

Nous citons ces faits, parce qu'à une certaine époque, ils servaient de base au prix du pain. L'édit de Pistes de 864 statuait, que les miches mises en vente par les boulangers devaient être réglées sur celles que les évêques, les abbés et les comtes faisaient remettre à leurs ministériels [2].

Malheureusement il nous est impossible de fixer l'époque à laquelle appartiennent ces données. Elles remontent sans doute au temps où les chanoines de Strasbourg vivaient encore en communauté ; mais c'est tout ce qu'on peut affirmer avec quelque probabilité. Nous en pouvons dire autant des détails un peu plus explicites que nous trouvons dans un autre livre du *Bruderhof*, conservé dans les Archives du Bas-Rhin [3].

On y distingue trois espèces de pain, le pain blanc, le pain de méteil et le pain de seigle

La miche de pain blanc (*sigulus albus*), équivalant de deux coins (*cuneus*), pesait en pâte 2 k. 265, et après la cuisson 2 k. Sciendum quod panis canonicorum majoris ecclesie argent., scilicet sigulus, qui vulgo dicitur *leip*, non coctus ponderare debet 9 marcas et dimid. et 3 lot. Item vero panis coctus ponderare debet 8 $^1/_2$ marcas et 3 lot.

---

1. Le rézal est toujours diminué de $^1/_{24}$, payé en nature au meunier pour mouture.

2. *Quantos mensurabiles panes in quacunque civitate de justo modio episcopi vel abbatis seu comitis ministeriales a pistoribus suis recipiunt, tantos mensurabiles pancs de æquo modio a pistoribus qui panes vendunt, fieri facient.*

3. G. 3863 bis.

Le pain de méteil, composé de deux tiers de froment et d'un tiers de seigle, appelé *melvochinge*, avait le même poids. Il servait au réfectoire, et on y consommait dix miches par jour ; soit 120 rézaux par an. Ce détail, confirmé par d'autres chiffres, nous montre qu'un rézal devait donner une miche par jour pendant un mois, en termes rigoureux 30 $^5/_{12}$ miches, 61 k. 678 gr. de pain, soit 55 kilos pour l'hectolitre.

En pain de seigle, il y avait deux espèces différentes de miches, le *smalleib* et le *spendebrot*. Reprenons notre texte : Panis qui dicitur *smalleib* ponderare debet 7 $^1/_2$ marcas minus dimidio fertone, in pane non cocto, et in pane cocto 7 marcas et dimid. fert. Similiter (panes) ministrorum, qui dicuntur *spendebrot*, quando duo panes dantur pro spendebrot ; tamen directe ponderare debet sicut cuneus, qui ponderare debet 4 marcas et 1 fert. et 3 letten.

Ainsi le *smalleib* pèse en pâte 1 k, 725, et cuit, 1 k. 668. Le *spendebrot* a le même poids ; mais si la même personne en reçoit deux, il ne pèse qu'un kilo environ.

Les 365 smalleib de l'année sont évalués à 14 rézaux $^1/_2$ boisseau, soit 26 miches ou 53 k. par rézal. D'autres comptes portent le rendement du rézal a 27 miches. L'hectolitre de seigle produit ainsi un peu plus de 40 k. de pain de seigle.

Dans la première des taxes municipales de Strasbourg qui sont arrivées jusqu'à nous, on ne rencontre qu'une base très-élastique. Elle doit être de la fin du xive ou du commencement du xve siècle. Elle alloue au boulanger, pour le pain blanc (*semelbrod*) 21 ð., et pour le pain de seigle (*rockenbrod*) renfermant $^1/_3$ de froment, 15 ð. Ces chiffres représentent le salaire du boulanger et les frais de toute nature qui peuvent frapper le grain.

Si le rézal de froment coûte 3 $^1/_2$ ð., le pain blanc d'un denier doit peser 40 loths ; et ce poids diminue et augmente de 2 loths, lorsque le froment hausse ou baisse de 6 ð. Si le rézal de seigle coûte 2 $^1/_2$ ð., le pain de seigle ($^1/_3$ froment) d'un denier pèse 70 loths, augmentant ou diminuant de 4 loths, chaque fois que le seigle baissera ou haussera de 6 ð. Ces données manquent de précision. Aux taux indiqués, le rendement serait de 80 ℔. pour le froment, de 99 ℔. pour le seigle. Mais ces chiffres n'ont rien d'absolu. Pour être rémunératoire, le rendement devra être de 87 ℔., lorsque le froment monte à

6 ℔.. de 122 ℔., quand le seigle se paie 5 ℔., etc. En d'autres termes, nous aurons de 34 à 37 kilos de pain de froment, de 44 à 51 kilos de pain de seigle, par hectolitre.

Quant à la taxe elle-même, il est facile de la reconstituer. Quelle que soit la date exacte du document, les monnaies qui s'y trouvent mentionnées, restent toujours entre elles dans le même rapport. La voici :

Prix du rézal.	Poids du pain de 1 β.		Prix de l'hectolitre.	Le kilo de pain coûte.	
	Froment.	Seigle.		Froment.	Seigle.
2 β.	46 loths.	74 loths.	1 fr. 40	10 cent.	6 $1/8$ cent
2 $1/2$	44	70	1 75	10 $1/3$	6 $1/2$
3	42	66	2 10	10 $4/5$	7
3 $1/2$	40	62	2 45	11 $1/3$	7 $1/2$
4	38	58	2 80	12 .	8
4 $1/2$	36	54	3 15	12 $2/3$	8 $2/3$
5	34	50	3 50	13 $2/5$	9 $1/4$
5 $1/2$	32	46	3 85	14 $1/2$	10
6	30	42	4 20	15 $1/4$	10 $4/5$
6 $1/2$	28	38	4 55	16 $1/4$	12
7	26	34	4 90	17 $1/4$	13 $2/5$

EN 1437, Des résultats analogues ressortent d'essais, qui se firent le samedi avant Lætare 1437[1]. On retira de six rézaux de froment et 4 rézaux de seigle,

```
360 pains blancs pesant
     en pâte . . . . . . 36 l. cuits, 30 l. rapp. 30 β.    δ.              21 fr 60
 56 pains bis blancs en
     pâté . . . . . . . . 56       47       1  10   80 β. 9 δ.    3  18   58 fr 11
315 pains de seigle, bien
     bluté, en pâte . . 61        55      26   3                 18  90
131 pains de seigle pur  72       60      11   2                  8  04
en sons de toute espèce                    8   6                  6  12

prix du froment . . . . . . . . . . . . 34  10                   25  08
prix du seigle. . . . . . . . . . . .   17   8                   12  72
tamisage du grain .   . . . . . . .         10    66   5          0  60   47 fr 82
voiturier et porteurs . . . . . . . .        7                    0  42
droits et pesage . . . . . . . . .      12   6                    9  00

reste au boulanger  . . . . . . . . . . . . .   14 β. 4 δ.               10 fr 32
```

1. Ordonnances ms. de Strasbourg, t. XXIX.

Les dix rézaux de grains qui, déduction faite de la mouture, représentent un peu plus de 11 hectolitres, donnent ainsi :

en pain blanc (*symel*)	337 ½ *ll.* ou	159,201 kilos à	13 ½ centimes.
en pain bis blanc (*boll*)	82 ¼	38,997	8 ⅔
en pain de seigle, 1ʳᵉ qualité . . .	541 ½	255,425	7 ¹/₇
en pain de seigle, 2ᵉ qualité . . .	251 ½	118,511	6 ¾
	1212 ½ *ll.* ou	572,134	

Le froment coûtait alors 3 fr. 60, et le seigle 2 fr. 71 l'hectolitre.

En 1460, nous nous trouvons en présence d'un tarif complet. Il nous apprend que, lorsque le seigle coûte 4 β., on y ajoute 2 β.[1] pour les frais et les peines du boulanger, et le pain de seigle de première qualité, renfermant un tiers de froment ou la quantité équivalente de farine bise blanche, devra peser 60 ½ loths. « Restera, dit encore l'ordonnance, un reliquat de 12 loths. »

<small>EN 1460.</small>

Or multipliez 60 ½ par 72 (6 β.), et ajoutez au produit les 12 loths d'excédent, vous obtiendrez la somme de 4368 loths, soit 136 ½ livres, comme rendement en pain du rézal de seigle.

La valeur de ce document nous est confirmée par une autre ordonnance édictée en 1474. On y suppose que le rézal de froment produit 90 *ll.* (38 kil. par hectolitre) de pain blanc, ou 153 *ll.* (65 kil. par hectolitre) de pain bis blanc. Quant au seigle, mêlé à un tiers de froment, il doit, comme ci-dessus donner 136 ½ *ll.* de pain (58 kil. par hectolitre).

<small>EN 1474.</small>

Le rapport entre ces données et les essais de 1437 est facile à établir. En effet :

4 rézaux en pain blanc	(90 × 4) donnent	360 *ll.*
2 rézaux en pain bis blanc	(153 × 2)	306
4 rézaux en pain de seigle	(136 ½ × 4)	546
soit exactement le produit indiqué ci-dessus		1212 *ll.*

Ces bases admises, le tarif se calcule avec une grande simplicité. Au prix du grain on ajoute la somme accordée au

---

[1]. D'après des ordonnances conservées dans le premier volume ms. des *Stadtordnungen*, les droits s'élevaient en 1443 et en 1454 à 1 β. (0 fr. 72). C'étaient donc à 1 β. en sus des sons que s'évaluaient, par rézal, les peines et les autres frais du boulanger.

boulanger pour ses peines et ses frais (en 1474, elle est de 2 ½ $ß$. pour le seigle, de 3 $ß$. 2 $δ$. pour le froment). Le total sert de diviseur pour chaque espèce de pain. Supposons le froment à 5 $ß$. ou 60 $δ$., on y ajoute les 3 $ß$. 2 $δ$. (38 $δ$.); total, 98 $δ$. Je divise ensuite 90 ll. par 98, s'il s'agit de pain blanc; 153 ll. par 98, s'il s'agit de pain bis blanc : le quotient me donne le poids que devra peser la miche de 1 $δ$.

Voici du reste le tarif de 1474, tel qu'il se lit dans les ordonnances de la ville de Strasbourg :

Le rézal, coûtant.	Poids en loths du pain			L'hectol. coûtant.	Prix en centimes du kilo		
	blanc.	bis blanc.	de seigle		blanc	bis blanc.	de seigle.
2 $ß$.			81	1 fr. 20			4 ⁴/₅
2 ¹/₂	42 ¹/₄	72	72 ³/₄	1 50	9	5 ¹/₂	5 ¹/₄
3	39	66	66 ¹/₂	1 80	10	6	5 ⁴/₅
3 ¹/₂	36	61 ¹/₄	60 ⁵/₈	2 10	10 ³/₄	6 ¹/₄	6 ¹/₂
4	33 ¹/₂	57	56	2 40	11 ¹/₂	6 ⁴/₅	7
4 ¹/₂	31 ¹/₄	53 ¹/₄	52	2 70	12 ¹/₂	7 ¹/₄	7 ¹/₂
5	29 ³/₈	50	48 ¹/₂	3	13 ¹/₄	7 ¹/₂	8
5 ¹/₂	27 ³/₄	47	45 ¹/₂	3 30	14	8 ¹/₄	8 ¹/₂
6	26 ¹/₄	44 ¹/₂	42 ³/₄	3 60	14 ³/₄	8 ¹/₂	9
6 ¹/₂	24 ³/₄	42	40 ¹/₂	3 90	15 ¹/₂	9 ¹/₄	9 ¹/₂
7	23 ¹/₂	40	38 ¹/₄	4 20	16 ¹/₂	9 ¹/₂	10
7 ¹/₂	22 ¹/₂	38 ¹/₂	36 ⁵/₈	4 50	17 ¹/₄	10	10 ¹/₂
8	21 ¹/₂	36 ³/₄	34 ⁵/₈	4 80	18	10 ¹/₂	11

Les deux premières espèces de pain se calculent sur le prix du froment, la troisième sur celui du seigle.

Les mêmes principes servirent à fixer la taxe du pain jusqu'en 1752, pendant plus de trois siècles. De Strasbourg ils se répandirent même dans d'autres villes du Bas-Rhin. Ils se retrouvent fidèlement suivis dans un tarif qu'Obernai communiquait, en 1636, au magistrat de Schlettstadt. Ils méritent donc toute notre attention.

Durant ce long espace d'années, il fallut plus d'une fois prolonger le tarif réglementaire. Il s'arrêtait en 1474 à 8 $ß$. ou 5 fr. 50 le rézal; cette limite fut portée à 14 ¹/₂ $ß$. (9 fr. 30), en 1491; à 24 $ß$. (12 fr.), en 1557; à 40 $ß$. (20 fr. 40), en 1573; à 60 $ß$. (24 fr.), en 1610; à 110 $ß$. (42 fr. 65), en 1630.

Manière de calculer la taxe. A ces diverses dates se rencontrent encore de légères modifications dans les taxes elles-mêmes, résultant des changements que subissait l'allocation faite aux boulangers pour leurs frais et leurs peines. Cette allocation était en 1460 de 2 β. (1 fr. 44) par rézal de seigle ; elle fut portée en 1474 à 3 β. 2 δ. (2 fr. 19) pour le froment, et à 2 ½ (1 fr. 72) pour le seigle ; un peu avant 1540, on la réduisit à 2 ½ β. (1 fr. 40), et 2 β. (1 fr. 10) pour les deux espèces de pain ; elle remonta en 1557, pour le froment à 4 β. (2 fr.), et pour le seigle à 3 ½ β. (1 fr. 75); on la fixait enfin en 1630 à 5 ½ β. (2 fr. 13) pour le pain blanc, et à 5 β. (1 fr. 96) pour le pain de seigle.

Après 1630 on ne remania plus ce tarif. Chaque fois que la hausse des denrées ou la diminution des espèces monétaires semble exiger quelque modification dans la somme allouée aux boulangers, ceux-ci reçoivent un supplément, un *zusatz*, de 4, 6, 8, 9 β., qui s'ajoute au prix des grains. Lorsque le froment coûtait 30 β., on prenait la taxe de 34 β., si le supplément était de 4 β., celle de 36 β., si le zusatz était de 6 β., etc., etc.

Voici la série de ces suppléments :

1674 — 1683 :	4 β. ou	1 fr. 56,	qui joints aux	5 ½ de la taxe ou	1 fr. 95,	font	3 fr. 51
1683 — 1685 :	7	2	34		1	84	4	18
1685 — 1692 :	9	3	00		1	81	4	81
1692 — 1722 :	4	1	26		1	73	2	99
1720 — 1724 :	8	1	34		0	93	2	27
1724 — 1729 :	4	1	00		1	38	2	38
1729 — 1735 :	6	1	20		1	10	2	30
1735 — 1736 :	8	1	60		1	10	2	70
1736 — 1744 :	6	1	20		1	10	2	30
1744 — 1745 :	8	1	60		1	10	2	70
1745 — 1746 :	9	1	80		1	10	2	90
1746 — 1752 :	6	1	20		1	10	2	30

Avec un pareil salaire la boulangerie n'eût pas été une profession bien lucrative, si une compensation, plus ou moins occulte, n'avait singulièrement haussé le chiffre de ses bénéfices.

On comptait toujours le rézal de grain à 90, 153, ou 138 ½ livres de pain, selon l'espèce que l'on voulait taxer. Mais le rendement réel était de beaucoup supérieur à celui que supposait cette fiction légale.

Le magistrat ne l'ignorait point et ne pouvait l'ignorer. Depuis 1531 les husfuerer étaient tenus de rendre 14 *ll.* de pain pour 10 *ll.* de farine. Or le boisseau de farine pesait 17 *ll.* et le rézal en donnait au moins sept, soit un minimum de 119 *ll.*

de farine et 168 ₶ de pain. En 1621 [1], 7 boisseaux de farine de froment, cuits à la boulangerie de l'Œuvre Notre-Dame, produisirent 453 pains de 9 loths, et 192 de 4 ½, soit 154 ½ ₶. La même expérience, faite aux orphelins sur 7 boisseaux de farine de seigle, donna 128 pains de 26 loths, 145 de 13 loths, et 110 de 6 ½, soit 185 ¼ ₶. En 1636, l'un des XV demanda la réforme des tarifs, sous prétexte que les boulangers tiraient du rézal de froment jusqu'à 160 ₶ de pain.

On savait donc plus ou moins vaguement que la formule traditionnelle manquait d'exactitude, mais on croyait que l'écart produit par le rendement réel, ne faisait que suppléer à l'insuffisance des frais admis pour la panification.

ESSAIS DE 1691, Des épreuves, faites en 1691 (juillet), amenèrent une légère réduction.

Le rézal de froment coûtait		70 β.		18 fr 90		
droits d'umgelt		3	2 δ.	0	86	
droits du marché		4		0	09	
transport au domicile		4		0	09	21 fr. 83
blutage		1		0	27	
mouture		3		0	81	
sel 1 β., bois 2 β.		3		0	81	
On en tirait 2½ bois. far. blanche, en pain	50 β.			13 fr. 50		
5½ bise blanche . » .	55			14 85		29 fr. 70
½ farine de sons . . .	1 8	110 β.		0 45		
2 de sons	3 4			0 90		
restait au boulanger		29 β. 2 δ.		7 fr. 87		

Le pain seul rapportait ainsi 9 fr. 45 de plus que ne coûtait l'achat du grain, et le boulanger obtenait, pour ses peines et ses frais généraux, 7 fr. 87, soit 7 fr. par hectolitre. Cette somme fut sans doute trouvée excessive, et ainsi s'explique la réduction de 2 fr., faite à ce moment, sur l'allocation qu'on accordait aux boulangers.

Notre document indique la valeur du pain, sans en mentionner le poids. Mais la connaissance que nous avons des tarifs, nous permet de le calculer aisément. Il était de 153 ₶, 53 ¼ en pain blanc et 99 ¾ en pain bis blanc. La boulangerie bénéficiait ainsi sur 53 ¼ ₶ de toute la différence que la taxe mettait entre le prix du pain blanc et celui du bis blanc.

---

1. Protocole des XV, 10 mai.

ESSAIS DE 1691, 1699.

En même temps qu'il opérait cette réforme, le magistrat de Strasbourg adressait aux villes voisines le questionnaire suivant (1691) :

1° Quelle contribution paie chez vous le rézal de grains ?
2° Quel est le droit de mouture par rézal ?
3° Quel est par semaine le salaire des garçons-boulangers ?
4° Que valent chez vous le sel, le bois, les logements, etc. ?
5° Quel est le prix de la mouture ?
6° Combien de livres de pain le sac de grains doit-il donner ?

Malheureusement aucune des réponses que provoqua cette enquête, n'est arrivée à notre connaissance. Elles n'eurent du reste aucune influence sur la conduite du magistrat de Strasbourg, qui resta encore, pendant plus d'un demi-siècle, fidèle à ses errements traditionnels.

C'est à l'instigation de l'administration française, que les autorités strasbourgeoises manifestaient de temps en temps ces velléités de réforme. Elle ne pouvait comprendre pourquoi la taxe de Strasbourg était plus élevée que les taxes de la Haute-Alsace. Sur les plaintes du marquis d'Huxelles, de nouvelles épreuves furent faites en décembre 1699. Le rézal de froment donnait alors 156 ₶ de farine, soit 50 en farine blanche, 68 en farine bise blanche, 38 en farine noire.

DE 1699.

D'après un mode de panification on obtint :

50 ₶ far. bl. | 135 pains de 2 ₰ à 5 loths $^{65}/_{100}$ ou 86 gr | 51 ₶ $^{1}/_{4}$ ou 15 β 10 δ.
16 l. sel | 63　　4　　11　　$^{7}/_{10}$　　172 |
18　20 d'eau | |

68 ₶ far. b. bl. | 88 pains de 2 ₰ à 9 loths $^{83}/_{100}$ ou 146 gr. | 77 ₶ $^{7}/_{8}$ ou 42 β.
24 l. sel | 10　　8　　39　　$^{56}/_{100}$　　583 |
21　13 d'eau | 6　　12　　59　　$^{34}/_{100}$　　815 |

112 β 1 δ.

les 38 ₶ de farine noire valent . . . . 20 β 6 δ
2 $^{1}/_{4}$ boisseaux de sons 3   9

En suivant une méthode différente, on avait :

36 ₶ far. bl. | 90 pains de 2 ₰ à 5 loths $^{83}/_{100}$ ou 86 gr. | 38 ₶ $^{1}/_{8}$ ou 35 β.
16 l. sel | 60　　4　　11　　$^{7}/_{10}$　　172 |
16　28 d'eau | |

120 ₶ f. d. 3 esp. | 90 pains de 4 ₰ à 19 loths $^{78}/_{100}$ ou 292 $^{1}/_{2}$ | 150 ₶ $^{1}/_{4}$ ou 81 β.
1　16 l. sel | 30　　8　　39　　$^{56}/_{100}$　　583 |
16　13 d'eau | 11　　12　　59　　$^{34}/_{100}$　　875 |
 | 10　　24　　118　　$^{84}/_{100}$　　1750 |

119 β 9 δ.

2 $^{1}/_{4}$ boisseaux de sons. . . . . 3 β 9 δ.

La première méthode donne entre le prix du grain, 73 β., et le rendement du rézal une différence de 39 β. 1 δ., réduite à 36 β. 1 δ. par la déduction de 3 β. de levain, employés pour le pain blanc. Dans la seconde méthode, l'écart est de 46 β. 9 δ. Selon le système qu'il adopte, le boulanger obtient 11 fr. 18 ou 13 fr. 34 par rézal, 9 fr. 62 ou 11 fr. 50 par hectolitre.

Pour combattre les conclusions que l'on pouvait tirer de ces chiffres, les boulangers de Strasbourg présentèrent un mémoire. Ils y calculent les dépenses d'un maître qui travaille par semaine 15 rézaux ou 17 ½ hectolitres. Les voici :

droits d'*ungelt* (38 δ. par q.)	47 β.	6 δ.	13 fr.	58
droits du marché (4 δ. par q.)	5		1	43
transport à domicile (6 δ par q.)	7	6	2	14
blutage (1 β. par q.)	15		4	29
mouture (¹/₂₄ en grain)	39	6	11	30
éclairage (8 δ. par q.)	10		2	86
1 boisseau de sel	24		6	86
1 corde de bois tendre	30		8	58
salaire de deux garçons	16		4	58
salaire de deux filles	4	6	1	29
loyer	30		8	58
contributions diverses	7	6	2	14
nourriture de huit personnes	112		32	04
dreinbrod (13 pour la douzaine)	150		42	90
total	498 β.	6 δ.	142 fr.	57

par rézal, 33 β. 2 δ. ou 9 fr. 50 ; par hectolitre, 8 fr. ; sans compter, ajoutait le mémoire, les habits, le barbier, le médecin, le pasteur, le travail du maître, etc., etc.

Ces comptes produisirent leur effet sur la chambre des XV et l'ancien tarif fut maintenu.

Remarquons en passant, que si dans la seconde méthode de panification, le rendement est beaucoup plus considérable (188 tb. ou 88 kilos, soit 79 par hectolitre), cela tient surtout à la nature des pains. Ils sont plus grands, moins cuits, et par conséquent moins réduits.

PAIN DE MÉNAGE. La seule innovation importante de cette époque (1698), c'est l'établissement du *schwartzbrod* ou pain de ménage, qui fut soumis au tarif suivant :

Prix du sac de méteil.	Prix de la ℔. de pain	Prix de l'hectolitre.	Prix du kilo de pain.
31 β. ou 124 s.	9 d. français.	9 fr.	13 ²/₃ cent.
35 140	10	10	15
39 156	11	11	16 ¹/₄
43 172	12	12	17 ¹/₂
47 188	13	13	18 ⁴/₅
51 204	14	14	20
55 220	15	15	21 ¹/₄
59 236	16	16	22 ²/₃
63 252	17	17	24
67 268	18	18	25 ¹/₄
71 284	19	19	26 ¹/₂
75 300	20	20	27 ²/₃

Le tarif se prolonge ainsi jusqu'à 150 β. La livre de pain hausse de ¹/₄ d. (¹/₁₆ d. strasb.), chaque fois que le prix du grain monte de 1 β. Les calculs sont basés sur le prix du méteil à 15 l. ou 75 β., augmenté de 1 l. ou 5 β. pour la panification : ils supposent par conséquent que le rézal donne 192 ℔. de pain, en miches de 3 ℔.

Le lecteur aura remarqué que, dans tous les tarifs antérieurs, les hausses et les baisses portent, non sur le prix, comme ici, mais sur le poids des pains. L'innovation s'étendit parfois aux autres espèces de pain (1715, 1716, etc.); mais Strasbourg n'abandonna définitivement l'ancienne méthode qu'en 1752.

« Ce système, dit le chevalier Krentzinger [1], était illusoire et vicieux : il ne satisfaisait, dans ses variations innombrables, ni l'acheteur, ni le vendeur ; il donnait ouverture à des fraudes et occasionnait des contestations journalières entre les consommateurs et les boulangers. »

Une critique non moins sévère de l'ancienne taxation se rencontre dans un arrêté de la Régence de Saverne, qui la supprime pour les terres de l'Évêché [2]. Elle « entraîne plusieurs inconvénients et des abus que la vigilance du ministère public ne peut assez prévenir. La plupart du temps, le peuple ignore le poids d'une miche qu'il achète à 4 ou 8 sols ; ce poids varie très-souvent d'une quinzaine à autre d'une ou plusieurs onces,

---

1. Des grains. Strasbourg. 1820, pag. 35.
2. Archives du Bas-Rhin, G. 684, 13 novembre 1780.

et même d'une demi-once. Quoique la taxe doive être affichée aux étaux de chaque boulanger, la classe des habitants, que le défaut de faculté met hors d'état d'acheter des grains pour les faire moudre, n'examine point cette taxe affichée, chaque fois qu'il est dans le cas d'acheter du pain ; d'autres ne savent pas lire et presque tous sont dépourvus de petits poids d'une once ou demi-once, pour vérifier celui qui est fixé par la Taxe. »

L'histoire ne doit souscrire qu'avec réserve à ces sortes d'exécutions sommaires. La plupart des abus qu'on signale, ne prouvent que l'inexécution des anciens règlements et la négligence des autorités chargées de les faire observer. Quant à la valeur même des deux méthodes, elles sont, en théorie, également exactes, également rationnelles ; elles reflètent toutes deux avec une précision suffisante les variations qui peuvent survenir dans le prix des grains. En pratique, la méthode ancienne est plus avantageuse quand le grain est à bon prix, la méthode moderne, lorsque le blé se vend plus cher. Voyez le tarif de 1474. La taxe varie avec une exactitude mathématique, chaque fois que l'hectolitre de froment hausse ou baisse de 30 centimes. Cette rigueur eût-elle été facile, possible même, s'il avait fallu porter l'augmentation ou la diminution sur le prix du pain. Celui-ci ne changeait d'une taxe à l'autre que d'un demi centime environ par kilo, et la plus petite monnaie alors usitée à Strasbourg, l'ort, valait 0 fr. 028. Le contraire se rencontra avec le renchérissement des grains. Dans le tarif de 1630, le blé peut hausser de 1 fr. 30 sans que la taxe change, faute de pouvoir diminuer le poids du pain d'une manière sensible. Quand le grain monte de 70 à 80 β., de 23 fr. 38 à 26 fr. 72, cette hausse de 3 fr. 34 ne diminue le pain d'un denier que de $1/4$ loth ou $3 1/2$ grammes, diminution aussi difficile à observer pour le boulanger, qu'à apprécier pour l'acheteur. Dans les mêmes circonstances, le prix du kilo s'élève de 65 à 71 centimes, écart qui permet facilement plusieurs taux intermédiaires. Conclusion. La méthode ancienne était la meilleure au Moyen-Age, la méthode moderne est la meilleure pour les temps modernes. Seulement on a le droit de s'étonner qu'il ait fallu arriver à la fin du XVIIIe siècle pour s'en apercevoir ; et, appliquées à cette époque, les critiques rappelées plus haut ne sont que trop fondées.

Ce changement de méthode correspond à Strasbourg à une réforme complète de la boulangerie. Les petits pains sont remplacés par des miches, qui devaient peser une livre au moins. En même temps le prix du pain blanc est réduit de plus d'un tiers.

Avant d'adopter un nouveau tarif, le magistrat s'était fait communiquer les tarifs des villes voisines. Voici ceux que nous avons rencontrés :

Prix du blé.	SCHLESTADT.			SAVERNE.			HAGUENAU.			LANDAU.		
	blanc.	bis blanc.	noir.	blanc.	bis blanc.	noir.	blanc.	bis blanc.	noir.	blanc.	bis blanc.	noir.
6 l.	16	9	$7^{1}/_{3}$	15	9	6	$16^{1}/_{2}$	$10^{1}/_{2}$	$7^{1}/_{2}$	$16^{1}/_{2}$	15	$13^{2}/_{3}$
7	18	11	$8^{2}/_{3}$	$17^{1}/_{2}$	$10^{1}/_{2}$	7	$19^{1}/_{2}$	$12^{1}/_{4}$	$8^{3}/_{4}$	$17^{3}/_{4}$	16	$14^{2}/_{3}$
8	20	12	$9^{2}/_{3}$	20	12	8	22	14	10	$19^{1}/_{2}$	$17^{1}/_{4}$	$15^{2}/_{3}$
9	22	14	11	$22^{1}/_{2}$	$13^{1}/_{2}$	9	$24^{3}/_{4}$	$15^{1}/_{2}$	$11^{1}/_{2}$	$20^{3}/_{4}$	$18^{1}/_{2}$	17
10	24	15	12	25	15	10	$27^{1}/_{2}$	$17^{1}/_{2}$	$12^{3}/_{4}$	$22^{1}/_{2}$	$19^{3}/_{4}$	18
11	26	17	$13^{1}/_{3}$	$27^{1}/_{2}$	$16^{1}/_{2}$	11	30	$19^{1}/_{4}$	14	$23^{3}/_{4}$	$21^{1}/_{4}$	19
12	28	19	$14^{1}/_{3}$	30	18	12	$32^{3}/_{4}$	21	$15^{1}/_{2}$	$25^{1}/_{2}$	$22^{1}/_{2}$	$20^{1}/_{4}$
13	32	20	$15^{2}/_{3}$	$32^{1}/_{2}$	$19^{1}/_{2}$	13	$37^{1}/_{2}$	$22^{1}/_{4}$	$16^{3}/_{4}$	$26^{3}/_{4}$	$23^{3}/_{4}$	$21^{1}/_{4}$
14	34	22	17	35	21	14	40	$24^{1}/_{2}$	18	$28^{1}/_{2}$	25	$22^{1}/_{2}$
15	36	24	$18^{1}/_{2}$	$37^{1}/_{2}$	$22^{1}/_{2}$	15	$42^{3}/_{4}$	26	$19^{1}/_{2}$	30		
16	40	25	$19^{1}/_{2}$	40	24	16	$47^{1}/_{2}$	$28^{1}/_{2}$	$20^{3}/_{4}$	$31^{1}/_{2}$		
17	42	26	$20^{2}/_{3}$	$42^{1}/_{2}$	$25^{1}/_{2}$	17	50	$30^{1}/_{2}$	22	33		
18	44	30	22	45	27	18	$52^{3}/_{4}$	32	$23^{1}/_{4}$	$34^{1}/_{4}$		
19	46	31	23	$47^{1}/_{2}$	$28^{1}/_{2}$	19	$57^{1}/_{2}$	$34^{1}/_{4}$	$24^{3}/_{4}$	36		
20	48	33	$24^{1}/_{3}$	50	30	20	60	$36^{1}/_{2}$	26			

A Landau, le prix du pain est basé sur celui de l'épeautre égrugé. A Saverne et à Haguenau le pain noir est inconnu, et les prix marqués ci-dessus pour cette espèce de pain, ne sont calculés qu'hypothétiquement [1].

Ces renseignements nous sont fournis par les archives de l'Intendance, qui semble avoir fait à cette époque une enquête sérieuse sur la panification, et qui fut sans aucun doute le promoteur de la réforme strasbourgeoise. Elle ne se contenta point des tarifs qu'on lui adressa et obtint sur la panification elle-même, des détails qu'il n'est peut-être pas sans intérêt de résumer ici :

---

1. Archives du Bas-Rhin, C. 387.

	Schletstadt.		Saverne		Landau.	
Poids du sac	180 *tt.*		170 *tt.*		180 *tt.*	
produit en farine blanche	51		52		37 ½	
en farine bise blanche	69	153 *tt.*	52	156 *tt.*	75	150 *tt.*
en farine noire	33		52		37 ½	
en sons	19		9		18 ¾	
déchets et mouture	8		5		11 ¼	
rapport en pain bl.	63 *tt.*		60 ⅛		45 *tt.*	
en pain bis blanc	78 3½ onc.	179 ½	60 ⅛	180 ⅜ *tt.*	75	157 ½ *tt.*
en pain noir	38 5		60 ⅛		37 ½	
Prix du grain	14 l.		12 l. 2 s. 8 d.		15 l.	
droits	13 s. 4 d.	15 l. 19 s.	6 8	13 l. 8 s. 6 d.	13 s. 6 d.	18 l. 10 s. 10 d.
mouture	15 8		10 2		17 6	
bois	10		9		2	
produit du pain	18 7		15		21 5 10	
reste au boulanger, outre les sons	2 8		1 11 6		2 15	

A Wissembourg, d'après le rapport du syndic, il était admis que le sac d'épeautre pesant en paille 120 *tt.*[1], devait donner 36 *tt.* de pain blanc ou 90 *tt.* de pain bis blanc. On divisait donc le prix de l'épeautre, augmenté de 10 sous pour panification, par 36 ou 90, et le quotient donnait la taxe des deux espèces de pain.

TARIF DE 1770. Parmi les tarifs qui lui furent communiqués, Strasbourg choisit celui de Schlestadt, et le conserva, avec plus ou moins de fidélité[2], jusqu'au 31 mars 1770. A cette date le magistrat

---

1. D'après les statistiques de l'an XI, le *malder* d'épeautre en paille pèse 55 kilos et rend communément en épeautre égrugé, 37 ½ kilos.
2. Voici pourquoi nous faisons cette réserve. En voyant Strasbourg adopter le tarif de Schlestadt et prétendre sans cesse, dans les Protocoles des XV, qu'il ne fait que l'appliquer, nous nous attendions à y trouver le pain taxé au même prix qu'à Schlestadt. Qu'arrive-t-il cependant ? Dans toutes les notes statistiques envoyées à Paris, le pain est à Strasbourg de 4 à 2 d. plus cher qu'à Schlestadt. Nous avons cru d'abord que ces notes étaient inexactes. Mais l'examen des mercuriales nous a démontré le contraire. Comparant ensuite les mêmes mercuriales aux chiffres qui servaient de base aux taxations, nous avons constaté que ceux-ci étaient toujours beaucoup supérieurs aux prix moyens du marché. Supposons que le froment se vende 13 l. 14 s., le magistrat de Schlestadt taxe le pain sur le chiffre de 13 l., celui de Strasbourg au contraire sur celui de 15 l. De là l'écart qui nous embarrassait. La boulangerie strasbourgeoise rentrait ainsi, en partie du moins, dans les avantages que lui enlevait le tarif de 1752.

édicta un nouveau règlement et une nouvelle taxe. « Nous nous sommes assurés par les différentes épreuves que nous avons fait faire, y est-il dit, que l'augmentation du prix du bois, des loyers, de la main-d'œuvre et en général de tous les besoins de la vie, est telle que l'ancienne taxe n'assurait plus aux boulangers les moyens de leur subsistance. »

Pour prévenir certains abus, le nouveau règlement obligeait chaque boulanger à marquer son pain d'un signe particulier. Le pain blanc pouvait peser 4 onces, 8 onces ou une livre ; le pain bis blanc, une, deux, ou trois livres ; mais afin d'éviter toute fraude, le pain blanc d'une livre devait recevoir une forme allongée. Le pain trop léger était puni d'une amende de 5 livres par once de déficit.

« Le seigle devenant de jour en jour plus rare, » le pain de ménage se composera désormais de deux tiers de froment. Son prix se réglera sur le froment, sans égard pour le seigle, « étant reconnu que cette denrée suit assez communément le sort du froment, soit pour l'augmentation, soit pour la diminution [1]. »

La taxe du pain, pour les trois espèces, changeait quand le froment haussait ou baissait de vingt sols pendant deux marchés consécutifs.

Prix du froment	Prix de la livre de pain.			Prix du kilo de pain.		
	blanc.	bis blanc.	de ménage.	blanc.	bis blanc.	de ménage.
9 liv.	2 s.	1 s. 7 d.	1 s. 2 d.	18 cent	14 cent.	10 1/2 cent.
10	2 2 d.	1 8	1 3	20	15	11
11	2 4	1 10	1 4	21	16 1/2	11 1/2
12	2 6	1 11	1 6	22 1/2	17 1/2	12
13	2 8	2	1 6	24	18	13
14	2 10	2 2	1 7	25	20	14
15	3	2 3	1 8	27	20 1/2	15
16	3 2	2 4	1 9	29	21	15 1/2
17	3 4	2 6	1 10	30	22	16
18	3 6	2 7	1 11	32 1/3	23	17
19	3 8	2 8	2	33 2/5	24	18
20	3 10	2 10	2 1	35 1/4	25 2/3	19

---

1. Le tarif de 1752 calculait la taxe du pain noir sur les prix réunis du seigle et du froment.

Le nouveau tarif [1] s'arrêtait là, mais la cherté qui survint bientôt après, força le magistrat de le prolonger dès la même année. Cela se fit d'après les mêmes principes. Toute hausse d'une livre sur le froment augmentait le pain de ménage de 1 d., le pain blanc de 2 d., et le pain bis blanc de ⅝ d. par livre. Dans notre traduction en kilos, le prix du pain est calculé sur l'hectolitre.

Le tarif de 1770 fut précédé d'épreuves qui eurent lieu en juillet 1769. Déduction faite de la mouture (¹/₂₄ en grain), le rézal de bon froment donna :

29 ₶. 8 onces en farine blanche ⎫
92   8   en far. bise blanche ⎬ 155 ₶. 14 onces.
33 14   en far. bise ⎭

Le rézal de médiocre qualité ne produisit que 137 livres de farine :

far. blanche 21 ₶. 14 onc., en pâte 34 ₶., en pain 21 ₶. 4 ⎫
far. bise bl. 86 2   »   ⎱ 164   »   145 10 ⎬ 169 ₶. 14 onc.
far. bise   26   ⎰   ⎭

Un rézal de méteil (⅔ froment ⅓ seigle) rapporta 127 ¾ ₶. de farine bise, 190 ½ ₶. de pâte, 165 ⅜ ₶. de pain bis.

D'après Hermann [2], le tarif de 1770 laissait au boulanger, tous frais payés, un bénéfice, qui était de 45 sols sur le pain de ménage et pouvait monter jusqu'à 3 livres sur les autres espèces.

Le même auteur parle d'essais qui se firent en 1774 et qui ne donnèrent pour 3 rézaux de froment que 414 ₶. de farine et 493 ₶. de pain, soit 138 ₶. de farine et 164 ⅓ ₶. de pain par hectolitre.

Il signale aussi des études entreprises en 1788 sur la mouture française ou sèche et la mouture alsacienne ou mouillée. Lui-même y prit part directement et rédigea le rapport de la commission.

---

1. En comparant ce tarif à celui de Schlestadt cité plus haut, le lecteur remarquera que les nouveaux prix sont supérieurs, pour le pain blanc, si le froment coûte de 9 à 12 l., égaux quand le froment se paie de 13 à 15 l., inférieurs, lorsque le grain dépasse ces chiffres. Les avantages que l'on voulait donner à la boulangerie n'étaient donc réels que pour les deux autres espèces de pain.

2. Notices historiques sur Strasbourg, p. 185, t. II.

mouture sèche $\begin{cases} 44\ tt.^{3}/_{4}\ \text{far. 1}^{\text{re}}\ \text{qual. } 70\ tt.\ 11\ ^{1}/_{4}\ \text{onc. pâte, } 52\ tt.\ 11^{1}/_{4}\ \text{onc. pain} \\ 69\ \phantom{^{3}/_{4}}\ \phantom{\text{far. }}\ 2^{\text{e}}\ \phantom{\text{qual. }}\ 107\ \ 15^{1}/_{2}\ \phantom{\text{onc. pâte, }}\ 85\ \ 15^{1}/_{2} \\ 16\ ^{3}/_{4}\ \phantom{\text{far. }}\ 3^{\text{e}}\ \phantom{\text{qual. }}\ 27\ \ 8^{1}/_{2}\ \phantom{\text{onc. pâte, }}\ 23\ \ 2^{1}/_{2} \\ 7\ ^{1}/_{2}\ \phantom{\text{far. }}\ 4^{\text{e}} \end{cases} \Bigg\} 161\ tt.\ 13^{1}/_{4}\ \text{onc.}$

3 $tt.^{1}/_{2}$ farine de sons
25 $^{1}/_{2}$ sons
4 $^{3}/_{4}$ déchets

mouture mouillée $\begin{cases} 44\ tt.^{1}/_{2}\ \text{far. 1}^{\text{re}}\ \text{qual. } 65\ tt.\ 10\ \phantom{^{1}/_{4}}\ \text{onc. pâte, } 16\ tt.\ 5\ \phantom{^{1}/_{4}}\ \text{onc. pain} \\ 68\ ^{1}/_{4}\ \phantom{\text{far. }}\ 2^{\text{e}}\ \phantom{\text{qual. }}\ 101\ \ 13^{3}/_{4}\ \phantom{\text{onc. pâte, }}\ 81\ \ 9 \\ 18\ ^{1}/_{4}\ \phantom{\text{far. }}\ 3^{\text{e}}\ \phantom{\text{qual. }}\ 26\ \ 9^{1}/_{2}\ \phantom{\text{onc. pâte, }}\ 22\ \ 12^{1}/_{2} \\ 7\ ^{1}/_{2}\ \phantom{\text{far. }}\ 4^{\text{e}} \end{cases} \Bigg\} 150\ tt.\ 10^{1}/_{2}\ \text{onc.}$

7 $tt.$ farine de sons
25 $^{1}/_{2}$ sons
1 $^{3}/_{8}$ déchets

La mouture sèche entraîne plus de déchets et une diminution notable dans la farine de sons. Mais elle permet d'utiliser pour la panification la farine de 4ᵉ qualité. Enfin les trois autres espèces de farine produisent dix $tt.$ de pain de plus que dans la mouture humide.

Ce résultat, par l'adoption des meules françaises, assurait aux boulangers un bénéfice d'au moins 23 sols par sac. L'ancienne mouture n'en continua pas moins à prévaloir.

Lors de l'adoption du système métrique, on l'appliqua au tarif de 1770. Seulement « par la considération, que tous les moyens de subsistance avoient haussé... on accorda deux deniers par livre de pain, en sus de l'ancien bénéfice et des deux deniers additionnels déjà précédemment (1790) accordés pour augmentation des frais de panification [1]. »

En réalité l'augmentation est beaucoup plus considérable que Hermann ne le croit. D'après lui la hausse ne serait que de 4 d. par $tt.$, soit 8 $^{1}/_{2}$ d. ou 3 cent. par kilo; de fait elle est d'environ 8 centimes, comme le prouve le tarif de 1804 publié plus loin. Cela vient de ce que l'ancien tarif est calculé sur le prix du rézal, et le nouveau sur celui de l'hectolitre, ce qui entraîne une augmentation de près d'un sixième.

De 1804 à 1845 n'intervint aucun tarif nouveau. Il se rencontre pourtant, pour l'année 1841, une publication intéressante, faite par le syndicat des boulangers. On y rappelle d'abord des expériences de meunerie dues à une commission

---

1. Hermann. Notices, t. ii, p. 195.

officielle. Vingt-quatre hectolitres de froment de diverses qualités pesant ensemble 1838 kilos, et après le nettoyage 1832 kilos donnèrent :

581 $^1/_4$ kilos farine	1re qualité.
666 $^1/_2$	2^e
264 $^1/_4$	3^e
265 $^3/_4$	sons
40	farine très-noire.

On retira de ces farines mélangées :

264 $^1/_4$ 3e q. } 351 $^3/_4$, en pain 490 k^{os} (75 k^{os} far. = 104 $^1/_2$ k^{os} pain)
87 $^1/_2$ 2^e

579 2e q. } 770 1032 k^{os} (75 k^{os} f. = 100 $^1/_2$ k^{os} pain)
191 1e q.

390 $^1/_4$ 1e q. 239 douz. de pains (75 k^{os} f. = 99 k^{os} pain ou 46 douz.)

Trois fournées de pain des diverses espèces (environ 370 kilos) coûtent :

80 k^{os} de bois à 0 fr. 04	3 fr.	20
en sel à 0 fr. 50 le k^o	0	83
éclairage par nuit	0	44
chauffage de l'eau et de la salle . .	0	17
total	4 fr.	64
par fournée 1 fr. 55		

De ces divers faits, le mémoire conclut qu'en déduisant du prix du pain celui de la farine et les frais (1 fr. 55 par sac de farine) de panification, le boulanger gagne :

13 cent.	par douzaine de petits pains
22	par miche (3 k^{os}) de pain 2e qual.
16	par miche (3 k^{os}) de pain 3e qual.

Ce gain, disent-ils, est insuffisant. Un ménage ordinaire de boulanger, comprenant la femme, deux enfants, un garçon et une servante, coûte par semaine avec la plus grande économie :

nourriture de 6 personnes, à 6 fr. par jour	42 fr.	00
entretien de 4 personnes	4	81
écolage pour 2 enfants	3	81
divers frais de ménage	1	00
contributions	1	50
loyer	12	00
salaire du garçon	3	50
salaire de la servante	1	92

chauffage et éclairage du magasin	2 fr.	70
blanchissage	3	91
dépenses personnelles du boulanger	3	30
pertes sur les clients insolvables	0	77
caisse de secours	0	10
frais de halle, etc.	0	13
total	81 fr.	68 [1]

soit par jour 11 fr. 64

Or le même boulanger ne gagne en moyenne que 8 fr. par jour, ce qui lui fait une perte journalière de 3 fr. 64.

Qui prouve trop, ne prouve rien. Cet axiome fut sans doute appliqué à la demande des boulangers.

Supposé d'ailleurs que toutes les autres données soient exactes, est-il bien sûr que le gain moyen du boulanger se réduise à 8 fr. Les 24 hectolitres panifiés dans l'expérience officielle donneraient, d'après les chiffres mêmes des boulangers, un bénéfice de 133 francs, soit 5 fr. 54 par hectolitre. Pour ne gagner que 8 fr., il faudrait donc ne travailler qu'environ 1 ½ hectol. par jour, un peu plus de 10 hectol. par semaine (8 × 7 = 56, 5 fr. 54 × 10 = 55 fr. 40) [2]. Or la consommation moyenne d'un boulanger de Strasbourg était de 17 ½ hectol. par semaine en 1699, et nous la verrons tout à l'heure calculée, sans trop de résistance, à 20 hectol.

Le conseil municipal ne tint donc qu'un compte très-douteux de ces chiffres, quand il statua le 28 mai 1845, « qu'il y a lieu de calculer les frais de fabrication du pain à raison de 5 fr. par 100 k^{os}. » En même temps on admit que l'hectolitre de froment pesait en moyenne 75 k^{os}. C'est sur cette double base qu'est établi un tarif nouveau, qui cesse de taxer le pain blanc.

Avant d'être sanctionnée par la loi, la suppression du pain blanc était passée dans les mœurs depuis plusieurs années. L'imprimé de 1841 nous apprend, en effet, que la boulangerie ne suivait plus en pratique les anciens errements. Le pain bis blanc renfermait ⅓ de farine blanche, au lieu d'être exclusivement de *boll*. Le pain de ménage, au lieu d'un tiers de seigle,

---

1. Les chiffres sont donnés pour l'année et en sommes rondes. Nous avons préféré prendre la semaine pour base. Cela facilite la comparaison avec les renseignements analogues de 1699 et ceux qui vont suivre.

2. On comptait ici 10 à 12 douzaines de petits pains, 45 k^{os} 2e qual. et 60 k^{os} 3e qual.

admettait un tiers de *boll* ou farine de 2ᵉ qual. La beauté du pain y avait ainsi sensiblement gagné, et le bis blanc avait fini par exclure le pain blanc des tables les mieux servies. La fleur de farine n'était employée pure que pour les pains de cinq centimes [1].

L'allocation de 5 francs pour la panification de 100 k⁰ˢ, provoqua de la part des boulangers de nouvelles réclamations. Voici les dépenses qu'ils supposent au boulanger consommant 20 hectolitres par semaine.

blutage (0 fr. 25 par hectol.)	5 fr.	00
meunier avec pourboires [2]	7	30
bois (1 1/5 stère, diminué de 1/10 pour charbon)	12	87
sel 6, 8 k⁰ˢ à 35 cent.	2	38
huile	3	
entretien du four, des sacs, des outils	2	
intérêt de l'approvisionnement et halle	1	10
loyer	14	
contributions	1	50
salaire et nourriture d'un garçon	14	
travail et gain du maître	35	
total	98 fr.	15
soit par hectolitre 4 fr. 90		

Or les 5 francs alloués par la municipalité pour les 100 k⁰ˢ de pain ne font que 3 fr. 55 par hectolitre [3]. En effet le quintal métrique donne :

    60 k⁰ˢ farine pour pain bis blanc
    20   farine pour pain de ménage
    3   de recoupette
    15   de sons
    2   de déchets.

Supposé que le froment ait le poids moyen de 75 k⁰ˢ, l'hectolitre produira 80 k⁰ˢ de pain, et l'on aura pour frais 4 fr.

La publication des boulangers se terminait par un tableau extrait d'un travail encore inédit de Schwilgué, espèce de tarif perpétuel, basé sur le poids du froment (de 70 à 80 k⁰ˢ l'hectolitre).

1. Cet usage a lui-même disparu depuis.
2. Sans compter la mouture (4 %) prélevée en nature. On l'estime compensée, par la vente des sons et des recoupettes.
3. Il ne pesait alors que 71 k⁰ˢ; le poids ordinaire est de 75 k⁰ˢ.

Malgré ces réclamations et cette insistance, l'allocation resta fixée à 5 fr. pour les 100 k⁰ˢ de pain. On la porta à 5 fr. 60 le 31 mai 1859, pour compenser la charge qu'imposait à la boulangerie le décret impérial du 17 novembre 1858, qui exigeait d'elle un approvisionnement réglementaire de trois mois, soit 33,300 hectolitres pour la ville de Strasbourg. Après la suppression de cet approvisionnement (22 décembre 1862), elle fut ramenée à 5 fr. 15 ; ces 15 centimes devaient dédommager les boulangers de l'augmentation survenue dans les loyers et les salaires depuis 1845.

A une époque plus rapprochée de nous, en 1868, lorsque la taxation officielle du pain, supprimée le 1ᵉʳ août 1865, fut rétablie (18 juillet 1868), on estima les frais de panification à 7 fr. 50 les 100 kilos de froment : ce qui fait 7 fr. pour les 100 kilos de pain.

Un autre changement fut encore admis de nos jours dans les bases de la taxation. Celle-ci ne s'appuyait autrefois que sur les prix moyens de la halle. En 1852 (21 juin), considérant que la boulangerie ne s'approvisionnait au marché que pour la moindre partie de ses besoins, on statua que le prix moyen serait calculé pour $3/10$ sur les prix de la halle, pour $4/10$ sur ceux du commerce, pour $3/10$ sur ceux des farines. En 1854 (20 septembre), les prix du commerce, fournis par les courtiers, durent concourir pour moitié. Enfin le 6 octobre 1868, il fut décidé que la taxe se règlerait pour $3/10$ sur le froment vendu à la halle, pour $3/10$ sur le froment vendu en dehors du marché, et pour $4/10$ sur le prix des farines de 1ʳᵉ qualité.

Arrivé au terme de cette esquisse sur la boulangerie strasbourgeoise, nous croyons utile de réunir en un seul tableau, les divers tarifs qui se sont succédés dans cette ville depuis le xivᵉ siècle. De nos jours ces tarifs changent chaque année, selon le poids du froment, nous n'avons reproduit que le tarif normal, basé sur le poids moyen de 75 kilos l'hectolitre.

Pour le pain blanc ce collationnement ne présente aucune difficulté. Nous avons dû nous arrêter en 1804, parce que les tarifs de 1845 et des années suivantes, ne mentionnent plus cette qualité. Il serait facile toutefois, par analogie, de suppléer à ce silence.

PAIN BLANC.

TARIFS OFFICIELS DE STRASBOURG.

Prix du kilo en centimes.

Prix de l'hect. from	XIVe s.	1460	1474	1630	1683	1692	1720	1752	1770	1790	1804
1 fr. 50	10	8 1/2	9 1/2								
2	10 3/4	9 2/3	11								
2 50	11 2/3	11	12								
3	12 2/3	12 1/2	13 2/3								
3 50	13 2/3	14	15								
4	14 2/3	15	16 1/3								
4 50	16 1/3	16 2/3	17 2/3								
5	18	18	19								
5 50			20 1/3								
6			22								
6 50			23								
7		en 1491	24 2/3	21 1/4	26	23 1/4	25	13			
7 50			26								
8			27 1/3	24	28 1/4	26 1/2	27 1/4	15			
8 50			28 2/3								
9			30	26 3/4	31	29	30	17	18	20	24
10		en 1557	32	29 2/3	33 3/4	31 3/4	32 3/4	18	20	22	26
11			34 4/5	32 1/2	36 3/4	34 1/2	35 3/4	20	21	23	28
12			37 1/2	35 1/4	38	37	37 1/2	21	22 4/5	25	30
13			40	37 3/4	41	39 1/2	40 1/2	23	24	26	32
14		en 1573	43	40 1/4	44	42 1/2	43 1/4	25	25	27	34
15			46	43	47 1/2	45 1/3	46 1/2	27	27	29	34
16			48 1/2	45 3/4	50	47 2/3	48 3/4	29 1/2	29	31	36
17			51 1/3	48 3/4	53	50 1/4	51 2/3	32	30	32	38
18			54	51	55 1/2	52 3/4	54 1/2	34	32 1/2	34 1/2	40
19			56 1/2	54	58	55 3/4	57	35	33 3/5	35 3/5	42
20		en 1610	59	57	61 1/2	58	60 1/2	36	35	37 1/4	44
21			62	59 1/4	65	61	64	38	36	28	44
22			64 2/3	62	67 1/2	64	66	40	38	40	46
23			67 1/3	64	70	67	68 1/2	42	40	42	48
24			70	66 1/4	73	69	71	43	41	43	50
25				68 1/2	75	71	73	44	42	44	52
26								46	43	45	54
27								48	44	46	54
28								50	46	48	56
29								52	47	49	58
30								54	48	50	60

La question du pain bis blanc est moins facile à trancher. Cette espèce disparaît des taxes de 1580 à 1752. Elle est remplacée par le pain de seigle, *Rockenbrod*, composé d'un tiers de froment ou de farine bise blanche, et taxé d'après le prix du seigle ou du méteil. Nous manquions donc, pour cette période, d'un point direct et constant de comparaison. Cet obstacle a été tourné à l'aide des taxes. Le calcul nous a démontré qu'en moyenne, à cette époque, quatre livres de pain blanc coûtaient autant que sept livres de *Rockenbrod*. Nous avons donc établi le prix de ce dernier sur celui du pain blanc. Grâce à ces tarifs fictifs en eux-mêmes, mais conformes à la vérité, notre tableau présente la valeur du pain bis blanc basée toujours sur celle du froment, pendant les années 1580—1752, aussi bien que dans les temps qui précèdent ou qui suivent cette période.

PAIN BIS BLANC.

TARIFS OFFICIELS DE STRASBOURG.

Prix du kilo en centimes.

Prix de l'hectol.	1460	1474	1630	1683	1692	1720	1752	1770	1790	1801	1815	1859	1868
1 fr. 50	5	5 1/2											
2	5 2/3	6											
2 50	6 1/2	7											
3	7 1/3	7 2/3											
3 50	8	8 1/2											
4	9	9 1/3											
4 50	9 3/4	10											
5	10 1/2	10 2/3											
5 50		11 3/4											
6		12 2/3											
6 50		13 2/5											
7	1490	14 1/5	12	15	13 1/2	14 2/3	8						
7 50		15 4/5											
8		16 3/5	14	16	15	15 1/2	9						
8 50		17 2/5											
9		18 1/5	15 1/2	17 1/2	16 1/2	17	10	14	16				
10	1557	19	17	19 1/4	18	18 1/2	11	15	17	20			
11		20	18 1/2	21	19 2/3	20 1/4	12	16 1/2	18 1/2	21			
12		22	20	22	21	21 1/3	14	17 1/2	19 1/2	22 1/3			23
13		23	21 1/2	23 1/2	22 1/2	23	15	18	20	23 1/3			25
14		25	23	25 1/2	24 1/3	24 2/3	16 1/2	20	22	24 1/3			26
15	1573	26 1/2	24 1/2	27	26	26 1/2	18	20 1/2	22 1/2	25 2/3	25	25	27
16		28	26	28 1/2	27 1/3	28	19	21	23	26 2/3	26	27	29
17		30	27 1/2	30 1/3	28 2/3	29 1/2	20	22	24	27 2/3	27	28	30
18		31 1/3	29	31 2/3	30 1/4	31	21	23	25	29	29	29	31
19		32 1/3	30 1/2	33	31 1/4	32 1/2	22	24	26	30	30	31	33
20		33 3/4	32	35	33 1/4	34 1/2	23	25 2/3	27 2/3	31	31	32	34
21	1580	35 1/2	34	37	35	36 1/2	24	26 2/3	28 2/3	32 1/3	33	33	35
22		37	35 1/2	38 1/2	36 1/2	37 2/3	25	27 1/3	29 1/3	33 1/3	34	35	37
23		38 1/2	36 1/2	40	38	39	27	28 1/3	30 2/3	34 1/3	35	36	38
24		40	38	41 2/3	39 1/2	40 1/2	28	29 2/3	31 2/3	35 2/3	37	37	39
25			39	43	40 1/2	41 2/3	29	30 1/3	32 1/3	36 2/3	38	38	41
26							30	32	34	37 2/3	39	40	42
27							32 1/2	32 2/3	34 2/3	39	41	41	43
28							34	33 1/3	35 1/3	40	42	43	45
29							35	35	37	41	43	44	46
30							36	36	38	42 1/3	44	45	47

Quant au pain bis ou *Schwartzbrod*, il ne date que de la fin du xviiie s[illegible] se calcule sur le prix du froment que depuis 1770. [illegible] nous a semblé inutile de remonter plus haut.

PAIN BIS.

TARIFS OFFICIELS DE STRASBOURG.

Prix du kilo en centimes.

L'hectol. coûtant.	1770	1790	1804	1845	1859	1868
9 francs	10 1/2					
10	11	13	15			
11	11 1/2	13 1/2	16			18
12	12	14	16 2/3			19
13	13	15	17 2/3			20
14	14	16	18 1/3			21
15	15	17	19	19	19	22
16	15 1/5	17 1/2	20	20	20	23
17	16	18	21	21	21	24
19	17	19	21 2/3	22	22	25
18	18	20	22 2/3	22	23	26
20	19	21	23 1/3	23	24	27
21	20	22	24 1/3	24	25	28
22	20 1/2	22 1/2	25	25	26	29
23	21	23	26	26	27	30
24	21 1/2	23 1/2	26 2/3	27	28	31
25	22	24	27 2/3	28	29	32
26	23	25	28 1/3	29	30	33
27	24	26	29 1/3	30	31	34
28	25	27	30	31	32	35
29	25 2/3	27 1/3	31	32	33	36
30	26 2/3	28 1/3	31 2/3	33	34	37

PANIFICATION A SCHLETTSTADT.

A l'histoire de la boulangerie strasbourgeoise joignons quelques renseignements, empruntés à d'autres Archives.

Nous avons cité à propos de la réforme de 1752, des épreuves faites à Schlestadt. En voici d'autres qui se rapportent à la même ville.

En 1789, trois rézaux de froment pesaient ensemble 532 *ll.*; on les mouilla avec sept pots d'eau pesant 28 *ll.* et on en retira:

```
en far. blanche 5 boiss. ou 128 ll., en pain 139 1/3 ll. rapportant 30 l. 2 s. 4 d.
en far. bise bl.  9 2/1       244                            53  13  6
en far. bise    2 b. 12 pic.   60       } 339
en far. noire    1    11       30  . . . . . . . . . . . .    4  12  11
en sons          4 1/2         43  . . . . . . . . . . . .    7   4
                                                             ─────────
                                                             95  12   9

Le grain a coûté  . . . .  83 l. 12 s.  ⎫
droits . . . . . . . . .          2     ⎪
bois 32 s., sel 10 s. . . .       2 2   ⎬                    94   6
chandelles 6 s., pourboire              ⎪
    du meunier . . . . .         12     ⎪
main-d'œuvre . . . . .            6     ⎭

Restait au boulanger comme bénéfice  . . . . . . . .  1  6  9
```

En 1809 l'hectolitre de froment, pesant 80 kilos, a donné, la part du meunier déduite.

26 kil. pain blanc
33 » bis blanc
20 » de ménage

Les frais sont estimés à ½ stères de bois de sapin ou 3 fr. 25. à ¼ kilo de sel ou 0 fr. 25, huile 0 fr. 10, pourboire du meunier 0 fr. 20 ; total 3 fr. 70.

On alloue au boulanger pour main-d'œuvre 2 fr. 30, 32 litres de sons et 6 litres de farine très-noire, valant 1 fr. 20 ; total 3 fr. 50.

En prenant pour base une quantité commune de 80 k^{os} de froment, nous aurons pour les trois essais :

	1752	1789	1809
en pain blanc	28 k.	20 k.	26 k.
en pain bis blanc	34 67	51	33
en pain de ménage . . .	17		20
bois	0 fr.47	0 fr.51	3 fr. 25
autres frais et bénéfice . .	2 25	2 40	2 75

Il n'est peut-être point sans intérêt de rapprocher de ces épreuves modernes, d'autres épreuves qui furent faites à Colmar à la fin du xvie et au commencement du xviie siècle. Notons que ces expériences ont lieu sur le rézal de Colmar. Il ne pèse que 112 litres 49, qui, déduction faite de $^1/_{24}$ cédé en nature au meunier, se réduisent à 107 litres 80. D'un autre côté, la livre colmarienne (493 gr. 22) est un peu plus forte que la livre strasbourgeoise (471 gr. 70).

L'année 1594 fut riche en essais que nous noterons sommairement.

Un rézal de méteil ($^2/_3$ froment $^1/_3$ seigle) pesant 146 ll., 72 k^{os}, donna :

en bonne farine 5 $^1/_6$ boiss. ou 74 ll. ou 36 $^1/_4$ k^{os}
en far. noire . . 2 $^1/_8$ 36   17 $^1/_4$
en sons . . . . 2 $^3/_4$

Trois boisseaux de froment, pesant 79 ℔. ou 39 kilos, produisent :

en farine blanche	1 5/8 boiss. ou	23 1/2 ℔. ou	11 1/2 k^os
en far. bise bl. .	1 5/8	23 1/2	11 1/2
en far. noire . .	5/8	8	4
en sons	2 1/2	17	8 1/3
déchets		3	1 1/2

Un rézal de froment, pesant mouillé 172 ℔. ou 85 kilos, donne :

en far. blanche	3 1/8 bois. ou	48 ℔. ou	23 2/3 k^os.
en far. bise bl.	3	46	22 2/3
en far. noire	11/12	14	7
en sons	3 1/2	55	26

Trois boisseaux de méteil (2/3 froment) rapportent 2 boisseaux de sons et 79 ℔. (39 kilos) de pain, en miches de 154 et 308 grammes.

Au mois d'août de la même année, le rézal de froment rapporte 119 ℔. 4 loths ou 58 3/4 kilos, savoir : 101 ℔. 2 loths en pain fait de farine bise et bise blanche mêlée, par miches de 54, 108 et 217 grammes, et 18 ℔. 2 loths en pain noir, par miches de 520 grammes.

Un rézal de seigle donne 72 miches de 2 ℔. (1 kilo), ou 144 ℔.

Le froment coûtant avec les droits 3 fl. 1/2, 15 fr. 22 (13 fr. l'hectolitre net), le kilo de la première espèce de pain se vend 30 centimes (12 loths pour 1 δ. et 13 pains à la douzaine), et celui de la seconde, 23 centimes (34 loths pour 4 δ.)

Le seigle se vendant avec les droits 3 fl. 2 δ. ou 13 fr. 10 (11 fr. l'hectolitre net), le kilo du pain de seigle se paie 18 centimes (2 ℔. pour 6 δ.)

D'après la taxe du 4 novembre 1597, on donne :

6	loths pain blanc	pour 1 δ., soit le k°	30 cent.,	le froment était à	3 1/4 fl. ou	12 fr.	50 l'hectol.
14	bis blanc	2	26				
18	(2/3 from.)	2	21	le seigle à	3	11	60
2 ℔.	(1/3	6	18				

En février 1598, le rézal de froment rapporte en :

```
206 pains bl. de 1/2 ℔. à 2 3/4 loths ou 42 1/2 gr. ⎫ 51 2/8 ℔. ou 21 β. 11 δ.
196           1      5 1/2         81 3/4        ⎬
154 bis bl. de 2     13            200          62 1/16      25    8
                                                ─────────
                                                113 13/16
```

en farine noire (2 1/2 boisseaux) 6
4 1/4 boisseaux de sons 5

	4 fl. 11 β. 7 δ.	par hectol. 19 fr. 25
achat du grain . . . 3 fl. 2 β. 6 δ. ⎫		12 fr. 49 ⎫
droits et mesurage . . . 1 3 ⎬ 4 1		39 ⎬ 16 fr. 88
frais (sel, bois, etc.) . . . 8 9 ⎪		2 75 ⎪
pains donnés en 13ᵉˢ . . 1 ⎭		1 25 ⎭
reste au boulanger	7 7	2 37

A la suite de ces essais, il fut statué que le froment coûtant 3 fl. 1/4, ou 12 fr. 50 l'hectolitre, on donnerait au pain

    blanc de . . 1 δ. 5 1/2 loths, soit le kilo à 32 1/2 centimes
    bis blanc de. 2   13   27 1/2

De même le seigle coûtant 3 fl. ou 11 fr. 60 l'hectolitre, le pain de seigle (1/3 froment) de 6 δ. devait peser 1 3/4 ℔., soit le kilo à 21 centimes.

Après avoir constaté par des expériences que le sac de méteil pouvait donner 8 boisseaux de farine et chaque boisseau, huit miches de 3 ℔., soit en tout 192 ℔., les Colmariens arrêtèrent en 1610, pour le pain de ménage (1/3 froment), le tarif suivant, qui subsista pendant de longues années.

Le méteil coûtant.	La miche de 1 β. pèse.	L'hectolitre coûtant.	Le kilo coûte.
1 1/2 fl.	4 1/2 ℔.	5 fr. 52	15 cent.
2	4 1/4	7 36	16
2 1/2	4	9 20	17
3	3 1/2	11 04	20
3 1/2	3 1/4	12 88	22
4	3	14 72	24
4 1/2	2 3/4	16 56	26
5	2 1/2	18 40	28
5 1/2	2 1/4	20 24	30
6	2	22 08	33
6 1/2	1 7/8	23 92	36
7	1 3/4	25 76	40
7 1/2	1 5/8	27 60	44
8	1 1/2	29 44	48

En l'absence de tout tarif de ce genre pour le pain blanc et le pain bis blanc, nous ne pouvons que recueillir les renseignements isolés qui se rencontrent dans les Archives.

Au point de vue du rendement en farine, on avait eu en 1597 au

rézal de froment pesant	162 ℔. en far.	$7^1/_2$ boiss. ($2^3/_4$ 1re qual., $3^1/_8$ 2e qual., $1^5/_8$ noire
rézal de méteil . . .	166	8
rézal de seigle. . . .	164	$8^3/_4$
1 boiss. d'orge et 2 de seigle.	80	$4^3/_4$
1 boiss. d'orge et 1 de seigle.	52	$3^1/_8$

En 1602 :

$1/_2$ rézal méteil. . . .	85	$4^1/_2$
$1/_2$ » seigle	$84^1/_2$	$4^1/_2$
1 boiss. d'orge et 2 de seigle	80	$4^1/_2$
1 boiss. d'orge et 1 de seigle	51	$2^3/_4$

En 1622, il est établi que si le rézal pèse plus d'un quintal et demi (156 ℔.), il doit produire 9 boisseaux de bonne farine et 2 de sons, ou 8 boisseaux de bonne farine et 3 de sons. S'il pèse moins, on déduira 1 *vierling* ($1/_4$ bois.) par 4 ℔.

En 1626 (récolte de 1625), la part du meunier déduite,

le rézal méteil pesant	142 ℔.	produit $7^1/_4$ boiss. de far.	dont $4^3/_4$ 1re qual.
le rézal seigle	142	$7^1/_2$	

Même année, récolte de 1626,

le rézal méteil ($1/_3$ from.) pesant	113 ℔.	donne en far. $7^1/_2$ boiss.,	en sons $2^1/_4$	b. 135	℔.
» ($1/_3$ seigle $2/_3$ orge)	137	$7^1/_2$	3	124	
» seigle	139	8	2	128	
le rézal méteil ($1/_3$ from.)	137 [1]	$7^1/_2$ boiss., en pain		145	
» ($1/_3$ orge $2/_3$ seigle)	131	$7^1/_4$		154	
» seigle	133	8		154	
2 boiss. ($1/_2$ orge $1/_2$ seigle)	48	$2^3/_4$		55	
2 boiss. (seigle, orge, avoine)		$2^1/_2$		50	

---

1. Nous devons remarquer pour la gouverne de ceux qui voudraient étudier ces chiffres en détail, que pour le grain et la farine sortant du moulin, le pesage se faisait en gros poids, dont le quintal et le demi-quintal valaient 104 et 52 ℔. de détail. Les chiffres indiqués sont donc à calculer sur cette base.

En 1632, une commission constate que deux rèzaux de froment et un rèzal de mèteil (¹/₃ froment) rapportent :

426 pains de 2 ð. à 10 loths(154 gr.), soit 6 fl. 0 batz. 1 ð., par hectol.						6 fr.	15
122 miches de 6 ð. à 56 » (863 gr.)		4	13	2		5	22
reste en fleur de farine			4			0	28
5 boisseaux de farine noire . . .		1	10			1	78
9 » de sons			13	5		0	96
		13	11	1		14	69
Achat du grain . . 12 fl.					12 fr. 81		
bois . . . . 7 batz.					0 50		
sel . . . . 1 2 ð.					0 08		
levain 2 4	13	8	5	0 17	11	50
chandelles 2 4					0 17		
droits 1 5					0 31		
main d'œuvre 6					0 14		
reste au boulanger 2 6						0	19

Le froment étant à 4 ¹/₂ fl., soit 15 fr. 50, le kilo de pain bis blanc et blanc mélangé est à 0 fr. 31.

Quant au pain de seigle, comme le grain est compté à 3 fl., ou 10 fr. 25 l'hectolitre, le kilo se paie d'après le tarif de 1610 18 ¹/₂ centimes.

Ce tarif provoqua souvent les réclamations des boulangers. Dès 1641, ils en demandent la réforme, sous prétexte que le sel, le bois, les chandelles, tout avait augmenté. Ils insistent aussi sur l'infériorité des grains que leur envoie la Haute-Alsace. Autrefois Colmar n'employait que le blé du *Ried*, dont le rendement est bien supérieur.

Repoussés à cette époque, ils revinrent à la charge en 1661, faisant ressortir qu'on payait :

en 1610 pour droits par rèzal .	12 ð. ou 0 fr. 33		et en 1661, 33 ð. ou 0 fr. 72		
le boisseau de sel . .	11 ð.	4 63	22 ¹/₂ ð.	5	85
la semaine d'un garçon	30-40 ð.	1 00	80-90 ð.	1	85

le bois, les chandelles, etc. avaient haussé dans la même proportion. Ils demandaient donc que la taxe fut augmentée de 1 ¹/₂ fl. (4 fr. 83.)

Nous ignorons quel fut le succès de ces démarches. On peut toutefois douter que leurs exigences aient été admises sans réserves. Les expériences faites à cette occasion fixent leurs frais, pour 2 rézaux de froment et un rézal de méteil,

à 4 ℔. de sel	4 batz.		ou	0 fr.	80
1 ℔. de chandelles	2	7 δ.		0	58
droits	9	9		2	13
bois	18			3	88
blutage		6		0	10
salaire de 2 boulangers	9	6		2	07
nourriture »	9	6		2	07
total	3 fl. 9	4		11	69

par rézal 3 fr. 90, et par hectolitre 3 fr. 46.

En même temps le rendement pour 2 rézaux était de :

4 1/4	boiss. far.	(simel)	1ʳᵉ qualité
7	»	(boll)	2ᵉ »
1 3/8	»	bise	
7	»	de sons	

Le rézal de seigle donnait 8 1/2 bois. de farine et 2 3/4 de sons.

Les dernières épreuves que nous ayons rencontrées à Colmar, sont de 1677. Elles se font sur un rézal de froment, pesant 167 1/2 ℔., et sur un rézal de méteil (1/3 froment) pesant 161 1/4 ℔., ensemble, après déduction des sacs, 324 1/4 ℔. On en retire :

3 1/4 boiss. far. bl., soit 51 1/4 ℔. en pains de 2 δ. à 5 loths ou 77 gr. 69 ℔. rapportant 5 fl. 13 b. 4 δ.							
8 1/4 » bise bl. 51 1/4		6	21	370	167 1/4	8	13 8
far. bise et méteil 1ᵉ qual. 82							
far. méteil 2ᵉ qualité 72 1/4		12	56	863	112	5	1 8
sons renfermant farine [1] 59 1/4						1	
						20	14

qu'on devait réduire à 20 fl. 10, parce que le pain était en partie mal cuit.

Les dépenses du boulanger s'évaluaient :

achat du froment	8 fl. 3 batz.			26 fr.	40
achat du méteil	6	13		22	11
blutage			4 δ.	0	08
droits	2	4		0	52
2 ℔. de sel et chandelles	3	6	17 fl. 5 b. 4 δ.	0	78
bois		6		1	28
levain	2			0	43
salaire de 2 boulangers	1	5		4	29
				55 fr.	89

1. Les eaux étaient trop basses pour l'extraire complètement.

L'écart, entre le prix du grain et le produit de ce grain transformé en farine et en pain, qui était en 1598 de 5 fr. 55 par hectolitre, s'était élevé à 7 fr. 57, et se rapprochait assez du chiffre de 8 fr., que les boulangers de Strasbourg réclamaient vingt ans plus tard, en 1699.

Au prix que le froment se payait en 1677 (23 fr. 46 l'hectolitre). le pain blanc est à 52 cent. le kilo. Le méteil étant à 20 fr. l'hectolitre, le kilo de pain de seigle se vend, la 1re qualité à 35 cent. et la 2e qualité à 30 cent. Cette dernière espèce est toujours taxée conformément au tarif de 1610.

Après 1677 nous ne rencontrons plus à Colmar que quelques taxes isolées et deux tarifs. Voici d'abord les taxes avec leur traduction en mesures et monnaies modernes :

Année.	Le rézal froment à	La ll. pain à	L'hectolitre.	Le kilo pain.
1723	9 l. 14 s.	16 d.	8 fr. 62	11 1/2 cent.
1757	10 2 6 d.	18	9 00	16 3/4
1764	8 9 4	14	7 52	12 2/3
1766	11 15	20	10 04	17 2/3
1767	13 7 5	22 1/2	11 90	20 1/3
1768	14 9	24	12 81	21 2/3

Il est facile de déduire de là les éléments d'un tarif, qui a dû être le suivant :

Prix du rézal.	Prix de la ll. de pain.	Prix de l'hectol.	Prix du kilo de pain.
8 l.	14 d.	7 fr.	13 cent.
9	16	8	14 1/2
10	18	9	16 1/4
11	20	10	18
12	21	11	19
13	22 1/2	12	20 1/2
14	24	13	21

Ce tarif est bien différent de celui dont M. Chauffour le syndic [1] nous a conservé les bases. Ce dernier ne doit remonter qu'à la fin du xviiie siècle. Il nous apprend que lorsque le rézal de froment se vend 12 livres, la ll. de pain blanc est à 27 d.,

---

1. Ms de M. Chauffour Ignace.

le pain bis blanc à 21 et le pain bis à 18. La *ll.* de pain hausse ensuite de 3 d. pour les premières espèces, et de 1 $^1/_2$ d. pour la troisième, chaque fois que le froment augmente de vingt sols.

Le tarif actuel de Colmar suppose à l'hectolitre un poids moyen d'environ 77 kilos. Il ne distingue le pain qu'en deux espèces, 1re et 2e qualité, sans préciser davantage leur composition.

Bien qu'il soit ainsi difficile d'établir un parallèle exact entre les deux tarifs, nous les publions ici tous deux.

Prix de 1 hectol.	FIN DU XVIIIe SIÈCLE.			AUJOURD'HUI.	
	Kilo blanc.	bis bl.	bis.	Kil. 1e qual.	2e qual.
11 fr.	23 $^1/_2$	18 $^1/_2$	15 $^1/_2$		
12	25 $^3/_4$	20 $^3/_4$	16 $^5/_8$		
13	28	23	17 $^3/_4$		
14	30 $^1/_4$	25 $^1/_2$	18 $^7/_8$		
15	32 $^1/_2$	27 $^1/_2$	20		
16	34 $^3/_4$	29 $^3/_4$	21 $^1/_8$	28	22
17	37	32	22 $^1/_4$	28	22
18	39 $^1/_4$	34 $^1/_4$	23 $^3/_8$	30	24
19	41 $^1/_2$	36 $^1/_2$	24 $^1/_2$	32	26
20	43 $^3/_4$	38 $^3/_4$	25 $^5/_8$	32	26
21	46	41	26 $^3/_4$	34	28
22	48 $^1/_4$	43 $^1/_4$	27 $^7/_8$	34	28
23	50 $^1/_2$	45 $^1/_2$	28	36	30
24	52 $^3/_4$	47 $^3/_4$	29 $^1/_8$	36	30
25	55	50	30 $^1/_4$	38	32

A BALE. Nous terminons cette esquisse par quelques mots sur la boulangerie bâloise. Ici le froment est remplacé par l'épeautre.

Un premier document, vénérable par son antiquité (il est de 1256), ne nous fournit qu'un renseignement fort vague. Par fournée de 2 *viernzel* d'épeautre ou de 2 sacs de seigle, il alloue au boulanger 1 β. (1 fr.) pour ses frais, et 1 β. pour ses peines et profits.

En 1369 [1], à la suite de contestations, une commission de personnes honorables achète, en trois différents endroits du marché, 1 $^1/_2$ *viernzel* d'épeautre pour 31 β. (30 fr.) Le grain pèse 364 $^1/_2$ *ll.* et donne 236 $^1/_2$ *ll.* de farine, avec lesquelles on fait 372 miches, à 23 $^1/_2$ loths de pâte et 18 $^1/_2$ loths de pain cuit,

---

1. Livre rouge de Bâle.

soit 272 *fl.* de pâte et 215 *fl.* de pain. En d'autres termes, le viernzel d'épeautre, pesant 118 k^{os}, produit 76,63 kilos de farine, 88 k. 52 de pâte et 70 k. de pain; l'hectolitre, 28,32 et 26 k^{os}; chiffres qu'il faudrait sans doute hausser de $^3/_{32}$ ou de $^1/_{10}$ environ, pour compenser la mouture déduite en nature.

On accorde au boulanger :				Il a outre le pain :			
pour droits	9 β.	ou 0 fr.	72	3 boisseaux de sons	21 δ.	ou 1 fr.	94
sel	4 δ.	0	32	la balle	2		16
bois	7	0	56	1 petit bois. far.			
mesurage	3	0	24	noire	18	1	45
pourboire du meunier	2	0	16	asse (cendres ?)	2		16
main-d'œuvre	18	1	46	total	46	3	71
total	43 δ.	ou 3	46				

sommes qui se compensent à peu près. On en conclut que, pour taxer le pain, il suffit de connaître le prix du grain. Quand l'épeautre coûte, comme ici, 20 à 21 β., la miche de 1 δ. doit peser 18 ½ loths, et ce poids augmente ou diminue de 1 loth, quand l'épeautre baisse ou hausse de 1 β.

La taxe indiquée par ces bases est facile à calculer en monnaies modernes.

le *viernzel* coûtant 16 fr., le kilo pain coûte 24 cent.
       17   25
       18   26
       19   27
(base de l'essai) 20   28 ½
       21   30 ½
       22   32 ½
       23   34 ½
       24   37 ½
       25   39 ½

L'année 1438—39 est de nouveau une année de cherté. Le viernzel d'épeautre coûte 74 β. (23 fr. 70); pour un rappen (2 δ.) on n'obtient que 8—9 loths de pain blanc, 9 ½ à 10 loths de *Kernenbrod*. De même le viernzel de seigle se vend 130 β. (41 fr. 60; 15 fr. 22 l'hectolitre) et la miche de 2 δ. ne pèse que 14 loths. Il reste au boulanger 10 β. (3 fr. 20) par viernzel.

Calculs faits, le pain blanc coûte 0 fr. 40, le *kernenbrod* 0 fr. 37, le seigle 0 fr. 26. Le viernzel de seigle rapporte 367 ½ *fl.* ou 179 k^{os}; l'hectolitre, 65 ½ kilos de pain.

A la Toussaint 1439, le *vierentzel* d'épeautre ne coûte plus que 50 β. (16 fr.). Il rapporte :

en pain blanc à	13 loths 117 ½ *ll.* ou 48 β. 2 δ.		15 fr. 41	
en *kernenbrod* à	13 » 56 ¼ » 20	⎫ 73 β.	6 40	⎫ 23 fr. 36
5 boisseaux de sons	3 4	⎬	1 07	⎬
en balle	1 6	⎭	0 48	⎭
On compte outre le grain	50 β.	⎫	16 fr. 00	⎫
pour droits	8	⎬ 61 β. 8 δ.	2 56	⎬ 19 fr. 74
pour mouture	3 8 δ.	⎭	1 18	⎭
reste donc au boulanger		11 β. 4 δ.		3 fr. 62

Le kernenbrod est estimé à 23 ½ et le pain blanc à 27 centimes le kilo.

En 1466, nouveaux essais.

Deux viernz. épeautre vieux coûtent	26 β. 6 δ.	⎫	8 fr. 28	⎫
» » » nouveau »	18		5 62	
droits 16 β., pourboire du meunier 8 δ.	16 8	⎬ 70 β. 10 δ. 5	21	⎬ 22,11
sel 14 δ., chandelles 6 δ., bois 3 β.	4 8		1 44	
main-d'œuvre	5	⎭	1 56	⎭
Le vieux ép. rapporte 15 bois. far. en pain blanc à 20 loths 352½ *ll.* ou 47β.		⎫	14 fr. 67	⎫
le nouveau 12½ » kernenbrod 24 » 189 21		⎬ 72 β.	6 56	⎬ 22,47
8 » de sons	4	⎭	1 24	⎭
reste au boulanger		1 β. 2 δ.		0,36

Le viernzel d'épeautre, qui en 1439 donnait 173 ¾ de pain, n'en produit ici que 135 ⅜ ; cela tient sans doute à la mauvaise qualité de la récolte nouvelle. L'épeautre coûte en moyenne 3 fr. 50 et le kilo de pain, 8 ½ centimes pour la 1ʳᵉ, 7 centimes pour la 2ᵉ qualité.

Au commencement du xvıᵉ siècle (1508 et 1512) apparaît le tarif suivant.

Prix du viernzel.	LE PAIN DE 1 δ. PÈSE		Prix du viernzel.	PRIX DU KILO.	
	blanc.	kernenbrod.		blanc.	kernenbrod.
10 β.	21 loths	25 loths	2 fr. 50	6 ½ cent.	5 ½
12	18	22	3	7 ½	6 ¼
14	16	20	3 50	8 ½	7
16	14	18	4	10	7 ½
18	13	17	4 50	10 ½	8
20	12	16	5	11 ½	8 ½
22	11	15	5 50	12 ½	9 ¼
24	10	14	6	13 ½	10
26	9	13	6 50	15 ¼	10 ½
28	8 ½	12 ½	7	16 ⅙	11
30	8	12	7 50	17 ⅙	11 ½

Ce tarif ne diffère que fort peu de celui que suppose la taxe de 1466. Le *kernenbrod*, comme à cette époque, est toujours de 4 loths plus lourd que le pain blanc. Ce rapport fut réduit à 2 loths en 1540. Il en résulta une légère diminution pour la première, et une légère hausse pour la seconde espèce de pain. Le voici :

Prix du viernzel.	LE PAIN DE 1 ð. PÈSE.		Prix du viernzel.	PRIX DU KILO.	
	blanc.	kernenbrod.		blanc.	kernenbrod.
12 ß.	19 loths	21 loths	3 francs	7 1/4 cent.	6 1/2 cent.
13—14	17	19	3,25—3,50	8	7 1/4
15—16	15	17	3,75—4,00	9 1/4	8
17—19	13	15	4,25—4,75	10 1/2	9 1/4
20—24	11	13	5,00—6,00	11 1/2	10 1/2
25—29	10	12	6,25—7,25	13 1/2	11 1/2
30—34	9	11	7,50—8,50	15 1/4	12 1/2
35—39	8	10	8,75—9,75	17 1/6	13 1/2
40	7	9	10,00	20	15 1/4
50	6	8	12,50	23	17 1/6
60	5	7	15,00	27	20

Ce tarif, remarquons le en passant, confirme ce que nous disions plus haut sur l'habitude de taxer non le prix ; mais le poids du pain. Quand le grain est bon marché, ce qui était la règle au xve et au commencement du xvie siècle, ce système permet de suivre toutes les oscillations des marchés, même une hausse de 0 fr. 25. Mais lorsque le prix du grain dépasse 10 francs, il faut une hausse de 2 fr. 50, pour toucher au poids du pain.

En 1540, l'épeautre se payait 32 ß. ou 6 fr. 55.

D'après les épreuves qui précédèrent ce tarif, un *viernzel* d'épeautre pesant 248 *ll.* donne — en épeautre égrugé 6 7/8 boisseaux ou 171 *ll.* — en farine 10 3/4 boisseaux ou 149 *ll.*

Un autre produit 172 *ll.* d'épeautre égrugé et 146 *ll.* de farine.

Les 147 *ll.* de farine donnent 165 *ll.* de pâte et 136 *ll.* de pain blanc. Le grain et les droits (4 ß. ou 0 fr. 82) payés, il reste au boulanger pour frais et peines 14 ß., soit 2 fr. 87. On trouve que 10 ß. ou 2 fr. 05 suffiraient.

En *kernenbrod*, 150 *ll.* de farine produisent 232 *ll.* de pâte et 196 *ll.* de pain. Ici encore il reste au boulanger 14 ß. 3 ð. ou 2 fr. 92.

Cette dernière épreuve servit aussi à régler le travail des *husfürer*. Pour 150 *tt.* de farine, ils devaient fournir 196 *tt.* de pain, ou 98 pour 75 *tt.*, etc. A Strasbourg, on se le rappelle, les *husfürer* étaient tenus à 14 *tt.* de pain en retour de 10 *tt.* de farine de seigle, soit 210 *tt.* pour 150 *tt.* de farine.

Après 1540 les données que nous avons rencontrées sur la boulangerie bâloise, sont trop rares et trop vagues, pour former une suite intéressante. Nous nous contenterons de leur emprunter quelques détails de meunerie.

Au siècle dernier on retirait d'un *viernzel* d'épeautre.

		en ép. égrugé	et en farine
1713,	bon,	166 *tt.*	143 *tt.*
	ordinaire	163	140
1747,	bon	160	139
	commun	140	121
1750,	bon	146	126
	commun	135	113
1751,	bon	163	139
	commun	150	126
1754,	bon	144	130
	commun	142	122
1790,	bon	146	122
	commun	143	120

Voici pour les mêmes époques le poids en grains et en farine du sac d'épeautre égrugé, de froment et de seigle.

An.	ÉPEAUTRE ÉGRUGÉ.		Froment.	Seigle.
	bon.	commun.		
1743	200 *tt.*, en far. 172	198 *tt.*, en far. 170	203 *tt.*, en far. 168	190 *tt.*, en far. 154
1747	193 . 164	190 160	193	161
1750	202 172	196 166	201 166	185 149
1751	195 166	191 164	202 167	
1754	199 168	192 161	187	151
1790	205 176	195 165	204 166	188 143

D'après une table dressée en 1772 par les soins du magistrat de Bâle, un sac d'épeautre *(korn)* pesant :

90 *tt.* donne en ép. égrugé	50 *tt.* et en balle (*spreuer*)	40 *tt.*
95	58	37
100	64	36
105	70	35
100	78	32
115	82	33

Au-delà de ce poids la balle n'augmente plus, à moins que le grain ne renferme beaucoup de *Trefs*, chose facile à reconnaître.

Le sac d'épeautre égrugé (*kernen*), pesant :

185 *tt*., donne en farine	155 *tt*. et en sons	30 *tt*.
190	163	30
195	167	28
200	172	28
205	179	26
210	181	26

Si le grain pèse davantage, le son ne change plus, la farine seule augmente, la farine noire bien entendu.

Le sac de froment (*weitzen*), pesant :

205 *tt*., donne en farine	169 *tt*. et en sons	36 *tt*.
210	176	34
215	182	33
220	188	32

Le sac de seigle (*rocken*), pesant :

185 *tt*., donne en farine	145 *tt*. et en sons	40 *tt*.
190	152	38
195	159	36
200	166	34
205	173	32
210	180	30

Le sac d'orge (*gersten*), pesant :

165 *tt*., donne en farine	141 *tt*. et en sons	24 *tt*.
170	148	22
175	155	20
180	162	18

En-deçà de ces poids, le grain est mauvais et ne peut être taxé ; au-delà, la farine seule augmente.

Un sac d'épeautre égrugé produit :

30 *tt*. *simmel*, fleur de farine.
28 *tt*. *boll*, farine bise blanche.
12 *tt*. *griesmel*, farine de gruau.

Le reste est de la farine noire, *verlauf* ou *haussmel*.

Comme conclusion de ce travail, voici d'abord, pour notre siècle, le prix du pain à Strasbourg et à Mulhouse.

CH. IV. — S. II. — PANIFICATION ET TAXES DU PAIN.

PRIX DU PAIN.
LE KILOGRAMME EN CENTIMES.

Année.	A STRASBOURG.			A MULHOUSE.		
	Blanc.	Bis blanc.	Bis.	Blanc.	Bis blanc.	Bis.
1801	34 $1/2$	25	19			
1802	38	28	22			
1803	32	24	18			
1804	29	22 $1/2$	17			
1805	39	28	21			
1806	40	29	21 $2/3$			
1807	36	27	20			
1808	34	26	19			
1809	32	23 $1/3$	17 $2/3$			
1810	35	26	19			
1811	46	34	25			
1812	58	41	31			
1813	44	31	22 $2/3$			
1814	38	28	21			
1815	40	29	21			
1816	64	45	35			
1817	85	67 $1/2$	52			
1818	52	36	28			
1819	42	30 $1/2$	22			
1820	36	26	20			
1821	31	22 $1/2$	16			
1822	37	27	21			
1823	38	28	22			
1824	33	23 $1/2$	18	30	24	16
1825	32	23 $1/3$	18	29	23	15
1826	31	24 $3/4$	19	32	26	18
1827	41	30 $3/5$	23	36	32	24
1828	46	33	26	35	33	25
1829	44	32 $1/5$	25	39	33	25
1830	44	32 $1/4$	25	40	34	26
1831	48	34 $2/3$	26	42	36	28
1832	48	34 $2/3$	26	44	38	30
1833	37	27 $2/3$	21	34	28	20
1834	34	25	19	30	24	16
1835	36	26 $1/2$	20	31	25	17
1836	34	25 $1/4$	19	32	26	18
1837	38	28	21	35 $1/2$	29 $1/2$	21
1838	40	29	22	40 $1/2$	34 $1/2$	27
1839	49	34 $2/3$	26	43	36	28
1840	44	31 $3/5$	24	39	33	25
1841	40	29 $3/4$	22	35 $1/2$	30	21
1842	46	34	26	41	35	27
1843	46	33 $1/3$	26	40	31	26
1844		29 $5/6$	22		32	24
1845		31	22		35	27 $1/2$
1846		42 $1/2$	32		45	37
1847		42 $2/9$	32		48	40
1848		26 $2/3$	20		27	20
1849		24	18		25	18
1850		24 $1/2$	18		25	16

PRIX DU PAIN.

LE KILOGRAMME EN CENTIMES.

Année.	A STRASBOURG.			A MULHOUSE.		
	Blanc.	Bis blanc.	Bis.	Blanc.	Bis blanc.	Bis.
1851		28	21		27	20 $1/2$
1852		32 $2/5$	25		32	24
1853		38	28		38	29
1854		45 $1/2$	35		45	35
1855		45 $1/8$	34		45 $1/2$	35 $1/2$
1856		43	33		41	31
1857		35 $1/4$	26		36	28
1858		27	20		26 $1/2$	20 $1/2$
1859		27 $1/2$	21		26	21
1860		34 $1/2$	26		34	26 $1/2$
1861		38	28		38 $1/2$	30
1862		36	27		34 $1/2$	27
1863		34	25		31 $1/2$	25
1864		29	22		29	22
1865		27 $1/2$	20 $1/2$		26 $1/2$	20 $1/2$
1866		33	25		32	25
1867		40	30		41	32
1868		41	31		39	30 $1/2$
1869		35	26 $1/2$		31	24
1870		37 $1/2$	28 $1/2$		35	27
1871		43	33		40	31
1872		40	30 $1/2$		38	29
1873		44	33 $1/2$		41	32
1874		41 $1/2$	31		38	30
1875		34	26		34	27

RÉCAPITULATION.

Année.	A STRASBOURG.			A MULHOUSE.		
	Blanc.	Bis blanc.	Bis.	Blanc.	Bis blanc.	Bis.
1801 — 1810	35	26	19			
1811 — 1820	50 $1/2$	37	28			
1821 — 1830	38	28	21	35	29	21
1831 — 1840	41	30	22	37	31	23
1841 — 1850	44	32	24		34	26
1851 — 1860	52	36	27		35 $1/2$	27 $1/2$
1861 — 1870	50	35	26		34	26
1871 — 1875	57	40 $1/2$	31		38	30

Bien que le pain blanc, fait de fleur de farine, ait cessé d'être taxé, et même fabriqué, depuis 1844, nous l'avons inscrit dans notre récapitulation jusqu'en 1875. Nous avons calculé, sur le pain bis blanc, la valeur qu'il aurait eu, si on ne l'avait pas supprimé.

11

Les Protocoles de la chambre des XV nous présentent la série presque complète de toutes les taxes de pain, qui se succédèrent à Strasbourg depuis le xvie siècle jusqu'à nos jours. Mais après avoir constaté qu'on arrivait aux mêmes résultats par une voie plus courte et plus facile, nous avons renoncé à la publication de ces taxes. Le prix du pain a été directement calculé sur les moyennes du froment, d'après les tarifs résumés plus haut.

PRIX EN CENTIMES

DU KILOGRAMME DE PAIN A STRASBOURG.

Années	Blanc.	Bis blanc.	Bis.
1376 — 1400	17	10	
1401 — 1425	14	8	
1426 — 1450	17	10	
1451 — 1475	14	8	
1476 — 1500	15 $1/2$	9	
1501 — 1525	14	8	
1526 — 1550	18	10	
1551 — 1575	28	18	
1576 — 1600	33	19	
1601 — 1625	34	20	
1626 — 1650	59	32	
1651 — 1675	22	13	
1676 — 1700	41	24	16 $1/2$
1701 — 1725	35	20	14
1726 — 1750	31	18	13
1751 — 1775	20	12	10
1776 — 1800	25	19	15
1801 — 1825	41	30	22 $1/2$
1826 — 1850	42	31	23
1851 — 1875	53	36 $1/2$	27 $1/2$

CHAPITRE V.

VIANDE, VOLAILLE, GIBIER, POISSONS.

Quelle est la place qu'occupait la viande dans l'alimentation de nos pères ?

Quoique souvent agitée, la question est loin d'être résolue. Pour s'en tirer avec succès, il faudrait avoir en main des éléments sérieux de statistique, constatant à la fois, soit pour l'Alsace en général, soit pour certains lieux en particulier, le chiffre de la population et la quantité de viande consommée [1]. Il faudrait connaître, non seulement ce qui a été débité dans les boucheries, mais encore le chiffre des bêtes, veaux, moutons, agneaux, chèvres, etc., que les grandes maisons faisaient abattre directement. Il faudrait savoir si les basses-cours ne suppléaient pas, plus qu'aujourd'hui, à la viande fraîche qui ne peut jamais abonder que dans des localités d'une certaine importance. Il faudrait enfin ne pas oublier que la loi ecclésiastique de l'abstinence, sanctionnée autrefois par la loi civile, frappait alors tout le monde, sans distinction de fortune et même de croyance ; ce qui rendait plus exactes et plus vraies ces moyennes de consommation, qui, trop souvent aujourd'hui, ne semblent qu'un ingénieux abus des mathématiques.

A défaut de renseignements positifs, nous sera-t-il permis de prendre à la lettre les jugements plus ou moins sévères,

---

[1]. A quoi nous sert-il, par exemple, de savoir qu'à Colmar, en 1582, on tua 1415 pièces de gros bétail et 7902 têtes plus petites. Nous ignorons quelle était alors la population de cette ville.

que des étrangers ont portés sur la cuisine alsacienne. Nous ne le pensons pas. Sans parler de la date, assez récente d'ailleurs, de ces appréciations, on sait qu'elles ont toujours un caractère très-relatif. Aux yeux d'un allemand, nous passons pour de grands mangeurs de viande. Interrogez un normand, il vous dira que nous nous bourrons, avant tout, de légumes et de farinages.

Est-on plus en droit de s'appuyer sur les souvenirs, que la cuisine paternelle a laissés dans l'esprit des contemporains? Ici encore il faudra stipuler de nombreuses réserves. Si nous avons pu modifier le régime de nos pères, eux aussi, ils ont pu, par goût ou par nécessité, abandonner les traditions de leurs aïeux. Le système du progrès continu, étendu à tout sans distinction, n'est guère justifié par l'expérience des siècles.

Nous nous contentons de signaler ces écueils, sans avoir la prétention de les écarter. Notre pensée est d'enrichir le procès de quelques pièces nouvelles, non de le trancher par un arrêt définitif.

Les esprits curieux trouveront dans l'*Ancienne Alsace à table* de M. Gérard, des détails aussi riches que piquants sur les habitudes gastronomiques de nos pères. Ce spirituel écrivain a noté avec une patience à toute épreuve les mille occasions de manger et de boire en commun, qu'ils avaient su multiplier avec une si ingénieuse sagacité. Il a recherché et décrit avec complaisance le menu de certains repas pantagruéliques, qui, après avoir frappé l'imagination des contemporains, ont laissé dans les Chroniques du vieux temps un souvenir désormais ineffaçable. Nous même, dans nos *Paysans de l'Alsace*, nous avons fait connaître, par de nombreuses citations, les agapes plus modestes qui couronnaient les assemblées colongères et les corvées seigneuriales.

Voici quelques données plus vulgaires, mais plus instructives : elles se rapportent à la vie ordinaire.

Au milieu du xviie siècle, le cuisinier en chef des Ribeaupierre, chargé de nourrir 85 personnes, avait un budget de 6618 $^2/_3$ fl. ou 22636 fr. Dans ce chiffre comptaient :

bœuf, 25 *tt.* à 8 *d.* (12 ³, k^os à 0 fr. 36) par repas	973 fl.	ou 3327 fr.	66
80 veaux à 3 fl. (10 fr. 26)	249	820	80
50 moutons à 2 fl. (6 fr. 81)	100	342	00
30 agneaux à 12 batzen (2 fr. 74). . .	24	82	08
volailles diverses	1400	4788	00
poissons.	200	684	00
morues et plies	80	273	60
1 ½ tonne de harengs.	40	136	80
15 porcs à 15 fl. ou 51 fr. 30	225	769	50
gibier.	200	684	00
	3182	11908	11

Je ne sais s'il ne faudrait pas joindre à tout cela les porcs, les volailles, etc., que le cuisinier pouvait trouver dans le château même des Ribeaupierre. En tout cas, il n'est guère permis de croire que ces seigneurs lui aient fait payer le gibier qu'ils abattaient eux-mêmes avec leurs huit chasseurs.

Ces chiffres n'indiquent d'ailleurs que le prix d'achat des viandes, etc. Pour être complet, il faudrait y joindre une part proportionnelle dans la somme que le cuisinier paie pour épices, sel, vinaigre, etc. Nous n'insistons pas. Le lecteur trouvera plus loin, dans tous ses détails, le document auquel nous faisons ces emprunts.

Mais, nous dira-t-on, ces renseignements concernent l'une des plus grandes familles de l'Alsace. Le peuple ne vivait pas ainsi.

Eh bien, voulez-vous savoir quel était l'ordinaire des artisans de Strasbourg, au début du XVIe siècle? Les archives de l'hôpital possèdent un petit fascicule de 1523. C'est un cahier, dans lequel le cuisinier des Dominicains inscrivait jour par jour les dépenses qu'il faisait. Nous pensons y revenir plus tard. Mais disons dès maintenant que les ouvriers, voire même les femmes, mangeaient de la viande au dîner et au souper; les jours maigres, on leur servait du poisson, frais ou salé, à chacun de ces repas.

Nous pouvons même dire quelle quantité de viande on comptait par tête; notre maître coq a soin de noter chaque fois le nombre d'ouvriers qu'il est chargé de nourrir. Dans la journée du 22 juillet, onze ouvriers, dont deux femmes, reçoivent 18 livres, soit 600 grammes par personne. Le 26 août, le 2 septembre, quatre artisans obtiennent 6 livres, ou

706 grammes chacun. La viande se vendait alors 7 ð. les 4 livres ou 0 fr. 18 le kilo.

De la ville passons à la campagne. Voici un mémoire adressé, à la même époque, aux seigneurs de Hanau-Lichtenberg [1] par un régisseur économe, auquel la reconnaissance de ses humbles administrés n'a pas dû élever de statue. Il propose à ses gracieux maîtres de réformer le régime des garçons de labour. Il faudrait, dit-il, « ne plus leur donner de viande que trois fois par semaine, le dimanche, le mardi et le jeudi, une livre (environ 500 gr.) par tête. Cependant si l'un de ces jours était maigre, on leur en servirait la veille ou le lendemain. Cela ferait dans l'année *une faible consommation de viande*, en comparaison de ce qui a lieu aujourd'hui [2]. »

Cette proposition, et surtout la réflexion qui la termine, prouve que les garçons de ferme n'étaient pas alors, comme on est trop porté à le croire, condamnés à une abstinence bien sévère. Elle prouve aussi qu'on se tromperait étrangement, si l'on étendait aux époques antérieures à la seconde moitié du XVIe siècle, le régime introduit par les lois somptuaires, si nombreuses depuis lors.

Pourquoi d'ailleurs les artisans du XVe siècle se seraient-ils privés de viande? Avec ce qu'il gagnait dans une seule journée, le maçon ou le charpentier pouvait alors acheter 12, même 14 livres de bœuf. Combien rencontre-t-on d'ouvriers, qui soient aujourd'hui en état d'en faire autant ?

La question de la viande mérite donc, même au point de vue historique, de fixer l'attention des économistes.

Nous y joindrons deux sections, consacrées, l'une à la volaille et au gibier, l'autre, aux poissons frais ou salés. Si celles-ci présentent une série moins complète et moins rigoureuse de renseignements, elles n'en fournissent pas moins des points de comparaison, dignes de notre intérêt.

---

1. Archives du Bas-Rhin. E. 2687.
2. *Welches jors ein gering fleisch gegen dem vorigen costen zu achten were.* Ajoutons toutefois que malgré ses tendances réformatrices, notre régisseur respecte certains usages traditionnels. Les garçons de ferme continueront donc à recevoir, en dehors du menu rationné, une grillade, quand on tue un porc ; un rôti, les jours de fête ; un quartier de lard, par trimestre.

Première Section.

La Viande.

Une grève de Bouchers. — Règlement de la boucherie. — Abstinence maintenue par les protestants. — Lois somptuaires. — Commerce du bétail. — Taxe de la viande. — Prix des bêtes. — Prix de la viande.

Dans le *Nouveau Livre rouge* de Colmar se lit le récit suivant :

« Depuis plusieurs années les membres de la tribu des bouchers avaient établi entre eux et observaient d'un commun accord une convention particulière, qui limitait la quantité de viande que chacun d'eux pourrait abattre par semaine ou par jour. Il en résultait pour la population un dommage notable. De vieilles vaches, qu'on n'oserait débiter dans aucun autre pays du monde, sont mises en vente à Colmar. Les habitants se trouvent forcés de les manger et de les payer aussi cher que de la bonne viande, parce que les bouchers se soutiennent les uns les autres et ne tuent de nouveau, que lorsque la marchandise de leurs confrères, bonne ou mauvaise, est entièrement écoulée.

« Le magistrat et le sénat de Colmar se sont émus des plaintes que cette conduite a soulevées. Ils ont appris d'autre part que les bouchers doivent avoir exporté et vendu au dehors plusieurs bœufs, engraissés sur nos pâturages, exportation défendue par les règlements.

« En conséquence, avant la S. Michel de l'année dernière, ils ont fait comparaître devant eux les bouchers de la ville et leur ont fait jurer, par Dieu et par les saints, qu'ils ne vendront plus au dehors, mais abattront en ville les bœufs et les autres bêtes qui auront fréquenté nos pâturages communs. Il leur a été enjoint, en outre, d'abolir purement et simplement la convention qui fixait la quantité de viande que chacun pourrait débiter par semaine ou par jour. Il fut statué ainsi que chacun devait abattre, pour son approvisionnement journalier, autant de bœuf ou de petite viande, qu'il comptait en pouvoir placer.

« Les bouchers se sont beaucoup récriés contre ce dernier article, si conforme pourtant aux intérêts du public. Comme ils ne voulaient point renoncer à cet abus, et que la saison du bœuf s'étend proprement de Pâques à la Pentecôte, ils se sont entendus pour n'en point débiter pendant ce temps et ne tenir que de la petite viande.

« Le magistrat fut informé du complot et remarqua en effet qu'ils n'engraissaient aucun bœuf dans leurs étables. Il les fit donc venir de nouveau le dimanche avant *Oculi* (troisième Dimanche du carême), et les engagea à pourvoir la ville de bœuf, en sorte qu'on n'eût pas à s'en plaindre.

« Ils répondirent qu'il leur était impossible de fournir du bœuf de Pâques à la Pentecôte, sur le pied qu'on voulait leur imposer, et qu'il y en aurait bien peu parmi eux, qui en débiteraient pendant ce temps. Si on leur permettait de s'arranger entre eux comme autrefois, ils régleraient la quantité de bœuf, que chacun, selon sa fortune, aurait à mettre en vente et livreraient au public, jusqu'à la Pentecôte, vingt-quatre bœufs par semaine.

« Là-dessus les bouchers se retirèrent. Le conseil entra aussitôt en délibération et décida à l'unanimité, qu'on leur laisserait le choix entre trois partis. S'ils s'y refusaient, les récalcitrants devaient jurer, de la voix et de la main, de n'exercer leur profession de boucher, ni ici, ni ailleurs, pendant cinq années. Ils devaient promettre, en même temps, de ne pas vendre au dehors les bêtes qui seraient en leur possession, pour qu'elles fussent abattues dans la ville.

« Premier parti. Se cotiser et faire abattre trente quatre bœufs par semaine, en laissant toutefois à chaque boucher la faculté de tuer et de vendre par jour autant de viande, qu'il le voudrait, mais une espèce seulement, soit du bœuf, soit de la petite viande.

« Second parti. S'ils ne pouvaient s'accorder tous à ce sujet, reconnaître à celui qui la demanderait, la faculté de débiter du bœuf pendant toute l'année, sans aucune contradiction, à charge toutefois de tuer trente quatre bœufs par semaine depuis Pâques jusqu'à la Pentecôte.

« Troisième parti. S'entendre pour faire abattre trente

quatre bœufs par semaine et laisser chacun vendre à la fois du bœuf et de la petite viande, en telle quantité qu'il le trouverait convenable. Cependant celui d'entre eux qui resterait plus d'un jour par semaine sans tuer, serait puni d'une amende de 10 β., payable moitié à la ville et moitié à la tribu. Le chef de la tribu serait tenu par son serment de dénoncer les délinquants.

« Rappelés dans la salle et prévenus de ces conditions, les bouchers refusèrent d'en accepter aucune. Ils demandèrent le maintien de leurs usages, sinon, ils étaient prêts à faire le serment qu'exigeait le sénat.

« Aucune défection ne put être provoquée parmi eux. L'affaire fut renvoyée d'une séance à l'autre. Enfin le samedi avant *Judica*, les bouchers jurèrent de ne plus exercer leur profession pendant cinq ans. En même temps, comme le terme de Pâques approchait, des émissaires furent envoyés de toutes parts pour recruter des bouchers.

« Il en arriva de Bâle, de Neubourg, de Brisach et de diverses autres localités. Ils acceptèrent les conditions de la ville, mais en posèrent à leur tour. Le magistrat devait s'engager vis-à-vis d'eux, à les protéger contre la tribu des anciens bouchers et à maintenir les cinq années d'interdiction auxquelles ceux-ci s'étaient soumis, sans en rien rabattre.

« Dans cette conjoncture, le sénat convoqua les échevins, pour les consulter sur les engagements à prendre à l'égard de ces étrangers. Il voulait leur proposer de faire jurer par les anciens bouchers, qu'ils n'offenseraient les nouveaux, ni en paroles, ni par des actes, ni publiquement, ni en secret, et ne leur susciteraient aucune espèce d'entrave.

« Mais le jour même où le sénat décida cette convocation faite pour le lendemain, Martin Bube et Bernhart Heymburg, l'un chef, l'autre conseiller de la tribu des bouchers, qui dans toute cette affaire ne s'étaient pas conduits au gré du conseil, se donnèrent beaucoup de mouvement. Grâce à leurs efforts, le doyen Sébastien Murro et l'écolâtre vinrent trouver le magistrat, au nom de la collégiale, et cherchèrent à amener un arrangement amiable entre le sénat et la tribu des bouchers. Ils le conjurèrent d'avoir des égards pour les bouchers, de songer à leurs ancêtres et à leurs enfants.

« Le magistrat promit de rendre compte de cette démarche

au sénat et aux échevins convoqués pour le lendemain. Il ne s'en procura pas moins un agent, qui dut partir immédiatement pour l'*Oberland* et acheter des bœufs, avec un crédit de 300 florins, dans la crainte que Pâques arrivant, la ville ne fut prise au dépourvu.

« Le lendemain, dimanche, le sénat et les échevins se réunirent de bonne heure. Compte leur fut rendu et de toute l'affaire et de l'intervention officieuse des chanoines. On convint d'une résolution, qui dut être consignée par écrit et communiquée à la tribu des bouchers, qu'on fit venir à cet effet.

« Elle était conçue en ces termes : L'avis et le jugement final du sénat et des échevins, à propos du dissentiment des bouchers — par égard pour leurs parents et leurs enfants — est, qu'ils peuvent s'entendre, s'ils le veulent, sur les points suivants. Ils désigneront ceux d'entre eux qui doivent à l'avenir débiter du bœuf, et fixeront la quantité de bœufs que chacun tuera par semaine jusqu'à la S. Jean. Ces calculs seront établis de façon que l'abattage monte au moins à trente six têtes par semaine. Celui qui ne tuera pas chaque semaine la quantité qui lui est assignée, paiera 10 β. rappen d'amende, à partager entre la ville et la tribu. Le chef de la tribu sera tenu par son serment de dénoncer les bouchers coupables. Mais il sera loisible à chacun de dépasser le chiffre de bêtes auquel il est taxé. De même ceux qui vendront de la petite viande pourront abattre autant de bêtes qu'ils espèreront en écouler. Il est interdit aux bouchers par leur serment de fixer, publiquement ou en secret, aucune limite à ce sujet. Ceux qui commenceront à Pâques à débiter du bœuf continueront à en débiter toute l'année : et ceux qui ouvriront en ce jour un débit de petite viande, le conserveront de même pendant l'année, sans aucune contradiction.

« Si les bouchers acceptent ces conditions, le serment qu'ils ont prêté, de renoncer à leur profession pour cinq ans, sera annulé. Mais il sera maintenu pour ceux qui les repousseraient. Les bouchers ont à s'expliquer immédiatement et sans délai sur leurs intentions, afin qu'on sache à quoi s'en tenir.

« Lecture donnée de cette décision, les bouchers conférèrent un instant ensemble, puis ils revinrent déclarer au sénat et aux échevins, qu'ils demandaient pardon des désagréments qu'ils avaient pu causer par leur conduite antérieure, qu'ils acceptaient les conditions proposées, et ne négligeraient rien pour les remplir de leur mieux.

« Cela fait, le sénat s'est occupé des moyens de faire cesser un langage qui s'est répandu dans tout le pays. Quand on voit une vieille carcasse de vache, on dit partout en forme de proverbe : Conduis-la à Colmar, c'est le seul endroit où elle puisse être mangée.

« Il fut arrêté qu'après la S. Jean on établirait de bons inspecteurs. Ceux-ci s'engageront par serment à ne permettre la vente de la viande de vache, des grands veaux et des taureaux, que sur le pied de 7 ∫. les quatre livres, et celle du bœuf et du jeune veau à 2 ∫. la livre.

« Conformément à la décision prise, les bouchers se sont arrangés entre eux. Il y en aura douze cette année pour le débit du bœuf; les autres se chargent de la petite viande. Chacun tuera autant qu'il espère vendre, d'après la base adoptée. Sauf cette faculté d'abattre autant de bêtes qu'ils en pourront débiter, les bouchers conservent leurs anciens règlements. »

Malgré ses longueurs, nous avons cru ce récit digne d'une traduction littérale. Il nous met en face d'une grève dont il raconte les causes, les péripéties et le dénouement. Nous y voyons comment les gouvernements d'autrefois luttaient contre ces coalitions, que le groupement des gens de métier par tribus rendait alors plus faciles et plus dangereuses. Tant que dura la résistance, le magistrat de Colmar déploya autant de prudence que de fermeté. La soumission obtenue, il se montra prêt à oublier tous les torts, sans rien céder toutefois de ce qu'il regardait comme son devoir et son droit.

Ces choses se passaient dans les dernières années du xv⁰ siècle. Le registre officiel ne nous a point indiqué de date précise. Mais les prix marqués dans l'accord final et le nom de Sébastien Murrho qui mourut en 1502, nous permettent de la déterminer approximativement.

Abstraction faite de l'incident qui fait le fond de notre rapport, on y trouve exposée directement, ou indiquée par des allusions, sous ses traits principaux, toute l'organisation de l'ancienne boucherie. Tout ce que nous aurons à dire sur ce sujet ne sera guère que la confirmation ou le développement de principes que le lecteur vient d'entrevoir.

La grève des bouchers inspirait des craintes pour l'avenir, mais elle n'amena aucune perturbation immédiate dans l'alimentation de la ville de Colmar. C'est qu'elle survint pendant une époque de chômage, pendant le carême. Toutes les boucheries étaient alors fermées, à l'exception d'une seule, qui continuait, avec une autorisation spéciale, à débiter de la viande pour les besoins des vieillards, des malades, des femmes en couche.

Quand nous disons que les boucheries étaient *fermées*, cette expression ne doit pas être prise à la lettre. En réalité elles restaient ouvertes; seulement sur leur étal se vendait, non plus de la viande, mais du poisson. C'est ce que nous apprend, entre autres, un règlement non daté, mais à peu près contemporain de notre grève [1], règlement qui a pour but de définir les attributions de chaque corps de marchands. On y lit ce qui suit : « Jusqu'ici les bouchers ont eu l'habitude de vendre pendant le carême de la morue, du chien de mer, des carpes d'étang et aussi d'autres poissons salés. Désormais ils ne débiteront plus que des poissons d'étang, qu'on apporte ici dans des paniers. »

<small>ABSTINENCE MAINTENUE PAR LES PROTESTANTS.</small> Tout le monde connaît la sanction que la loi civile accordait pendant le moyen-âge à la loi religieuse de l'abstinence. Mais ce qu'on connaît moins, ce que bien peu de personnes soupçonneraient, c'est que cette sanction survécut tout un siècle, dans notre province du moins, à l'établissement de la Réforme.

Les doctrines de Luther et de ses émules avaient été reçues, peu de temps après leur première apparition, à Bâle, à Mulhouse, à Munster, dans les seigneuries de Riquewihr et de Horbourg. Cependant les députés de ces diverses localités assistaient aux États de la Haute-Alsace et y signaient, au nom de leurs commettants, les résolutions adoptées. Or, voici ce que décidait entre autres l'assemblée de 1555 (27 mars). « Comme il se fait sentir de toutes parts un manque notable de viande, nous avons arrêté, de concert avec tous les membres de la confédération, que, pendant le carême et aux autres jours où l'on s'abstenait de viande de toute antiquité, on n'en consommera point. Il est donc interdit d'abattre des bêtes et de

---

1. Ancien livre rouge de Colmar. f. 85 et 86.

vendre de la viande en ces temps là. Sont exceptés néanmoins de cette défense les vieillards, les malades et les femmes en couche, à l'égard desquels on se comportera comme cela était d'usage de toute antiquité [1]. »

Les mêmes principes étaient appliqués par le magistrat protestant de Strasbourg. En 1550, l'ammeistre demandait que l'on pût faire gras le vendredi et le samedi dans sa buvette, ainsi qu'au *Miroir*, aux *Fribourgeois* et à la *Lanterne*. Mais les XXI décidèrent « qu'il serait défendu, sous les peines édictées à ce propos, à tout gérant d'auberge ou de restaurant, de servir de la viande ces deux jours. »

Les États de la Basse-Alsace, qui comprenaient toutes les seigneuries, catholiques ou protestantes, « entre l'Eckenbach et la forêt de Haguenau, » répètent les mêmes défenses dans une conférence générale tenue à Strasbourg (27 mars 1560). « Vu que, comme il est dit ci-dessus, la rareté de la viande se fait sentir partout, les députés des diverses seigneuries comprises dans la circonscription, décident d'un commun accord, que, depuis le mercredi des Cendres jusqu'au jeudi qui suit les Rameaux ; il ne sera débité aucune viande. Pendant ce temps et toute l'année, les vendredis et samedis, on ne servira de viande ni dans les auberges, ni dans les salles des tribus, ni dans aucune réunion publque. Ne sont pas compris toutefois dans cette défense les vieillards, les malades et les femmes en couche ; on veillera au contraire à ce que partout il soit régulièrement et convenablement pourvu à leurs besoins [2]. »

Il ne semble pas, cependant, que Strasbourg ait toujours

---

1. Archives du Haut-Rhin, C. 181.
2. *Und dieweil man dann, als obstet, allenthalben mercklichen abgang und mangel an fleysch spüret, so haben sich die geordneten und gesandten aller Oberkeyten disz bezirks verglichen, das man, von dem Eschen mitwoch an bisz uf donnerstag nach palmarum, kein fleisch verkauffen oder uszhauen lasse; auch dieser zeit und durch das gantz jar an freytagen und sambstagen in offenen herbergen, uff gemeynen stuben, oder in andern offentlichen gesellschafften und zechen gemeynlich nit speisen solle. Doch sollen hierin alte, krancke personen und kindbettern nit begriffen, sonder zugelassen sein, das die an jedem ort durch gute ordnung zimlicher massen versehen werden.*

Les mêmes pensées sont répétées dans les mêmes termes au landtag, tenu à Strasbourg le 7 mai 1573.

veillé rigoureusement à l'observation de ces règlements. A des reproches, qui leur furent adressés en ce sens, les XV répondaient en 1573[1]. « Depuis plusieurs années aucune viande n'a été débitée dans notre boucherie pendant le carême, et nous consentons volontiers à ce que cette coutume se maintienne ; *car c'est un excellent moyen de ménager la consommation de la viande.* Mais nous ne pouvons défendre aux bourgeois d'en manger dans leurs maisons. Tout ce qui est possible, c'est de l'interdire dans les hôtels, auberges et poêles des tribus. La mesure la plus efficace serait de défendre dans tout le pays, sous des peines sévères, de vendre pendant le carême des veaux ou des agneaux. On n'excepterait de cette interdiction que les bouchers officiellement autorisés à tuer pour le service des infirmes et des malades. »

Les autorités protestantes maintenaient ainsi l'abstinence du carême par des motifs économiques, pour limiter la consommation de la viande et en empêcher la hausse. A cette raison commune s'en joignait peut-être une autre, qui était particulière aux États de l'Alsace. En 1577, le magistrat de Strasbourg avait poussé sa tolérance plus loin que de coutume : son interdiction de vendre de la viande s'était restreinte à la semaine sainte. Mais cette conduite fut connue au loin et voici ce que Henri Hosen rapporte à la chambre des XV : « Pendant qu'il se trouvait à Cernay, le syndic l'avait fait venir et lui avait déclaré que la Régence (d'Ensisheim) s'était émue de ce que, pendant tout le carême, on n'avait cessé de manger de la viande à Strasbourg. On songeait à exclure du marché les bouchers de cette ville, et il avait commission expresse de l'en prévenir[2]. »

Belfort et surtout Cernay étaient les grands marchés où s'approvisionnaient les boucheries de l'Alsace. C'est là l'*Oberland*, où pendant notre grève, le magistrat de Colmar voulait envoyer ses émissaires. Or ces localités étaient catholiques et soumises à des autorités catholiques. On y faisait, sans doute, abstinence par des motifs religieux ; mais comme cette abstinence avait pour résultat le bon marché de la viande, on y trouvait juste que les protestants qui bénéficiaient de ce bon

---

1. Protocole du 29 avril.
2. Protocole des XV. Séance des 4 et 6 avril.

marché, partageassent aussi le mérite de l'abstinence elle-même[1].

Dans la Haute-Alsace où cette influence de la Régence autrichienne était plus immédiate et plus constante, la sanction légale du maigre se maintint avec plus de rigueur. Les prescriptions de 1555 furent renouvelées dans les mêmes termes en 1575 (23 février) et en 1597 (18 juin). Ce n'est que dans les conférences de 1624 qu'elles sont abandonnées pour la première fois. On en parle encore ; on trouve qu'elles seraient très-utiles (*nit undienstlich*), mais on cesse de les imposer. Dans les conventions postérieures il n'en est plus question[2].

Les préoccupations économiques qui imposaient de la sorte, même aux États protestants, l'observation du carême et des jours maigres, longtemps après l'établissement de la Réforme, inspirèrent aussi les lois somptuaires si fréquentes à cette époque. C'est un point que touchent toutes les conférences mentionnées plus haut. « En aucun lieu de notre circonscription, dit celle de 1555, on ne souffrira plus désormais qu'il y ait à une noce plus de quarante invités, à moins que l'autorité ne le permette pour des raisons spéciales. Aux fêtes patronales, aux rois, aux baptêmes, au carnaval et autres réjouissances publiques, on évitera toute dépense inutile et déplacée, toute consommation exagérée de viande (*verschwenden des fleisches*). Celle de 1560 constate à son tour, « qu'une cause notable du renchérissement de la viande (*nit ein geringe ursach der theurung im fleischkauf*) est l'abus qui s'en fait à l'occasion des noces, baptêmes, cadeaux d'accouchées, enterrements, fêtes patronales, etc. »

LOIS SOMPTUAIRES.

Une troisième mesure inspirée par le désir d'empêcher le renchérissement de la viande, c'était la prohibition absolue du *fürkauf*. Il était défendu d'acheter des bêtes pour les revendre. Le producteur devait vendre, directement et sans intermé-

COMMERCE DU BÉTAIL.

---

1. Cette pensée est nettement accusée dans les instructions que la ville de Colmar remettait en 1555 à ses députés. « Il serait juste, y lit-on, que ce que nous ménageons par l'abstinence ne profite pas à nos voisins. Les députés veilleront à établir l'égalité sur ce point, en sorte que les autres ménagent et épargnent la viande, comme nous, pendant les époques d'abstinence (*das andere das flleisch zu obbestimpten vasten, zu gleich uns sparen und meidten wollten*). (S. E. L. 26. M. N. 4.)
2. Archives du Haut-Rhin, C. 181 et suiv.

diaire, soit aux bouchers, soit aux consommateurs [1]. Cependant, par une disposition plus conforme à l'intérêt qu'à la logique, on ne considérait pas comme *fürkauffer* ceux qui allaient au-dehors, en Suisse, en France, en Bourgogne ou en Lorraine, acheter du bétail, qu'ils conduisaient ensuite sur les marchés du pays [2].

Sur le droit d'exportation les règlements présentent moins de fixité. La plupart l'interdisent sans réserve. D'autres admettent quelques tempéraments. Les États de la Haute-Alsace reconnaissaient par exemple en 1598 (22 avril), après deux conférences tenues le 18 juin 1597 et le 21 avril 1598, que l'exportation était permise aux habitants du comté de Hauenstein, dont elle était la principale ressource. Ceux de 1624 permettaient aux étrangers d'acheter sur les marchés de la province, mais à deux conditions. Ils devaient prouver par un certificat émanant de leur autorité respective, que ce bétail ne serait pas revendu, mais abattu pour l'approvisionnement local. En second lieu la viande, ainsi achetée en Alsace, devait être débitée sur le pied des tarifs alsaciens.

Mais une défense d'exportation que nous trouvons sans cesse renouvelée par nos villes, c'est celle des bêtes engraissées sur leurs pâturages communs. On l'a rencontré plus haut dans l'histoire de notre grève. Elle existait déjà dans les ordonnances du xive siècle, et se retrouve souvent répétée dans la suite, non-seulement à Colmar [3], mais encore ailleurs [4]. Elle ne varie que dans les termes, s'adressant tantôt aux bouchers seuls, tantôt à la bourgeoisie tout entière, exigeant parfois

---

1. Le but principal de cette défense n'était pas de supprimer les bénéfices de l'intermédiaire, mais d'entraver les manœuvres des accapareurs. Dans la même pensée on interdit de conserver de grandes provisions de viande dans le sel ou dans la glace. (Ord. de Strasbourg 1774, 3 septembre).

2. États de la Haute-Alsace, 18 mars 1624. La régence d'Ensisheim tint plusieurs assemblées et publia de nombreuses ordonnances contre le *fürkauf* du bétail, notamment les 5 juillet 1527, 20 mars 1532, 12 mars 1541, 28 mai 1544, 29 mars 1546, 12 et 27 mars 1555, etc. Archives de Colmar, S. E. L. 26 M. ad N° 4.

3. Ancien livre rouge, f. 27 a, 27 b., 29 a, 29 b.

4. *Stadtbuch* d'Obernay, f. V b. — de Schlettstadt § LXXXXI. — Règl. de Haslach, xive s. G. 5392. — Arch. du Bas-Rhin. — Anciens Statuts de Strasbourg, L. II. § 95, ordonnance de 1300, etc., etc.

que les bêtes eussent fréquenté les pâturages communs pendant huit ou quinze jours.

Par des raisons analogues on défendait l'exportation des porcs que les huiliers ou les boulangers élevaient chez eux [1]. Ils devaient les vendre aux bouchers de la ville ou les faire débiter eux-mêmes, en se soumettant à la taxe officielle.

Ce dernier parti était d'ailleurs de droit commun. Lorsque les États de 1555 défendent l'exportation et le *fürkauf*, ils n'oublient pas de reconnaître au producteur une ressource, qui pouvait devenir la seule sauvegarde de ses intérêts. « Si les bouchers, disent-ils, refusent de donner pour le bétail un prix raisonnable et s'il reste par suite à la charge du producteur, celui-ci peut le faire abattre et le débiter lui-même, aux prix fixés par les tarifs. »

A Obernai il y avait même une boucherie spéciale, affectée à cet usage, établie d'abord près du poêle des cordonniers (*an der schuoster stuob*) et transférée en 1460 au *gremhusel*. Le fermier de cet étal vendait les bêtes qui lui étaient remises par les meuniers, les boulangers ou tout autre habitant de la commune. On lui devait la nourriture et une commission de 5 % sur la viande qu'il débitait [2]. Lui-même, payait à la ville un fermage de 5 β. par trimestre [3].

En dehors de ces établissements exceptionnels, les bouchers se divisaient en deux classes distinctes, les *grands* et les *petits* bouchers, selon la nature des bêtes qu'ils abattaient. Mais les uns et les autres se trouvaient soumis à une même loi. Ils ne pouvaient mettre aucune viande en vente, avant de l'avoir fait admettre par des visiteurs jurés, qui constataient sa qualité [4] et la taxaient en conséquence.

---

1. Ancien livre rouge de Colmar, f. 4° (1363).
2. A Rouffach, au XVᵉ siècle, on donnait 8 ¹/₄ pour cent.
3. *Stadtbuch* d'Obernay, f. 87 b.
4. Le vieux règlement de Haslach (XIVᵉ s. — Bas-Rhin, G. 3392) indique pour cette visite un procédé assez élémentaire. « Aucun boucher, dit-il, ne doit faire abattre une bête, avant de l'avoir fait examiner par les jurés : ceux-ci peuvent mettre devant elle du foin, et si elle est assez bien portante pour vouloir en manger, ils l'accepteront. » La pénalité qu'encouraient les bouchers pris en défaut, était autrefois assez grave. C'est ainsi qu'en 1390 Stiffen Kaltzer est privé de tout droit à Colmar, expulsé pendant cinq ans sans remise et déclaré parjure du haut de la

TAXE DE LA VIANDE.

Cette taxe des visiteurs était subordonnée à une taxe officielle arrêtée par les magistrats locaux, quelquefois même par les États de la Province. Dans le XVIe siècle ce dernier cas semble la loi commune. Lorsqu'en 1546 les villes de Kaisersberg, Ammerschwihr, Kientzheim et Ribeauvillé voulurent dépasser la taxe commune, elles durent s'y faire autoriser par les États de la Haute-Alsace (29 mars). Encore ceux-ci ne le permirent-ils que pour la viande de première qualité[1]. Strasbourg même sollicita et obtint en 1598 (22 avril) une permission du même genre[2]. Tant était sévère la réglementation économique, que la régence d'Ensisheim imposait à la province tout entière.

Quand la taxe était abandonnée à la décision des magistratures locales, elles se basaient sur le prix du bétail ou sur le tarif des cités voisines. On calculait par exemple à Strasbourg en 1559 (23 janvier) que quatre bœufs pesant ensemble 1952 *tt.* (589 + 532 + 511 + 310), présentaient un déchet de 280 *tt.* et donnaient ainsi en viande

1672 *tt.* qui, à 3 β. chacune, rapportaient	20 *tt.*	18 β.
en y ajoutant 280 *tt.* de suif à 5 fl. le quintal	7	7
pour les quatre peaux	6	6
différence entre le gros poids et le petit poids (4%)		16
tripes, etc.	1	8
le boucher en retirera	36	15

Cela ne suffit point, parce que le bœuf coûtait en moyenne 20 fl. ou 10 *tt.* On décida donc que la viande se vendrait 3 1/4 β.

C'est encore de la sorte qu'on procédait en 1771 (2 mars). Deux bœufs achetés au marché, sous les yeux des députés, ont donné 1232 *tt.* de viande,

---

cnaire, pour avoir débité de la mauvaise viande (*böse fleisch gehowen*). — Il y avait des visiteurs jusque dans les moindres villages. *Es sollen auch in allen und jeden Stetten, Dörffern und Fleckhen, darinen metzger gehaltten, schauwer verordtnet werden, das Fleisch besichtigen, ob es gut sey, damit in allewcg der Ordnung gelebt werde.*

1. Déjà en 1527 les trois premières de ces villes, d'accord avec Riquewihr, avaient insisté auprès de la Régence pour obtenir de dépasser la taxe ordinaire, mais leur réclamation avait été repoussée.

2. Archives du Haut-Rhin, C. 181 et suiv.

qui à 17 ₰. rapportent	171 fl.	5 β.	1 ₰.
82 ℔. de suif (à 21 ½ fl. le quintal) . . .	17	6	3
tripes, etc.	4	2	
estomac, cervelle, boyaux, etc.		5	
les peaux	20		
	216	8	7

Or avec les droits *d'accise*, les frais d'abattage, etc. ces bœufs reviennent à 226 fl. 4 β. 6 ₰. Donc le prix de 17 ₰. est insuffisant [1].

En d'autres temps, les magistrats de Strasbourg s'adressaient aux différentes villes de la province, pour s'informer de ce qui se pratiquait chez elles. Ils se faisaient envoyer non seulement les tarifs des bouchers, mais encore l'indication des droits de toute nature qui pouvaient influer sur le prix de la viande. C'est ainsi qu'ils écrivaient en 1691 à Landau, Philipsbourg, Haguenau, Huningue, Brisach, Schlettstadt, Colmar et Obernai. En 1698, ils poussèrent même leurs informations jusqu'à Francfort, Augsbourg et Nurenberg. Mais les villes de Colmar et de Schlettstadt étaient celles qu'ils consultaient le plus habituellement, et ils avaient pour règle, comme ils l'affirment en 1711, d'autoriser pour Strasbourg, un prix plus fort, de 1 denier strasbourgeois, que celui de ces deux localités.

Les taxes étaient très-détaillées. On en jugera par le modèle ci-joint, qui servit presque sans variante depuis 1682 jusqu'à la Révolution. Le lecteur y trouvera, à la suite du tarif proprement dit, diverses prescriptions que nous serons ainsi dispensé de relever nous même.

TAUX,

AU-QUEL, SUIVANT L'ORDONNANCE DE MESSIEURS

les Quinze, les Bouchers de cette ville seront tenus de vendre leurs viandes à toutes sortes de personnes
indifferemment dans les Boucheries, jusqu'à ce q'autrement en ait esté ordonné.

Franc BŒUF, *Gut Ochsen- und Rind-Fleisch*, la livre à	5. sols.	le k° 0 fr. 53
Vache et Taureau. *Gut Küh- und Stier-Fleisch*, la livre à	4. sols. 3. den.	» 0 45

[1]. Chambre des XXI.

Vache de moindre qualité. *Gering Küh-Fleisch*, la livre à	3. sols.	le k° 0 fr. 32
Franc MOUTON, *Gut Hämmel-Fleisch*, la livre à	4. sols. 8. den.	0 49
Mouton de moindre qualité et Brebis, *Gering Hämmel- und Schaaff-Fleisch*, la livre	3. sols. 8. den.	0 38
VEAU, *Kalb-Fleisch*, la livre à	4. sols. 8. den.	0 49
Teste et Fraise, *Kopff und Grösz*, d'un Veau pesant au dessus de cinquante livres.	17. sols.	ou 0 85
Fressure entiere d'un Veau du poids susdit avec la Coëffe et le Rix, *Ein Gehäng mit volligem Netz und Ruckel*	17. sols.	ou 0 85
Teste et Fraise d'un Veau pesant moins de cinquante livres	10. sols.	ou 0 50
Fressure entiere d'un Veau dudit Poids.	10. sols.	ou 0 50
Quatre Pieds de Veau, *Vier Kalbs-Füsz*.	4. sols. 8. den.	ou 0 23
Teste de Mouton, *Ein Hammels-Kopff*	3. sols. 8. den.	ou 0 18
Fressure de Mouton, *Ein Hammels-Gehäng*	3. sols. 8. den.	ou 0 18
Quatre Pieds de Mouton, *Vier Hammels-Füsz*	6. den.	ou 0 023
PORC avec son lard, *Schweinenfleisch durch die schwart gehauen*, la livre à.	4. sols. 6. den. le k° 0 40	
Flanchés, *Mittel-Blechlein*, la livre à	5. sols. 6. den.	0 58
Lard, *Speck*, la livre à	6. sols. 9. den.	0 72
Fressure entiere avec la langue, foye, poulmon, cœur et rate d'un gros Porc d'engrais, *Das völlige Gehäng, daran Zung, Leber, Lung, Hertz und Miltz gehörig von grossen Aecker-Schweinen*	12. sols. 6. den.	ou 0 625
Fressure d'un moindre Porc	12. sols.	ou 0 60
Tripes d'un Porc pour faire des Saucisses, *Ein schweinen Geháspel*	3. den.	ou 0 02
Fraise de Porc	4. sols. 6. den.	ou 0 225
Panne et Graisse sans la Fraise, *Schmaltz, Linden und Griff, jedoch das kein Groszschmaltz darunter gemacht werde*, la livre à	8. sols. 4. den. le k° 0 90	
Saucisses, *Bratwürst*, la livre à	6. sols.	ou 0 64
Saucisses seiches, *Geräuchte Bratwürst*, pesant 2 ½ quart de livre	4. sols. 6. den.	0 . 225

En consequence de quoy, il est ordonné aux Bouchers de tenir leurs Estaux fournis desdites Viandes, et de la debiter à la Livre au premier-venant, tant Pauvre que Riche. Deffense à Eux d'en faire porter de Maison en Maison, ny reserver pour qui que ce soit, ny serrer dans leurs Armoires, Celliers, ou arriere-Boutiques, ni d'en emporter chez Eux, à la reserve de ce qu'ils en auront besoin pour leur famille, même d'en saler, pour les debiter ensuite à tel Prix que bon leur semble, ni de vendre de deux sortes de Viande sur un Esteau, au mespris de la presente Ordonnance, à peine d'une Amende rigoureuse et d'interdiction du métier, si le cas y eschoit. Enjoinct en outre au Commis à la recepte des Droicts d'Accise, et aux Inspecteurs jurez, de tenir la main à l'Execution des presentes, sur tout dans la petite Boucherie, et aux Acheteurs de donner Advis à Messieurs les Directeurs, des Contraventions, qui s'y commettront pour y estre incessemment pourveu. Fait à Strasbourg ce 28. Mars 1744.

Il peut être intéressant de rapprocher de ce tarif celui qui fut arrêté en 1560, par les États de la Basse-Alsace. Comme pour le précédent, nous joindrons aux évaluations anciennes l'estimation correspondante en francs et par kilo.

bœuf engraissé (*mastrind*), la *ll.* à	3 *s*.	le k° 0 fr.	27
bœuf des pâturages et jeune veau, la *ll.* à	3	0	27
vache des montagnes (*oberlandisch*), la *ll.* à . . .	2 ³⁄₄	0	25
vache de Lorraine et du pays, la *ll.* à	2 ¹⁄₄	0	21
deux machoires de bœuf (*rindsbacken*) sans os . .	2	ou 0	09
langue, la *ll.* à	2 ¹⁄₂	le k° 0	23
intestin et estomac (*darm, magen*), chacun . . .	6	ou 0	26
la cervelle	2	ou 0	09
pieds, gras-doubles, rate, poumon, foie, saucisses.			
non bouillis, la *ll.* à	1 ¹⁄₂	le k° 0	14
les mêmes bouillis, la *ll.* à	2	0	18
veau, la *ll.* à	3	0	27
tête et fraise	1 *β*.	ou 0	51
fressure entière avex foie, poumon et riz	1 *β*.	ou 0	51
mouton, jusqu'à la S. Martin (sans rognons ni graisse), la *ll.* à	3 *s*. le k° 0		27
mouton, de la S. Martin à Noël, la *ll.* à	2 ¹⁄₂	0	23
tête de mouton	2	ou 0	09
les quatre pieds	1	ou 0	04
estomac et intestins	1	ou 0	04
bas ventre (*wanst*)	1	ou 0	04
fressure, si le foie est bon	4	ou 0	17
» si le foie est mauvais	2	ou 0	09
brebis, bélier, chèvre, bouc, la *ll.* à	2	le k° 0	18
tête, pied, etc., comme le mouton			
Agneau avec rognons couverts, jusqu'au Carnaval. la *ll.* à	4	0	36
agneau de Pâques à la S. Jean-Baptiste, la *ll.* à .	3 ¹⁄₂	0	32
» de la S. Jean-Baptiste à la S. Michel, la *ll.* à	3	0	27
» tendre, la *ll.* à	3	0	27

agneau, tête et fraize	ɔ ɔ. ou	0 fr. 17
» les quatre pieds	1	0 04
» la fressure avec coëffe	6	0 26
porc. avec son lard, de la S. Barthélemy au Carnaval, la *ll.* à	3 le k°	0 27
porc, en d'autres temps, la *ll.* à	2 ½	0 22
» sans lard, la *ll.* à	2	0 18
» saucisses, la *ll.* à	3	0 27
tête et pieds	1 ou	0 04
fraize avec poumon et foie	14	0 60
langue. cœur et ongle (*borsel*), porcs de boulangers	6	0 26
id. de porcs d'engrais.	4	0 17
lard à larder, la *ll.* a	7 le k°	0 32

Voici d'après une note de M. Chauffour le syndic [1], comment le magistrat de Colmar établissait entre elles, au siècle dernier les diverses parties d'un tarif. La livre de bon bœuf était taxée à 6 d. au-dessus du moindre ou de la vache; il en était de même pour le veau. Le mouton valait 6 d. de plus que la brebis; le mouton de moindre qualité 1 d. de plus que le bouc. La tête de veau comptait pour 2 livres de viande, et la fraize se taxait à 3 d. au-dessus de la livre; la fressure et les pieds se payaient, chaque partie, le tiers de la tête. Pour le mouton. la tête s'évaluait à une livre moins 1 d., la fressure à 3 d. au-delà de la tête, et les quatre pieds à la moitié de la tête. Pour le bouc, la fressure coûtait 1 sol moins que la livre, et la tête 1 sol moins que la fressure. La livre de lard se payait 6 d. de plus que le porc mêlé de lard et de viande; la fressure de porc, 9 d. de plus que la tête. La livre de saucisses valait 1 sol moins que la livre de porc gras mêlé. Le lard fumé se taxait à 2 sols au-dessus du lard vert; le jambon, à 6 d. de plus que le lard vert.

Pendant longtemps la taxe s'établissait au Carême pour toute l'année. A cet effet le magistrat faisait venir devant lui les bouchers de l'endroit, et s'arrangeait avec eux. C'est ce qui se pratiquait encore à Colmar au xviie siècle, comme le prouve, par exemple, le Protocole de 1619, où on lit à la date du 7 mars : « Lorsque les bouchers furent mandés, comme d'ancienneté, et qu'on leur demanda s'ils voulaient continuer pour l'année

---

1. Ms. appartenant à M. Ignace Chauffour.

à la bourgeoisie et à la ville, les services de leur profession, sur le pied des règlements et de la taxe officielle... ¹ »

Les bouchers se soumettaient d'ordinaire sans trop de difficultés à la décision du magistrat. Quelquefois cependant, leur résistance prenait les proportions d'un conflit. On l'a vu à l'occasion de notre grève. En voici encore un exemple plus moderne. D'après le Protocole de Colmar, 17 mars 1714, les bouchers « disent ne pouvoir fournir de viande pendant toute l'année, à moins qu'on ne leur donne une taxe raisonnable ; celle qui existe présentement estant, selon eux, injuste... Le conseil a ordonné que les bouchers se déclareront devant la fin du jour, s'ils veulent fournir la viande, sur le même pied que les années précédentes et sous les mêmes conditions... sinon .. il sera par le conseil pris telles mesures qu'il avisera bon estre. »

Dans les petites localités, on se réglait naturellement sur les places plus importantes. « A Pâques, dit le vieux règlement de Haslach ², les bouchers donneront la viande au même prix qu'au carnaval précédent et conserveront cette taxe jusqu'à ce que les jurés aient pu se renseigner à Molsheim sur le prix courant. Ces indications obtenues, les jurés pourront accorder aux bouchers la taxe de Molsheim. »

Avant de rapporter les prix de la viande en détail, citons quelques données générales. Sans être importantes en elles-mêmes, elles peuvent servir de justification et de contrôle.

PRIX DES BÊTES.

PRIX D'UN TAUREAU.

1161, Notre-Dame	36 s.	ou 25 fr.	92	1558, Hôpital de Str.	8 fl. ou	10 fr.	10
1547, Hôpital de Str.	12 fl.	64	80	1561, »	12 fl.	123	00
1548, »	16	86	40	1562, »	8	82	00
1549, »	20	108	00	1563, »	8	82	00
1550, »	20-24	118	80	1583, »	6	57	30
1551, »	20	108	00	1732, Thierenbach	93 l.	93	00
1552, »	20	108	00	1792, Oelenberg	141 l.	141	00
1555, »	16	80	80				

---

1. *Als die (metzger), altem herkomen nach, beschikt, und ob sie, das kunftige jahr über. gemeiner Statt und bürgerschaft mit ihrem handwerck, uff die vergriffene ordnung und fleisch tax, wider bedient sein wollen...* Les bouchers de Colmar étaient encore taxés pendant presque toute la première moitié de notre siècle.

2. Bas-Rhin, G. 5592.

PRIX D'UN BŒUF.

Année	Lieu	Prix local	fr.	c.
1442,	Strasbourg	11¾ fl.[1] ou 88 fr.	83	
1460,	Notre-Dame	4½	34	02
1461,	Landser	80 β.	26	40
1517.	Hôpital de Str. 8 fl.		13	20
1559,	Strasbourg 20		102	40
1590,	Hôpital de Str. 12½ ₰.	108	75
1690,	Hôpital de Str. 16½ ₰.	103	62
1717,	Unterlinden 17 fl.		32	80
1718,	Unterlinden	50 fl. ou 70 fr.	05
1723,	Colmar	115-140 l.	123	36
1739,	Thierenbach	122½	122	50
1764,	Strasb.	127-158	142	00
1767,	»	135-157	146	00
1771,	»	107½ fl.	215	00
1792,	Oelenberg	279 l.	279	00

PRIX D'UNE VACHE.

Année	Lieu	Prix local	fr.	c.
1401,	S. Jean Schl.	4 fl. ou 67 fr.	24
1407,	»	16 β.	13	14
1413,	»	10	32	80
1547,	Hôpital de Str. 5 fl.		27	00
1550,	»	10	54	00
1551,	»	4	21	60
1552,	»	4	21	60
1553,	»	4	21	60
1558,	»	4	20	20
1561.	»	4	20	20
1562,	»	3 ₰.	30	30
1563,	»	3	30	30
1564,	»	50 β.	25	25
1565,	Hôpital de Str.	6 fl. ou 30 fr.	72
1573,	»	60 β.	28	95
1576,	S. Morand	143½ β.	27	77
1585,	Hôpital de Str.	70	33	77
1633,	Oelenberg	17 fl.	65	79
1715,	Thierenbach	24 l.	28	80
1723,	Colmar	30-60	31	15
1741,	Thierenbach	27	27	00
1744,	»	66	66	00
1764,	Strasbourg	40-110	75	00
1767,	»	144	144	00
1791,	Oelenberg	48	48	00
1792,	»	? 4	144	00

PRIX D'UN VEAU.

Année	Lieu	Prix local	fr.	c.
1408,	S. Jean Schl.	4½ β. ou 3 fr.	59
1461,	Landser	23	7	59
1534,	Grand Chap.	5	2	82
1511,	Hôpit. de Str.	8	4	40
1547,	»	10½	5	67
1548,	»	12	6	48
1549,	»	10	5	40
1550,	»	10½	5	67
1551,	»	12	6	48
1552,	»	12	6	06
1555,	»	12	6	06
1557,	»	12	6	06
1558,	»	16	8	08
1559,	»	16	8	20
1561,	»	17	8	71
1562,	»	17	8	71
1563,	»	17	8	71
1564,	»	12	6	15
1565,	»	16	8	20
1569,	»	23	11	79
1573,	Hôpit. de Str.	23 β. ou 11 fr.	79
1580,	»	20	9	65
1581,	»	20	9	65
1582,	»	21	10	03
1583,	»	26	12	44
1585,	»	30	14	47
1605,	Ribeaupierre	29	9	83
1619,	»	29	8	06
1633,	Oelenberg	100	15	50
1636,	Ribeaup.	100	14	50
1689,	Engelport	90	10	01
1715,	Thierenbach	11 l.	13	20
1716.	»	5½	6	38
1723,	Colmar	8	5	36
1732,	Thierenbach	9¾	9	75
1740,	»	9½	9	50
1764,	Strasbourg	10	10	00
1767,	»	10	10	00
1792,	Oelenberg	9 à 24	16	50

1. Offert à l'empereur Frédéric III.

PRIX D'UN MOUTON.

1527.	Évêché de Str.	4—7 β. ou	3 fr.	11
1537.	Colmar	3 ¼	1	61
1541,	»	4 ½	1	75
1633,	Oelenberg	64—120 kr.	7	80
1670,	Hôpital de Str.	16—19 β.	6	82
1723,	Colmar	9 l.	5	96
1764,	Strasbourg	18	18	00
1767,	»	12	12	00
1792,	Oelenberg	6	6	00

PRIX D'UN AGNEAU.

1460.	Notre-Dame	40 δ. ou	2 fr.	40	1503,	Notre-Dame	60 δ. ou	3 fr.	90
1475,	»	48	2	75	1504,	»	48	2	40
1478,	Hôp. Colmar	30—44	2	12	1540,	Hôpit. de Str.	50	2	29
1481,	S. Arbogast	28	1	15	1633,	Oelenberg	1 fl.	3	87
1500,	Notre-Dame	44	2	26	1636,	Ribeaupierre	6 fl·	21	72
1502,	»	60	3	09					

PRIX D'UNE CHÈVRE.

1435,	Notre-Dame	43 δ. ou	2 fr.	58
1636,	Ribeaupierre	14 β.	4	06
1744,	Thierenbach	12 ½ l.	12	50

PRIX D'UN PORC.

1483,	S. Jean Schl.	12 ½ β. ou	7 fr.	89
1504,	S. Claire	1 ½ fl.	9	45
1547,	Hôp. de Strasbourg	3 ½ fl.	19	85
1548,	»	4	22	68
1549,	»	4	22	68
1550,	»	3	17	00
1551,	»	4	22	68
1552,	»	4	22	68
1555,	»	4	21	20
1557,	»	3	15	90
1558,	»	3	16	36
1559,	»	3	16	36
1561,	»	3	16	36
1562,	»	3	16	36
1563,	»	3	16	36
1565,	»	2	10	75
1573,	»	50 β.	25	62
1580,	»	20	9	65
1581,	»	50	21	12
1582,	»	40	19	30
1583,	»	40	19	30
1585,	»	40	19	30

PRIX D'UN COCHON DE LAIT.

1547, Hôpit. de Str.	3 β. ou	1 fr.	62	1561, Hôpit. de Str.	2½ β. ou	1	28
1548,	»	3	1	62	1562.	»	2½	1	28
1549,	»	3	1	62	1563,	»	3	1	54
1550,	»	3½	1	89	1565,	»	3	1	54
1551,	»	3	1	62	1573,	»	3	1	54
1552,	»	3	1	62	1580,	»	3	1	35
1555,	»	3	1	51	1581,	»	3	1	35
1557,	»	3½	1	77	1582,	»	40 δ.	1	51
1558,	»	3½	1	77	1583,	»	24	0	96
1559,	»	3½	1	79	1585,	»	36	1	35

Les archives nous auraient permis d'allonger cette liste à l'infini. Mais nous n'avons noté que rarement des renseignements de ce genre. Le prix des bêtes varie naturellement selon leur âge, leur poids, leur destination, etc. Il ne permet guère de suppléer à des indications directes sur la valeur de la viande en détail.

Voici quelques données officielles, qui nous apprennent, à la fois, le poids moyen des bêtes tuées à Strasbourg et la consommation totale de la ville.

	1872.			1873.		
	pièces.	kilos.	k^{os} abattus au-dehors.	pièces.	kilos.	k^{os} abattus au-dehors.
Bœufs	4,328	1,363,320		4,246	1,337,490	
Vaches	1,803	459,765	707,383	1,837	467,435	785,987
Taureaux	1,510	460,550		1,557	474,985	
Veaux	19,125	592,887	700	21,017	651,527	725
Moutons	7,207	151,347	784	6,370	133,770	864
Porcs	15,609	874,104	26,676	16,244	909,664	50,726

La consommation totale est de 4,637,516 k^{os}, en 1872; de 4,813,173 k^{os}, en 1873. D'après la *Description du Bas-Rhin*, t. II, p. 651, elle était de 4,864,297 k^{os} dès 1861.

PRIX
DE
LA VIANDE.

Les chiffres que nous allons publier, sont tous empruntés à des taxes officielles, édictées d'ordinaire à la fin du Carême. Bâle seul en fournit au xive siècle. Au xve, Strasbourg et Colmar présentent leur contingent, trop faible à notre gré. A partir du xvie siècle, nous trouvons à Strasbourg, et surtout à Mulhouse, une suite assez complète de renseignements.

PRIX DE LA VIANDE.

LA LIVRE EN δ.

Année.	BASSE-ALSACE.				HAUTE-ALSACE.			
	Bœuf.	Veau.	Mouton.	Porc.	Bœuf.	Veau.	Mouton.	Porc.
1353					2	$1^{1}/_{2}$	$3^{1}/_{2}$	3
1362					$1^{2}/_{3}$		$1^{1}/_{4}$	2
1363					$1^{1}/_{2}$		$1^{1}/_{2}$	2
1364					$1^{1}/_{2}$		$1^{1}/_{2}$	2
1365					$1^{3}/_{4}$		$1^{3}/_{4}$	2
1366					$1^{3}/_{4}$	$2^{1}/_{2}$	$1^{3}/_{4}$	$2^{1}/_{2}$
1367					2	$2^{1}/_{2}$	$1^{3}/_{4}$	$2^{1}/_{2}$
1368					$1^{3}/_{4}$	$2^{1}/_{2}$	$1^{3}/_{4}$	$2^{1}/_{2}$
1370					2	3	$1^{3}/_{4}$	$2^{1}/_{2}$
1372					$1^{7}/_{8}$	3	$1^{1}/_{2}$	2
1373					2	3	2	$2^{1}/_{2}$
1380					2	3	$2^{1}/_{8}$	3
1394					3	4	$3^{1}/_{2}$	$3^{1}/_{2}$
1413					$1^{5}/_{8}$	$1^{7}/_{8}$	$1^{7}/_{8}$	$1^{3}/_{4}$
1418					3	$3^{1}/_{2}$		
1421					2	2		
1425					2			
1428					$1^{3}/_{4}$			$2^{1}/_{2}$
1435	$1^{3}/_{4}$			2	2			
1440					$1^{3}/_{4}$			
1466		$1^{3}/_{4}$	$1^{3}/_{4}$	$1^{1}/_{2}$				
1468		$1^{3}/_{4}$	$1^{1}/_{2}$					
1469	$1^{1}/_{4}$	2	$1^{1}/_{2}$	2				
1477					$1^{7}/_{8}$	2	$2^{1}/_{4}$	2
1478					2	2	$1^{3}/_{4}$	$1^{3}/_{4}$
1479					2	2	$1^{3}/_{4}$	$1^{3}/_{4}$
1483	$1^{3}/_{4}$				$1^{3}/_{4}$			
1489				$2^{1}/_{2}$				
1490					2			
1502					2	2	2	$2^{1}/_{2}$
1503					2	$2^{1}/_{4}$		
1504					$2^{1}/_{8}$	$2^{1}/_{4}$		
1505	2							
1508					2	2		
1509					$2^{1}/_{4}$	2		
1510					2	2		$2^{1}/_{2}$
1513					$2^{1}/_{4}$	2	2	$2^{3}/_{8}$
1514								3
1516				3				
1520					$2^{1}/_{4}$	2	$2^{1}/_{2}$	
1522	2	$1^{3}/_{4}$			$2^{1}/_{2}$	2	$2^{1}/_{4}$	
1523	$1^{3}/_{4}$							
1524					$2^{1}/_{2}$	2	$2^{1}/_{4}$	
1525					$2^{3}/_{8}$	2	$2^{1}/_{4}$	

CH. V. — S. I. — LA VIANDE.

LA LIVRE EN δ.

Année.	STRASBOURG.				MULHOUSE.			
	Bœuf.	Veau.	Mouton.	Porc.	Bœuf.	Veau.	Mouton.	Porc.
1528					$2^1/_2$	$2^1/_3$	$2^1/_2$	$2^3/_8$
1529					$2^1/_2$	$2^1/_2$	$2^1/_4$	
1530					$2^1/_2$	$2^1/_2$	$2^1/_4$	
1531					$2^1/_2$	$2^1/_2$	$2^1/_4$	
1532					$2^1/_4$	$2^1/_2$	$2^1/_4$	
1535					$2^1/_2$	$2^1/_2$	$2^1/_4$	
1539					$2^1/_2$			
1540	$2^1/_2$	2	$2^1/_2$	$2^1/_2$	$2^3/_4$			
1541	$2^1/_2$		$2^1/_2$	$2^3/_4$	3		$2^1/_2$	
1542					3		$3^1/_2$	
1543	$2^1/_4$	2	$2^3/_4$	3	3			3
1544					$2^1/_2$			
1545	$2^1/_4$	$2^1/_4$						
1546	$2^3/_4$	$2^1/_8$	$3^1/_2$		3	$2^1/_4$	$2^1/_4$	
1547	$2^3/_4$	$2^1/_2$	3	3				
1548	$2^1/_2$	$2^1/_2$	3					
1549	$2^3/_4$	3	3	$2^1/_2$				
1550	$2^3/_4$	$2^1/_4$	$2^1/_2$	$2^1/_2$				
1551	$2^3/_4$	$2^1/_2$	$2^3/_4$	3	3	$2^3/_4$	$3^1/_4$	3
1552	3		$3^1/_2$		3	3	$3^1/_4$	3
1553	3	$2^1/_2$	2	$3^1/_2$	$3^3/_4$	$3^1/_4$	$3^3/_4$	4
1554					4	$3^1/_2$	$3^1/_4$	
1555					3	3	$3^3/_4$	
1558	$3^1/_8$	3	$2^1/_2$	$2^1/_2$			3	
1559	$3^1/_4$				4	$2^3/_4$	$4^1/_2$	
1560	3	3	3	$2^1/_4$	3	3	$2^1/_2$	$2^1/_2$
1562					$3^3/_4$			
1566	$3^1/_4$	$3^3/_8$	3	3				
1570	$3^3/_4$	$3^3/_4$	$3^1/_2$	4	4	4	$4^1/_2$	6
1572	4		$3^1/_2$			4	4	
1573	$4^1/_4$	$4^1/_2$	$3^1/_2$	$3^1/_2$				
1574	$4^1/_4$	$4^1/_2$	$3^3/_4$	$3^1/_2$				
1575					$4^1/_4$	4		
1576	$4^1/_4$	5	$4^1/_2$	$5^1/_4$				
1577	$4^1/_4$	4	$3^1/_2$	$4^3/_4$				
1579	4	4		$3^1/_2$	$4^1/_2$	4		
1580	$4^1/_8$	4	$3^1/_4$	$3^1/_2$	$4^3/_4$	4	$4^1/_2$	
1581	4	4	$3^1/_2$	$1^1/_2$			$4^1/_2$	
1582	$4^1/_2$	5	$4^1/_4$	4			5	
1585	$4^3/_4$	$5^1/_8$	$5^1/_8$	$4^1/_2$				
1586	$4^3/_4$	6	$5^1/_4$		5	5		
1587	$4^3/_4$		$5^1/_4$		5			
1588	$4^1/_2$	$4^1/_2$	$4^1/_2$	$4^1/_2$			$4^1/_2$	
1589	$4^3/_4$	$5^1/_2$	$4^3/_4$	$4^1/_2$	$4^1/_2$	4	$4^1/_2$	
1590			5	$4^1/_2$	5	4	$4^1/_2$	$5^1/_2$
1595					5	5	$5^1/_2$	
1596					5	5	$5^1/_2$	
1597					$5^1/_2$	$5^1/_2$	$5^1/_2$	
1598	$4^1/_2$				5		$5^1/_2$	
1600					5			

PRIX DE LA VIANDE.

LA LIVRE EN δ.

Année.	STRASBOURG.				MULHOUSE.			
	Bœuf.	Veau.	Mouton.	Porc.	Bœuf.	Veau.	Mouton.	Porc.
1601	5	5	6	5				
1602					5			
1603				5 1/2				
1604					5 1/2			
1605					6		5	
1606					6	6		
1607	5 1/4	6	5 1/2	6	6	6		
1608					6	6		
1609					5 1/2			
1610			7		6			
1611	5 3/4	6	5 1/2	6	6 1/4			
1612	5 1/2		6 1/2	6	6 1/2	6 1/2		
1613	5 3/4	7	5 1/2	6	6	6		
1614	5 1/4	7	6 1/2		6	6		
1615				6 1/2	6 1/2	6		
1616	5 1/2		7	6	6	6		6
1617	6	6			6	6		7
1618	5 3/4				7	6	7	10
1619	5 3/4			6 1/2	6 3/4	6 1/2	7	10
1620	5 3/4	6	6 1/2		7	7	7	10
1621	6 1/4	7	6 1/2	7	7 1/2		7 1/2	
1622					14	14		
1623	6	8	7 1/2	8	7 1/2		9 1/2	
1624	6 1/2	8	8	8 1/2	8	10	10	15
1625	8		9	8	10	10	10	12
1626	7	10	8	6	10	10	10	
1627	7 1/2	8	8 1/2		7 1/2	8 1/2	11	15
1628		8	10		7 1/2	8	8 1/2	
1629	8	8	9		7 1/2	8	8 1/2	
1630					8	9	9	
1631		8	8	7 1/2				12
1632		8	8 1/2	9				14
1633					8 1/2	8	10	16
1634			14		9		10 1/2	
1635						12	15	13
1636	11 1/2		15 1/2		16	20		20
1637	12		15 1/2	12	15	20	17	20
1638	13	18	17		15	20	17	20
1639	12	15	14 1/2		15	20	17	20
1640	9	14	11 1/2	10				
1641						18	17	17
1642	9 1/2		11		14	15	17	18
1643					12	10		15
1644					12	14	13	14
1645					13	14	14	14
1646	6	7	7	8	12	11	10	13
1647					9	9	9	11 1/2
1648				7	8	8	8	9
1649				8	8	8	8	10
1650					8	8	8	12

LA LIVRE EN δ.

Année.	STRASBOURG.				MULHOUSE.			
	Bœuf.	Veau.	Mouton.	Porc.	Bœuf.	Veau.	Mouton.	Porc.
1651		9			8	8	8	10
1652		8			8	8	8	12
1653					8	8	8	12
1654			7		8	8	8	12
1655		7			8	8	8	10
1656	7	6			8	7	7	8
1657	6				8	7	7	8
1658					8	7	7	8
1659					8	7	8	9
1660					8	7	8	10
1661		8			8	8	8	10
1662		7			9	8	8	10
1663					9	8	8	10
1664					9	8	8	10
1665					8	8	8	10
1666					9	8	9	10
1667					9	8	9	11
1668		7	8	7	9	8	9	12
1669	6	6	7	6	9	8	8	10
1670	6	6	7	6	9	8	8	12
1671	6	6	8	6	8	7	8	12
1672	6	6	8	6	8	7	8	12
1673	6	6	8	6	8	7	8	12
1674	7	6	7	7	15	12	12	14
1675					15	12	12	14
1676					12	12	12	14
1677					11	10	10	14
1678					12	12	10	14
1679					12	12	12	15
1680	9				12	12	12	13
1681	9	12	10	12	11	11	12	14
1682	8	9	9	9	11	10	11	12
1683	8				11	10	11	12
1684	8				11	10	11	11
1685	8				11	10	11	11
1686	8				10	10	10	11
1687	8			1/2	9	10	10	11
1688	8				11	10	11	11
1689	8	9 1/4	9	9	11	10	11	11
1690	10	10	11		11	10	11	11
1691	11	12	13		11	10	11	11
1692					15	15	15	18
1693					16	15	16	19
1694					16	15	16	19
1695	10	11	10	12	16	15	16	18
1696	11	12	13	11	15	14	14	16
1697	10	10	11	10	12	12	14	15
1698	10	9 1/2	11	9	11	12	12	12
1699	10				12	10	13	18
1700	9	10 1/2	11	11	13	12	13	18

PRIX DE LA VIANDE.

LA LIVRE EN ₰.

Année.	STRASBOURG.				MULHOUSE.			
	Bœuf.	Veau.	Mouton.	Porc.	Bœuf.	Veau.	Mouton.	Porc.
1701	9	10 1/2	11	11	13	12	15	17
1702	10 1/2	12 1/2		11	14	12	15	16
1703	11 1/2	11 1/2	13 1/2		15	12	13	17
1704	12				16	14	14	18
1705	12				16	12	14	18
1706	12				16 1/2	12	13	16
1707	11				16	13	14	15
1708					14	13	13	16
1709	16	12	11 1/2	12	15	13	13	18
1710		12	11 1/2		14	13	14	18
1711	10 1/2	12	12	12	15 1/2	14		18
1712	12	13	13	13 1/2	16	14		
1713	14	14	14 1/2	14	17	15		20
1714	15	15	16	15	24	23		27
1715	12	14	13 1/2	12	20	20	20	20
1716	10 1/2	11 1/2	11	10 1/2	14 1/4	14 1/4	13	
1717	10 1/2	11	10 1/2	11	14	12	13 1/2	13 1/2
1718	11	10	11	12	15	10	13 1/2	16 1/2
1719		9			14	12	13 1/2	16 1/2
1720	20			14 1/2	20	12	14	21
1721	14 1/2	15	13 1/2	13	18	20	17	20
1722		13		11	17	17	17	20
1723	12	11	11	10 1/2	16 1/2	15	16 1/2	16 1/2
1724	10 1/2	10 1/2	10	10 1/2	14	14	14	15
1725	11	9 3/4	10		14	11	14	15

EN ₰. FRANÇAIS.

1726	39	40	42	48	33	33	36	39
1727		44	44	54	36	39	36	42
1728		42			42	39	36	42
1729		40			42	39	36	42
1730	42	40	40	48	42	39	36	42
1731					42	36	36	45
1732					42	36	33	48
1733	45	45	40	45	42	42	39	48
1734	54	48	51	48	45	42	42	48
1735	57	56	48	48	51	45	48	51
1736		54	52		48	45	45	51
1737	54	52	48		45	45	45	51
1738	48	54	48		42	42	45	54
1739	52	48	54	52	48	42	45	54
1740		54	54		48	42	42	54
1741					48	42	42	54
1742		51			48	45	45	60
1743	56	54	56	54	48	42	42	60
1744	60	60	60	57	54	54	51	60
1745	63		60	60	60	57	57	60
1746					57	54	48	60
1747					57	54	54	60
1748					57	51	54	60
1749		52	54	52	54	51	48	54
1750	57	51		25	51	48	51	60

CH. V. — S. I. — LA VIANDE.

LA LIVRE EN ʃ. FRANÇAIS.

Année.	STRASBOURG.				MULHOUSE.			
	Bœuf.	Veau.	Mouton.	Porc.	Bœuf.	Veau.	Mouton.	Porc.
1751	54		60		51	51	54	60
1752		51	52		51	48	54	60
1753		48			51	48	51	60
1754	48	48	54		51	42	48	60
1755	51	57			51	48	36	60
1756		51		48	51	51	48	51
1757	52	45	51		51	48	48	60
1758	56				54	54	48	60
1759	57	54			54	51	42	60
1760	54	48			51	51	48	66
1761					54	51	48	60
1762	63	54		52	54	51	42	54
1763	60	56		52	54	48	48	57
1764	63	56	75	54	57	48	45	60
1765		60		56	57	51	42	60
1766	56	56	52	57	54	54	48	66
1767	56	60	52	54	54	51	48	66
1768	56	51	51	57	54	51	48	66
1769		56	52		60	54	48	66
1770	57	52	56		66	56	54	72
1771	75	54			68	56	54	78
1772	69			80	72	59	52	90
1773					66	58	58	81
1774	66	60	57	56	62	51	56	66
1775		56	56	57	62	55	48	63
1776		56	54		57	52	47	60
1777	66	52	60		59	52	51	64
1778					60	56	50	73
1779		57			60	57	54	77
1780	60	60	56	60	60	54	52	66
1781	64	66	64		64	55	46	72
1782	66	52	63		66	57	55	72
1783	72				68	57	60	77
1784	72				69	60	54	78
1785	78		66	69	71	60	54	78
1786	84				76	63	55	82
1787	87				77	68	52	84
1788	87				78	70	54	84
1789	81		72	72	76	63	60	84
1790	181		69	72	75	63	60	90
1791					66	60	60	92
1792					75	63	63	82
1793					96	79	72	96
1794					132			
1795								
1796	20	84		123				
1797					108	108	120	126
1798			96	123				
1799								
1800								

LE KILOGRAMME EN CENTIMES.

Année.	STRASBOURG.				MULHOUSE.			
	Bœuf.	Veau.	Mouton.	Porc.	Bœuf.	Veau.	Mouton.	Porc.
1801	86	80	81	112				
1802	81	74	77	90				
1803	80	73	76	88				
1804	88	79	81	90				
1805	84	78	80	100				
1806	90	73	79	89				
1807	82	75	79	80				
1808	87	82	80	89				
1809	90	80	80	90				
1810	89	79	80	90				
1811	80	78	80	90				
1812	85	75	83	88				
1813	88	81	86	99				
1814	100	90	100	110				
1815	95	95	85	105				
1816	102	93	90	105				
1817	120	116	115	134				
1818	98	95	102	130				
1819	88	83	88	107				
1820	80	76	80	83				
1821	77	70	79	77				
1822	78	72	72	75				
1823	82	71	80	83				
1824	80	71	80	80	80	80	80	80
1825	80	72	80	81	80	80	80	80
1826	84	74	80	84	80	80	80	80
1827	86	70	80	90	80	80	80	80
1828	87	77	82	96	80	80	80	90
1829	90	79	90	99	80	80	80	90
1830	96	82	91	100	82	84	84	93
1831	98	80	90	100	84	85	90	95
1832	108	87	102	112	90	90	90	112
1833	110	83	105	107	90	90	90	98
1834	100	82	100	93	80	90	90	90
1835	106	85	100	95	80	90	90	90
1836	110	88	100	96	80	90	90	90
1837	113	91	100	103	89	100	99	99
1838	120	90	100	113	97	110	100	110
1839	118	90	100	114	95	95	100	106
1840	110	90	100	108	93	91	97	108
1841	110	90	100	104	93	97	95	100
1842	111	93	100	108	100	103	100	107
1843	118	100	115	122	101	104	104	110
1844	127	101	119	112	105	108	97	108
1845	119	99	118	111	100	100	98	100
1846	119	98	120	120	102	101	102	108
1847	122	100	127	145	104	106	104	133
1848	102	87	107	116	93	102	98	114
1849	104	84	109	99	94	100	97	99
1850	100	84	108	87	95	100	100	90

13

LE KILOGRAMME EN CENTIMES.

Année.	STRASBOURG.				MULHOUSE.			
	Bœuf.	Veau.	Mouton.	Porc.	Bœuf.	Veau.	Mouton.	Porc.
1851	90	73	100	94	96	100	100	94
1852	90	84	100	113	94	95	96	112
1853	100	91	106	122	105	104	98	123
1854	113	111	118	141	107	108	105	135
1855	122	111	130	146	120	115	111	136
1856	115	99	133	134	116	118	109	135
1857	117	96	132	131	121	124	113	132
1858	115	97	129	119	115	122	115	121
1859	118	107	131	117	123	130	118	115
1860	121	111	141	127	138	145	122	127
1861	122	109	111	134	134	135	129	135
1862	121	113	141	144	135	137	131	140
1863	120	118	139	131	137	139	127	136
1864	120	115	147	120	140	139	134	122
1865	120	115	150	126	139	138	128	120
1866	127	126	157	127	141	141	139	134
1867	130	125	142	140	154	153	148	153
1868	130	125	115	140	168	145	115	152
1869	130	130	150	145	161	150	152	147
1870	135	130	145	145	155	157	154	133
1871	147	155	138	153	169	180	167	154
1872	164	174	166	161	182	195	189	171
1873	153	154	171	160	153	205	195	175
1874	141	129	157	143	148	148	191	155
1875	170	165	160	191	151	207	197	159

En résumant ces chiffres, par périodes décennales, nous aurons pour prix du kilogramme de viande en centimes:

Années.	STRASBOURG.				MULHOUSE.			
	Bœuf.	Veau.	Mouton.	Porc.	Bœuf.	Veau.	Mouton.	Porc.
1801—10	86	77	79	92				
1811—20	95	88	97	106				
1821—30	84	74	80	86	80	81	81	85
1831—40	109	87	100	104	88	92	91	100
1841—50	113	97	112	112	99	102	100	107
1851—60	110	98	122	124	114	116	109	123
1861—70	126	121	146	135	146	144	139	137
1871—75	155	155	158	162	163	187	188	163

Aux mercuriales de Strasbourg, nous ajouterons ici les prix que l'hôpital de Strasbourg payait par adjudication.

HOPITAL DE STRASBOURG.

Année.	LE KILOGRAMME EN CENTIMES.					
	Bœuf.	Veau.	Mouton.	Porc.	Saucisses.	Fressures.
1801	75	79	79			
1802	77	78	79			
1803	77	77	77			
1804	80	85	85			
1805	79	73	75			
1806	85	68	74			
1807	80	80	80			
1808	82	82	82			
1809	84	84	84			
1810	85	85	85			
1831		81			120	
1832	97				110	
1833	93				93	
1834	88	88	88		97	
1835	87	66	81		120	
1837	106	83	92	97	125	
1838	110	80	96	80	125	35
1839	110	90	100	104	125	35
1840	93	82	96	97	125	30
1845	96	86	105	98	96	30
1846	96	85	107	108	96	30
1847	99	87	114	133	96	30
1848	92	79	100	110	89	29
1849	86	95	91	90	83	28
1850	85	66	88	86	90	29
1851	89	68	86	82	95	20
1852	89	68	86	90	95	30
1853	85	91	88	111		21
1854	95	90	90	119	105	21
1855	98	83	110	129	102	32
1856	96	78	119	110	107	29
1857	95	99	109	106		31
1858	93	69	90	90	93	28
1859	84	63	93	89	89	27
1860	94	69	95	108	90	26
1861	98	72	110	110	89	30
1862	109	88	120	120	86	29
1863	96	77	110	115	87	28
1864	103	76	110	105	87	29
1865	103	72	112	102	85	27
1866	104	79	112	110	88	30
1867	107	95	115	120	91	33
1868	116	100	130	130	91	31
1869	109	100	128	128	95	34
1870	118	107	130	127	93	
1871	126	122	132	132		50
1872	132	124	140	140	100	70
1873	160	154	156	156	110	70
1874	142	140	148	145	110	56
1875	105	94	110	115	90	40

Ces chiffres sont donnés de deux manières différentes. L'adjudicataire indique, tantôt les prix auxquels il fournira les diverses espèces de viande, tantôt la remise qu'il consent à faire sur les prix moyens du commerce. Ce rabais sera, par exemple, dans les années 1845—1847, de 23 cent. sur le kilogramme de bœuf, de 12 ½ cent. sur le porc. En 1840, la diminution ne sera que de 17, 8, 4, 11 cent. selon la nature des viandes. En 1837, le fournisseur accordera une réduction uniforme de 8 cent. par kilogramme, sans tenir compte de l'espèce de viande livrée. Mais, quels que soient les termes du contrat, l'hôpital aura toujours un prix de faveur.

Le lecteur peut aisément constater ce fait, en rapprochant entre eux les chiffres que nous publions. Ce travail de comparaison sera cependant plus facile encore, si nous groupons nos données par périodes décennales.

PRIX EN CENTIMES DU KILOGRAMME.

Années.	MARCHÉ DE STRASBOURG.				HÔPITAL DE STRASBOURG.			
	Bœuf.	Veau.	Mouton.	Porc.	Bœuf.	Veau.	Mouton.	Porc.
1801—1810	86	77	79	92	80	79	80	
1831—1840	109	87	100	104	98	81	91	95
1841—1850	113	94	112	112	92	83	101	104
1851—1860	110	98	122	124	92	78	97	104
1861—1870	126	121	146	135	106	87	118	117
1871—1875	155	155	158	162	133	127	137	138

Faible d'abord et de peu d'importance, l'écart s'accentue plus fortement à mesure qu'on se rapproche davantage de l'époque actuelle. Que ce résultat, si avantageux pour les hospices, soit dû à la concurrence des fournisseurs, ou aux efforts d'une administration plus intelligente et plus soucieuse du bien des pauvres, peu importe. Il existe, et les économistes ne sont pas en droit de le perdre de vue. En se basant sur les adjudications des hospices pour établir le prix moyen des denrées, en appliquant ensuite ces moyennes au budget des classes ouvrières, ils s'exposent à des erreurs évidentes.

Ces réflexions faites, résumons les conclusions générales de notre enquête.

PRIX DE LA VIANDE. 197

RÉCAPITULATION.

LE KILOGRAMME EN CENTIMES.

Années.	STRASBOURG.				HAUTE-ALSACE.			
	Bœuf.	Veau.	Mouton.	Porc.	Bœuf.	Veau.	Mouton.	Porc.
1351 — 1375					27	37	26	35
1376 — 1400					21	29	24	27
1401 — 1425					27	31	25	23
1426 — 1450	22			26	21			30
1451 — 1475	15	22	19	21				
1476 — 1500	20			28	20	21	21	20
1501 — 1525	20	19		30	19	18	18	21
1526 — 1550	24	21	27	27	20	19	19	21
1551 — 1575	31	30	28	29	25	25	25	26
1576 — 1600	37	39	36	36	31	29	32	33
1601 — 1625	41	46	46	47	32	34	43	49
1626 — 1650	89	69	76	58	52	60	58	72
1651 — 1675	44	47	53	44	40	36	37	50
1676 — 1700	51	58	59	57	45	43	45	51
1701 — 1725	47	44	47	44	41	37	40	46
1726 — 1750	46	43	43	46	38	37	36	43
1751 — 1775	53	48	48	51	47	43	41	53
1776 — 1800	78	65	65	75	70	60	64	75
1801 — 1825	88	81	80	95	80	80	80	80
1826 — 1850	107	87	102	105	91	94	93	100
1851 — 1875	130	118	139	135	136	111	136	136

PAR PÉRIODES DE CINQUANTE ANS.

1351 — 1400					24	33	25	32
1401 — 1450				26	24	31	25	27
1451 — 1500	18	22	19	25	20	21	21	20
1501 — 1550	22	20	27	28	20	19	19	21
1551 — 1600	34	35	32	33	28	27	29	30
1601 — 1650	54	57	61	53	44	47	51	60
1651 — 1700	47	52	56	51	43	40	42	51
1701 — 1750	46	44	45	45	40	37	38	45
1751 — 1800	65	57	57	63	59	52	53	64
1801 — 1850	97	84	91	100	86	87	87	90
1851 — 1875	130	118	139	135	136	111	136	136

PAR SIÈCLE.

XIVᵉ siècle					24	33	25	32
XVᵉ »	20	22	19	26	22	26	23	24
XVIᵉ »	28	27	30	31	24	23	24	26
XVIIᵉ »	49	55	58	52	42	44	47	55
XVIIIᵉ »	55	50	51	54	50	45	46	54
XIXᵉ »	108	98	107	111	102	105	103	103

Nous avons réservé pour ce résumé la traduction, en monnaies et poids modernes, des indications antérieures à notre siècle. Celles-ci ont été données en rappen pour Bâle et Mulhouse.

Par notre Récapitulation, on voit que le prix de la viande a été stationnaire aux xiv⁰ et xv⁰ siècle ; il augmente d'un tiers au xvi⁰ ; grâce à la guerre de Trente ans, il arrive dans le second quart du xvii⁰ à une hausse subite ; puis il redescend à un chiffre qu'il conserve, sans grande modification, jusqu'aux débuts de la Révolution. Dans les quatre-vingt dernières années, le renchérissement de la viande a pris des proportions notables, qui inspirent pour l'avenir de sérieuses alarmes

Deuxième Section.

Gibier et Volaille.

Le droit de Chasse dans les siècles passés — Police des marchés. — La venaison. — Tarifs officiels de Strasbourg. — Prix du gibier. — Prix de la volaille.

LE DROIT DE CHASSE.

Dans nos *Paysans* et dans nos *Constitutions des campagnes de l'Alsace* nous avons parlé plus d'une fois du droit de chasse et de sa portée dans les siècles passés. Plus tard les archives nous ont révélé d'autres faits intéressants pour cette histoire. Mais, au lieu de refaire nous-même ce travail, nous préférons citer les pages si remarquables, dans lesquelles la plume exercée de M. Ed. Bonvalot, conseiller à la Cour de Colmar, résumait les résultats de nos recherches, en les confirmant de ses observations personnelles [1].

« On sait, dit-il, que les lois romaines et barbares avaient classé au nombre des droits naturels la pêche et la chasse, ces plaisirs si passionnément recherchés par l'homme et surtout par les Germains, nos ancêtres. Au xiii⁰ siècle, le Miroir de Souabe répète encore : « Dieu, en créant l'homme, lui donna

1. Revue catholique de l'Alsace, 1866, p. 248—250.

« le pouvoir sur les poissons et les oiseaux, ainsi que sur
« tous les autres animaux. » Mais cette doctrine avait, dès
cette époque, reçu des atteintes considérables. Les royautés
mérovingienne et carlovingienne s'étaient réservé d'immenses
garennes de chasse et de pêche. A leur imitation, les dynastes
allemands désirèrent de semblables prérogatives dans le territoire de leurs seigneuries, et ils obtinrent, en 1152, de l'empereur Frédéric Barberousse, que la chasse et la pêche fussent
comptées parmi les droits régaliens. Dès-lors on appliqua au
gibier et au poisson la théorie des vacants, c'est-à-dire des
choses sans maître connu, lesquelles appartiennent, en vertu
de la suprématie territoriale, au seigneur haut-justicier, dans
le district duquel elles se trouvent. On fit de leur appréhension l'attribut exclusif de sa souveraineté et le profit particulier de son fisc. Par suite, chasser et pêcher, sans son autorisation expresse, choses jusqu'alors licites, devinrent des
délits punis, le premier par une amende de 60 sols, et le
deuxième par une amende de 30 sols.

« Cette théorie, opposée aux antiques traditions de l'Alsace,
ne fit son chemin ni partout ni en même temps. En général,
elle ne gagna du terrain dans la province qu'à partir du xv^e
siècle. Il s'établit alors, entre les dynastes de notre pays, un
concert pour enlever à leurs sujets ces franchises de chasse
et de pêche, pour les restreindre et même les supprimer totalement.

« En effet nous voyons en 1501, Albert, évêque de Strasbourg et landgrave d'Alsace, Philippe, comte de Hanau, Reinhardt, comte des Deux-Ponts et le landvogt de Haguenau,
« annoncer à Guillaume de Ribeaupierre que, « dans l'intérêt
« public, pour mettre un terme aux entreprises du commun
« peuple, qui se livre de toutes manières à la chasse, en né-
« gligeant son travail, ce qui conduit les hommes à la misère
« et ne laisse aucune trêve au gibier, ils ont, afin que chacun
« pût soigner ses affaires, arrêté et décrété que *désormais dans
« leurs provinces, seigneuries, bailliages et territoires, tout indi-
« vidu, bourgeois ou paysan, indigène ou étranger, doit renoncer
« à la chasse* [1]. »

1. La communication comprend deux pièces : une lettre par laquelle
ces seigneurs invitent les Ribeaupierre à imiter leur conduite; et une

« Ces conseils agirent avec efficacité sur l'esprit de Guillaume. Les gens du val d'Orbey, qui, d'après leurs anciens *Weisthümer*, pouvaient prendre tout gibier, sauf les cerfs, les chevreuils et les biches, ainsi que pêcher à la main dans toute l'étendue de la seigneurie, furent dépouillés de ce double privilège, par les statuts de 1536 et de 1564. On ne leur réserva, conformément à l'ordonnance impériale de Frédéric Ier, que la capture des ours, des loups et des sangliers, à charge de la droiture.

« Les paysans de l'Uffriet, qui dépendaient des sires de Fleckenstein, eurent, vers 1528, le même sort que les sujets d'Orbey [1].

« A pareille date, mêmes débats dans la communauté de Wangen. Aux pêcheurs et aux chasseurs, qui invoquent le texte de l'Urbaire, ainsi conçu : « Les gens de Wangen ont
« la liberté de pêcher dans leur ban, sauf dans les eaux sei-
« gneuriales, et la franchise de prendre des oiseaux, des
« perdrix et des lièvres, » la Seigneurie répond : « Pêche et
« chasse sont des occupations plus funestes qu'utiles à l'homme
« du peuple : elles le détournent de ses travaux. On les a dé-
« fendues pour cette raison dans plusieurs parties de l'Alsace,
« notamment dans l'évêché de Strasbourg. Les sujets de
« Wangen devront s'abstenir de chasser le lièvre, de quelque
« manière que ce soit, sous peine de 30 schellings d'amende.

---

copie de l'ordonnance qu'ils viennent d'édicter. Cette dernière mérite d'être citée dans le texte original, « *das wir in betrachtung des gemeinen nutzes, zu fürkomen mutwillig fürnemen des gemeinen volcks, so sich yetz vylfaltigelichen, mit verlassung irer arbeit, uff byrszen und wildschiessen gibt, dadurch sie zu verderblicher armut kommen, ouch das wyldpredt by tag und nacht vertryben, verjagt und underbracht würt — Damit dann meniglich siner arbeit desto statlicher wisse zugewarten — So haben wir angesehen und geordnet das hinfüro in unsern landtschafften, herschafften, eigenthümern, emptern und gepietten, ein yeder, wer der ist, burger oder bauersmann, heimisch oder frembd, byrschen, wildpredt lüssen und schiessen mussig ston sol. Desglichen dhein hasen noch lussen....*

1. V. les règlements de 1354 et de 1528, dans nos *Constitutions*. Dans la vallée de S. Amarin, les bourgeois d'Odern, qui jouissaient du droit de chasse, sans aucune contradiction, en vertu de leurs *Jura et libertates* du xiiie siècle, durent, en 1516, demander grâce à leur seigneur, pour avoir voulu défendre cette tradition de leurs pères contre ses récentes prohibitions.

« Quant à la pêche, elle sera permise dans toute l'étendue
« des communaux, sauf dans le ruisseau qui fait tourner le
« moulin. Telle est mon opinion et ma volonté. »

Après cette esquisse générale, M. Bonvalot s'attache à établir, par une série de documents nouveaux, que le Rosemont fut, au XVIe siècle, l'objet de restrictions analogues. Mais il nous suffit d'avoir rappelé ces faits. Nous n'ajouterons qu'une réflexion. Dans leur révolte de 1525, les paysans réclament la liberté de la chasse et de la pêche, comme un héritage paternel, dont ils avaient été injustement dépouillés. Leur tentative échoua et cet insuccès ne fit que resserrer leurs chaînes [1].

D'après une ordonnance strasbourgeoise de 1449, défense était faite de chasser les oiseaux, grands ou petits, du carnaval à la S. Jean-Baptiste (24 juin), à la glu, au filet, avec des chiens, ou autrement. La vente de ces oiseaux, frais ou salés, était de même interdite pendant ce temps. N'étaient exceptés de cette prohibition que les *wachtelen* (cailles), les *kesseler* (faisans gruyers?), les *spirer* (martinets), les *meigefogel* (hirondelles de mer) et les petits oiseaux de toute espèce, arrivés à leur développement, que l'on peut prendre dans leurs nids. Une ordonnance du XVIe siècle, ajoute encore à la liste de ces exceptions les *glutten*, les *rotbein*, les jeunes *kreyge*. En revanche, elle soumettait les cailles à la loi générale, sous prétexte « qu'à cette époque elles n'étaient pas bonnes à manger, et que leur chasse causait un grand dommage aux semailles et aux moissons. » Quant aux tourterelles, comme elles sont encore dans leurs nids à la S. Jean, il n'est permis de les chasser qu'après la S. Marguerite (20 juillet).

Par un tarif édicté en 1381, le magistrat de Strasbourg nous apprend qu'oiseleurs et revendeurs étaient tenus, par leur serment, de se soumettre à une réglementation assez sévère. En quelque lieu qu'ils eussent acheté leur gibier ou leurs volailles, ils devaient les vendre à Strasbourg et les exposer, dès leur arrivée, le lendemain au plus tard, sur le marché aux

Police des marchés.

---

[1]. Luck, le chroniqueur complaisant des Ribeaupierre, constate lui-même le fait, à propos de Zellenberg. *Die bürger und underthanen des h. Rappolstein haben der mehrer theil ihrer freyheiten in dem Bauerkrieg mitt ihrer auffruhr verlohren und sich dero begeben.* V. a. 1388.

poissons, seul lieu admis pour ce commerce. Après trois jours pour le gibier, après deux jours pour la volaille, les pièces qui n'ont pas trouvé d'acheteur, sont mises en vente près du puits des pêcheurs (place Gutenberg), « afin que l'on ne confonde pas ce qui est frais avec ce qui ne l'est plus. » Une amende de 30 β. (29 francs), dont un tiers pour le dénonciateur, frappait quiconque donnait ou recevait un prix supérieur à celui de la taxe officielle. Quatre oiseleurs et quatre revendeurs veillaient spécialement à l'observation de ce dernier article.

LA VENAISON.

En fait de gibier, nous n'avons rencontré de données suivies que pour le prix des lièvres et des oiseaux. Les autres renseignements que nous avons pu réunir, ne méritent guère d'être cités. Les voici cependant :

1545,	Grand-Chapitre.	Un chevreuil	30 β.	ou 14 fr.	47
1636,	Ribeaupierre	»	6 fl.	21	72
1714,	Unterlinden	»	53 β.	6	84
1751,	Dom. de Colmar,	la α. de chevreuil . . .	3 ½ s., le k°	0	35
1717,	Unterlinden,	la α. de cerf.	10 δ.,	0	26
1754,	Dom. de Colmar,	1 α. de blaireau	4 ½ s.,	0	45
1739,	Thierenbach,	»	4	0	40
1772,	»	»	4 ½	0	44
1585,	Grand-Chapitre,	1 α. de venaison (*wildpret*)	8 δ.	0	68
1711,	Unterlinden,	»	20	0	42
1714,	»	»	33	0	72
1720,	»	»	23	0	34
1722,	»	»	16	0	24
1725,	»	»	21	0	31
1742,	Dom. de Colmar,	»	4 ½ s.	0	45
1743, 1744,	»	»	4	0	40
1745,	»	»	4 ½	0	45
1746,	»	»	4	0	40
1751,	»	»	5 ½	0	55
1754,	»	»	5	0	50

En 1777, Pairis achète à 21 l. ou 21 fr., un sanglier qui pesait 100 α., soit 0 fr. 42 le kilo.

On ne peut citer qu'à titre de curiosité la taxe suivante, d'après laquelle les magistrats de Colmar payaient, en 1729, le gibier que leur fournissaient les chasseurs de la ville. Ce sont évidemment des prix réduits, qui n'ont qu'un rapport éloigné avec la valeur marchande des mêmes pièces. Le sol valait alors 5 centimes.

un lièvre,	10 sols	une grive,	2 sols
une perdrix	6²⁄₃	une caille,	3
un canard,	8	un cerf.	60
une gelinotte,	15	un chevreuil,	30
un ramier.	3	un sanglier	60

C'est au même titre que nous mentionnerons le prix de quelques volailles cuites, que les Dominicains de Strasbourg firent chercher, en septembre 1523, à la *stube* du Miroir, pour fêter leur visiteur général :

3 poulets rôtis,	15 s. ou	0 fr. 73
1 poule bouillie,	10	0 48
1 oie,	12	0 58
1 perdrix,	12	0 58
5 grives rôties,	6	0 29
1 canard sauvage,	7	0 34
1 » bouilli dans des navets,	6	0 29
1 sarcelle,	4	0 19

En dehors des oiseaux indiqués plus loin, un tarif bâlois de 1544, mentionne :

les petites bêtes (mésanges, pinsons, etc.), 8 pour 6 s. ou		0 fr. 10
les alouettes, la pièce	1	0 02
les *behemlé so man gypferle nent*, la pièce	3	0 05
les *mistler*, la pièce	3	0 05

« Le gibier est abondant dans le Bas-Rhin, et il en arrive beaucoup du grand-duché de Bade ; cet aliment, d'un prix modéré, figure, pour une proportion assez notable, dans l'alimentation des personnes aisées... On a consommé à Strasbourg, en 1861, 8 à 9000 lièvres, 444 chevreuils et marcassins, 30 sangliers et cerfs, 1930 faisans et dindes. »

La *description du Bas-Rhin*[1], à laquelle nous empruntons ces lignes, ajoute que la production de la volaille n'est pas considérable dans le département, sauf celle des oies, dont le foie, artificiellement développé, sert de base à l'importante industrie des pâtés de foie gras.

Le lecteur trouvera ici trois tableaux. Le premier renferme sept tarifs officiels de la ville de Strasbourg, suivis de leur traduction. C'est à la gracieuse obligeance de M. Artzner, marchand de gibier, que nous devons les données modernes, qui terminent notre second tableau sur le *Prix du gibier*. Le troisième est consacré aux volailles.

---

1. T. II, page 655.

TARIFS OFFICIELS EN ð. STRASBOURGEOIS.

	1381	1512	1560	1564	1623	1683	1690
antvogel	10	9		12—13		30	48
brochvogel	8	7	10	10			
breitsnabel	8	7	10	10			
smiehe	8	7	10	10			
rotthals			10				
raghals	8	7	10	10			
merrich	8	7	10	10			
trossel	5	4	6	6		22 1/2	20
nunelin	5	4		7			
murvogelin	5	4	6	6			
tritvogelin	5		7	7			
glute	4		5	5			
defit	4		5	5			
rotbeinlin	3		5	5			
vivitze	3—2 1/2		6	6		22 1/2	22 1/2
regenvogel	6		6	8			22 1/2
ziemern	1 1/2		2		4	4 1/2	6
sprehen	1						
knullis	1						
wildegans	14		16	16			
vasant han	16						
» hun	14						
velthun rot	9					60—72	90
» gro	7					45—48	
hasen	18					75	90
hasenfleisch	16						
kappen	12		16	16		36—45	60
alte henne	10		12	14	24	33	40
junge «	8		6—8	6—8	12		24
gans, gemeste	16			18	36	60	60
» hiver	12			14		39	
zame ente	8		10	10	16	24	24
drostel			2				
fifitz köplin		3 1/2	6	6			
taube				5—6		15—18	22 1/2
ploch taube				7			
wachtel, été						15	15
» hiver						24	
welscher han					180	120	180
» hun					120	69—90	120
» junge						45	60
lerchen					1	3	1
halbvogel					3	3	3
schnepf						33	60
wasser schnepf						16 1/2	18
auhan						180	180
haszelhun						63	120

DE STRASBOURG

EN FRANCS.

	1381	1512	1560	1564	1623	1683	1690	1875
canard sauvage	0 fr.81	0 fr.44		0 fr.53		0 fr.84	1 fr.25	3 fr.00
petite outarde	0 65	0 34	0 fr.43	0 43				2 50
morillon	0 65	0 34	0 43	0 43				2 80
caneptière	0 65	0 34	0 43	0 43				2 50
milouin			0 43	0 43				2 50
	0 65	0 34	0 43	0 43				2 50
harle	0 65	0 34	0 43	0 43				2 00
sarcelle	0 41	0 19	0 26	0 26		0 63	0 52	1 50
harle huppée	0 41	0 19		0 30				
foulque	0 41	0 19	0 26	0 26				2 50
esp. de canard	0 41		0 30	0 30				2 50
chevalier	0 32		0 22	0 22				
	0 32		0 22	0 22				
huîtrier	0 24		0 22					
vanneau	0 22		0 26	0 26		0 63	9 58	0 50
courlis	0 48		0 26	0 34			0 58	
grive	0 12		0 13		0 fr.13	0 13	0 16	0 40
étourneau,	0 08							0 10
	0 08							
oie sauvage	1 13		0 68	0 68				4 75
faisan	1 30							7 00
» poule	1 13							6 50
perdrix rouge	0 73					1 84	2 35	3 00
» grise	0 57					1 30		2 25
lièvre	1 45					2 10	2 35	
» dépouillé	1 20							5 00
chapon	0 97		0 68	0 68		1 12	1 57	
poule	0 81		0 51	0 60	0 78	0 92	1 65	2 50
» jeune	0 65		0 30	0 30	0 39		0 63	2 50
oie grasse	1 30			0 77	1 17	1 67	1 57	6 50
» hiver	0 97			0 60		1 03		
canard	0 65		0 43	0 43	0 52	0 69	6 63	4 00
			0 13					
		0 17	0 26	0 26				
pigeon				0 24		0 16	0 58	0 75
ramier				0 30				
caille						0 42	0 40	
» hiver						0 69		
dindon					5 85	3 34	4 71	20 00
dinde					3 90	2 19	3 11	15 00
dindonneau						1 25	1 57	9 00
alouette					0 03	0 08	0 10	0 15
grivette					0 10	0 08	0 08	0 11
bécasse						0 92	1 57	4 50
bécassine						0 16	0 47	1 00
coq de bruyère						5 00	4 71	12 50
gelinotte						1 75	3 11	4 00

CH. V.' — S. II. — GIBIER ET VOLAILLE.

PRIX DU

EN DENIERS ANCIENS.

		Lièvre.	Faisan.	Grive.	Perdrix rouge.	Perdrix grise.	Merle.	Canard sauvage
1351	Bâle	16	16	2	7	6		
1363	»	10	10	1½	7	6		
1364	»	10	10					
1367	»	12	12	1½	7	6		
1371	»	42	12	1½	7	6		
1381	»	16	16	2	10	8		
1399	Strasbourg	18						10
1409	Bâle	24	30	7	16	14	2	
1420	Strasbourg							10
1441	Bâle			7			3	11
1539	Hôp. de Str.							
1544	Bâle			4			2½	
1564	Strasbourg							13
1573	Lützelstein			3				24
1584	Gr. Chap.	60						
1585	»				40			24
1586	»	43			32			18
1589	»							28
1594	»	46						19
1595	»	46			33			10
1600	»	60						
1601	»			6				18
1602	»	24				24		24
1609	»	72						32
1616	»							24
1617	»	48				32		12
1623	Évêché			4				
1624	Gr. Chap.	108		12				
1625	»	64				48		
1626	»	60		8				60
1627	»	51		6	60			
1628	»	48		14				24
1629	»	48						
1630	»	84		16				
1631	»	48		16				
1634	Strasbourg					33		
1636	»	122		18				96
1672	Munster					50		
1683	Strasbourg	75						30
1690	»	90						48
1703	Pairis	45		9		60		
1706	»							72
1710	Unterlind.			9				
1711	»	162						
1714	»	144						
1715	»	205						
1722	»	140						

GIBIER

EN FRANCS.

	Lièvre.	Faisan.	Grive.	Perdrix rouge.	Perdrix grise.	Merle	Canard sauvage
1351	0 fr.87	0 fr.87	0 fr.11	0 fr.38	0 fr.33		
1363	0 81	0 81	0 12	0 57	0 48		
1364	0 81	0 81					
1367	0 97	0 97	0 12	0 57	0 48		
1371	0 78	0 78	0 10	0 45	0 39		
1381	0 82	0 82	0 10	0 51	0 41		
1399	1 23						0 fr.68
1409	0 78	0 98	0 23	0 52	0 45	0 fr.06	
1420							0 68
1441			0 19			0 08	0 50
1539							
1544			0 07			0 04	
1564							0 55
1573			0 07				0 58
1584	2 40						
1585				1 60			0 96
1586	1 81			1 30			0 68
1589							1 01
1594	1 65						0 68
1595	1 65			1 21			0 68
1600	2 10						
1601			0 20				0 61
1602	0 82				0 82		0 82
1609	2 40						1 40
1616		1 76					0 76
1617	1 52				1 05		0 38
1623			0 13				
1624	3 51		0 39				
1625	2 05				1 36		
1626	1 95		0 26				1 95
1627	1 66		0 20	1 94			
1628	1 56		0 45				0 78
1629	1 56						
1630	2 73		0 52				
1631	1 56		0 52				
1634					1 07		
1636	3 77		0 59				2 96
1672					1 08		
1688	2 06						0 82
1690	2 32						1 24
1703	0 71		0 45		0 97		
1706							1 08
1710			0 07				
1711	1 78						
1714	1 68						
1715	2 72						
1722	1 05						

PRIX DU GIBIER

EN FRANCS.

		Lièvre.	Faisan.	Grive.	Perdrix rouge.	Perdrix grise.	Merle.	Canard sauvage.
1731	Unterlind.				1 fr.20			
1732	Engelport	1 fr.35						
1739	»			0 fr.15				
1742	Thierenb.			0 10				
1744	»	2 00						
1745	»	1 80						1 fr.20
1746	»	2 10						
1747	»			0 18				
1748	»						0 fr.60	
1753	Dom. Colm.			0 17				
1761	Pairis.							1 20
1764	»							1 00
1771	»							1 15
1772	»							1 00
1775	»							1 20
1778	Thierenb.			0 15				1 00
1780	Pairis		5 fr.25					1 20
1840	Strasbourg	2 00	5 00	0 15	1 70	1 00	0 fr.10	1 40
1841	»	2 25	5 50	0 15	1 80	1 10	0 10	1 40
1842	»	2 25	6 00	0 15	1 80	1 20	0 10	1 40
1843	»	2 25	6 50	0 15	1 80	1 20	0 10	1 10
1844	»	2 50	6 00	0 15	1 80	1 30	0 10	1 50
1845	»	2 50	6 50	0 20	1 80	1 40	0 15	1 50
1846	»	2 50	6 50	0 20	1 90	1 40	0 15	1 50
1847	»	2 75	6 50	0 20	1 90	1 50	0 15	1 40
1848	»	2 50	5 00	0 25	1 80	1 00	0 15	1 20
1849	»	3 00	6 50	0 30	1 90	1 20	0 20	1 50
1850	»	3 00	6 50	0 20	2 00	1 20	0 15	1 50
1851	»	3 00	6 50	0 20	2 00	1 30	0 15	1 50
1852	»	3 25	7 00	0 25	2 00	1 30	0 20	1 50
1853	»	3 25	7 00	0 25	2 00	1 30	0 20	1 80
1854	»	3 25	7 00	0 30	2 00	1 40	0 20	1 80
1855	»	3 25	7 50	0 25	2 00	1 40	0 20	1 80
1856	»	3 25	7 50	0 25	2 00	1 40	0 20	1 80
1857	»	3 50	7 00	0 25	2 25	1 50	0 20	2 00
1858	»	3 50	6 75	0 30	2 25	1 50	0 20	2 00
1859	»	3 50	7 00	0 30	2 25	1 50	0 20	2 00
1860	»	3 75	7 00	0 30	2 25	1 60	0 20	2 10
1861	»	3 75	7 50	0 30	2 25	1 60	0 20	2 25
1862	»	4 00	7 00	0 35	2 25	1 60	0 25	2 25
1863	»	4 00	7 50	0 35	2 25	1 80	0 25	2 25
1864	»	4 25	7 00	0 35	2 50	1 80	0 25	2 25
1865	»	4 25	7 00	0 35	2 50	1 80	0 25	2 25
1866	»	4 50	7 00	0 35	2 50	2 00	0 25	2 25
1867	»	4 50	7 50	0 40	2 75	2 00	0 25	2 10
1868	»	4 50	7 50	0 40	2 75	2 00	0 25	2 50
1869	»	4 75	7 50	0 40	2 75	2 00	0 25	2 50
1870	»	3 50	6 00	0 30		1 75	0 20	2 25
1871	»	4 75	7 00	0 40	3 00	2 00	0 25	2 50
1872	»	4 75	7 50	0 40	2 75	2 25	0 25	2 50
1873	»	4 75	7 50	0 40	2 75	2 00	0 25	2 75
1874	»	5 00	7 00	0 40	3 00	2 25	0 30	3 00
1875	»	5 00	7 00	0 40	3 00	2 25	0 30	3 00

PRIX DU GIBIER.

PRIX DE LA VOLAILLE.

Année.	EN δ. ANCIENS.						EN FRANCS.					
	Poule.	Poulet.	Chapon.	Oie.	Canard.	2 pigeons.	Poule.	Poulet.	Chapon.	Oie.	Canard.	2 pigeons.
1351 Bâle			8						0,84			
1359 S. Etienne			12						1,03			
1381 Bâle	10	8	12	14	8		0,81	0,65	0,97	1,03	0,65	
1399 Strasbourg	10	8	12	14	8		0,58	0,54	0,82	0,96	0,54	
1415 S. Thomas				8						0,54		
1416 »			9						0,62			
1417 »			16						1,03			
1419 »			12						0,82			
1424 »			12						0,74			
1427 Œ. N.-Dame			12						0,74			
1431 »			13						0,80			
1434 »			11						0,66			
1435 »			10½						0,63			
1436—43 »			12						0,72			
1444 »			12	9					0,72	0,54		
1445 »				9						0,54		
1448 »	5⅛		10				0,32		0,60			
1451 S. Claire		4	11					0,24	0,66			
1455—59 Œ. N.-D.			10						0,60			
1460—63 »			10	12					0,60	0,72		
1465 S. Claire			10½						0,63			
1469 S. Thomas			10						0,58			
1471 S. Arbog.		3	11					0,17	0,63			
1475 Œ. N.-Dame			13	8					0,75	0,46		
1476—78 S. Arb.			9						0,51			
1480 »			10						0,55			
1481 »	8	4	9			6	0,44	0,22	0,50			0,33
1483 »	10		13				0,55		0,71			
1487 »	8	4	11				0,44	0,22	0,61			
1488 »	7						0,39					
1489 S. Claire	5	3	11½				0,28	0,17	0,63			
1490—1500 S. Tho.	8		10			5	0,43		0,53			0,26
1501—3 S. Pierre	8	3½	10				0,42	0,18	0,52			
1504 »			10						0,50			
1505—6 S. Claire		3	10	12				0,15	0,50	0,60		
1512—22 S. Thom.	10		10				0,48		0,48			
1523 Dom. Strasb.	10		10	12			0,48		0,48	0,58		
1524—25 S. Thom.	10	4	10				0,47	0,19	0,47			
1526 S. Pierre	10		10				0,47		0,47			
1531—33 »	10	5	12	9			0,46	0,23	0,55	0,12		
1538 S. Catherine		6	14					0,27	0,64			
1539 Hôp. de Str.			14	15					0,64	0,69		
1543—45 »			14						0,64			
1547—50 »			18						0,81			

14

CH. V. — S. II. — GIBIER ET VOLAILLE.

Année.	EN d. ANCIENS.						EN FRANCS.						
	Poule.	Poulet.	Chapon.	Oie.	Canard.	Dindon.	2 pigeons.	Poule.	Poulet.	Chapon.	Oie.	Canard.	Dindon.	2 pigeons.
1559 S. Thom.		6	18				12		0,96	0,77				0,51
1560 Strasb.	12	7	16		10		12	0,51	0,30	0,68		0,43		0,51
1564	14	7	16	16	10		11	0,60	0,30	0,68	1,68	0,43		0,47
1565 S. Thom.			20				12			0,86				0,51
1569 »	16	12	24				24	0,68	0,51	1,02				1,02
1573-75 »			30		12					1,28		0,50		
1576-79 Str.	24		36					0,96		1,44				
1580 Gr. Chap.	17	11	36	35	12		16	0,68	0,44	1,44	1,40	0,48		0,64
1582 »	24		32				24	0,96		1,28				0,96
1584 »	21	9	36					0,84	0,36	1,44				
1585 »	24	8	36	42	16			0,96	0,32	1,44	1,68	0,64		
1586 »			36							1,35				
1589 »	24	10	40	45				0,90	0,38	1,46	1,69			
1594-95 »	22	12	38	54	18		25	0,79	0,43	1,40	1,93	0,64		0,90
1598 »						15 β.							6,36	
1600 S. Thom.	20							0,70						
1601 Gr. Chap.	21	10	36	49				0,68	0,34	1,26	1,67			
1602 »	24	12	36	42			24	0,82	0,41	1,26	1,46			0,82
1606 Mulhouse						32							5,42	
1607-8 »						25							4,24	
1609 » Str.		13	36			30	16		0,43	1,20			4,96	0,50
1612 Mulhouse						37 ½							6,06	
1614 »						40							6,32	
1615 »						50							7,75	
1616 Gr. Chap.	30	12			20	20	17	0,95	0,38			0,64	7,55	0,54
1617 »	24	10		30	18	17 ½	18	0,76	0,32		0,95	0,57	6,60	0,57
1623 Évêché	24	12	48	36	16	15		0,78	0,39	1,56	1,17	0,49	5,81	
1624 Gr. Chap.	72							2,34						
1625 »	36			66		32		1,17			2,11		0,98	
1626 Gr. Chap.	44					20		1,46					7,75	
1627 »	33	25	72	78		23	34	1,07	0,81	2,34	2,54		8,92	1,10
1628 »	40		48			18	40	1,30		1,56			6,97	1,30
1629 »	32		72					1,04		2,34				
1630 »	40		60	120		25		1,30		1,95	3,90		9,69	
1631 »		40	72			25			1,30	2,34			9,69	
1636 Strasb.	66							2,04						
1646 »		12							0,39					
1652-53 Gr. Ch.	24		27	36				0,78		0,88	1,17			
1654-59 »	20		24	32				0,65		0,78	1,04			
1660-71 »	18		22	30				0,59		0,72	0,98			
1672-75 »	20		32	34				0,65		1,04	1,11			
1676-80 Gr. Ch.	20		32					0,65		1,04				
1681-82 »	20		36					0,65		1,17				
1683 Strasb.	33	15 ½	40	50	24		33	0,91	0,43	1,10	1,54	0,66		0,91
1689 »	24		40	46				0,66		1,10	1,43			
1690 »	40	24	60	60	24		45	1,03	0,62	1,55	1,55	0,62		1,16
1692 Engelp.						100s.							7,85	
1693-95 Str.	24		48	60				0,58		1,16	1,45			
1696-1700 Str.	20		40	40				0,49		0,97	0,97			

PRIX DE LA VOLAILLE.

Année.	EN d. ANCIENS.						EN FRANCS.					
	Poule.	Poulet.	Chapon.	Oie.	Canard.	2 pigeons.	Poule.	Poulet.	Chapon.	Oie.	Canard.	Dindon.	2 pigeons.
1702 Munster	36	21	60			54	0,54	0,31	0,90				0,81
1703 Pairis	32		60			57	0,52			0,95			0,90
1705 Engelp.	72						1,02						
1706 »		30						0,47					
1710 Unterl.		23						0,27					
1711 »		30						0,33					
1712 Thieren.	54						0,59						
1713 Munster	57		90				0,62		0,98				
1714 Unterl.	47						0,55						
1715 »													
1717 Munster		23						0,30					
1722 Unterl.					109	56						3,65	0,42

EN SOUS FRANÇAIS.

1731 Unterl.					65							3,25	
1732 »		6			( )			0,30				3,00	
1733 »		7						0,35					
1739 Engelp.		5						0,25					
1740 Munster		6		9		11		0,30			0,45		0,55
1743 Dom.Col.		7	24	13	72	9		0,35	1,20	0,65	3,60		0,45
1744 »		12	30	30	20	90		0,60	1,50	1,50	1,00	4,50	
1745 »		8			19	120		0,40			0,95	6,00	
1746 »		8						0,40					
1747 »					95							4,75	
1748 »			32			16			1,60				0,80
1752 Oelenb.					60							3,00	
1753 Dom.Col.			16			12			0,80				0,60
1754 »					80							4,00	
1755 »			16						0,80				
1760 Pairis		10				10		0,50					0,50
1764 »		15		18	100	11		0,75		0,90	5,00		0,55
1767 Thieren.		20		30				1,00		1,50			
1771 »	15						0,75						
1772 Pairis		25						1,25					
1775 »													
1777 Pairis		13						0,65					
1778 »		20						1,00					
1780 »	13	20	24				0,65	1,00	1,20				
1785 Oelenb.				23	16	10				1,15	0,80		0,50
1790 S.Thom.		20						1,00					
1791 Oelenb.	9	20	18	11		11	0,45	1,00	0,90	0,55			0,55
1792 »		36		22		6		1,80		1,10			0,30
1794 S.Thom.		28						1,40					
1795 »		20						1,00					
1796 »		24						1,20					
1853-64 Str. [1]							1,25	1,25		2,50	1,50		0,70
1865-72 »							2,25	2,25		3,00	2,00		1,20
1873-75 »							2,50	2,50		6,00	3,00		1,50

1. Sur les indications de Mlle Bœhler, marchande de volailles.

PRIX DU GIBIER.

Années.	Lièvre.	Faisan.	Grive.	Perdrix rouge.	Perdrix grise.	Merle.	Canard sauvage
1351 — 1375	0 fr.85	0 fr.85	0 fr.11	0 fr.50	0 fr.42		
1376 — 1400	1 08	1 01	0 11	0 62	0 49		0 fr.76
1401 — 1425	0 78	0 98	0 23	0 52	0 45	0 fr.06	0 68
1426 — 1450			0 19			0 08	
1501 — 1525							0 44
1526 — 1550			0 07			0 04	0 50
1551 — 1575			0 13				0 55
1576 — 1600	1 92			1 37			0 80
1601 — 1625	2 06	1 76	0 24		1 08		0 80
1626 — 1650	2 12		0 42	1 94	1 07		1 90
1651 — 1675					1 08		
1676 — 1700	2 19		0 14	2 08	1 30		1 03
1701 — 1725	1 59		0 11		0 97		1 08
1726 — 1750	1 81		0 14	1 20	0 60		1 20
1751 — 1775			0 17				1 11
1776 — 1800		5 25	0 15				1 10
1826 — 1850	2 50	6 00	0 19	1 84	1 21	0 13	1 40
1851 — 1875	4 00	7 15	0 33	2 42	1 73	0 23	2 21

PRIX DE LA VOLAILLE.

Années.	Poule.	Poulet.	Oie.	Canard.	Dinde.	2 pigeons.	Chapon
1351 — 1375							0 fr.93
1376 — 1400	0 fr.75	0 fr.60	1 fr.00	0 fr.60			0 90
1401 — 1425			0 54				0 80
1426 — 1450	0 32		0 54				0 71
1451 — 1475		0 20	0 66				0 62
1476 — 1500	0 43	0 20				0 fr.30	0 55
1501 — 1525	0 47	0 18	0 59				0 50
1526 — 1550	0 47	0 25	0 50				0 66
1551 — 1575	0 60	0 34	0 68	0 45		0 60	0 94
1576 — 1600	0 87	0 40	1 73	0 60	6 fr.36	0 83	1 41
1601 — 1625	1 07	0 38	1 31	0 67	6 08	0 61	1 48
1626 — 1650	1 57	0 83	3 22		8 60	1 20	2 11
1651 — 1675	0 67		1 07				0 86
1676 — 1700	0 71	0 52	1 39	0 64	5 05	1 03	1 18
1701 — 1725	0 65	0 34	0 95		3 65	0 71	0 94
1726 — 1750		0 37	1 45	0 76	4 00	0 60	1 50
1751 — 1775	0 75	0 87		1 20	6 50	0 52	0 80
1776 — 1800	0 65	0 77	1 02	0 81		0 45	1 16
1851 — 1875	1 90	1 90	4 00	2 50	13 00	1 10	

Troisième Section.

Les Poissons.

Les poissons de l'Alsace. — Règlements de pêche. — Taxes particulières. — Prix des poissons d'eau douce. — Prix de la marée. — Tarifs officiels de Colmar.

Le Rhin, nous apprend Trausch dans la préface de sa Chronique, renferme des *salmen* (saumon), des *nassen* (nase, hotte), des *lampretten* (lamproie), des *meyfisch* (alose), des *karpfen* (carpe), des *laucken* (vandoise, dard), des *hechten* (brochet), des *börlin*, des *mehrgrundeln* (goujon de mer), des *bressem* (brosme), des *barben* (barbeau), parfois même des *stör* (esturgeon); ces derniers ne remontent pas cependant volontiers au-delà du Palatinat.

Dans l'Ill, plus poissonneuse encore que le Rhin *(fischreicher als der Rhein)*, on trouvait des *forelle* (truite), des *selmling* (saumonneau), des *eschen* (ombre), des *barben*, des *hechten*, des *karpfen*, des *laucken*, des *röttlen* (rubellion), des *berschig* (perche), des *schleigen* (tanche), des *rufolcker* (barbotte), des *schroppen*, des *kressen* (goujon), des *grundlen* (loches), des *fürnen*, des *schrodfisch*, des *berlen*, des *neunawen* (sucet, petite lamproie), des *mulling* (véron), des *krebs* (écrevisse), des *blicken* (ablette), etc.

A ces deux grandes artères, dont l'une traverse, dont l'autre borde l'Alsace dans toute sa longueur, ajoutez ces nombreux cours d'eau qui descendent des Vosges, peuplés de truites et d'ombres, les lacs qui remplissent les creux des montagnes et des vallons, les étangs que la nature ou la main de l'homme ont disséminés dans toute la province, et vous n'aurez encore qu'une faible idée des ressources, que la pêche fournissait à la cuisine de nos pères. Beaucoup d'étangs ont disparu; le Rhin endigué a perdu plusieurs de ses bras et une partie des déversoirs où il aimait à se répandre; les rivières ont vu leurs lits se resserrer et se rectifier ; la surface couverte d'eau a diminué partout ; et ce qui reste ne conserve plus que les rares survivants des légions qui s'y multipliaient autrefois.

« Anciennement, dit M. Gérard [1], nos cours d'eau étaient animés par des populations aquatiques nombreuses et pressées qui se reproduisaient librement, avec cette fécondité phénoménale, que la nature leur a départie. Les rivières et les ruisseaux avaient un volume d'eau plus considérable et plus constant, grâce aux forêts épaisses qui, dans nos montagnes, protégeaient leurs sources et leurs réservoirs d'alimentation naturelle ; elles étaient plus couvertes dans leur parcours ; leurs communications n'étaient point interrompues par les ouvrages d'art que l'industrie a multipliés de nos jours. Elles avaient un aspect sauvage, un caractère solitaire, qui favorisait la conservation et le développement de leurs habitants, dont les mœurs ombrageuses, la timidité, l'amour du mystère et du silence, sont connus de tout pêcheur. Elles n'avaient pas souffert la dévastation et la ruine que notre siècle a laissé se consommer avec une négligence et une imprévoyance que les économistes ont signalées. Les anciens règlements sur la pêche étaient plus sévères que les nôtres, et surtout mieux observés, parcequ'ils avaient un caractère plus local. »

Règlements de pêche. Ces règlements avaient naturellement pour objet de protéger, soit le frai lui-même, soit les poissons à peine éclos, contre l'insouciance et l'imprudente rapacité des pêcheurs. Pour atteindre ce but, ils leur interdisent la pêche en certains lieux, à certaines époques de l'année (du 25 mars au 24 juin, même au 15 août pour les jeunes brochets [2]), et avec certains engins (filets à mailles trop serrées, etc.).

Le plus ancien règlement que nous ayons rencontré pour Strasbourg, remonte à 1301. Les mêmes prescriptions, avec de légères variantes, se répètent ensuite à travers les siècles (1412, 1425, 1434, 1449, etc.) jusqu'à la Révolution française. Ces fréquentes rééditions prouvent et l'importance de la ma-

---

1. L'Ancienne Alsace à table, p. 39.
2. A Schlettstadt (Statuts de 1374), la vente des jeunes brochets, des jeunes barbottes, est interdite de la Pentecôte à la Nativité. Les autres prescriptions des mêmes statuts se proposent d'écarter les intermédiaires entre le pêcheur et le consommateur, pour empêcher sans doute le renchérissement de la denrée.

tière et l'intelligente sollicitude avec laquelle l'ancienne administration la surveillait. Il nous semble inutile d'insister sur les détails de ces diverses ordonnances et sur les principes qui réglaient autrefois le droit de pêche. Ces digressions nous entraîneraient trop loin.

Avant de présenter au lecteur les résultats de nos recherches sur le prix des poissons, citons un tarif que nous n'avons pas pu faire entrer dans nos tableaux. Il règle les prix payés, vers 1650, par les Ribeaupierre, aux pêcheurs d'Illhæusern, qui approvisionnaient la cuisine seigneuriale. Il nous semble impossible de ne pas y voir une convention particulière, à laquelle on ne pourrait donner, sans erreur évidente, une portée générale. Le voici :

```
brochet, la livre . . . . . . . . . . . . 18—20 rap., 0 fr. 81—0 fr. 89, le k°.
barbeau      »      . . . . . . . . . .     20        0     89
rubellion    »   vides 15 rap., pleins .    20        0     67—0     89
gros mounvisch, la livre . . . . . .        18        0     81
bachersch, la livre . . . . . . . . . . 12—15         0     54—0     67
schweber (truite), la livre . . . . . . 10—12         0     45—0     51
100 neun augen . . . . . . . . . . . . 30—40          0     69—0     92
100 écrevisses . . . . . . . . . . .       30         0     69
anguille (2 ½ pieds) . . . . . . . . . .   75         1     72
```

On doit concevoir aussi que nous ne puissions tenir compte de certaines conditions de vente, qui avaient leur importance, mais qu'il serait difficile de constater aujourd'hui. C'est ainsi qu'à Strasbourg, d'après le règlement de 1553, aboli en 1580, on taxait la livre de

```
saumon, 10 ᚢ. ou 0 fr.90 le k°., près de S. Martin, 6 ᚢ. ou 0 fr.51, près du puits, au com. de la saison
         8    0   72       »              5    0   15     »      au 1er mai
béquart, 7    0   63       »              5    0   45     »      au com. de la saison
         5    0   45       »              4    0   36     »      après le 28 oct.
```

Le poisson qui se vendait près de S. Martin était frais.

De même, d'après une ordonnance bâloise de 1613, la livre de carpe se vend :

```
20 ᚢ. ou 0 fr. 54 le kilo, si le poisson ne pèse que 2 ℔.
24       0    65          s'il pèse de 2 à 3 ℔.
28       0  . 76          s'il pèse de 3 à 4 ℔.
32       0    87          s'il est plus grand
```

Mais il est temps de faire connaître au lecteur des renseignements plus précis et plus suivis. Nous les avons classés en trois tableaux distincts.

Le premier tableau comprend les carpes, les brochets, les saumons, les truites, les escargots, les grenouilles et les écrevisses. Il ne remonte qu'à 1553, et encore les données sont-elles bien rares avant le xviiie siècle. Nous avons rencontré, il est vrai, des prix plus anciens ; mais on oubliait d'indiquer en même temps le poids des poissons cités, ce qui enlevait toute valeur à ces renseignements. Quant aux sources auxquelles nous avons puisé, elles sont marquées avec soin en tête de chaque mention. Nos données contemporaines sont dues à M. Aitzner, marchand de gibier de Strasbourg, qui a eu l'obligeance de les relever lui-même, sur ses livres de vente.

Le second concerne le hareng, le *stockfisch* (merluche) et la morue. Comme M. Gérard l'a déjà remarqué [1], on en faisait, dès le Moyen-Age, une grande consommation, grâce à « la multiplicité des jours maigres, à l'observance alors plus étroite du carême, » mais nous n'ajouterons pas avec lui, grâce à « la modicité des fortunes. [2] » On verra plus loin que le prix de ces poissons n'a guère varié depuis le xve siècle. Quelle économie pouvait-il y avoir à manger un hareng, quand il coûtait aussi cher qu'une livre de viande? Nous préférons croire qu'on le recherchait pour lui-même, parcequ'il s'allie très-bien, au jugement des amateurs, avec certains légumes nationaux, la choucroute par exemple.

Pour la période 1570—1650, nous disposons de la taxe officielle, que le magistrat de Strasbourg imposait chaque année aux vendeurs de harengs. Pour les temps antérieurs, nous avons suivi, dans l'appréciation du hareng, comme dans

---

1. L'Ancienne Alsace à table, p. 48.
2. M. Gérard nous apprend d'ailleurs lui-même (p. 157), qu'en 1492 le repas ordinaire se payait, dans les auberges de Strasbourg, 7 *δ*., et que le repas exclusivement composé de poisson (*fischmol*) coûtait 9 *δ*. Dans une taxe que la ville de Fribourg imposait à ses aubergistes vers la même époque, en 1495, elle les obligeait à fournir *in disen wolfeln glücklichen iaren ein fleischmol umb vier crützer* (0 fr. 50), *ein vischmol umb 1 β*. (0 fr. 60). Il est vrai qu'on pourrait dire qu'il ne s'agit ici que de poissons d'eau douce.

celle du stockfisch, les comptes de l'Œuvre Notre-Dame, de S. Jean de Schlettstadt, de S. Arbogast, de S. Pierre-le-vieux, du Grand-Chapitre. Après 1650, Engelport, Thierenbach, Pairis, les Unterlinden, les Dominicains de Colmar, deviennent nos guides.

Quand le prix du hareng ne nous était indiqué que par tonne, nous avons évalué celle-ci à 900 pièces. Et voici nos raisons. En 1483, les Johannites de Schlettstadt avaient un maître queue qui aimait à se rendre compte des choses et qui notait avec une douce satisfaction les petites économies qu'il parvenait à réaliser. Une demi-tonne de harengs lui coûta 3 fl. ou 378 δ.; elle renfermait 446 pièces que, à raison de 1 δ. chacun, il aurait payé 446 δ., 68 δ. de plus : voilà, s'écria-t-il triomphalement, ce que l'on gagne à une demi-tonne [1]. Laissons notre brave cuisinier se féliciter de son achat. Il nous suffira de constater, qu'il compte la tonne à 892 harengs. En 1573 (novembre), le magistrat de Strasbourg, pour établir sa taxe, faisait un dénombrement analogue ; il trouva dans la tonne 898 pièces. Cette coïncidence et la conclusion pratique que le magistrat tire de son opération, prouvent que les tonnes, dans lesquelles s'expédiaient les harengs, avaient alors une contenance à peu près uniforme, que nous portons à 900 pièces, en chiffre rond [2].

Le troisième tableau consiste en tarifs officiels. Les deux premiers sont communs, celui de 1503 à la Haute-Alsace, celui de 1623 à la Basse-Alsace. Colmar a fourni ceux de 1636, 1650 et 1715. Le tarif de 1685 a été édicté à Strasbourg. Nous joignons à notre traduction les prix correspondants de 1875, en les prenant à Colmar, parce que cette ville a fourni à notre tableau l'appoint le plus considérable.

Une courte récapitulation résumera ensuite ceux de ces éléments qui se prêtent à une comparaison directe. Ces éléments ne sont, ni assez nombreux, ni assez suivis, pour fournir des conclusions toujours incontestables. Le lecteur remarquera cependant, qu'il retrouve ici assez fidèlement reproduites les fluctuations qu'il a pu constater ailleurs.

1. So *vil gewinnet man an einer halben tunnen*.
2. Aujourd'hui on compte 250 pièces à un quart de tonne de Hollande, soit 1000 p. à la tonne ; et 230 pièces au quart de France, soit 920 pièces à la tonne.

PRIX EN ₰.

Année.	LA LIVRE.			LA PIÈCE	LE CENT.		
	Brochet.	Carpe.	Saumon.	Truite.	Écrevisses.	Grenouilles.	Escargots.
1503	5	5					
1553-80 Hôp. de Str.			10				
1585 Gr. Chapitre				10	40		
1595 »					40—76		
1601 »					48		19
1602 »				6			12
1603 »					60		13
1620 »					80		
1623 Basse-Alsace	16	14					
1627 Gr. Chapitre				8	80		
1631 »					96		12
1636 Colmar	35	27			120		32
1646 »					60		
1650 »	16	25	30		40		
1660 Engelport			14				
1670 Munster			15				
1672 Engelport		12					
1685 Strasbourg	64	76	80		192—480		
1695 Thierenbach				18			
1702 Colmar		60					
1703 Pairis	72	54		14			
1704 Engelport							50
1705 »							78
1706 »				30			96
1707 »		54					
1714 Unterlind.				32			59
1715 Colmar	80	96					
1717 Thierenbach		60				42	
1718 »		54					
1721 Unterlinden		64					70
1722 »							35
1725-26 »							40
1729 Thierenbach		53					60
1731 Unterlinden		66				66	40
1732 Thierenbach		54		36		53	
1734 »		62					
1735-36 »		73					
1739 »		56				40	42
1740 Engelport		84		24			
1741 Thierenbach	120	60			120	48	
1742 Dom. Colmar	156	72	120	28		60	36
1743 »		76	132	24		72	64
1744 »		96		42		66	54
1745 »		90	144	31	200	54	42
1746 »		80	144	32		96	36
1747 »	144	72	168			51	
1750 »	80	80	96		300	72	
1753 Thierenbach		66	120	36		72	60
1754 »		66	84			72	
1756 »	144	70				60	
1757 »		78				72	72
1759 »		76		105		72	
1763 Pairis			108		480		

PRIX EN FRANCS.

Année.	LE KILO.			LA PIÈCE	LE CENT.		
	Brochet.	Carpe.	Saumon.	Truite.	Écrevisses.	Gre-nouilles.	Escar-gots.
1503	0 fr.42	0 fr.42					
1553—1580			0 fr.90				
1585				0 fr.40	1 fr.60		
1595					1,42—2,72		
1601					1 61		0 fr.64
1602				0 20			0 41
1603					2 05		0 44
1620					1 80		
1623	1 04	0 91					
1627				0 26	2 52		
1631					3 10		0 39
1636	1 69	1 31			2 90		0 99
1646					1 45		
1650	0 73	1 06	1 37		0 90		
1660			0 90				
1670			0 99				
1672		0 79					
1685	1 14	0 96	1 20		1,34—3,34		
1695				0 11			
1702		0 67					
1703	0 85	0 64		0 08			
1704							0 30
1705							0 43
1706				0 18			0 56
1707		0 65					
1714				0 14			0 25
1715	0 74	0 88					
1716—1717		0 58				0 fr.20	
1718		0 63					
1721		0 36					0 20
1722							0 10
1725—1726							0 20
1729		0 45					0 30
1731		0 55				0 27	0 17
1732		0 45		0 15		0 23	
1734		0 53					
1735—1736		0 61					
1739		0 48				0 25	0 18
1740		0 70		0 11			
1741	1 00	0 50			0 50	0 20	
1742	1 30	0 60	1 00	0 12		0 25	0 15
1743		0 63	1 10	0 10		0 30	0 27
1744		0 80		0 18		0 28	0 22
1745		0 75	1 00	0 14	0 83	0 22	0 17
1746		0 67	1 20	0 13		0 40	0 15
1747	1 20	0 60	1 20			0 21	
1750	0 67	0 67	0 40		1 25	0 30	
1753		0 35	1 80	0 15		0 30	0 25
1754		0 55	0 70			0 30	
1756	1 20	0 59				0 25	
1757		0 65				0 30	0 30
1759		0 64		0 67		0 30	
1763			0 91		2 00		

PRIX EN FRANCS DES POISSONS.

Année.		LE KILO.			LA PIÈCE	LE CENT.		
		Brochet.	Carpe.	Saumon.	Truite.	Écrevisses.	Grenouilles.	Escargots.
1764			0 fr.70	0 fr.85	1 fr.35		0 fr.35	
1766			0 70		0 80		0 44	
1769			0 80	2 00	1 35		0 45	
1770		1 fr.31			0 85		0 45	
1771	Thierenbach			1 20		0 fr. 80		
1773	»			1 50		0 40	0 42	
1775	»			1 50				
1776	»				6 60	2 00		
1777	Pairis	1 00	0 85				0 40	
1778	»		0 85	1 60			0 40	0 fr 30
1779	»		0 85				0 50	
1780	»		0 85	1 80		4 00	0 50	
1783	»		0 93	1 60				
1785	Oelenberg		0 70					
1791	»	1 20						
1792	»		0 80					0 60
1840	Strasbourg	1 80	1 50	5 00	4 00	2,00 à 25,00		
1841	»	1 80	1 50	5 00	4 00	2,00 25,00		
1842	»	2 00	1 50	5 50	4 00	2,00 25,00		
1843	»	1 70	1 50	5 50	4 20	2,00 25,00		
1844	»	1 90	1 50	6 50	4 20	2,50 30,00		
1845	»	1 80	1 60	5 50	4 20	2,50 30,00		
1846	»	2 00	1 60	5 50	4 50	2,50 30,00		
1847	»	2 20	1 60	6 00	4 50	2,50 30,00		
1848	»	2 00	1 50	5 00	4 00	2,00 20,00		
1849	»	2 40	1 60	6 00	4 50	2,50 30,00		
1850	...»	2 40	1 80	6 00	4 50	2,50 30,00		
1851	»	2 60	1 80	6 50	5 00	2,75 30,00		
1852	»	2 80	1 90	6 50	5 00	3,00 35,00		
1853	»	2 80	2 00	6 00	5 50	3,00 35,00		
1854	»	2 50	2 00	6 50	5 50	3,50 35,00		
1855	»	2 70	2 00	5 00	5 50	3,50 40,00		
1856	»	2 80	2 00	5 50	5 50	4,00 40,00		
1857	»	3 00	2 00	5 50	6 00	4,00 40,00		
1858	»	3 20	2 10	6 00	6 00	4,00 40,00		
1859	»	3 00	2 20	5 50	6 00	5,00 40,00		
1860	»	3 40	2 10	5 50	6 50	5,00 40,00		
1861	»	3 30	2 10	5 20	6 50	6,00 40,00		
1862	»	3 50	2 20	5 00	6 50	6,00 40,00		
1863	»	3 20	2 20	5 00	7 00	6,00 40,00		
1864	»	3 20	2 20	5 50	7 00	7,00 40,00		
1865	»	3 50	2 30	5 50	7 00	7,00 40,00		
1866	»	3 50	2 30	6 00	7 00	8,00 40,00		
1867	»	3 50	2 40	6 00	7 50	8,00 40,00		
1868	»	3 50	2 40	5 50	7 50	8,00 40,00		
1869	»	3 50	2 40	5 50	7 50	10,00 40,00		
1870	»	3 00	2 00	5 00	7	5,00 20,00		
1871	»	3 30	2 30	5 50	7 50	10,00 40,00		
1872	»	3 30	2 30	6 00	8 00	10,00 40,00		
1873	»	3 50	2 20	6 50	8 00	10,00 40,00		
1874	»	3 00	2 20	6 00	8 00	10,00 40,00		
1875	»	3 50	2 40	6 00	8 00	10,00 40,00		

PRIX DES POISSONS DE MER.

Année.		EN d. ANCIENS.			EN FRANCS.	
		Harengs la tonne	Hareng la pièce	Stockfisch la pièce	Hareng la pièce	Merluche la pièce
1417	Œuvre N.-D.		6/5		0 fr.08	
1418	»		4/3		0 09	
1421	»	1092	7/6		0 07	
1423	»	1200	6/5		0 075	
1424	»	1014			0 07	
1425	»	684			0 05	
1426	S. Jean Schl.	1014	4/3		0 08	
1430	»	900			0 06	
1437	»	1008			0 07	
1438	Œuvre N.-D.	828			0 057	
1439	»	1134			0 075	
1444	»	900			0 06	
1445	»	876			0 06	
1450	»	636			0 04	
1459	»	822			0 055	
1461	»	726			0 05	
1462	»	630			0 04	
1463	Clingenthal	816			0 055	
1472	S. Arbogast	726			0 05	
1475	Œuvre N.-D.	774			0 05	
1478	Hôp. Colmar	882	1		0 06	
1484	S. Jean Schl.	756	1	9	0 055	0 fr.50
1492	Œuvre N.-D.	888			0 058	
1501	»	714			0 013	
1502	S. Pierre-le-v.	792			0 045	
1507	Œuvre N.-D.	744		7 1/6	0 043	0 36
1509	»	756		6	0 043	0 30
1513	»		1		0 05	
1516	S. Pierre-le-v.	786			0 043	
1523	Dom. de Str.	1440		10	0 08	0 48
1524	Œuvre N.-D.		48/25		0 09	
1526	Dom. de Str.		27/25		0 041	
1531	Œuvre N.-D.	948		8	0 05	0 38
1536	S. Pierre-le-v.	1164			0 06	
1539	Œuvre N.-D.	1011			0 054	
1545	Hôp. de Str.		1		0 045	
1548	»	1260	5/3	7 1/2	0 11	0 34
1549	»		6/5		0 055	
1550	»		19/16	8	0 045	0 36
1551—1558	»		1	10	0 045	0 44
1559	»		6/5	12	0 05	0 51
1562	»		11/10	12	0 015	0 51
1563—1564	»	1092	2/3	12	0 06	0 51
1565	»		4/3	12	0 06	0 51
1573	Strasbourg.	2400	2/3	12	0 115	0 51
1574	»		5/2	12	0 105	0 51
1576	»		7/2		0 06	
1578	»	1638	7/4		0 07	
1583	»		3/2	8	0 06	0 32
1591	»		3/2	8	0 06	0 32
1594—1599	»		5/2	20	0 09	0 71

PRIX DES POISSONS DE MER.

Année.		Hareng la pièce (EN d.)	Stockf. la *ℓℓ.* (EN d.)	Bolchen la *ℓℓ.* (EN d.)	Hareng la pièce. (EN FRANCS.)	Merluche le kilo. (EN FRANCS.)	Morue le kilo. (EN FRANCS.)
1601	Grand Chap.	3	13		0 fr.10	0 fr.95	
1602	»	5/2	14		0 09	1 02	
1604—1612	Strasbourg	5/2			0 084		
1614—1617	»	3			0 10		
1618—1620	»	7/2			0 105		
1624	»	3	24		0 10	1 64	
1625	»	3			0 10		
1626	»	3			0 10		
1628	»	4	16		0 13	1 10	
1630	»	5			0 16		
1631	»	4			0 13		
1633	»		34			2 33	
1635	»	7			0 22		
1650	»	3	16		0 10	1 10	
1663	Engelport	6	19		0 13	0 82	
1665	»		22			0 95	
1669—1672	»		24			1 04	
1693	Thierenbach	18	81		0 12	1 06	
1694	»		111			1 32	
1695	»		87			1 04	
1696	»	18	84	112	0 11	1 00	1 fr.32
1701	»		84			1 03	
1702	»	16	100	80	0 09	1 12	0 90
1703—1705	Pairis		115	96		1 36	1 14
1706—1708	Thierenbach		112	96		1 30	1 12
1710	Unterlinden		119			1 03	
1711—1712	»		100			0 92	
1713	»	36		93	0 15		0 76
1715	»		92	88		0 84	0 81
1716	Thierenbach		80	72		0 77	0 70
1717—1718	Unterlinden		66			0 64	
1719	»	24	120		0 08	0 84	
1721	»	27	124		0 08	0 69	
1724	»		116	96		0 79	0 66
1730—1731	»	24	72	72	0 10	0 60	0 60
1741	Thierenbach		82			0 68	
1742—1743	»	18	73	88	0 075	0 60	0 73
1746	Dom. de Colm.	18	70	84	0 075	0 58	0 70
1747	»	20		81	0 08		0 675
1748	»			90			0 75
1750	Thierenbach	18	78	72	0 075	0 65	0 60
1751	»	15	72		0 063	0 60	
1752	»		77	80		0 64	0 67
1753	»			84			0 70
1754	»		77			0 64	
1755	»		78	88		0 65	0 73
1756	»		72			0 60	
1760	»	20			0 084		
1761	Pairis	12	78		0 05	0 65	
1765	Thierenbach	16		84	0 067		0 70

PRIX DES POISSONS DE MER.

Année		EN FRANCS.		
		Hareng la pièce.	Merluche le kilo.	Morue le kilo.
1766	Thierenbach		0 fr. 60	
1767	»	0 fr.063	0 83	
1768	»		0 78	
1769	»	0 075	0 88	
1770	»	0 063		0 fr 725
1771	»	0 075		0 60
1775	»		0 90	
1776	»	0 075		
1792	Oelenberg		1 00	
1822	Strasbourg	0 15		
1823	»	0 15	1 95	0 80
1824	»	0 15	0 87	0 80
1825	»	0 15	0 90	0 78
1826	»	0 15		0 78
1827	»	0 15		0 91
1828	»			0 81
1834	»	0 15		
1836	»	0 15		
1844	»	0 15	1 20	
1847	»	0 15		0 80
1848	»	0 15	1 15	0 80
1849	»	0 10	1 13	0 80
1850	»	0 10	1 35	0 80
1851	»	0 10	1 17	0 80
1852	»	0 10	1 11	0 80
1853	»	0 15	1 10	0 80
1854	»	0 15	1 15	0 80
1855	»	0 15	1 35	0 80
1856	»		1 16	
1857	»	0 15	1 45	
1858	»		1 45	
1859	»		1 45	
1860	»		1 55	
1861	»		1 20	
1862	»		1 20	
1863	»	0 10		
1864	»	0 10	1 25	
1865	»	0 10		
1866	»	0 10	1 05	
1867	»	0 10	0 90	1 20
1868	»	0 10	0 90	1 20
1869	»	0 10	0 92	1 20
1870	»	0 10	1 00	1 20
1871	»	0 10	0 98	1 20
1872	»	0 10	1 09	1 20
1873	»	0 10	0 98	1 20
1874	»	0 10	0 96	1 20
1875	»	0 10	0 95	1 20

TARIFS OFFICIELS DE COLMAR.

	LA ℔. EN δ.						LE KILO EN FRANCS.					
	1503	1623	1636	1650	1685	1715	1503	1623	1636	1650	1685	1715	1875
carpe	4-6	14	24-30	25	72-80	96	0,42	0,91	1,31	1,15	1,14	0,88	1,00--2,00
brochet	1-6	16	30-40	16	64	80	0,42	1,04	1,69	0,78	0,96	0,74	1,50--3,00
perche	4	12	25	16	64	60	0,34	0,78	1,21	0,73	0,96	0,55	0,80--2,00
brosme	4	12		16	64	60	0,34	0,78		0,73	0,96	0,55	
rubellion	4			20	48	60	0,31			0,90	0,72	0,55	
eglingen	3						0,25						
poisson blanc	3	8		8	32		0,25	0,52		0,37	0,48		0,30--0,80
barbe		12		15	48	60		0,78		0,68	0,72	0,55	0,80--1,60
furn		12		16				0,78		0,73			0,60--1,40
nase		8	20	8	32			0,52	0,97	0,37	0,48		
anguille			30	20	80	60			1,45	0,90	1,20	0,55	1,80--3,00
barbotte			30	20	80	60			1,45	0,90	1,20	0,55	
tanche			30	20	80	60			1,45	0,90	1,20	0,55	1,00 -2,60
saumon				30	80					1,37	1,20		3,00--7,50
becquart				16	72					0,73	1,08		1,80--3,00
écrev. le cent			120		480				2,90		3,34		2,00-50,00
» petites »			60	40	192				1,54		1,94		
loches, le cent		24					1,55		1,80				
» le pot			1.0	100	288	320			2,62	2,27	2,00	1,47	

RÉCAPITULATION.
PRIX DES POISSONS EN FRANCS.

Années.	LA PIÈCE	LE KILO.						LE CENT.
	Hareng.	Merluche.	Morue.	Brochet.	Carpe.	Saumon.	Truite.	Écrevisses.
1401—1425	0 fr.072							
1426—1450	0 063							
1451—1475	0 05							
1476—1500	0 058							
1501—1525	0 055			0 fr.42	0 fr.42			
1526—1550	0 058							
1551—1575	0 066					0 fr.90		
1576—1600	0 08					0 90		1 fr.91
1601—1625	0 10	1 fr.20		1 04	0 91			1 83
1626—1650	0 14	1 51		1 21	1 18	1 37		2 52
1651—1675	0 13	0 98			0 79	0 95		
1676—1700	0 115	1 10	1 fr.32	1 06	0 92	1 11		
1701—1725	0 10	1 01	0 965	0 80	0 63			
1726—1750	0 08	0 62	0 64	1 05	0 60	1 03		0 86
1751—1775	0 066	0 71	0 68	1 27	0 65	1 13	1 fr.03	1 06
1776—1800	0 07	1 00		1 10	0 81	1 67	0 60	3 00
1801—1825	0 15	0 91	0 79					
1826—1850	0 14	1 21	0 82	2 00	1 56	6 00	4 24	2 27-28,18
1851—1875	0 11	1 14	1 00	3 18	2 16	5 71	6 66	6 23-38,60

CHAPITRE VI.

LES LÉGUMES.

Légumes de l'Alsace — Légumes verts. — Farineux. — Légumes secs. — Riz. — Riz économique — Vermicelles. — Choucroute. — Navets. — Pommes de terre. — Prix des légumes.

« L'alimentation du xvie siècle, on ne peut en douter, représente assez exactement ce que fut celle de tout le moyen-âge, et même des temps antérieurs. La carte des légumes y est très-riche et très-variée. Chaque saison de l'année apporte son tribut. Le printemps d'alors, comme le nôtre, donnait des épinards, la bette, le jeune choux frisé, la laitue, la buglosse, la bourrache, l'oseille, les chicorées, l'acanthe, le pissenlit, dont les feuilles, ainsi que celles du pavot et du navet d'hiver, étaient servies en légume. Un mets étrange pour nous, délicat alors, était la feuille de la violette de mars mêlée avec la jeune ortie, et ce qui valait mieux, je crois, les laiterons et les premières pousses du houblon sauvage. Au-dessus de tout dominaient l'asperge et la raiponce.

« Avec l'été, arrivaient les racines de persil, les carottes, les charvis, les navets doux, les raves et radis, surtout le radis noir, les pois verts en cosses, les jeunes haricots verts, le seigle et l'épeautre dont on mangeait les grains verts en légume. L'automne apportait les choux blancs, les gros navets, les concombres, les citrouilles, et, sur la fin du seizième siècle, la précieuse solanée empruntée au Nouveau Monde. Au temps des vendanges se faisaient les compotes de gros fruits, la marmelade de raisin avec le miel pour condiment. Enfin, l'hiver complétait cette riche nomenclature en y ajoutant toute la famille des légumes secs, tels que pois, vesces, lentilles, fèves, haricots. C'est aussi dans cette saison que l'on mondait l'orge et l'avoine, qu'on préparait le millet, qu'on s'approvisionnait de moutarde et de raifort pour assurer les sauces d'hiver...

« Faut-il des justifications et des preuves pour faire admettre que le chènevis était anciennement mangé comme légume? que les racines de gyrole était un mets familier aux gens de travail? Les racines et les jeunes feuilles de bistorte étaient une délicatesse. On ne trouve que très-tard des mentions de l'artichaut, des choux-fleurs et des choux rouges. C'est que l'artichaut apporté en France par Louis XII, n'est arrivé en Alsace qu'avec les fonctionnaires français [1]; le chou rouge n'est connu que depuis le seizième siècle, et le chou-fleur depuis le voyage royal de 1744. »

Au lieu de refaire nous-même cet inventaire, nous avons préféré l'emprunter à la plume si compétente de M. Gérard [2]. Il nous est impossible toutefois de parcourir, comme économiste, la vaste carrière qu'il ouvre devant nous.

On conçoit en effet que les légumes verts ne soient presque jamais indiqués dans les comptes d'une manière utile pour la statistique. Leur prix varie singulièrement, selon qu'ils s'achètent comme primeurs ou à une époque plus avancée de la saison. Or cette question de temps n'est pas facile à constater. En second lieu on les cherche au marché par quantités qu'on

---

1. Cette assertion n'est pas exacte. Chaque année le Grand-Chapitre de Strasbourg envoyait des délégués, qui vérifiaient sur place les comptes de ses vastes dépendances. Un diner accompagnait naturellement ces vérifications, et les dépenses qu'il occasionnait étaient portées en compte au Grand-Chapitre. Nous avons rencontré quelques unes de ces notes pour la fin du xvie et le commencement du xviie siècle. Elles mentionnent plusieurs fois l'artichaut, même dans des localités de médiocre importance. Exemples : 1601 : 4 *grose artischog* 61 ð. ou 2 fr. 08
      1616 : 24 *artischoch*   8 β.   3   02
      1627 : 12 *artischohe*   16 β.   6   26
Ce n'était pas toutefois, on le voit, un légume à la portée des petites bourses. Il ne devint même jamais populaire. En 1755, les dominicains de Colmar payaient encore 70 s. ou 3 fr. 50 pour 12 *artischocken*.
Déjà en 1580, le comte de Ribeaupierre, séjournant à Strasbourg pendant la foire de la S. Jean, y mangeait des *ardescho*.

2. L'ancienne Alsace à table, pages 12 et 13.

oublie de préciser, avec d'autres denrées, dont le prix se confond avec le leur dans une même somme. Nous avons dû renoncer pour eux à toute velléité d'évaluation, même approximative.

Il a fallu nous rabattre sur les légumes secs et les farineux.

Sur le prix de la farine d'avoine, du millet, de l'orge mondée, nous n'avons que des renseignements peu suivis. Nous les donnons néanmoins, tout en avouant qu'ils ne sauraient servir de base à des conclusions sérieuses. Aux calculs cités plus haut (p. 113 et 114) pour les taxes des fariniers, ajoutons que pour monder un rézal d'orge, on payait à Strasbourg 24 d. en 1488 et 18 d. en 1489, soit 1 fr. 13 et 0 fr. 85 l'hectolitre.

FARINEUX.

Pour les légumes secs, les pois et les fèves surtout, nous pouvons nous appuyer depuis 1700 sur les mercuriales de Strasbourg, qui ne présentent que fort peu de lacunes. Antérieurement, nos chiffres sont fournis par S.-Étienne, Ste-Catherine, l'hôpital de Strasbourg. Ce n'est qu'au xviie siècle que nous avons dû recourir aux abbayes haut-rhinoises de Pairis, de Munster, d'Oelenberg, d'Engelport et de Thierenbach.

LÉGUMES SECS.

Aux mercuriales de Strasbourg nous avons ajouté celles de Mulhouse pour les années 1824—1875, et les prix payés par l'hôpital de Strasbourg de 1806 à 1812, et de 1840 à 1875. Ces derniers présentent une moyenne plus élevée, parce qu'ils supposent une préparation qu'on ne demande pas sur le marché.

C'est encore au Haut-Rhin, aux Dominicains de Colmar, aux Unterlinden, à Oelenberg, à Thierenbach, à Engelport, que nous empruntons presque tous nos renseignements sur le riz pour les deux derniers siècles. Le Grand-Chapitre et l'hôpital de Strasbourg nous ont fourni quelques données plus anciennes.

RIZ.

Pendant quelques années du xvie siècle, la ville de Strasbourg achetait elle même du riz en gros, et le revendait en détail à ses habitants. A cette occasion ses livres renferment quelques calculs qui peuvent être intéressants pour l'histoire du commerce.

En 1582 on offre 400 *saum* (80000 kilos) [1] livrés à Lucerne,

---

[1]. D'après une note de 1572 le *saum* valait 2 sacs de 2 quintaux passés. *200 saum reiss oder 400 säck, so über 800 centner anlaufen.*

Le *saum* coûte	7 *ll.*	les 100 kilos 33 fr.	78
frais de chargement et décharge-			
ment à Lucerne	30 *ß.*	0	60
transport par eau de Lucerne à Bâle	12 *ß.*	2	90
frais à Bâle	30	0	60
transport par eau de Bâle à Strasb.	8	1	93
douane de Brisach	30	0	80
frais à Strasbourg	30	0	60
total	8 *ll.* 10 *ß.*	41	21

Il paraît qu'on usait encore d'une autre espèce de riz, produit du pays. Au Herderhof de l'hôpital de Strasbourg, celui-ci se payait 32 *ß.* le boisseau, tandis que la même quantité de riz étranger coûtait 10 *ß.* ou 120 *ß.* (1553, 1554). Il descendit même à 8 *ß.* en 1569 et 1573.

Riz Économique. Pendant la cherté de 1770, le magistrat de Strasbourg recommanda à ses administrés l'emploi d'un *riz économique*, dont il indique avec soin la formule et la préparation.

Pour obtenir 444 *ll.* de ce riz on prend :

Ris	20 *ll.*	
Pommes de terre 72 *ll.*,	60	préparées
Pain de froment . . .	20	
Carottes	14	
Citrouille ou potiron .	10	
Navets	15	
Beurre fondu.	4	
Sel	4	
Eau	297	

Si l'on veut moins de ris, on diminue à proportion la quantité de ces divers ingrédients.

Observations. On fera bouillir sept seaux d'eau (le seau à raison de huit pots) dans une grande Marmitte, ou encore mieux sur un fourneau, qui économise le feu.

Prenez un seau de cette eau bouillante pour en laver le Ris à deux reprises; Rincez-le ensuite à l'eau fraiche. En supposant qu'on allume le feu à 4. heures après midi, à 6. on mettra le Ris dans la marmitte : on le fera cuire à petits bouillons, parce que autrement il brûleroit. Vers 9. heures on aura soin d'examiner si le feu est suffisant pour faire mitonner le Ris toute la nuit. Cette légère ébulition rend d'autant plus sain cet aliment que la partie glutineuse en est totalement détruite, comme dans les crèmes de ris d'orge préparées pour les malades.

Le lendemain à 6. heures du matin on rallumera le feu, et l'on mettra dans le Ris toutes les matières préparées de la veille.

Pour préparer les Pommes de terre, faites-les tremper une demie heure dans l'eau chaude; agitez-les ensuite avec un balais ras ou usé, afin d'en ôter exactement toute la terre. Rincez-les à l'eau fraiche; faites-les cuire et les couvrez, afin que l'eau surnageant, elles cuisent également.

Lorsqu'elles seront cuites, ôtez la chaudière de dessus le feu : inclinez-la, en contenant les pommes de terre avec le couvercle, pour verser ainsi toute l'eau : jetez-les ensuite toutes chaudes dans un mortier, ou autre ustensile suffisant pour les contenir : pilez-les sur le champ, autrement il y auroit de la perte : réduisez-les en bouillie le plus exactement qu'il sera possible : versez-y un seau et demi d'eau : délayez, broyez et passez-les à la passoire, en y ajoûtant à peu près un seau et demi d'eau tiède.

On fera cuire les Navets, ratissés et coupés à l'ordinaire, pendant une heure et demie au plus, parce qu'ils rougiroient : on les retire de l'eau avec une écumoire : on les pile et réduit en bouillie, sans passer, on jette l'eau ; l'expérience a prouvé qu'elle n'étoit pas bonne.

Les Carottes ratissées et coupées par rouelles, et le Potiron mondé et coupé par tranches seront cuits dans un seau d'eau. On les pile ensuite; on les délaye, et passe avec leur eau, qui est douce et agréable.

Les Carottes suppléent livre pour livre au défaut de Potiron et de Navets.

On mettra donc dans le Ris toutes ces matières préparées de la veille, et 4. livres de beurre fondu, et 4. livres de sel dissous dans l'eau chaude. On remue avec une spatule de bois, afin de bien mêler le tout ensemble, qu'on fait mitonner.

Une demie heure avant de servir ce ris, on met dans la marmite 20 livres de pain de froment rassi et coupé par tranches. On a soin de remuer ce mélange. Ce ris préparé produit 418 à 425 livres de nourriture. Au-dessus ou au-dessous de ces deux termes il est trop clair ou trop épais.

On distribue ce ris avec une grande cuillière, contenant chopine mesure de Paris, pesant un peu plus d'une livre. Ce ris tout préparé ne revient pas à un sol la livre.

L'expérience de trois mois a constaté que chaque portion suffit, à peu de chose près, à la nourriture d'une personne.

Cette nourriture se conserve et on en a mangé du 4e, et du 5e jour, sans qu'elle eût souffert la moindre altération. On aura soin seulement de la mettre dans des vases de terre, et de la faire réchauffer à petit feu, en y mêlant un peu d'eau avant que d'en faire usage.

Ce ris est aussi une nourriture convenable pour les enfants: on le rend plus ou moins léger, selon l'âge, en y mettant plus ou moins d'eau : on n'y ajoute ni beurre ni pain : on leur substitue, une heure avant la distribution, un demi septier de lait sur trois poissons.

Les enfans à qui on en a donné agés de 6 à 18 mois, paraissent le préférer aux autres aliments, et surtout à la bouillie, composée de farine délayée dans du lait, qui occasionne les deux tiers des maladies de l'enfance.

Pour le prix du riz dans notre siècle, nous possédons deux sources d'informations, les adjudications de l'hôpital de Strasbourg et les livres d'un ancien marchand épicier, M. Ph. Lienhart. Le lecteur trouvera plus loin les deux séries de renseignements.

Reconnaissons toutefois que l'une et l'autre présentaient certaines obscurités, qu'il ne nous a pas été donné d'écarter entièrement. Il existe en effet plusieurs espèces de riz. Aujourd'hui par exemple, il se rencontre à Strasbourg du riz

péghu,   qui coûte de 36 à 38 fr., les 100 kilos
aragon,   »   42
moulmain,   »   45
de Piémont,   »   46 à 48
rizon glacée A,   »   58
caroline,   »   90

A d'autres époques, d'autres espèces figuraient encore sur notre place. Entre ces diverses qualités on a hésité et varié souvent, non-seulement dans la bourgeoisie, mais même aux hospices de Strasbourg. De là des variations de prix, qui ne correspondent pas toujours à une hausse ou à une baisse de la denrée. Nous avons cherché à éviter les chiffres extrêmes, de manière à refléter aussi exactement que possible la consommation ordinaire et moyenne.

Nous en dirons autant des vermicelles. On distingue ordinairement trois espèces de pâtes,

les marchandes, qui coûtent 62 fr. les 100 kilos;
les Afriques,   »   72   »
les Taganrock.   »   82   »

en détail, 0 fr. 80, 1 fr. 00 et 1 fr. 20 le kilo.

Nous n'avons guère rencontré cette denrée dans le passé. C'est donc en vue de l'avenir surtout, et des comparaisons que l'on voudra établir plus tard, que nous avons noté le prix des vermicelles d'après l'hôpital de Strasbourg et les registres de M. Lienhart.

En puisant aux sources indiquées plus haut (p. 227), nous avons pu réunir des éléments assez nombreux sur la valeur historique des Choux, ce mets national de l'Alsace. Ils occupaient une large place dans l'alimentation de nos pères. Le *gumpesttag*, le jour où se faisait la choucroute, était une fête pour les familles, et dans les établissements publics, il se célébrait par un *duplex* spécial [1]. C'était du reste alors une opération assez longue et surtout fort coûteuse. Aujourd'hui quelques poignées de sel et quelques baies de génévrier en sont presque l'unique condiment. Il n'en était pas de même autrefois. On en jugera par quelques citations, éloquentes malgré leur laconisme :

1165 [2] : 100 choux, 4 β. (2 fr. 88); pour les bouillir 4 β.; pour assaisonnement, raifort, cerfeuil, persil, racines et anet 42 δ. (2 fr. 52).
1176 [1] : 100 choux, 3 β. (2 fr. 07); raifort et assaisonnement 1 β. (0 fr. 70).
1192 [1] : 325 choux, 7 β. (4 fr. 48); pour les échauder et accessoires 62 δ. (3 fr. 31).
1502 : 400 choux, 13 β. (8 fr. 06); pour les bouillir et accessoires, 53 δ. (2 fr. 75).

La préparation de la choucroute et les accessoires (parmi lesquels d'autres comptes énumèrent le *saurach saat*, l'épine vinette), formaient, on le voit, une dépense toujours considérable, parfois plus forte que l'achat même des choux.

A la Choucroute se rattachent naturellement les navets confits. Nous avons rapporté les chiffres, assez rares d'ailleurs, que nous avons rencontrés pour le prix des navets.

NAVETS.

Bien qu'il soit d'un usage relativement moderne, nous devons dire quelques mots de ce précieux tubercule, le pain du pauvre, que nous devons au Nouveau Monde. Si elles n'éclairent que fort peu le passé, nos notes peuvent fournir un point de départ aux économistes de l'avenir.

POMMES DE TERRE.

Dans ses *Notices historiques*, Hermann a rappelé [5], avec quelque hésitation, un texte de Moscherosch, qui, dès 1643, parle de la pomme de terre, comme d'un produit connu en Alsace. Moins préoccupé des traditions reçues, M. Gérard ne craint pas d'affirmer « que la culture de la pomme de terre

---

1. V. à l'hôpital de Strasbourg, comptes des *Guthleuth*, a. 1559. — 12 ½ β. *für fisch den kindern uff iren gumpest tag.*
2. S. Claire de Strasbourg : *umb gereht dar in, merretich, noppen, peterlin, wurtzeln und dille.*
3. S. Arbogast : *mer recht und gerecht dazu 1 β.*
4. Œuvre Notre-Dame.
5. T. I, p. 266—267.

se révèle en Alsace dès la fin du seizième siècle, » et il le prouve par le *Kreuterbuch* de Bock. Il croit cependant qu'elle n'était alors « qu'une curiosité, reléguée au plus profond de nos montagnes des Vosges, où elle passait pour un fruit vil et grossier, plus propre à la nourriture des animaux qu'à l'alimentation des hommes. » A la fin du xviie siècle, cette culture avait acquis assez d'importance pour être soumise à la dîme, qui fut fixée au cinquantième du produit (Arrêt du 19 octobre 1693).

Du Ban-de-la-Roche, où elle fut introduite en 1709, la pomme de terre aurait passé à Strasbourg, grâce au zèle d'un professeur de droit, Jean-Henri Fels. « A chaque voyage qu'il faisait au Ban-de-la-Roche, il rapportait de nombreux et succulents exemplaires, qu'il faisait servir sur sa table et à ses amis. Son zèle le porta même à faire des présents à quelques maisons de grande considération. Bientôt la pomme de terre parut sur les tables aristocratiques du maréchal Dubourg et de l'intendant d'Angervilliers. Sa fortune était décidée. De 1724 à 1730, on la cultiva en grand dans les environs de la ville, et à la faveur du triomphe qu'elle avait obtenu à Strasbourg, elle se répandit promptement dans les autres parties de la province. Ainsi l'Alsace se nourrissait de la pomme de terre, plus d'un demi siècle avant que le courage bienfaisant de Louis XVI l'eût accréditée à Paris, en décorant publiquement sa boutonnière de la fleur du pain des pauvres.»

A cette intéressante notice tracée par M. Gérard, nous devons ajouter les résultats de notre enquête personnelle. En 1625, nous trouvons la pomme de terre sur la table des délégués du Grand-Chapitre, dont nous avons parlé plus haut. Ils dînaient ce jour là à Châtenois. Les *erdöpfel* sont marqués dans leur note, sans aucune mention spéciale, comme une chose ordinaire et connue, entre une livre de gras-double et une livre de riz.

Nous les retrouvons ensuite, pendant le cours du xviie siècle, dans les comptes des couvents, de Thierenbach en particulier. Mais en indiquant le prix payé, ces Comptes négligent de nous faire connaitre les quantités achetées. Cela suffit cependant pour nous apprendre que la pomme de terre servait alors à l'alimentation des hommes et qu'elle figurait même dans des repas de fête.

LES POMMES DE TERRE.

Ce n'est qu'au siècle dernier que nous sommes pleinement édifiés sur la valeur commerciale du nouveau légume. Voici ces renseignements, avec l'indication des localités qui nous les ont fournis :

1719 : Unterlinden de Colmar,	le boisseau à	41 rappen, l'hectol. à	2 fr. 00
1730 : »	le sac à	33 sols	1 47
1739 : Engelport à Guebwiller,	7 sacs à	10 l. 13 s.,	1 30
1740 : »	4	7	1 50
1741 : »	1	40—45 s.	1 83
1748 : Oelenb., près Mulhouse,	1	45 s.	1 91
1749 : »	16	18 s. chacun	2 07
1750 : »	26	26 ¹/₃ s. »	1 11
1751 : Rouffach, dîme,	1	30 s.	1 37
1752 : »	1	20	0 91
1752 : Dominicains de Colmar.	le bois.	15	4 00
1753 : Thierenbach,	1 sac	6 l.	5 16
1778 : Mulhouse,	le bois.	18 s.	1 65
1792 : Oelenberg,	le sac	66	2 84
1766 : hôpital de Strasbourg,	le sac	40—68 s.	2 11
1797 : »	»	44—66	2 15
1798 : »	»	61—72	2 93
1799 : »	»	50—89	2 fe 99
1800 : »	»	39	1 66

Pour notre siècle, on trouvera plus loin les résultats des mercuriales officielles.

En 1797, l'hôpital de Mulhouse consommait 950 sacs, plus de 1100 hectolitres, de pommes de terre.

Année.	Boisseau far. d'av.	Rezal de navets	fl. de riz	Déca'. far. d'av	Hecto'. navets.	Kilo riz,
1115 Œ.-N.-Dame	26 d.			0 fr.92		
1116 »	21			0 85		
1419 »	24	3 d.		0 85	0 fr.17	
1120 »	22			0 78		
1121 »	26			0 83		
1426 »	22			0 70		
1162 »		15			0 77	
1172 S. Arbog.	32		8 d.	0 91		0 fr 99
1478 »		4 ¹/₂			0 22	
1489 S. Claire			6			0 69
1190 »	21			0 66		
1191 S. Arbog.		7			0 32	

LÉGUMES SECS.

Année.	BOISSEAU EN δ.			Rezal. Navets en δ.	ᶁ. Riz en δ.	DÉCALITRE.			Hectol. Navets.	Kilo Riz.
	Farine d'av.	Millet.	Orge perlée.			Farine d'av.	Millet.	Orge perlée.		
1501	33					0 fr.88				
1514					3					0 fr.31
1523		18	36		3 ½		0 fr.45	0 fr.90		0 36
1528					4					0 40
1534				15					0 fr.60	1
1549		40	42		4	0 93	0 97			0 36
1550		64			3 ½	1 48				0 32
1551		37	59			0 86	1 37			
1552		72				1 67				
1553		60	20			1 39	0 46			
1555		24	48		5	0 52	1 04			0 47
1557		24	48			0 52	1 04			
1558		24	48			0 52	1 04			
1561			30	12			0 46		0 44	
1562			48				1 06			
1563		80	80			1 76	1 76			
1565		40	40			0 88	0 88			
1569		48	48		7	1 06	1 06			0 63
1570					7					0 63
1578					8					0 68
1580			96				1 99			
1581			144	12			9 99		0 42	
1582			48	12	6		1 00		0 42	0 51
1585			54				1 12			
1588	96					1 fr.85				
1602				36	18				1 07	1 30
1603				63					1 90	
1604				43					1 18	
1608					13					0 86
1619					16					0 92
1620	26					0 50				
1623					72				1 98	
1624					24					1 61
1625					16					1 00
1633					11					0 74
1662					15					0 78
1665					12					0 64
1666					12					0 61
1667					10					0 52
1671					10					0 52
1672					10					0 52
1691				84					1 89	
1692					12					0 62
1693					12					0 62
1694					18					0 86
1697					12					0 58
1698					12					0 58
1700					12					0 58

PRIX DES LÉGUMES.

LÉGUMES SECS.

Année.	LE RÉZAL EN δ.			100 Choux. en δ.	L'HECTOL. EN FRANCS.			100 Choux.
	Pois.	Fèves.	Lentilles.		Pois.	Fèves.	Lentilles.	
1313		54				5 fr.00		
1314		72				6 66		
1315		54				5 00		
1318		58				5 36		
1350		42				3 09		
1351	102	67			7 fr.94	5 21		
1352	144	72			11 21	5 60		
1353		72				5 60		
1354		48				3 74		
1355		54				4 20		
1356		58				4 51		
1358		48				3 74		
1359		48				3 44		
1386	81	43			5 31	2 72		
1387	78	41			4 93	2 59		
1388	87	46			5 45	2 91		
1389		41				2 59		
1390	108	58			6 82	3 66		
1391		54				3 03		
1392		33				2 05		
1393		36				2 23		
1394		62				3 84		
1395		54				3 35		
1396		60				3 72		
1399		42				2 47		
1401		37				2 17		
1402		44				2 59		
1403		51				3 00		
1404		42				2 47		
1405		40				2 35		
1406	72	47			4 23	2 76		
1407	72				4 23			
1409		36				2 12		
1411		48				2 82		
1413	92	51			5 40	3 00		
1414	81	58		48	4 94	3 41		3 fr.28
1415	125	59		48	7 31	3 47		3 28
1416	84	84	180	48	4 94	4 94	10 fr.57	3 28
1417	186	80		48	10 57	4 70		3 28
1418	84	48	120		4 94	2 82	7 05	
1419	68	54		42	4 00	3 17		2 87
1420	71	45		36	4 18	2 64		2 46
1421	96	49		48	5 12	2 61		2 98
1422	96	43	112	50	5 12	2 29	5 97	3 10
1423	170	40			9 08	2 13		
1424		45		38		2 40		2 36
1425	88			39	4 68			2 42

CH. VI. — LES LÉGUMES.

LÉGUMES SECS.

Année.	LE RÉZAL EN δ.			100 Choux. en δ.	L'HECTOL. EN FRANCS.			100 Choux.
	Pois.	Fèves.	Lentilles.		Pois.	Fèves.	Lentilles.	
1426		36		48		1 fr.92		2 fr.98
1427	60	44		32	3 fr.20	2 31		1 98
1428	96	36			5 12	1 92		
1429		59				3 15		
1430	104				5 55			
1431	58	47			2 97	2 42		2 88
1432	96	41			4 95	2 27		2 22
1434		71		48		3 66		3 24
1435	136	108		37	7 01	5 57		
1436				54				3 48
1437		81				4 33		1 86
1438		88		58		1 54		
1439		67		31		3 46		
1440		49				2 53		
1441		58				2 97		
1443		55				2 83		
1414	138	24	108		7 12	1 24	4 18	
1416		42				2 17		
1418		50				2 58		
1449	58	41	54		2 97	2 12	2 09	
1450		38	60			1 96	2 32	
1451	74	36			3 82	1 36		
1458		58				2 89		
1459	144			48	7 43			2 88
1460		114		48	5 88			2 88
1461	100		96	46	5 16		4 96	2 76
1462	78		96	52	1 02		4 96	3 12
1465	120	48	138	48	6 19	2 48	7 12	2 88
1466				26				1 50
1471	144			48	7 08			2 76
1472	96			24	4 72			1 38
1475				29				1 67
1476	96	60		36	3 72	2 94		2 07
1478	98			56	4 82			3 22
1480				48				2 61
1483	93		93	30	4 38		4 38	1 65
1484	113		80	42	5 33		8 47	2 31
1485	126		114	24	5 93		5 37	1 32
1486	168	96	130	72	7 91	1 52	6 12	3 96
1487	70		66	30	3 30		3 10	1 65
1488	196			27	9 20			1 48
1489	180		180	36	8 47		8 47	1 98
1490			120	24			5 46	1 28
1491	72			38	3 28			2 56
1492	108		150	24	4 91		6 83	1 28
1493				30				1 60
1496				18				2 56
1497				36				1 86
1498				48				2 48
1499				24				1 24
1500				40				2 17

LÉGUMES SECS.

Année.	LE RÉZAL EN ∂.			100 Choux. en ∂.	L'HECTOL. EN FRANCS.			100 Choux.
	Pois.	Fèves.	Lentilles.		Pois	Fèves.	Lentilles.	
1501				42				2 fr.17
1502				10				2 07
1503				72				3 72
1504			216	42			9 fr.29	2 10
1505	96			42	4 fr.13			2 10
1506				42				2 10
1507				54				2 70
1508				34				1 70
1509	87			66	3 71			3 30
1510								
1511				30				1 45
1513	84			32	3 50			1 55
1514	114				4 75			
1517	180		113	48	7 50		4 71	2 32
1521			132				5 50	
1523	84		144	48	7 50		6 00	2 32
1526	110				4 11			
1531				66				3 08
1533	196				7 80			
1534	180				7 09			
1537	96				3 78			
1539	240		308	72	9 46		12 14	3 30
1540				144				6 65
1541				42				1 93
1542				60				2 75
1543		84		60		3 fr.31		2 75
1547	264		336		10 21		12 99	
1548	216		108		8 35		4 18	
1549	174	90	114		6 73	3 48	4 11	
1550	210		216		8 12		8 35	
1551	24 β.				11 14			
1552	14 ½				6 73			
1553	18		24 β.		8 35		11 14	
1557	24				10 42			
1558	24				10 42			
1561	19		28		8 37		12 33	
1562	21		21		9 25		9 25	
1563	17		20	8 β.	7 19		8 81	1 08
1564	12		20	8	5 29		8 81	1 08
1565	12		18	6	5 29		7 93	3 06
1569	11	11 β.	12	10	6 17	1 85	5 29	5 10
1573	30	21			13 21	9 25		
1574	20				8 81			

LÉGUMES SECS.

Année.	LE RÉZAL EN β.			100 Choux. en β.	L'HECTOL. EN FRANCS.			100 Choux
	Pois.	Fèves.	Lentilles.		Pois	Fèves.	Lentilles.	
1580	27	15		16	11 fr.20	6 fr.22		7 fr.72
1581	25	25		12	10 37	10 37		5 79
1582	22	20		20	9 13	8 30		9 65
1583	23	23			9 54	9 54		
1585	30	20		20	12 45	8 30		9 65
1589	48	30	38	20	18 48	11 55	14 68	8 93
1590	36	25			13 46	9 35		1,
1591	30	18			11 22	6 73		
1595	36				13 32			
1596	20				7 40			
1597	29	24			10 60	8 77		
1601				36				14 90
1602	36	20		16	12 85	7 14		6 62
1603	29				10 35			
1604	19				6 78			
1613	16	16	16		5 33	5 33	5 33	
1623	60	35	60	40	19 98	11 66	19 98	11 61
1633	40			14	13 32			5 43
1634	60			20	19 20			7 45
1636	140	90	100		44 80	28 80	32 00	
1637	168	120	168		52 33	37 38	52 33	
1643	52				17 16			
1646				40				15 50
1649	20	20			6 66	6 66		
1656		8				2 66		
1661	39				12 99			
1666	1-	16		10	5 65	5 32		3 88
1667			50	12				8 53
1668				10				3 88
1669	32			19	10 66			7 36
1670	18		22	7	6 00		7 32	2 71
1671				10				6 20
1672	20	12	20		6 66	4 00	6 66	
1673				8				3 10
1676		40				13 32		
1679		45		7 ½		14 98		2 91
1690		40				10 80		
1691		45				12 15		
1692		35		20		9 65		6 28
1993	60	50	60		16 20	13 00	16 20	
1695	44				10 78			
1700	45	29		10	11 35	7 21		3 00

LÉGUMES SECS.

Ann.	LE RÉZAL EN β.			fl. Riz.	100 Chouv.	L'HECT. EN FRANCS.			Kilo. Riz.	100 Choux.
	Pois.	Fèves.	Len-tilles.			Pois.	Fèves.	Len-tilles.		
1701	32	23	40			8 fr.25	5 fr.93	10 fr.32		
1702	60	35			11 β.	14 04	8 19			3 fr.04
1703	63	38				15 62	9 42			
1704	55	31		13 δ.	27	12 98	6 32		0 fr.65	7 02
1705	60	35				13 62	7 94			
1706	50	30		13	17	12 00	7 00		0 60	4 81
1707	43	27		13		10 66	6 60		0 63	
1708	40	28		12		9 98	6 88		0 59	
1709	70	48		15		15 05	10 32		0 60	
1710	44	33		20		8 10	6 07		0 68	
1711				18					0 57	
1712	48	35		18		8 26	6 02		0 57	
1714				19					0 65	
1715				17					0 70	
1716				12					0 46	
1717				13					0 50	
1718				12					0 31	
1719				12					0 34	
1720	75	50	80	30		8 10	5 40	8 64	0 48	
1721	60	30		18	26	6 84	3 42		0 40	3 52
1722	48	20		26	15	5 52	2 30		0 35	2 15
1723	42	32	50	12	12	4 98	3 79	5 82	0 30	1 75
1724	47	29		11	10	8 18	5 05		0 37	2 52
1725	52	20				9 31	4 33			
1726	55	27				9 46	4 64			
1727	54	29				9 29	4 99			
1728	43	28				7 40	4 82			
1729	51	23		11		8 77	3 96		0 36	
1730	40	27		12		6 88	4 64		0 40	
1731	47	30	25			8 08	5 16	4 30		
1732	44	28				7 57	4 82			
1733	47	21				8 08	3 59			
1734	59	35		15		10 15	6 02		0 50	
1735	56	40				9 63	6 88			
1736	54	31				9 29	5 33			
1737	54	32		13		9 29	5 50			2 60
1738	60	39		13		10 32	6 71			2 60
1739	56	35		18	12	9 63	6 02		0 60	2 40
1740	55	31		15	23	9 46	5 33		0 50	4 60
1741	60	38	57	16	15	10 32	6 54	9 80	0 55	3 00
1742	55	45		17	25	9 46	7 74		0 55	5 00
1743	55	42			25	9 46	7 22			5 00
1744	57	42			30	9 80	7 22			6 00
1745	59	44		12	25	10 15	7 57		0 40	5 04
1746	70	39	57	12	21	12 04	6 71	9 80	0 40	4 20
1747	66	38	73	15	20	11 35	6 54	12 56	0 50	4 00
1748	57	37	60	15	27	9 80	6 36	10 32	0 50	5 40
1749	60	37	52			10 32	6 36	8 94		
1750	60	42				10 32	7 22			

LÉGUMES SECS.

Ann.	LE RÉZAL EN β.			u. Riz.	100 Choux.	L'HECT. EN FRANCS.			Kilo. Riz.	100 Choux.
	Pois.	Fèves.	Lentilles.			Pois.	Fèves.	Lentilles.		
1751	70	41	45	14 δ.	21 d.	12 fr.04	7 fr.05	7 fr.71	0 fr 45	4 6,80
1752	73	43			18	12 55	7 40			3 60
1753	61	41	65	15	17	10 49	7 05	11 18	0 50	3 40
1754	60	35		13	13	10 32	6 02		0 45	2 60
1755	42	24				7 22	4 13			
1756	43	25				7 40	4 30			
1757	57	31				9 80	5 85			
1758	58	31				9 97	5 85			1.
1759	55	40	60			9 46	6 88	10 32		
1760	66	42				11 35	7 22			
1761	60	35			24	10 32	6 02			4 80
1762	61	41				10 49	6 88			
1763	64	41			20	11 00	7 05			4 00
1764	62	40			16	10 66	6 88			3 20
1765	59	37		14		10 15	6 36		0 45	
1766	57	35		13	26	9 80	6 02		0 45	5 20
1767	53	36				9 12	6 19			
1768	61	41				10 49	7 05			
1769	65	47		18		11 18	8 08		0 60	
1770	86	64		16		14 79	11 00		0 55	
1771	76	52		21		13 07	8 94		0 70	
1772	71	44				12 21	7 57			
1773	69	49			45	11 87	8 43			9 00
1774	55	35				9 46	6 02			
1775	59	42				10 15	7 22			
1776	51	35				8 77	6 02			
1777	63	42		15	25	10 83	7 22		0 50	5 00
1778	67	44		15	10	11 52	7 57		0 50	2 00
1779	64	42				11 00	7 22			
1780	62	40	104		90	10 66	6 88	17 89		18 00
1781	65	41				11 18	7 57			
1782	66	45				11 35	7 74			
1783	69	46			52	11 87	7 91			10 40
1784	73	43				12 55	7 40			
1785	61	46				10 49	7 91			
1786	65	41				11 18	7 05			
1787	71	48				12 21	8 26			
1788	77	47				13 21	8 08			
1789	88	56				15 11	9 63			
1790	87	56				14 96	9 63			
1791	65	48			20	11 18	8 26			4 00
1792	70	53		19	32	12 01	8 94		0 65	6 40
1793										
1794				23					0 75	
1795	29 fr.10	18 fr.04		28		25 05	15 53		0 95	
1796	16 74	11 19		30		11 41	9 63		1 00	
1797	17 00				13 l.	11 63				13 00
1798	18 00	19 00	21 fr.00	21		15 50	16 34	18 06	0 70	
1799										
1800	19 57	12 81				16 85	11 02			

PRIX DES LÉGUMES SECS.

L'HECTOLITRE EN FRANCS.

Année.	STRASBOURG.				MULHOUSE.			
	Pois.	Fèves.	Lentilles.	Pomm. de terre.	Pois.	Fèves.	Lentilles.	Pomm. de terre.
1801	16 fr.61	11 fr.10		2 fr.49				
1802	16 04	12 11		2 93				
1803	4 69	10 41		4 95				
1804	17 17	11 09		1 90				
1805	18 22	11 96		3 01				
1806	16 53	10 70		2 57				
1807	17 64	10 36		1 80				
1808	19 69	11 91		2 50				
1809	16 50	10 32		2 20				
1810	16 60	10 10		2 59				
1811	20 88	12 09		2 50				
1812	22 56	15 16		3 20				
1813	21 13	12 34		2 90				
1814	20 00	20 00	20 fr.00	1 85				
1815	29 82	11 44	18 85	2 40				
1816	24 62	19 16	20 28	4 35				
1817	41 71	35 45	37 70	9 45				
1818	26 43	17 90	25 37	3 60				
1819	20 00	13 48	21 58	2 30				
1820	12 03	14 22	13 30	1 80				
1821	11 17	9 90	10 66	1 72				
1822	15 20	13 65	13 85	2 25				
1823	15 61	13 20	15 81	2 23				
1824	13 28	10 25	12 39	1 78	12 fr.00		9 fr.40	2 fr.16
1825	14 49	12 04	13 23	2 20	13 78		8 70	2 39
1826	17 18	11 20		2 25	20 92		16 42	3 32
1827	15 13	10 63		2 14	20 77		17 04	3 33
1828	16 30	13 30	14 50	2 48	18 95		15 30	2 44
1829	16 80	14 58	15 75	2 72	15 98		14 66	2 00
1830	17 91	13 00		2 82	17 27		14 73	3 00
1831	19 36	13 32	15 50	3 50	18 56		16 75	3 28
1832	22 21	17 01		4 55	21 95		19 50	5 58
1833	17 69	12 93	16 50	2 45	18 59		17 03	3 28
1834	15 12	11 69	16 00	1 78	15 54		12 80	2 47
1835	15 86	12 77		2 62	18 17		14 95	3 13
1836	11 83	11 08		2 46	17 56		15 37	2 75
1837	16 80	11 44		2 41	15 10		15 43	2 43
1838	19 67	13 00		2 51	18 00		15 00	2 81
1839	18 05	13 35		2 98	18 06		15 71	3 26
1840	19 76	21 83	21 00	2 93	19 76	25 fr.20	17 26	1 24
1841	14 86	14 82	17 00	1 75	19 02	22 07	18 56	2 01
1842	19 51	19 30	23 00	3 23	18 50	18 26	16 92	3 76
1843	18 60	16 00		3 57	21 17	23 27	18 72	3 61
1844	15 09	18 41	18 00	2 36	13 71	17 62	12 67	2 83
1845	18 25	21 71	18 50	2 65	14 09	17 09	12 67	2 27
1846	26 20	28 86	27 00	5 33	23 61	23 62	20 23	6 19
1847	33 00	30 00		6 40	34 24	40 00	29 81	4 80
1848	19 00	21 64		2 60	12 79	18 50	12 57	2 79
1849	14 51	14 28	16 50	2 50	11 32	12 92	10 59	2 95
1850	15 09	15 30	17 00	2 95	13 81	15 17	10 79	3 46

CH. VI. — LES LÉGUMES.

L'HECTOLITRE EN FRANCS.

Année.	STRASBOURG.				MULHOUSE.			
	Pois.	Fèves.	Lentilles.	Pomm. de terre.	Pois.	Fèves.	Lentilles.	Pomm. de terre.
1851	17 fr.05	17 fr.60	21 fr.00	4 fr.30	15 fr.55	15 fr.73	12 fr.36	5 fr.45
1852	18 82	20 62		5 10	18 23	18 47	15 30	5 79
1853	24 00	27 54		6 30	21 64	21 76	19 15	7 25
1854	26 25	35 12		7 10	27 42	29 72	28 83	9 66
1855	23 50	26 61		5 60	30 48	27 39	22 69	6 20
1856	19 69	15 54	18 00	5 01	25 75	27 96	17 70	5 79
1857	22 55	17 58		4 80	30 04	30 00	18 57	5 47
1858	22 00	14 95		3 00	30 00	30 00	12 52	2 83
1859	23 95	15 75		3 65	31 01	31 02	20 27	3 37
1860	22 48	16 98	20 00	4 90	36 80	31 31	20 63	5 41
1861	25 25	18 41	20 00	5 47	34 64	29 12	19 14	5 32
1862	20 78	16 81	19 00	4 00	36 00	28 00	19 26	3 2.
1863	17 43	13 48		3 15	27 00	26 00	14 47	2 77
1864	24 00	18 87	22 00	4 51	27 00	26 00	16 74	4 00
1865	21 16	15 24		4 12	27 00	26 02	20 01	4 03
1866	24 00	16 68	18 50	4 00	31 06	28 30		3 77
1867	24 58	21 45		6 35	35 19	30 81	17 00	6 23
1868	18 99	18 48		5 35	36 63	32 96	32 06	4 79
1869	18 99	18 48		4 42	31 93	25 92		3 56
1870	22 85	24 96		6 00	31 07	22 51		6 25
1871	20 45	26 04		6 10	22 32	22 35	20 83	4 39
1872	21 59	26 04		7 43	19 71	19 84	19 22	9 03
1873	23 27	25 31		7 30	31 03	30 36	31 29	8 06
1874	33 73	33 25		4 93	33 47	34 15	40 13	5 71
1875	27 87	25 73	46 45	4 40	41 62	42 16	43 56	4 58

Année.	A L'ÉPICERIE.		A L'HÔPITAL DE STRASBOURG.			
	Kilo riz.	Vermicelles.	Pois cassés.	Haricots.	Lentilles.	100 kilos riz.
1802						70 fr.00
1803						77 03
1804						79 00
1805						90 00
1806	0,80 — 1,03		17 fr.00	23 fr.95	20 fr.00	96 00
1807			24 00	16 25	24 00	85 50
1808			26 00	26 00	36 00	70 00
1809						103 30
1810			18 30	18 30	18 30	78 40
1811			21 85	21 85	21 85	98 00
1812			26 50	26 50	26 50	96 00
1813						72 84
1814						72 00
1815	0 fr.60					78 00
1820	0 60	1 fr.00				
1821	0 60	0 95				57 00
1822	0 65	0 95				58 00
1823						80 00
1824	0 85					68 00
1825	0 75	0 90				77 50

PRIX DES LÉGUMES SECS.

Année.	A L'ÉPICERIE. LE KILO		A L'HÔPITAL DE STRASBOURG.				
			HECTOLITRE			100 KILOS	
	Riz.	Vermicelles	Pois cassés	Haricots.	Lentilles.	Riz.	Vermicelles.
1826	0 fr.70	0 fr.80				64 fr.50	
1827	0 75	0 80				65 25	
1828	0 75	0 90				79 00	
1829	0 80	0 90				71 75	
1830	0 70					64 50	
1831	0 75					64 50	
1832	0 75					61 85	
1833	0 80	1 05				63 85	
1834	0 80					56 50	
1835	0 80					57 90	
1836	0 80					57 00	
1837	0 80	1 10				58 00	
1838	0 80	1 65				58 80	
1839						57 70	
1840			25 fr.24	25 fr.24	25 fr.24	57 45	
1841		0 95				57 25	
1842	0 70					54 70	
1843	0 80	0 95				56 25	
1844	0 80					52 50	
1845			13 50	18 37		49 45	
1846			35 00	35 00		69 50	100 fr.00
1847			35 82	35 82		62 90	90 00
1848	0 65	0 70	23 90	28 00	27 90	57 88	90 00
1849	0 60	0 70	15 00	15 50	18 00	47 94	64 00
1850	0 55	0 70	14 90	15 00	14 70	45 90	61 89
1851	0 50	0 70	14 90	15 00	14 70	45 70	56 85
1852	0 50	0 80	19 80	22 90	18 80	47 94	62 93
1853	0 60	0 90	25 00	29 90	21 90	52 75	63 95
1854	0 55	1 15	26 00	32 00	26 00	57 00	79 00
1855	0 55	1 10	30 00	37 00	37 00	58 00	88 00
1856	0 55	1 10	22 00	22 40	23 00	54 70	92 00
1857	0 47	1 20	19 50	23 00	22 00	55 80	91 50
1858	0 50	1 00	19 75	25 90	22 50	55 40	95 90
1859	0 50	1 00	30 00	25 90	29 50	50 90	58 90
1860	0 50	1 00	29 00	28 00	29 00	49 50	61 70
1861	0 52	1 00	28 50	29 00	29 00	54 65	65 00
1862	0 50	1 00	27 50	26 00	28 00	54 85	75 00
1863	0 50	1 00	20 45	20 50	22 00	52 60	70 00
1864	0 50	1 00	19 00	20 15	17 00	48 90	65 00
1865	0 45	1 00	25 00	25 00	24 00	49 70	64 95
1866	0 45	1 00	28 00	27 00	32 00	48 45	60 00
1867	0 45	1 00	30 75	25 50	27 50	48 20	70 00
1868	0 47	1 20	30 70	25 50	26 70	49 70	80 00
1869	17	1 20	26 20	26 00	27 20	48 00	70 90
1870	.	1 20	26 20	28 50	26 50	44 68	68 00
1871	. .	1 20	37 00	29 50	35 72	44 68	75 22
1872	. 42	1 10	27 25	26 40	31 70	47 00	82 00
1873	0 48	1 10	28 40	24 50	23 00	45 00	75 00
1874	0 50	1 10	31 00	27 75	30 00	44 00	76 00
1875	0 50	1 10	35 00	28 00	32 00	39 70	69 00

RÉCAPITULATION.
PRIX DES LÉGUMES SECS DANS NOTRE SIÈCLE.

Années	L'HECTOLITRE.													LE KILO.	
	STRASBOURG.				MULHOUSE.				HÔPITAL DE STRASBOURG.						ÉPICERIE.	
	Pois	Fèves	Lentilles	Pommes de terre	Pois	Fèves	Lentilles	Pommes de terre	Pois	Fèves	Lentilles	Riz	Vermicelles	Vermicelles	Riz
1801 — 1810	16 fr.97	14 fr.01		2 fr.69					21 fr.32	21 fr.19	24 fr.57	0 fr.83			0 fr.92
1811 — 1820	23 02	17 12	22 fr.44	3 44					24 17	21 17	24 17	0 83		1 fr.00	0 60
1821 — 1830	15 31	12 18	13 74	2 26	17 fr 10		13 fr.75	2 fr.66				0 69		0 89	0 73
1831 — 1840	17 94	13 84	17 50	2 82	18 13		15 98	3 33	25 24	25 24	25 24	0 59		1 06	0 79
1841 — 1850	19 41	20 03	19 57	3 34	18 23	20 fr.85	16 36	3 48	23 02	24 61	20 20	0 55	0 fr.81	0 80	0 69
1851 — 1860	22 03	20 83	20 00	4 96	26 69	26 34	18 80	5 72	23 60	26 20	74 44	0 53	0 75	1 00	0 52
1861 — 1870	21 81	18 29	20 00	4 77	31 75	27 56	19 90	4 39	26 59	25 35	25 99	0 50	0 69	1 06	0 48
1871 — 1875	25 38	27 27		6 03	29 63	29 77	31 01	6 35	32 33	27 23	30 48	0 44	0 75	1 12	0 47
1801 — 1825	18 78	13 61	18 58	2 86					22 28	22 14	23 41	0 79		0 95	0 68
1826 — 1850	18 28	16 06	18 25	2 96	18 50	21 24	16 06	3 28	23 34	24 70	21 46	0 60	0 81	0 88	0 74
1851 — 1875	22 61	21 10	23 11	5 11	29 30	27 51	21 92	5 32	26 51	26 06	26 27	0 50	0 73	1 05	0 50

Comme nous l'avons déjà remarqué, les prix de l'hôpital de Strasbourg sont plus élevés que ceux des mercuriales, parce qu'ils se rapportent à une marchandise de qualité supérieure.

Les prix de Mulhouse dépassent aussi, en général, ceux de Strasbourg. C'est le fait que nous avons déjà constaté pour la viande.

RÉCAPITULATION PAR HECTOL.

Années.	Pois.	Fèves.	Lentilles.	Navets.	Pommes de terre	100 Choux.	Kilo riz.
1301—1325		5 fr.50					
1326—1350		3 09					
1351—1375	9 fr.57	4 51					
1376—1400	5 63	2 93					
1401—1425	5 63	2 90	7 fr.86	0 fr.17		2 fr.93	
1426—1450	4 86	2 84	2 86			2 60	
1451—1475	5 49	3 28	5 68	0 77		2 43	0 fr.99
1476—1500	5 57	3 73	6 02	0 27		2 06	0 69
1501—1525	4 52		6 37	.		2 28	0 31
1526—1550	7 33	3 10	8 11	0 60		3 11	0 36
1551—1575	8 53	7 05	9 08	0 44		4 08	0 58
1576—1600	11 56	8 79	14 63	0 42		8 35	0 60
1601—1625	11 06	8 04	12 66	1 53		11 04	1 14
1626—1650	25 58	24 28	42 16			9 46	0 74
1651—1675	8 39	4 00	6 99			5 09	0 60
1676—1700	12 78	11 59	16 20	1 89		4 06	0 64
1701—1725	10 09	6 18	8 26		2 fr.00	3 55	0 51
1726—1750	9 45	5 91	9 29	1 03	1 61	4 15	0 48
1751—1775	10 61	6 86	9 75	0 98	2 86	4 51	0 52
1776—1800	12 57	8 85	17 97	1 20	2 76	8 40	0 72
1801—1825	18 78	13 61	18 58		2 86		0 68
1826—1850	18 28	16 06	18 25		2 96		0 74
1851—1875	22 61	21 10	23 11		5 11	20 00	0 50

CHAPITRE VII.

ÉPICES ET LAITAGE.

Si le passé seul nous préoccupait, si nous ne songions qu'à établir le Pouvoir de l'argent dans les siècles antérieurs au nôtre, ce Chapitre n'eût peut-être jamais été composé. Il n'eût obtenu, en tout cas, que des proportions assez restreintes.

Plusieurs des denrées qu'il mentionne, étaient inconnues à nos pères : la plupart des autres ne trouvaient, dans leur budget, qu'une place insignifiante. Les renseignements sont d'ailleurs si rares ; les objets auxquels ils se rapportent, présentent tant de diversité et d'espèce et de prix, qu'il est difficile de former avec ces données fugitives une série vraiment homogène et suivie.

Mais nous travaillons aussi pour l'avenir. Or l'avenir, à en juger par ce qui se passe autour de nous, accordera dans sa consommation une large part aux articles d'épicerie. Déjà le café, pour ne parler que de lui, autrefois réservé au luxe, est devenu le déjeûner habituel de la plupart des Alsaciens. Il a même poussé plus loin ses envahissements, et, dans de nombreux ménages et de la ville et de la campagne, il forme aujourd'hui, non seulement pour les femmes, mais encore pour les hommes, la base du souper.

Il est donc bon de préparer aux économistes qui nous succéderont, de sérieux éléments de comparaison. Cette considération suffira pour justifier tous les développements qu'a reçus ce Chapitre.

Que le lecteur n'exagère pas toutefois notre pensée. Si nous admettons que, par leur peu d'importance et la rareté de nos renseignements, les épices ne peuvent servir à déterminer le

Pouvoir de l'argent; si nous croyons que, sur ce terrain, l'avenir tirera plus de profit des données modernes que nous groupons ici, que nous même n'en avons eu à compulser les Comptes de nos pères, il ne faudrait pas croire que nous refusions toute valeur aux résultats de nos recherches. Pour certains articles, comme le sel, l'huile d'olive, le miel, nous avons réussi à être presque complet; et ce que nous dirons des autres suffira pour jeter sur l'histoire des épices en Alsace, une lumière aussi intéressante que nouvelle.

Aux épices proprement dites nous avons joint une section sur le laitage, dans laquelle nous traiterons spécialement du lait, du beurre, du fromage et des œufs.

Première Section.

Épicerie.

Les *Wurtz*, — Composition et prix. — Safran. — Anis. — Coriandre, Gingembre, Muscade, Cannelle, girofle, noix de Galle. — Poix. — Colle. — Encens — Raisins de Corinthe, raisins de caisse, amandes, pruneaux, figues, oranges, citrons. — Sucres, melasse, cafe. — Savons, amidon. — Oignons, sel, huile d'olive, miel.

On désignait autrefois sous le nom de *würtz* ou de *gewürtz* Les würtz. certains mélanges d'épices, qui jouaient un rôle assez considérable dans la cuisine de nos pères. Il y avait des moulins spéciaux pour les préparer, et l'autorité intervenait avec sollicitude dans leur composition et leur taxation.

D'après les États de 1552, on devait donner pour écraser 100 *ll.* de *würtz*, 9 *β.* (10 fr. 25 les cent k^{os}) à titre de location de l'outillage et de l'établissement, 11 *β.* (12 fr. 50 les cent k^{os}) comme main-d'œuvre. Le délégué du magistrat qui surveillait l'opération, recevait de son côté 5 *β.* ou 5 fr. 70 les cent k^{os}.

On distinguait ces mélanges en *süze würtz* et *spise würtz* (épices douces et épices d'assaisonnement). Les premières se subdivisaient en *geferbte* (colorées) et *ungeferbte*, selon qu'elles recevaient ou excluaient une addition de safran (4 loths par livre ou ⅛).

Voici quelle était leur composition d'après une ordonnance de Colmar (1446) :

Süssewürtz		Spisewürtz	
16 lot	*ingber* (gingembre)	12 lot	pfeffer
8	*zyment* (cannelle)	12	ingeber
2	*negelin* (clous de girofle)	4	zymentz
2	*paris korner* (graines du paradis)	2	negelin
2	*nusse* (noix de muscade)	2	nusse
2	*lang pfeffer* (poivre long)	3	saffran
4	*saffran*		

Le *spisewürtz* se paie 10 stebler le lot, soit 17 fr. 84 le kilo ; le *süssewürtz*, 12 stebler le lot ou 21 fr. 41 le kilo. Le tout doit être pilé sec et vendu sec.

Bâle a les trois espèces de würtz :

Kindpeternwürtz	Spisewürtz	ungeferbte würtz	
16 lot	12	16 lot	gingembre
8	2	8	cannelle
2	16	2	poivre d'Alexandrie
2	2	2	noix de muscade
3	3 safran		
2		2	girofle
2		2	graines du paradis

Les livres de S. Jean de Schlestadt nous donnent la formule suivie dans cette ville en 1482.

Syezwürtz		Spisewürtz	
10 lot		8 lot	gingembre
12		10	cannelle
2		2	muscade
2		8	poivre
2		4	girofle
2	graines du paradis		
2	galanga (*galgen*)		
2	cardamome		
1	macis		

Quelques variantes se rencontrent à l'hôpital de Strasbourg.

Süssewürtz	Spisewürtz
12 lot	8 lot gingembre
12	10 cannelle
2	2 muscade
2	8 poivre
2	2 girofle

Voici la formule promulguée par le magistrat de Strasbourg en 1512, et reproduite par les États de l'Alsace en 1552 :

Süssewürtz	Spisewürtz
8 lot	10 lot gingembre
14	8 cannelle
2	2 muscade
2	8 poivre
2	2 girofle
1	2 galanga
1 macis	
1 cardamome	

A ces recettes peuvent se rattacher celle du vin aromatique, donnée par les comptes de S. Jean de Schlestadt, 1484 :

par mesure, 1/2 lot zitwen (zédoaire)
     2 girofle
     4 cannelle
     1 galanga
     1 *imsel* cardamome
     1 graines du paradis

et celle des pains d'épices, à un pot (2 litres) de miel joindre :

1re qualité, 4 lot ; 2e qualité, 4 lot gingembre
     3   1 poivre
     2   1 girofle
     1   1 1/2 muscade
     1   1 cannelle

Nous avons déjà indiqué ce que coûtaient les *würtz* à Colmar, en 1446, voici encore quelques données :

1472, S. Arbogast, 1 lot *wurtzen*, 4 ₰., ... le kilo 15 fr.		15
1478, Hôp. de Colmar, 1 ℔. wurtz, 12 ₰., ...	13	12
1481, S. Arbogast, 2 lot wurtz, 8 ₰.	11	77
1483, S. Claire, 2 ℔. süsz würtz, 14 β.	9	70
1628, Grand Chapitre, 2 lot gelbwurtz, 30 ₰. . . .	32	64

Les épices se vendaient aussi isolément, en gros et en détail, à la pharmacie ou chez d'autres marchands. Ce n'est qu'au siècle dernier que le commerce de l'épicerie, si important aujourd'hui, se constitua d'une manière définitive. Des négociants venus de l'Italie l'organisèrent les premiers ; et les magasins d'épicerie conservèrent jusqu'à nos jours, dans le langage populaire, le nom d'*italiäner laden*.

Les pharmaciens qui débitaient les épices avant cette époque, leur appliquaient sans doute les taux un peu capricieux de leurs anciens tarifs. Il se rencontre d'ailleurs, sous un même nom, des marchandises de qualités très-diverses. De là des variantes innombrables dans les prix qui vont passer sous les yeux du lecteur.

Nous commençons par les épices sur lesquelles nos renseignements sont moins suivis :

Alun, 1490, S. Jean de Schlestadt, la *tt.* à 6 δ., . . . le kilo 0 fr. 67
Gomme, 1491, S. Jean de Schlestadt, ¹/₄ *tt.* à 6 δ. . . . 1 31
Graines du paradis, 1517, S. Jean de Schlestadt, 5 *tt.* à 1 fl. 1 58

Safran. 1415, Œuvre Notre-Dame, 1 *tt.* à 40 β., . . le kilo 69 fr. 08
1480, Fribourg (Mone), 1 lot à 20 δ. , . . 64 00
1489, S. Claire, 1 lot à 15 δ. 55 40
1498, Eschau, 1 lot à 16 δ. 56 83
1517, S. Jean de Schlestadt, 1 *tt.* à 3 fl. . 38 65
1542, Ribeauvillé, un ¹/₂ quintlen à 6 δ. . 122 88
1631, Grand Chap., 1 lot de safran pilé. 10 β. 261 12
1741, Engelport, 1 lot à 30 s. 96 00
1806, Épicerie de Strasbourg, ... 109 00
1826, « 70 00

Anis. 1755, Thierenbach, 1 livre à 30 s., . . . le kilo 3 fr. 00
1806, Épicerie de Strasbourg 2 00
1825, » 2 00
1865, » 1 60
1875, » 2 40

Coriandre, cultivé encore aujourd'hui aux environs d'Ittenheim,
1631, Grand Chapitre, la *tt.* à 6 β., le kilo 4 fr. 90

Thym. 1469, S. Jean de Schlestadt, 1 *tt.* à 30 δ., . . . le k°. 3 fr. 62
1471, » un quart de *tt.* 16 δ. 7 72
1472, » 3 ¹/₂ livres à 63 δ. . 2 17
1479, » une livre à 18 δ. . 2 08
1480, » une livre à 18 δ. . 2 08
1487, » une livre à 24 δ. . 2 77
1489, » une livre à 18 δ. . 2 08
1513, Saint Thomas, une livre à 9 δ. . 0 92

PRIX DES ÉPICES.

Année.	LE ℔. EN ₰.					LE KILO EN FRANCS.				
	Pfeffer.	Ingeber.	Muscat.	Zimmet.	Negelen.	Poivre.	Gingembre.	Muscade.	Cannelle.	Girofle.
1379 Bâle	960					90 fr.50				
1480 Frib. B.		64	96	128	128		6 fr.40	9 fr.60	12 fr.80	12 fr.80
1483 S. Claire	42	32	42	84	84	4 85	3 70	4 85	9 70	9 70
1489 »		64				7 40				
1515 S.-P.-l.-V.		96				9 84				
1517 S.-J. Schl.	63	42	189	252	315	6 56	4 30	19 35	25 75	32 25
1542 Ribeaup.		192			288		12 84		19 26	
1569 O.-N.-D.	86	126		192	241	7 56	11 34		17 25	21 68
1573 La P.-P.	256	112	256	832	448	12 29	5 38	12 29	39 94	11 50
1585 Gr.-Chap.	288	72				22 70	6 60			
— »		192					16 25			
1598 »	144					10 74				
1602 »	108	72		192	192	7 83	5 22		14 00	14 00
— »	112	72	288	192	192	8 12	5 22	20 90	14 00	14 01
1619 Ribeaup.	160		480	384	150	7 95		23 68	19 07	7 41
— Gr. Chap.	192	180	312		312	11 87	11 13	19 14		19 14
1628 »	192	172			610	13 20	11 75		43 48	
1631 »		60			480	4 10			32 64	
1633 Strasb.	70	48		1170	428	4 79	3 28		75 40	29 09
1672 Munster			384	928	960			16 36	41 06	42 30
1695 Gr. Chap.	264					13 33				
1696 »	288					14 54				
1702 »				820				39 11		
— Engelp.	258			1728	1728	3 80		25 40	25 40	
1703 »	267					4 22				
1705 »			1440		1440			21 00	21 00	
1706 »	240	220	1920		1440	3 70	3 40	29 00	21 75	
— »			1536	1536	1536			23 40	23 40	23 40
1714 Unterl.	208					4 20				
1715 Thierenb.	34 s.					3 75				
1716 »	26 ⅔					3 04				
1721 »	40					2 63				
1722 Unterl.	26					2 35				
1724 Thierenb.	27					3 36				
1740-41 »	35					3 43				
1743 »				48					4 71	
1745 »		78		120			7 65	11 75		
1747-54 »	30					2 91				
1762 »	34					3 23				
1765 Mulhouse	34					3 40				
1766 »	43					4 30				
1767 Thierenb.	41					4 31				
1768 Mulhouse	44					4 40				
1769 »	45	24	35	45		4 50	2 35	3 50	4 50	
1792 Oelenberg	56					5 50				
1796 Strasb.	45					4 50				

An	ÉPICERIE					HÔPITAL				
	Muscade	Cannelle	Girofle	Poivre blanc	Poivre noir	Gingembre	Cannelle	Girofte	Noix de galle	Safran
1806	38 fr.50	15 fr.00	7 fr.25	3 fr.60	2 fr.10					
1813							14 fr.50			250 fr.00
1814							16 00			250 00
1815	18 00									
1816	17 00									
1817										
1818										
1819			18 50			1 fr.60				
1820			17 00							
1821		8 00	13 00	3 60		1 80				
1822		8 00	13 00	3 50						
1823			12 00	3 40						
1824				3 00					5 fr.60	
1825		7 90	10 00						5 00	
1826	15 50	7 50	8 50		2 55		9 00	10 fr.00	4 50	64 00
1827			7 50		2 50	2 00		10 00	4 50	
1828			6 50		2 50			8 00	3 60	
1829			7 00					12 00	3 80	
1830								8 00	3 00	
1831		7 00		3 80			4 80		3 40	
1832		6 00					6 00	6 00	3 00	84 00
1833				3 20			5 10	5 60	2 80	
1834							4 80	6 00	4 00	
1835									4 00	
1836								6 40	3 70	68 00
1837							6 40		4 00	
1838								4 00	3 20	
1839								4 40	3 00	
1840								4 50	3 00	
1841								4 50	3 00	
1842		4 00	4 00		1 80			4 00	2 20	
1843									2 40	
1844								3 60	2 20	
1845								3 60	2 20	
1846								3 40	2 00	
1847					1 70			3 60	2 20	
1848								3 60	3 00	
1849		3 50			1 80	1 90	3 00	3 60	3 20	60 00
1850		4 30	3 60		1 80		3 40	4 00	4 00	61 00
1851	14 00	3 80	3 50		1 80	1 80	3 50	3 00	2 80	
1852			3 40	2 80	1 80		3 50	3 00	2 70	83 00
1853		4 40	3 40	2 80	1 80		4 00	2 80	3 60	100 00
1854	15 00		3 50		2 00		4 20	2 80	3 20	75 00
1855					2 40		4 20	2 80	3 20	90 00
1856			3 30	3 20	2 40		4 80	3 20	3 00	85 90
1857			7 20				4 40	3 00	2 80	75 00
1858		5 20	7 20				4 50	3 00	3 20	80 00
1859			7 20		2 45		4 30	3 00	3 20	100 00
1860		5 60	7 20		2 50		4 00	3 00	3 20	110 00

PRIX DES ÉPICES.

An.	ÉPICERIE.					HÔPITAL.				
	Muscade.	Cannelle.	Girofle.	Poivre blanc.	Poivre noir.	Gingembre.	Cannelle.	Girofle.	Noix de galle.	Safran.
1861			7 fr.20		2 fr.50		1 fr.00	3 fr.00	3 fr.20	196 fr.00
1862			7 20				4 00	3 00	3 20	200 00
1863			7 20	3 fr.20	2 40		4 00	3 00	3 00	200 00
1864		4 fr 80	7 20	3 20	2 40		4 50	3 00	3 20	150 00
1865		4 90	5 20	3 20	2 40		8 00	3 00	4 00	150 00
1866	20 fr 00	5 60	7 60	3 20	2 40		8 50	3 10	4 50	120 00
1867	20 00		5 60	3 20	2 40	10 00	4 00	3 60	110 00
1868	20 00	4 80	5 20	3 20	2 40	9 00	4 00	3 00	145 00
1869	17 60	4 80	5 20	3 20	2 40	9 00	4 00	3 00	160 00
1870	16 00	4 40	5 20	3 20	2 40	12 00	4 00	3 00	180 00
1871	12 00	4 40	3 80	3 20	2 40	12 00	4 00	3 20	160 00
1872	12 50	4 40	3 80	3 20	2 40	12 00	4 00	2 80	180 00
1873	12 00	4 80	3 80	3 00	2 20	2 fr.40	12 00	4 00	2 80	180 00
1874	12 00	4 80	3 80	3 00	2 20	2 10	10 50	4 00	2 20	85 00
1875	12 00	4 80	5 00	3 00	2 20	2 40	5 50	1 60	1 60	62 00

RÉCAPITULATION PAR KILO.

Années.	Muscade.	Cannelle.	Girofle.	Poivre.	Gingemb.	Safran.	Noix de galle
1375—1400				90 fr.50			
1400—1425						69 fr.08	
1475—1500	7 fr 22	11 fr.25	11 fr.25	4 85	5 fr.83	58 71	
1501—1525	19 35	25 75	32 20	6 56	7 07	38 65	
1526—1550				19 26	12 84	122 88	
1551—1575		28 60	16 58	9 93	8 36		
1576—1600				16 72	11 12		
1601—1625	21 24	15 72	15 13	8 94	7 19		
1626—1650		75 40	35 07	9 00	6 37	261 12	
1651—1675	16 36	41 06	42 30				
1676—1700				13 94			
1701—1725	26 20	27 30	22 89	3 45	3 40		
1726—1750	7 65	8 23		3 14		96 00	
1751—1775	3 50	4 50		3 60	2 35		
1776—1800				5 00			
1801—1825	21 50	9 72	12 97	3 12		109 00	
1826—1850	15 50	5 00	5 72	3 60		70 00	
1851—1875	15 25	4 77	5 03	2 55			
HÔPITAL.							
1801—1825		15 25			1 70	250 00	5 fr.30
1826—1850		5 31	5 66		1 95	59 00	3 30
1851—1875		6 66	3 50		2 05	130 00	3 10

Passons maintenant à d'autres articles qui, sans être des épices, rentrent dans le domaine de l'épicerie.

Poix.
 1526, Colmar, 56 ₰. à 28 β.,. . . . . . . le kilo 0 fr. 38
 1590, Hôp. de Strasbourg, 100 ₰. à 24 ₰. 0 22
 1710, Engelport, 1 livre à 2 s. 9 d.. . . 0 28
 1742, Dominicains de Colmar, 1 ₰. a 4 s. 0 40

Colle [1].
 1490, S. Jean Schlestadt, 1 ₰. à 9 ₰., . . le kilo 1 fr. 00
 1491, » une livre à 9 ₰. 1 00
 1513, Œuvre Notre Dame, 1 ₰. à 32 ₰. . . 3 27
 1590, Hôp. de Strasbourg, 1 ₰. à 24 ₰. . . 1 83
 1626, S. Morand de Ribeauvillé, 1 ₰. à 6 b. 3 10
 1627, » » 3 10
 1668, Engelport, une livre à 9 β. 2 34
 1669, » une ₰. à 6 β. 7 ₰. . . . 1 71
 1713, Unterlinden, 1 ₰. à 96 ₰. 1 44
 1724, Thierenbach, une ₰. à 40 s. . . . 4 00
 1746, Dominicains de Colmar, 1 ₰. à 9 s. 0 90
 1759, Pairis, une livre à 10 s. 1 00

En gros :

 Colle claire d'Alsace . . le kilo, 1826 : 1,80 à 1,85
 » brune 1,70
 » de Cologne . . . . 2,65 à 2,70
 » de poisson . . . . 32,00 à 34,00
 » en feuillets 22,00

Encens.
 1471, S. Jean de Schlestadt, 4 ₰. à 30 ₰. . le kilo 0 fr. 91
 1472, » 2 ₰. à 16 ₰. . 0 96
 1471, S. Georges de Haguenau, la ₰. à 7 ₰. 0 85
 1472, » 6 ²/₃ ₰. 0 80
 1474, » 6 ¹/₂ 0 78
 1478, » 6 0 72
 1480, » 6 0 72
 1490, » 6 0 67
 1491, » 8 0 90
 1497, » 6 0 65
 1509, » 6 0 65
 1517, Eschau, 2 lot à 1 ₰. 1 64
 1528 » 1 lot à 1 . . . . 3 07
 1604, » 1 4 . . . . 9 30
 1606, S. Morand, 5 lot à 10 ₰. 21 70

---

1. On sait qu'il se rencontre dans le commerce diverses espèces de colles, dont les prix présentent des variantes considérables. Dans les livres de Comptes, il nous est impossible de saisir ces nuances.

FRUITS DU MIDI.

Encens.

Année	Lieu	Quantité	fr.	c.
1658.	S. Georges de Haguenau, la ℔. à 184 d. le kilo		12	51
1662—1679,	»	160	10	88
1680,	»	156	10	61
1681,	»	96	6	53
1682,	»	120	8	16
1683,	»	144	8	02
1684,	»	120	7	10
1685,	»	124	7	34
1687,	»	90	5	33
1689.	»	192	11	36
1690,	»	144	7	98
1691,	»	192	10	64
1700,	»	150	7	35
1701,	»	120	6	16
1704,	Thierenbach, 1 ℔. à 50 s.		6	50
1707,	S. Georges de Haguenau,	120	5	76
1708,	»	180	8	76
1709,	»	120	6	00
1711,	»	120	4	28
1712,	»	120	4	15
1719,	Unterlinden, 1 ℔. à 1 fl.		2	80
1724.	S. Georges de Haguen., la ℔. à 151 d.		4	18
1725,	Thierenbach, 1 ℔. 18 batzen		2	52
1726.	S. Georges de Haguenau,	108	4	48
1727,	»	120	4	00
1733,	Thierenbach 1 ℔. 18 batzen		2	04
1736,	» 1 36 s.		3	60
1742,	Dominicains de Colmar, 1 ℔. à 15 s.		1	50
1744,	» 1 15		1	50
1755,	Thierenbach, 1 ℔. à 20 s.		2	00
1875,	Cathédrale de Strasbourg,		3	40

Sur les fruits que le commerce nous apporte des contrées méridionales, nous n'avons rien à remarquer. On sait qu'il s'en rencontre diverses espèces; mais il est difficile de les distinguer dans les Comptes.

Raisins de Corinthe, etc.

Quant aux pruneaux, ceux du pays se vendent aujourd'hui de 0 fr. 80 à 1 fr. le kilo; ceux du midi se paient de 1 fr. 20 à 1 fr. 40, en détail. Voici les seuls renseignements que nous avons réunis à leur sujet :

Année	Lieu			fr.	c.
1609.	Grand Chap. 1 ℔. quetschen 1 β. ou			0	33
1619,	Ribeauvillé,	«	3	0	84
1624,	Grand Chap.	»	2	1	61
1629,	»	»	2	1	64
1630,	»	»	2	1	64
1670,	Hôpit. Str.	»	6 d.	0	41
1692,	Thierenbach,	»	5 β.	1	03

CH. VII. — S. I. — ÉPICERIE.

Année	LA ℔. EN ₰.				LA PIÈCE.		LE KILO EN FRANCS.				LA PIÈCE.	
	Rosinlen.	Mertrubel.	Mandeln.	Figen.	Pomeranzen.	Citronen.	Raisins de Corinthe.	Raisins de caisse.	Amandes.	Figues.	Orange.	Citron.
1481 S.-Claire			8						0,93			
1489 »		8	9½	6				0,93	1,11	0,73		
1499 »		8						0,87				
1509 O.-N.-D.		8						0,84				
1517 S.-J. Schl.	9						0,92					
1561 »		10	10	10	2			0,90	0,90	0,90	0,09	
1569 Gr. Chap.	13		16				1,17		1,44			
1573 La Pct.-P.	28				5		1,33				0,12	
1580 Strasb.	20	22					1,69	1,86				
1585 Gr. Chap.	20		24				1,69		2,03			
1595 »					5						0,18	
1602 Gr. Chap.	20		24		4		1,46		1,75		0,14	
1603 »					24					1,75		
1609 »	24		36		24	4	1,66		2,50	1,66	0,14	
1619 Ribeaup.	40	40	60				2,30	2,30	3,00			
1624 Strasb.					12	13					0,39	0,42
1627 »					5						0,16	
1628 Ribeaup.					15	15-					0,41	0,41
1629 Strasb.						18						0,58
1631 »		32	72		6	8			2,18	4,90	0,19	0,26
1633 »	23	28			12		1,55	1,88			0,14	
1636 Ribeaup.												
1669 Mulhouse	84		84				1,82		1,82			
1672 Munster				40	5	15			1,78		0,11	0,33
1692 Thierenb.					13½						0,12	
1693 »	88		88		16		1,10		1,40		0,13	
1695 »	108		108				1,72		1,72			
1704 Engelp.					24							0,20
1706 »	96						1,14					
1711 Unterl.			62						1,41			
1722 »			130						1,88			
1725 »					13½							0,10
1739 Engelp.					30							0,12
1710 »				78						0,65		
1744 Thierenb.	150	120	192				1,25	1,00	1,60			
1745 »				138		36				1,15		0,15
1746-47 »	120	120		120	30		1,00	1,00		1,00	0,12	
1751 »	132	132	132				1,10	1,10	1,10			
1759 »			108					0,90				
1762 »	108				96		0,90			0,80		
1765-66 Mulh.	84						0,70					
1767 »			156						1,83			
1768 »	132		156				1,10		1,50			
1769 »			156						1,30			
1771 Thierenb.				141						1,20		
1791 Strasb.			288						2,80			

PRIX EN FRANCS DU KILO.

An	HÔPITAL				ÉPICERIE.				
	Amandes douces.	Raisins de Corinthe.	Figues sèches.	Pruneaux.	Amandes douces.	Raisins de Corinthe	Figues sèches.	Rais. de caisse.	Citrons.
1801									
1802				0 fr.72					
1803				0 74					
1804				0 59					
1805	2 fr.60			0 60					
1806	2 80			0 60	2 fr.90			1 fr.79	
1807	2 75			0 55					
1808	2 85			0 65					
1809	2 90			0 58					
1810	2 90			0 94					
1811	1 53			0 60					
1812	1 40			0 60					
1813	1 47			0 67					
1814	1 57			0 60					
1815	1 90			0 60					
1816	1 90								
1817	2 90								
1818	3 30			0 60					0 fr.20
1819								1 80	0 20
1820							1 fr.30	1 40	0 25
1821		1 fr.60		0 63		2 fr.20	1 30	1 20	0 20
1822			1 fr.30	0 58	1 60	1 70	1 25	1 10	0 25
1823		1 80	1 00	0 53	1 55	1 90	1 25		0 20
1824		1 90		0 58	1 60			1 10	
1825	1 55		1 00		1 60			1 30	0 20
1826	1 45		1 40	0 42				1 10	
1827	1 46		1 20	0 44		1 85		1 10	
1828	1 40	1 70	1 40		1 55	1 60			0 15
1829	1 30	1 50	1 00	0 59	1 55				
1830	1 30	1 60	1 10	0 64	1 35		1 15	1 10	0 15
1831	1 38	1 40	1 20	0 52		1 40			
1832	1 40	1 35	1 15	0 76	1 90				
1833	2 08	1 20	1 10	0 49	2 40			2 40	
1834	2 13	1 10	1 10	0 40					
1835	2 40	1 00	1 10	0 60	3 20				
1836	1 86	1 60	1 40	0 47					
1837	1 68	2 00	1 20	0 91					
1838	1 98	1 80	1 00	0 62					
1839	2 00	1 60	1 00	0 47					
1840	2 09	1 60	1 20						
1841		2 00	1 00	0 55	3 00				
1842	1 81	1 60	0 80	0 50					
1843	1 71	1 30	0 80	0 76					
1844	2 06	1 10	1 00	0 53	3 00				
1845	1 50	1 10	1 20	0 65					
1846	1 94	1 20		0 69					
1847	1 50	1 20		0 64					
1848	1 95	1 30		0 64	1 70	1 45		0 80	0 15
1849	1 50	1 40	1 00	0 53	1 65	1 45		1 20	0 15
1850	2 00	1 40	1 00	0 59	2 40	1 40		1 00	0 15

258 CH. VII. — S. 1. — ÉPICERIE.

An.	HÔPITAL.				ÉPICERIE.				
	Amandes douces.	Raisins de Corinthe.	Figues sèches.	Pruneaux.	Amandes douces.	Raisins de Corinthe.	Figues sèches.	Rais. de caisse.	Citrons.
1851	2 fr.50	1 fr.20		0 fr.56	2 fr.10	1 fr.30	1 fr.05		0 fr.15
1852	1 80	1 10	0 fr.85	0 53	2 40	1 50			0 15
1853	2 06	1 60	1 00	0 53	2 40	1 80	1 05	1 fr.35	0 15
1854	2 15	1 60	1 00	0 73	2 40	2 25	1 10	1 40	0 15
1855	1 98	2 50	1 00	0 74	2 40		1 05	1 60	0 15
1856	2 12	2 20	1 50	0 98	2 50	2 00	1 25	1 60	0 15
1857	2 29	2 00	1 30	0 97	2 50	1 20		1 60	0 15
1858	2 16	2 40	1 20	0 99	2 40				0 15
1859	1 69	2 00	1 20	0 59	2 40				0 15
1860	1 65	1 60	1 20	0 95	2 40				0 15
1861	1 69	1 60	1 20	0 70	2 40			1 20	0 15
1862	1 65	1 60	1 20	0 80	2 40			1 20	0 15
1863	1 55	1 60	1 20	0 78	2 40			1 20	0 15
1864	1 60	1 20	1 20	0 95	2 40	1 40		1 20	0 15
1865	1 74	1 20	1 20	0 69	2 40	1 60		1 20	0 15
1866	1 85	1 00	1 20	0 65	2 40	1 40		1 20	0 15
1867	1 85	1 20	1 00	1 09	2 40	1 20		1 20	0 15
1868	2 40	1 20		0 95	2 40	1 20		1 20	0 15
1869	2 15	2 00		0 59	2 40	1 40			0 15
1870	2 47	2 00		0 69	2 40	1 40	1 20		0 15
1871	2 45	2 00		0 60	2 40	1 60	1 60	1 40	0 15
1872	2 29	2 00	1 75	0 72	2 40	1 60	1 60	1 40	0 20
1873	2 19	2 00	2 00	0 69	2 40	1 60	1 60	1 40	0 15
1874	1 84	2 00	1 40	0 76	2 40	1 60	1 60	1 40	0 15
1875	1 90	2 00	2 00	0 75	2 80	1 60	1 60	1 40	0 15

RÉCAPITULATION.
LE KILO EN FRANCS.

Années.	Amandes douces.	Raisins de Corinthe.	Figues sèches.	Raisins de caisse.	Pruneaux.	Citrons. Pièce.	Oranges. Pièce.
1476—1500	1 fr.02		0 fr.73	0 fr.88			
1501—1525		0 fr.92					
1551—1575	1 17	1 25	0 90	0 90			0 fr.10
1576—1600	2 03	1 69		1 86			0 18
1601—1625	2 42	1 21	1 70	2 30	1 fr.10	0 fr.42	0 22
1626—1650	4 30	1 55		2 03	1 64	0 42	0 23
1651—1675	1 80	1 82			0 41	0 33	0 11
1676—1700	1 56	1 56			0 50		0 13
1701—1725	1 66	1 44				0 15	
1726—1750	1 60	1 08	0 95	1 00		0 13	0 12
1751—1775	1 27	0 85	1 00	1 00			
1776—1800	2 80						
1801—1825	1 85	1 93	1 27	1 38	0 70	0 21	0 30
1826—1850	2 15	1 53	1 15	1 21	0 60	0 15	0 20
1851—1875	2 42	1 54	1 31	1 31	0 80	0 15	0 15
HÔPITAL.							
1801—1825	2 29	1 77	1 10		0 63		
1826—1850	1 75	1 44	1 11		0 58		
1851—1875	2 00	1 71	1 28		0 76		

Quant au sucre, il apparaît dans les livres de Comptes, dès le commencement du xve siècle. Mais il y apparaît d'abord à titre de remède. *Umb arzenige und zucker,* pour médicaments et sucre, lit-on dans les comptes de S.-Jean de Schlettstadt, année 1413. *Sucre et sucre kandi pour les malades*, répète la même collection en l'année 1474. En 1538, les religieuses de Ste-Catherine de Strasbourg cherchaient encore leur sucre à la pharmacie, 2 *lot* (15 grammes) *zucker in der apotek*.

On l'achète cependant par pain *(hut)* dès 1484 [1] et par pains de plusieurs livres. Il entre alors dans l'alimentation en concurrence avec le miel et sert même à médicamenter le vin [2].

Après la réunion de l'Alsace à la France, le sucre prit aussi rang parmi les cadeaux offerts à la magistrature. Témoin cette note que nous extrayons des comptes de Pairis (a. 1759) : 53 l. 14 s. pour 38 ¾ *ll.* de sucre canari pour épices de M. le procureur général, lors de la réception de M. l'abbé. comme conseiller. Témoin encore le refus que le magistrat de Colmar fit en 1715 [3], de contribuer à l'ameublement du Conseil Souverain, « attendu que lon avoit envoyé le sucre accoustumé à chacun des conseillers. »

Le prix du sucre a naturellement beaucoup varié selon les temps et les circonstances. Alors qu'on le cherchait à la pharmacie et par quantités infinitésimales, il devait être cher à double titre. Les guerres, les guerres maritimes surtout, ont dû influer beaucoup sur la valeur d'une denrée alors exclusivement coloniale. Enfin il s'est rencontré de tout temps diverses espèces de sucre, qui diffèrent entre eux de valeur, mais que les comptes ne distinguent pas toujours avec précision.

L'épicerie paie aujourd'hui en gros :

le sucre candi blanc 132 fr. les 100 kilos; elle les payait 260 fr. en 1706
   »   brun 124   170
   »   jaune clair 126   190

à Mulhouse, d'après les comptes de l'épicier Benner.

---

1. S.-Jean de Schlestadt. Comptes.

2. Il est toutefois juste de noter que ce dernier usage du sucre, nous ne le connaissons que par des documents du siècle dernier. En 1713 Pairis achète 12 livres de *sucre royalle* pour le vin. En 1746 les Dominicains de Colmar emploient du *Canary zucker* pour clarifier (*schönen*) leur vin.

3. V. Protocole extraordinaire.

1472, S.-Arbogast,	sucre 1 lot à 2 ð.	le kilo	7 fr.	73
» S.-J. Schlettst.,	sucre candi 3 lots à 1 β. . . .		15	46
1480, Frib. B. (Mone),	sucre 1 ℔ à 5 β.		3	70
1489, S. Claire,	sucre 1 ℔ à 32 ð.		1	52
1499, »	sucre 1 ℔ à 14 ð.		1	80
1514, les Unterlinden,	sucre 8¼ ℔ à 1 fl. 5 β. 3 β. . .		1	80
1517, S.-J. Schlettst.,	sucre 5 ℔ à 1 fl.		2	58
1531, Œuvre N.-Dame,	sucre 7 ℔ à 1 fl.		1	80
1538, Ste-Cath. de Str.,	sucre 1 ℔ à 16 ð.		1	51
1540, Hosp. de Strasb.,	sucre 6½ ℔ à 8 β.		1	43
1543, Œuvre N.-Dame,	sucre 29 ℔ à 59 β. 3 ð.		2	37
1569, »	sucre melis, 4½ ℔ à 10 β. 8 ð. .		1	79
1573, La Petite-Pierre,	sucre canari 1 ℔ à 88 ð. . . .		4	80
» S.-Thomas,	sucre 1 ℔ à 40 ð.		2	00
1580, Strasbourg,	sucre 10 lot à 18 ð.		4	87
1585, Grand Chapitre,	sucre canari 1 ℔ à 6 β.		6	06
» »	sucre candi blanc 1 lot à 4 ð. .		10	83
» »	sucre candi jaune à 2 ð. . . .		5	41
1598, »	sucre 1 ℔ à 5 β.		4	35
1602, »	sucre melis à 8 batzen		4	65
» »	sucre canari 1 ℔ à 7 β.		6	09
1619, »	sucre 1 ℔ à 6 β. 8 ð.		4	96
» Ribeaupierre,	sucre 1 ℔ à 10 β.		5	50
1631, Grand Chapitre,	sucre canari 3 ℔ à 26 β. . . .		7	08
1633, foire de Strasb.,	sucre mel. 100 ℔ à 31—35½ thr.		3	84
» »	sucre candi rouge 100 ℔ à 40 thr.		4	64
1693, Thierenbach,	sucre 1 ℔ à 20 β.		4	10
1702, »	sucre 1 ℔ à 20 β.		3	55
1703, »	sucre 1 ℔ à 30 β. 8 ð.		4	38
» Engelport,	sucre 1 ℔ à 23 β.		4	40
1705, »	sucre 2½ ℔ à 45 β.		3	20
1706, »	sucre 1 ℔ à 20 β.		3	65
1713, Pairis,	sucre royal 12 ℔ à 9 fl. 6 b. 1 ð.		2	58
1715, Thierenbach,	sucre 1 ℔ à 35 s. 4½ d. . . .		3	80
1717, Unterlinden,	sucre 1 ℔ à 9 batzen		2	30
1722, »	sucre 1 ℔ à 115 ð.		1	70
1734, Thierenbach,	sucre 1 ℔ à 22 s. 2½ d. . . .		2	20
1741, »	sucre 1 ℔ à 20 s.		1	97
1742, »	sucre 1 ℔ à 20 s.		1	97
1743, »	sucre 1 ℔ à 21 s.		2	03
1746, Dominicains,	sucre canari 1 ℔ à 21 s. . . .		2	37
1748, Thierenbach,	sucre 1 ℔ à 21 s.		2	37
1750, »	sucre 1 ℔ à 20 s.		1	97
1751, »	sucre 1 ℔ à 20 s.		1	97
1754, »	sucre 1 ℔ à 17 s.		1	68
1756, »	sucre 1 ℔ à 20 s.		1	97
1759, Pairis.	sucre canari 38⅜ ℔ à 53 l. 11½ s.		2	75
1760, Thierenbach,	sucre 1 ℔ à 24 s.		2	37

1765, Mulhouse,	sucre 1 ℔. à 16 s. . . . . le kilo	1 fr.	58
1766, »	sucre 1 ℔. à 14½ s.	1	43
1767, »	sucre 1 ℔. à 14¼ s.	1	43
» Thierenbach,	sucre 1 ℔. à 16 s.	1	58
1768, Mulhouse,	sucre 1 ℔. à 14½ s.	1	43
1769, »	sucre 1 ℔. à 15 s.	1	48
1770, »	sucre 1 ℔. à 14 s.	1	38
1777, »	sucre 1 ℔. à 19 s.	1	88
1778, »	sucre 1 ℔. à 19½	1	93
1791. Oelenberg,	sucre 1 ℔. à 27 s.	2	67
1792, »	sucre 1 ℔. à 36 s.	3	56
1796, Hôp. de Strasb.,	sucre 1 ℔. à 38 s.	3	76
1797, »	sucre 1 ℔. à 48 s.	4	75
1798, »	sucre 1 ℔. à 49 s.	4	85
An VII, Commerce Str.,	sucre 100 ℔. à 200 fr.	4	00

CAFÉ.

C'est dans une ordonnance de 1695 que le magistrat de Strasbourg nomme pour la première fois les Caffés, étendant à ces établissements les règles ordinaires de la police locale sur les débits de boissons. Mais avant qu'il y ait eu des maisons spéciales pour la fabrication et la vente du café, cette liqueur a dû pénétrer dans la consommation privée.

Parmi les notes que nous avons empruntées aux dépenses culinaires du Grand-Chapitre, conservées aux archives de la Cathédrale, se trouve la mention suivante: 1602, 1 ℔. de caffé 4 s. (3 fr. 49 le kilo). Cette date peut paraître extraordinaire. Il nous est impossible de la vérifier pour le moment; mais toutes les mentions qui précèdent et suivent celle du café, se rapportent par leurs prix à l'année 1602.

Voici d'autres données plus modernes :

1702, Pairis, une livre 40 s. . . . . le kilo	5 fr.	40
1765, Mulhouse, 1 ℔. à 28 s.	2	80
1766, » 1 ℔. à 21 s.	2	10
» Pairis, 1 ℔. à 26½ s.	2	65
» Thierenbach, 1 ℔. à 21 s.	2	40
1767, » 1 ℔. à 30 s.	3	00
» Mulhouse, 1 ℔. à 22 s.	2	20
1768, » 1 ℔. à 27 s.	2	70
1769, » 1 ℔. à 23—32 s.	2	80
1775, » 1 ℔. à 14 s.	1	40
1776, » 1 ℔. à 15 s.	1	50
1777, » 1 ℔. à 15 s.	1	50
1778, » 1 ℔. à 15 s.	1	50
1792, Oelenberg, 1 ℔. à 30¾ et 32 s . . .	3	10

CH. VII. — S. I. — ÉPICERIE.

PRIX DU KILO EN FRANCS.

Année.	ÉPICERIE.				HÔPITAL.	
	Sucre.	Mélasse.	Café.	Sucre candi.	Sucre.	Mélasse.
1805					4 fr.10	1 fr.00
1806	2 .25	1 fr.15		2 fr.65	4 10	1 00
1807					4 25	1 18
1808					6 50	1 60
1809					7 08	1 65
1810					8 60	1 90
1811						2 10
1812					9 00	1 75
1813					4 70	
1814					5 05	1 70
1815					5 00	1 40
1816					3 85	1 16
1817					4 00	1 35
1818					3 80	1 30
1819		0 70	5 fr.50			
1820	3 40			4 00		
1821	3 45			3 80	3 10	0 68
1822	3 00	0 60	5 20	3 70	2 90	0 62
1823	2 90	0 60	5 00	3 50	3 00	0 58
1824	2 80	0 65	4 80	3 50	3 50	0 58
1825	2 80	0 70	4 00	3 50	2 61	0 63
1826	2 80	0 70	3 50		2 47	0 59
1827	2 80	0 85	4 00		2 60	
1828		0 65	3 50		2 70	0 60
1829		0 60	3 50		2 45	0 55
1830	2 70		3 50		2 15	0 45
1831			3 20		2 30	0 59
1832			3 50		1 93	0 60
1833	2 60			3 20	1 98	0 62
1834	2 60				1 80	0 54
1835	2 60				1 76	0 51
1836	2 40				1 90	0 57
1837	2 60				1 90	0 52
1838	2 60		3 50		1 88	0 42
1839					1 69	0 45
1840					1 68	0 49
1841	2 10	0 60	3 10		1 89	0 55
1842	1 90		3 10	2 20	1 65	0 46
1843				2 20	1 59	0 45
1844	2 40	0 70			1 59	0 36
1845	2 40	0 70	3 20		1 59	0 52
1846					1 55	0 53
1847	1 90			2 20	1 52	0 63
1848	1 80	0 75	3 10	2 20	1 62	0 63
1849	1 80	0 65	3 10	2 20	1 59	0 58
1850	1 90	0 60	3 10	2 20	1 60	0 56
1851	1 80	0 60	3 00	2 20	1 62	0 54
1852	1 80	0 60	3 00	2 20	1 69	0 55
1853	1 65	0 70	2 90	2 20	1 59	0 58
1854	1 60	0 70	3 00	2 35	1 68	0 90

PRIX DU SUCRE.

Année.	ÉPICERIE.				HÔPITAL.		
	Sucre.	Mélasse.	Café.	Sucre can.	Sucre.	Mélasse.	Café.
1855	1 fr.60	0 fr.75	3 fr.20	2 fr.40	1 fr.65	0 fr.92	
1856	1 85	0 70	3 20	2 40	1 65	0 80	
1857	1 75	0 75	3 20	2 40	1 94	0 80	
1858	1 70	0 70	3 20	2 40	1 79	0 60	
1859	1 70	0 70	3 20	2 40	1 67	0 50	
1860	1 65	0 65	3 20	2 40	1 55	0 51	
1861	1 50	0 65	3 00	2 40	1 45		
1862	1 40	0 65	3 00	2 40	1 34	0 46	
1863	1 35	0 65	3 10	2 40	1 39	0 54	
1864	1 35	0 65	3 10	2 40	1 48	0 50	
1865	1 35	0 65	2 00	2 00	1 39	0 50	
1866	1 35	0 60	3 00	2 00	1 38	0 49	
1867	1 35	0 60	3 00	2 00	1 37	0 48	
1868	1 35	0 60	3 00	2 00	1 38		
1869	1 35	0 60	3 00	2 00	1 40	0 50	2 fr.68
1870	1 50	0 60	3 00	2 00	1 39		2 10
1871		0 70	3 00	2 00	1 60	0 80	2 30
1872	1 40	0 70	3 00	2 00	1 36	0 69	2 15
1873	1 25	0 70	2 80	2 00	1 32	0 69	2 50
1874	1 25	0 70	3 00	1 80	1 25	0 79	3 09
1875	1 20	0 70	3 00	1 80	1 22	0 80	2 99

Pendant de longs siècles la fabrication du savon demeura, dit-on, entre les mains de l'Italie, de l'Espagne et de Marseille. Aujourd'hui on en fait partout, grâce à la production de la soude découverte par Leblanc. Cependant les savons de Venise et de Marseille n'ont pas perdu leur antique réputation et nous les retrouvons plus d'une fois, dans nos livres de Comptes.

SAVON.

Ainsi pour le savon de Venise :

1517 : S. Georges de Haguenau, 1 ℔. à 12 d., le kilo 1 fr. 23
1585 :   »   1   24   2   02

et pour celui de Marseille :

1746 : Thierenbach, 1 ℔. à 13 s., le kilo 1 fr. 30

C'est de ces savons étrangers qu'il est question sans aucun doute, dans le tableau suivant, chaque fois que le prix ou l'épithète de fin nous aident seuls à en déterminer l'origine.

Année et source.	LA LIVRE EN ₰.		LE KILO.	
	Fin.	Ordin.	Fin.	Ordin.
1501, S.-Georges de Haguenau...		6		0fr. ˝˝
1691, Les Ribeaupierre à Strasb.	40		2 fr.60	
1667, Engelport........		48		1 04
1668, Mulhouse.......	108		2 34	
— Engelport.......		48		1 04
1669, »	84		1 82	
1670, Hôpital de Strasbourg...		16		1 10
1676, Engelport........		48		1 01
1677, »		60		1 30
1678, »		51		1 10
1692, Thierenbach........	141 d.		1 90	
1701, »	144		1 90	
1704, Engelport........	160		1 74	
1706, »	1. 6		1 62	
1707, »	129		1 55	
1718, Thierenbach........	144		1 01	
» Unterlinden.......		80 d.		0 56
1719, Thierenbach........		72		0 52
1720, Unterlinden.......	168		1 04	
1734, Thierenbach.......	132		1 10	
1740, »	168		1 40	
1742, Thierenbach.......	168		1 40	
» Dominicains de Colmar..		72		0 60
1743, »		60		0 50
1744, Thierenbach........	192		1 60	
1745, »	180		1 50	
» Dom. de Colmar.....		80		0 67
1748, »	240	92	2 00	0 77
1750, »	168		1 40	
1754, »		77		0 61
1766-67. Mulhouse........	132		1 10	
1768-69, »	138		1 15	
1776, »	150		1 30	
1777, »	140		1 17	
1778, »	144		1 20	
1796, Hôpital de Strasbourg...	216		1 80	
1797, »	192		1 60	

AMIDON. Sur l'amidon nos renseignements sont très-rares. Voici tout ce que nous trouvons dans nos notes :

```
1628, Ribeaupierre,   1 ℓ. à 17 kr. . . . . . le kilo 2 fr. 20
1713, Unterlinden,    1   à ¼ florin . . . .         0    11
1722,    »            1   à 8 ½ d. . . . . . .        0    47
1740, Engelport       1   à 4 s. . . . . . .          0    40
```

L'épicier Benner de Mulhouse paya de 1765 à 1777,

la qualité extrafine de 18 à 60 deniers, en moyenne 0 fr. 55 le k°.
   »   ordinaire » 12   38   »   0   45

SAVONS.

PRIX DU KILO EN FRANCS.

Année.	ÉPICERIE.			HÔPITAL.		Amidon.
	Savon ordinaire.	Savon de Venise.	Savon de Mars.	Savon ordinaire.	Savon de Mars.	
1801						
1802						
1803						
1804				1 fr.50		
1805				1 40		
1806				1 40		
1807				1 50		
1808				1 50		
1809				1 55		
1810				1 40		
1811				1 30		
1812				1 30		
1813				1 15		1 fr.50
1814				1 50		
1815				1 15		
1816				1 60		
1817				1 fr.95		
1818	1 fr.45		1 fr 70	2 12		
1819	1 40		1 80			
1820	1 40					
1821				1 80		
1822	1 30		1 55	1 55		
1823	1 20		1 60	1 60		
1824				1 45		0 60
1825	1 10			1 27		0 60
1826			1 30	1 12		0 60
1827			1 25	1 10		0 60
1828			1 25	1 13		0 80
1829			1 20	1 08		0 70
1830			1 35	1 06		0 60
1831				1 10		0 70
1832	1 10		1 40	1 11		0 85
1833	1 25			1 16		0 80
1834	1 30			1 06		0 70
1835	1 20		1 35	1 17		0 70
1836	1 10			1 27		0 50
1837	1 10			1 19		0 60
1838			1 20	1 14		0 65
1839				1 08		0 70
1840				1 08		0 70
1841			1 20	1 15		0 80
1842	1 02		1 15	1 17		0 60
1843			1 25	1 17		0 60
1844	1 25			0 99		0 70
1845				0 91		0 70
1846				0 92		0 60
1847	0 96		1 25	1 18		0 80
1848			1 20	1 12		
1849	0 90	1 fr.15	1 15	1 00		
1850	0 90	1 40	1 10	1 02		0 80

Année	ÉPICERIE			HÔPITAL	
	Savon ordin.	Savon de Venise.	Savon de Marseille.	Savon de Marseille.	Amidon.
1851	0 fr. 80	1 fr 45	1 fr. 00	0 fr. 97	0 fr. 60
1852	0 80	1 35	1 00	0 88	0 57
1853	0 85	1 45	1 15	0 93	0 65
1854	0 85	1 50	1 15	1 11	1 00
1855	0 85	1 40	1 10	1 12	1 00
1856	0 85	1 40	1 05	1 05	1 20
1857	0 85	1 40	1 05	0 98	1 20
1858	0 85	1 40	1 00	0 95	0 80
1859	0 85	1 35	1 00	0 90	0 65
1860	0 80	1 35	1 00	0 89	0 65
1861	0 80	1 35	1 00	0 95	0 80
1862	0 80	1 35	1 00	0 94	0 80
1863	0 80	1 35	1 00	1 95	0 80
1864	0 80	1 35	0 95	0 91	0 40
1865	0 80	1 40	0 95	0 86	0 79
1866	0 80	1 40	0 95	0 86	0 58
1867	0 80	1 40	0 95	0 92	0 80
1868	0 80	1 40	0 95	0 86	1 00
1869	0 80	1 40	0 95	0 86	0 80
1870	0 80	1 40	0 95	0 84	1 00
1871	0 70	1 35	0 95	1 05	0 80
1872	0 65	1 35	0 95	0 99	1 00
1873	0 70	1 35	0 95	0 89	1 00
1874	0 65	1 35	0 95	0 86	0 85
1875	0 60	1 35	0 90	0 74	0 75

RÉCAPITULATION PAR KILO.

Années	Savon ordin.	Sav. de Venise.	Sav. de Mars.	Amidon.	Sucre.	Mélasse	Sucre Candi.	Café.
1451 — 1475					7 fr.73		15 fr.46	
1476 — 1500					2 34			
1501 — 1525	0 fr.65	1 fr.23			2 19			
1526 — 1550					1 79			
1551 — 1575					2 36			
1576 — 1600		2 02			5 09		8 12	
1601 — 1625					5 30			3 fr.49
1626 — 1650			2 fr.60	2 fr.20	5 46		4 . 64	
1651 — 1675	1 06		2 08					
1676 — 1700	1 15		1 90		4 10			
1701 — 1725	0 54		1 48	0 44	3 28			5 40
1726 — 1750	0 64		1 49	0 40	2 13			
1751 — 1775	0 64		1 12	0,60—0,50	1 75			2 45
1776 — 1800			1 41	0,50—0,40	3 42			1 90
1801 — 1825	1 31		1 66	60	2 94	0 fr.73	3 52	4 90
1826 — 1850	1 10	1 42	1 25		2 35	0 68	2 34	3 35
1851 — 1875	0 79	1 39	0 99	1,00—0,80	1 50	0 66	2 18	3 01
HÔPITAL.								
1801 — 1825	1 45		1 68	0 90	4 73	1 23		
1826 — 1850			1 10	0 69	1 90	0 53		
1851 — 1875			0 97	0 82	1 50	0 63		2 54

Pendant la plus grande partie du Moyen-Age, le commerce du sel ne semble avoir rencontré, en Alsace, aucune entrave spéciale. Il ne payait que les droits de péage et de pontenage, qui frappaient le transit de toutes les marchandises.

Les anciens statuts de Schletstadt, renouvelés en 1374, art. 90, s'attachent à maintenir le commerce du sel dans toute sa liberté. Pour empêcher qu'il ne devienne un monopole, ils défendent de s'associer à plus de deux pour en acheter, de faire aucune convention particulière, de renouveler ses provisions avant qu'elles ne soient épuisées. Paralyser toute tentative d'accaparement : tel semble leur unique objectif.

Vers la fin du xive siècle, mais surtout dans le cours du xve, les villes s'en attribuèrent le monopole, ou l'obtinrent de leurs seigneurs. On ne lira peut-être point sans intérêt la charte par laquelle l'abbé de Murbach, Dietrich de Hausen, l'accordait à sa bonne ville de Guebwiller.

« De temps immémorial, y lit-on, jusqu'à ce jour, il n'y avait aucun grenier à sel dans Notre ville de Guebwiller. De là, bien des inconvénients. Ceux qui vendaient le sel, l'accaparaient, le détenaient dans leurs magasins, en privaient la place pendant des mois, puis faisaient la loi à l'acheteur. La même chose avait lieu à Ensisheim, à Soultz ; on y a remédié par l'établissement d'un *Saltzcasten*, dont le profit doit revenir, non à deux ou trois particuliers, mais à la ville, à tous les habitants de la commune, riches et pauvres.

« En conséquence Nos honorables et chers magistrats de Guebwiller Nous ont prié humblement de les autoriser à construire, à leurs frais, un grenier à sel, à acheter et à vendre eux-mêmes cette denrée, à consacrer les bénéfices de ce commerce à la diminution de leur taille et autres charges. Et Nous — en considération de cette supplique, de l'exemple donné par d'autres seigneurs du voisinage, qui ont consenti à la même faveur, et particulièrement du désir que Nous avons d'augmenter le bien être de Nos sujets, — Nous accordons la demande pour toujours et sans aucune réserve. »

Ce document est de 1436 (lundi avant la S. Georges). Vers la même époque et avec le même désintéressement, les archiducs d'Autriche dotèrent de greniers à sel leurs vastes possessions de la Haute-Alsace. On en construisit successivement, dans des conditions identiques, a Ensisheim, à Thann, à

Massevaux, à Belfort, à Altkirch, à Ferrette, à Landser, à Rixheim, à Otmarsheim, etc. Ce n'est guère qu'au xviie et au xviiie siècle, qu'on rencontre des seigneurs alsaciens, exploitant le monopole du sel, comme un droit régalien.

L'ancien livre rouge (f. 36 b) de Colmar, nous apprend que dès les dernières années du xive siècle, « le sénat avait décidé à propos du sel, que tout sel amené à Colmar, ne pourrait être acheté que par la ville elle-même [1]. » Les habitants, bourgeois ou manants, ecclésiastiques ou laïcs, étaient tenus de se pourvoir à la douane ou chez les revendeurs qui s'approvisionnaient à la douane. Mais à Strasbourg, on ne proposa que vers 1480 d'entrer dans la même voie, *à l'exemple de ce qui a été pratiqué ailleurs*. Il nous semble même qu'en dehors du siècle dernier et de certains moments exceptionnels, Strasbourg, tout en mettant sur le sel un impôt notable, n'établit pas de monopole proprement dit.

Le sel se tirait ordinairement de Dieuze. Cependant Moyenvic, Saulnot, Marsal, Cologne [2], Bruchsal [3], envoyèrent aussi leurs produits sur les marchés de l'Alsace.

A l'occasion de la proposition signalée plus haut, Strasbourg fit faire une enquête sur le prix de revient du sel (1482) [4]. Voici les renseignements fournis par Henri Schin, saunier *(sodtpfleger)* de Dieuze :

A la saline le muid se vend 3 fl. 1/2 moins un plaphart, soit 23 fr. 82
le transport coûte par muid un peu moins de 2 fl. . . . 13 80
les ouvriers qui mettent le sel en tonne ont 2 plaphart 0 66
            5 1/2 fl. 1 pl.   38 28

Sur la route se rencontraient 4 péages. Le muid paie 1/3 pl. à Buchoppingen, 2 pl. à Sarburg ; pour Einhartzheim et Saverne, les droits ne sont pas indiqués. Livré à Strasbourg, le muid revient ainsi à environ 39 fr.

---

1. *Was saltzes har kunt gen Colmar, das sullent sü in der stat zuo Colmar niemant zuo kouffende geben, denn der stat.* En 1405, ce monopole rapporte à la ville 150 *tt.* 1 *β.* ou 2388 fr. 60.
2. Dont le *hut* ou les 2 sacs = 415 1/10 *tt.* de Strasbourg ou 199 1/2 k^{os}.
3. Dont le *malter* pesait 224 *tt.* ou 107 1/2 kilos (Prot. des XV, 16 août 1788).
4. Ordonnances, t. 27 et 12.

En 1689, on compte pour 100 muids de Dieuze,

frais d'achat 1800 fl. + 168 d'agio = 6573 fr. 12, par muid 65 fr. 73
voiturage 600 fl. 2004   20 04

total . . . 8577 fr. 12   85 fr. 77

En 1691, les chiffres sont un peu plus élevés :

prix d'achat 1500 th. avec agio 4950 l. ou 7771 fr. 50, par muid 77 fr. 72
voiturage. 1100   2198 00   21 98
ports de lettres et autres frais 150   235 50   2 35

total . . . 6500 l.   10205 fr. 00   102 fr. 05

Ces prix se ressentent probablement des guerres, qui agitaient alors le pays. Aussi ne sont-ils :

en 1722   que de 57 l. avec l'agio 71 l. 16 s. 4 $^4/_5$ d. par muid ou 82 fr. 50
de 1739-61   68 l. 12 s. 68 60
de 1762-82   63 l., dont 10 pour transport. 63 00
de 1783-88   65 l.,   id. 65 00
en 1789   73 l.,   id. 73 00

Le rapport entre le prix d'achat et celui de la vente est plus difficile à établir. Nous ne pouvons le faire avec précision que pour le siècle dernier.

Avant 1722, le rézal acheté 16 l. . . . . se vendait 28 l. 16 s., bénéf. 41 %
en 1722,   »   20 l. 10 s. 4 $^4/_5$ d.   »   36 l.   »   43

De 1738 à 1788, le boisseau se vendit 4 l. 16 s., soit 100 fr. 80 le muid, tandis que le prix d'achat variait entre 63 et 68 fr.

Il y avait ensuite deux prix différents pour la ville et la campagne. En 1722, au moment où les habitants de Strasbourg payaient 36 fr. le rézal, ceux de la campagne n'en donnaient, dans les Bailliages strasbourgeois, que 30 fr.

Les fabricants de tabacs obtenaient du sel à prix réduit ; mais on le détériorait avant de le leur remettre, en y mêlant de la poussière de tabac, pour l'empêcher de servir à tout autre usage.

Ce n'est que dans la seconde moitié du xviie siècle, que la vente au poids du sel se rencontre dans la Haute-Alsace. Strasbourg resta fidèle au boisseau, jusqu'à nos jours, malgré tous les efforts des fermiers de Dieuze. La ville préférait les transactions à la mesure, parceque :

1° Elle y trouvait un petit avantage (le muid compté à 800 ℔. et à 21 boisseaux) ;

2° Le sel dans le magasin perd de son poids en desséchant ;

3° Cette méthode lui semblait plus commode et plus expéditive.

Le muid [1] se comptait à 21 boisseaux.

Ce boisseau (on l'a vu p. 13), était plus grand que le boisseau ordinaire [2]. S'il faut en croire les *observations* que les fermiers des salines présentèrent en 1783 sur le bail de 1771, « l'usage adopté généralement dans toute la province est de quatre coups de poing, en remplissant le boisseau à mesure du vuide formé par chaque coup, après quoi on racle. » Les baux mêmes des fournisseurs (1719, 1724, 1745, etc.), présentent une légère variante. Le muid, disent-ils, renfermera 21 boisseaux « bien battus, savoir quatre fois d'une main et la cinquième fois des deux mains, suivant la coutume. »

« Le boisseau ainsi mesuré, continuent les *observations*, est réputé pezer 36 livres, dont les 21 fixent l'évaluation du muid de 17 vaxels à 756 livres. » D'autres épreuves donnaient aux 21 boisseaux une valeur moyenne de 822 livres ; mais les agents de la ferme prétendirent qu'on n'était arrivé à ce résultat, qu'en donnant 17 à 25 coups de trille, contrairement à l'usage.

C'est ainsi qu'avec un peu d'obstination et de mauvaise volonté de part et d'autre, on discutait sans arriver à s'entendre.

En 1785 (12 mai), le Préteur royal de Strasbourg fit reprendre, pour son édification personnelle, des expériences analogues, par le receveur du grenier à sel, assisté de deux mesureurs jurés.

---

1. On vendait aussi le sel par *schibe*. D'après le péage que le sel payait à Colmar au xive siècle (6 ₰. par *schibe* et 9 ₰. par *viertel*), le minot valait les ⅔ du rézal.

2. *Das die statt einen grösseren, als den gemeinen sester, bey Ihro beschehender zumessung des saltzes schon von alten zeiten bis hiehero zu gebrauchen ein gewohnheit gehabt habe.* Prot. des XV, 23 sept. 1697. M. Herrmann, nous ne savons pourquoi, l'estime à 33 ℔. (Notices historiques, II, 149) ; mais les fermiers des salines, qui avaient intérêt à en diminuer la valeur, ne le mettent jamais au-dessous de 36 ℔.

Voici la réponse qu'il obtint :

le ½ messel pèse	1 *ll.* 3 ²⁵/₁₆₄	onces,	poids de Marc ou		598 gr.	09
le messel	»	2	4 ½	»		1116	69
le ½ vierling	»	1	13 ³/₁₀	»		2361	17
le vierling	»	9	8 ½	»		1663	60
le boisseau	»	36	12	mesuré en entier. . . .	17989	31
le »	»	38	1 ½	» en détail. . . .	18617	11
le rézal	»	226	8	» en entier. . . .	107936	22
le »	»	228	9	» en détail. . . .	111882	68
le muid	»	771	21	« en entier . . .	377409	02
le »	»	799	15 ½	» en détail . . .	391579	40

On peut donc, sans craindre d'exagération, compter le boisseau à 18 kilos[1] et le muid à 380 kilos. La ferme des salines livrait 800 *ll.* pour le muid sans compter 4 *ll.* % et même davantage, alloués pour surpoids et déchets. On supprima ces 4 *ll.* en 1788, en même temps qu'on augmentait de 1 l. le prix du quintal de sel.

Ces derniers détails, nous les empruntons à un manuscrit de M. Chauffour le syndic, sur le budget de Colmar[2]. Il nous apprend en outre, qu'avant cette hausse le sel se vendait à Colmar 2 s. 8 d. la *ll.* (0 fr. 27 le k°), 96 s. ou 4 fr. 80 le boisseau[3], et en gros 12 ½ l. le quintal (0 fr. 25 le k°).

Un arrêt du roi, daté du 21 décembre 1738 et maintenu en vigueur jusqu'en 1789, avait fixé, pour l'Alsace, la livre de sel à 32 d. en détail, et à 28 d. en gros ou par quintal, soit 27 et 25 centimes le kilo.

A Mulhouse, le boisseau de sel acheté au grenier coûte :

```
36 β. ( 6 fr. 10 à 3 fr. 96) de 1606—1610
16 β. ( 6 fr. 46 à 6 fr. 01) de 1611—1619
80 β. (10 fr. 36 à 5 fr. 14) de 1668—1715
90 β. ( 6 fr. 12) de 1715—1717
 6 l. ( 6 fr. 12) en 1718 et 1719
 9 l. en 1796
10 l. 10 s. en 1797
```

---

1. A Rouffach, d'après une ordonnance de l'Évêché (26 avril 1708) le boisseau ne doit renfermer que de 33 à 34 livres. Mais comme la livre de Rouffach vaut environ 512 grammes, cela fait néanmoins 17 kilos au boisseau.
2. Bibliothèque de M. Ignace Chauffour.
3. Ce qui met aussi le boisseau à 36 livres ou 18 kilos.

Nous apprenons aussi, en 1797, que le boisseau de Mulhouse, pour le sel, valait 47 ₶. ou 23 ½ kilos. D'après cela, le kilo de sel a coûté à Mulhouse :

de 1606—10	25 ½ centimes	en 1716—17	26 centimes
de 1611—19	27 ¼ à 25 ½	en 1718	18
en 1668—69	43 ½	en 1719	19
en 1709—10	24	de 1730—44	23
de 1711—13	22	de 1745—49	26
en 1714	21	en 1796	36
en 1715	27	en 1797	43

Selon notre coutume nous prendrons à Strasbourg et aux environs les éléments de nos moyennes, en complétant les lacunes qu'ils présentent aux xvie et xviie siècles, à l'aide des renseignements que fournissent les comptes du Haut-Rhin. Pour notre siècle, nous nous appuyons sur le détail des épiciers, et sur les adjudications de l'hôpital de Strasbourg,

HUILE D'OLIVE.   Nous n'avons aucune remarque spéciale à faire sur l'huile d'olive. C'est un article d'importation, connu en Alsace dès le xve siècle. Sa consommation dut être de bonne heure assez considérable, car S.-Jean de Schlestadt l'achetait par quintal en 1517 [1]. On la distinguait dans le commerce en huile *ordinaire* et en huile *fine* ; mais les livres de Comptes ne nous permettent pas de suivre cette distinction. Elle y est notée par livre, sous le nom de *baumöl* ou d'*olivenöl*. On la vendait toutefois aussi par pot, et celui-ci valait 4 livres [2].

HUILE ORDINAIRE.   La cuisine moderne n'accorde plus à l'huile ordinaire la place qu'elle occupait au Moyen-Age. Elle remplaçait alors, pendant le carême, le beurre et la graisse.

Elle se débitait en détail par livre ou par pot (3 livres).

Nous réunirons au chapitre de l'éclairage tous les renseignements que nous avons rencontrés sur le prix de l'huile. Les comptes ne nous permettent que rarement de reconnaître si l'huile, qu'ils mentionnent, est destinée à la cuisine ou à l'éclairage. Les prix des deux espèces d'huile ne présentaient d'ailleurs qu'un écart assez faible.

---

1. *100 ₶. baumöl 6 gl. 1 ort.*
2. Un vieux pot vaut 3 ₶. d'huile de navette, et 4 ₶. d'huile d'olive. Protocole des XV, 1692.

Pour le passé nous avons des données suivies sur les prix des oignons ; les points de comparaison manquent pour les temps plus rapprochés de nous. On nous permettra de dire ce que nous savons sur ce produit indigène, qui fut longtemps l'une des gloires des maraîchers de Strasbourg.

Le miel rendait autrefois les services que nous demandons aujourd'hui au sucre. Il entrait dans la confection des pâtisseries, des bonbons, des marmelades[1], d'une foule de plats doux. Bien qu'il n'ait plus la même destination, il nous a semblé utile de noter sa valeur historique.

D'après un mémoire de 1787, la moutarde en graine formait une branche assez importante de notre commerce d'exportation. L'Alsace en expédiait environ 1200 sacs, soit 1400 hectolitres, qui prenaient presque tous le chemin de Besançon, pour se transformer ensuite en moutarde de Dijon.

Voici quelques prix empruntés à l'Œuvre Notre-Dame :

1119, le rézal 15 ß. l'hect.	10 fr.	57		1159, le rézal 15 ß. l'hect.		9 fr.	29
1126	17	10	24	1461	16	9	90
1132	16	9	90	1462	12 ½	7	74
1141	16	9	90				

Saint-Arbogast comptait le boisseau de farine de moutarde (senfmel), en 1471 à 61 et en 1472 à 48 ß., soit l'hectolitre à 18 fr. 86 et 14 fr. 18.

Plus tard nous ne rencontrons, dans les Comptes, que la moutarde préparée. Voici ce que la payait le couvent de Thierenbach au siècle dernier :

1706, la livre 16 ß.	le k° à	1 fr.	85	1755, la livre 16 ß.	le k° à	1 fr.	60
1718	8	1	35	1756	15	1	50
1719	8	0	89	1767	21	2	10
1746	2	1	20	1770	21	2	10

L'Alsace cultive surtout la moutarde noire, qui porte chez nous le nom de moutarde rouge. On trouvera plus loin le prix qu'en a payé l'hôpital de Strasbourg dans les années 1839—1875. La moutarde blanche ou jaune vaut un peu moins.

---

1. S. Jean de Schletstadt, 1490 : 4 ½ mosz honig zuom Schlegumpost (compote de prunelles), ruoben und buthen (cynorhodon). Le miel se vendait autrefois par pot, les comptes modernes de l'hôpital l'achètent toujours au poids. Dans nos conversions le litre est estimé à 1500 gr.

Année.	Oign. Boiss.	Sel. Boiss.	Huile d'olive. ℓ.	Miel. Pot.	Oign. Décal.	Sel. Kilo.	Huile d'olive. Kilo.	Miel. Litre.
1395 Colmar		36 δ.				0 fr.145		
1410 Ensisheim		36				0 13		
1414 Colmar	7 δ.	40		15 δ.	0 fr.25	0 145		0 49
1415 Notre-Dame	8	47		17	0 28	0 17		0 56
1416 Œ. N.-D.		26		12		0 11		0 39
1417 »				13				0 42
1418 »				10				0 33
1419 »	8				0 28			
1422 S. Claire		29				0 11		
1423 Œ. N.-D.	6			15	0 19			0 44
1424 »				14				0 41
1425 »				12				0 35
1430 »	6				0 19			
1432 »	5	35			0 16	0 12		
1434 »				14				0 41
1435 »	4	30			0 12	0 10		
1436 »	7	36			0 22	0 12		
1437 »		36		16		0 12		0 47
1438 »	9				0 28			
1439 »		36		20½		0 12		0 60
1440 »		36				0 12		
1444 »		36				0 12		
1449 »				15				0 43
1450 »	5	36			0 16	0 12		
1451 S. Claire	6	26		18	0 19	0 08		0 51
1459 Œ. N.-D.	5	26			0 16	0 08		
1461 »		22				0 07		
1465 S. Claire	4	22	12		0 12	0 07	1 fr.52	
1468 S. Jean Schl.		25				0 08		
1469 »		27				0 09		
1471 »		19				0 06		
1472 S. Arbogast	6	26			0 18	0 08		
1475 Œ. N.-D.			10	14			1 21	0 38
1476 »		30				0 10		
1478 S. Arbogast		26				0 08		
1480 »	8	28			0 23	0 09		
1481 »	13	37			0 37	0 11		
1483 »	5	26			0 14	0 08		
1485 »		26				0 08		
1486 »		26				0 08		
1487 »	12	24			0 34	0 07		
1488 »	10	25			0 28	0 08		
1489 »	13	25			0 37	0 08		
1490 »	8	24		16	0 22	0 07		0 40
1491 »	8	23		20	0 22	0 07		0 50
1492 Œ. N.-D.	10	25		18	0 27	0 07		0 45
1493 S. Jean Schl.				16				0 40
1494 S. Arbogast	5	22		16	0 14	0 07		0 40
1495 »	6	26			0 16	0 08		
1496 S. Jean Schl.	7			12	0 19			0 30
1497 S. Arbogast	6	25	10		0 16	0 07	1 10	
1499 »	4	26	10		0 11	0 07	1 10	
1500 »		28	8	15		0 08	0 88	0 37

PRIX DES ÉPICES.

Année.	Oign. Boiss.	Sel. Boiss.	Huile d'o.ive. ℔.	Miel. Pot.	Oign. Décal.	Sel. Kilo.	Hule d'olive. Kilo.	Miel. Litre.
1501 Œ. N.-D.	6 ♂.	24 ♂.			0 fr.16	0 fr.07		
1502 »		25	15 ♂.			0 07		0 fr.37
1503 »		24	14			0 07		0 35
1505 S. Arbogast		27				0 075		
1507 Œ. N.-D.	5	28	12 ♂.	11	0 13	0 08	1 fr.26	0 26
1508 S. Arbogast		27				0 075		
1509 Œ. N.-D.		27		15		0 075		0 36
1511 Eschau.		26				0 07		
1512 S. Arbogast		24				0 07		
1513 Œ. N.-D.	4	23		16	0 10	0 065		0 37
1517 S.Jean Schl.		27	9			0 07	0 92	
1518 »		27	8			0 07	0 82	
1523 Dom. Str.	17	35	10	23	0 42	0 09	1 02	0 53
1526 »		36				0 09		
1531 Œ. N.-D.		35				0 09		
1532 Eschau		36				0 09		
1533 »		32				0 08		
1534 »		36				0 09		
1538 S. Catherine			8				0 76	
1539 Hôp. Str.	10	31			0 24	0 08		
1540 Œ. N.-D.		34				0 09		
1543 »		41				0 10		
1544 Eschau		40				0 10		
1547 Hôp. Str.		36				0 09		
1548-50 »		40		24		0 10		0 51
1551 »		40				0 10		
1553-6 Eschau		42				0 105		
1557-9 »		56		20		0 13		0 49
1560-1 »		64				0 15		
1562 »		60				0 14		
1563-5 »	13	62	16		0 29	0 15	1 44	
1569 »	18	50	16	25	0 40	0 12	1 44	0 51
1570 »		62	16			0 15	1 44	
1571 »		80	16			0 19	1 44	
1572 »		96				0 21		
1574 »	20	108			0 44	0 255		
1575 »		80				0 185		
1576 »		96				0 215		
1580 »	12	96	10		0 25	0 215	0 85	
1581 »	24	96		36	0 50	0 215		0 68
1582 »	12	96			0 25	0 215		
1585 Gr.-Chap.	12	96	24	36	0 25	0 215	2 02	0 68
1586 »			27				2 11	
1587 Eschau		120				0 25		
1588 »		112				0 23		
1589 »		100		40		0 215		0 69
1590 »		102		40		0 22		0 68
1593 Gr.-Chap.	40	120	28		0 74	0 24	2 05	
1598 »	18	128	32		0 33	0 25	2 39	

Année.	Oign. Boiss.	Sel. Boiss.	Huile d'olive. ℔.	Miel. Pot.	Oign. Décal.	Sel. Kilo.	Huile d'olive. Kilo.	Miel. Litre.
1601 Gr. Chap.		94 ♂.	36 ♂.			0 fr.18	2 fr.51	
1602 »	24 ♂.	120	28		0 fr.43	0 23	2 03	
1603 »	24	120	32		0 43	0 23	2 32	
1604-6 Eschau		108				0 20		
1607 »		100				0 185		
1609 »		114	28			0 21	2 03	
1616 Gr. Chap.		108				0 19		
1623 B.-Alsace	60	96		48 ♂.	0 99	0 17		0 fr.74
1624 Eschau	96	192	26		1 58	0 34	1 78	
1625 »		180		48		0 32		0 ,74
1626 Eschau		160		60		0 29		0 92
1627 Strasbourg		176		64		0 32		0 99
1631 Gr. Chap.		192				0 34		
1633 Œlenberg		384				0 68		
1634 Strasbourg			32	64			2 19	0 94
1635 Œlenberg		384				0 68		
1640 Strasbourg		240				0 43		
1646 »	60	96	14	48	0 99	0 17	0 96	0 74
1651-7 Eschau		240				0 13		
1659 »				32				0 49
1660-9 Engelport		210				0 43		
1670 Hôp. de Str.		201	24	10		0 37	1 64	0 60
1671 Engelport		240				0 43		
1672 »		192	32			0 29	2 05	
1674 »		240				0 36		
1675 »		288				0 43		
1676-7 »		288				0 43		
1678 »		312				0 47		
1679 »		384				0 60		
1692 »		180	30			0 34	1 56	
1695 »		180	27			0 34	1 30	
1696 »		180	26			0 34	1 26	
1698-9 Strasb.		280	25			0 415	1 21	
1700 Engelport		180	25			0 31	1 21	
		100 ℔.						
1701 Thierenb.		216 s.	11 s.			0 33	1 90	
1702 »		216	11			0 29	1 90	
1703 »		216 ½	13 ½			0 32	1 90	
1704 Engelport			12				1 77	
1705 »			12 ½	11 s.			1 66	0 62
1708 »			16				2 36	
1709 »			19	21			1 89	0 88
1710 Thierenb.		191	15	20	0 20	1 57	0 81	
1711 »			19			1 85		
1712 »			18	21 ½		1 75	0 83	
1713 »		180	22	26	0 18	2 13	1 01	
1714 »		200	22	18	0 20	2 22	1 77	
1715 »		195	23	31	0 23	2 42	1 51	
1716 »		185	18	22	0 20	2 09	1 02	
1717 »		180	16	24	0 19	1 86	1 14	

PRIX DES ÉPICES. 277

Année.			Sel. 100 ℔.	Huile d'olive. 1 ℔.	Miel. 1 pot.	Sel. Kilo.	Huile d'olive. Kilo.	Miel. Litre.
1718 Thier. Unterl.			178 s.	14 s.	20 s.	0 fr.14	1 fr.62	0 fr.93
1719	»			18	18		1 51	0 61
1720	»	»	200	25	22	0 14	1 67	0 63
1721	»	»	170	20	20	0 12	1 31	0 54
1722	»	»	208	25	20	0 14	1 67	0 54
1723		»	208			0 15		
1724		»	208		28	0 21		0 92
1725	»	»	208		18	0 26		0 91
1726	»		220	12		0 22	1 20	
1727	»		220	12		0 22	1 20	
1728	»		220	12		0 22	1 20	
1729	»		220	12		0 22	1 20	
1730	»	»	200		16	0 20		0 64
1731	»	»	200	12	17	0 20	1 20	0 68
1732	»	»	206		20	0 21		0 80
1733	»	»	212			0 21		
1734	»	»	206	12	20	0 21	1 20	0 80
1735-7	»		200	12		0 20	1 20	
1738 Œlenberg			233		27	0 23		1 06
1739 Engelport			233	14	24	0 23	1 40	0 94
1741	»		233	17	20	0 23	1 70	0 78
1742 Dom. Colm.			233	19		0 23	1 90	
1743	»		250	18	40	0 25	1 80	1 53
1744	»		250		30	0 25		1 12
1745	»		250		24	0 25		0 92
1746	»		250	15	24	0 25	1 50	0 92
1747	»		250	16	25	0 25	1 60	0 96
1748	»		250	16	26	0 25	1 60	1 00
1750	» Œlenb.		250	16	25	0 25	1 60	0 96
1751	»		250		28	0 25		1 08
1752	»		250	17	27	0 25	1 70	1 04
1754 Thier. Unterl.			250	16	25	0 25	1 60	0 96
1755	»		250	16	20	0 25	1 60	0 77
1756	»	»	250		20	0 25		0 77
1757	»	»	250		19	0 25		0 73
1758	»	»	250		24	0 25		0 92
1760	»		250	15		0 25	1 50	
1763	»		250		20	0 25		0 77
1764	»		250		20	0 25		0 77
1765	»		250	22		0 25	2 20	
1767	»		250	17		0 25	1 70	
1769	»		250	20		0 25	2 00	
1775-88 Alsace			250			0 25		
1789	»		296			0 30		
1791 Œlenberg				24			2 40	
1792	»			27	42		2 70	1 62
1795 Hôp. de Str.			421			0 42		
1796	»		414	32		0 41	3 39	
1797	»		338		90	0 39		3 40
1798	»		267			0 27		

CH. VII. — S. 1. — ÉPICERIE.

Année.	ÉPICERIE, LE KILO.			HÔPITAL DE STRASBOURG.				
	Sel.	Huile d'olive.	Miel.	Sel.	Huile d'olive.		Miel.	Moutarde rouge.
1804					3 fr.00			
1805					3 60			
1806					3 60			
1807					3 57			
1808					3 40			
1809				45 fr 00	3 40			
1810				17 00	3 40			
1811				41 95	2 45			
1812				46 00	2 50			
1813				44 50	2 30		1 fr.62	
1814				52 00	2 60		1 40	
1815				54 00	3 40		1 30	
1816				49 00	2 80			
1817					3 00			
1818					3 60			
1820	0 fr.60	3 fr.20			3 55		1 90	
1821	0 60	3 10			2 97		1 80	
1822	0 60	3 15			3 25			
1823	0 60	3 20			3 00		1 50	
1824	0 60				2 85		1 60	
1825	0 60	3 00	1 fr.70		1 90		1 50	
1826		2 60			2 60		1 40	
1827					2 30			
1828			1 70					
1830					2 00			
1831					2 30		1 40	
1832					2 70		2 10	
1833	0 70	2 80			2 50		2 10	
1834					2 66		2 00	
1835	0 70				2 83		2 00	
1836	0 70				2 44		1 40	
1837					2 21		1 40	
1838					2 04		1 50	
1839				44 00			1 40	0 fr 85
1840	0 50			42 50	2 39		1 50	0 87
1841	0 50			42 00			1 80	0 68
1842	0 50	2 80		40 50			1 30	0 67
1843	0 50			40 00	2 35		1 30	
1844	0 45			35 20			1 30	0 75
1845	0 45			35 20	2 40		1 50	0 80
1846				34 45	2 20		1 45	0 70
1847	0 40			33 49	2 28		1 60	0 70
1848	0 40	2 80		33 70	2 28		1 40	0 63
1849	0 30	2 80		17 00	2 20		1 80	0 60
1850	0 30	2 80		16 99	2 20		1 50	0 70
1851	0 20	2 80		17 00	2 20		1 65	0 70
1852	0 20	2 80		16 90	2 25		1 35	0 61
1853	0 20	2 80		16 40	2 40		1 80	0 58
1854	0 20	2 90		16 09	2 40		1 50	0 62
1855	0 20	2 70		15 93	2 80		2 00	0 67

PRIX DES ÉPICES.

Année.	ÉPICERIE, LE KILO.			HÔPITAL DE STRASBOURG.			
	Sel.	Huile d'olive.	Miel.	Sel.	Huile d'olive.	Miel.	Moutarde rouge.
1856	0 fr.20	2 fr.80		1 fr.97	2 fr.80	2 fr.00	0 fr. 80
1857	0 20	2 80	2 fr.40	16 41		1 70	1 24
1858	0 20	2 80	2 10	16 90		2 00	0 96
1859	0 20	2 80	2 10	17 08		2 00	0 82
1860	0 20	2 70	2 40	16 35		2 20	0 87
1861	0 20	2 80	3 00	16 85	2 80	2 80	0 80
1862	0 20	2 80	2 40	16 60	2 80	3 00	0 96
1863	0 175	2 80	2 40	13 79	2 80	2 40	0 90
1864	0 20	2 70	2 40	16 69	2 50	2 30	0 74
1865	0 20	2 60	2 40	16 68	2 40	2 00	0 65
1866	0 20	2 40	2 40	16 47		1 85	0 65
1867	0 20	2 60	2 40	16 79	2 40	2 00	0 85
1868	0 20	2 80	2 40	16 79	2 80	2 00	0 71
1869	0 20	2 80	2 40	16 90	2 60	2 00	0 95
1870	0 20	2 80	2 40	16 85	2 40	2 00	0 98
1871	0 21	3 00	2 40	21 00	2 80		0 90
1872	0 23	2 70	2 40	22 00	3 00	2 00	0 87
1873	0 21	2 70	2 40	21 00	2 40	2 40	0 78
1874	0 20	2 70	2 10	19 90	2 10	1 65	0 68
1875	0 20	2 70	2 40	19 00	1 55	1 85	0 65

RÉCAPITULATION PAR KILO.

Années.	Sel.	Huile d'olive.	Miel.	Moutarde.	Oignons decalitre.
1376 — 1400	0 fr.14				
1401 — 1425	0 13		0 fr.32	0 fr.15	0 fr.25
1426 — 1450	0 12		0 38	0 15	0 19
1451 — 1475	0 08	1 fr.37	0 34	0 13	0 16
1476 — 1500	0 08	1 03	0 31		0 23
1501 — 1525	0 07	1 01	0 29		0 20
1526 — 1550	0 09	0 76	0 40		0 21
1551 — 1575	0 15	1 44	0 39		0 38
1576 — 1600	0 22	1 88	0 53		0 39
1601 — 1625	0 23	2 13	0 57		0 86
1626 — 1650	0 12	2 15	0 69		0 99
1651 — 1675	0 42	1 85	0 42		
1676 — 1700	0 41	1 29			
1701 — 1725	0 21	1 85	0 71		
1726 — 1750	0 23	1 41	0 72		
1751 — 1775	0 25	1 76	0 68		
1776 — 1800	0 30	2 83	1 93		
1801 — 1825	0 60	3 13	1 70	0 50	
1826 — 1850	0 50	2 80	1 70		
1851 — 1875	0 20	2 75	2 40		0 70
HÔPITAL					
1801 — 1825	0 47	3 11	1 60		
1826 — 1850	0 35	2 31	1 58	0 72	
1851 — 1875	0 18	2 57		0 80	

Seconde Section.

Oeufs et Laitage.

Oeufs. — Lait. — Beurre. — Fromage. — Tableau des prix.

Oeufs.   La statistique du prix des œufs rencontre diverses difficultés. D'une part, comme chacun le sait, ce prix varie sans cesse avec le cours des saisons. D'un autre côté, la moyenne de ces prix ne représente pas exactement la valeur moyenne des œufs : on en achète beaucoup plus à certaines époques qu'à d'autres. Pour arriver à un résultat précis, les mercuriales devraient ajouter, ce qui est presque impossible, aux prix de chaque marché, la somme des quantités vendues.

Mais quoi qu'il en soit de ces difficultés, que personne ne sent mieux que nous, cet article a trop d'importance dans le budget domestique pour être négligé. Nous ferons donc consciencieusement nos calculs. Au lecteur de voir quel compte il en tiendra.

Nos chiffres s'appuient sur les mercuriales pour notre siècle; sur nos guides habituels, pour les époques antérieures.

Lait.   Le lait, sous cette forme du moins, n'est guère mentionné que dans les livres de cuisine ; encore les couvents, qui tenaient eux-mêmes des vaches, avaient-ils rarement à en acheter. C'est dire que nos données ne seront ni nombreuses, ni suivies. Cependant, grâce à la fixité relative du prix de cette denrée, elles suffiront pour l'édification du lecteur. Nous les avons toutes empruntées aux petits couvents dont les archives sont aujourd'hui à l'hôpital de Strasbourg, et aux notes de dépenses fournies par les délégués du Grand-Chapitre, au retour de leurs voyages de contrôle.

Le lait était aussi taxé, du moins pendant une partie de l'année. C'est ainsi qu'une ordonnance strasbourgeoise de 1556 statue qu'on paiera le pot de lait, 4 δ. du 20 août au 12 janvier, 3 δ. du 12 janvier au 25 avril; le reste du temps la vente est libre (*freyen kauf*). Mais ces taxes n'ont laissé que peu de traces dans les Archives.

Le beurre est vendu tantôt frais, tantôt fondu. D'ordinaire, dans l'allemand de l'Alsace, le mot *butter* désigne la première, et le mot *anken* la seconde de ces espèces de beurre. Mais cette distinction n'a rien d'absolu. On rencontre dans les livres de Comptes, du *frische, ungesottene, gesottene butter*, du *frische, gesottene, ungesottene ancke*. Il en résulte que si le substantif n'est accompagné d'aucune de ces épithètes, il est assez difficile de se prononcer sur l'état précis de la marchandise que l'on a devant soi.

La question semble avoir pourtant son importance. Nous avons déjà parlé d'un brave cuisinier de S. Jean de Schlettstadt, qui faisait des études sur le prix des harengs. Le même a aussi étendu ses calculs au problème du beurre (1483). Il a acheté 93 *ll*. d'*ancken* (notez qu'ici ce mot signifie évidemment beurre frais), les a fait fondre, et, l'opération terminée, a constaté que le beurre fondu pesait 16 *ll*. de moins, « ce qui mettait la livre de beurre fondu à 4 δ. », soit 0 fr. 46 le kilo. Frais, ce beurre n'avait coûté que 0 fr. 38 [1]. Pourquoi d'ailleurs recourir au témoignage des anciens? Qui pourrait mettre en doute un fait d'une pareille évidence?

Il arrive toutefois, et même assez fréquemment, que le beurre fondu, importé du dehors, ne se vend pas plus cher, en Alsace, que le beurre frais du pays.

Or l'habitude de demander du beurre fondu à l'étranger, n'est pas une innovation de notre siècle. Nous en trouvons la preuve dans les protocoles du magistrat de Strasbourg. Soit pour assurer l'approvisionnement de la place, soit pour prévenir, ou du moins atténuer, le renchérissement de cette denrée, la ville a fait souvent, pendant un demi siècle (1572—1625), le commerce du beurre fondu.

---

1. Le chiffre que nous donnerons, dans notre tableau, est plus élevé : il est emprunté à S. Claire de Strasbourg.

En voici quelques exemples tirés des Protocoles de la Chambre des XV :

> 1573, 24 janvier. Tou, frais payés, la livre de beurre suisse revient à 8 δ. On la vendra aux *herren* (sénateurs), à ce prix; et à la bourgeoisie, à 9 δ. (0 fr. 72 et 0 fr. 81 le kilo).
> Septembre. Vu la cherté du beurre, on fera venir de la Suisse quelques centaines de quintaux.
> Novembre. On a acheté à Berne 10105 *tt.* qui coûtent 399 *tt.* 17 β. 1 δ., soit 3 *tt.* 19 β. 3 δ. le quintal (85 fr. 51 les 100 kilos). On le revend à 4 *tt.* le quintal, à 10 δ. la livre (86 fr. 32 en gros, 0 fr. 90 en détail).
> 1574, novembre. Acheté en Suisse 6455 *tt.* à 293 *tt.* 14 β. 10 δ., soit 4 *tt.* 11 β. le quintal (98 fr. 19 les 100 kilos) ou 10 ½ δ. la livre. On le cédera aux *herren* à ce prix, et à la bourgeoisie pour 11 δ. (0 fr. 945 et 0 fr. 99 le kilo).

On voit par ce dernier exemple que le sénat ne s'oubliait pas lui même. Mesdames les conseillères obtenaient leur beurre au-dessous du prix de revient.

Les Strasbourgeois préféraient cependant le beurre de Bohême « parce qu'il se conserve mieux que le beurre suisse, fondu ou non, ne se conserve pas facilement [1]. » En 1572, il se vendait 7 fl. à Nurenberg (64 fr. 74 les cent kilos); mais le port *assez cher en ce moment* coûta de 25 à 26 batzen (18 fr. 34 les cent kilos). Le voyage dura 9 jours, du 8 au 17 novembre. En 1573, on dut renoncer au beurre de Bohême; sans compter le port, il se payait à Francfort 11 fl. le quintal (118 fr. 59).

Pour notre siècle et pour la période 1572—1625 nous disposons des mercuriales officielles. En dehors de ce temps, nous recourons à nos livres de Comptes. Il faut toutefois remarquer que les données modernes se rapportent au quintal métrique, tandis que les plus anciennes de nos indications sont des prix de détail. Celles-ci se font tantôt par livre, tantôt par pot. Le pot doit être l'équivalent de trois livres, et c'est sur cette base que nous avons calculé nos conversions en mesures et monnaies françaises.

FROMAGE. Pendant longtemps nous ne rencontrons dans les docu-

---

1. 1572 : *weil der böhemisch anken besser zu behalten dann der schweitzer;*
1573 : *weil sich der schweitzer anken, weder gesotten noch ungesotten, wol halten läszt.*

ments anciens que de rares mentions du fromage, et, quand ils en parlent, ce n'est qu'en termes vagues et généraux. On y lira :

1459, Œuvre Notre-Dame, 12 *sweikese* à 19 β., 1 fr. 14 chacun ;
1509, Eschau, un *sweigkese* à 3 ½ β., ou 2 fr. 10 ;
1561, Alspach, un fromage à 3 β, ou 1 fr. 40 ; etc.

Lorsque les renseignements deviennent plus précis, on oublie encore assez souvent d'indiquer la provenance. D'ordinaire cependant la nature du fromage est marquée avec soin, ainsi que son poids et son prix.

Commençons par quelques espèces rarement citées.

Bellelay. Nous ne l'avons trouvé mentionné qu'une fois.

La livre coûte à Bâle, en 1441, 12 d., le kilo 0 fr. 67.

Parmesan. Sur ce fromage nous avons plusieurs données.

1586, Grand-Chapitre, la *tt.* à 28 d., soit le kilo			2 fr.	20
1636, Strasbourg, 13 ½ *tt.* à 5 fl.			2	81
1791, Œlenberg, la *tt.* à 16 s.			1	60

Hollande. Ce fromage se rencontre plus souvent encore.

1584, Grand-Chapitre, la *tt.* à 13 d., soit le kilo			1 fr.	10
1586,	»	14	1	10
1601,	»	14-15	1	06
1603,	»	13 ½	0	98
1626,	»	32	2	18
1629,	»	32	2	18
1630,	»	22	1	50
1631,	»	28	1	90

Quant aux autres indications que nous avons pu réunir, nous allons les distribuer en quatre colonnes. La première renfermera celles qui ne spécifient pas l'espèce de fromage ; la seconde sera consacrée au Gruyère ou vachelin *(schweitzerkäs)* ; la troisième comprendra le fromage de Munster *(münsterkäs)* ; enfin la quatrième sera réservée à des fromages désignés vaguement sous le nom de fromage des domestiques *(gesindkäs)*. C'étaient sans doute ce qu'on appelle d'ordinaire des fromages maigres. Mais dans la crainte de nous tromper, nous leur avons laissé le nom que leur donnent les livres de Comptes.

CH. VII. — S. II. — ŒUFS ET LAITAGE.

Année	LA ll. EN ð.				LE KILO EN FRANCS.			
	Fromage non défini	Gruyère	Munster	Fromage des domest.	Fromage non défini	Gruyère	Munster	Fromage des domest.
1433 Belfort	6				0 fr.33			
1411 Bâle	8				0 44			
1544 Bâle		5—6				0 fr.19		
1584 Gr.-Chap.		6—7	12			0 60	1 fr.01	
1585 »		7				0 64		
1586 »		7				0 55		
1587 Œlenberg	15				0 45			
1593 Gr.-Chap.	15				1 11			
1601 »				8 ½				0 fr.61
1603 »				8				0 58
1605 Ribeaup.			15				0 85	
1615 Roufach		21	30			0 60	0 75	
1620 Ribeauvillé	20				0 92			
1626 »	20				1 00			
1627 Gr.-Chap.	16		16		1 09		1 09	
1628 Ribeauvillé	16				0 80			
1633 Œlenberg	60				1 50			
1635 »				15				0 36
1636 Mulhouse	72				1 74			
1661 Engelport	36				0 78			
1667 »	36				0 78			
1669 »	60—72			12	1 43			0 26
» Mulhouse	84				1 82			
1670 Hôp. Str.		6—11				0 58		
» Engelport	36				0 78			
1692 Thierenb.		54 d.				0 71		
1693 »		72		32		0 95		0 42
1695 »				36				0 47
1701 »		60				0 77		
1702 »		56				0 63		
1703 Pairis, Thier.	48	72			0 58	0 87		0 27
1705 Thierenb.		68		24		0 75		0 36
1706 »		80		48		0 94		0 31
1707 Engelport				26				
1709 Thier. Unt.	80	55	72		0 68	0 48	0 62	
1710 Unterlinden			69—72				0 61	
1711 »			46—64				0 45	
1712 Thier., Unt.		52	51—64			0 10	0 49	
1713 » »		72—80	64			0 62	0 52	
1714 » »	40—80	116	76—88		0 49	0 95	0 67	
1715 » »		64	67—80	18	0 68		0 78	0 51
1716 » »			49			0 47		
1717 » »		40	37—48		0 39		0 41	
1718 » »		48	37—57			0 46	0 51	
1719 » »		72	50		0 50	0 38	0 46	
1720 » »			60—72				0 38	
1721 » »			72—90					
1722 » »			48			0 26		
1723 » »			60—64				0 34	
1724 Pairis, Unt.	69		48		0 57	0 29	0 31	
1725 Thier., »		56—64	53			0 63	0 45	
			40				0 43	

FROMAGE.

Année.	LA VL. EN $.				LE KILO EN FRANCS.			
	Fromage non défini.	Gruyère.	Munster.	Fromage des domest.	Fromage non défini.	Gruyère.	Munster.	Fromage des domest.
1726 Thier. Unt.		60	60			0 fr.50	0 fr 50	
1721 Mulhouse	54				0 fr.45			
1732 Thier. Unt.		62	60			0 52	0 50	
1733 »		60				0 50		
1734 »		64				0 53		
1735 »		60				0 50		
1737 Mulhouse	66				0 75			
1738 Œlenberg				24				0 fr.20
1739 Engelp. Th.	60--72	60			0 55	0 50		
1740 Thier. Dom.		72				0 60		
1742 » Dom. Col.		72--81	54--60			0 65	0 48	
1743 »		108				0 90		
1744 »			72				0 60	
1745 »		72	60			0 60	0 50	
1746 »		81	60--72			0 70	0 55	
1747 Œlenberg				24				0 90
1750 Thierenb.		78				0 65		
1751 »			48				0 40	
1752 Œlenberg				36				0 30
1753 Dom. Colm.		72				0 60		
1754-9 Œlenb.				36				0 30
1759 Thierenb.		72				0 60		
1760 »		78				0 65		
1763 Œlenberg	120			42	1 00			0 35
1764 Pairis		72				0 60		
1765 Mulhouse		66				0 55		
1766 Thierenb.		72	60			0 60	0 50	
1767 »		90	66			0 75	0 55	
1768 Mulhouse			66				0 55	
1769 Thierenb.		84	66			0 70	0 55	
1770 »		77				0 64		
1772 Bâle		52				0 81		
1773 »		60				0 91		
1774 Thierenb.		84				0 70		
1775 Bâle		56				0 86		
1776 Thierenb.		78				0 65		
1777 Bâle		40				0 62		
1778 Thierenb.		78				0 65		
1779-81 Bâle			40				0 62	
1782 »			44				0 68	
1783 »			46				0 71	
1784 »			48				0 75	
1791 Œlenberg		96						
1798 Bâle		68			0 80	0 87		

A Strasbourg, le quintal de Gruyère se vend en 1764 : 31 l. 4 s. et en 1767 : 29 l. 2 ½ s., environ 0 fr. 60 le kilo.

A la fin du tableau suivant, le lecteur trouvera le prix payé par l'hôpital de Strasbourg, pour le fromage de Munster, de 1840 à 1875. Nous avons emprunté d'abord à des comptes bâlois, puis au commerce de Strasbourg les renseignements modernes sur le Gruyère.

286 CH. VII. — S. II. — OEUFS ET LAITAGE.

Année.	Lait. le pot.	Oeufs. 100.	Beurre. fl.	Beurre. pot.	Lait le pot.	Oeufs. 100.	Beurre. Kilo.
1406 Ferrette		18 d.	6 d.			1 fr.23	0 fr.80
1417 Œ. N.-Dame		19				1 30	
1423 »		17				1 05	
1431 »		16				0 96	
1441 Bâle			6				0 66
1459 Œ. N.-Dame		17				1 02	
1460 »		16				0 96	
1461 »		16				0 96	
1462 »		18				1 08	
1470 S.-Arbogast				14			0 69
1471 »				14			0 69
1472 »	1 ¹/₄ d.	20		14	0 fr.05	1 15	0 69
1475 »				14			0 69
1478 »		20		16		1 15	0 79
1480 »				20			0 80
1481 S.-Claire	2 ²/₇				0 06		
1483 »		21	5			1 32	0 58
1489 S.-Arbogast		22		18		1 21	0 70
1492 »		18				0 96	
1493 »				15			0 57
1501 Hôpital Str.				16			0 57
1523 Domin. Str.	2	17	6		0 05	0 83	0 61
1541 Hôpit de Str.	1 ²/₃			18	0 04		0 59
1544 »		20	6			0 92	0 58
1546 »			7 ¹/₂				0 71
1547 »				22			0 69
1548 »	3			24	0 065		0 76
1549 »	3			24	0 065		0 76
1550 »	3			24	0 065		0 76
1551-5 »	3		8	24	0 065		0 76
1557-8 »	4	40	7 ¹/₂		0 08	1 66	0 66
1561 »	3	50		30	0 06	2 13	0 90
1565-72 »	4	50	10	30	0 08	2 13	0 90
1573 »	4	100	10		0 08	4 26	0 90
1574 »			11				0 99
1576 »	4		8		0 075		0 68
1580 »	4	50		44	0 075	2 00	1 24
1581 »	4	48	8		0 075	1 92	0 68
1582 »	4	50	8		0 075	2 00	0 68
1583 »	4	50	9		0 075	2 00	0 76
1585 »	4	66	10		0 075	2 40	0 85
1586 »	7	28	16		0 125	1 05	1 25
1587 Grand-Chap.		40—117				1 50	
1589 »			9 ¹/₂				0 75
1590 »		40	12			1 47	0 92
1591 »		40				1 47	
1593 »				54			1 38
1595 »	6	85			0 10	3 05	
1597 »		40	16			1 40	1 19

ŒUFS ET LAITAGE.

Année.	Lait. Pot.	Œufs. 100.	Beurre. ll.	pot.	Lait. litre.	Œufs. 100.	Beurre. Kilo.
1601 Grand-Chap.	10 ∂.	96 ∂.		54 ∂.	0 fr.16	3 fr.30	1 fr.30
1602 »			20 ∂.	60			1 45
1604 »		100				3 41	
1609 »	9	90	20		0 14	3 00	1 39
1616 »				60			1 34
1617 »			20	60			1 34
1621 Mulhouse	18—24		32		0 11		1 07
1623 Basse-Alsace	6	84	20	80		2 24	1 37
1624 Strasbourg			20	80			1 37
1625 »			20	80			1 37
1626 Grand-Chap.			32	96			2 19
1627 »			20	67			1 37
1628 »			24				1 64
1629 »			24				1 46
1630 »			24				1 64
1631 »			18				1 23
1634 Œlenberg			25				1 62
1635 »			40				2 60
1636 »			40				2 60
1646 Strasbourg	6		14		0 09		0 96
1661 Engelport			20				1 36
1662 »			16				1 09
1663 »			16				1 09
1664 »			16				1 09
1665 »			18				1 23
1666 »			18				1 23
1667 »			18				1 23
1668 »			15				1 02
1670 »			18				1 23
1671 »			18				1 23
1672 »			18				1 23
1673 »			18				1 23
1674 »			18				1 23
1675 »			18				1 23
1677 »			24				1 64
1682 Strasbourg		150	24			4 20	1 26
1692 Thierenb.		200	21			4 85	1 14
1693 »		200	21			4 85	1 11
1694 »		200	21			4 85	1 14
1695-8 »			18				0 99
1699 »			17				0 87
1700 »			15				0 77
			100 ll.				
1701-4 Thierenb.			667 S.				0 93
1705 »			667				0 89
1706 »			751				1 03
1707 »			660				0 95
1708 »			650				0 94
1709 »			669				1 00

288 CH. VII. — S. II. — ŒUFS ET LAITAGE.

Année.	Lait. Pot.	Œufs. 100	Beurre. 100 œ.	Lait. Litre.	Œufs. 100.	Beurre. Kilo.
1710 Thierenbach			640 s.			0 fr. 67
1711 »			635			0 64
1712 »			670			0 65
1713 Unterlinden			867			0 81
1714 »			1128			1 09
1715 Thierenbach		100 s.	650		5 fr. 80	0 84
1716 »		85	374		4 93	0 43
1717 Unterlinden			265			0 31
1718 »			480			0 40
1719 »			598			0 50
1720 »			735			0 56
1722 »			720			0 48
1723 »			710			0 47
1724 »			606			0 54
1725 »			517			0 69
1726 Unterlinden			967			0 77
1730 »			726			0 73
1731 »			700			0 70
1732 »			667			0 67
1733 »			617			0 62
1735 Thierenbach			800			0 80
1736 »			716			0 72
1737 »			800			0 80
1739 Engelport			850			0 85
1740 Thierenbach			800			0 80
1741 »			866			0 87
1742 Dom. Colm.		32	710		1 60	0 71
1743 »		75	715		3 75	0 72
1744 »		50	790	0 fr. 15	2 50	0 79
1745 »	4 s.	50	840		2 50	0 84
1746 »		10	805		2 00	0 81
1747 »		42	760		2 10	0 76
1748 »			760			0 76
1749 »			800			0 80
1750 »		52	940		2 60	0 94
1751 »			670			0 67
1752 »			730			0 73
1753 »		45	770		2 25	0 77
1754 Thierenbach		38	670		1 90	0 67
1759 »			800			0 80
1760 »		45	800		2 25	0 80
1769 »			1100			1 10
1771 »		65			3 25	
1777 »		65	1200		3 25	1 20
1783 »		50			2 50	
1785 S. Morand			1160			1 16
1786 »		50			2 50	
1791 Œlenberg		50			2 50	
1792 »	2	80	900	0 08	4 00	0 90
1796 Hôp. Str.	8	80	1500	0 19	4 00	1 50
1797 »	8 1/2	80		0 22	4 00	
1798 »	8 1/4			0 22		

LAITAGE A STRASBOURG.

Année.	BALE. Gruyère.	MULHOUSE. Lait.	MERCURIALES. 100 Oeufs.	MERCURIALES. Kilo. Beurre.	HÔPITAL. Kilo. Fromde Munster	HÔPITAL. 100 Oeufs.	HÔPITAL. Hectol. Lait.	HÔPITAL. Kilo. Beurre.
1801				1 fr.51				
1802				1 37				
1803				1 57				
1804	0 fr.91			1 57				
1805				1 28				
1806				1 37				
1807				1 30				
1808	1 22			1 45				
1809	1 06							
1810	1 06			1 41				
1811	1 03			1 32				
1812				1 36				
1813	0 97			1 50				
1814				1 70				
1815				1 63				
1816				1 76				
1817				2 16				
1818				1 69				
1819				1 51				
1820				1 27				
1821				1 20			12 fr.50	1 fr.02
1822				1 20			12 25	
1823	0 88			1 20				
1824				1 09			12 10	
1825							9 50	1 00
1826								1 02
1827	0 88			1 25				
1828				1 22				1 01
1829	0 88			1 22				
1830		0 fr. 15		1 44				
1831		0 15		1 39			11 25	
1832		0 15		1 49				1 40
1833	0 96	0 15		1 51				1 50
1834	0 96	0 15		1 47			14 00	1 50
1835		0 15		1 53			14 00	1 45
1836		0 15		1 61			14 00	1 45
1837		0 15		1 58			14 00	1 45
1838	1 03	0 15	4 fr.16	1 51		1 fr.15	14 00	1 45
1839	1 03	0 15	4 38	1 70			13 50	1 40
1840		0 15	4 60	1 73	1 fr.00		12 50	1 40
1841	0 94	0 15	4 35	1 60			11 05	0 85
1842	0 96	0 15	4 45	1 60				
1843	1 09	0 15	4 93	1 71				
1844		0 15	4 62	1 43	1 00			
1845		0 15	4 72	1 52	1 00	4 44	10 88	
1846	1 03	0 15	4 60	1 80	1 00	4 50	10 88	
1847		0 15	5 20	1 80	1 00	4 50	10 88	
1848	1 09	0 25	4 51	1 47	0 95	5 00	13 00	1 60
1849	1 03	0 15	4 10	1 32	0 90	5 00	13 00	1 40
1850		0 125	4 36	1 29	0 89	4 50	13 00	1 30

290　　　　CH. IIV. — S. II. — ŒUFS ET LAITAGE.

Année.	Fromage de Gruyère.	MERCURIALES.			HÔPITAL.			
		100 Oeufs.	Litre Lait.	Kilo. Beurre.	Kilo. Fromage	100. Oeufs.	Hectolitre. Lait.	Kilo. Beurre.
1851	0 fr.90	4 fr.10	0 fr.15	1 fr.51	0 fr.84	4 fr.35	12 fr.24	1 fr.28
1852	0 90	4 60	0 15	1 59	0 84	4 25	12 24	1 34
1853	0 90	4 80	0 15	1 69	0 90	4 39	12 24	1 50
1854	0 90	5 20	0 15	1 70	1 00	4 95	13 00	1 75
1855	0 90	5 58	0 15	1 92	0 89	4 85	13 00	1 59
1856	0 90	5 00	0 15	1 72	0 86	4 89	13 00	1 59
1857	0 90	5 00	0 15	1 88	0 94	4 95	14 00	1 64
1858	0 90	4 80	0 15	1 89	0 84	4 75	14 00	1 69
1859	1 00	4 80	0 15	1 90	0 98	4 78	14 00	1 70
1860	1 00	5 33	0 15	1 69	1 26	4 89	15 00	1 78
1861	1 10	5 23	0 15	1 88	1 20	5 19	15 00	1 74
1862	1 10	5 40	0 15	1 96	1 30	5 19	15 00	1 88
1863	1 10	5 30	0 15	1 75	1 20	5 19	15 00	1 83
1864	1 10	5 25	0 15	1 81	1 10	4 95	15 00	1 69
1865	1 10	5 01	0 15	2 07	1 09	4 73	15 00	1 79
1866	1 10	5 42	0 15	1 97	1 25	5 25	15 50	1 98
1867	1 10	6 00	0 15	1 96	1 19	4 88	15 50	1 79
1868	1 10	6 00	0 15	2 10	1 29	5 88	15 50	1 90
1869	1 10	6 11	0 15	2 19	1 35	5 88	15 00	2 08
1870	1 30	6 19	0 20	2 20	1 33	5 88	15 00	2 07
1871	1 30	7 75	0 20	2 20	1 25	5 88	16 50	2 37
1872	1 20	7 65	0 20	2 30	1 48	6 38	18 00	2 34
1873	1 20	8 00	0 20	2 50	1 48	6 58	18 75	2 38
1874	1 20	7 70	0 20	2 47	1 56	7 44	18 00	2 30
1875	1 20	7 30	0 20	2 40	1 38	7 35	17 50	2 30

RÉCAPITULATION.

Années.	Lait.	Oeufs.	Beurre.	Fromage de Munster.	Fromage de Gruyère.
1401 — 1425		1 fr.19	0 fr.80		
1426 — 1450		0 96	0 66		
1451 — 1475	0 fr.05	1 03	0 69		
1476 — 1500	0 06	1 16	0 69		
1501 — 1525	0 05	0 83	0 59		
1526 — 1550	0 06	0 92	0 69		0 fr.19
1551 — 1575	0 07	2 23	0 85		
1576 — 1600	0 08	1 81	0 94	1 fr.01	0 60
1601 — 1625	0 15	3 00	1 33	0 80	0 60
1626 — 1650	0 09		1 77	1 09	
1651 — 1675			1 19		0 58
1676 — 1700		4 69	1 11		0 84
1701 — 1725		5 36	0 71	0 50	0 59
1726 — 1750	0 15	2 41	0 77	0 50	0 60
1751 — 1775		2 41	0 78	0 54	0 67
1776 — 1800	0 18	3 25	1 19		0 68
1801 — 1825	0 14		1 45		1 02
1826 — 1850	0 15	4 54	1 51	0 97	0 99
1851 — 1875	0 16	5 74	1 97	1 15	1 06
Hôpit. 1801—1825	0 12		1 01		
1826—1850	0 13	4 58	1 37		
1851—1875	0 15	5 35	1 85		

CHAPITRE VIII.

LA TABLE EN ALSACE.

La table au point de vue économique. — Repas de noces. — Tables d'hôte. — Pension des ouvriers. — Pension des Hospices. — Budgets culinaires

Notre intention ne saurait être de refaire, dans ce Chapitre, le piquant et spirituel ouvrage de M. Gérard. On n'y trouvera donc aucune révélation indiscrète sur les habitudes gastronomiques de nos pères, sur les mille et une occasions qu'ils avaient imaginées de boire et de manger en société. On y chercherait en vain un écho de ces repas pantagruéliques, qui, après avoir frappé l'imagination des contemporains, ont laissé dans les Chroniques du vieux temps un souvenir désormais ineffaçable.

Les détails que M. Gérard nous a transmis, sont pourtant autre chose qu'une curieuse peinture de mœurs; ils ont leur portée économique. Lui-même a eu soin de la noter [1]. « La puissance ancienne des appétits sensuels, et surtout l'empressement généreux et soutenu qu'on apportait à les satisfaire », prouvent que « le budget des familles était sensiblement moins grevé que de notre temps, pour la part qu'il fallait faire au besoin normal de chaque jour. » Quand un peuple s'amuse une ou deux fois par an, l'on ne peut rien conclure de là. Ceux qui vivent le plus mal, se permettent parfois des excès, et le luxe qu'ils déploient alors, s'exagère souvent en raison même de leurs privations ordinaires. Mais quand les banquets

---

[1]. Ancienne Alsace à table, p. 156.

se renouvellent chaque jour, à tout propos, sous le plus futile prétexte, on peut affirmer, sans crainte de se tromper, qu'une certaine aisance règne dans la société.

Cette conclusion un peu vague ne nous suffit pas. Nous voudrions faire en bloc, ce que nous avons fait jusqu'ici en détail. Après avoir établi ce que coûtaient à différentes époques le pain, la viande, le gibier, la volaille, les légumes, etc. pris isolément, nous aimerions à pouvoir dire : Voici ce qu'à coûté, aux mêmes époques, un dîner dont le menu constant et régulier est toujours resté le même.

L'entreprise peut sembler hardie et irréalisable ; nous croyons cependant avoir approché du but, grâce à quelques notes extraites des Chroniques, mais grâce surtout aux lois somptuaires, qui réglaient les dîners de noces et les tables des grands hôtels.

A ce premier point de comparaison, nous en avons joint un autre, moins fixe, il est vrai, mais qui par sa nature même ne se prête qu'à des variantes de détail : la pension des ouvriers et des journaliers. Comme complément à ce que nous dirons sur le régime des classes ouvrières, il nous a semblé utile d'indiquer ensuite les divers programmes, que les hospices civils de Strasbourg ont successivement imposés à leur cuisine.

Cette rapide esquisse se terminera enfin par quelques budgets culinaires.

REPAS DE NOCES. Les repas de noces se distinguaient autrefois en deux classes, les *Gab* ou *Freyhochzeiten* et les *Irtenhochzeiten*. Dans ces dernières chacun des convives payait son écot *(irte)* ; dans les autres, les invités étaient libres *(frei)* de toute dépense de table et répondaient par des cadeaux *(gabe, schencke)* à la gracieuseté qui leur était faite.

Les deux espèces de noces ont provoqué à Strasbourg une longue série de règlements, qui se succèdent depuis le milieu du XVIe siècle jusqu'au commencement du siècle dernier, et qui reflètent fidèlement les préoccupations économiques de cette époque[1], d'ordinaire si désastreuse pour notre pro-

---

1. Cette préoccupation est d'ailleurs ouvertement reconnue par les ordonnances elles-mêmes. *Dennoch unsere geehrte liebe vorfahren und wir, je nach gestaltsame der zeiten und lauften, unterschiedliche Hochzeit-ordnungen vergreifen und publiziren lassen*..... 31 mars 1624.

vince. Ils allèrent même un moment (16 avril 1623), vu « la cherté inouïe et la rareté inquiétante de toute espèce de victuailles [1] », jusqu'à défendre les repas par écot, ne tolérant, pour les autres, que 30 personnes au plus. Leur sévérité redouble avec le renchérissement des vivres, elle se relâche et tombe avec le retour de temps meilleurs.

Les repas par écot ne pouvaient se tenir que dans des lieux publics, dans des hôtelleries ou des poêles de tribu. Leur menu est invariablement de quatre plats cuits, (vier gekochte essen), en dehors des entremets et du dessert, plus un bon vin ordinaire, et deux pots de vin d'honneur par table de 10 personnes. L'écot est :

1531,	homme 21 d.	ou	0 fr 98,	femme 18 d	ou	0 fr 81,			
1595	16	1	65	12	1	20, jeune fille 38 d	ou	1 fr 26
1621	61	2	07	56	1	81	18	1	55
1662	80	2	59	64	2	07	52	1	68
1708	120	2	90	96	2	32	96	2	32

Certains règlements défendent de dépasser ce menu (1595, 1624, 1650, 1654); d'autres permettent au nouveau marié d'y ajouter à ses frais un rôti et un vin d'extra (1627, 1628, 1646).

Le nombre des convives est tantôt limité à 60 (1595, 1627, 1628, 1646, 1650, 1654) ; tantôt à 40 (1624). La noce dure le plus souvent deux jours (1624). Au dîner qui ne doit pas se prolonger au-delà de trois (1595), quatre (1646) ou cinq heures (1650), s'ajoutent parfois un souper (1595) et la danse (1595, 1624, 1634, 1646, 1650, 1654).

Aux *Gab* et *freyhochzeiten* qui retombent en entier à la charge d'une personne, le nombre des invités a plus d'importance. Il est fixé d'ordinaire à 20 personnes en-dehors de la parenté jusqu'au troisième degré (1595, 1627, 1628, 1654); ailleurs, à 60 (1624) ou à 80 personnes (1646, 1650, 1654). La noce a un lendemain, voire même un surlendemain pour les gens de service (1595, 1624, 1627, 1628). Ces sortes de noces sont accordées de droit aux patriciens, docteurs, licenciés, professeurs, rentiers, négociants de premier ordre, à la no-

---

1. *Der unerhörten thewrung und dem besorgenden Grossen mangel in allerhand victualien und essen speisen, umb etwas hiedurch zustewren und abzuwehren.*

blesse, aux membres du sénat et du magistrat. Elles peuvent se tenir dans les maisons particulières ou dans un lieu public. Quand on exige qu'elles se fassent à l'hôtellerie, on semble inspiré surtout par des considérations fiscales; c'est pour assurer à la ville des droits de consommation, qu'elle ne perçoit pas chez les particuliers.

Ici nous ne connaissons que rarement le prix du dîner, mais nous avons la carte de quelques menus ; et ce renseignement a son intérêt. Dans la *Policey Ordnung* de 1628, le menu pour ces noces, comme pour les festins analogues, est limité à huit plats, parmi lesquels sont comptés les entrées, les entremets et les pièces à effet. La pâtisserie, le dessert, les soupes, la salade, les légumes communs et les sauces n'y sont point compris; on évitera toutefois de dépasser les bornes d'une honnête modération, en fait de pièces montées et de sucreries étrangères.

La guerre cesse, l'année 1646 ramène l'abondance et le bon marché. Aussitôt la carte de nos dîners se charge et s'allonge.

Premier service : coq d'Inde, pâté de pigeonneaux ou de poulets deux soupes chaudes et deux soupes froides.
Second service : viandes fraîches et fumées, poule bouillie, quelques plats de choux ou autres légumes.
Troisième service : un plat de poisson, deux plats de goujons ou de saumonneaux.
Quatrième service : huit espèces de rôtis.

Au dessert on ne doit ni servir, ni faire emporter des confitures au sucre, ou des sucreries coûteuses; mais, comme autrefois, mettre sur la table, avec les tartes ou les massepains, les beignets et les fruits.

Au lieu de fixer un menu, la *Policey-Ordnung* de 1708 se contente de dire que l'écot ne dépassera point pour un couple 2 *fl.* str. ou 11 fr. 60.

La moyenne bourgeoisie, qui, en dehors du menu ordinaire des *Irtenhochzeiten*, avait droit à un rôti et à un sixième plat, payait en :

1662, homme 96 d. ou 3 fr. 10; femme 72 d. ou 2 fr. 33; jeune fille 60 d. ou 1 fr. 94
1708.   111   3   18   120   2   90   120   2   90

Des prescriptions analogues se rencontrent dans les autres villes de l'Alsace, et le menu des noces bourgeoises ou *Irtenhochzeiten* est partout le même.

A Colmar, le magistrat le décrit ainsi en 1639 : soupe, viande, légumes, entrée, poisson, deux espèces de rôti, fruits et fromage et par personne 1 β. de pain et 1 ½ pots de vin (2 ¼ litres).

A moins d'autorisation spéciale, le menu des noces bourgeoises de Brisach doit comprendre (1650) : soupe, viande, entrée (pâté, cochon de lait, oie, selon les circonstances), légume avec viande ou lard, un plat de poisson, rôti et fromage ; pain et vin à discrétion. Le repas durera trois heures, et le marié pourra faire servir à ses frais un vin d'extra.

Le menu des noces bourgeoises est en même temps la règle de ce que nous appellerions les Tables d'hôte des grands hôtels [1]. On autorisait cependant les hôteliers, qui recevaient des personnages de distinction à s'écarter de ce programme, en leur faveur et sur leur demande expresse. C'est ainsi qu'à Strasbourg, en 1634, le meilleur repas ne doit coûter qu'un thaler ou 3 fr. 80 ; mais pour des officiers supérieurs, on pourra monter jusqu'à 2 fl. ou 7 fr. 44. D'ordinaire aucune limite n'est indiquée pour ces cas exceptionnels. On se borne à recommander aux maîtres d'hôtel de ne pas écorcher leurs hôtes.

Les aubergistes de rang inférieur avaient une taxe moins élevée. En voici quelques exemples :

Bâle :	1599, *herrenwirth*, le repas	5 b. ou	1 fr.	11
	mittelwirth	7 β.	1	19
	1617, le meilleur repas	8 b.	1	94
	mittelwirth, soupe et viande	2 β.	0	23
	le soir même repas et le coucher	30 d.	0	36
Colmar :	1622, soupe et viande, à raison de 2 *w.* pour trois personnes, par tête	1 b.	0	16
Brisach :	1650, soupe et viande	15 d.	0	31
	rôti	18	0	11
	lit	8	0	18
	un cheval, écurie et fourrage	30	0	63

---

1. *Ebner massen sollen auch frembde gast, wenn sie solches begehren, tractirt, und mit der zech gehalten werden.* Brisach, 1650.

En réunissant les indications que nous avons rencontrées pour les noces et les tables d'hôte, on arrive aux résultats suivants :

1114, Strasbourg,	6 ∂.	ou	0 fr.	41 le meilleur repas.								
1192, »	7		0	37 le rep. gras; 9 ∂. ou 0 fr. 48 le rep. maig.								
1495, Fribourg	10		0	50	»		12	0	60	»		
1526, Strasbourg,	10		0	56								
1531, »	21		0	98 homme,		18	0	84 femme				
1544, avant »	8		0	36 sans vin								
1544, »	10		0	16	»							
1562, avant »	12		0	51	»							
1562, »	14		0	60	»							
1595, »	46		1	65 h., 12 ∂. ou 1 fr.50 fem., 38 ∂. ou 1 fr.36 j. fille								
1599, Bâle	100		1	41, moyenne auberge 84 , 1 19								
1617, Mulhouse	90		1	11 homme, 60 ∂. ou 0 fr. 75 femme								
1621, »	160		1	36	»		120	1	02	»		
1623, Strasbourg,	360		2	97								
» Colmar,	100		2	58								
» Évêché	60		1	94								
1624, Bâle,	200		2	58								
» Strasbourg,	64		2	07 homme, 56 ∂. ou 1 fr 81 femme, 48 ∂. ou 1 fr.55 j. fille								
1625, Colmar,	90		2	32								
» Mulhouse,	120		1	50	»		90	1	16	»		
1628, »	180		2	32	»		110	1	82	»		
1631, Strasbourg,	1 th.		5	80								
1639, Colmar,	150		3	62	»		90	2	18	»		
1643, Mulhouse	216		2	61	»		150	1	81	»	120	1 45 »
1644, »	300		2	62	»		210	2	90	»	180	2 17 »
1645, »	160		1	93	»		120	1	45	»	120	1 45 »
1646, »	120		1	45	»		100	1	21	»		
» Strasbourg,	60		1	91	»							
1647, Bâle,	160		1	94	»							
1648, Mulhouse,	150		1	72	»		120	1	38	»	100	1 15 »
1649, »	160		1	81	»		120	1	38	»	100	1 15 »
1650, Brisach,	120		2	76	»		100	2	30	»	80	1 81 »
1651, Mulhouse,	180		2	07	»		110	1	60	»	120	1 33 »
1652, »	180		2	07	»		150	1	72	»	120	1 38 »
1653, »	120		1	38	»		96	1	10	»	80	0 92 »
1658, »	160		1	73	»		120	1	30	»	100	1 08 »
1661, »	180		1	95	»		160	1	73	»	140	1 52 »
1662, Strasbourg,	80		2	59	»		64	2	07	»	52	1 68 »
1664, Mulhouse,	180		1	95	»		120	1	30	»	100	1 08 »
1665, »	144		1	56	»		108	1	17	»	90	0 97 »
1708, Strasbourg,	120		2	90	»		96	2	32	»		
1789, Colmar.			1	80	»							

PENSION DES OUVRIERS.

Le prix auquel s'estimait autrefois la pension des ouvriers et des journaliers, nous est indiqué de deux façons. Il y a des taxes officielles qui établissent un double salaire : l'un, pour les ouvriers nourris par leurs maîtres ; l'autre, pour ceux qui se défraient eux-mêmes ; une soustraction suffit pour compter la valeur de la pension. Il arrivait aussi, d'un autre côté, qu'un couvent faisait travailler dans un lieu où il n'avait lui-même aucun ménage ; de là pour lui la nécessité de payer à un fermier, ou à un aubergiste, l'entretien des hommes qu'il employait, et par suite, dans ses livres de comptes, des mentions spéciales de frais.

— Dans le tableau qui va suivre, les indications attribuées à des villes sont empruntées à des taxes officielles ; les autres sont tirées de comptes particuliers. Aux chiffres qui évaluent la pension et le salaire en argent, nous ajouterons leur rapport proportionnel, marquant la part faite à la nourriture sur l'ensemble du salaire.

1319, Strasbourg.	maçon,	pension	4 δ. ou	0 fr. 43 ;	salaire	12 δ. ou 1 fr. 30 ;	25 %
1357, Bâle,	»		8	0 44		12	0 65	12
1107, Landser,	»		24	0 78		48	1 56	33
1425, Strasbourg,	»		6	0 37		14	0 86	30
1439, S.-Thomas,	»		6	0 36		18	1 08	25
1443, Ferrette,	»		24	0 66		36	0 99	40
1478, Hôp. Colmar,	»		14	0 72		18	0 93	44
1480, S.-Arbog.	vigneron f.		10	0 55		6	0 33	63
1481, »	vigneron		9	0 50		8	0 44	53
1482-3, »	»		9	0 50		10	0 55	48
1484, »	»		6	0 33		10	0 55	38
1485, »	»		6	0 33		6	0 33	50
1485, S.-Thomas,	charpent.		6	0 33		18	0 99	25
1486, S.-Arbog.,	vigneron		6	0 33		10	0 55	38
1487, Strasbourg.	maçon		8	0 44		16	0 88	33
1488,[1] »	vigneron f.		6	0 33		9	0 50	40
1488, S.-Thomas,	charpent.		6	0 33		18	0 99	25
1489, S.-Arbog.,	vigneron		8	0 41		12	0 66	33
1492, »	»		8	0 41		12	0 64	40
1495, S.-Thomas,	manœuvre		6	0 32		10	0 54	38
1496, »	maçon		6	0 32		18	0 96	25
1497, »	vigneron		7	0 34		12	0 62	35
1498, »	maçon		8	0 44		18	0 93	40

1. En 1488, S.-Claire compte à 8 δ. ou 0 fr. 44 par jour, la pension du confesseur.

1500,	S.-Arbog.,	vigneron, pension 9 δ. ou 0 fr.47 ; salaire 12δ. ou 0 fr.62						43 %
1501,	Eschau,	charpent.	6	0	31	16	0	77	29
1505,	Riquewihr,	»	12	0	50	18	0	75	40
1507,	S.-Arbog.,	vigneron	7	0	35	12	0	60	37
1508,	»	»	7	0	35	11	0	70	33
1513,	»	charpent.	8	0	39	16	0	78	33
1530,	Eschau,	charpent.	18	0	85	12	0	56	60
1531,	»	menuisier	16	0	75	16	0	75	50
1532,	S.-P-le-V.,	charpent.	12	0	55	20	0	92	37
1533,	Eschau,	maçon	16	0	73	16	0	73	50
1534,	»	»	16	0	73	16	0	73	50
1535,	»	»	16	0	73	16	0	73	50
1536,	»	»	16	0	73	16	0	73	50
1537,	»	»	16	0	73	16	0	73	50
1538,	»	»	16	0	73	16	0	73	50
1538,	S.-Pierre-le-V.,	»	12	0	55	24	1	10	33
1540,	»	»	12	0	55	20	0	92	37
»	S.-Arbog.,	vigneron	10	0	46	12	0	55	45
1541,	Eschau,	maçon	16	0	73	18	0	82	47
1542,	»	»	16	0	73	18	0	82	47
1543,	»	»	18	0	82	18	0	82	50
1544,	»	»	18	0	82	18	0	82	50
1545,	»	»	18	0	82	16	0	73	53
1546,	»	»	18	0	81	18	0	81	50
1547,	»	»	18	0	81	18	0	81	50
»	»	journalier	18	0	81	8	0	36	69
1548,	»	maçon	18	0	81	18	0	81	50
1549,	»	»	18	0	81	18	0	81	50
1550,	»	»	20	0	90	18	0	81	52
1551,	Eschau,	journalier	18	0	81	10	0	45	64
»	»	maçon	20	0	90	18	0	81	52
1554,	»	»	20	0	90	18	0	81	52
»	»	tailleur	20	0	90	12	0	54	63
1557,	»	maçon	20	0	84	20	0	84	50
»	»	journalier	20	0	84	8	0	34	71
1558,	»	maçon	20	0	84	20	0	84	50
1559,	»	journalier	20	0	85	8	0	35	71
1561,	»	maçon	20	0	85	18	0	76	52
1564,	S.-P.-l.-v.,	charpent.	20	0	85	24	1	02	45
1566,	Bâle,	journalier	21	0	39	36	0	58	40
1569,	Haguenau,	maçon	13	0	55	18	0	76	42
1574,	Eschau,	charpent.	21	1	02	18	0	76	57
»	S.-Thomas,	»	18	0	76	18	0	76	50
1576,	»	»	18	0	72	18	0	76	50
»	Eschau,	menuisier	24	0	96	18	0	72	57
1581,	»	maçon	10	1	60	20	0	80	66
1585,	Ensisheim,	»	42	0	65	30	0	46	58
1586,	S.-Thomas,	»	18	0	67	14	0	53	56

PENSION DES OUVRIERS. 299

1586,	Eschau,	tailleur. pension	21 d.	ou 0fr.90 ; salaire 12 d. ou 0 fr.15 ; 66 %				
»	Bâle,	journalier	21	0	37	36	0	56	10
1592,	»	»	36	0	43	36	0	43	50
»	Colmar,	maçon	16	0	46	21	0	70	40
1596,	Bâle,	»	36	0	43	36	0	43	50
1603,	Eschau,	»	36	1	23	28	0	90	56
1606,	»	»	36	1	20	28	0	91	56
1623,	Colmar,	vigneron	16	0	41	24	0	62	40
1632,	Fribourg,	»	20	0	52	20	0	52	50
1638,	Colmar,	moissonneur	18	1	16	36	0	87	57
1639,	»	»	48	1	16	36	0	87	57
1640,	»	»	48	1	16	36	0	87	57
1641,	»	»	50	1	21	40	0	97	55
1642,	»	»	54	1	30	36	0	87	60
1643,	»	»	30	0	72	30	0	72	50
1644,	»	»	60	1	15	30	0	72	66
1646,	»	»	36	0	87	30	0	72	53
»	»	charpentier	35	0	85	40	0	96	47
»	»	menuisier	35	0	85	40	0	96	47
1647,	»	moissonneur	24	0	58	24	0	58	50
1648,	»	»	18	0	41	30	0	68	39
1649,	»	»	14	0	32	36	0	82	28
1650,	»	»	24	0	55	36	0	82	40
1651,	»	»	35	0	80	40	0	91	47
1652,	»	»	28	0	64	42	0	96	40
1653,	»	»	28	0	64	42	0	96	40
1654,	»	»	28	0	64	42	0	96	40
1655,	»	»	24	0	55	36	0	82	40
1656,	»	»	24	0	55	36	0	82	40
1657,	»	»	24	0	52	36	0	78	40
1658,	»	»	24	0	52	36	0	78	40
1659,	»	»	24	0	52	36	0	78	40
1660,	»	»	24	0	52	36	0	78	40
1661,	»	»	24	0	52	36	0	78	40
1662,	»	»	24	0	52	36	0	78	40
1663,	»	»	24	0	52	36	0	78	40
1689,	Munster,	vigneron	60	1	06				
1693,	»		90	1	41				
1694,	Colmar,	moissonneur	40	0	64	40	0	64	50
1695,	»	»	34	0	54	36	0	57	49
1696,	»	»	34	0	54	36	0	57	49
1697,	»	»	30	0	48	40	0	64	43
1698,	»	»	30	0	48	40	0	64	43
1699,	»	»	35	0	56	40	0	64	47
1700,	»	»	35	0	58	40	0	67	47
1707,	»	»	35	0	57	40	0	65	47
1708,	»	»	40	0	65	50	0	81	41

Nos renseignements ne nous permettent pas d'aller plus loin. Nous ne connaissons aucun tarif de salaires postérieur à 1708, et les comptes du siècle dernier se contentent trop souvent d'indications sommaires, renvoyant, pour les détails, à des factures qui n'existent plus.

Si nous résumons ces données, nous aurons :

Pension du maçon.				Pension du journalier.			
1319,	0 fr.	43,	25 % du salaire				
1357,	0	44,	42 »				
1401—1425,	0	57,	32 »				
1426—1450,	0	51,	32 »				
1476—1500,	0	44,	32 »	— 0 fr.	41,	44 % du salaire	
1501—1525,	0	40,	34 »	0	39,	38 »	
1526—1550,	0	74,	49 »	0	63,	57 »	
1551—1575,	0	87,	52 »	0	72,	61 »	
1576—1600,	0	91,	59 »	0	41,	47 »	
1601—1625,	1	23,	56 »	0	41,	40 »	
1626—1650,	0	85,	47 »	0	88,	51 »	
1656—1675,				0	57,	40 »	
1676—1700,				0	70,	47 »	
1701—1725.				0	61,	46 »	

Ces chiffres présentent peut-être plus d'exactitude, quand on les groupe par région.

Années.	STRASBOURG.		COLMAR.		BALE.	
	Maçon.	Journalier.	Maçon.	Journalier.	Maçon.	Journalier.
1319	0 fr.43, 25%					
1357					0 fr.11, 12%	
1401—1425	0 37, 30				0 78, 33	
1426—1450	0 36, 25				0 66, 10	
1476—1500	0 44, 32	0 fr.41, 41%	0 fr.72, 14%			
1501—1525	0 35, 31	0 39, 38	0 50, 10			
1526—1550	0 74, 49	0 63, 57				
1551—1575	0 87, 52	0 83, 69			0 fr.36, 49%	
1576—1600	0 97, 59		0 55, 49		0 41, 47	
1601—1625			1 23, 50	0 fr.41, 40%		
1626—1650			0 85, 47	0 88, 51		
1651—1675				0 57, 40		
1676—1700				0 70, 47		
1701—1725				0 61, 46		

Bien qu'il ne soit pas aussi complet que nous le désirerions, il nous semble résulter avec évidence de ce tableau :

1° que, dans le Bas-Rhin, la somme comptée pour la pension des ouvriers a suivi assez régulièrement le renchérissement des denrées alimentaires, tel qu'il ressort des chapitres précédents. Il n'en est pas de même à Bâle et dans la Haute-Alsace, ce qui ne peut guère s'expliquer que par une diminution dans la valeur de cette pension.

2° que le salaire total n'a pas haussé dans la même proportion. La nourriture qui en représentait le quart, le tiers au plus, pendant le xive et le xve siècle, en formait la moitié au milieu du xvie, et presque les deux tiers à la fin du même siècle.

Ajoutons encore que les ouvriers qui travaillaient dans une maison, y prenaient aussi le dimanche leurs repas principaux. Les comptes ont soin de le noter.

En quoi consistait cette nourriture? On comprend qu'il ne soit pas facile de l'établir. Ce sont là des détails vulgaires que les contemporains négligent de marquer, et plus tard les éléments nécessaires ne se réunissent qu'avec peine.

Voici, d'après un vieux registre de Notre-Dame, la pension que donnait à sa domesticité celui qui débitait en détail les vins de l'Œuvre, au xive siècle.

le matin, un pain;

au dîner, deux pains, une écuelle avec une purée et deux morceaux de viande;

au goûter, de nouveau un pain;

au souper, comme à midi [1].

De ce menu se peut rapprocher un document qui nous semble jeter sur la question une vive lumière. Il est conservé dans les archives de l'hôpital de Strasbourg, et provient des dominicains de cette ville. En 1523, leur cuisinier, inscrivait avec soin les ouvriers, étrangers au personnel du couvent, qu'il avait à entretenir et les dépenses qu'ils lui occasionnaient. Nous en traduisons quelques extraits.

Mercredi 17 juin, six ouvriers.

2 ½ ẟ.	12 cent.	déjeûner, 12 œufs.
8	39	dîner, bœuf.
1 ½	7	goûter, cerises.
9	43 ½	souper, mouton.

---

1. *Morgen, ein brot : ;u imbis;, 2 brot und 1 schüssel mit muose und 2 stücke fleisches; ;uo vesperen. ouch 1 brot; ;uo naht imbis;, ouch 2 brot un 1 schüssel mit muose un 2 stücke fleisches.*

Samedi 20 juin, cinq ouvriers.

2 ð.	— 10 cent.	— déjeûner, 10 œufs.
8	39	diner, poissons.
1 ½	7 ¼	goûter, cerises.
6	29	souper, cinq nases fris.

Vendredi 3 juillet, huit ouvriers (maçons, charpentiers, menuisiers).

4 ð.	— 20 cent.	— déjeûner, 16 œufs.
12	58	dîner, poissons.
1 ½	7 ¼	goûter, radis.
10	48	souper, 9 poissons fris.
1	5	fromage.

Samedi 4 juillet, sept ouvriers.

3 ð.	— 14½ cent.	— déjeûner, 14 œufs.
7	31	dîner, *stockfisch*.
1	5	goûter, radis.
5	24	souper, 23 œufs pour omelettes (*kuchen*).
1	5	petit lait ? lait caillé ? (*molke*).

Vendredi 17 juillet, neuf ouvriers et deux raccommodeuses.

5 ½ ð.	— 26 ½ cent.	— déjeûner, 22 œufs.
16	78	dîner, poissons.
4	20	goûter, poires et pêches (*pfirsig*).
15 ½	75	souper, 11 poissons fris et 18 œufs pour *kuchen*.

Samedi 18 juillet, douze ouvriers, hommes et femmes.

6 ð.	— 29 cent.	— déjeûner, 24 œufs.
18	87	dîner, *stockfisch*, 9 œufs et pois non écossés.
3	14 ½	goûter, poires et pêches.
20	97	souper, poissons et 20 œufs pour kuchen.

Mercredi 22 juillet, onze ouvriers.

5 ½ ð.	— 26 ½ cent.	— déjeûner, 22 œufs.
14	68	dîner, bœuf.
2	10	goûter, poires.
10 ½	51	souper, bœuf.

Vendredi 31 juillet, douze maçons et deux charpentiers.

2 ð.	— 10 cent.	— déjeûner, 8 œufs.
8	39	dîner, poissons.
1	5	goûter, poires.
6	29	souper, plies.

Samedi 1er août, les mêmes.

2 ð.	— 10 cent.	— déjeûner, 8 œufs,
5	24	dîner, morue sèche (*stockfisch*).
6	29	» fromage.
1	5	goûter, poires.
6	29	souper, poissons (*snotfisch*).

Mercredi 26 août, quatre ouvriers.

2 δ. —	10 cent. —	déjeûner, gras-doubles (*kuttelbletzer*).
7	34	dîner, mouton et choux blancs.
1 ¹/₄	6 ¹/₄	goûter, poires (¹/₄ *fierling*).
6	29	souper, bœuf.

Mercredi 2 septembre, quatre ouvriers.

2 δ. —	10 cent. —	déjeûner, 8 œufs.
6	29	dîner, bœuf.
1	5	goûter, poires et pêches.
6	29	souper, mouton.

Ces comptes ne sont pas complets. Il n'y est question ni du pain, ni du vin, ni des légumes. Le dépensier n'a marqué que ses déboursés. Il est cependant facile de se faire une idée de la pension que recevaient, en 1523, les ouvriers.

Au déjeûner figurent habituellement deux œufs par tête. Suivaient-ils une soupe? Étaient-ils accompagnés de légumes? Nous l'ignorons.

Le goûter se compose de pain avec des raves, du fromage, ou des fruits variant selon la saison.

L'ouvrier reçoit deux fois par jour, au dîner et au souper, du poisson, les jours maigres; de la viande, les jours gras, de 600 à 700 grammes par tête [1].

Une consommation aussi large de viande ne doit pas étonner. On a vu plus haut qu'avant le renchérissement des denrées, à la date la plus rapprochée de 1523, en 1513, S. Arbogast comptait la pension d'un ouvrier à 8 δ. Or avec 8 δ. un strasbourgeois se procurait, en 1523, plus de deux kilogrammes de viande, ce qui lui coûterait de nos jours plus de trois francs. Quel est aujourd'hui l'ouvrier charpentier ou maçon, dont la nourriture quotidienne soit l'équivalent de deux kilogrammes de viande ou de trois francs?

N'oublions pas d'ailleurs le rapport déjà cité plus haut (p. 166) qui proposait, au xvie siècle, de ne plus donner de viande aux valets de labour que trois fois par semaine, une livre chaque fois, ajoutant que par là on diminuerait considérablement la consommation ordinaire de la viande. L'économie ne pouvait être sérieuse, que si ces valets recevaient auparavant tous les jours de la viande et en quantité supérieure.

---

1. Voir ci-dessus, pages 165 et 166.

Les détails que nous venons de donner, sont confirmés par la plus ancienne taxe de journaliers que nous ayons rencontrée à Bâle. Elle est de 1422 et règle la pension, sauf pour le souper. On doit donner : le matin, un demi pot de vin et plus tard du pain ; à midi, un pot de vin, une purée *(musz)* avec un morceau de viande (les jours maigres, la viande est remplacée par deux œufs, et pendant le carême, par un demi hareng et des choux confits, *gumpest*) ; au goûter *(abendessen)*, un demi pot de vin. Cela fait trois litres de vin par jour et encore n'est-il pas question du souper, que les journaliers prennent chez eux. Les femmes ne reçoivent pas moins de deux litres de vin par jour.

Les mêmes distributions de vin se faisaient pour les maçons et charpentiers, en 1422 et plus tard. Sans être nourris, ou en dehors de la pension, ils reçoivent à Ferrette, en 1407, trois fois par jour de quoi boire suffisamment [1]. Une taxe bâloise de 1767, qui ne parle pas de nourriture, leur accorde un demi pot le matin (*morgentrunck*) et un demi pot pour le goûter *(abendessen)*. Une taxe de Mulhouse, presque contemporaine (1782), leur alloue également trois chopes par jour. On trouvera d'autres détails de ce genre dans les pages que nous consacrons aux salaires.

PENSION DES HOSPICES.
De la pension des ouvriers à celle des domestiques employés dans les hospices et les orphelinats, la distance n'est pas grande. Voici quelle était en 1374, la nourriture des personnes bien portantes à l'hôpital de Strasbourg.

à Prime :   une soupe dans une grande écuelle avec trois morceaux de bœuf ou de veau.
aux bons repas : un pain blanc,
    un cruchon neuf avec un demi pot de vin (1 litre),
    une écuelle neuve avec deux morceaux de bœuf ou de veau dans une sauce jaune avec des épices,
    une écuelle avec de la sauce jaune,
    une assiette neuve de bois avec deux morceaux de veau rôti ou du porc,
    une écuelle neuve avec de la moutarde ou des oignons (?)
    les trois quarts d'un fromage [2].

---

1. *Drü mole zem tage geben gnug zu trincken.*
2. Prime :   *suppe in eime grossen kare mit drigen stücken rintfleisches oder kalbfleisches.*

Aujourd'hui les pensionnaires payants reçoivent 750 gr. de pain 1re qualité, plus :

1re classe		2e classe	
½ litre		¼ litre vin blanc.	
Déjeûner	café au lait. bouillon.	Déjeuner et souper	café au lait. bouillon. légumes verts ou secs.
Dîner	légumes frais ou secs. viande (260 gr.) fromage.	Dîner	bouillon. legumes verts ou secs. bœuf (260 gr.)
Souper	légumes frais ou secs. bouillon viande.		

Les pensionnaires non-payants :

utilisés		non utilisés
750 gr. de pain, 2e qualité. ½ litre de vin. déjeûner et souper : soupe maigre.		500 gr. de pain, 2e qualité. ¼ de litre de vin. soupe maigre.
Dîner	soupe grasse. légumes frais ou verts. bœuf (260 gr.)	soupe maigre. légumes frais ou secs. bœuf (200 gr.)

D'après un règlement de l'hospice des orphelins de Strasbourg arrêté vers 1500, les enfants mangent quatre fois par jour.

Ils ont du pain le matin ou de la soupe, selon leur âge.

 an rehten imbisȝ : ein sümelin brot.
  ein nuwe krügelin mit einem halben mossen wines
  eine nuwe schüssel mit ȝweigen stücken rintfleisches oder
   kalbfleisches in einre gelwen brüge mit wurtȝen
  eine nuwe schüssel mit eime gelwen brige
  ein nuwe schindelteller mit ȝweien stücken gebrotens
   kalbfleisches oder aber swinenfleisches
  eine nuwe schüssel mit semfe oder mit sehsȝe und darȝuo
   einen ȝweiglese eines viertel minre. — Le renouvellement continuel de la vaisselle devait être assez onéreux.

Voici quelques renseignements sur sa valeur aux XVe et XVIe siècle :

1416, Œuvre Notre-Dame,	500 écuelles et assiettes, 20 ß. ou	16 fr.	40
1424, »	350 cruches 11	10	43
1461, »	50 assiettes en bois . . 5 d.	0	30
», »	50 écuelles 52	3	12
1501, »	100 écuelles 36	1	80
1524, Grand-Chap. à Rosheim,	100 assiettes en bois . . 1	0	19

20

Au goûter du pain avec des fruits ou du fromage.

Le souper se compose d'une soupe ; le dimanche, de millet ou de semouille au lait ou au beurre. Quant au dîner, en voici le menu :

Dimanche : soupe, viande fraîche et sèche.
Lundi : soupe aux pois, choux, raves, navets, oignons, semouille, ou au beurre.
Mardi : légumes verts ou secs, comme choux, raves, navets, bonnets de prêtre, bettes, épinards, salade, bouillie, choucroute, pois, lentilles, gruau, orge perlée, carottes, etc. — plus de la viande.
Mercredi : Pois.
Jeudi : soupe, viande fraîche et autre.
Vendredi : légumes ou soupe.
Samedi : id.

Les malades recevaient un bouillon et de la viande à chaque repas, les convalescents avaient de même à chaque repas de la viande avec une soupe ou des légumes.

Les enfants qui payaient une petite pension, partageaient avec quelques domestiques (l'aide boulanger, les aides jardiniers, la cellerière, l'infirmière, l'*aide cuisinière*, les *servantes* qui soignaient les étables, une table mieux servie. Voici leur nourriture :

	Dîner.	*Souper.*
Dimanche	: soupe, légumes, viande.	soupe, salade et viande.
Lundi	: orge et viande.	soupe et légumes.
Mardi	: légumes et viande.	soupe et légumes, ou fromage et noix.
Mercredi	: lard, pois et viande fumée.	soupe et légumes.
Jeudi	: légumes et viande.	soupe ou salade et viande.
Vendredi	: soupe et poissons.	soupe ou légumes.
Samedi	: soupe ou lentilles et viande.	soupe ou farinage.

Le pain est fait de méteil ($2/3$ froment $1/3$ seigle).

A la première table où mangeaient les premiers domestiques, le service était sans doute encore meilleur. On y recevait en outre un demi litre de vin par repas, tandis que les pensionnaires dont nous venons de parler, n'avaient qu'un demi litre par jour ; même ceux dont les noms se trouvent soulignés, n'avaient droit qu'à un litre par semaine.

Ceux qui font quelque travail pour la maison (foin, regain, etc.) reçoivent deux fois par jour du vin et de la viande..

Il faudrait aussi joindre à ces distributions régulières, celles qui par suite de l'usage ou de donations, se faisaient aux jours de fête, à Noël, au nouvel an, au *Schwörtag* (jour du serment des bourgeois), au carnaval, à Pâques, etc. On ajoutait alors au menu quelque rôti, ou des douceurs et un demi litre de vin. Les enfants recevaient même parfois des gratifications en argent.

Il existait dès-lors des usages dont un souvenir plus ou moins vague s'est perpétué jusqu'à nos jours. Quand on saignait un porc, chaque enfant avait droit à une saucisse dont la longueur variait, selon son âge, de une demi-aune à deux aunes (27 à 108 centimètres). Les boudins, les morceaux qu'on ne pouvait pas fumer, étaient servis de même en sus du menu ordinaire.

Complétons ces détails par quelques chiffres tirés des comptes de l'hospice pour l'année 1539. Ils y sont marqués sous la rubrique : Réjouissances (*Ergötzlichkeiten*) accordées aux enfants.

1 *fl.* 10 *ß.* —	11 fr.	16,	consommés le jour de la lessive (*cleiptag und buchtag*).
5 *ß.* 9	3	15,	pour poissons le Vend. après l'Exaltation, lors de la première choucroute.
13	7	15,	pour un saumon.
10	5	50,	pour poissons le jour de la S. Gall.
10 *ß.* 4 *δ.*	5	68,	pour 12 canards sauvages, à la S. Martin.
3 ½	1	93,	pour breistelles, le même jour.
17	9	35,	en argent aux 17 enfants, id.
12 ½ *ß.*	6	88,	pour poissons, quand on confit la choucroute.
1 *fl.*	11	00,	partagés entre 16 enfants, quand l'intendant rendit ses comptes.
8 *ß.*	1	40,	dépenses quand on fit la choucroute.
8	4	30,	partagés entre les enfants pour l'ouvert. du sénat.
16	8	80,	id. au Nouvel An.
1 fl.	5	78,	donnés aux enfants pour les Rois.
11 *ß.*	6	05,	pour poisson, au *Schurtag* (jour de nettoyage).
34 ½	18	68,	pour poisson, le jeudi gras.
3 ½	1	93,	pour gâteaux, id.
14 ½	7	79,	p. 2 agneaux, 3 têtes de veaux et fraizes à Pâques.
1 *fl.*	11	00,	à 8 enfants conduits à Bade.
10 *ß.*	5	50,	pour 8 oies, à la Fête-Dieu.
15 *fl.* 2 *ß.*	166	10,	distribués aux enfants, aux Quatre Temps.

Dans un tableau qui, d'après le prix de la viande, date de 1725, chaque enfant recevait de la viande cinq fois par semaine, un quart de livre chaque fois. La consommation de la seconde table (domestiques et enfants payant pension), composée de 20 personnes était :

Dimanche,   bœuf, 9 *tt.* ou 4 kil. 245 gr. ; veau, 10 *tt.* ou 4 kil. 717 gr.
Lundi et Merc. » »   gras double, »
Mardi,   » »   20 saucisses, »
Jeudi,   » »   mouton, 10 *tt.* ou 4 kil. 717 gr.
Vendredi,   poissons et 20 saucisses.
Samedi,   bœuf, 18 livres ou 8 ½ kilo.

Le vendredi et le samedi, les catholiques n'avaient point de viande. En moyenne, la consommation est d'environ un demi kilo par tête et par jour.

Le 9 prairial an VII (1799), la pension des Orphelins fut ainsi réglée.

Domestiques :

Dîner : soupe, légumes, ½ *tt.* de bœuf, ½ de pain bis et une chopine de vin.
Souper : soupe, plus le 1ᵉʳ jour 1 mortadelle.
       2ᵉ » boulettes de gruaux ou de farine.
       3ᵉ » ½ *tt.* de fraisure.
       4ᵉ » pommes de terre.
       5ᵉ » ½ *tt.* de rôti.
       6ᵉ » une omelette.
       7ᵉ » ½ *tt.* de fraisure.
       8ᵉ » pommes de terre.
       9ᵉ » une mortadelle.
       10ᵉ » ½ *tt.* de rôti.

Élèves :

Une demi-livre de pain bis par jour.
Déjeûner : un morceau de pain.
Dîner : 4 fois par décadi, soupe, légumes et ¼ *tt.* de bœuf.
     2 » une demi-mortadelle.
     4 » soupe et légumes.
Goûter : un morceau de pain.
Souper : soupe, plus 2 fois de la salade, et 3 fois des fruits verts par décadi.

Aujourdhui l'hospice des orphelins donne à ses élèves :

25 centilitres de vin par semaine.
560 grammes de pain.
Déjeûner : Soupe maigre.
Dîner   : Soupe, légumes, et les jours gras 100 à 130 grammes de viande.
Souper : panade ou légumes.

Ce programme, on le voit, ne diffère guère de ses aînés, et ne suppose pas que la consommation de la viande ait augmenté avec le cours des siècles.

Citons maintenant les budgets que nous avons annoncés, en commençant par celui des Ribeaupierre, qui remonte au milieu du XVIIe (vers 1650). BUDGETS CULINAIRES

Table.	NOMBRE DES		DÉPENSE				
	personnes.	plats	par personne.		par table		
1 : seigneurs	14	20	5 b. ou	1 fr. 14	70 b. ou	15 fr.	96
2 :	12	8	15 d.	0 34	15 ½	3	59
3 :	11	4	7 ½	0 17	8	1	83
4 : demoiselles	5	4	10	0 23	8	1	83
5 : pages	10	4	8	0 18	8	1	83
6 : valets	8	4	10	0 23	8	1	83
7 : voituriers	5	3	11	0 24	5 ½	1	25
8 : chasseurs	9	3	6	0 13	5 ½	1	25
9 :	6	3	9	0 21	5 ½	1	25
10 : portier	1	3	10	0 23	1	0	23
11 : cuisinière	1	3	10	0 23	1	0	23
Total . .	85				136	31	01

La dépense est donc par jour (2 repas) de 62 fr. 02, et par an de 6618 ⅔ fl. ou 22636 fr., savoir :

Bœuf, 25 ll. à 8 d. par jour (12 ¾ kos à 0 fr. 36) .	973 fl. 5 b. ou 3328 fr.	80
épices	672 2298	24
sel	264 902	88
80 veaux à 3 fl. (10 fr. 26)	240 820	80
50 moutons à 2 fl. (6 fr. 84)	100 342	00
30 agneaux à 12 b. (2 fr. 74)	24 82	08
volailles diverses	1100 4788	00
poisson	200 684	00
morue et plies	80 273	60
harengs (1 ½ tonne)	» 136	80

pois, 66 sacs (74 ¼ hect.) à 1 fl. (3 fr. 42) . . .	66 fl.	ou	225 fr.	72
orge perlée, 12 sacs (13 ½ hect.) à 4 fl. (13 fr. 68)	18		164	16
farine d'avoine. 18 sacs (20 ¼ hect.) à 2 ½ fl. . .	45		153	90
lentilles, 2 sacs à 4 fl.	8		27	36
millet, 1 ½ sacs	10		34	20
légumes.	500		1710	00
œufs, 200 par semaine	150		513	00
beurre, 23 quint. à 20 fl.	460		1573	2
porcs, 15 à 5 fl.	225		769	50
fleur de farine, 6 sacs	36		123	12
vinaigre, 2 foudres	250		855	00
vin pour la cuisine, 7 ½ mesures	30		102	60
gibier.	200		684	00
pain blanc, 12 miches par jour, 16 sacs (19 ⅛ hect.)	101		355	68
pain bis, 15 miches par jour, 63 ½ sacs (77 hect.)	306		1046	52
noix avec le fromage, 3 sacs	12		41	04
poires et prunes, pour dessert	50		171	00
châtaignes	10		34	20
fromage	10		34	20
lait.	26		88	92
gâteaux	50	6 b.	172	37
	6589	11	22536	89

Ces détails donnent, on le voit, à une centaine de francs près, l'emploi des écots marqués par l'intendant.

En les groupant davantage, nous trouvons pour :

viande, volaille et gibier	10815 fr.	18
poissons frais et salés	109J	40
légumes frais.	1710	00
légumes secs.	605	34
pain, farinage et pâtisseries	1697	69
fromage et fruits	280	44
œufs et lait	602	92
épices et assaisonnements divers . .	5731	92

Deux articles ne figurent point dans ce budget, le pain et le vin. Le pain dont il est question, ne comprend que le pain employé à la cuisine, pour les soupes, etc., etc.

Mais il est facile de suppléer au silence de notre majordome sur le premier point. Et quand au second, il satisfait lui-même notre curiosité.

La consommation totale du vin était, pour les 11 tables, de 23 foudres, 2 mesures, 5 ½ pots, soit 233 hectolitres. C'est une moyenne de ¾ litre par convive et par jour. Mais la moyenne est en réalité beaucoup plus forte, parce que tout le monde ne boit pas de vin. Le nombre des buveurs est bien plus faible que celui des mangeurs ; on fait sans doute abstraction des femmes et des enfants. Sur les 14 personnes de la première table, il n'y en a que 9 qui boivent ; mais en revanche, elles boivent bien, chacune 1 pot par jour, près de deux litres (1,912). Cette consommation baisse ensuite sensiblement. Elle n'est que de :

3 $^1/_2$ pots pour les	5 buveurs de la	2ᵉ table,	1 litre 34	par tête.
5	10	3ᵉ	0	96
3 $^1/_2$	8	6ᵉ	0	86
2	6	9ᵉ	0	64

En 1600, le maître d'hôtel du duc de Brunswick, chanoine de Strasbourg, comptait sa table, deux repas par jour et vin compris, à 4 fl. par semaine, soit 2 fr. 56 par jour. La pension de ses sept valets coûtait 3 fl. par semaine, 0 fr. 27 par tête et par jour.

Mone (Zeitschrift, xix, 29) a publié les chiffres suivants d'un chroniqueur d'Uberlingen, qui notait sans doute ainsi les dépenses de son propre ménage. Celui-ci se composait du mari, de la femme et d'une servante. Quoiqu'il concerne une province voisine de l'Alsace, nous donnons ce budget, parce que nous ne connaissons pour la bourgeoisie du pays aucun document analogue. Il se rapporte à l'année 1580.

pain, 2 b. par semaine,	par an	7 fl.		ou 33 fr.	74
vin, 1 b. par jour	»	24	5 b.	117	28
viandes de toute espèce	»	13		62	66
panne et bois	»	10		48	20
choux	»	2		9	64
chaussure	»	2		9	64
gages de la servante	»	4		19	28
chandelles	»	2		0	64
bains	»	1		4	82
eau-de-vie, 1 d. par jour	»	1	3	5	78
compérage (*gefatterschafft*)	»	2 $^1/_4$		10	84
sel	»	$^1/_2$		2	41
poissons, harengs	»	7		33	74
épices	»	1 $^1/_4$		6	02
chemises et lacets	»	1 $^1/_2$		7	23
racommodage des vêtements de femme	»	2		9	64
racommodage de la literie	»	?			
vaisselle et batterie de cuisine	»	$^3/_4$		3	21
fromage	»	2		9	64
navets et fruits					
ustensiles (balais, cuveaux, etc.)	»	1		4	82

Notre brave bourgeois ne mangeait pas trop mal. Il avait chaque jour ses deux livres de viande, et les jours maigres, un bon plat de poissons. Mais il buvait bien mieux encore. Tandis qu'il ne compte pour la nourriture que 157 fr. 85, il estime le vin à 117 fr. 28, auxquels il faut encore ajouter le *schnaps* quotidien. Il faut croire cependant que, si l'appétit de sa femme et celui de sa servante pouvaient être à la hauteur du sien, elles l'aidèrent moins bien à vider son pot. Il devait bien absorber, pour sa part, ses deux litres par jour, tout comme les nobles seigneurs de Ribeaupierre.

En répartissant ces dépenses de bouche, nous trouvons en moyenne par jour :

pain	0 fr. 092		
viande	0 172		
poissons	0 092	0 fr. 431	
légumes	0 026		
épices	0 023		
fromage	0 026		
vin	0 321	0 337	
eau-de-vie	0 016		
En tout		0 768	

Si nous tenons compte des omissions qui se rencontrent dans ce budget (lait, œufs, beurre, fruits, farinages, etc.), ce total pourrait s'élever facilement à 0 fr. 85, voire même à 0 fr. 90, soit 30 centimes par personne.

Voici encore un renseignement d'une portée générale. — Il concerne le régime des soldats. En 1716, une compagnie suisse, forte de 160 hommes, pouvait, chaque semaine, introduire à Strasbourg, sans payer d'octroi, pour sa consommation :

    6 bœufs ou 9 vaches.
    60 pintes d'eau-de-vie, mesure de Paris (56 litres).
    80 livres de tabac.
    1 chopine de vin ou de bière par homme et par jour.

CHAPITRE IX.

LES BOISSONS.

L'alsacien boit et aime à boire. Il boit quand il a soif, et il lui arrive souvent d'être altéré. Mais il boit aussi, alors qu'aucun besoin ne le presse, par habitude, par courtoisie, par bravade, par distraction, par goût. L'intendant de La Grange constatait le fait, il y a deux siècles, en termes assez vifs, et il est impossible de compulser un recueil d'ordonnances municipales ou seigneuriales, sans rencontrer sur ce sujet une collection riche et suivie de prescriptions et de défenses de toute sorte. Vraiment les plus intrépides buveurs de l'Alsace moderne nous paraissent continuer tout au plus les traditions de leurs pères.

En sera-t-il de même dans l'avenir? Tout porte à le croire. L'exemple et l'éducation exercent un si grand empire sur les mœurs. L'habitant de l'Alsace se trouve d'ailleurs entouré de tant de séductions, qu'il lui sera toujours difficile d'y résister avec succès.

Existe-t-il en effet un pays mieux favorisé sous ce rapport? La nature et l'industrie rivalisent d'efforts pour flatter le palais du buveur alsacien. Nos fertiles coteaux prodiguent des crus aussi variés que généreux, dont la réputation ne date pas d'aujourd'hui et qui sont encore moins connus qu'ils ne méritent de l'être. Les vallées et les montagnes des Vosges produisent un *kirsch* délicat et fin, que l'audace des contrefaçons n'a pu discréditer dans l'estime des connaisseurs. Enfin la plaine elle-même, si ses vignes ne peuvent lutter avec celles de la côte, a su se créer un autre genre d'illustration. La bière de Strasbourg est goûtée dans l'univers entier;

mais bien qu'elle soutienne seule au dehors la gloire de l'Alsace, elle rencontre dans la province même, à Mulhouse, à Colmar, à Sainte-Marie, en une foule de lieux, une concurrence aussi sérieuse que légitime.

Comme ces boissons obtiennent, dans la production et même dans la consommation de l'Alsace, une place si notable, il est juste que nous leur accordions, dans notre travail économique, le rang qui leur revient.

Ce Chapitre sera donc divisé en deux sections. La première sera consacrée au vin, la seconde à la bière et aux eaux de vie.

Première Section.

Le Vin.

La culture de la vigne en Alsace. — Elle est entravée au xviiie siècle. — Principaux crus. — Médicamentation du vin. — Règlements des aubergistes. — Taxes du vin vendu en détail. — Droits sur le vin. — Achats au vignoble. — Conservation du vin. — Les *Schlag*. — Mulhouse au xviiie siècle. — Nos tableaux.

LA CULTURE DE LA VIGNE EN ALSACE. Probus passe pour avoir introduit dans nos contrées la culture du raisin. Il est certain que les vignes se trouvent mentionnées dans les chartes les plus anciennes de nos recueils diplomatiques. Dès l'époque de Louis-le-Débonnaire, le vin d'Alsace était l'objet d'importantes exportations. « O Alsace, s'écrie l'Ovide du ixe siècle [1], si tes enfants consommaient pour leur propre usage tout ce que produit ton sol agréable, ton peuple généreux périrait sous l'abondance de ses grains et de ses vins, ta grande ville compterait encore à peine un habitant. Ce fut une heureuse pensée, que celle de vendre tes vins aux Frisons et aux Morins :

1. Ermoldus Nigellus. Eleg. 1, 115.

LA CULTURE DE LA VIGNE EN ALSACE.   315

Omnia si populus proprios misisset in usus,
   Quæ, Helisacie, tuus gignit amœnus ager,
Gens animosa arvis vinoque sepulta jaceret,
   Vix in tam magna urbe maneret homo ;
Utile consilium Frisonibus atque Marinis,
   vendere vina fuit, et meliora vehi.

Les *Traditiones* de Wissembourg placent des vignes dans plusieurs localités du Bas-Rhin, qui n'en possèdent plus de nos jours. Ce fait prouverait-il que le climat de l'Alsace est devenu, dans le cours des siècles, plus âpre et plus rude ? Quelques-uns l'ont pensé ; mais il nous semble difficile d'adhérer à leur opinion.

Nous sommes porté à croire, au contraire, que le défrichement d'une partie de nos bois, et le dessèchement des marécages qui longeaient autrefois les cours du Rhin et de l'Ill, ont adouci la température de notre province. Si certains villages ont renoncé à la culture des vignes, ils l'ont fait, par suite, non d'un refroidissement du climat, mais d'un changement survenu dans leurs principes économiques.

Dans les temps anciens, chacun voulait se suffire à lui-même. Le paysan confectionnait dans sa maison, non seulement son linge, mais ses habits, ses meubles, la plupart des instruments de son travail. Par une préoccupation analogue, il tenait à produire lui-même tout ce qui était nécessaire à sa consommation. Il plantait donc des vignes, et si le sol ingrat de sa ferme ne leur permettait que rarement de mûrir, il ne se décourageait point ; il buvait la piquette de son cru. Plus tard lorsque la population augmenta, lorsque les hommes eurent entre eux des communications plus faciles et plus suivies, le peuple comprit les services que pouvaient rendre à la société la division du travail et un judicieux aménagement des cultures. Alors les artisans se multiplièrent, même dans les campagnes ; alors le paysan s'habitua à ne demander à sa terre que les productions qu'elle était en état de fournir avec succès.

L'administration centrale entrava, de son côté, la culture de la vigne, et la prohiba même dans certaines conditions.

D'après un mémoire manuscrit[1] du siècle dernier, dont

Elle est entravée au XVIIIe siècle.

---

1. Voici son titre : Mémoire concernant le commerce dans la province d'Alsace, ce qu'il a été anciennement, sa situation actuelle et les moyens convenables pour en empêcher le dépérissement.

l'auteur nous est inconnu, mais qui porte avec évidence une empreinte officielle, les vins d'Alsace furent pendant longtemps l'objet d'un commerce considérable. On les expédiait, ceux de la Haute-Alsace surtout, en Hollande, d'où ils se transportaient en Suède et en Danemark, pour y être débités comme vins du Rhin. Loin de s'affaiblir dans ces voyages, « ces vins augmentaient en bonté par rapport à la qualité sulphureuse qu'ils tirent du terrain qui les produit, qui leur donne une force extraordinaire, qui se modère par un long transport. »

Les guerres du xviie siècle diminuèrent ce commerce; il fut ruiné par un arrêt du conseil d'État du 18 août 1722, qui défendit l'exportation des bois propres à la construction des navires. En même temps que nos vins, les Hollandais recherchaient nos bois. Dès que ceux-ci leur furent enlevés, ils désertèrent peu à peu nos marchés. On n'y voyait plus paraître, comme étrangers, que des suisses et quelques lorrains, dont les achats ne dépassaient jamais les plus modestes proportions.

De là une dépréciation du vin, qui finit par ne plus valoir, en moyenne, que 13 l. 10 s. le muid de Paris (5 fr. l'hectolitre). L'arpent de vigne produisait, année commune, 3 muids ou 8 hectolitres, soit un revenu de 40 fr. 50, tandis qu'à la même époque (vers 1740), l'arpent de blé devait rapporter 42 boisseaux de Paris, qui, à 23 sous chacun, donnaient 48 fr. 30 [1]. Et cependant la culture des blés, qui n'exigent ni échalas ni tonneaux, etc., est beaucoup moins coûteuse que celle des vignes.

Pendant sa prospérité, la viticulture, non contente d'occuper les flancs des coteaux, s'était répandue dans les plaines. Ces plantations nouvelles, compromettantes pour l'approvisionnement du pays en céréales, entraînaient de plus la dégradation des bois : on y employait « des échalas de 15 à 18 pieds de long et de 12 à 15 pouces de circonférence, par conséquent presque tous bois de brin. » Lorsque le prix du vin fut tombé et cessa de payer le vigneron de ses peines et de ses déboursés, M. de Brou, intendant de la province, s'ins-

---

1. Nous empruntons ces chiffres au Mémoire que nous venons de citer ; ils nous semblent en partie contestables.

pirant de toutes ces raisons, envoya un mémoire à la cour et provoqua un arrêt du conseil d'État (16 janvier 1731). Défense fut faite « de planter a l'avenir aucune vigne dans les plaines d'Alsace, sauf même à ordonner la déplantation de celles qu'on jugerait à propos par la suite. »

Le lecteur qui voudrait connaître les meilleurs vins de l'Alsace, en trouvera l'énumération complète et méthodique dans l'*Ancienne Alsace à table* de M. Gérard [1]. Le catalogue des plants qui se cultivaient dans nos vignes, a été dressé dans une thèse du siècle dernier [2]. Comme à ce double point de vue nous ne saurions rien ajouter à ce qui a été dit avant nous, nous nous contenterons de ces indications bibliographiques.

Le vin ne réussit pas toujours, et alors même qu'aux vendanges il comble tous les vœux du vigneron, il n'en reste pas moins exposé à toutes sortes d'accidents et de maladies. L'homme a donc dû s'ingénier de bonne heure, pour réparer les injustices de la nature et corriger, au moins en apparence, les rigueurs du sort.

Le plus ancien règlement sur le vin que nous ayons rencontré dans les Statuts de Strasbourg [3], est conçu en ces termes. « Quiconque médicamente le vin avec de la chaux ou du blanc d'œuf (*eyger klar*), paie 2 *ll.* d'amende et sera banni de la ville pendant quatre semaines. » Quelques années plus tard, les États de l'Alsace et du pays de Bade édictaient en commun une défense solennelle de médicamenter les vins avec de la salicaire (*weyderch*), du sel, de la chaux, de la sauge (*scharlot*), du souffre, du blanc d'œuf (*eygermilch*, ord. lait de poule), etc. [4]. Il sera interdit, disent les vieux Statuts de Schlettstadt [5], « de médicamenter le vin, que ce soit avec de l'eau de vie ou autre chose. » Partout se retrouvent les mêmes

---

1. Colmar, 1862. Chap. XI, p. 265 et suiv.
2. *De Vitis cultura Molsheimensi et Mutzigensi* par Fr. Ignat. Rœttel de Molsheim. Il note surtout le *rein-alber*, la *grüahänsch*, le *räsling*, le *hinsch* ou *hennisch*, le *sürling*, le *muscateller* et le *gut edel* ou *weisse räsling*, récemment introduit.
3. L. 2. C. 95, vers 1300.
4. Ordonnances de Strasbourg, t. XI.
5. XIVᵉ siècle, tit. 85. *es si mit gebranten win oder andern dingen.*

prohibitions, ce qui prouve à la fois et l'antiquité de ces pratiques et leur diffusion dans la province.

Ici du moins l'autorité n'est inspirée que par une pensée de loyauté et d'hygiène publique. Dans les règlements qu'elle impose aux aubergistes, elle semble plus préoccupée des intérêts du fisc que de ceux des consommateurs.

RÈGLEMENTS DES AUBERGISTES.
L'aubergiste prend des engagements et ne peut se retirer avant l'année révolue [1]. Tout le vin qu'il débite est dégusté, apprécié, imposé, enregistré et taxé par des visiteurs jurés.

Dans la même cave on ne doit mettre en vente qu'une seule espèce de vin [2], ou plutôt une seule espèce de vin blanc [3]; car du vin rouge et du vin blanc pouvaient se vendre en concurrence, sans aucun risque de confusion. Par la même raison sans doute le vin nouveau ou moût (*most*) se détaillait sans entrave, à côté du vin vieux, depuis la vendange jusqu'à la S. Martin [4]. Châtenois accordait le même privilège à la piquette (*repis*).

Rien de plus remarquable à ce sujet que la séance tenue par les XV, le 20 août 1582. On s'y plaint que les hôteliers « ne se contentent plus de servir un seul vin ; quand arrive un hôte, ils lui donnent d'abord du vin mis en perce par les visiteurs, » à 7 ou 8 ₰ le pot : puis ils lui en présentent à 12 ₰. le pot, tiré d'un autre tonneau; ce qui nuit à l'Umgelt. On demande donc l'observation de la loi. Mais un certain nombre de conseillers s'y opposèrent, disant que c'était une honte que, dans une ville de l'importance de Strasbourg, un étranger ne pût se procurer dans un même hôtel, plus d'une espèce de vin. Pareille chose ne se rencontre pas ailleurs Leur avis pré-

---

1. « Les aubergistes sont ordinairement nommés avant le Carnaval. Ils jurent de remplir leurs fonctions pendant un an, de servir du vin sans interruption ; s'ils fermaient leur débit pendant trois jours, ils seraient passibles d'une amende de 3 fl. » Statuts de Sultzmatt. Alsatia d'Aug. Stöber, Mulhouse, 1873.

2. Schletstadt, Statuts anciens, § 87. Défendu ʒweiger hande win in eim kelre schencken.

3. Haslach, XIVᵉ siècle : *Die wärte söllent ouch nüt ʒwiger hande wisʒen win in eim kelre veil han oder schencken, sie mögend wol rote und wisʒen in ein kelre schencken mitteinander.* — De même anciens statuts de Munster.

4. A Munster cette liberté existe au temps des vendanges et à la fête de S.-Nicolas.

valut, et d'autres mesures furent prises pour sauvegarder les intérêts de l'Umgelt.

Ainsi à la fin du xvie siècle, non pas dans un village, mais dans la grande ville de Strasbourg, cette défense de vendre à la fois plusieurs espèces de vin de même couleur commence seulement à tomber en désuétude et rencontre encore de nombreux partisans.

Ce vin unique était taxé et les visiteurs prenaient d'abord pour base les déclarations même de l'aubergiste. Voici le tarif sur lequel ceux de Strasbourg devaient se régler en 1436. Le pot se vendra :

	le lit.	si le fuder coûte		l'hect.			
½ d.,	0 fr. 02,	25 à	30 β.,	1 fr. 61	à 1 fr.	96	
1	0 04	30	50	1	96	3	27
1½	0 06	50	60	3	27	3	93
2	0 08	80	105	5	21	6	87
3	0 12	120	140	7	85	9	16
4	0 16	160	180	10	47	11	78
5	0 20	200	220	13	09	14	40
6	0 23	240	270	15	71	18	58

Cette marche était alors suivie partout, l'aubergiste faisait connaître, sous serment, ce que lui coûtait son vin, et on lui allouait un bénéfice de 1 δ. par pot[1].

« Que l'aubergiste paie son vin cher ou l'achète à bon marché, il ne doit avoir que 10 δ. (1 fr. 25 l'hectol.) de profit par mesure[2]. » Ainsi s'expriment les anciens statuts de Châtenois. En 1658 ce chiffre est porté à 4 δ. (3 fr. 58 l'hectol.); mais le tonnelier, le gourmet, les chargeurs, etc., sont payés sur ce bénéfice.

Au xviie siècle les taxes de Strasbourg comprenaient diverses espèces de vin ; elles se fixaient sur le prix du commerce, et laissaient une latitude de quelques centimes aux jurés qui évaluaient les vins de chaque débitant. Voici celles que nous avons rencontrées dans les registres des XV.

---

1. A Munster le bénéfice des aubergistes était de 20 δ. en ville, de 24 δ. dans la vallée, par mesure de vin. En 1487, à Colmar, le bénéfice de l'aubergiste, tous ses frais déduits, doit être d'environ 1 fl. par *fuder* ou 0 fr. 60 par hectolitre.

2. *Wann sie win kauffen, es syg deire oder wolviel, sollen sie nit me, an einem omen, dann zehen pfennig und darüber nit haben.*

Année.	LE POT EN ₰. STRASB.				LE LITRE EN FRANCS.			
	du Bas-Rhin.	du H.-R.	du Rhin.	de la Moselle.	du Bas-Rhin.	du H.-R.	du Rhin.	de la Mosel
1602	22				0 fr.25			
1624	14-16				0 32			
1625	19				0 40			
1626	16				0 34			
1628	36-40				0 80			
1631	10-12	16	16		0 23	0 fr.34	0 fr.34	
1632	16-18	20	24		0 36	0 42	0 51	
1633	10				0 fr.21			
1634	16-24				0 41			
1636		20-28			0 49			
1639		20-32			0 52			
1642		28-36			0 68			
1645		12-20			0 34			
1648		16-20			0 38			
1649.	16-20	18-30			0 38	0 51		
1650	16-20				0 38			
1652	14-18	28			0 34	0 59		
1653	12-16	24			0 30	0 42		
1654	14-18	28			0 34	0 59		
1655	12-16	18-28			0 30	0 49		
1656	10-16	18-24		28	0 30	0 45	0 59	
1657	12-20	14-22	26	30	0 34	0 38	0 55	0 64
1658	18-22	18-24		30	0 42	0 45		0 64
1659	14-18	18-24	24	32	0 34	0 45	0 51	0 68
1660	14-18	14-22	20-24	30	0 34	0 38	0 47	0 64
1662	14-18	16-20	24	30	0 34	0 38	0 51	0 64
1663	16-20	18-22	20-24	32	0 38	0 42	0 47	0 68
1665	10-14	18-22	16-20	32	0 25	0 42	0 38	0 68
1666	10-14	16-20	14-18	32	0 25	0 38	0 34	0 68
1667	10-14	16-20	14-18	32	0 25	0 38	0 34	0 68
1668	10-14	16-20	14-18	32	0 25	0 38	0 34	0 68
1669	10-14	16-20	14-18	32	0 25	0 38	0 34	0 68
1681		24		48	54	0 36		0 73	0 fr.82
1686	14-18	14-22	18-26	26-46	38-50	0 29	0 33	0 40	0 66	0 80
1687	10-14	14-22	18-26	26-46	38-58	0 22	0 33	0 40	0 66	0 87
1688	10-18	14-22	18-30	26-50	42-58	0 25	0 33	0 44	0 69	0 91
1689	18-26	14-22	18-30	30-38	31-50	0 40	0 33	0 41	0 59	0 76
1690	24-32	20-28	28-48	40-60	48-72	0 48	0 41	0 65	0 86	1 02
1691	20-24		28-40	40-48	48-60	0 34		0 58	0 68	0 93
1692	28-36	24-32	32-40	40-60	48-72	0 55	0 48	0 62	0 86	1 03
1693	24-32	28-36	36-48	40-60	48-72	0 48	0 55	0 73	0 86	1 03
1694	16-32	24-50	36-48	40-48	48-60	0 37	0 58	0 65	0 69	0 85
1695	16-28	20-56	24-32	40-48	48-72	0 34	0 59	0 41	0 69	0 94
1696	24-40	24-56	28-40	40-48	48-72	0 50	0 62	0 53	0 69	0 94
1697	20-32	20-56	32-40	40-48	48-72	0 41	0 59	0 56	0 69	0 94
1698	20-32	20-40	32-40	40-48	48-72	0 41	0 47	0 56	0 69	0 94
1699	16-28	16-40	24-48	40-48	48-70	0 34	0 44	0 56	0 69	0 92
1700	12-20	14-42	16-32	34-48	48-72	0 26	0 45	0 38	0 67	0 96
1601—1625					0 32			
1626—1650					0 35	0 46	0 38	0 43
1651—1675					0 31	0 43	0 42	0 66
1676—1700					0 38	0 46	0 53	0 71	0 92

DROITS SUR LE VIN.

Le prix du vin en détail se ressent naturellement des droits de toute sorte, qui dès-lors frappaient le commerce du vin. Faire l'histoire de ces droits, qui varièrent sans cesse selon les temps et les lieux, serait une entreprise aussi difficile que fastidieuse. Nous nous contenterons de citer, comme terme de comparaison, l'ancienne législation de Strasbourg.

1121. établissement du *helbelingzoll*, droit de ½ d. par pot ou 12 d. par mesure. Toute personne majeure *opferbar*, âgée de 14 ans) peut s'abonner à 8 ß. par an.

1170. Les aubergistes ne paient pour leur consommation personnelle que 12 d. par fuder, la moitié du *helbelingzoll*. Abonnement 8 ß.

1175. Le *helbelingzoll* reste à 24 d. par fuder de vin vieux, à 22 d. pour le vin nouveau. L'abonnement est de 12 d. par an.

1178. Le *helbelingzoll* est réduit à 3 d. par mesure.

1480. Il remonte à 4 d. par mesure; abonnement 4 ß.

? L'umgelt est de 7 d. par mesure. Abonnement 4 ß. Les aubergistes donnent en outre 4 pots[1] par mesure, soit 17 % de la valeur du vin.

1517. L'umgelt monte à 8 d. par mesure et l'abonnement à 5 ß. Au lieu de 4 pots, les aubergistes en donnent 6, soit 25 % de la valeur du vin.

1631. L'umgelt pour les particuliers est de 15 d. le fuder ou 0 fr. 44 l'hectolitre.

1668. Les aubergistes donnent 7 d. par mesure (dont 5 ⅔ pour mauvais d. et 1 ⅓ pour *cassa geld*, ou la caisse militaire), plus 6 pots par mesure; mais on ne comptait le fuder qu'à 16 mesures ou la mesure à 16 pots. En d'autres termes, cette taxe, établie par quelque ordonnance antérieure, est réduite de un tiers. Les bourgeois non-débitants paient 1 d. par mesure, et 4 d. pour les vins fins.

1679, 1685, 1700. mêmes prescriptions.

1702. Vu le bas prix du vin (*wolfaile der weine*). l'umgelt des cabaretiers est réuni en un droit unique de 12 ß. par ome, porté peu après à 15 ß. et en

1710, à 18 ß. pour les vins étrangers. Mais en

1747. l'ordonnance de 1668 est remise en vigueur avec les mêmes réserves.

---

1. Cet usage de prélever 4 pots par mesure aux dépens du consommateur, qui recevait pour un pot ¹/₂₈ au lieu de ¹/₂₄ de l'ome, nous semble remonter assez haut. C'est sans doute à cause de cela que l'étalon de la mesure, fait en 1436, se divisait dès lors en 24 ou 28 pots.

Évalués en style moderne, ces chiffres donneront :

1424,	débitant	1 fr. 62	l'hect.	Abonnement annuel d'un bourgeois	5 fr. 92
1475	»	1 50	»	»	8 25
1478	»	0 38	»	»	
1480	»	0 48	»		2 63
?	»	0 70	»	»	2 24
1547	»	0 78	»		
1634	»	0 44	»	pour les particuliers	
1668	»	5 91	»	plus 17 % du prix de détail du vin vendu	
1702	»	7 20	»	en tout	
»	»	7 80	»		
1747	»	3 05	»	plus 17 % du total de la vente	
1819	»	11 30			

Les habitants, pour leur consommation personnelle, payèrent 0 fr. 85 et 0 fr. 44 l'hectolitre, en 1668 et 1747.

Ces droits d'Umgelt étaient sévèrement exigés, et la république de Strasbourg n'entendait pas plaisanterie sur ce chapitre. D'après des ordonnances de 1630, 1636, 1637, tout débitant clandestin est puni, la première fois, outre la confiscation du vin, d'une exposition au pilori sur la place des Barfüsser (Kléber), avec un tonnelet suspendu au cou. En cas de récidive, le délinquant est condamné au *Lasterstein* ou au *halsʒeisen*, battu de verges, et banni de la ville à perpétuité. On se réserve de le traiter au besoin plus sévèrement encore [1]. D'après le règlement de 1577, l'aubergiste qui encavait du vin, sans l'avoir fait préalablement enregistrer à l'*Umgelt*, tombait à la merci de la ville, corps et biens [2].

Pour assurer la rentrée de l'Umgelt, tout était minutieusement réglé. La vente en détail était abandonnée aux débitants ; le demi gros, de ½ à 4 omen (25 à 200 litres), se faisait sur la place des Barfüser ; les vins étrangers se vendaient à la Grue près de Saint-Pierre-le-Vieux. Les marchands ne pouvaient vendre à leur cave, que pour l'exportation ou par quan-

---

1. *Zum ersten mal neben abnam des Weins, an den Stock auff dem Barfüsser Platʒ mit Anhenckung eines Fäsʒlein gestellt; da er ʒum andernmal ergriffen, entweder auff dem Lasterstein, oder nach befundenen dingen gar an das Halsʒeisen gebracht, mit Ruthen ausʒgestrichen, unnd darauff Statt und Landes ewig verwiesen, auch mit noch mehr andern unausʒbleiblichen Straffen gegen ihm verfahren werden.*

2. *Verfällt dadurch gemeiner Stadt Leib und Gut.*

tité supérieure à 2 hectolitres. Nous ne parlerons que pour mémoire de la légion de fonctionnaires que l'Umgelt mettait en mouvement : les *Umgelter*, les *weinschätzer*, les *visirer*, les *weinsticher*, les *kieffer*, les *kärchelzieher*, etc.

Des formalités de ce genre se rencontrent déjà au vignoble. Quand un amateur arrive à Bergheim, il s'adresse d'abord à un *weinsticher*, gourmet, qui le conduit dans les caves où se trouve du vin à vendre. Là le gourmet l'aide à déguster et le conseille en conscience ; il estimera cependant le vin à quelques sous plus haut que ce qui lui semblera sa valeur réelle. Le *stichgeld* est en 1571 de 6 ₰. par fuder (environ 2 centimes par hectolitre). Après cela l'acheteur passe entre les mains des *leiterer*, qui mesurent et chargent son vin, a raison de 16 ₰. par fuder (6 centimes par hectolitre), après que les *küffer* et *ablöser* ont, au même prix, visité ses tonneaux et transvasé le vin. Il paie ensuite à la ville un droit de péage de 1 ₰. par fuder ou 4 centimes par hectolitre.

ACHAT AU VIGNOBLE.

A Colmar, déjà en 1378, toute vente de vin en gros doit se faire devant les *Weinsticher* [1]. Ceux-ci guident l'étranger, et quand ils ne savent plus où aller, ils le remettent à un autre gourmet, se gardant bien de conduire leur hôte à la campagne. Leur salaire est par fuder de ¼ pot de vin, et 4 ₰. de chacun des contractants.

Nos pères qui avaient poussé si loin l'art plus difficile, de conserver les grains, ne pouvaient manquer d'appliquer à la garde des vins la même sollicitude. Ici du reste il ne s'agissait plus seulement d'une prévoyance vulgaire, du désir de suppléer à l'insuffisance des mauvaises récoltes par l'abondance des autres. Le vin s'améliore en vieillissant, et les produits de certaines années plus généreuses devaient être ménagés pour les grandes occasions.

CONSERVATION DU VIN.

Il ne faut donc pas s'étonner si Trausch nous affirme dans sa Chronique, que, de son temps, au XVIIe siècle, l'hôpital de Strasbourg conservait encore du vin de 1525, de 1513, de 1472 [2], et même de 1439. Le fait était attesté par les inscriptions suivantes, placées sur les tonneaux mêmes :

---

1. Vieux livre rouge, fol. 17.
2. On y voit encore maintenant quelques restes de ce vin de 1472.

> *Euch soll der wein sein wol bekand*
> *Das er der Bauren krieg ward genand*
> *Daher er auch hat seinen Nahmen*
> *Weil damals kamen viel Bauren zusamen*
> *Die waren erschlagen das ist wahr*
> *Als man zalt 1525 jar.*
>
> *Diser zedul zeigt uns mit mass*
> *Wie lang der wein in diesem fasz*
> *Gelegen, das ist, sag ich für wahr*
> *Seit man zelt 1519 jahr*
> *Da der wurtemberger vertrieben,*
> *Wie man ein solches find geschrieben.*
>
> *Lieber freund, ich thue euch damit kund*
> *Hie ligt ein wein auff diese stund*
> *Der wuchs, sag ich gewiss und wahr.*
> *Als man zalt 1472 jahr*
> *Kam er in den spital herein*
> *Da der burgunder krieg ist gesein.*

Sans doute ce sont là des exceptions. Des hôpitaux, des couvents, des seigneurs, de grandes corporations, pouvaient seuls se permettre de pareilles fantaisies. Mais, sans aller aussi loin, les riches propriétaires devaient marcher dans la même voie. Ils conservaient, eux aussi, pendant vingt et trente ans, une partie de certaines récoltes. Ajoutez à cela toutes les variétés que la qualité du raisin, la nature du sol, l'exposition des vignes, introduisent dans la récolte d'une même année ; et vous comprendrez que les prix des vins, déposés dans une même cave, aient dû varier aussi à l'infini.

De là les ténèbres, difficiles à dissiper, qui enveloppent la plupart des indications fournies par les livres de Comptes Qu'ils mentionnent un achat ou une vente, ou une consommation faite à l'auberge, ils négligent, presque toujours, de nous faire connaître de quel vin il s'agit, et, quand ils le disent, ce renseignement ne suffit pas à nous éclairer.

La difficulté nous a paru si sérieuse, il nous a semblé si hasardeux de baser une conclusion quelconque sur des données sans suite, contradictoires et pleines d'inconnues, que nous avons préféré laisser de côté la plupart des notes recueillies dans nos recherches. Mieux valait suivre l'exemple que nous a donné Hermann, dans ses *Notices* strasbourgeoises.

« En 1484, dit-il, le magistrat de Strasbourg convint avec l'évêque de désigner, chaque année, un noble, un ecclésiastique, un sénateur de l'endroit et deux vignerons, comme gourmets et experts, chargés de déclarer, à Molsheim, le prix moyen du nouveau vin, et c'est d'après ces déclarations qu'ont été déterminés les prix ci-après du seizième et du dix-septième siècle. Il arrivait aussi que le magistrat déterminait ces prix d'après les mercuriales des prix du marché de la ville, lesquels, parfois, différaient de ceux qu'avaient fixés les gourmets experts de Molsheim [1]. »

« A Durlach, d'après la *Zeitschrift* de Mone (XIV, 35), les acheteurs étaient appelés devant une commission, à laquelle ils devaient déclarer ce qu'ils avaient payé par mesure. Ceux qui avaient acheté plus de cinq mesures avaient droit à une voix, les autres à une demi-voix. Le prix de la S. Martin était fixé sur leur déposition. Si par exemple 7 $\frac{1}{2}$ voix indiquaient le chiffre de 8 fl., et 12, celui de 7 fl. 30 kr., ce dernier devenait le *weinschlag* officiel, qui servait de règle pour les comptes de la seigneurie, des corporations, des établissements publics, etc. »

Il servait aussi de règle pour le paiement des récoltes, achetées sur pied. Les ordonnances de Strasbourg ne cessent de le répéter. Le prix sera basé, est-il dit en 1518, *nach gemeynen herbsts oder landläuffiger weinschlags;* et en 1625 : *auff den künftigen Schlag oder gemeinen Kauff und Lauff.*

Ces estimations, appelées en allemand *Schlag*, faites régulièrement chaque année, pendant des siècles, par des juges compétents, dans des circonstances identiques, présentent des points de comparaison constants et dignes de confiance : Molsheim n'est pas d'ailleurs le seul vignoble qui ait son *Schlag;* nous connaissons plusieurs documents de ce genre et il en existe sans doute encore d'autres, qui ont échappé à nos recherches. La qualité et l'abondance des nouvelles récoltes, leur rapport avec les récoltes antérieures, la situation des caves, l'état politique et moral de la société, tout s'y reflète; chacun des éléments qui déterminent le prix des vins, trouve ici sa part légitime et naturelle d'influence. Le *schlag* est pour le vin, ce que les prix de la S. Martin sont pour les grains.

---

[1] Notices, t. II. p. 146.

Quelquefois cependant il admet une légère atténuation. Comme il servait de base à l'évaluation en argent des rentes féodales et emphytéotiques, les vignerons avaient quelque intérêt à rester plutôt au-dessous de la vérité. La Chronique de Guebwiller affirme, en 1623, que les prix du commerce dépassent toujours de 5 β. ou 0 fr. 77 ceux du schlag. *Der schlag ist allzeit 5 schilling ringer als er geladen wird.* Mais il est probable que le Chroniqueur applique au passé ce qui était vrai de son temps. A Bergheim, on donnait chaque année trois chiffres, l'un pour l'OME EDEL *(vin gentil)* ou *hohenschlag*, le second pour le *gewachs* (le cru) ou *schuldschlag*, le troisième pour le *zinswein* ou *zinsschlag*.

Le même fait se rencontre à Châtenois. Le schlag y comprend le vin gentil et le vin rouge, cotés au même prix, le vin ordinaire et le vin de rente. Nous donnerons les trois estimations pour le xvIII° siècle. Hors de là, nous nous contentons des deux premières. Ce document, remarquable par lui-même, avec les additions dont nous parlerons plus loin, nous permet de suivre, pas à pas, le prix du vin nouveau, pendant une période de quatre siècles. Il serait difficile de rencontrer ailleurs quelque chose d'aussi complet.

En dehors des taxes de Molsheim, les archives de Strasbourg nous ont fourni celles de Mittelbergheim (1510—1666) et de Barr (1538—1692 avec quelques années du xvIII° siècle).

Obernai a un schlag plus ancien (1467—1502) que celui de Molsheim; mais nos renseignements cessent de bonne heure.

Bâle publiait tous les ans trois schlag, l'un pour les lieux situés au-delà de la Susenhart, le second pour les vignes en-deçà de la Susenhart, le troisième pour les villages de Muttentz et de Munchenstein. Dans son Histoire de Bâle, Ochs a reproduit une partie de ce dernier. Le second ne nous est connu que par les Archives. Le premier a été transcrit, en outre, dans un manuscrit conservé à la bibliothèque de Bâle (A G. V. 23), pour les années 1501—1682. Ce sont ces chiffres, collationnés avec ceux des Archives, que nous éditons.

MULHOUSE AU XVIII° SIÈCLE

Mulhouse a une série longue et suivie (1550—1797). Le magistrat y taxait en même temps les vins rouges et blancs vendus en détail, avec deux prix distincts pour les *schildwirth* (hôteliers) et les *Gassewirth* (cabaretiers). Voici ces chiffres pour le siècle dernier :

MULHOUSE.

Année.	LE POT EN d. BAL. PUIS EN SOLS.				LE LITRE EN FRANCS.			
	Schildwirth.		Gassewirth.		Hôtels.		Cabarets.	
	Rouge.	Blanc.	Rouge.	Blanc.	Rouge.	Blanc.	Rouge.	Blanc.
1701	42	36	36	30	0 fr.26	0 fr.22	0 fr.22	0 fr.18
1702	42	36	30	27	0 26	0 23	0 19	0 17
1703	48	33	42	30	0 32	0 22	0 28	0 20
1704	48	36	42	33	0 28	0 21	0 24	0 19
1705	60	48	48	42	0 36	0 29	0 29	0 25
1706	54	42	48	36	0 35	0 27	0 31	0 23
1707	38	30	30	27	0 25	0 20	0 20	0 18
1708		42				0 28		
1710	60	48	48	36	0 28	0 23	0 23	0 17
1711	42	36	36	30	0 18	0 16	0 16	0 13
1712	42	36	36	30	0 18	0 16	0 16	0 13
1713	54	42			0 21	0 18		
1714	66	54	60	48	0 30	0 25	0 27	0 22
1715	54	42	48	36	0 33	0 26	0 29	0 22
1716	54	42	48	36	0 28	0 22	0 25	0 19
1717	42	36			0 22	0 19		
1718	42	36	36	30	0 16	0 14	0 14	0 11
1719	30	27	27	24	0 12	0 11	0 11	0 09
1720	30	27	27	24	0 09	0 08	0 08	0 07
1721	54	42	42	39	0 16	0 13	0 13	0 12
1722	48	42	42	39	0 14	0 13	0 13	0 12
1723	48	42	42	39	0 16	0 14	0 14	0 13
1724	30	27	27	24	0 17	0 15	0 15	0 13
1725	30	27	27	24	0 17	0 15	0 15	0 13
1726	45	40	40	36	0 20	0 18	0 18	0 16
1727	30	28	28	24	0 11	0 13	0 13	0 11
1728	30	27	27	26	0 14	0 12	0 12	0 12
1729	30	27	27	24	0 14	0 12	0 12	0 11
1730	36	30	30	27	0 16	0 14	0 14	0 12
1731	45	39	39	36	0 20	0 18	0 18	0 16
1732	40	36	36	30	0 18	0 16	0 16	0 14
1733	5	4	4 1/2	3 1/2	0 20	0 16	0 18	0 11
1734	6 1/2	6	6	5 1/2	0 26	0 24	0 24	0 22
1735	8	7 1/2	7 1/2	7	0 32	0 30	0 30	0 28
1736	7 1/2	7	7	6 1/2	0 30	0 28	0 28	0 26
1737	7	6 1/2	6 1/2	6	0 28	0 26	0 26	0 24
1738	7 1/2	7	7	6 1/2	0 30	0 28	0 28	0 26
1739	4 1/2	4	4	3 1/2	0 18	0 16	0 16	0 14
1740		3		2 1/2		0 12		0 10
1741	7	6 1/2	6 1/2	6	0 28	0 26	0 26	0 24
1742	4 1/2	4	4	3 1/2	0 18	0 16	0 16	0 14
1743	7	6	6	5	0 28	0 24	0 24	0 20
1744	7	6	6	5	0 28	0 24	0 24	0 20
1745	7	6	6	5	0 28	0 24	0 24	0 20
1746	9	7	8	6	0 37	0 28	0 32	0 24
1747	6	5	5	4	0 24	0 20	0 20	0 16
1748	6	5	5	4	0 24	0 20	0 20	0 16
1749	8	7	7	6	0 32	0 28	0 28	0 24
1750	6	5	5	4	0 24	0 20	0 20	0 16

MULHOUSE

Année.	LE POT EN SOLS.				LE LITRE EN FRANCS.			
	Schildwirth.		Gassewirth.		Hôtels.		Cabarets.	
	Rouge.	Blanc.	Rouge.	Blanc.	Rouge.	Blanc.	Rouge.	Blanc.
1751	6	5	5	4	0 fr.24	0 fr.20	0 fr.20	0 fr.16
1752	4 1/2	3 1/2	4	3	0 18	0 14	0 16	0 12
1753	5	4	4 1/2	3 1/2	0 20	0 16	0 18	0 14
1754	4	3	3 1/2	2 1/2	0 16	0 12	0 14	0 10
1755	5	4	4 1/2	3 1/2	0 20	0 16	0 18	0 14
1756	4 1/2	4	4	3 1/2	0 18	0 16	0 16	0 14
1757	5	4	4 1/2	3 1/2	0 20	0 16	0 18	0 14
1758	6 1/2	5 1/2	6	5	0 26	0 22	0 24	0 20
1759	7	6	6	5	0 28	0 24	0 24	0 20
1760	4 1/2	4	4	3 1/2	0 18	0 16	0 16	0 14
1761	4 1/2	4	4	3 1/2	0 18	0 16	0 16	0 14
1762	4 1/2	4	4	3 1/2	0 18	0 16	0 16	0 14
1763	6	5	5	4	0 24	0 20	0 20	0 16
1764	7	6	6	5	0 28	0 24	0 24	0 20
1765	6	5	5	4	0 24	0 20	0 20	0 16
1766	7 1/2	6 1/2	7	6	0 30	0 26	0 28	0 24
1767	9	8	8	7	0 37	0 32	0 32	0 28
1768	6	5	5	4	0 24	0 20	0 20	0 16
1769	8	7	7	6	0 32	0 28	0 28	0 24
1770	9	8	8	7	0 37	0 32	0 32	0 28
1771	10	9	9	8	0 41	0 37	0 37	0 32
1772	6	5	5	4	0 24	0 20	0 20	0 16
1773	8	7	7	6	0 32	0 28	0 28	0 24
1774	8	7	7	6	0 32	0 28	0 28	0 24
1775	6	5	5	4	0 24	0 20	0 20	0 16
1776	8	7	7	6	0 32	0 28	0 28	0 24
1777	8	7	7	6	0 32	0 28	0 28	0 24
1778	8	7	7	6	0 32	0 28	0 28	0 24
1779	8	7	7	6	0 32	0 28	0 28	0 24
1780	7	6	6	5	0 28	0 24	0 24	0 20
1781	5	4	4 1/2	3 1/2	0 20	0 16	0 18	0 14
1782	6	5	5	4	0 24	0 20	0 20	0 16
1783	7	6	6	5	0 28	0 24	0 24	0 20
1784	8	7	7	6	0 32	0 28	0 28	0 24
1785	7	6	6	5	0 28	0 24	0 24	0 20
1786	9	8	8	7	0 37	0 32	0 32	0 28
1787	8	7	7	6	0 32	0 28	0 28	0 24
1788	7	6	6	5	0 28	0 24	0 24	0 20
1790	9	8	8	7	0 37	0 32	0 32	0 28
1791	9	8	8	7	0 37	0 32	0 32	0 28
1792	10	9	9	8	0 41	0 37	0 37	0 32
1793	10	9	9	8	0 41	0 37	0 37	0 32
1794	15	14	14	13	0 61	0 57	0 57	0 53
1795	15	14	14	13	0 61	0 57	0 57	0 53
1796	16	15	15	14	0 65	0 61	0 61	0 57
1797	16	15	15	14	0 65	0 61	0 61	0 57
1701-1725					0 23	0 19	0 20	0 16
1726-1750					0 24	0 21	0 21	0 18
1751-1775					0 25	0 22	0 22	0 18
1776-1800					0 38	0 34	0 34	0 30

Ces renseignements, joints à ceux que nous avons donnés plus haut pour Strasbourg, nous ont inspiré l'idée de les compléter, par les prix du vin vendu en détail au xv° et au xvi° siècle. On les trouvera mêlés à nos tableaux, avec l'indication des sources, quand la place nous l'a permis. Elles restent d'ailleurs les mêmes plus tard. C'est toujours à S. Georges de Haguenau et aux couvents de Strasbourg, que nous devons nos informations.

Le gros de nos tableaux est emprunté aux *Schlag* mentionnés ci-dessus. Comme aucun d'eux ne remonte au-delà de 1467, nous avons dû suppléer à leur silence, avant cette date, par des prix de vente qui se rapportent indistinctement à des vins très-différents par leur âge et leur qualité. Ils ne présentent donc, ni la continuité, ni la régularité des indications postérieures. Le lecteur est prié de ne pas perdre cette observation de vue.

Au xviii° siècle, la plupart de nos sources tarissent : les schlag de Mulhouse et de Châtenois sont les seuls qui se poursuivent avec une constante régularité. Pour Barr, Molsheim, Colmar, nous n'avons que des données fugitives.

Au xix° siècle, il n'y a plus de schlag. Nous avons eu recours aux prix de la S. Martin, fournis pour Strasbourg par les mercuriales et les comptes de l'hôpital civil ; pour Turckheim, par l'obligeance de M. Charles Grad ; pour Châtenois, par les soins de M. le curé Frühauf. Ce dernier a procédé à une enquête très-minutieuse. Le *Hausbuch* d'un nommé Flonck (pour les années antérieures à 1853) et les livres de M. Muhr, gourmet (pour la période 1843—1875), l'ont surtout aidé dans ce travail consciencieux.

Dans les environs de Bâle, sur le territoire badois, à Weil, se trouve une vigne dont les propriétaires successifs ont noté, année par année, les frais de culture, le produit de la vendange et le prix retiré de chaque récolte. Cette vigne appartient aujourd'hui à l'un de nos parents, M. Em. Paravicini, qui nous a communiqué cet intéressant document. Ici de toutes les conditions requises pour une comparaison exacte et complète, il n'y en a qu'une qui manque. Il est probable que ce vin n'a pas toujours été vendu au même âge.

Malgré ce *desideratum*, dont nous comprenons toute la portée, nous publierons les indications tirées de ces comptes, avec leur traduction en monnaies et mesures françaises.

PRIX DU VIN.

Année.	Le fuder.	L'hectolitre.		Le pot.	Le litre.
1352 S.-Etienne	88 ß.	8 fr. 69			
1353 »	60	5 92			
1386 S.-Thomas	62	4 74			
1388 »	164	12 54			
1395 »	65	5 11			
1401 S.-J. de Schl.	85	6 33			
1406 Ensisheim	320	12 23			
1407 Landser	132	5 52			
1410 Ensisheim	160	5 51			
1412			S.-Thomas	4 ß.	0 fr.18
1413 S.-J. de Schl.	130—168	9,68—12,52			
1414 Œ. N.-Dame	51	3 80			
1415 »	49—62	3,65— 4,62			
1416 »	71—94	5,29— 7,01			
1417 »	81—108	6,04— 8,04			
1418 »	73—170	5,44—12,66			
1419 »	72—98	5,36— 7,30			
1420 »	65—95	4,84— 7,08			
1421 »	79—102	5,33— 6,88			
1422 »	192	12,96			
1423 »	37—52	2,50— 3,51			
1424 »	24—50	1,62— 3,37			
1425 »	44—113	2,97— 7,73			
1426 »	54—116	3,64— 7,93			
1427 »	121—170	8,17—11,47			
1428 »	130—265	8,77—17,88			
1430 »	127—294	8,57—19,85			
1431 »	50—54	3,27— 3,58	S.-Thomas		0 08
1432 »	70	4 72			
1433 »	77	5 04			
1434 »	106	6 94		2 ½	0 09
1435 »	214	11 02			
1436 »	99	6 49			
1437 »	183	11 99			
1438 »	248	16 24			
1439 »	114	9 42			
1440 »	104	6 81		4	0 12
1441 S.-Thomas	48	3 14			0 16
1442 S.-J. de Schl.	48—96	3,14— 6,28			
1443 »	72—144	4,71— 9,42		3	0 12
1444 Œ. N.-Dame	155	10 15			
1445 »	125	8 19	S.-G. Hag.	4	0 16
1446 »	»	»	»	4—5	0 18
1447 »	»	»	»	6	0 23
1448 »	47	3 08	»	2—3	0 10
1449 »	48	3 14	»	1½—2	0 09
1450 »	45	3 14			

1434. — Vin donné par Colmar au Chap. gén. des Dominicains, le fuder à 6 rt., l'hectol. 6 fr. 40.

1444 — Cinq mesures de vin offerts par Colmar au landvogt, 39 ½ ß., l'hectol. 10 fr. 27.

1446 — Un fuder vin offert aux magistrats de Colmar, 276 ß., l'hectolitre 14 fr. 71.

PRIX DU VIN VIEUX ET NOUVEAU.

Année.	Pot.	Litre	Fuder	Hectolitre.	La mesure en ᵭ.		L'HECTOL. EN FR.			
					Obernai.	Molsheim.	Châtenois edel.	Châtenois ord.	Obernai.	Molsheim.
1451 ŒE. N.-D.	3 ᵭ.	0,12	105 β.	6 fr 88						
1455 S.-G. Hag.	4	0,16								
1456 »	5	0,20								
1457 »	5	0,20								
1458 »	3	0,12								
1459 ŒE. N.-D.	3-4	0,14	112	7 31						
1460 »	3	0,12	79	5 18						
1461 »	3	0,12	106	6 94						
1462 »			123	8 06						
1464 S.-Georg.	3	0,12								
1465 Ste-Cath.	2	0,08	48	3 11						
1466 S.-Georg.	3	0,11								
1467					30				3,75	
1468 S.-Georg.	3	0,11			36				4,50	
1469 »	4	0,15			42				5,25	
1470 S. Arbog.	3	0,11	56-126	3,50-7,87	60				7,50	
1471 Riquewir	4	0,15	126	4 61	42				5,25	
1472 S.-Georg.	3	0,11			21				3,00	
1473 »	3-4	0,13			21				3,00	
1474 »	1½-2	0,07			21				3,00	
1475 ŒE. N.-D.	3	0,11	36	2 25	10				1,25	

CHATENOIS. L'ome en ᵭ. Edel. / Ordin.

Année.	Pot.	Litre	Edel	Ordin	Obernai.	Molsheim.	Ch. edel.	Ch. ord.	Obernai.	Molsheim.
1476 S.-Arbog.	2	0,08			21				3,00	
1477 S.-Georg.	2	0,08			36				4,50	
1478			48	42	42		6,00	5,25	5,25	
1479 S.-Georg.	2½	0,09	36	30	30		4,29	3,57	3,75	
1480 S.-Arbog.	1½	0,05	36	30	21		4,29	3,57	2,87	
1481 »	3-4	0,13	60	54	72		7,15	6,13	8,60	
1482 »	6	0,25	60	54	58		7,15	6,13	6,91	
1483			32	24	20		3,82	3,34	2,39	
1484 »	1½-2	0,06	24	18	12		2,86	2,15	1,43	
1485 S.-Georg.	1½	0,05	60	54	48	81	7,15	6,13	5,72	9,66
1486			84		78	71	10.01		9,30	8,46
1487 S.-Georg.	5	0,18	84	78	72	72	10.01	9,30	8,58	8,58
1488 »			84	78	78	86	10,01	9,30	9,30	10,25
1489 Ste-Claire	4	0,14			78	75			9,30	8,91
1490 S.-Georg.	5	0,18	72	66	72		8,28	7,59	8,28	
1491			72	66	84	60	8,28	7,59	9,66	6,92
1492 ŒE. N.-D.	8	0,28	54	48	48	48	6,21	5,52	5,52	5,52
1493 S.-Arbog.	6	0,21	72	68	72	79	8,28	7,82	8,28	8,28
1494 S.-Georg.	4-5	0,16	78	66	ρ.	86	8,97	7,59	9,66	9,99
1495	5	0,18	36	30	24	25	1,14	3,15	2,76	2,88
1496			36	30	14	19	1,14	3,15	1,61	2,30
1497			48	36	38	38	5,10	4,05	4,27	4,27
1498 »	2-3	0,08	48	42	54	50	5,10	4,72	5,74	5,62
1499			48	36	24	28	5,10	4,05	2,70	3,15
1500			36	30	32	36	4,05	3,37	3,60	4,05

CH. IX. — S. I. — LE VIN.

PRIX DU VIN NOUVEAU.

An.	Le saum en β. Bâle.	L'OME EN ß.					L'HECTOLITRE EN FRANCS.						Le pot.	Le litre.
		Molsheim.	Mittel-bergheim.	Barr.	Châtenois edel	Châtenois ord.	Bâle	Molsheim.	Mittel-bergheim.	Barr.	Châtenois edel.	Châtenois ord.		
1501	20	50			48	42	3,66	5,62			5,10	4,72	2 ð.	0,07
1502	20	46			48	42	3,66	5,18			5,10	4,72	3	0,10
1503	11	18			24	18	3,55	2,02			2,70	2,02	1½	0,05
1504	14	18			26	20	2,55	1,96			2,83	2,18	2	0,07
1505	11	28			36	30	2,55	3,06			3,92	3,27	2	0,07
1506	26	51			48	42	4,71	5,77			5,23	4,58	2⅓	0,08
1507	19	42			48	42	3,48	1,78			5,23	4,58	3	0,10
1508	21	37			48	42	3,84	1,23			5,23	4,58	2½	0,08
1509	17	39			42	36	3,12	1,15			4,58	3,92	3	0,10
1510	17	36	18		42	36	3,12	1,31	5,11		4,58	3,92	2½	0,08
1511	17	44	53		48	42	2,98	4,66	5,60		5,08	4,13	3	0,09
1512	52	94	108		81	78	9,12	10,48	11,13		8,89	8,25	4-5	0,14
1513		80	96		78	72		8,35	10,16		8,25	7,62	5	0,16
1514	19	25	48		48	42	3,34	2,63	5,08		5,08	4,45	3¾	0,12
1515	31	51	72				5,96	5,40	7,62				3-4	0,11
1516	26	51	72				4,56	5,40	7,62				2	0,06
1517	50	111	132				8,77	12,06	13,97					
1518	42	69	88				7,37	7,30	9,36				5	0,16
1519	19	30	36		42	36	3,31	3,18	3,81		4,15	3,81	3	0,09
1520	42	102	112		81	78	7,37	10,80	11,85		8,89	8,25	4	0,13
1521	36	76	102		78	72	6,31	8,05	10,80		8,25	7,62	4	0,13
1522	46	83	102		78	72	0,06	8,84	10,80		8,25	7,62		
1523	33	75	60		42	36	5,62	1,76	6,35		4,45	3,81	3	0,09
1524	45	95	108		81	72	7,17	10,05	11,43		8,89	7,62		
1525	25	52	60		48	42	4,26	5,33	6,15		1,92	4,31	4	0,12
1526	34	63	84		60	48	5,79	6,46	8,61		6,15	4,92		
1527	43	73	81		72	60	7,32	7,18	8,61		7,38	6,15		
1528	32	57	69		60	48	5,45	5,84	7,07		6,15	4,92		
1529	40		120		84	72	6,81		12,30		8,61	7,38		
1530	40	84	111		81	72	6,81	8,51	11,38		8,61	7,38	3	0,09
1531	26	63	96		60	54	4,13	6,16	9,81		6,15	5,53	3-4	0,11
1532	35	57	69		60	54	4,96	5,70	6,90		6,00	5,10		
1533	32	45	72		60	54	5,74	1,59	7,20		6,00	5,40		
1534	15	66	84		60	48	7,58	6,60	8,10		6,00	4,80	5	0,15
1535	16	59	84		60	54	2,53	5,90	8,10		6,00	5,10	3¼	0,10
1536	34	61	72				5,72	6,10	7,20					
1537	50	89	108		96	84	8,12	8,90	10,80		9,60	8,40	6	0,18
1538	76	61	132	130	120	108	12,81	6,10	13,20	13,00	12,00	10,80	6	0,18
1539	19	31	36	36	42	36	2,87	3,10	3,60	3,60	4,20	3,60		
1540	25	13	44	42	42	36	2,72	1,30	4,10	1,20	1,20	3,60	6	0,18
1541	26	37	44	42	42	36	3,92	3,70	4,10	1,20	1,20	3,60		
1542	45	62	84	60	72	66	6,39	6,21	8,10	6,00	7,20	6,60	3	0,09
1543	73	125	132	132	108	96	10,70	12,51	13,20	13,20	10,80	9,60	2	2,06
1544	100	170	192	180	156	144	11,65	17,00	19,20	18,00	15,60	11,10		
1545	65	93	120	105	108	84	9,52	9,30	12,00	10,50	10,80	8,10	6	0,18
1546	28	54	72	60	72	60	1,13	5,31	7,08	6,19	7,06	5,88		
1547	16	77	102	90	84	72	6,76	7,57	10,03	8,85	8,24	7,06	3	0,09
1548	45	65	96	90	96	84	6,61	6,10	9,44	8,85	9,12	8,24	1	0,12
1549	45	85	108	92	96	84	6,61	8,35	10,62	9,05	9,12	8,24		
1550	35	67		84	84	72	5,15	6,58		3,26	8,24	7,06	7	0,21

PRIX DU VIN NOUVEAU.

An.	Le saum en β. Bâle.	L'OME EN δ.				L'HECTOLITRE EN FRANCS.						Le pot.	Le litre.
		Mulhouse.	Mittel-bergheim.	Barr.	Châtenois edel	Châtenois ord.	Bâle.	Mulhouse.	Mittel-bergheim.	Barr.	Châtenois edel.	Châtenois ord.		
1551	43			114	96	84	6,30			11,20	9,42	8,24		
1552	25	96	50	52	48	42	6,40	3,44	4,90	5,11	4,71	4,12	1 d.	0,19
1553	29		63	52	66	60	4,25		6,19	5,11	6,47	5,88		
1554	50	240	96	84	84	72	7,30	8,60	9,44	8,26	8,24	7,06	2	0,06
1555	48	168	96	84	96	84	7,01	6,02	8,80	8,80	7,70			
1556	36	120	72	66	84	66	5,28	4,30	6,60	6,05	7,70	6,05		
1557	36	192	96	90	84	72	5,28	6,88	8,80	8,25	7,70	6,60	3	0,08
1558	35	120	63	63			5,13	4,30	5,78	5,78			4	0,11
1559	48	204	84	78	78	72	7,24	7,49	7,84	7,28	7,26	6,70	3	0,08
1560	49	240	84	72	84	72	7,39	8,81	7,80	6,72	7,82	6,70	4	0,11
1561	68		96	78	96	84	10,26		8,96	7,28	8,94	7,82	4	0,11
1562	55	288	120	120	120	108	7,78	9,98	11,20	11,20	11,17	10,04	4	0,11
1563	50		96	84	102	96	7,07		8,96	7,84	9,50	8,94		
1564	61	192	108	102	102	90	8,64	6,66	10,08	9,52	9,50	8,38		
1565	110	456	180	180	gelées.		15,56	15,81	16,80	16,80			4-5	0,13
1566	46		84	84	90	84	6,50		7,84	7,84	8,38	7,82		
1567	10	120	84	78	84	72	5,66	4,16	7,84	7,28	7,82	6,70		
1568	48	204	114	108	miss.		6,78	7,07	10,61	10,08			4	0,11
1569	57	264	132	126	gewechs		8,07	9,15	12,32	11,76			4	0,11
1570	55	228	108	102	90	84	7,79	7,90	10,08	9,52	8,38	7,82	6	0,17
1571	85	318	144	180			12,02	12,06	13,13	16,80			8	0,22
1572	68	228	96	84	102	96	9,61	7,90	8,96	7,84	9,50	8,94		
1573	89	546	216	192	pas mûr.		12,58	20,38	20,11	17,92			5	0,14
1574	125	540	360	188	276	240	17,68	20,38	33,60	26,82	25,69	22,31	12	0,34
1575	55		120	114	120	108	7,78		10,52	9,99	10,52	9,47		
1576	90	480	264	256	204	192	12,73	16,61	23,14	23,44	17,88	16,83	9	0,24
1577	90	480	240	216	168	156	12,73	11,56	21,04	18,94	14,73	13,67		
1578	50	240	114	108	108	96	7,07	8,32	9,99	9,47	9,47	8,12	8	0,24
1579	70	300	216	186	192	180	9,90	10,40	18,94	16,34	16,83	15,78	6	0,16
1580	71		180	180	156	144	10,04		15,78	15,78	13,67	12,92	8	0,24
1581	66		180	168	180	168	9,33		15,78	14,74	15,78	14,73	8	0,24
1582	52	264	144	126	120	108	7,35	9,15	12,62	11,08	10,52	9,47	7	0,18
1583	55	192	96	84	84	72	7,37	6,25	8,42	7,36	7,36	6,31	5	0,13
1584	35	360	63	66	72	66	4,69	11,80	5,52	5,78	6,31	5,79	6	0,16
1585	73		120	126	120	114	9,78		10,52	11,08	10,52	10,00	5-6	0,15
1586	121		216	198	228	216	16,21		17,56	15,99	18,54	17,56	8	0,24
1587	116		240	246	264	252	15,55		19,51	19,95	21,46	20,48		
1588	156		360	348	372	360	20,91		29,26	28,29	30,23	29,26	18	0,44
1589	180	840	432	420	peu		23,19	23,81	35,11	34,14			21	0,59
1590	135		240	252	240	240	17,62		18,97	19,92	18,97	18,97		
1591	136	510	264	252	276	264	17,31	16,83	20,87	19,92	21,82	20,87	16	0,39
1592	200	1780	brûlé		360	348	25,50	24,31			28,10	27,45	22	0,53
1593	69	240	288	276	276	264	8,80	7,48	22,50	21,56	21,57	20,63	18	0,42
1594	113	480	300	288	300	288	14,35	11,96	23,44	22,50	23,45	22,51	16	0,38
1595	110	564	288	282	360	312	13,98	19,15	22,50	22,05	28,12	24,39	21	0,56
1596	140	660	252	402	156	132	17,85	20,57	19,69	31,39	25,03	33,76		
1597	110		252	216	336	288	13,98		19,46	19,00	25,91	22,93	22	0,51
1598	70		180	246	312	240	8,92		13,90	19,00	24,09	18,53	21	0,55
1599	72	240	240	150	144	126	9,17	7,29	18,53	11,59	11,12	9,76		
1600	85	336	240	228	252	240	10,86	10,20	18,53	17,60	19,46	18,53	20	0,46

PRIX DU VIN NOUVEAU.

Année.	Le saum en β. Bâle.	L'OME EN β.					L'HECTOLITRE EN FRANCS.					
		Mulhouse.	Mittelbergheim.	Barr.	Châtenois edel.	Châtenois ord.	Bâle.	Mulhouse.	Mittelbergheim.	Barr.	Châtenois edel.	Châtenois ord.
1601	90	444	240	264	30β.	26,7	11,16	13,48	18,10	19,91	27,14	23,53
1602		720	420	306	40	30		21,84	34,69	23,05	36,20	27,14
1603	110	336	252	240	23	20	13,64	10,20	19,00	18,10	20,82	18,10
1604	75	288	156	150	12	10	9,32	8,75	11,76	11,31	10,86	9,05
1605	71	216	120	120	10	9	8,84	6,46	8,61	8,61	8,66	7,75
1606	76		240	240	20	18	9,44		17,22	17,92	17,22	15,50
1607	110	510	306	276	30	26	17,36	16,10	21,52	19,70	25,88	22,39
1608	130		Gelée.		Gelée.		15,80		Gelée.			
1609	110	840	336	336	30	22	16,94	24,92	24,10	24,10	25,88	18,94
1610	100	360	156	150	16	12	12,10	10,68	11,19	10,76	13,77	10,33
1611	71	360	192	174	16	14	8,80	10,68	13,51	13,25	13,42	11,83
1612	135	480	336	276			16,00	13,88	22,68	19,41		
1613	118	480	300	246	30	20	11,00	13,58	20,15	17,32	25,35	16,90
1614	109	480	192	174	20	14	10,48	13,58	13,51	12,25	16,90	11,83
1615	138	480	300	258			15,73	13,36	20,57	17,70		
1616	138	720	312	306			15,73	20,04	21,39	20,69		
1617	66	300	180	168	16	15	7,29	8,11	12,34	11,52	13,17	12,35
1618	90	360	216	198	21	18	9,95	9,28	14,22	13,03	18,96	14,22
1619	115		216	210	23	17	11,67		13,61	13,26	17,42	12,88
1620	115	420	240	234	25	20	9,04	8,08	10,79	10,52	13,49	10,79
1621	129	480	360	240	40	28	6,40	6,40	12,60	8,40	16,80	11,76
1622	400	1926	1440	1680		140	15,40	18,08	21,25	25,50		29,75
1623	206	900	360	360	35	30	23,36	24,97	25,35	25,35	29,57	25,35
1624	128		228	198			14,25		16,06	13,95		
1625	165		324	342	32	28	18,68		21,82	24,07	27,04	23,66
1626	144		360	348	30	25	16,35		25,35	24,50	25,35	21,12
1627	148	540	336	306	32	26	16,80	11,98	23,66	21,56	27,04	21,96
1628	209	720	360	366	50	40	23,77	19,98	25,35	25,77	42,25	33,80
1629	168	600	252	246	25	20	18,51	16,65	17,74	17,32	21,12	16,90
1630	81	216	180	162	12	10	9,20	6,00	12,68	11,41	10,14	8,45
1631	61	360	132	126	10	8	6,93	9,99	9,19	8,87	8,45	6,76
1632	98	420	120	186			11,13	11,62	8,45	13,10		
1633	144		192	186			16,35		13,52	13,10		
1634	169	540	228	222			18,53	14,98	15,43	15,02		
1635	259	720	312	306			27,45	18,69	21,10	20,70		
1636	211	480	264	352			23,43	12,46	17,86	17,05		
1637	144	300	222	210			15,26	7,78	14,61	13,82		
1638	100	480	252	246			18,02	12,46	16,59	16,20		
1639	300		372	366			31,80		24,19	24,10		
1640	260	1080	372	366			27,56	28,04	26,15	25,72		
1641	210	810	354	306	30		22,26	21,81	24,93	21,56	25,35	
1642	260		606	606			27,56		42,67	42,67		
1643	240	900	306	270			25,44	23,37	21,56	16,01		
1644	250	1080	462	414			26,50	28,04	32,53	29,15		
1645	105	360	186	186			11,13	9,35	13,10	13,10		
1646	106	300	186	198			11,28	7,79	13,10	13,95		
1647	103	300	168	144			10,98	7,79	11,84	10,14		
1648	159	600	252	246	31½	26	16,08	16,25	17,74	17,32	26,62	21,96
1649	140	480	252	246	26	21	14,07	11,82	17,74	17,32	21,96	17,74
1650	165	660	294	294	29	23	16,58	16,25	20,70	20,70	24,51	19,43

PRIX DU VIN NOUVEAU.

Année.	Le saum en β. — Bâle.	L'OME EN β.					L'HECTOLITRE EN FRANCS.					
		Molsheim.	Mittel-bergheim.	Barr.	Châtenois edel.	Châtenois ord.	Bâle.	Mol-heim.	Mittel-bergheim.	Barr.	Châtenois edel.	Châtenois ord.
1651	170	720	240	210	30	21	17,08	17,73	16,90	16,90	25,35	20,28
1652	125	480	180	174	22	15	12,56	11,82	12,68	12,25	18,59	12,67
1653	77 1/2	240	138	136	14	10	7,79	5,91	9,72	9,58	10,83	8,15
1654	100	420	210	222	20	15	10,05	10,34	14,79	15,63	16,90	12,67
1655	102 1/2	420	114	144	20	11	10,30	10,34	10,15	10,15	16,90	11,83
1656	89	360	150	138	18	12	8,91	8,87	10,57	9,72	15,21	10,14
1657	86 2/3	360	174	144	20	14	8,20	8,87	12,25	10,15	16,90	10,83
1658	160	720	294	288	Gelée.		15,20	16,80	20,72	20,30		
1659	73	360	156	150	21	15	6,92	8,10	11,00	10,57	20,28	12,67
1660	95	360	180	174	20	14	8,90	8,40	12,68	12,25	16,90	11,83
1661	90	180	189	150	20	14	8,55	11,20	12,68	10,57	16,90	11,83
1662	90	180	204	198	20	16	8,55	11,20	13,94	13,52	16,90	13,52
1663	140		192	222	25	22	13,30		13,10	15,63	21,12	18,59
1664	110	480	174	162	20	15	10,15	11,20	12,25	11,41	16,90	12,67
1665	87	300	138	126	16	12	8,20	7,00	9,72	8,88	13,52	10,14
1666	77 1/2	240	138	126	15	12	6,89	5,60	9,72	8,88	12,67	10,14
1667	92 1/2	360		114	21	15	8,79	8,10		10,14	17,71	12,67
1668	90	300		108	15	11	8,55	7,00		7,60	12,67	9,30
1669	100	400		108	16	11	9,50	9,34		7,60	13,52	9,30
1670	110	600			Gelée.		10,15	11,00				
1671	80	360			18	11	7,60	8,10			15,21	11,83
1672	65				12	8	6,18				10,14	6,76
1673	90	360			18	12	8,55	8,10			15,21	10,14
1674	110			216			10,15			15,21		
1675	170	720		270			16,15	16,80		19,01		
1676	175	420		174			16,62	9,80		12,25		
1677	90	300		150			8,55	7,00		10,57		
1678	90	400					8,55	9,34				
1679	67 1/2	240		84			6,41	5,60		5,92		
1680	105	400		144	21	13	9,97	9,34		10,15	17,74	10,96
1681	112 1/2	400		174	18	13	10,69	9,34		10,56	13,10	9,16
1682	80			174	17	13	7,60			10,56	12,38	9,16
1683		140		186	18	13		8,12		11,28	13,10	9,16
1684				186	17	13				11,28	12,38	9,16
1685		540		174	20	16		10,78		10,56	14,56	11,65
1686		360		126	16	12		7,18		7,64	11,65	8,74
1687		300		96	14	11		5,99		5,82	10,19	8,01
1688		480		144	21	15		9,58		8,71	15,29	10,92
1689		840		252	30	20		16,77		15,29	21,84	14,56
1690		660		252	30	23		12,35		14,87	20,47	15,70
1691		1200		402	50	35		22,45		22,93	34,12	23,88
1692		720		252	45	28		13,17		12,37	30,71	19,11
1693		1560			60	40		26,65			37,41	24,94
1694		480			32	20		8,20			19,95	12,17
1695		540			40	20		9,22			24,94	12,17
1696		1200			60	38		20,50			37,41	23,70
1697		960			40	22		16,40			24,94	13,72
1698		720			65	35		12,30			40,53	21,82
1699		720			45	25		12,30			28,06	15,59
1700		440			30	18		7,85			19,49	11,70

PRIX DU VIN NOUVEAU.

Année.	LA MESURE.					L'HECTOLITRE.				
	Mulhouse.	Barr.	Châtenois edel.	Châtenois ord.	Châtenois de cens.	Mulhouse.	Barr.	Châtenois edel.	Châtenois ord.	Châtenois de cens.
1701	40 β.	10 β.	100 s.	88 s.	92 s.	7 fr.74	6 fr.62	16 fr.56	14 fr.55	15 fr.21
1702	33 1/3		80	10	48	6 94		12 03	6 01	7 21
1703	45		110	60	64	9 42		22 28	9 55	10 18
1704	50		160	88	100	9 25		22 50	12 37	14 06
1705	65		200	152	160	11 51		29 20	22 19	23 36
1706	60	15	120	64	72	12 24	9 21	18 57	10 02	11 11
1707	30	10	80	40	48	6 20	6 28	12 56	6 28	7 51
1708	70		140	100	104	14 65		22 28	15 91	16 54
1709				gelées.						
1710	65	22	200	96	100	10 01	10 26	23 32	11 19	11 66
1711	40		120	60	68	5 72		13 08	6 54	7 41
1712	36		100	60	64	5 15		10 90	6 54	6 98
1713	70			80		10 01			8 72	
1714	90		200	128	124	13 14		22 22	14 22	13 78
1715	50		100	72	70	9 75		14 82	10 68	10 38
1716	50		120	80	76	8 25		15 18	10 12	9 56
1717	40	11	80	48	42	6 66	5 57	10 12	6 61	5 88
1718	40	13	84	52	50	4 82	4 21	7 69	4 76	4 58
1719	30	10	60	38	36	3 75	3 79	5 69	3 60	3 44
1720	30		10	30	28	2 88		2 92	2 19	2 04
1721	70	15	88	60	58	6 72	4 38	6 49	4 38	4 23
1722	60	16	80	56	54	5 76	4 53	5 84	4 09	3 94
1723	50	20	92	68	64	5 20	6 15	7 07	5 23	4 96
1724	30	12	56	40	36	5 40	6 59	13 18	5 49	4 94
1725	30	11	60	40	36	5 10	6 01	13 73	5 49	4 94
1726	55	16	88	56	52	7 88	6 98	9 59	6 10	5 57
1727	30	11	68	36	32	4 30	4 80	7 41	3 92	3 49
1728	30		56	36	32	4 30		6 10	3 92	3 49
1729	22 1/2	9	40	30	30	3 23	3 83	4 36	3 27	3 05
1730	30		52	40	38	4 30		5 57	4 36	4 14
1731	45		60	42	40	6 15		6 54	4 58	4 36
1732	37 1/2		60	44	42	5 73		6 54	4 80	4 58
1733	45		100	62	60	6 15		10 90	6 76	6 54
1734	75	30	160	120	116	10 75	13 08	17 44	13 08	12 64
1735	100		160	132	128	14 34		17 44	14 39	13 95
1736	85		160	100	96	12 19		17 44	10 90	10 46
1737	80	28	160	100	96	11 48	12 21	17 44	10 90	10 46
1738	90		160	128	124	12 90		17 44	13 95	13 51
1739	37 1/2		56	36	34	5 37		6 10	3 92	3 70
1740	30		60	36	34	4 30		6 54	3 92	3 70
1741	80		220	128	126	11 48		23 98	13 95	13 70
1742	40		132	72	70	5 74		14 39	7 85	7 63
1743			160	72	70			17 44	7 85	7 63
1744	60		150	80	78	8 60		16 35	8 72	8 50
1745	50	33	160	130	128	7 17	14 39	17 44	14 17	13 95
1746	90		150	120	118	12 90		16 35	13 08	12 86
1747*	60		130	80	78	8 60		14 17	8 72	8 50
1748	70		110	60	58	10 03		11 99	6 54	6 34
1749	80		110	112	110	11 48		15 26	12 21	11 99
1750	60		110	76	74	8 60		11 99	8 28	8 06

PRIX DU VIN NOUVEAU.

Année.	LA MESURE.					L'HECTOLITRE.				
	Mulhouse.	Châtenois edel.	Châtenois ord.	Châtenois de cens.	Bâle.	Mulhouse.	Châtenois edel.	Châtenois ord.	Châtenois de cens.	Bâle.
1751	50 β.	110 s.	80 s.	78 s.	200 β.	7 fr.17	11 fr 99	8 fr.72	8 fr.50	15 fr.
1752	30	100	48	46	180	4 30	10 90	5 23	5 01	13 50
1753	40	96	44	42	300	5 74	10 46	4 80	4 58	22 50
1754	25	90	52	50	125	3 58	9 81	5 57	5 35	9 56
1755	45	90	44	42	200	6 45	9 81	4 80	4 58	15
1756	37 1/2	80	56	54	140	5 38	8 72	6 10	5 88	10 01
1757	45	112	62	60	180	6 45	12 20	6 76	6 54	12 87
1758	90	180	72	70	Grêle.	12 91	19 62	7 85	7 63	
1759	100	150	80	78		14 34	16 35	8 72	8 50	
1760	40	130	60	58	200	5 74	14 17	6 54	6 32	14 30
1761	40	96	64	62	200	5 74	10 36	6 93	6 76	14 30
1762	40	72	36	34	250	5 74	7 85	3 92	3 70	17 80
1763	52 1/2	88	60	58	200	7 53	9 49	6 54	6 32	13 30
1764	75	160	110	108	380	10 30	17 44	11 99	11 77	25 27
1765	60	140	96	92	400	8 60	15 26	10 36	9 92	26 60
1766	80	120	80	78	360	11 48	13 08	8 72	8 50	23 94
1767	120	140	120	118	320	17 20	15 26	13 08	12 86	21 28
1768	60	160	86	84	320	8 60	17 44	9 37	9 15	21 28
1769	90	240	124	120	440	12 91	26 16	13 30	13 08	29 26
1770	120	280	152	148	550	17 20	30 52	16 57	16 13	36 52
1771	135	240	160	156	525	19 35	26 16	17 44	17 00	35 91
1772	52 1/2	140	84	80	300	7 53	15 26	9 15	8 72	19 95
1773	90	170	136	134	337	12 91	17 53	14 82	14 60	22 40
1774	80	140	86	84	420	11 48	15 26	9 27	9 15	27 93
1775	50	100	62	60	280	7 17	10 90	6 76	6 54	18 62
1776	80	100	68	66	261	11 48	10 90	7 32	7 10	17 54
1777	95	160	120	118	367	13 62	17 44	13 08	12 61	24 38
1778	80	180	126	124	280	11 48	19 62	12 64	12 42	18 62
1779	80	140	90	88		11 48	15 26	9 81	9 59	
1780	75	120	80	80	400	10 40	13 08	8 72	8 72	26 60
1781	45	88	58	58	267	6 45	9 59	6 32	6 32	17 73
1782	60	90	60	60	267	8 60	9 81	6 54	6 54	17 73
1783	75	120	88	88	200	10 40	13 08	9 59	9 59	13 30
1784	95	160	110	110	267	13 62	17 44	11 99	11 99	17 73
1785	65	120	80	80	267	9 31	13 08	8 72	8 72	17 73
1786	125	160	120	120	400	17 91	17 44	13 08	13 08	26 60
1787	90	200	140	140	333	12 91	21 80	15 26	15 26	22 17
1788	75	140	96	96	393	10 40	15 26	10 36	10 36	26 16
1789				94		Néant.		10 25		
1790	125		136			17 91		14 92		
1791	120		146			17 20		16 00		
1792	9 l.		192			19 35		20 93		
1793	9		216		1000	19 35		22 51		66 50
1794	14		216		1000	30 10		22 51		66 50
1795	14		236			30 10		24 72		
1796	15		300			32 25		32 70		
1797	16		360		1000	34 40		39 24		66 50
1798					535					29 42
1799					567					31 15
1800					1000					55 00

22

L'HECTOLITRE EN FRANCS.

Année.	Strasbourg.	Molsheim d'après S. Thomas.	Turckheim.	Châtenois edel.	Châtenois ord.	Pâle.		Hermann.			
								Vin nouveau.		Vin vieux.	
1801						29 fr.06		45 fr.		55 fr.	
1802	29 fr.					43	60	31	90	53	20
1803	26			34 fr.	26 fr.	33	11	30		47	20
1804	14			30	18	18		23	90	36	
1805	32			12	6					17	50
1806	15	15 fr.		24	14	21	60	20	40		
1807	25	17		24	16			26	70	31	30
1808	22				16	21	60	22		29	30
1809	29	16			18	27		29	30	41	70
1810	40	20			21	36		10		31	40
1811	30	18	19 fr.	36	21	34	20	31	80	31	50
1812	30	17			22	23	40	30	60	51	40
1813	32	16			12	27		41	50	55	
1814		32			22	39	60	49	80	53	50
1815		32			32			46		48	
1816	32	12			40	13	20				
1817	54				40	41	04				
1818	40				24	43	20				
1819	30				14	32	40				
1820	40				24	31	50				
1821	42				20	28					
1822	38				24	43	70				
1823	32				13	21					
1824	34				14	30	45				
1825					22	42					
1826		Mulhouse.	8		8	27	30				
1827	36				20	30	45				
1828	24	6	11		14	16	80				
1829	23	20	8		8	18	90				
1830	33	36			20	33	60				
1831	27	18			21	35	70				
1832	26	36	26		28	33	60				
1833	18	18	18	19 50	16	27	30				
1834	22	24		31	25	31	50				
1835	17	28		28	22	23	10				
1836	20	22		19	14 50	24	15				
1837	14	24	15	15 50	13	21					
1838	26	24	18	18	15	25	20				
1839	22	20	16	21	17 50	29	40				
1840	18	18	16	20	16 50	25	20				
1841	27	18	22	15 50	13 50	37	80				
1842	26	30	20	28 50	24	29	40	HÔPITAL. STR.			
1843	23	20	20	18	15	31	50	Blanc.		Rouge.	
1844	20	16	18	17 50	14	37	80				
1845	26	20	26	17 50	14 50	37	80	22	09	18	79
1846	28	22	22	26	22	39	90	24	83	44	96
1847	21	16	18	19	14	18	90	19	61		
1848	18	12	16	14 50	11	27	30	16	61	12	75
1849	14	20	14	12	10 50	31	50	21	47	13	
1850	14	16	12	13	9	17	12	18	16	41	64

PRIX DU VIN.

L'HECTOLITRE EN FRANCS.

Année.	Strasbourg.	Mulhouse.	Turckheim.	Châtenois edel.		Châtenois ordin.		Bâle.		Hôpital Strasb Blanc.		Rouge.	
1851	16 fr.	7 fr.	15 fr.	12 fr	50	10 fr.	00	17 fr	12	21 fr.	60	12 fr.	85
1852	20	6	14	26	00	19	00	22	83	18	08	10	49
1853	35	16	33	30	50	26	00	30	65	28	25	52	80
1854	44	24	40	30	00	25	50	45	65	38	14	63	00
1855	34	26	26	28	50	24	00	38	52	27	68		
1856		36	30	37	00	32	00	38	52	32	52	59	83
1857		36		42	50	39	00	40	00	25	10	49	79
1858		18	18	23	00	19	50	29	96	18	81	50	56
1859		30	38	33	00	28	00	34	23	26	94	50	19
1860		16	23	19	00	16	00	31	67	24	98	56	98
1861		26	38	35	50	31	00	33	33	33	95	62	02
1862		20	22	18	00	15	50	35	33	21	95	53	54
1863		22	23	24	50	20	00	35	32	24	19	54	93
1864		21	26	23	00	19	00	38	37	23	58	54	77
1865		26	27	27	50	23	00			29	47	60	17
1866		16	20	17	50	15	00			22	17	75	61
1867		18	22	24	00	19	00	28	58	24	98	67	58
1868		26	28	26	50	21	00	38	66	27	11	58	10
1869		28	35	35	00	31	00	40	18				
1870		16	24	26	00	20	50	34	66				
1871		30	31	34	50	28	50	32	00	31	25	71	71
1872		40	53	48	00	40	00	52	00				
1873		40	53	54	00	49	00	57	33	44	67	62	00
1874		36	34	28	50	25	00	50	00	58	25	77	85
1875		26	24	21	00	17	00	36	66	34	76	73	32

RÉCAPITULATION.

Années.	Le litre en détail.	Vins mixtes.	Obernai.	Molsheim.	Mittel- bergheim.	Mulhouse.	Bâle.	Châtenois edel	Châtenois ordin.	Châtenois de cen.
1376—1400		7,46								
1401—1425	0,18	6,42								
1426—1450	0,13	7,90								
1451—1475	0,13	5,58	4,15				Vin nouv.			
1476—1500	0,14	5,54	5,60	6,59			6,12	5,17	1,85	
1501—1525	0,10		Barr.	5,96			4,88	5,71	5,06	1,38
1526—1550	0,13			7,05	9,26		6,59	7,84	6,78	5,71
1551—1575	0,13		10,00	8,41	10,27	9,01	8,21	9,31	8,28	7,16
1576—1600	0,34		18,20	13,92	18,40	13,88	13,02	18,83	17,14	15,04
1601—1625	0,28		16,60	13,76	17,79	13,69	13,00	19,92	16,70	11,85
1626—1650	0,35		16,98		21,12	15,05	18,52	23,05	18,68	14,69
1651—1675	0,31		12,81		12,68	10,28	9,92	16,21	11,82	10,41
1676—1700	0,38		11,40			11,78	Vin pl. âge.	21,92	14,18	15,41
1701—1725	0,19		6,14			7,75		11,27	8,61	8,87
1726—1750	0,21		9,21	Stras- bourg.	Turck- heim.	8,26	18,90	12,65	8,35	8,11
1751—1775	0,22			—	—	9,14	20,31	14,88	8,93	8,68
1776—1800	0,34			—	—	16,60	29,72	14,91	13,83	10,18
1801—1825				31,72			32,30		21,10	
1826—1850				22,62	16,74	21,04	28,61	19,75	16,36	
1851—1875				29,18	29,04	24,24	36,58	29,02	26,14	

Deuxième Section

Bière et eaux-de-vie.

Origine des Brasseries. — Taxation. — La bière de Mars. — Les Bierschauer. — Quantités fabriquées. — Droits sur la bière. — Frais et composition. — Diverses espèces d'eaux-de-vie. — Les tonneliers, — leurs salaires. — Prix des lies, — du kirsch, — de l'eau-de-vie, — de la bière.

ORIGINE DES BRASSERIES. Les anciennes chroniques de Strasbourg nous apprennent qu'en l'année 1446 la vendange réussit fort mal; le vin se vendait à 7 δ. le pot (0 fr. 28 le litre). Cette cherté donna l'idée de fabriquer de la bière, dont le pot ne coûtait que 2 ou 3 δ. « On en débita, ajoutent-elles, en plus de quarante endroits de la ville. Riches et pauvres en burent, et l'on consomma fort peu de vin. La ville percevait un droit de 1 β. sur 13 β. de bière vendue, » soit au prix qu'avait alors la bière (8 fr. l'hectol.). 0 fr. 61 par hectolitre.

Ce langage ne doit pas être pris à la lettre. Il n'est pas probable que la fabrication de la bière, si ancienne en Allemagne, ait été inconnue jusqu'en 1446, des Alsaciens en général et des Strasbourgeois en particulier. La récolte de 1446 n'est pas la première qui ait fait renchérir le vin ; dans les temps antérieurs on a dû plus d'une fois recourir aux grains fermentés, pour suppléer à l'insuffisance de la vendange.

Mais pourquoi parler de probabilités? Les *Traditiones* de Wissembourg nous montrent qu'au Moyen-Age, parmi les tenanciers de cette abbaye, les uns lui fournissaient du malt (*bracius*), tandis que d'autres préparaient la bière (*cervisam per ordinem parare*) ; il y en avait même qui livraient une certaine quantité de bière fabriquée. Seulement cette fabrication se faisait en petit, dans l'intérieur du ménage, comme un accessoire de l'exploitation rurale.

Nous croyons donc que la date de 1446 mérite d'être notée. Elle nous semble le point de départ d'une fabrication régulière, sérieuse et désormais poursuivie sans interruption : le premier pas de cette industrie puissante, qui est devenue une source de gloire et de richesses pour le Strasbourg moderne.

La bière se taxait à Strasbourg comme le vin, et la chambre des XV était chargée de ce soin. De là dans les protocoles de cette chambre de nombreux renseignements, non seulement sur le prix de la bière, mais encore sur divers détails de la fabrication.

En 1649 on compte qu'avec un rézal d'orge on fait 3 à 3 $^1/_2$ mesures de bière. Le brasseur paie :

1 $^1/_4$ δ. par pot pour l'umgelt, . . . soit	9 β.	ou 3 fr.	49
1 » pour la caisse militaire,	6	2	32
pour faire le malt	18 δ.	0	58
transport	7	0	23
orge, le rézal.	16 β.	6	20
total	33 β. 1 δ.	12	82

Déduction faite du déchet, le bénéfice du brasseur serait trop faible, le pot de bière est donc taxé à 7 δ., ce qui fait pour les trois mesures 16 fr. 28, un écart de 3 fr. 46.

Les brasseurs sollicitaient en 1696 une augmentation de taxe, en s'appuyant sur les chiffres suivants par brassin :

10 sacs d'orge à 18 β.	180 β.	ou 51 fr.	48
umgelt »	60	17	16
1 corde de bois (y compris le séchoir) . . .	36	10	30
25 el. de houblon (à 20 fl. le quintal)	50	14	30
salaire et nourriture de deux garçons . . .	40	11	44
» » de deux filles	25	7	15
	391	111	83

Or à 7 δ., prix actuel, le brassin ne rapporte (24 mes.) que 336 β. ou 96 fr. 10
et la levure 20   5   72
                                                                356 101 82

Il y a donc par brassin un déficit de 35 β. (10 fr.), auxquels il faudrait ajouter de 30 à 40 β. (encore 10 fr.), pour logis, chandelles, verres, etc., etc.

Ces données ne sont pas exemptes des exagérations assez ordi: ... aux réclamations de ce genre. L'on est tenté de s'écri.. .. .. préteur royal, qui protestait contre de pareils chiffres : *Qui nimium probat, nihil probat.*

Les calculs qui précèdent la taxe du 12 février 1706 sont plus précis. Pour un sac de malt, il faut 1 ½ réz. d'orge ; or celui-ci est à 36 β., donc

le sac de malt coûte	54 β.	ou 14 fr.	58
l'umgelt	11	2	97
trois *rings* de bois	10	2	70
4 tt. de houblon (30 fl. les 100 tt.)	12	3	24
total	87	23	49

Or le sac de malt donne 4 mesures de bière, qui à 9 δ. le pot ne rapportent que 72 β. ou 19 fr. 44. On met le pot à 10 δ., à 21 fr. 60 les quatre mesures : ce qui suppose encore que les chiffres présentés par les brasseurs, ne sont pas admis comme complétement exacts.

Voici les éléments pour la taxe de 1716 (9 août). Le brassin (*brau*) est compté à 6 sacs de malt de 188 tt., ou 9 boisseaux d'orge, chacun.

9 rézaux d'orge à 2 fl.	180 β.	ou 41 fr.	76
1 corde de bois de chêne	40	9	28
voiturage et façon du bois	4 3 δ.	0	98
umgelt (10 β. 8 δ. par sac)	64	14	85
houblon (à 10 fl. le quintal) 40 tt.	40	9	28
au meunier pour briser le malt (13 δ. par sac)	6 6	1	51
	334 9	77	66

Or le brassin donne 24 mesures qui, à 9 δ. le pot, font 432 β. ou 100 fr. 22 ; à 8 δ., 384 β. ou 89 fr. 08. Ce dernier prix laisse encore un bénéfice de 49 β. 3 δ. ou 11 fr. 42. On remarque en outre qu'en 1706, on ne comptait que 4 tt. de houblon par sac, soit 24 tt. par brassin. Mais les loyers ont beaucoup renchéri depuis cette époque. Une brasserie paye toujours de 250 à 300 fl. ou 6 à 700 fr. de location. Un frère n'a pas voulu céder à son frère le *Vogelgesang* pour 18000 fl. ou 42000 fr. De plus le brasseur doit entretenir 2 garçons, 2 filles, etc. On croit donc devoir taxer la bière à 9 δ.

Ainsi en décomposant le prix de la bière vendue en détail, nous trouvons qu'en 1716,

l'orge et le houblon y entraient pour	52,45 %
le combustible	10,24
les droits	14,81
la main-d'œuvre et les frais généraux	22,50

Les XV croyaient avoir pris d'excellentes mesures pour établir leur taxe sur des bases sérieuses et équitables. Quel ne dut pas être leur étonnement, lorsqu'ils apprirent en 1769, que leurs calculs ne reposaient que sur des données fantastiques ?

Une commission chargée de l'enquête constata, sur le rapport de personnes dignes de foi et en état de bien connaître la vérité, que le sac de malt pouvait donner sans peine de 7 à 8 mesures de bière. Il fallait en conséquence modifier les supputations admises jusqu'à ce jour, puisque le produit était le double de celui qu'on supposait [1].

Le préteur royal proposa donc les chiffres suivants :

6 sacs d'orge	54 l.
24 *u.* de houblon (à 30 sols)	36
une demie corde de bois de chêne	6
umgelt (48 sols par sac)	14 8
	180 8
dont il fallait déduire pour drèche . 9 l.	
pour 18 pots de levure à 20 s. . . 18	27
	83 l. 8

Cette somme retranchée de la vente de la bière, il reste un excédent de 168 l. 12 s., si le pot coûte 5 s. ; 118 l. 4 s., si la taxe est de 4 s. ; de 67 l. 16 s., si elle n'est que de 3 sols.

D'un excès on tombait dans un autre. En 1770, le magistrat fit faire de nouvelles expériences dans une brasserie de Schiltigheim, et on arrêta sur les bases suivantes, le prix de revient d'un brassin normal (8 sacs de malt) :

orge, 11 sacs	110 l.	
houblon, 16 *u.* à 30 s.	24	
bois, une corde	16	
colle de poisson	2	175 l. 12 s.
umgeld	19 4 s.	
vingtième, 5 s. par sac	2	
brisage du malt	2 8	

---

[1]. *Es hatten aber die herren dep. durch vertraute und die sachen erfahrne personen auf beschehene erkundigung in erfahrung gebracht, dasz auf einen sack maltz gar füglich sieben bis acht ohmen Bier gerechnet werden können. In gefolg dessen eine gantz andere supputation, als sithero üblich gewesen, herauskomme, indem das* productum *doppelt.*

On en retire :

bière, 44 mes à 5 s. le pot	264 l.		
marcs, le sac à 32 s.	12	16 s.	
cendres, 1 boiss.	1	4	285 l. 7 s. 6 d.
germes, 1 ½ boiss. à 5 s.	7	6 d.	
levure, 14 pots à 10 s.	7		
Différence			109 15 6

Les brasseurs admettent l'exactitude de la plupart de ces chiffres. Voici comment ils évaluent les dépenses d'une brasserie de première classe, fabriquant par année 122 brassins (5368 mesures, environ 2500 hectolitres).

122 cuissons à 175 l. 12 s.	21423 l. 4 s.
loyer pour maison et caves	1500
nourriture, 40 l. par semaine.	2080
outillage	350
salaires de 4 garçons et 2 filles	400
entretien d'un cheval	400
chandelles, 3 ℔ par jour	547 10
8 cordes de bois extraordinaires	128
	26828 l. 14 s.

Mais ils n'estiment le produit des 122 cuissons qu'à 30642 l. 7 s., soit 251 l. chacune.

Dans tous ces calculs, le sac de malt de 180 ℔ ne produit que 5 ½ mesures de bière, au lieu des sept et huit mesures, dont il était parlé l'année précédente.

Ces exemples suffisent pour l'édification du lecteur. Il sait maintenant comment on s'y prenait pour établir la taxe de la bière. Notons toutefois que dans les éléments de cette taxe le houblon intervient pour la première fois en 1696. Antérieurement on ne tient compte que de l'orge, des frais qu'entraîne sa préparation, et des droits qui frappent soit l'orge, soit la bière elle-même.

Ne pourrait-on pas, ce semble, conclure de là, que le houblon n'entra dans la fabrication de la bière strasbourgeoise que pendant la seconde moitié du XVIIe siècle. Quant à la date précise de cette innovation, la perte d'un certain nombre de Protocoles ne permettrait pas de la fixer. Nous ne possédons aucun calcul relatif à la bière pour les années 1655—1696. C'est donc pendant cette période qu'aurait dû se faire ce progrès important.

Le lecteur, qui parcourra les chiffres cités plus loin, constatera aussi qu'à diverses époques il se rencontre plusieurs qualités de bière taxées. Cela se voit dès 1577 et 1578. En 1579 les brasseurs protestent contre la taxe. On fait venir, disent-ils, de la bière de Lubeck, de Swalbach; on pourrait en fabriquer à Strasbourg de la même qualité; mais la taxe s'y oppose et la réputation de la ville est ainsi compromise. Le magistrat se montra sensible à l'argument; la taxe fut supprimée pour la bière fine, à condition que toute fraude serait évitée avec soin, et que le peuple trouverait toujours un approvisionnement suffisant de bière commune.

La bière de mars.

Nous revoyons cependant plusieurs espèces taxées en 1591, en 1616 et 1617. Plus tard, les mentions de ce genre sont rares, soit que la fabrication se bornât d'ordinaire à une seule espèce, soit que la qualité supérieure fut soustraite à la réglementation officielle. Cette dernière hypothèse ne semble pas probable.

Du moins lisons-nous dans un arrêté du 30 juin 1736 : « Comme les brasseurs se sont souvent plaints d'être forcés de débiter la meilleure bière au même prix que la bonne bière commune et qu'il en résulte divers désordres — nous statuons que désormais la meilleure bière se vendra toujours 3 ₰. (1 sol) plus cher que la bière commune. » Dans les taxes postérieures à 1736, cette meilleure bière est appelée bière de mars, *lagerbier, mertzbier*, par opposition au *schenckbier*. La distinction fut de nouveau effacée par arrêté du 3 mars 1770, et, malgré les réclamations des brasseurs, elle ne semble pas avoir été rétablie avant la révolution.

En dehors de la taxe officielle commune à tous les brasseurs, il pouvait s'en rencontrer une autre, établie par les inspecteurs de la bière, *Bierkieser* ou *Bierschawer*. Aucune bière ne devait être vendue, soit en gros, soit en détail, avant d'avoir été goûtée et approuvée par eux. Si la bière ne leur paraissait pas suffisamment bonne, ils la faisaient débiter au-dessous de la taxe; le prix qu'ils fixaient était inscrit sur le tonneau et sur un tableau exposé aux regards des consommateurs. Quand la qualité leur semblait absolument mauvaise, ils en référaient aux trois préposés de l'*Umgeld* qui, dégustation faite, prononçaient au cas échéant la suppression de la bière.

Les Bierschauer.

Il était défendu aux brasseurs, sous peine d'amende et

même de punition corporelle, de mêler à leur bière aucune substance nuisible à la santé, tout ingrédient autre que l'orge et le houblon. Lorsqu'ils soupçonnaient quelque fraude sur ce point, les *Bierkieszer* faisaient comparaître devant eux les garçons du brasseur, et ceux-ci étaient tenus, par leur serment, de déclarer la vérité.

Divers règlements nous forcent aussi à admettre que l'industrie des brasseurs se trouvait parfois soumise à d'autres entraves. Nous les voyons ainsi demander et obtenir, en 1579, l'autorisation de brasser en dehors du temps réglementaire, qui s'étendait de la S.-Michel à la S.-George. L'arrêté de 1736 leur défend encore de faire, sans permission spéciale, plus de bière, que leurs articles ne l'indiquent [1]. Mais d'autres ordonnances suppriment toute limitation de ce genre [2].

QUANTITÉS FA- BRIQUÉES. Nous avons cherché en vain quelques données sur l'importance que pouvait avoir, aux xve, xvie et xviie siècles, la fabrication de la bière à Strasbourg. Le seul document que nous ayons rencontré, est trop vague pour qu'on en puisse tirer quelque conclusion. Le voici toutefois.

En 1586 (9 novembre), à l'occasion d'une cherté des grains, on avait songé à limiter la fabrication de la bière. Une enquête eut lieu et il fut constaté que dans *six* brasseries que l'on cite, il s'était fait *dans l année* 124 fud. 23 mes. de bière, soit 1373 hectolitres. Mais n'y avait il alors à Strasbourg que six brasseries ? Que faut-il entendre par *l'année ?* les douze mois précédents, les dix mois écoulés depuis le premier janvier ? N'oublions pas enfin que ces chiffres sont extraits des livres de l'Umgelt. Or nous avons vu plus haut, qu'il se rencontrait parfois un écart assez considérable entre les quantités déclarées et celles qui étaient réellement fabriquées.

Les discussions provoquées par la taxation de 1770, nous révèlent quelques chiffres pour le siècle dernier. De 1759—1769, les brasseurs ont employé 121914 sacs de malt. En

---

1. *Ohne special Bewilligung, des Jahrs über mehr nicht Bier zu brauen, dann wie Jhre Articul solches aussweisen.*

2. *Biersieder Ordnung* de 1783 : 1° *Solle den Biersiedern ohne Unterscheid der Zeit, erlaubt und unverwehrt seyn, das ganze Jahr hindurch, so oft und viel sie es sowohl zu ihrem hiesigen Gebrauch und innern* Consommation, *als auch insbesondere zu ihrem auswärtigen Versand und* Commercio *nöthig erachten werden.*

1769, leur consommation a été de 16441 sacs ; ils ont fait 90425 mesures, dont 5496 en bière de Mars et 84929 en bière ordinaire ou *Schanckbier*.

Dans notre siècle, d'après les comptes de la Régie, le commerce de la bière strasbourgeoise suivit la progression suivante [1] :

	Fabrication.	**Exportation.**
1850	108,116 hect.	
1851	121,387	
1852	126,500	
1853	111,910	
1854	148,850	
1855	170,396	
1856	176,873	
1857	209,522	
1858	214,695	
1859	224,810	
1860	233,910	79,620 hect.
1861	258,886	109,182
1862	270,774	120,175
1863	281,825	129,333
1864	297,586	138,342
1865	351,838	159,730
1866	399,131	197,320
1873	575,031	211,310
1874	493,452	245,282
1875	460,576	214,171

Les brasseurs de Strasbourg obtinrent, on le voit, des résultats brillants, dus à l'établissement des chemins de fer et aux progrès qu'ils surent introduire eux-mêmes dans leur fabrication (caves souterraines, fermentation basse, glacières, etc.). Mais aujourd'hui leur industrie subit un temps d'arrêt ; elle a même reculé, entravée d'un côté par les droits qui gênent l'importation en France, et de l'autre par l'invasion des bières allemandes.

Le nombre des brasseurs limité à 16 à l'origine de la corporation, s'élevait à 26 en 1723, à 30 en 1743, à 35 en 1763, à 54 en 1867. Il a diminué depuis quelques années. Pour soutenir la concurrence, il faut fabriquer en grand, avec des machines à vapeur. Les petits brasseurs se voient forcés de céder le terrain et de se retirer de la lutte les uns après les autres.

---

1. Renseignements extraits d'un Rapport rédigé par M. J. Burger en 1867 et d'une Statistique publiée par le *Journal d'Alsace*, le 29 décembre 1876.

Droits sur la bière.

Quant aux droits qui frappaient la bière, ils varièrent eux-mêmes, selon les temps, et pour leur importance et pour la manière de les calculer. En 1446, on prélevait $1/13$ ou 7 fr. 70°/₀ sur le prix de la vente. L'ohmgeld était de 5 β. par mesure de bière (4 fr. 22 par hect.) en 1651. En 1649, la bière payait par pot 1 1/2 δ à l'*umgeld* et 1 δ. à la caisse militaire, soit 0 fr. 04 par litre. En 1655 elle paie par mesure 3 1/3 β. à *l'umgeld* et 14 δ. à la caisse militaire, soit 0 fr. 035 par litre. Dans la suite il n'est plus question que de l'*Umgeld*, qui est dès 1685, 10 β. par sac de malt ou 1 fr. 82 par hectolitre; en 1696, de 60 β. pour 24 mesures, 1 fr. 56 par hectolitre; en 1706, de 11 β. par sac de malt, 1 fr. 62 par hectolitre.

On remarque en 1714 que l'*umgelt* est de 10 β. par sac de malt, quand le pot se vend 9 δ.; ce chiffre augmente ou diminue de 8 δ. chaque fois que le pot de bière augmente ou diminue lui-même de 1 δ. Cette note indique une certaine élasticité dans le montant de l'*Umgeld*. Au taux que se payait alors la bière (14 δ. le pot), il était de 1 fr. 48 l'hect.; il n'eût été que de 1 fr. 11, si la bière avait pu se vendre alors à 9 δ. le pot. En 1716, quand la bière valait ce prix, les droits montaient à 10 β. 8 δ. par sac, 1 fr. 35 par hect. Plus tard nous trouvons par sac de malt 11 β. en 1734 (1 fr. 20 l'hect.), 10 β. en 1755 (1 fr. 10 l'hect.), 12 β. en 1769 (1 fr. 31 l'hect.). Lorsqu'on permit aux brasseurs de demander pour la bière de mars 1 sol de plus que pour la bière commune, ils durent payer à l'*Umgeld*, pour cette qualité supérieure, un droit supplémentaire de 24 δ. par sac, soit 0 fr. 22 par hectolitre.

Le *tarif des droits qui se payent au bureau de l'Umgelt*, édicté en 1685 et 1700, réimprimé en 1761, nous apprend en outre que, « chaque brasseur de bière a par quartier cinq sacs de brassin francs pour son ménage. » On exemptait ainsi de tout droit sa consommation particulière, qui était estimée à 80 mesures ou 37 hectolitres par an. Un autre article du même *Tarif* indique que la bière exportée au dehors, payait une surtaxe de 16 δ. par mesure, soit 0 fr. 15 par hect.

Frais et composition

Il nous a semblé piquant de rapprocher des chiffres cités plus haut ceux que fournit l'industrie moderne. D'après les renseignements que nous tenons de l'un des premiers brasseurs de Strasbourg, on comptait en 1873 pour un brassin de 22 hectolitres,

660 kilos de malt à 40 fr. les 100 kilos.
10 » de houblon à 400 fr. »
700 » de houille à 39 fr. les 1000 »

Les droits s'élevaient, par hectolitre, à 2 fr. 86 pour la régie et 1 fr. 80 pour l'octroi.[1]

Un brasseur peut compter en outre par jour, 30 fr. de dépenses pour garçons et 45 fr. de frais généraux (loyers, etc.). Pour la bière de Mars, on emploie du houblon de première qualité à 800 fr. le quintal métrique. Le brasseur tient en outre compte des capitaux qui restent par suite improductifs pendant plusieurs mois.

En rapprochant les unes des autres les données éparses dans ce travail, nous arrivons aux résultats suivants pour un hectolitre de bière.

	1649	1696	1706	1716 août	1770	1873
droits divers	4 fr.25	1 fr.56	1 fr.62	1 fr.35	1 fr.05	4 fr.68
malt . . .	5 13	4 68	7 96	3 93	5 58	11 90
houblon . .		1 30	1 77	0 85	1 19	1 82
chauffage. .		0 94	1 47	0 94	0 80	1 21
frais divers .	—	2 60	—	—	2 30	3 41
total . . .		11 08			10 92	23 05
Prix de vente	11 92	—	11 80	9 13	13 10	—

Le lecteur qui parcourra ces chiffres ne doit pas oublier, 1° qu'autrefois les brasseurs exagéraient à dessein certaines données pour obtenir une taxation plus favorable ; 2° qu'ils tiraient encore quelques profits accessoires de la vente des drêches, de la levure, etc.

De 100 kilos d'orge nos brasseurs obtiennent 80 kilos de malt ; on comptait dans les siècles passés un sac de malt pour un et demi sac d'orge.

Si nous comparons entre elles, pour les diverses époques, les quantités d'orge et de houblon [2], employées par hectolitre de bière, nous trouverons :

---

1. En 1874, l'octroi a été porté à 3 fr. 50. Les droits de la régie sont restés les mêmes.
2. On se servait parfois de houblon vert, ce qui explique peut-être les quantités marquées dans notre tableau.

	1649	1696	1706	1716 août	1770	1573
orge, litres..	85	105	95	95	64	35
houblon, kilos		1,09	1,03	1,75	0,38	0,50

Depuis 1770 la composition de la bière n'a guère varié. Etait-elle plus forte antérieurement? Nous sommes porté à le croire. Il est permis d'admettre que le magistrat de Strasbourg ne contrôlait point avec trop de rigueur les opérations de ses brasseurs, et que ceux-ci dissimulaient de leur mieux le produit réel de leur fabrication. Mais il est permis de croire aussi que la fraude ne serait pas restée cachée jusqu'en 1769, si elle avait toujours été de la même importance.

DIVERSES ESPÈCES D'EAUX-DE-VIE. — Au commencement du XVᵉ siècle, les comptes de l'Oeuvre Notre-Dame nous présentent deux achats de vin de cerises, *kirsewin*, qui ne saurait être autre chose que ce que nous appelons eau-de-cerises. Le nom de *vin*, joint au fait que cette liqueur est vendue par quantités considérables, par mesure, prouve qu'elle n'était pas réservée à des usages pharmaceutiques, mais servait de boisson. Il ne semble pas toutefois que la distillation des cerises se soit continuée d'une manière régulière. Du moins devons nous dire que l'eau de cerises ne reparaît plus dans nos comptes qu'au XVIIIᵉ siècle.

Cette interruption, si étrange au premier abord, est probablement la conséquence de principes économiques, qui inspiraient encore en 1603 et 1629 le magistrat de Strasbourg. Celui-ci, attendu qu'on se plaint de toutes parts, que depuis la foire de Francfort, on fabrique de l'eau-de-vie inacceptable « avec des fruits, de la lie de bière *(biertrusen)* et autres matières inadmissibles *(ohnzulässig)* » — défend cette distillation, *surtout en vue de ménager les fruits.*

A cette ordonnance, peut se rattacher une autre, édictée par le magistrat de Colmar, le 4 mai 1661. Il y est dit qu'à la dernière foire de Francfort les eaux-de-vie de Colmar ont été décriées, comme n'étant pas marchandes, ce qui pourrait causer à la ville, à la bourgeoisie et à son commerce un grave préjudice. Pour prévenir ce malheur, il est décidé qu'aucune eau-de-vie ne sera mise en vente, avant d'être acceptée par deux inspecteurs, chargés d'en surveiller la fabrication. Il y est dit, en outre, que cette eau-de-vie sera faite de bonne lie *(von guten weindrusen)*, mêlée à un tiers de vin.

Même l'eau-de-vie de marcs semble exclue par ce règlement. Les notes que nous avons prises, ne renferment du reste que peu d'indications relatives à cette espèce.

A qui appartenait, dans l'origine, la distillation des eaux-de-vie. Nous l'ignorons. A Colmar, un décret du 21 juin 1561 l'interdisait aux tonneliers. Un autre de 1625, renouvelait cette défense, en l'étendant aux *weinsticher*. Mais en 1650 les tonneliers la virent cesser. La fabrication de l'eau-de-vie n'avait alors, à Colmar, qu'une importance secondaire. Dans les cinq années 1642—1646, elle ne fut que de 36 1/4 fuder, environ 447 hectolitres. Notons toutefois que ces années, qui correspondent à la fin de la guerre de Trente-ans, ne sont pas des années normales.

Les tonneliers de Strasbourg obtinrent en 1733 le privilège de la vente en détail de l'eau-de-vie. Le préambule de l'arrêté qui le leur confère (28 mars), mérite d'être cité. Il est motivé sur ce que les XV ont appris « que la vente des eaux-de-vie en détail étant devenue trop commune, le Public en avoit senti des incommodités notables, jusques là que grand nombre des soldats de la garnison de cette ville, comme aussi beaucoup des bourgeois et habitants d'icelle, incités par le bon marché desdites eaux-de-vie, qu'ils avoient trouvé par tout à leur main, et à un prix à proportion beaucoup plus bas que le vin, les ayants beu sans modération, avoient par là ruiné le corps et en étoient tombés malades, suivant les avis de quelques médecins, et d'autres personnes, que même plusieurs en étoient morts. Cependant un autre arrêté, postérieur de peu de jours (16 mai), maintient dans leurs droits les marchands en gros, et permet aussi le détail aux « Italiens et aux caffetiers. » La distillation était interdite à ceux des tonneliers qui se livreraient à cette vente.

En même temps qu'elle limitait le nombre des débits, la chambre des XV frappait les eaux-de-vie d'un droit assez élevé, 20 sous ou 1 fr. par pot. Jusque là ce droit n'était que de 40 sous par mesure (1685, 1700) ou 1 fr. 30 à 1 fr. 45 par hectolitre.

Dans le mémoire cité plus haut (p. 315), on lit qu' « il se fait en Alsace, surtout à Strasbourg, un commerce assez considérable, *de vinaigre et d'eau-de-vie, qui s'y fabrique*. On prétend que l'eau-de-vie de Strasbourg dépasse celle de France.

« Anciennement ces sortes de marchandises, ainsi que le

tabac, l'amidon et les mèches, lorsqu'elles étaient fabriquées hors de Strasbourg, avoient coutume d'y être envoyées pour etre examinées et vérifiées par les inspecteurs et experts nommés et commis à cet effet. Celles qui ne se trouvoient pas de bonne qualité et conformes aux règlements établis au sujet de chaque nature de denrée, étoient brûlées ou jetées dans la rivière. Celles au contraire qui se trouvoient exemptes de reproches étoient marquées aux armes de ladite ville et reçues ensuite sans crainte chez l'étranger, qui étoit assuré qu'elles étoient de bonne qualité ; car on ne peut disconvenir qu'il n'y ait à Strasbourg des règlements très-prudents et très-sages, une police et une attention exactes de la part du magistrat pour les faire exécuter.

« Mais les fabriques de toutes ces marchandises s'étant insensiblement accrues presque dans toute la province, on se soucie peu d'apporter à Strasbourg pour y faire examiner aucune chose. En effet il seroit difficile de suivre cette voye. Cependant on peut dire qu'en général ces mêmes denrées, surtout les *eaux-de-vie*, commencent à être de fort mauvaise qualité. M. de Brou a cependant rendu depuis quelques années une ordonnance portant défense d'en faire fabriquer de *mare de raisin et autres mauvaises denrées*, pour prévenir les maladies que ces mauvaises boissons occasionnoient cy-devant aux troupes qui en consomment beaucoup. »

Quelle était au siècle dernier l'importance exacte de cette exportation? Nous l'ignorons. Voici quelques chiffres plus anciens, tirés d'une statistique officielle dressée par les soins du magistrat de Strasbourg.

Année	Vin.		Eau-de-vie.		Vinaigre.	
1577	2186 fud. ou	24044 hect.				
1579	4382	48202	167 f. ou	1837 hect.	196 f. ou	2156 hect.
1581	3371	37081				
1582	3415	37565	155	1705	267	2937
1583	425	4675	187	2057	193	2123
1584	1528	16808	263	2893	171	1881
1585	204	2244	259	2849	178	1958
1586	616	6776	200	2200	71	781
1587	484	5324	116	1276	82	902
1588	55	605	60	660	131	1441
1590	119	1309	40	440	127	1397
1595	1056	11616	44	484	71 ½	786
		196249		16401		16362
	en moyenne	16355		1640		1636

La part que les tonneliers prennent à la distillation et à la vente des eaux-de-vie, nous engage à placer ici quelques mots sur leur corporation.

Nous ne connaissons leurs statuts que par des textes assez modernes. Ceux de Colmar qui datent de 1670, ont été homologués au Conseil Souverain en 1685, avec ceux de Landser, Ferrette et Altkirch. Ils furent presque littéralement reproduits dans les statuts de Roufach (homologués en 1700) et d'Obernai (homologués en 1712). Les *articles* des tonneliers de Strasbourg ne présentent pas de variante notable.

Après trois ans d'apprentissage et trois ans de travail dans la localité, le compagnon est admis au chef d'œuvre. Celui-ci consiste en un tonneau de trois foudres ou cinquante mesures au moins, fait en quatre semaines. Il doit être de bois beau, poli et uni, sans aucune marque ou raye blanche ou rouge.

Le candidat fait seul la mesure et les cercles du fondement, sans les pouvoir acheter ou emprunter. Il est assisté tout au plus d'un apprenti ou d'un manœuvre. Le travail est visité trois fois par les jurés, quand le tonneau est dressé et brûlé au-dedans, quand il est achevé, quand les deux fonds sont mis et emboités.

Cela fait, la tribu est convoquée, et le candidat est reçu sur l'avis de tous, pour jouir de tous les droits et priviléges des tonneliers, tenir boutique publiquement, prendre et recevoir des valets compagnons et des garçons apprentis.

En cas d'échec, le compagnon peut recommencer l'épreuve une seconde et une troisième fois. Mais il n'est admis à un quatrième chef-d'œuvre, qu'après avoir travaillé de nouveau trois ans chez un maitre.

Cependant si le candidat refusé était marié et bourgeois de l'endroit, il pourrait travailler pour la clientèle, comme un autre tonnelier, et même se faire aider par ses fils, s'il en a : « Mais il ne luy sera point permis ny loisible de prendre ou d'avoir aucun compagnon valet tonnelier, ni garçon apprentif, auparavant un temps et espace de *vingt* [1] années soit écoulé. »

---

1. Ce chiffre de *vingt* ans fut introduit dans les statuts par les tonneliers de Colmar, quand ils les firent homologuer. Le texte allemand ne réclamait que *dix* ans. Le magistrat de Colmar rétablit le délai primitif en 1687, et un arrêt conforme intervint, en 1700, en faveur du nommé Philippe Meyer.

Pour la distillation, les statuts se contentent de dire que les tonneliers et les distillateurs doivent se conformer aux règlemens de la ville et du métier. Il est défendu aux tonneliers de chercher des marcs ou des lies chez un chaland, à moins qu'ils n'aient raccommodé ses tonneaux à la vendange. Il leur est interdit de même de travailler pour un homme étranger à la maîtrise, qui achète des lies pour les distiller, « parce qu'il n'est permis aux particuliers que de distiller leurs propres marcs. »

Un homme qui n'a pas fait d'apprentissage, ne peut travailler pour d'autres comme tonnelier; « mais chaque particulier peut faire son ouvrage luy-même, s'il le veut, avec ses propres outilles. »

Il est défendu aux distillateurs de couper plus d'oziers qu'il ne leur en faut. Le droit de préparer et façonner les oziers est réservé aux tonneliers, qui souvent n'ont pas d'autre occupation pendant la morte saison.

Défense est faite aux tonneliers de relier « quarbetis (*karrbittig*), cuves, cuvettes, bacquets, ny entonnoirs, ni pareilles autres meubles de sapin. Pareillement aucun cuvier (*kübler*) ne relira à cercles fermés d'autres tonneaux plus grands que de trois mesures, qui soient de bois de chaîne, comme font les tonneliers »

Aucun maître ne peut avoir à la fois plus de deux ouvriers et un apprenti.

En dehors de ces prescriptions relatives au métier, il y en a d'autres qui concernent la fête patronale du corps, les services trimestriels pour les trépassés, l'assistance aux processions, les enterrements des confrères.

La tribu a aussi un chef et un conseil, qui jugent les désordres commis au poêle, les contraventions aux règles du métier. « L'argent des amendes sera distribué et employé aux pauvres compagnons passants dudit métier et autres nécessiteux. »

Les droits d'entrée dans le corps, sont à Roufach, 12 *ß* strasbourgeois (3 fr. 60) et 2 livres de cire ; à Obernai, 1 *ll*. (3 fr. 88) pour les étrangers et 10 *ß*. (1 fr. 94) pour les fils des bourgeois.

A cette revue sommaire des statuts, ajoutons quelques notes économiques sur la tonnellerie.

Un tonneau d'un fuder ou 11 hectolitres coûte :

1409	S.-Thomas,	7 ß. ou	5 fr.	74
1420	»	7	5	74
1450	»	7 ½	5	40
1465	S -Claire	11	7	92
1541	Colmar	40	8	20

En 1735 et 1767, la ville de Strasbourg paie à son tonnelier :

7 ½ ß. ou	1 fr.	50	pour un tonneau d'une	mesure
9	1	80	» de deux	»
12	2	40	» de trois	»
5 ½	1	10	par mesure jusqu'à une contenance de 200 mesures.	

Calculées sur cette base, les 24 mesures du fuder coûtaient au siècle dernier 26 fr. 40. Aujourd'hui on paierait pour un tonneau de cette contenance 140 fr. (6 fr. la mesure).

Voici des salaires de tonneliers :

1439	Colmar . . .	18 d. ou	0 fr. 99,	plus nourriture	
1457	Mulhouse. .	24	0 66	»	en hiver
»	»	36	0 99	»	en été
1511	Roufach . . .	36	0 72	»	
1583	»	36	0 54	»	
1596	S.-Arbogast	42	1 50		
1605	Colmar . . .	20	0 56	et la nourriture	

plus, s'ils portent du vin à travers la rue, 5 ß. par fuder ou 0 fr. 09 par hectolitre.

1620	Roufach . . .	5 b. ou	1 fr. 10	sans nourriture	
1644	»	30 d.	0 72		
1646	Strasbourg	36	1 16	avec nourriture, maître.	
»	»	32	0 90	»	compagnon.
»	»	20	0 65	»	apprenti.
1743	Dom. Colm.	10 s.	0 50	»	
1735-1767	Strasbourg	12 ß.	2 40	sans nourriture	
1850	Strasbourg,		0 60	avec nourriture	
1860	»		0 70	»	
1870	»		1	»	
1875	»		1 25	»	

Aujourd'hui le prix des lies se règle sur celui du vin nouveau. Elles se paient d'ordinaire la moitié. Citons quelques données anciennes.

			mesure	hectol.			mesure	hectol.
PRIX DES LIES.	1480	S.-Arbogast	6 δ.,	6 fr. 72	1622 S.-M. Rib.	72 δ.,	1 fr. 20
	1527	»	24	2 46	1625 »	60	3 10
	1533	Hôp. Str.	24	2 40	1628 »	72	3 70
	1540	»	60	6 00	1650 Niederm.	60	4 22
	1573	Gr. Chap.	30	2 80	1652-57 Roufach	48 str.	3 10
	1588	Châtenois	42	3 40	1676 Gr. Chap.	36-48	2 33-3,10
	1589	Hôp. Str.	48	3 88	1681 Niederm.	60	4 22
	1590	»	41	3 23	1688 »	48	2 91
	1596	S.-Morand	60	1 70	1690 Roufach	220	4 18
	1597	»	60	1 70	1692 »	150	2 61
	1603	»	40	1 12	1694 Niederm.	66	3 43
	1606	Châtenois	36	2 58	1696 Roufach	126	1 91
	1609	»	48	3 41	1697 »	60 str.	2 86
	1610	»	48	3 44	1701 »	240	4 00
	1610-13	S.-M. Rib.	72	3 98	1703 »	180	3 80
	1614	»	48	2 60	1703-23 Niederm.	60	4 00
	1615	»	60	3 15	1749 Gr. Chap.	60	2 18
	1617	»	36	1 80	1755 »	60	2 18
	1618-20	»	60	2 90			

EAU-DE-CERISES. Nous l'avons déjà dit, sur l'Eau-de-cerises, nous n'avons que des prix modernes et deux indications qui remontent au XVᵉ siècle.

1415	O. N.-Dame, 2 omen Kirsewin	9 β.	le litre 0 fr.085
1420	» 1 omen Kirsewin	3 4 δ.	0 058
1710	Unterlinden, 3 pots schwartz kirschen wasser	23 b. l	0 456
1711	» 1 pot Kirschwasser	27	1 85
1712	» »	23 4	1 61
1713	» »	18 β.	0 725
1716	» 1 pot schwartz Kirschwasser	11 3	0 544
1770	Thierenbach, 1 pot d'eau de cerises	60, 52, 59 s.	1.66—1,91
1771	» »	60	1 91
1772	» »	35	1 76
1774	» »	45, 51, 60	1,43—1,91
1775	» »	40	1 27
1778	» »	30	0 98
1779	» »	33, s. 8 δ.	1 09
1789	Strasbourg, 5 choppes »	125	2 50
1848—53	»		2,00 à 2,25
1854—66	» »		2,40 2,60
1867—73	» »		3 00
1875	» »		4 00

EAU-DE-VIE. Nous sommes plus riche en renseignements sur l'eau-de-vie proprement dite, sans pouvoir toutefois en préciser la valeur alcoolique. Nous la trouvons vendue par mesure et par pot.

VINAIGRE. 357

Année.	Mesure.	Pot.	Hectol.	Litre.
1596 Hôpital de Strasbourg	6 fl.		113 fr. 82	
1611 St.-Morand de Ribeauv.		100 ð.		1 fr. 76
1618 »		120		1 81
1670 Hôpital de Strasbourg	5 fl.		84 50	
1695 Thierenbach		150		0 54
1718 »		20 s.		0 56
1723 Colmar	24 l.		28 58	
1726 Unterlinden	12 fl.		40 80	
1727 »	13 fl. 5 b·		45 24	
1730 »	7 3		24 48	
1731 »	14 l.		28 00	
1737 Œlenberg		31		1 07
1738 »		32		1 10
1739 »		30		1 03
1740 »		28		0 96
1741 »		32		1 10
1742 Dom. de Colmar		32		1 10
1743 Œlenberg		32		1 10
1744 Dom. de Colmar	27	32	54 00	1 10
1745 Œlenberg		32		1 .10
1746 » Dominicains	33	40	66 00	1 37
1747 Œlenberg		36		1 24
1748 Œlenberg		34 s.		1 17
1749—53 »	30	32	60 fr. 00	1 10
1754 »		28		0 96
1755—63 »		24		0 82
1756 Riquewihr	21		46 20	
1758 »	23		50 60	
1761 »	23		50 60	
1764 Strasbourg	20		44 00	
1767 »	18 1/2		40 70	
1770 Thierenbach	.	30		0 95
1777 Riquewihr		30	66 00	
1779 »		29	63 80	
1780 »		24	52 80	
1781—82 »		20	44 00	
1783 »		22 1/2	48 00	
1784 »		38	84 70	
1785 »		30	66 00	
1787 »		36	79 20	
1789 »		38	83 60	
» Strasbourg		30		0 85
1791 Riquewihr	40	38	88 00	1 31
1482—83 S.-Arbogast	80 ð.		9 53	
1488—89 »	80		9 53	
1490 S.-Claire	162	6 ð.	18 63	0 21
1494 S.-Arbogast		6		0 21
1514 S.-Pierre-le-vieux.		5		0 16
1540 Hôpital de Strasbourg	96		9 60	
1561 Alspach		8		0 18
1580 Strasbourg		12		0 31
1609 Grand Chapitre		16		0 31
1616 »		14		0 28
1621 »		20		0 20
1624 »		36		0 76
1626 »		40		0 85
1630—31 »		24		0 50
1634 Ribeaupierre. Strasb.		8		0 16
1780 Hôpital de Strasbourg		18		0 20

CH. IX. — S. I. — BIÈRE ET EAUX-DE-VIE.

PRIX DE L'HOPITAL DE STRASBOURG.

Année.	L'HECTOLITRE EN FRANCS.			Année.	L'HECTOL. EN FR.	
	Alcool 3/6.	Vinaigre.	Eau-de-vie ordinaire.		Alcool 3/6.	Vinaigre de Bourgogne
1801				1851	148 fr. 44	29 fr. 75
1802			80 fr. 00	1852	127 80	29 63
1803				1853	187 20	32 00
1804			108 00	1854	244 00	38 00
1805				1855	256 00	44 20
1806			110 00	1856	221 25	52 00
1807			120 00	1857	248 70	42 00
1808		29 fr	115 00	1858	219 00	41 00
1809		32	115 00	1859	164 00	37 00
1810		36 50	129 00	1860	257 80	37 70
1811		37	140 00	1861	260 00	49 00
1812		36	140 00	1862	250 00	42 35
1813		35 50	148 00	1863	230 00	38 75
1814		32 45	160 00	1864	224 00	34 90
1815	240 fr. 00	32	150 00	1865	209 90	34 70
1816	409 00	32 00	250 00	1866	199 90	32 00
1817	335 00	20 00	180 00	1867	198 80	30 00
1818	425 00	20 00	225 00	1868	202 75	31 00
1819				1869	225 00	
1820				1870	207 00	
1821	300 00	11 60	150 00	1871	207 00	28 00
1822	275 00	9 80	121 00	1872	200 95	30 00
1823	170 00	9 80	89 00	1873	169 00	25 80
1824	168 00	9 80	89 60	1874	117 00	28 00
1825	150 00	9 35	79 00	1875	110 90	17 50
1826	140 00	9 80	76 00			
1827	110 00	9 80	55 00			
1828	140 00	9	60 00			
1829	120 00	10	59 00			
1830	160 00	10	70 00			
1831	175 00	12	92 00			
1832	175 00	11	105 00			
1833	182 75	14	120 00			
1834	180 50	16	124 00			
1835	181 25	18	125 00			
1836	162 50	18	114 00			
1837	180 00	20	109 00			
1838	159 00	11 95	89 00			
1839		11 95	89 00			
1840		11 40	87 00			
1841	148 50	10 90	83 00			
1842	143 00	10 80	77 00			
1843		10 45				
1844	157 75	9 90				
1845	150 00	10 00				
1846	197 50	12 74				
1847	208 00	12 80				
1848	141 00	24 50				
1849	127 90	32 00				
1850	137 40	29 80				

PRIX DE LA BIÈRE

A STRASBOURG.

Année.	Le pot.	Le litre.	Année.	Le pot.	Le litre
1446	3,2 ð.	0 fr.00	1701	9 ð.	0 fr 11
1538	2	0 05	»	10	0 13
1543	4	0 10	1705	9	0 10
1547	4	0 09	1706	10	0 12
1549	3	0 07	1709	11	0 14
			1713	12	0 10
1570	4	0 09	1714	14	0 12
1574	5	0 12	1715	12	0 12
1577	5,3,2	0 11-0,06-0.01	»	10	0 12
1578	4,3	0 08-0,06	»	9	0 12
1590	6	0 12	1716	8	0 08
1591	5,4,3	0 10-0,08-0,06	»	9	0 09
1592	6	0 12	1720	9	0 08
1593	6	0 11	»	18	0 09
1594	5	0 10	»	15	0 08
1596	6	0 11	1721	11 1/4	0 07
			»	9	0 05
1602	8	0 14	1724	8 1/2	0 09
1609	6	0 10	1725	8 1/2	0 09
1615	6	0 10			
1616	5,4	0 09-0,07	1726	9	0 09
1617	5,4	0 09-0,07	1734	10 1/2	0 09
1620	6	0 07	»	12	0 11
1622	7	0 04	1736	10 1/2	0 09
» fév.	8	0 05	1741	12	0 11
» nov.	24	0 11			
1623	32	0 14	1755	12	0 11
1624	8	0 14	1758	12,9	0 11-0,08
1625	6	0 11	1759	13 1/2, 12	0 12-0,11
»	8	0 14	1760	12,9	0 11-0,08
			1764	12	0 11
1627	12	0 20	1767	12	0 11
1630	8	0 14	1769	12,9	0 11-0,08
1631	6	0 11	1770	15	0 11
1634	8	0 13	1772	14	0 13
1639	12	0 19			
1640	10	0 19	1778	15	0 14
1649	7	0 12	1781	12	0 11
»	8	0 14	1782	13 1/2	0 12
			»	15	0 11
1652	7	0 12			
1653	6	0 10			
1655	5	0 08	1801—1851		0 30-0,20
1656	6	0 10	1852—1863		0 36-0,24
1661	8	0 14	1864—1875		0 53-0,36
1663	7	0 12			
1669	6	0 10		EN GROS	
1674	7	0 12		L'HECTOL. DE BIÈRE	
			de conserve.	ordinaire
1689	8	0 12			
1690	9	0 12			
1691	10	0 13	1801—1851	25 fr.00	14 fr.00
1695	9	0 11	1852—1863	30 00	18 20
1696	8	0 10	1864—1875	36 00	23 26
1699	9	0 11			
1700	8	0 10			

PRIX DU LITRE.

Années.	Bière.	Eau-de-cerises.	Eau-de-vie.	Vinaigre.	Alcool.	Lies. l'hectol.
1401 — 1425		0 fr.07				
1426 — 1450	0 fr.09					
1451 — 1475						
1476 — 1500				0 fr.21		0 fr.72
1501 — 1525				0 16		
1526 — 1550	0 08			0 19		3 62
1551 — 1575	0 10			0 18		2 80
1576 — 1600	0 11		1 fr.50	0 31		2 63
1601 — 1625	0 10		1 78	0 40		3 15
1626 — 1650	0 15			0 50		3 96
1651 — 1675	0 11		1 69			3 10
1676 — 1700	0 11					3 06
1701 — 1725	0 10	1 04	0 56			3 10
1726 — 1750	0 10		1 04			2 18
1751 — 1775	0 11	1 69	0 90	0 20	1 fr.90	2 18
1776 — 1800	0 14	1 04	1 35			
1801 — 1825	0 20–0,30		1 35	0 25	2 74	
1826 — 1850	0 20–0,30	2 00	0 90	0 14	1 60	
1851 — 1875	0 20–0,13	2 70	1 05	0 35	2 03	

CHAPITRE X.

ÉCLAIRAGE ET CHAUFFAGE.

Grâce à la rigueur de nos hivers et à la longueur de leurs nuits, l'éclairage et le chauffage occupent, chez nous, une place importante dans le budget des familles. Il en fut de même dans les temps passés. Mais si la nécessité de s'éclairer et de se chauffer n'est pas nouvelle, l'industrie moderne a découvert des moyens nouveaux de satisfaire ces besoins. Nous demandons la lumière à la stéarine, au gaz, au pétrole ; la chaleur, à la houille, au coke, que nos pères ne connaissaient point ou qu'ils n'employaient que d'une manière exceptionnelle.

Il semble donc qu'il soit impossible d'établir sur ce point une comparaison sérieuse entre le présent et le passé.

La réflexion ne tarde pas toutefois à modifier cette première impression. Malgré le légitime succès que les inventions modernes ont obtenu dans les grands centres de l'industrie et du commerce, la majorité de la population est restée fidèle à ses vieilles habitudes. Elle continue à se chauffer avec du bois, à s'éclairer à la chandelle ou à l'huile ordinaire.

Quelle a été d'ailleurs, et quelle pouvait être sur ces objets, l'influence des découvertes modernes. Elles les ont rendus d'un usage moins exclusif et moins indispensable, mais elles n'ont pu modifier les services qu'ils rendaient. Le prix qu'ils ont atteint ou conservé, sous l'action d'une libre concurrence, représente toujours aujourd'hui comme autrefois, ce que coûtent l'éclairage et le chauffage.

Or c'est là tout l'objet de nos recherches. Nous n'avons pas à nous demander quel renchérissement ces produits eussent subi, si l'on n'avait trouvé d'autres moyens de satisfaire les mêmes besoins. Nous n'avons pas même à peser les avantages ou les inconvénients des divers systèmes. Toutes ces questions sont pratiquement résolues par le prix commercial du bois, du suif et de l'huile. Il nous permet de dire : Telle somme de lumière ou de chaleur, dont l'équivalent est facile à trouver dans le passé, coûte aujourd'hui tant, tandis qu'autrefois il ne coûtait que tant. Donc, au point de vue de l'éclairage et du chauffage, les deux époques sont entre elles dans le même rapport.

Passons rapidement en revue les divers éléments de cette comparaison.

Première Section.

Éclairage.

Cire et cierges. — Suif et chandelles. — Fabrication des chandelles. — Huile. — Frais de fabrication. — Diverses espèces d'huiles. — Tableau des prix.

CIRE ET CIERGES. Réservés à l'usage des églises, et des grandes maisons, les cierges semblent avoir échappé à toute tarification officielle. Du moins n'avons nous rencontré aucune donnée de ce genre.

Il est même rare de trouver, dans les livres de Comptes, des achats directs de cierges. On se procurait la cire, soit dans le pays, soit à la foire de Francfort, et elle était ensuite travaillée par des ciriers sédentaires ou nomades.

Nous n'avons donc que peu de renseignements sur le prix des cierges. Pour la cire elle-même, il nous est impossible de suivre à travers les siècles la distinction entre cire blanche et cire jaune. Ces deux qualités présentent cependant aujourd'hui un écart d'un cinquième ; le kilo coûte 4 fr. 80 pour la première, et 4 fr. pour la seconde. Déjà au siècle dernier on constatait la même différence. C'est ainsi que les tableaux officiels transmis à l'administration française, comptent, à

Strasbourg, le quintal de cire blanche à 230 l. 17 s. 7 d. en 1764 et à 208 l. en 1767 ; le quintal de cire jaune à 187 l. 4 s. et 170 l. 10 s. 2 ½ d. aux mêmes dates. Mais on comprend que les comptables, qui nous servent de guides, aient négligé habituellement de préciser la couleur de la cire qu'ils achetaient.

Nous voici donc réduit à ne noter d'ordinaire que le prix de la cire, sans distinction de qualité, et de calculer le prix des cierges, en ajoutant à la matière première le prix de la façon qui, heureusement, nous est indiqué avec beaucoup de suite.

Du xive au xvie siècle, le Chapitre de S.-Thomas paie 1 ½ δ. (0 fr. 18 le kilo) par livre de *schulkertzen* et 2 δ. (0 fr. 24 le kilo) par livre de *stangenkertzen*. L'œuvre Notre-Dame donnait 5 β. (0 fr. 12 le kilo.) à la *Wahsefrow*, en 1351, pour la façon d'un quintal. A Bâle, en 1420, la façon d'une livre de cire était de 4 δ. (0 fr. 24 le kilo).

A Haguenau, d'après les comptes de S.-Georges, cette façon est de 1 ½ δ. (0 fr. 20 à 0 fr. 25 le kilo) de 1443, point de départ de ces comptes, jusqu'en 1544 ; elle est ensuite de 2 δ. (0 fr. 20 le kilo). Les *Stangenkertzen* coûtent d'abord 2 δ. (0 fr. 25 le kilo); après 1472, 3 δ. (0 fr. 36); en 1626, 8 δ. (0 fr. 55) et en 1723, 12 δ. (0 fr. 32.).

L'abbaye d'Eschau paie 2 ½ (0 fr. 22), de 1565 à 1572 ; 3 δ. (0 fr. 25), de 1572 à 1585 ; 4 δ. (0 fr. 30), après 1585. Murbach estimait les mêmes frais à 21 et 24 δ. en 1619 et 1620 (0 fr. 28 le kilo).

Dans les tableaux statistiques cités plus haut l'écart entre le prix de la cire blanche et celui des bougies (52 ½ s. et 50 s. la *lt.*), est de 0 fr. 50 à 0 fr. 80 par kilo.

Au commencement de notre siècle, jusqu'en 1840, la cathédrale de Strasbourg payait à son cirier 0 fr. 80 par kilo de façon. Ce chiffre s'éleva même à 1 fr. de 1840 à 1845 ; mais il redescendit à 0 fr. 80 en 1846 et à 0 fr. 60 en 1872.

Grâce à la multiplicité et à la suite de ces renseignements, il est facile, dès que nous connaissons le prix de la cire, de déterminer d'une manière assez précise quel devait être celui des cierges.

Le Chapitre de S.-Thomas, S.-Georges de Haguenau, Eschau, et les petits couvents dont les archives se trouvent aujourd'hui à l'hôpital de Strasbourg, ont été nos sources jusqu'au xviie siècle. Il nous a fallu ensuite suppléer au mutisme du Bas-Rhin à l'aide de documents empruntés à la Haute-Alsace. S. Morand de Ribeauvillé (1605—1612, 1690—1698), Murbach (Planchier, 1617—1680) et les Unterlinden (après 1700) nous ont aidé à combler ces lacunes. Les chiffres qu'ils nous fournissent, seront du reste faciles à reconnaître ; au lieu d'être marqués en δ. comme pour le Bas-Rhin, ils seront notés en β bâlois au xviie siècle, en sous d'Alsace après 1700. S.-Thomas nous rend au siècle dernier son précieux concours. Enfin dans les temps modernes, nous nous appuyons pour la cire, sur les comptes de l'hôpital ; et pour les cierges, sur ceux de la cathédrale de Strasbourg. Mais comme pendant quelques années on mêla de la stéarine à la cire, nous avons dû forcer les moyennes dans notre Récapitulation générale.

Suif et chandelles   Par une pratique toute contraire, les chandelles sont soumises à la tarification la plus minutieuse. On ne se borne pas à fixer administrativement le prix et le poids des chandelles, selon leur qualité ; on tarife avec le même soin le suif brut, et souvent le suif fondu fait encore l'objet d'une taxe spéciale.

Dans la plupart des grands centres, le suif forme, depuis le xvie siècle, un monopole réservé aux villes. Celles-ci se le faisaient livrer par les bouchers, l'entassaient dans leurs magasins et le revendaient ensuite, soit aux chandeliers, soit à d'autres industriels. Citons les considérants d'un arrêté strasbourgeois de 1740, qui rétablit l'entrepôt des suifs, momentanément supprimé. Rien ne fait mieux ressortir les vues dont s'inspirait le magistrat.

Il parle d'abord des abus que commettent les bouchers et les chandeliers, « dont les derniers par leurs secrètes intelligences avec les premiers avoient, contre les deffenses à eux faites, et au préjudice des autres chandeliers, leurs confrères, trouvés le moyen de s'emparer de la plus grande quantité de suifs, de vendre ensuite leurs chandelles aux étrangers, et faire des envoys hors de la ville au grand desavantage des habitans d'icelle. » Sur ce, la commission des XV, « pour obvier aux plaintes à eux portées par rapport à la disette des chandelles, procurer en même tems aux chandeliers la facilité de se pourvoir de suifs, afin qu'ils soyent en état de fournir la chandelle au public, empêcher aussi que les Bouchers ne vendent les suifs à leur volonté, et n'excèdent la Taxe, comme ils ont fait jusques ici, lesdits Bouchers seront tenus de livrer tous les Suifs provenant des grands et petits Bestiaux qu'ils tueront [1], dans le magasin à suif actuellement établi pour le bien public, dans le quartier près le Pont de S.-Catherine... à peine de 300 *ll.* d'amende et de confiscation des suifs non livrés, auquel magasin les Suifs ainsi livrés seront payés comptant sur le pied de la Taxe. Par contre les bouchers seront et demeureront déchargés des droits par eux acquittés jusqu'ici pour raison des suifs. Et à l'égard des Chandeliers, auxquels les précédents Reglements font déjà deffense, à peine de 20 *ll.* d'amende, de vendre leurs chandelles aux gens du plat-pays ou Etrangers, sans une permission expresse, il leur est enjoint de tenir des Registres exacts qui contiendront les noms de ceux auxquels ils vendront des chandelles et la quantité. »

Il suffit de signaler ces principes. Il est douteux que leur valeur économique rencontre aujourd'hui beaucoup de défenseurs.

Le magasin de suifs, ainsi rouvert en 1741, fut donné en ferme, et le fermier s'engageait à y avoir constamment un approvisionnement d'au moins mille quintaux de suifs ou de chandelles. Il ne subsista qu'une douzaine d'années. La fonte des suifs se fit ensuite par les bouchers eux-mêmes, mais dans un même local et sous la surveillance du magistrat, jusqu'au 6 août 1788. A cette date, le magasin devint la proie des flammes, et la Révolution ne laissa pas à la ville le temps de le reconstruire.

A Colmar, les bouchers avaient de même l'obligation de remettre leurs suifs à la Douane, qui se chargeait ensuite de les revendre. Nous avons rencontré deux règlements sur ce commerce, 11 octobre 1636 et 10 décembre 1712. A la première de ces dates, la Douane achetait le suif à 3 ½ batzen (35 *d.*) la livre et le cédait à 3 *s.* (36 *d.*). Elle prélevait ainsi un bénéfice de 1 *d.* par livre, soit 4 fr. 90 sur les 100 kilos.

A Strasbourg, le profit du monopole, ou plutôt l'écart entre le prix du suif brut et celui du suif fondu, varie singulièrement dans le cours des siècles. Il était de :

---

[1]. La même obligation atteignait les particuliers qui tuaient dans leurs maisons. Ord. du 17 février 1749.

2 ½ ß.	par quintal en	1577,	soit 2 fr. 52	pour les cent kilos
2	»	1578	2 02	
1	»	1595	0 91	
2 fl.	»	XVIIe siècle	16 30	
4	»	1re moitié du XVIIIe s.	16 50	
4 ½	»	vers 1760	18 50	
6	»	vers 1770	25 00	

Le 23 septembre 1776 fut admis un règlement qui établissait un rapport constant entre la viande, le suif et la chandelle. Lorsque le bœuf se vendait 13 ð., le quintal de suif brut devait se payer 13 fl., le quintal de suif fondu 17 ½ fl. et la ℔ de chandelles 30 ð. Chaque fois que la viande haussait ou baissait de 1 ð., le suif brut variait de 1 fl., le suif fondu de 1 ¼ fl. et la livre de chandelles de 1 ½ ð. De cette manière l'écart entre le suif brut et le suif fondu cessa d'être fixe.

Rien de plus facile du reste que de traduire cette formule en style moderne.

1 kilo viande.	1 kilo suif.	1 kilo suif fondu.	1 kilo chandelles.
40 centimes	48 centimes	64 centimes	92 centimes
50	60	79	107
60	72	94	122
70	84	109	137
80	96	124	152
90	108	139	167
100	120	154	182

La même ordonnance de 1776 abaisse de 3 l. l'octroi qui frappait le suif. Il était jusqu'à cette date de 7 l. 1 s. 8 d. par quintal (15 fr. le quintal métrique). On en peut conclure que la ville de Strasbourg, quand elle renonçait au monopole du suif, remplaçait les bénéfices dont elle se privait, par une imposition assez lourde.

FABRICATION DES CHANDELLES. Quant aux frais de fabrication des chandelles, ils ont de même varié beaucoup selon les temps. Au XVe siècle le prix du suif et celui des chandelles fabriquées ne présente qu'une différence de ½ ð. str. [1] de 6 à 7 fr. les cent kilos, de 1 ð. colm.

---

1. Les comptes de l'Œuvre Notre-Dame portent cependant les frais de fabrication, en 1434, à 8 ß. ou 96 ð. les 100 ℔, soit 12 fr. 15 les 100 kilos. — En 1476 S.-Arbogast compte 58 ð. pour façon et mèches de 100 ℔ de suif, soit 7 fr. les cent kilos.

environ 10 fr. les cent kilos. Au xvi° siècle, ce chiffre de 1 δ. colmarien est consacré par des ordonnances officielles de 1502, 1509, 1544, 1546, 1551, 1552, 1553, 1554, 1555, 1559, 1571, 1575, 1579, 1597 et même 1600; seulement à cette dernière date le δ. colmarien ou rappen ne représentait plus que 0 fr. 028, soit environ 6 fr. pour les cent kilos. A Strasbourg, le ½ δ. se rencontre encore en 1540 (5 fr. le quintal métrique), mais il est doublé en 1544. Le quintal de suif se vendait alors (25 octobre) 50 β. ou 600 δ., et la ℔. de chandelles 7 δ. [1].

Des calculs présentés le 16 juin 1578, nous édifient sur les éléments divers que comprenait l'allocation faite aux chandeliers. Le quintal de suif (104 ℔.) coûtait 85 β. et rapportait en chandelles, à 11 δ. la ℔., 95 β. 4 δ., différence 10 β. 4 δ. De cette somme il fallait déduire 44 δ. pour 4 ℔. de déchets, et 22 δ. pour droits et frais de transport: Restait au fabricant, pour ses peines, le charbon, le bois, l'outillage, les domestiques, etc., 58 δ. (124—66) ou 4 fr. 97 les cent kilos. Ce chiffre n'était même que de 46 δ. ou 3 fr. 96 les cent kilos, avant le 21 septembre 1577. A cette date le salaire des chandeliers avait été haussé de 1 β. (1 fr. 01), pour compenser le renchérissement des mèches, qui coûtaient 2 batzen (0 fr. 64) la livre.

Pour les années suivantes, la chambre des XV nous apprend que l'écart entre le suif fondu et les chandelles était en

1579,	de	76 δ.	par quintal ou	6 fr.	10	par quintal métrique
1580-1581		106	»	8	92	
1582		90	»	7	58	
1595		108	»	8	19	
1600		100	»	7	46	
1626		220	»	15	00	
1627		200	»	13	61	
1631		210	»	16	32	
1654		160	»	11	00	
1662		180	»	12	30	
1668-1673		160	»	11	00	

1. Dans une assemblée commune à toute la Basse-Alsace, on fixe la ℔. de chandelles à 7 ½ δ. et la livre de suif à 7 δ.; mais le quintal de suif n'est compté qu'à 5 ¼ fl. ou 630 δ. Pour les fabricants de chandelles, qui n'achètent qu'en gros, la différence est donc en réalité non de ½ δ., mais même de plus de 1 δ. par livre.

En 1693 (30 octobre) fut publié un nouveau tarif pour les chandelles. Il en distingue trois espèces, qui ne présentaient et ne pouvaient présenter que des différences peu sensibles. On allouait par quintal 15 β. pour la 1re, 16 β. 8 δ. pour la 2e, et 20 β. pour la 3e espèce, soit 9 fr. 09, 10 fr. 10 et 12 fr. 12 par quintal métrique. Cette somme était ajoutée au prix du suif fondu, et le total, divisé par cent, donnait le prix de la livre de chandelles. La taxe variait chaque fois que le suif haussait ou baissait de 1 fl. Le tarif était calculé pour les prix de 10 à 28 fl. le quintal de suif, soit 60 à 170 fr. le quintal métrique.

Dès l'année suivante (1694), les deux premières espèces de chandelles furent supprimées, la troisième seule continue à figurer sur les taxes. Avec cette modification, le tarif de 1693 se trouve réimprimé encore en 1752. Le 15 juin 1754, vu la cherté du coton, la livre de chandelles fut augmentée de 1 δ. au-dessus de la taxe (3 ½ centimes le kilo). Cette augmentation ne faisait que ramener à sa valeur primitive le salaire des fabricants de chandelles, qui avait subi une diminution notable. Les 20 β. alloués par le magistrat, représentaient, en 1693 et 1694, 5 fr. 72; ils ne valaient plus que 4 fr. depuis 1726, soit 8 fr. 28 pour les cent kilos. En 1780, l'hôpital de Strasbourg paie 13 tl. 2 ½ β. pour la façon de 10 ½ quintaux de chandelles, soit 25 β. ou 5 fr. le quintal.

Depuis 1713, figure dans les taxes à côté des chandelles communes *(gemeine)*, une nouvelle espèce de chandelles, les moulées *(gegossene)*. Au premier moment (23 septembre), celles-ci coûtent 5 δ. de plus que les autres (134 ½ centimes au lieu de 117 le kilo); mais dès le 24 novembre, la différence n'est plus que de 4 δ. (145 centimes au lieu de 131); au 11 mai 1715, elle diminue encore de 1 δ. (123 centimes au lieu de 111); enfin au 25 janvier 1717 elle se réduit à 2 δ. (90 centimes au lieu de 82). A partir de cette époque, cet écart de 2 δ. (8 cent. par kilo) se maintient avec constance pendant une cinquantaine d'années [1]. Joints à la somme allouée pour les chandelles

---

1. A cette époque on payait à Mulhouse la u. :

1741, suif	8 ½ s.,	chandelles ord. 9 s.,	moulées 10 s.
1742	7 ⅛	8	9
1746	9	10	11
1785	12	13	1

communes, ces 2 ð. portent le salaire du fabricant à environ 20 centimes par kilo ou 20 francs par cent kilos.

Le salaire du chandelier se trouve accru dans des proportions considérables par le règlement de 1776, déjà mentionné plus haut. Il porte l'écart entre le suif fondu et les chandelles, à 28 centimes par kilo. Il est probable qu'il ne s'agit ici que des chandelles moulées. Les taxes postérieures à 1776 ne mentionnent qu'une seule espèce de chandelles.

C'est toujours à S.-Thomas, à l'Œuvre Notre-Dame, à S.-Georges de Haguenau, à l'Hôpital de Strasbourg, que nous empruntons les prix cités dans notre tableau, pour le suif et la chandelle. Mais depuis le xvie siècle, la part la plus large est faite aux taxes officielles, notées dans les Protocoles de la Chambre des XV.

Nous n'avons cité le prix des suifs que pour suppléer à la pénurie d'abord assez grande de renseignements directs sur les chandelles. Quand celle-ci cessa d'exister, il nous a semblé inutile de continuer une statistique qui ne faisait plus que double emploi.

Les comptes du Chapitre de S.-Thomas nous permettent de faire remonter nos recherches sur les huiles jusqu'aux dernières années du xive siècle. Fidèle aux habitudes économiques déjà signalées pour la cire et le suif, il achetait lui-même la graine de pavots et la faisait travailler par des huiliers. Nous apprenons ainsi, à la fois, et ce que coûtaient alors les pavots et les frais qu'entraînait leur manipulation.

HUILE.

Depuis l'année 1386, point de départ de ces comptes, jusqu'en 1447, on paie aux huiliers par rézal de pavots 3 ß., plus 2 ð. de pourboire alloués aux garçons. De 1448 à 1461, la façon n'est plus que de 2 ½ ß. par rézal [1]. Les renseignements présentent moins de régularité pour les années suivantes. Nous voyons seulement que la même opération ne coûte plus que 16 ð. en 1469 et 12 ð. à partir de 1473. Il y a là une réduction bien surprenante en elle-même, plus surprenante encore si l'on tient compte de la diminution que subirent dans l'intervalle les espèces monnayées. Les 3 ß. de 1386 avaient une valeur numéraire de 2 fr. 90; en 1447 les mêmes 3 ß. ne représentaient plus que 2 fr. 15. Les 30 ð. de 1448 valaient

---

1. Cependant S.-Hélène paie encore 3 ß. par q. de pavots en 1451.

1 fr. 80; les 16 δ. de 1469, 0 fr. 92; les 12 δ. de 1473, 0 fr. 70 et ils ne devaient pas tarder à tomber jusqu'à 0 fr. 65 et 0 fr. 60.

Les frais de fabrication pour l'huile s'étaient ainsi réduits des $4/5$ de la fin du xiv° à la fin du xv° siècle.

Nous ne savions comment expliquer ce phénomène, quand une ordonnance du magistrat de Strasbourg vint nous donner la clef de l'énigme. Elle est de l'année 1469 (mardi après Ste Barbe, 5 décembre) et s'exprime en ces termes :

D'après l'ancienne loi on ajoute, pour fixer le prix de l'huile, 3 β. au coût des pavots et 2 ℓ. au coût des noix, par rézal. Le salaire est estimé à 12 β. par tonne d'huile de pavots, et à 8 β. par tonne d'huile de noix [1]. Mais vu l'établissement d'*huileries à eau,* il sera PERMIS aux huiliers, *sur leur demande,* de prendre 1 ou 2 β. de moins.

Renseignement aussi agréable qu'intéressant. Ainsi la réduction profite au consommateur, sans nuire au producteur. Elle ne se fait pas aux dépens de l'ouvrier. Il sollicite lui-même l'*autorisation* de produire à meilleur marché, parce que des machines hydrauliques lui permettent de le faire avec plus de facilité et de rapidité.

Les mêmes comptes de S.-Thomas renferment d'autres indications non moins utiles. Nous y voyons que la tonne équivaut à 60 pots et le pot à 3 livres. Cinq rézaux de pavots doivent donner une tonne. Le rézal produit ainsi 12 pots ou 36 livres.

Une partie de ces renseignements se trouve d'accord avec une Note insérée dans un vieux registre de l'Œuvre Notre-Dame, et écrite au xiv°, peut-être même au xiii° siècle. Elle est conçue en ces termes : « L'on saura qu'un *saum* d'huile fait neuf *eymer,* et une tonne d'huile fait sept *eymer* ; ainsi un *eymer* d'huile a 26 livres, et 1 pot d'huile vaut 3 livres [2]. »

Le reste est confirmé par le Protocole des XV, séance du 5 février 1669. Il y est dit que, pour taxer l'huile régulière-

---

1. S.-Catherine payait encore 4 δ. par boisseau ou 2 β. par rézal en 1465.

2. *Es ist zū wissende das ein soum oleyges tūt IX eymer und I tune oleyges VII eymer. So got in I eymer oleyges XXVI phund oleyges, so tūt I mosse III phund.*

ment, il faut, comme en 1607, se baser sur le prix des pavots. Si le rézal coûte 33 β., on y ajoute d'abord 1 β. pour le péage (*zoll*), puis 4 β. pour façon. Mais comme les huiliers prétendent que, vu les charges qui pèsent aujourd'hui sur la bourgeoisie, les 4 β. ne suffisent plus, on leur accorde 10 β., qui, joints au prix d'achat et aux droits de douane, font 44 β. Le rézal produit facilement 36 livres d'huile; la livre se vendra donc 14 δ. Ce prix dure depuis la S. Michel jusqu'à Pâques. Après Pâques, comme la consommation est assez faible, la livre se paie 2 δ. de plus. Chaque fois que le rézal de pavots augmente ou diminue de 5 β., la taxe change de 1 δ. — La même méthode sert aussi au tarif de l'huile de lin, qui se vend toujours 4 δ. plus cher que l'huile commune.

Le 15 octobre de la même année, les huiliers demandèrent que la façon du rézal de pavots fût portée à 15 β. Ils disaient que le plus occupé d'entre eux ne travaillait pas plus de cent rézaux, et que l'entretien des chevaux et des garçons leur coûtait déjà 100 fl. par an. Ils voulaient, en outre, que la taxe fût réglée deux fois par an sur le prix courant des pavots. Mais ces demandes furent rejetées. On trouvait qu'il était inutile de faire une taxe pour la saison morte, que l'augmentation de 6 β. accordée pour la façon était déjà suffisante, que le rendement du rézal estimé à 36 livres pouvait facilement s'élever à 37 livres. Une nouvelle hausse serait d'ailleurs plus nuisible qu'utile aux huiliers. Les bourgeois qui font travailler chez eux, trouveraient un profit, si on l'admettait, à employer les huiliers de la campagne.

Il ressort de là que le produit du rézal de pavots, estimé à 36 livres d'huile par les comptes de S.-Thomas au XV° siècle, était encore évalué au même chiffre à la fin du XVII°. Nous pouvons même aller plus loin. La même base servait dans tout le cours du siècle dernier. Elle suppose donc que l'hectolitre de pavots donne 14 kilo 616 grammes, ou 15 litres 772 d'huile.

Ainsi, depuis le XIV° siècle jusqu'à la Révolution, aucune variante ne se rencontre, ni sur le rendement de la graine, ni sur la valeur des termes alors usités de tonne, pot, livre, etc. S'il n'était pas superflu d'en multiplier les preuves, nous en trouverions plus de cinquante dans les Protocoles de la Chambre des XV.

FRAIS DE FABRICATION

Le seul point variable dans la question qui nous préoccupe, c'est le chiffre des frais de fabrication. Nous l'avons vu descendre dans les comptes de S.-Thomas de 36 à 12 δ. par rézal. Cette somme est encore indiquée en 1501. Mais en 1576 la Chambre des XV comptait 2 β. par rézal de noix, et 3 β. par rézal de pavots (0 fr. 83 et 1 fr. 24 par hectolitre). En 1601 (25 juillet), cette base est portée à 3 β. pour la première et 4 β. pour la seconde espèce, soit 1 fr. 07 et 1 fr. 43 par hectolitre. En 1669, comme nous l'avons déjà dit, la somme allouée aux huiliers est de 10 β. par rézal, 3 fr. 30 par hectolitre, et ils en demandent 15. Repoussés alors dans leurs prétentions, ils ne tardèrent pas à obtenir satisfaction; car la taxe de 1689 suppose les frais divers à 16 β. (4 fr. 59 par hectolitre), et le tarif admis dans tout le cours du siècle dernier, s'arrête au même chiffre [1].

Ce tarif suppose que la matière première peut varier de 14 à 200 β. Lorsque le rézal de pavots est à 14 β., on vend la livre d'huile à 10 δ., le pot à 30 δ. Chaque fois que le rézal augmentait on diminuait de 1 β., on augmentait ou diminuait la livre de 1/3 δ., le pot de 1 δ.

La taxe était obligatoire pour toute vente qui ne dépassait pas 3 omen (140 litres).

Les taxes du siècle dernier distinguent l'huile de colza, de noix et de lin, du kalt ou salatöl, huile de salade; cette dernière espèce coûtait d'ordinaire 6 δ. de plus (20 cent. par k°).

DIVERSES ESPÈCES D'HUILES.

Les archives de l'église S.-Georges de Haguenau nous fournissent, pour les XVe et XVIe siècles, des données qui concordent assez bien avec celles que nous venons d'emprunter aux comptes de S.-Thomas et de la ville de Strasbourg.

La tonne d'huile y est estimée à neuf onces deux livres (9 untz und 2 pfund) ou 182 ℔. C'est le chiffre qu'indiquait le vieux Registre de Notre-Dame cité plus haut (26 × 7 = 182). Trois livres sont l'équivalent du pot. On calcule aussi par mesure (ome, 24 pots) et par kessel (chaudron, 10 livres).

La matière dont Haguenau tire son huile est appelée manden. Ce mot ne se rencontre pas dans les lexiques que nous avons consultés; il doit désigner le fruit du hêtre, la faîne. Cinq rézaux de faînes produisent d'ordinaire une tonne d'huile.

---

1. Mais après 1726 les 16 β. ne donnent plus que 2 fr. 75 par hectol.

Quelquefois cependant ce chiffre est dépassé. Le produit sera de 1 tonne plus 20 *tt.* en 1467; de 1 tonne plus 22 *tt.* en 1471. Mais nous le répétons, la somme ronde de 1 tonne pour 5 rézaux de *manden* forme la règle générale.

Au milieu du xve siècle les frais de fabrication s'élèvent à 10 *β*. par tonne, soit 2 *β*. par rézal; mais de 1466 à 1516 ce chiffre descend à 8 *β*., soit 19 *δ*. par rézal.

En 1517 l'église de S.-Georges cesse de faire fabriquer son huile; elle l'achète directement par tonne.

Le colza apparaît à la fin du xviie siècle. La navette *(lewath)* ne figure dans les Comptes qu'au siècle dernier. A Thierenbach, en 1710, un sac de navette *(lewath)* donnait 18 pots d'huile (27 litres) et coûtaient 32 sols (1 fr. 68) de façon. En 1751, le rapport de deux rézaux était de 37 pots; et la façon, de 66 sols. En 1785, à Altkirch, 5 rézaux de navette produisaient 86 pots d'huile.

Les sources auxquels nous puisons dans notre Tableau sont les mêmes que pour le suif. S.-Thomas, S.-Georges de Haguenau, l'Œuvre Notre-Dame, et les différents couvents, dont les archives se trouvent aujourd'hui à l'hôpital de Strasbourg, sont nos principaux guides. Les protocoles des XV fournissent leur contingent pour les temps plus rapprochés de notre siècle. Nous n'avons donné le prix des pavots, que pour suppléer aux données directes sur l'huile.

TABLEAU DES PRIX.

Année.	*tt.* Cire.	Rézal. Pavots.	LE KILO EN FRANCS.	
			cierges.	huile.
1386	25 *δ*.	120 *δ*.	1 fr.62	0 fr.75
1387	26	97 ½	4 80	0 65
1388	30	126	5 49	0 78
1389	24	155	4 45	0 92
1390	24 ½	195 ½	4 48	1 08
1391	28	108	5 02	0 68
1392	29	132	5 19	0 79
1393		135		0 73
1394		203		1 02
1395		116		0 65
1396		111		0 64
1399		118		0 63

Année.	LA ℔. EN d.			Le rézal.	Le pot.	LE KILO EN FRANCS.		
	cire.	suif.	chandelles.	Pavots.	Huile.	cierges.	chandelles.	huile.
1401				104 d.				0 fr.57
1402				117				0 62
1403								
1404	24			126	14 d.	3 fr.72		0 67
1405	24			140		3 72		0 71
1406								
1407	24			98		3 72		0 55
1408				106				0 58
1409	22			143		3 43		0 72
1410								
1411	23		6	156		3 58	0 fr.86	0 78
1412								
1413								
1414	26			115		4 04		0 62
1415		5			18		0 79	0 86
1416	31	4	5	132		4 75	0 72	0 69
1417	25	4		80		3 89	0 65	0 50
1418	24	4				3 75	0 65	
1419	24	4		126		3 75	0 65	0 67
1420	21	4½		104		3 32	0 72	0 57
1421	20			137	19	2 86		0 80
1422		4		116	12		0 59	0 52
1423	24	4		120		3 38	0 59	0 58
1424	20	5		144		2 86	0 72	0 66
1425		4					0 59	
1426	26			124		3 64		0 59
1427	26	4		166		3 64	0 59	0 74
1428		5			29		0 72	0 25
1429	24			110		3 38		0 54
1430	16	4				2 34	0 59	
1431	24	4		145		3 30	0 58	0 65
1432	23	4½				3 17	0 64	
1433								
1434	17				17	2 41		0 72
1435	17	4				2 41	0 58	
1436		5					0 71	
1437	16	5½				2 28	0 77	
1438				213½				0 89
1439	23			219		3 17		0 91
1440	24	5		161		3 30	0 71	0 67
1441				162				0 68
1442	24					3 30		
1443	25			188		3 43		0 80
1444	23	5		161		3 17	0 71	0 67
1445		5					0 71	
1446	23	6		216		3 17	0 84	0 90
1447		6					0 84	
1448	21	5		180		2 91	0 71	0 75
1449	26	5	5	137		3 56	0 81	0 60
1450	24			120	18	3 30		0 54

PRIX DE L'ÉCLAIRAGE.

Année.	LA ll. EN δ.			Le rézal.	Le pot.	LE KILO EN FRANCS.		
	cire	suif.	chandelles.	Pavots.	Huile.	cierges.	chandelles.	huile.
1451	23	4		121 δ.	24 δ.	3 fr.17	0 fr.64	0 fr.79
1452				150				0 64
1453	24	5		96		3 30	0 76	0 45
1454				126				0 56
1455	28		5	170		3 85	0 64	0 71
1456	24	7		186		3 30	0 98	0 77
1457	27					3 69		
1458	23			108		3 17		0 49
1459	22	4			23	3 04	0 64	
1460		4		116			0 64	0 52
1461	21	4	5	146		2 91	0 61	0 63
1462	22			130	15	3 04		0 64
1463	20			121	13	2 78		0 55
1464	21				12	2 91		0 51
1465	21	4	5			2 91	0 64	
1466	21	4			11	2 78	0 60	0 44
1467	21	4			11	2 78	0 60	0 44
1468	21				10	2 78		0 40
1469	21	4	6	108	12	2 78	0 72	0 48
1470	20		6			2 66	0 72	
1471	22	4				2 91	0 60	
1472	22	4	5		15	2 91	0 60	0 60
1473		4					0 60	
1474	21					2 78		
1475	21	4		106		2 78	0 60	0 42
1476	21	4				2 78	0 60	
1477	20	4				2 66	0 60	
1478	19	4			15	2 51	0 60	0 60
1479	20	4			15	2 51	0 57	0 58
1480	18				23	2 29		0 88
1481	19			160	21	2 40		0 81
1482	19		5	126		2 40	0 57	0 43
1483	20	4½	5	117	11	2 51	0 57	0 54
1484	21	4½	5	118	12	2 63	0 57	0 46
1485	21				16	2 63		0 62
1486	22		5		11	2 71	0 57	0 51
1487	20	4	5		18	2 51	0 57	0 69
1488	19	4	5			2 40	0 57	
1489	21	4	5		17	2 63	0 57	0 65
1490	22	4	5	132	20	2 68	0 55	0 70
1491	23	4½		174	13	2 79	0 60	0 48
1492	23	5	6		21	2 79	0 66	0 73
1493	24	4½	5	156		2 90	0 56	0 53
1494	22			144	12	2 68		0 44
1495	21	6			15	2 57	0 77	0 55
1496	22	1½				2 68	0 60	
1497	22	4			12	2 60	0 55	0 43
1498	22	4½				2 60	0 60	
1499	21					2 19		
1500	22	4		132		2 60	0 55	0 41

Année	LA ℔. EN d. cire	chandelles	Rézal. Pavots.	Pot. Huile.	LE KILO EN FRANCS. cierges	chandelles	huile
1501	24	5	144 d.		2 fr.82	0 fr.55	0 fr.48
1502	22	5	138	15 d.	2 60	0 55	0 55
1503	21	5	144		2 49	0 55	0 48
1504	22	5	168	14	2 52	0 53	0 50
1505	21	5			2 41	0 53	
1506	21	5	156	15	2 41	0 53	0 53
1507	21		126	14	2 41		0 50
1508	21				2 41		
1509	21	5	108	14	2 41	0 53	0 50
1510	22	5			2 52	0 53	
1511	21		168	15	2 35		0 51
1512	21		162		2 35		0 50
1513	21	4 1/2	168	15	2 35	0 46	0 51
1514	21	5		15	2 35	0 51	0 51
1515	22	5	180	16	2 45	0 51	0 54
1516	21	6	180	21	2 35	0 61	0 71
1517	24	5	144	22	2 66	0 51	0 74
1518	24	5	126	17	2 66	0 51	0 58
1519	30		156	14	3 27		0 48
1520	31		180	15	3 38		0 51
1521	32			18	3 48		0 61
1522	27		126	15	2 96		0 51
1523	31	5 1/2		16	3 38	0 56	0 54
1524	22	5 1/2		15	2 45	0 56	0 51
1525				15			0 50
1526	26			12	2 78		0 40
1527	20			15	2 18		0 50
1528	18	7		18	1 98	0 70	0 60
1529	17	7		19	1 88	0 70	0 63
1530	20			26	2 18		0 86
1531	22	6 1/2		24	2 38	0 65	0 80
1532	21	7		23	2 22	0 68	0 74
1533	21	7		20	2 22	0 68	0 64
1534	21	6		18	2 22	0 58	0 58
1535	21	8		15	2 22	0 77	0 48
1536	21	8		15	2 22	0 77	0 48
1537	20	7			2 12	0 68	
1538	21	7		18	2 22	0 68	0 58
1539	22	6		17	2 32	0 58	0 55
1540	20	8			2 12	0 77	
1541	21	6		18	2 22	0 58	0 58
1542	21	8		18	2 22	0 77	0 58
1543	20	6		18	2 12	0 58	0 58
1544		7		18		0 68	0 58
1545	22	7		18	2 32	0 68	0 58
1546	21	9		21	2 19	0 67	0 67
1547	21	7		21	2 19	0 67	0 67
1548	20	7		20	2 10	0 67	0 64
1549	23	7 1/4		23	2 38	0 69	0 73
1550	24	7		25	2 47	0 67	0 79

PRIX DE L'ÉCLAIRAGE.

Année.	LA lt. EN d. cire.	chandelles.	Pot. huile.	LE KILO EN FRANCS. cierges.	chandelles.	huile.
1551	21	7	25 d.	2 fr.47	0 fr.67	0 fr.79
1552	21	7	25 1/2	2 47	0 67	0 81
1553		7	24		0 67	0 76
1554		8	22 1/2		0 76	0 71
1555	25	8	21	2 44	0 72	0 63
1556		8	21		0 72	0 63
1557	27	9	22	2 62	0 81	0 66
1558	26	9	22	2 53	0 81	0 66
1559	26	9	22	2 57	0 81	0 66
1560	28	9	21	2 75	0 81	0 63
1561	26	9	21	2 57	0 81	0 63
1562	28	9	21	2 75	0 81	0 63
1563	28	8	24	2 75	0 72	0 72
1564	28	9	24	2 75	0 81	0 72
1565	32	9	36	3 11	0 81	1 08
1566						
1567						
1568						
1569	32	8	36	3 11	0 72	1 08
1570	32	8	35	3 11	0 72	1 05
1571	32	9 1/2	36	3 11	0 86	1 08
1572	34	10	36	3 33	0 90	1 08
1573	32	10	46	3 15	0 90	1 38
1574	36	11	48	3 51	0 99	1 44
1575	42	13	49	3 79	1 10	1 36
1576	42	13	39	3 79	1 10	1 10
1577	42	12	36	3 79	1 02	1 02
1578	42	11	39	3 79	0 93	1 10
1579		10	33		0 85	0 93
1580		10 1/2			0 89	
1581	40	10 1/2		3 62	0 89	
1582		10 1/2	36		0 89	1 02
1583		10 1/2			0 89	
1584	40	10 1/2	30	3 62	0 89	0 85
1585	49	11 1/4	40	4 38	0 96	1 13
1586	50	12 1/2	43	4 24	0 98	1 18
1587	49	11 1/2	49	4 16	0 90	1 28
1588	50	12	49	4 21	0 94	1 28
1589	50	13	54	4 24	1 02	1 41
1590		11	48		1 08	1 22
1591	50	14	54	4 16	1 08	1 38
1592		14	54		1 08	1 38
1593		14	60		1 06	1 44
1594		13	51		0 99	1 29
1595		15	51		1 14	1 29
1596		16	51		1 22	1 29
1597						
1598		13			0 97	
1599						
1600		13			0 97	

Année.	LA lt. EN d.			Pot. Huile.	LE KILO EN FRANCS.		
	cire.	cierges.	chandelles.		cierges.	chandelles.	huile.
1601			15	54 d.		1 fr.09	1 fr.30
1602			15 1/2	54		1 12	1 30
1603		68	16		4 fr.93	1 15	
1604		68	16		4 93	1 15	
1605	16		16		5 50	1 11	
1606		64	16		4 43	1 11	
1607		64	16		4 45	1 11	
1608		64	16		4 43	1 11	
1609	15	64	16		4 43	1 11	
1610	18 1/2		16	60	6 62	1 11	1 38
1611	21 1/2		16		6 96	1 09	
1612	24		17		8 08	1 16	
1613			18			1 23	
1614			18			1 23	
1615			17 1/2			1 17	
1616		72	17		4 54	1 13	
1617	22 1/2		17		6 96	1 13	
1618	22 1/2		17	72	6 96	1 08	1 40
1619	22 1/2	25	18		6 96	1 08	
1620	20	22	18		5 10	1 03	
1621	38		21		5 40	0 92	
1622			66	196		1 27	1 24
1623	22 1/2		18	54	7 44	1 23	1 23
1624	20		21		6 71	1 43	
1625	20		20	60	6 71	1 37	1 37
1626	20		19	66	6 71	1 30	1 50
1627	20		20	45	6 71	1 37	1 03
1628	20		20	60	6 71	1 37	1 37
1629	20		20		6 71	1 37	
1630	20		18		6 71	1 23	
1631	20		18		6 71	1 23	
1632	22 1/2		20	60	7 44	1 37	1 37
1633	20		21	66	6 71	1 43	1 50
1634	20		24	60	6 71	1 56	1 30
1635							
1636			25			1 62	
1637	28				8 70		
1638	20		27		6 30	1 71	
1639	16				5 22		
1640	17 1/12		24	90	5 64	1 64	2 05
1641		21			6 08		
1642	18				5 80		
1643							
1644							
1645	16 1/2			90	5 33		2 05
1646	16 1/2				5 33		
1647							
1648	13				4 13		
1649	13		18	60	4 13	1 23	1 37
1650	12		18		3 85	1 23	

PRIX DE L'ÉCLAIRAGE.

Année.	LA ℔. EN ₰.			Pot. — Huile.	LE KILO EN FRANCS.		
	cire.	cierges.	chandelles.		cierges.	chandelles.	huile.
1651		90			6 fr.15		
1652	14				4 24		
1653							
1654	15		16		4 54	1 fr.09	
1655	16		16	60 ₰.	4 84	1 09	1 fr.37
1656	64	80	16		4 84	1 09	
1657	72	80	16		5 46	1 09	
1658	15		16	63	4 27	1 09	1 44
1659	15		16		4 27	1 09	
1660	15		16		4 27	1 09	
1661	16		16		4 56	1 09	
1662	16		18	60	4 56	1 23	1 37
1663			18			1 23	
1664	20		18		5 58	1 23	
1665	19		18		5 32	1 23	
1666	18		18		5 06	1 23	
1667	18		18	51	5 06	1 23	1 16
1668			16	42		1 09	0 96
1669	21		16		5 85	1 09	
1670	18		16		5 06	1 09	
1671			16			1 09	
1672	18		16	18	5 06	1 09	1 10
1673	18		16		5 06	1 09	
1674	16		16		4 56	1 09	
1675	19		18		5 32	1 23	
1676	25		20		7 11	1 37	
1677	24		20		6 62	1 37	
1678	20		20		5 58	1 37	
1679			20	58		1 37	1 04
1680	20		20	54	5 58	1 37	
1681			21			1 42	
1682			24	60		1 42	1 18
1683			24	60		1 42	1 18
1684	60		17	60	4 75	1 01	1 18
1685			16			0 95	
1686			16			0 95	
1687	60		16		4 75	0 95	
1688			20			1 18	
1689			21	60		1 21	1 18
1690	21		24	72	5 11	1 33	1 33
1691	24		24	90	5 11	1 33	1 66
1692	21		24	96	5 41	1 33	1 61
1693	22 1/2		36	108	4 72	1 82	1 82
1694	24		31		4 98	1 56	
1695	22 1/2		30	96	4 72	1 51	1 61
1696	20		24	66	4 22	1 21	1 31
1697	20		21		4 22	1 05	
1698	25		27		5 17	1 35	
1699			21			1 20	
1700			24	84		1 21	1 50

CH. X. — S. 1. — ÉCLAIRAGE.

Année.	LA li. EN δ.			Pot. Huile.	Rézal en β. Pavots.	LE KILO EN FRANCS.		
	cire.	cierges	chandelles			cierges	chandelles	huile
1701	22		24	72 δ.	58	3 fr·95	1 fr·35	1 fr·35
1702			32	90	76		1 56	1 46
1703	30		24	84	70	4 85	1 22	1 42
1704	36		24	72	60	4 54	1 17	1 17
1705			22	84	70		1 02	1 31
1706	87		21			4 54	1 01	
1707			20				1 02	
1708			23				1 17	
1709	30		24	96	95	3 70	1 06	1 40
1710	24 1/2		28	72		3 15	1 06	0 91
1711	33		27	96	80	3 75	1 01	1 13
1712	31		30	105	92	3 55	1 06	1 24
1713	33		38	120		3 75	1 30	1 41
1714	30		43	138		3 45	1 47	1 62
1715	34		25	123		4 60	1 10	1 72
1716	28		23	78		3 76	0 94	1 07
1717	24		22	66		3 28	0 90	0 90
1718	30		24	78		3 20	0 83	0 90
1719	35		24	93		3 65	0 73	0 94
1720	60		34	135		3 60	0 91	1 06
1721	57		27	84		4 32	0 64	0 85
1722	45		27	90		3 52	0 64	0 85
1723	47		27			3 65	0 70	
1724	30		22 1/2	72		4 28	0 79	0 85
1725	32		22	81		4 40	1 05	1 28
1726			22	78			0 87	1 04
1727			21	96			0 75	1 17
1728	40					4 50		
1729			22				0 78	
1730	30				58	3 50		0 88
1731	40		23			4 50	0 81	
1732	31		25			3 60	0 88	
1733	33		24	69		3 80	0 85	0 81
1734	27		24	81		3 20	0 85	0 95
1735	126		27	90		4 94	0 95	1 05
1736			26	90			0 92	1 05
1737	27		25			3 20	0 88	
1738	108		25			4 31	0 88	
1739			25				0 88	
1740	114		27	108	85	4 50	0 95	1 27
1741	115		27	120	100	4 54	0 95	1 37
1742		150	27	90	75	5 30	0 95	1 05
1743	44		27	84	70	4 90	0 95	0 99
1744		150	29	108	80	5 30	1 02	1 27
1745		138	27 1/2	102	92	4 87	0 97	1 20
1746		138	28		91	4 87	0 98	1 27
1747		138	27 1/2		89	4 87	0 97	1 24
1748		132	32		98	4 66	1 12	1 30
1749		132	27 1/2		92	4 66	0 97	1 27
1750		132	28		90	4 66	0 98	1 25

PRIX DE L'ÉCLAIRAGE.

Année.	LA ℔. EN ₰. STRASB.			Pot.	Rézal.	LE KILO EN FRANCS.		
	cire.	cierges.	chandelles.	Huile.	Pavots.	cierges.	chandelles.	huile.
1751	.	138	26½		100β.	4 fr.87	0 fr.94	1 fr.36
1752		138	25		75	4 87	0 88	1 07
1753		138	25			4 87	0 88	
1754		138	26½		74	4 87	0 94	1 06
1755		138	24		74	4 87	0 85	1 06
1756		138	24		81	4 87	0 85	1 14
1757		132	24			4 66	0 85	
1758		132	26	105 δ.		4 66	0 92	1 24
1759		132	30			4 66	1 06	
1760		132	29			4 66	1 02	
1761		132	29	108		4 66	1 02	1 27
1762	125		29	102		4 80	1 02	1 20
1763	135		30	108		5 05	1 06	1 27
1764	47	52½	30	126		5 25	1 06	1 48
1765		174		108		5 95		1 27
1766			31				1 09	
1767	42	50	30	112		5 00	1 06	1 31
1768								
1769								
1770				120				1 41
1771				126				1 48
1772			37				1 31	
1773			36				1 27	
1774								
1775								
1776			31	108			1 09	1 27
1777								
1778								
1779			28				0 99	
1780		144	31			5 08	1 09	
1781		150	34	112		5 30	1 20	1 31
1782			36	126			1 27	1 48
1783		144	36	144		5 08	1 27	1 69
1784			37½	156			1 31	1 83
1785			39	124			1 37	1 46
1786			40½	120			1 42	1 41
1787			42	115			1 48	1 34
1788			42	108			1 48	1 27
1789	156		40½	115		6 40	1 42	1 34
1790	156					6 10		
1791								
1792								
1793								
1794								
1795								
1796				144				1 67
1797			20	150		2 12		1 76
1798			18			1 91		
1799			16			1 69		
1800						2 00		

PRIX EN FRANCS DU KILOGRAMME.

Année.	Cire blanche.	Cire jaune.	Cierges.	Bougies.	Chandelles.	Huile.
1801					1 fr. 80	
1802					1 74	
1803					1 64	1 fr. 54
1804			6 fr. 40	7 fr.	2	1 66
1805			8	8	1 75	2 20
1806	8 fr. 50	7 fr 25	8 80	8 90	1 68	1 95
1807		7	8	8	1 58	1 40
1808		6 10	8	8	1 59	1 45
1809		6 10	7	8	1 70	1 52
1810		6 10	8	8	1 70	1 50
1811		4 40	8	8	1 56	1 50
1812		4	8	8	1 40	1 15
1813		4	8	8	1 66	1 18
1814		3 60	8	8	1 75	1 38
1815		5	8	8	1 80	1 48
1816		5	8	8	2	1 67
1817		4 80		8	2 38	1 98
1818		5	6	8	2 06	1 90
1819		5	6	7	1 75	1 70
1820		5	6	7	1 53	1 49
1821		5 10	7	7	1 46	1 38
1822			7	7	1 36	1 21
1823			7		1 32	1 09
1824					1 30	0 88
1825		5 45	5	5 80		0 94
1826	6 60	4 80	5	5 60		1 06
1827		4 90	1 50			1 10
1828		4 48				1 21
1829		4 10				1 09
1830		3 50				1 20
1831		3 50	5 10	6		1 11
1832				4 70		0 99
1833						1 13
1834						1 26
1835						1 30
1836						1 48
1837					1 52	1 55
1838	5 50	4			1 98	1 16
1839	5 20	3 70			1 40	1 18
1840	5 19	3 85	4 80	4	1 40	1 10
1841	4 90	3 92	4 80	4		1 36
1842		4 25	4 80	4	1 49	1 45
1843		4 60	4 75	3 80	1 50	1 15
1844			4 80	3 60	1 50	1 03
1845	5 20	4 10	4 80	3 60	1 38	0 99
1846	5	3 97	4 80	3 20		1 31
1847	4 99	3 85	4 55	3	1 48	1 20
1848	4 30	3 70	4 53	3	1 55	1 21
1849	5	3 49	4 55	3	1 44	1 06
1850	5 20	3 48	4 55	3	1 41	1 15

PRIX EN FRANCS DU KILOGRAMME.

Année.	Cire blanche.	Cire jaune.	Cierges.	Bougies.	Chandelles.	Huile.
1851	5 fr.	3 fr.45	4 fr.55	2 fr 80	1 fr.38	1 fr.18
1852	5 10	3 38	4 55	2 80	1 30	1
1853	5 50	3 53	4 55	2 80	1 57	1
1854	5	3 70	4 55	2 90	1 70	1 21
1855		3 90	4 55	3	1 68	1 38
1856		3 95	4 55	3	1 70	1 37
1857		3 90	4 55	3	1 68	1 30
1858		4 49	4 60	3 20	1 59	1 18
1859		4 78	4 60	3	1 50	1 12
1860		5 09	4 60	2 95	1 54	1 12
1861	6 50	4 97	4 60	2 85	1 40	1 24
1862	6 50	4 49	4 60	2 60	1 44	1 28
1863	5 77	4 08	4 75	2 35	1 35	1 30
1864	6 20	4 19	4 75	2 30	1 30	1 15
1865	6 50	4 79	4 75	2 20	1 30	1 30
1866		4 74	4 75	2 35	1 35	1 45
1867	6 50	4 50	4 75	2 20	1 30	1 12
1868	6 50	4 40	4 75	2 25	1 25	1 01
1869	6 50	4 30	4 75	2 20	1 25	1 10
1870		4 43	4 75	2 30	1 25	1 20
1871		4 43	4 75	2 40	1 30	1 25
1872		4 58	6	2 23	1 25	1 20
1873		4 28	6	2 15	1 20	1 10
1874		4 09	6	2 20	1 10	0 95
1875		4 04	5 80	2 20	1 10	1 05

RÉCAPITULATION.
LE KILOGRAMME EN FRANCS.

Années.		Cierges.	Chandelles.	Huile.
1376	— 1400	4 fr.86		0 fr.78
1401	— 1425	3 63	0 fr.68	0 65
1426	— 1450	3 10	0 70	0 74
1451	— 1475	2 95	0 66	0 56
1476	— 1500	2 60	0 59	0 58
1501	— 1525	2 65	0 53	0 58
1526	— 1550	2 23	0 68	0 62
1551	— 1575	2 89	0 80	0 87
1576	— 1600	4	0 99	1 20
1601	— 1625	5 87	1 11	1 32
1626	— 1650	6 68	1 40	1 51
1651	— 1675	4 95	1 13	1 23
1676	— 1700	5 25	1 29	1 37
1701	— 1725	3 88	1 03	1 18
1726	— 1750	4 43	0 91	1 13
1751	— 1775	4 91	1 01	1 26
1776	— 1800	5 13	1 44	1 49
1801	— 1825	7	1 69	1 42
1826	— 1850	6 55	1 51	1 19
1851	— 1875	5 90	1 39	1 20

Seconde Section.

Chauffage.

Bois. — Taxes. — Commerce du bois. — Le charbon. — La houille. — Façon du bois. — Prix du combustible.

Bois. En l'année 1581, nous dit la Chronique de Trausch, trois honorables bourgeois de Strasbourg, Jeremias Neunes, Michel Kogmann et Henri Nessin ont découvert l'art de cuire, bouillir et rôtir avec un seul feu sur un même foyer (*in einer kuchen oder herd*), et d'y cuire en même temps des pâtés comme dans un four. Le même feu peut en outre chauffer une chambre *(gemach oder stuben)*, et cela, sans qu'on modifie les fourneaux et les cheminées. Ce perfectionnement exige si peu de bois, qu'on peut économiser au moins le tiers du combustible qui était autrement nécessaire. L'invention peut être appliquée avec grand profit dans des fermes considérables, dans les couvents, les hôpitaux, les bains, voire même les brasseries et autres établissements de ce genre. Les inventeurs ont subi avec succès les épreuves auxquelles ils furent soumis, et ont obtenu de sa M. Imp. un privilége spécial. »

L'histoire a consacré le souvenir de tant d'hommes, qui ne se sont illustrés ici-bas que par des actes de violence. Il est juste qu'elle conserve les noms de ces trois bourgeois de Strasbourg, qui, grâce à leur ingénieuse invention, ont su, tout en diminuant nos frais, augmenter la somme de nos jouissances.

Les termes qu'emploie Trausch nous montrent que l'usage des foyers et des fourneaux était depuis longtemps introduit en Alsace. De là l'emploi si fréquent dans notre province du mot *stube*, qui, comme le mot français poêle, a d'abord été synonyme de *ofen*. C'est de même que le mot *kemnat, kammer,* (caminata, camerata) a d'abord désigné la cheminée, avant d'avoir le sens large du mot actuel *chambre* [1].

L'invention que nous venons de signaler, arrivait à propos. Le combustible entrait alors dans la voie des renchérissements, et, bien qu'on fût loin de prévoir, à cette époque. les proportions que la hausse devait atteindre dans la suite, les esprits clairvoyants n'en saluaient pas moins avec reconnaissance tout ce qui promettait d'en restreindre la consommation.

Cette consommation était relativement forte au Moyen-Age. Nous en avons la preuve dans la quantité considérable de bois, que les municipalités allouaient à certains fonctionnaires. Aussi voit-on les autorités locales se préoccuper, dès le xiiie siècle, de la conservation des forêts, et multiplier les règlements qui devaient les protéger contre l'imprévoyance ou la malice.

Il y aurait là matière à une intéressante digression ; mais elle nous écarterait trop de notre sujet. Nous ne parlerons pas davantage des ressources abondantes, que les communes rurales trouvaient dans leurs propres bois et dans ceux de leurs seigneurs. Nous ne voulons nous arrêter ici que sur la valeur vénale du bois, établir un rapprochement, aussi exact que possible, entre son prix actuel et celui qu'il atteignait dans le passé.

Il nous a même semblé bon, pour cette question spéciale, de nous en tenir au marché de Strasbourg et à quelques localités voisines, placées dans des conditions analogues. Les frais de transport ont, et avaient surtout autrefois, une part trop large dans le prix définitif du bois, pour qu'on puisse en faire abstraction.

Au siècle dernier, le magistrat de Strasbourg distinguait avec soin les diverses essences de bois. Voici quelques tarifs de cette époque. Comme ils sont postérieurs à 1726, les livres qui y figurent sont l'équivalent du franc ; il est donc inutile de les traduire. Les prix se rapportent à la corde qui vaut 3,233 stères.

---

1. Cfr. Pauli. *Schimpff und Ernst*, édition de 1533. N° 43. *Kemnat da man ein feuer macht, als in den landen do etwan kein stuben sein.* V. aussi 309, ibid.

	1738 sept.	1738 oct.	1740	1741	1742	1743	1744	1763	1765	1770	1786
	l. s.	l. s.	l. s.	l. s.	l. s.	l. s.	l.	l.	l.	l.	l. s.
orme (rusten holtz)	12	11	13	14	12 12	16 10	18	17	16	16	20
hêtre (zambuch)	10 12	10 8						16	15	15	18 10
charme (hagenbuch)	11 12	10 16	12 12	14	14 8	16 10	18	17	16	16	22
chêne (eichen) jeune	9	8 8	9 4	10 8	8 16	12 8	14	13	12	12	18
» vieux	7 16	6 12	8	8	8	10	12	12	11	11	13 8
aune 'ehrle)	8	6 16	8	8 12	8 8	10 8	12	12	11	11	15
sapin (taune)	8	6 4	8	8 12	8	8	13	10	10	11	15
bois tendre (weichholtz)	6							10	9	9	10
charme flotté (canalholtz)	11	11	11 16					15	14	14	21
bois dur mêlé (hartholtz)								14	13	13	14
100 fagots bois dur								10	8		
» bois tendre								8	6		

Dans les temps antérieurs, on ne parle guère que de deux espèces de bois, le bois dur et le bois tendre ou léger. Les tarifs officiels, comme les comptes particuliers, se bornent presque toujours à cette mention sommaire. La taxe de 1544 (24 sept.) se contente de dire :

100 fagots de bois dur.	3 1/2 β. ou	1 fr. 93
100 » léger	3	1 65
1 corde de bois dur	7	3 85
» léger	5 1/2	3 03
hêtre, chêne, bois de tourneur sans écorce	8	4 40
bois de tonnelier	10 1/2	5 80
1 corde de rondins durs	5 β. 9 δ.	3 16
» de rondins légers	4 1/2	2 50
» de rondins moindre qualité	3 1/2	1 93

« L'aune blanc compte comme bois léger, l'aune noir comme bois dur. »

Cette taxe de 1544 est la plus ancienne que nous ayons rencontrée. Quand on connait les habitudes économiques de nos pères, celles des strasbourgeois en particulier, on peut affirmer sans crainte que le commerce du bois a été réglementé et tarifé comme tout autre commerce de ce genre. Mais les preuves de cette intervention sont assez rares dans les archives, et ce n'est qu'au siècle dernier qu'elles abondent, avec un ensemble et une suite capables de nous éclairer.

En dehors des taxes proprement dites, nous trouvons, depuis 1705 jusqu'à la révolution, l'indication des prix que la ville payait aux fonctionnaires, qui ne prenaient point en nature leurs compétences de bois. Ces prix doivent être des prix moyens, puisque ces personnes conservaient la faculté de se faire délivrer leurs bois en nature avant la S.-Martin (arrêté du 20 nov. 1705). Le même fait ressort aussi de la comparaison, souvent faite par le magistrat lui-même, entre ces prix et ceux du marché. Ainsi :

		chêne	hêtre	bois léger	100 fagots
1719	compétence :	35 β.,	32,	28,	26 ¹/₄
	marché :	35	32	29	23 ¹/₂
1720	compétence :	65	65	55	50
	marché :	68 ³/₄	75	56 ¹/₄	50
1721	compétence :	50	50	45	36 ¹/₄
	marché :	43	43		32
1722	compétence :	45	45	40	36 ¹/₄
	marché :	48	48	30	38

Ces moyennes nous présentent donc une base digne de toute confiance.

Quant au commerce du bois, il est un point sur lequel la législation semble n'avoir guère varié. Toujours il est interdit à un strasbourgeois d'acheter sur place, pour revendre avec profit. Le bois qu'on amenait par eau devait rester sur les bateaux, jusqu'à ce qu'il fût vendu ; alors on le déchargeait sur le quai, les mesureurs jurés le cordaient, et l'acheteur le faisait enlever dans les vingt-quatre heures. (Règl. du 28 sept. 1771). Le bois introduit par chariot était conduit d'abord sur le quai, plus tard (1769) sur la place S.-Thomas. Arrivé là, il était déchargé, mesuré, puis remis sur les voitures, et les cordeurs jurés délivraient au voiturier un billet indiquant le prix auquel, conformément à la taxe et à leurs mesures, il pouvait vendre son chargement. (Règl. du 6 oct. 1769).

La question des chantiers et magasins fut au contraire l'objet des décisions les plus contradictoires. En 1732 (13 janv.) « on fait savoir que pour procurer en cette ville l'abondance et le bon marché des bois, ceux qui pourroient être dans le dessin d'établir des magasins de bois de Chauffage près de cette dite ville, hors des portes d'icelle, en auront non-seulement la permission, mais qu'on leur assignera aussi des places convenables : bien entendu, toutefois, qu'il ne leur sera permis de vendre ces bois que sur le pied de la taxe. »

Voilà les magasins de bois, non-seulement autorisés, mais favorisés même par une concession gratuite d'emplacement. Huit ans se passent, et nous rencontrons un autre règlement qui, considérant que « le trafic du bois de chauffage et des fagots si préjudiciable au bien public, et *l'établissement des magasins de ces sortes de bois ayant toujours été défendus* avec tant de rigueur en cette ville, que même la peine du bannissement se trouve jointe à une défense qui en fut faite en 1637, » renouvelle cette ordonnance, « tant pour empêcher que des particuliers ne fassent des amas de bois de chauffage et ne le gardent pour le revendre dans la suite, que pour procurer au public le bon marché dudit bois » Et qu'on n'aille pas croire qu'il ne s'agit ici que d'établissements faits dans l'enceinte de la ville. Non, notre document ordonne de vider, sous peine d'amende ou de confiscation, tous les « chantiers ou magasins... dans l'étendue de la juridiction de la ville. » (25 juil. 1745).

Cette prohibition était à peine édictée depuis un an, que le magasin de bois reparaît, mais cette fois sous forme de monopole. Le 26 nov. 1746, les magistrats de Strasbourg publient qu' « animés du désir de procurer le bien public, et voulant prévenir la disette de bois et en empêcher la cherté et une plus grande augmentation de son prix, (ils ont) fait avec les sieurs Stuhl.... et Grau.... un accord ou traité pour douze ans.... en vertu duquel lesdits deux entrepreneurs se sont engagés de livrer et de vendre dans les magasins pendant ledit espace de douze ans, en hiver comme en été, à la ville et à la bourgeoisie le bois de chauffage nécessaire, à un prix fixe et stable, sçavoir.... » Aucun autre marchand ne pouvait établir de magasin dans un rayon de deux lieues; et ceux qui amenaient du bois en ville devaient le conduire au marché et l'y vendre à 2 l. au-dessous de la taxe du magasin. Les entrepreneurs étaient du reste soumis au même tarif réduit, pour le bois qu'ils débitaient en dehors de leurs chantiers; et il leur était sévèrement interdit d'acheter au marché de la ville, soit directement soit indirectement.

Toutes ces tergiversations prouvent, à la fois, le désir ardent qu'avait le magistrat d'empêcher le renchérissement du bois et l'inanité de ses efforts. Ce renchérissement était dans la nature des choses. Il devait prendre dans la suite un développement plus rapide encore. La concurrence de la houille était seule capable de le modérer.

Nos moyennes sont empruntées à l'œuvre Notre-Dame, à

S.-Arbogast, à S.-Thomas. Les taxes officielles du magistrat y prennent place depuis le milieu du xvie; siècle elles nous servent à peu près exclusivement au xviiie, et sont remplacées pour notre époque par les mercuriales.

La ville de Strasbourg faisait elle-même le commerce du charbon. Elle achetait la marchandise que les charbonniers amenaient en ville, et la revendait à la bourgeoisie, avec un bénéfice d'environ 20%. Les pharmaciens, les orfèvres, les serruriers, etc., ne pouvaient point s'adresser au magasin municipal et devaient s'approvisionner au dehors. (Prot. des XV. 1571).

Le chantier de la ville en renfermait par moment des quantités considérables. En 1526, par exemple, il en avait plus de cent mille *körb*, soit environ cinquante mille mètres cubes.

Nos renseignements sont empruntés pour notre siècle, aux mercuriales de Strasbourg, qui comptent tantôt par hectolitre, tantôt par mesure de cinq hectolitres [1].

De 1678 à 1737, nous nous appuyons sur les comptes de S.-Thomas, qui estiment le charbon par sac ou par quarts de korb.

Antérieurement, de 1571 à 1632, les Protocoles des XV nous fournissent les taxes, d'après lesquelles le *korb* de charbon se vendait dans les magasins de la ville.

De 1443 à 1550, nous avons suivi les comptes de S.-Georges de Haguenau. Le charbon y est noté par *fuder*, par *sack* et par *zuber*; cette dernière estimation est la plus commune, et aussi la plus régulière. Le sac est le quart du *zuber*, des textes nombreux le prouvent. Le *korb,* au moins au xve siècle, semble être la même chose que le *zuber*; ils se paient le même prix. Quant au *fuder*, probablement synonyme de voiture, sa contenance semble varier :

On lit : 1492 : 1 fuder ou 13 zuber.
1502 : 1 fuder ou 10 zuber.
1511 : 1 fuder ou 10 zuber.
1526 : 1 fuder ou 10 zuber.
1527 : 1 voiture de 8 1/2 zuber.
1529 : 1 fuder de 7 1/2 zuber.
1530 : 1 fuder ou 10 zuber.

1. C'est l'ancien *korb* légèrement augmenté. Il valait exactement 465 décimètres cubes (V. p. 20.).

2. Ce sac a ainsi (463 : 4 = 116) la même contenance que le *viertel* ou *rézal* en usage pour les grains.

Grâce au monopole de la ville et à l'éloignement des forêts, le charbon était, en général, plus cher à Strasbourg qu'à Haguenau.

HOUILLE. La houille ou charbon de terre n'entra dans la consommation privée que de nos jours. La ville de Strasbourg songea un instant, en 1580, à l'employer dans les corps de garde, pour ménager le bois. Des renseignements furent pris chez les forgerons, *qui s'en servaient.*

Ceux-ci ne se montrèrent pas d'accord dans leurs réponses. Georges Reimboldsmeyer, l'armurier, ne croit pas la houille bonne pour un pareil usage, elle exige un feu trop vivement entretenu. Au contraire Jeremias Neuner vante la houille; il s'en est lui-même servi dans sa maison, pour chauffer la *stub*; mais le fourneau doit recevoir pour cela une installation spéciale, qui facilite le tirage. Il met volontiers sa science de fumiste (*seine neue ofenkunst*) au service de la ville; mais il ne cache pas que la réforme des fourneaux occasionne une dépense assez sérieuse. En présence de ces dissentiments, la commission municipale décide que l'essai se fera en petit, et qu'on n'achètera qu'une faible provision de houille; car, de l'aveu des forgerons, elle est exposée à se décomposer (*bevorab weyll sy auch verderbt und zu mist wird, wie es die schmidtzunft erfahren.*

Il ne semble pas que ces tentatives aient abouti. Le sac de houille se vendait à cette époque 10 β (4 fr. 15 l'hectolitre).

Les particuliers continuèrent à dédaigner la houille. On en trouve la preuve dans une notice que la ville de Bâle fit imprimer en 1769, et qui avait pour objet de la recommander au public, ainsi que de l'éclairer sur l'installation la plus appropriée à son emploi.

Le Rathsprotocoll de Mulhouse nous édifie sur les efforts que faisait cette ville, vers la même époque, pour propager l'usage de la houille. Une commission fut nommée par le sénat et chargée de faire elle même des essais, ou d'accorder une prime à ceux qui feraient avec succès l'application de la houille aux fabriques (3 mars 1766). Cette commission fit venir un ouvrier de Bâle « où l'on emploie la houille » pour arranger les fourneaux de la ville, envoya aux mines de Ronchamp une commande de 5 à 6000 quintaux, et procéda à des essais, aux frais de la république, dans la fabrique de Jean Dollfus. Les essais réussirent. Neuf quintaux de houille, employés en concurrence d'une corde de bois, donnèrent des résultats satisfaisants.

Un certain nombre de fabricants adoptèrent l'innovation. La ville établit un magasin, où le quintal de houille était livré à 23 s. aux bourgeois, à 25 s. aux étrangers (2 fr. 28 et 2 fr. 48 le quintal métrique. Il restait cependant loisible à chacun de s'approvisionner directement aux mines (5 juin).

Placé d'abord sous la surveillance de la commission municipale, ce magasin fut confié plus tard (2 juin 1763) à Frédéric Dollfus, et, après sa mort, à Nicolas Heilmann (28 nov. 1763). La ville lui faisait une avance gratuite de 1200 livres et exigeait qu'il eût toujours au moins 1500 quintaux en réserve. En 1774, l'avance fut portée à 2400 l. et l'approvisionnement du magasin à 2400 quintaux, ce qui semble indiquer une hausse dans la consommation (9 juin).

Certains fabricants résistaient cependant toujours. Vu le bon marché momentané du bois, on respecte leur liberté. Mais la ville se réserve de rendre l'emploi de la houille obligatoire, dès que la corde de bois atteindra le prix de 16 l. Elle se borne, pour le bon exemple, à s'en servir elle-même aux portes et à l'hôpital.

Par suite de la diminution du bois, ou par d'autres motifs que nous ignorons, la houille perdit, les années suivantes, une grande partie de sa vogue. Le 1er avril 1784, le sénat se voit forcé de nommer une nouvelle commission, placée sous la présidence du syndic Jean Dollfus, « vu que l'emploi de la houille est en baisse, quand la grande consommation du bois le rendrait cependant aussi utile que sage [1]. »

La commission trouva que le rétablissement du chauffage par la houille était absolument nécessaire [2]. Elle se demanda même si on ne devait pas l'imposer à ceux des fabricants qui le repousseraient. En même temps elle fit à Ronchamp une commande de 4500 quintaux par an, payables d'avance, à raison de 10 s. le quintal (0 fr. 99 les cent kilos [3]).

---

1. *Da der steinkohlen gebrauch in Abgang gekommen und solcher doch wegen der grossen* Consommation *des holtzes so nützlich als klug.*

2. *Die wiedereinführung der steinkohlen überaus nötig* (26 août).

3. En 1797, la houille de Ronchamp se vendait à Mulhouse 2 fr. 42 le quintal.

Les moyens de persuasion suffirent sans doute pour atteindre le but économique, que se proposait le magistrat de Mulhouse. Du moins le voyons nous quelque temps après féliciter les fabricants (4 sept. 1786), de la résolution qu'ils ont prise d'employer la houille dans leurs établissements.

Sauf pour les dernières années, nos moyennes sont empruntées aux mercuriales de Strasbourg. Elles cotent la houille tantôt par 50 ou 100 kilos, tantôt par hectolitre; ce dernier est compté pour les $5/8$ du quintal métrique. Nous avons dû réduire, sur cette base, toutes les estimations à une mesure commune.

Rattachons à la houille une Notice sur le gaz, qui nous est parvenue trop tard pour être mise à sa place. Elle nous a été fournie par M. Umber, qui dirige avec tant de succès l'usine de Colmar.

Le premier emploi, fait en Alsace, du gaz appliqué à l'éclairage remonte à l'année 1825. La filature Haussmann, construite à cette époque au Logelbach, ne fut jamais éclairée qu'au gaz. Il était fabriqué avec des appareils de construction anglaise.

En 1837 la ville de Strasbourg mit le gaz à la disposition de ses habitants. Le mètre cube se payait alors 45 centimes; il fut abaissé à 30 centimes en 1857, et ce tarif est encore en vigueur.

Mulhouse donne de même le mètre cube à 0 fr. 30; mais avec des remises, qui réduisent ce prix à 0 fr. 225 et 0 fr. 180, pour les consommateurs qui emploient de 100,000 à 300,000 mètres cubes par an.

A Colmar, le gaz fut installé en 1845. Le prix du mètre cube, fixé d'abord à 0 fr. 60, fut successivement abaissé

en 1849 à 0 50
en 1857 à 0 45
en 1858 à 0 40
en 1875 à 0 325, avec des réductions, qui peuvent le faire descendre à 0 25 pour une consommation de 6000 à 25,000 mètres cubes.

FAÇON DU BOIS. Avant d'indiquer le prix du combustible, nous donnerons quelques chiffres sur la façon du bois.

Journée du Holtzhauer.

1446	S.-Claire	12 d. ou	0 fr. 72	
1533	Hôpital de Strasb. .	12	0 56	
1558	Grand Chapitre . .	24	1 00	
1575	S.-Morand Altk. .	30	0 48	(nourri?)
1619	Grand Chapitre . .	30	0 87	
1620	S.-Arbogast . . .	40	0 83	
1634	Strasbourg . .	36	1 11	
1648	Colmar	20	0 48 et nourri	
1715	Dom. de Colmar .	10 s.	0 50 »	
1753	»	10	0 50 »	
1771	Pairis	16	0 80	

Façon par corde et par stère.

1501	S.-Thomas	6 d.	0 fr. 10
1591	»	14	0 15
1597	»	15	0 16
1623	Colmar	50	0 25
1629	Strasbourg	56	0 56
1630-1631	»	56	0 56
1646	» bois léger	16	0 16, chêne 20 0,20, bois dur 21 0,21
1672	Munster	90	0 39
1675	»	70	0 30
1693	Thierenbach . . .	120	0 21
1697	Munster	60	0 20
1702	Thierenbach . . .	160 d.	0 20
1703	Pairis	120	0 15
1704	Thierenbach . . .	160	0 19
1709	»	160	0 18
1711	Unterlinden . . .	200	0 18
1716	Thierenbach . . .	160	0 17
1721	»	288	0 18
1724	»	124	0 15
1728	»	125	0 15
1732	Unterlinden	210	0 20
1740-45	Thierenbach . .	160	0 15
1764	Pairis	210	0 20
1762	Strasb., bois dur, fendre .	27	0 11, chêne 30 0,16, bois dur 36 0,19
	» scier à fois	27	0 11 30 0,16 36 0,19

Ce dernier tarif est emprunté à une ordonnance du 15 nov. qui réprime les exigences des *holtzhauer*. Ils demandent jusqu'à 3 et 4 β. pour fendre une corde et autant pour la scier. Non contents de cela, ils réclament encore à boire et à manger et emportent du bois.

Année.	LA CORDE.		100	Zuber	LE STÈRE.		100	Hectol.
	Bois dur.	Bois tendre.	fagots.	charbon.	Bois dur.	Bois tendre.	fagots.	Charbon.
1352				27 s.			2 fr.45	
1417		60 s.				1 fr.33		
1418		81				1 79		
1419	92 s.	81			2 fr.03	1 79		
1420	120	84			2 65	1 85		
1423	120				2 40			
1424		83				1 66		
1425		85				1 70		
1426		68				1 36		
1429			72				4 44	
1430		69				1 38		
1431			72				4 32	
1441			84				5 74	
1442	118				2 24			
1443				22 s.				0 fr.28
1445			72				4 32	
1446				26				0 34
1449				26				0 34
1451	76	65	72		1 50	1 27	4 32	
1454				20				0 26
1456				23				0 30
1458				30				0 39
1459		60		21		1 16		0 27
1462				18				0 23
1464				21				0 27
1465		48				0 93		
1467			59				3 39	
1468			54				3 11	
1469			58	21			3 31	0 26
1471				20				0 25
1475	72			18	1 32			0 22
1476	72			18	1 32			0 22
1477	72			21	1 32			0 26
1478	70	50		20	1 28	0 92		0 25
1479				18				0 21
1480	63				1 10			
1481	75	48		19	1 32	0 84		0 22
1482	75			18	1 32			0 21
1483	72	50			1 25	0 87		
1486	75		78		1 32		4 29	
1487	75		64		1 32		3 52	
1488	75			19	1 32			0 22
1489	75				1 32			
1490	75			23	1 26			0 26
1491	75	48		21	1 26	0 80		0 24
1492	75			21	1 26			0 24
1494	75				1 26			
1495				32				0 36
1496	75				1 26			
1497				26				0 29
1498	75				1 25			
1499	75				1 25			

PRIX DU COMBUSTIBLE.

Année.	LA CORDE.		100 fagot.	Zuber. Charbon.	LE STERE.		100 fagots.	Hectol. Charbon.
	Bois dur.	Bois tendre.			Bois dur.	Bois tendre.		
1501	76 d.			20 d.	1 fr.25			0 fr.22
1502	82 ½				1 36			
1503	76			26	1 25			0 29
1504	75			21	1 21			0 23
1505	85				1 34			
1506	70				1 12			
1507				20				0 22
1508	75 ½				1 22			
1509	75				1 21			
1511	75			24	1 18			0 25
1512	75			21	1 18			0 25
1513	78			24	1 23			0 25
1514	75	60 d.		21	1 18	0 fr.94		0 25
1516	75	60			1 18	0 94		
1517	75			18	1 18			0 19
1518	75	60			1 18	0 94		
1519	75	50			1 18	0 78		
1521				24				0 25
1522	76	50			1 20	0 78		
1523	78	63			1 23	0 99		
1526	78			24	1 18			0 24
1527				27				0 27
1528				32				0 32
1529				30				0 30
1530				32				0 32
1531	85				1 29			
1532	88			32	1 36			0 32
1533				32				0 32
1534				32				0 32
1536	78	52	42 d.		1 15	0 77	1 fr.93	
1537	77	52	42		1 14	0 77	1 93	
1538			52				2 39	
1539	126	78			1 85	1 15		
1540	96	68	50	42	1 42	1 01	2 29	0 42
1541		52	42			0 77	1 93	
1543			48				2 20	
1544	84	66	39	43	1 21	0 97	1 79	0 43
1545			48				2 20	
1546			40				1 80	
1547	116		45	42	1 68		2 02	0 41
1548	116	84	44		1 68	1 20	1 98	
1549			54	47			2 13	0 45
1550	138	96		48	1 98	1 38		0 46
1551		81	42			1 20	1 89	
1553	148	126			2 14	1 80		
1555			42	Korb.			1 75	
1561			48				2 04	
1562			48				2 04	
1566				88				0 81
1569			48				2 04	
1570				88				0 81
1571				108				0 99
1572			58	106			2 17	0 97
1573			60 ½	108			2 57	0 99
1574				108				0 99
1575			60 ½				2 12	

Année.	LA CORDE.		100	Korb.	LE STÈRE.		100	Hectol.
	Bois dur.	Bois tendre.	fagots.	Charbon.	Bois dur.	Bois tendre.	fagots.	Charbon.
1576			60½ δ.				2 fr.42	
1577		120 δ.				1 fr.55		
1578		126	60½			1 63	2 42	
1579			60½	108 δ.			2 42	0 fr.94
1580			60½	120			2 42	1 04
1581		116½				1 51		
1582		120	60			1 55	2 40	
1583	160 δ.	132	74½		2 fr.06	1 71	2 98	
1584			74½				2 98	
1585			60½				2 42	
1586	164		60½		1 99		2 27	
1587	192	156			2 32	1 89		
1588			62				2 33	
1589	204		72		2 47		2 70	
1590	204	186	66½		2 39	2 18	2 46	
1591	204	186	75		2 39	2 18	2 75	
1592			72				2 64	
1593	228		76		2 63		2 72	
1594		180	78			2 09	3 00	
1595			72½				2 60	
1596			72½				2 60	
1597		204	88			2 34	3 08	
1598			83				2 92	
1599	240		85½		2 74		3 00	
1600	264		96	108	3 01		3 36	0 82
1601	18 β.			126	2 41			0 94
1604	15				2 01			
1605								
1607	15				1 90			
1608	15				1 90			
1612	20				2 50			
1619				150				0 92
1620				192				0 93
1621				192				0 72
1622	36	26 β.		288	1 24	0 89		0 78
1623	8	6	15 β.	480	1 00	0 75	4 10	0 86
1624	16			216	2 00			1 48
1625	18				2 25			
1626	14				1 75			
1627	15				1 87			
1628	15				1 88			
1629	14				1 75			
1631				228				1 56
1632				240				1 65
1635			8				2 96	
1636	31		14		3 61		5 18	
1645	26				3 25			
1646	25	20			3 12	2 50		
1647		16	12			2 00	4 68	
1649			8				3 12	
1650		15				1 88		

PRIX DU COMBUSTIBLE. 397

Année.	LA CORDE EN β.		100	Sac.	LE STÈRE.		100	Hectol.
	Bois dur.	Bois tendre.	fagots.	Charbon.	Bois dur.	Bois tendre.	fagots.	Charbon.
1651		16				2 fr.00		
1652		16 1/2				2 07		
1653								
1654			9 β.				3 fr.49	
1655		11				1 38	3 49	
1656			9				3 49	
1657		16				2 00		
1658			7 1/2				2 91	
1659			8				3 10	
1660		15				1 88		
1661		17 3/2				2 10		
1662		20	9			2 50	3 49	
1663		19				2 37		
1664		18	9			2 25	3 49	
1665		15	9			1 88	3 49	
1666		15	9			1 88	3 49	
1667		16	8			2 00	3 10	
1668		14 1/2	7 1/2			1 82	2 91	
1669			8 1/4				3 19	
1670		18	7 1/2			2 25	2 91	
1671		14				1 76		
1672		16	7 3/4			2 00	3 01	
1673		18				2 25		
1674								
1675	28	18 1/2	10		3 fr.50	2 32	3 87	
1676		20	9			2 50	3 49	
1677			12				4 65	
1678			12	12 d.			4 65	0 fr.33
1679	38	28			4 75	3 50		
1680	35		12		4 37		4 65	
1681	30	25	15	15	3 24	2 70	5 01	0 41
1682		27	8 1/2	22		2 92	2 84	0 53
1683			14				4 68	
1684		22	13	14		2 38	4 34	0 34
1685			10	14			3 34	0 34
1686	28	18		14	3 93	1 95		0 34
1687		24	13	14		2 59	4 31	0 34
1688		24	15	14		2 59	5 01	0 34
1689		24	20	14		2 59	6 68	0 34
1690		24	17			2 44	5 34	
1691		25	16 1/2			2 54	5 18	
1692		24	16			2 21	5 02	
1693		29	21			2 67	6 01	
1694		28 1/2	19	16		2 63	5 43	0 33
1695		23 1/2	13	16		2 16	3 72	0 33
1696	36	22 1/2	16	13	3 31	2 08	4 58	0 24
1697		24 1/2	17			2 26	4 86	
1698	33	26	17	14	3 04	2 39	4 86	0 26
1699		23	15			2 12	4 30	
1700		25	18	10		2 30	5 37	0 21

Année.	LA CORDE EN β.		100	Sac.	LE STÈRE.		100	Hectol.
	Chêne.	Bois léger.	fagots.	Charbon.	Chêne.	Bois tendre.	fagots.	Charbon.
1701	46		25 β.		4 fr.00		6 fr.75	
1702	36		22 $1/2$		3 22		6 10	
1703	30		18	18 δ.	2 85		5 26	0 fr.37
1704		30	22			2 fr.49	5 68	
1705	40	30	30		3 46	2 59	7 54	
1706	35	25	20	15	3 20	2 29	5 68	0 30
1707	35	25	20		3 26	2 32	5 76	
1708	40	30	25	16	3 80	2 85	7 30	0 34
1709	35	25	20		2 42	1 73	4 28	
1710	35	25	20		2 42	1 73	4 28	
1711	35		24	14	2 28		4 80	0 21
1712	40	30	22		2 60	1 95	4 40	
1713	40	30	24	14	2 60	1 95	4 80	0 20
1714	40	30	24		2 64	1 98	4 90	
1715	35	25	24		3 06	2 19	6 53	
1716	35	25	24	14	2 63	1 88	5 56	0 24
1717	32	22	22	10	2 40	1 65	5 10	0 17
1718	32	22	22	14	1 73	1 19	3 70	0 20
1719	35	28	26 $1/4$	12	1 96	1 57	4 59	0 15
1720	65	55	50	40	2 60	2 00	6 00	0 22
1721	50	45	36 $1/4$	16	2 15	1 94	4 19	0 15
1722	45	40	36 $1/4$	14	1 94	1 72	4 19	0 14
1723	45	40	36 $1/4$	14	2 12	1 88	5 33	0 14
1724	45	40	36 $1/4$	14	2 12	1 88	9 20	0 19
1725	40	35	36 $1/4$	10.	1 88	1 66	9 20	0 18
1726	40	35	36 $1/4$	11	2 60	2 28	7 25	0 18
1727	40	35	36 $1/4$		2 60	2 28	7 25	
1728	40	35	36 $1/4$	11	2 60	2 28	7 25	0 16
1729	36	32	24	15	2 34	2 09	4 80	0 21
1730	50	45	41 $1/4$		3 25	2 92	8 25	
1731	50	45	41 $1/4$	14	3 25	2 92	8 25	0 20
1732	50	45	41 $1/4$		3 25	2 92	8 25	
1733	50	45	41 $1/4$		3 25	2 92	8 25	
1734	60	50	46 $1/4$	19	3 90	3 25	9 25	0 27
1735	60	50	46 $1/4$		3 90	3 25	9 25	
1736	60	50	36 $1/4$	16	3 90	3 25	7 25	0 23
1737	57 $1/2$	47 $1/2$	36 $1/4$	20	3 74	3 09	7 25	0 20
1738	55	45	35		3 58	2 92	7 00	
1739	55	45	35		3 58	2 92	7 00	
1740	55	45	35		3 58	2 92	7 00	
1741	57 $1/2$	47 $1/2$	36		3 74	3 09	7 20	
1742	57 $1/2$	47 $1/2$	37 $1/2$		3 74	3 09	7 50	
1743	60	50	40		3 90	3 25	8 00	
1744	70	60	50		4 55	3 90	10 00	
1745	70	60	50		4 55	3 90	10 00	
1746	70	60	50		4 55	3 90	10 00	
1747								
1748	77	60	35		4 94	3 90	7 00	
1749	77				4 94			
1750	60	40	50		3 90	2 60	10 00	

PRIX DU COMBUSTIBLE.

Année.	LA CORDE EN β.			100	LE STÈRE.			100
	Hêtre.	Chêne.	Bois tendre.	fagots.	Hêtre.	Chêne.	Bois tendre.	fagots.
1751	65	60	40	50	4 fr.22	3 fr.90	2 fr.60	10 fr.00
1752								
1753	67 1/2	50	40	40	4 38	3 25	2 60	8 00
1754								
1755								
1756								
1757	67 1/2	47 1/2	37 1/2	40	4 38	3 09	2 44	8 00
1758	67 1/2	47 1/2	37 1/2	40	4 38	3 09	2 44	8 00
1759								
1760	70	50	40	40	4 55	3 25	2 60	8 00
1761	70	50	40	40	4 55	3 25	2 60	8 00
1762	75	50	40	40	4 87	3 25	2 60	8 00
1763	80	60	45	40	5 20	3 90	2 93	8 00
1764	80	60	45	40	5 20	3 90	2 93	8 00
1765	80	60	45	40	5 20	3 90	2 93	8 00
1766	85	65	50		5 52	4 23	3 25	
1767								
1768	80	60	45	40	5 20	3 90	2 93	8 00
1769								
1770	90	60	45	40	5 85	3 90	2 93	8 00
1771								
1772								
1773								
1774								
1775								
1776	90	65	50	50	5 85	4 23	3 25	10 00
1777								
1778								
1779	90	70	60	50	5 85	4 55	3 90	10 00
1780		70			4 55			
1781	85	60	50	50	5 52	3 90	3 25	10 00
1782	90	65	50	50	5 85	4 23	3 25	10 00
1783	19 l.	13 l.	10 l.	10 l.	6 18	4 23	3 25	10 00
1784	24	18	14	12	7 80	5 85	4 55	12 00
1785	22	16	12		7 15	5 20	3 90	
1786	23	16	14	12	7 47	5 20	4 55	12 00
1787	23	16	14	12	7 47	5 20	4 55	12 00
1788	22	16	12		7 15	5 20	3 90	
1789		25				8 12		
1790		30				9 75		
1791		27				8 78		
1792								
1793								
1794		23 1/2		10		7 18		10 00
1795								
1796								
1797			27				8 78	
1798		30	22			9 75	7 15	
1799								
1800					10 33	7 33	7 00	

Année.	STRASBOURG.			MULHOUSE.			STRASBOURG.	
	Le stère.	Le stère.	Le stère.	Le stère.	Le stère.	Le stère.	Hectol.	Hectol.
	Hêtre.	Chêne.	Sapin.	Hêtre.	Chêne.	Bois bl.	Charbon.	Houille.
1801	9 fr.60	6 fr.60	6 fr.33					
1802	9 50	6 50	6 00					
1803	9 20	6 00	5 70					
1804	10 20	6 70	6 00				1 fr.80	
1805	10 50	7 35	6 35				1 90	
1806	11 90	8 70	6 35				2 35	
1807	10 50	8 00	6 35				1 95	
1808	12 00	9 35	7 35				2 15	
1809	13 75	10 70	9 00				2 60	
1810	13 60	10 00	9 70				2 30	
1811	12 20	9 35	8 70				2 00	
1812	12 60	9 35	8 35				2 20	5 fr.50
1813	14 50	10 00	9 35				2 45	5 30
1814	12 50	8 35	9 35				2 00	4 60
1815	10 60	7 20	6 70				1 97	4 74
1816	11 50	8 00	6 50				2 05	6 60
1817	13 35	9 70	8 23				2 35	7 50
1818	12 60	9 35	8 75				2 00	5 86
1819	11 51	8 70	7 70				2 05	4 98
1820	11 35	8 70	7 00				2 40	4 54
1821	12 31	9 30	7 18				2 09	4 22
1822	11 10	9 75	7 60				1 96	3 96
1823	10 31	8 23	7 37				2 15	4 13
1824	10 51	8 08	7 46	9 fr.31	8 fr.30	8 fr.36	2 14	3 99
1825	11 00	8 70		9 49	8 81	8 88	2 17	3 99
1826	11 21	8 84		10 11	9 40	9 57	2 15	3 98
1827	12 51	9 81	8 22	11 15	9 86	9 86	2 45	4 10
1828	11 81	9 67	8 42	8 86	7 57	7 62	2 22	4 16
1829	11 66	9 53	8 20	8 81	7 82	7 82	2 16	4 20
1830	12 90	10 26	8 45	10 15	8 84	8 76	2 45	4 38
1831	11 94	9 64	8 40	7 41	6 15	6 05	2 25	1 11
1832	10 90	8 11	8 14	7 00	6 00	5 50	2 16	3 97
1833	11 31	8 40	7 78	8 21	7 12	6 20	2 12	3 97
1834	11 28	8 27	7 66	8 53	7 39	6 14	2 22	3 66
1835	11 15	8 17	7 75	8 40	7 24	6 15	2 11	3 41
1836	12 49	8 66	9 05	10 95	8 86	7 40	2 38	4 40
1837	13 61	11 16	10 50	9 82	8 10	6 87	2 47	3 81
1838	13 25	10 66	10 33	10 07	8 28	7 06	2 55	4 52
1839	13 61	11 00	9 72	10 12	8 55	7 10	2 50	4 11
1840	13 60		9 80	11 15	8 61	7 38	2 41	4 08
1841	13 60		9 20	12 05	9 84	8 17	2 42	3 88
1842	12 73		8 66	12 35	9 40	8 70	2 40	3 74
1843	12 33		8 41	11 13	8 87	7 78	2 30	3 72
1844	12 60	9 66	8 66	10 17	8 07	7 18	2 18	3 64
1845	14 03	11 66	9 90	12 02	9 06	8 08	2 71	3 56
1846	12 62		10 14	11 41	9 08	8 17	2 70	3 65
1847	12 40		9 41	10 39	8 38	7 19		
1848			8 00	9 65	7 40	6 07		
1849	10 26		7 05	8 95	5 78	5 98	2 40	3 10
1850	10 00	9 00	7 00	11 07	9 43	8 11	2 40	3 06

PRIX DU COMBUSTIBLE.

Année.	STRASBOURG.			MULHOUSE.			STRASBOURG.	
	Le stère. Hêtre.	Le stère. Chêne.	Le stère. Sapin.	Le stère. Hêtre.	Le stère. Chêne.	Le stère. Bois bl.	Hectol. Charbon.	Hectol. Houille.
1851	9 fr.70	9 fr.00	7 fr.00	10 fr.56	9 fr.00	7 fr.44	2 fr.40	3 fr.01
1852	9 80	8 93	7 00	10 45	9 07	7 36	2 00	3 08
1853	10 14	9 00	7 05	9 92	8 89	7 41	1 98	2 99
1854	10 58	10 00	7 92	10 04	8 03	7 56	2 11	2 90
1855	10 85	10 00	7 80	10 08	8 52	7 51	2 10	3 20
1856	12 20	10 43	9 08	12 06	9 66	8 55	2 23	3 24
1857	12 66	11 00	10 05	12 06	9 13	9 10	2 36	3 15
1858	12 66	11 16	10 33	12 61	9 91	9 32	2 34	3 15
1859	13 00	11 55	10 50	12 92	10 00	9 50	2 40	3 50
1860	12 85	11 80	10 50	13 15	10 00	9 50	2 50	3 42
1861	13 33	11 66	10 66	14 72	11 06	10 05	2 50	3 00
1862	13 08	11 45	10 38	12 98	10 23	9 61	2 50	3 00
1863	12 58	11 05	10 28	11 93	9 70	8 84	2 50	3 00
1864	12 63	11 41	10 28	13 84	10 92	8 78	2 50	3 00
1865	13 33	11 66	10 21	14 47	11 34	9 32	2 50	2 88
1866	13 05	11 66	10 33	13 57	11 00	9 26	3 00	2 90
1867	12 66	11 66	10 33	12 25	10 40	8 83	3 00	2 46
1868	12 66	11 66	10 33	12 25	10 18	8 61	3 00	2 70
1869	12 66	11 66	10 08	11 00	9 00	7 00	3 00	2 70
1870	14 50	13 00	10 11	11 71	9 85	7 77	3 00	2 66
1871	15 55	14 00	10 58	15 69	12 83	12 18	5 00	3 05
1872	15 49	13 85	10 41	15 09	10 93	8 35	4 00	2 82
1873	15 89	13 71	11 08	15 74	10 72	9 77	4 25	3 16
1874	17 00	14 00	12 60	15 81	11 81	11 00	4 00	3 08
1875	17 23	14 93	13 70	16 90	12 32	11 51	4 00	2 94

RÉCAPITULATION.

Années.	STRASBOURG.						MULHOUSE.		
	Le stère Hêtre.	Le stère Chêne.	Le stère Sapin.	100 fagots.	Hect. Houille.	Hect. Charb.	Hêtre.	Chêne.	Bois blanc.
1351—1375				2 fr.45					
1401—1425		2 fr.36	1 fr.69	1 00					
1426—1450		2 24	1 37	4 70		0 fr.32			
1451—1475		1 41	1 12	3 28		0 27			
1476—1500		1 26	0 86	3 90		0 25			
1501—1525		1 22	0 90			0 24			
1526—1550		1 45	1 00	2 07		0 35			
1551—1575		2 14	1 50	2 15		0 93			
1576—1600		2 44	1 86	2 68	4 fr.15	0 99			
1601—1625		1 91	0 82	4 10		0 95			
1626—1650		2 46	2 12	3 99		1 60			
1651—1675		3 50	2 04	3 28					
1676—1700		3 62	2 47	4 71		0 34			
1701—1725		2 64	1 97	5 64		0 21			
1726—1750		3 64	3 04	7 97		0 22			
1751—1775	4 fr.89	3 60	2 75	8 15	1 90				
1776—1800	6 97	6 15	4 71	10 66	2 50				
1801—1825	11 55	8 51	7 47		5 00	2 14	9 fr.10	8 fr.56	8 fr.62
1826—1850	12 28	9 56	7 05		3 88	2 37	10 01	8 20	7 40
1851—1875	13 04	11 55	10 00		3 00	2 85	12 87	10 18	8 97

CHAPITRE XI.

LE BATIMENT.

Objet de ce chapitre. — Les ouvriers en bâtiment. — Leurs statuts généraux. — Leurs statuts dans les terres de l'évêché. — Les maçons de Strasbourg. — Les charpentiers de Strasbourg. — Les werckmeister. — Travaux à forfait. — Taxes des journées. — Tableaux des salaires. — Tailleurs de pierre, couvreurs, peintres, vitriers, serruriers, menuisiers. — Salaires et taxes. — Tuiliers. — Taxes. — Les pierres. — Les bois. — Les clous. — Tableaux des prix.

OBJET DE CE CHAPITRE. Dans l'impossibilité où nous sommes de trouver, dans les temps passés, l'équivalent exact de nos logements modernes, nous avons tenu à présenter au lecteur des détails aussi complets que possible sur le prix des constructions, matériaux et ouvriers.

La plupart de ces matériaux, comme la chaux, la brique, la tuile, etc., ont une nature parfaitement définie, sont encore en usage dans les constructions de notre siècle, et se prêtent par conséquent, avec la plus grande facilité, à une comparaison directe.

Quant aux ouvriers en bâtiment, ils offrent à l'économiste un intérêt tout particulier. On exigeait, il est vrai, des maîtres, fort nombreux autrefois, des connaissances théoriques, que la plupart des ouvriers modernes ne possèdent point. Il suffit de lire les programmes des chefs-d'œuvres, pour s'en convaincre. Mais, à part ce détail, les maçons, les charpentiers, les tailleurs de pierre, ont traversé les siècles, sans voir leur tâche se modifier. Ils font toujours la même besogne, et avec les mêmes instruments. Le progrès, que l'art des constructeurs a pu réaliser dans le cours des âges, n'a rien changé à leur travail.

D'un autre côté, les renseignements sur leurs salaires se suivent avec une régularité, qu'on chercherait en vain pour d'autres artisans. De tout temps il a fallu construire, ou du moins entretenir les constructions qui existaient, et ces sortes de travaux exigeaient toujours la présence du maçon ou du charpentier, pendant un certain nombre de journées, que les comptables ont soin d'inscrire. Il n'en est pas de même pour les autres métiers. Ils travaillent chez eux, avec un outillage difficile à déplacer, et leur salaire se confond naturellement avec le prix des objets fabriqués.

Nous commencerons par les ouvriers.

Les maçons, les charpentiers et les tailleurs de pierre semblent avoir formé, dans les siècles passés, deux corporations bien distinctes.

Les ouvriers qui se consacraient à la construction et à l'entretien des cathédrales, constituaient autour de chacun de ces monuments, une *loge* particulière, et se rattachaient par une affiliation directe à la *loge* centrale, établie à l'Œuvre Notre-Dame de Strasbourg. Cette vaste société, dont l'origine remonte aux premiers temps du Moyen-Age, ne s'arrêtait pas aux limites de notre province. Elle étendait ses ramifications sur une partie notable de l'Allemagne.

Les autres ouvriers, plus spécialement employés aux constructions particulières des villes et des campagnes, avaient une organisation locale. Elle nous est connue par les « *Statuts* pour la Confrairie des Maçons, Tailleurs de pierre et Charpentiers de haute et basse Alsace entre Strasbourg et Bâle exclusivement, lesquels dans les trois différents métiers ont toujours fait corps. »

Rédigés, ou plutôt traduits, le 26 février 1743, ces Statuts furent présentés à l'approbation de Louis XV, qui les confirma en juillet 1747. Ils sont conservés dans les Registres du Conseil Souverain [1].

Les Statuts veillent à ce que le métier ne renferme que des personnes honorables. Art. 27 : « Il ne sera toléré ni admis aucun compagnon ou apprenti, qui, par son propre fait ou par alliance, pourroit être réputé infâme, non plus que celuy qui seroit fils du maître des hautes œuvres, ou qui se seroit meslé du vil métier de la voirie, et si un maître commettoit une action qui entraînât après soi notte d'infamie, le juge

---

1. Archives de la préfecture du Haut-Rhin.

ordinaire en connaîtra pour, s'il y a lieu, le faire exclure de la maîtrise. » On tient tant à cette honorabilité, que l'on recommande encore ailleurs (23) aux compagnons de se bien conduire, sous peine de répression judiciaire; et qu'il est formellement statué (22) que, si un maître donne du scandale par sa conduite personnelle, il doit être dénoncé au juge du lieu, qui l'interdira jusqu'à réparation.

L'apprenti qui veut entrer dans le métier, justifie de sa naissance et est reçu en présence de deux maîtres et de deux compagnons (28). Il s'engage pour trois ans. et, s'il quitte avant ce terme, il paie une amende de 6 liv.[1] (29). S'il est maltraité par son maître, celui-ci est puni d'une amende de 12 livres; et, si la situation ne change pas, l'enfant est placé ailleurs (30).

L'apprentissage terminé, le compagnon doit rouler pendant trois ans; de même tout étranger est tenu de travailler trois ans dans le pays, avant de pouvoir se présenter à la maîtrise (11). On dispense cependant de l'obligation de rouler les fils de maîtres, dont le père viendrait à mourir, ou s'il se rencontrait quelque cas analogue (12.)

On ne devient maître que par l'admission d'un chef-d'œuvre, et quiconque se charge d'une entreprise avant d'être reçu, s'expose à une amende de 100 liv. et à la confiscation de ses outils et matériaux.

Le Chef-d'œuvre n'est pas le même pour les villes que pour la campagne.

Les maçons qui veulent travailler en ville, présentent (14):

le plan d'un bâtiment angulaire, dont deux côtés à jour et deux borgnes, de la longueur et largeur prescrites;

tous les profils, diagonales et façades des deux côtés à jour, lesquels seront ornés selon les règles de l'architecture d'avant corps, de frontons, balcons, etc. — En un mot, ils représenteront, dans leur plan, un beau bâtiment bien proportionné et assorti de toutes les commodités requises et nécessaires;

auxquels ils joindront une spécification par écrit, contenant tant les matériaux à ce nécessaires, que la somme d'argent que lesdits ouvrages pourront coûter, et compteront le tout par toise;

dans lequel bâtiment se trouvera une voûte d'arche, dont la place sera indiquée.

1. Dans les monnaies citées ici, la liv. vaut 1 franc et le sou 5 cent.

Pour être reçu en outre tailleur de pierre, on y joindra :

un escalier en forme d'escargot;
une voûte d'arche sur une place régulière ou irrégulière.

Pour les maçons de bourg ou de village, on demande (15) :

un plan convenable, façades, profils et diagonales requises pour une maison de bourgeois ou de laboureur commodément construite, et contenant tout le nécessaire, ensemble les granges et écuries, dont ils fourniront un devis estimatif en gros.

Le Charpentier de ville fera (16) ;

un toit hors d'équerre, à retour et à seuil et à la clef, comme aussi d'un côté un pavillon enchevré, et de l'autre un pavillon de Chœur d'église à angles brisés ;
un pressoir qui sera arrêté avec 24 éguilles, sans qu'il s'en trouve aucune inutile, le tout marqué dans un plan avec les façades et profils des deux côtés ; et ensuite le tout représenté en petit, ainsi que cela se prescrit, dont le récipiendaire dressera un devis estimatif.

A la Campagne suffisait (17) :

un toit à seuil avec pavillon enchevré, dont le récipiendaire dressera un plan avec les façades et profils des deux côtés, et le tout ensuite représenté en petit avec devis estimatif en gros.

La maîtrise coûtait : en ville, 40 l. pour les étrangers et 24 liv. pour les fils de maîtres ; à la campagne, 20 ou 15 liv. selon la qualité de l'impétrant. Celui-ci payait en outre 30 s. par semaine aux visiteurs chargés de surveiller son travail.

Le candidat refusé était ajourné à un an, et ne pouvait travailler, dans l'intervalle, qu'en qualité de compagnon (18).

Fidèles à maintenir ces délimitations, sur lesquelles les anciennes jurandes veillaient avec tant de sollicitude, nos statuts défendent aux maîtres d'entreprendre des travaux qui ne dépendraient pas de leur maîtrise (19); aux giseurs, plâtriers et potiers, de faire des murs de maçonnerie (20) ; aux menuisiers, d'accepter des ouvrages *bruts*, réservés aux charpentiers. Ils vont même, en s'appuyant sur des considérations d'ordre public, jusqu'à exclure la concurrence des maîtres étrangers au royaume, n'admettant que les simples ouvriers, «pourvu que ces compagnons étrangers ne travaillent que pour ayder et secourir les maîtres » de la province (8).

Voici des prescriptions moins égoïstes et plus généreuses. « Comme il arrive souvent des accidents dans ladite profession, par des chutes du haut des échaffaudages, ou autres accidents, notamment quand les maîtres sont employés pour éteindre le feu dans les incendies, où ils se trouvent toujours les premiers, comme les plus nécessaires et en même temps les plus exposés, *il sera fourny de la boîte aux blessés assistance proportionnée à leurs besoins* (31). » Cette boîte était alimentée par les droits d'inscription et de maîtrise, les amendes, les cotisations des compagnons et des maîtres (13).

Nous avons surtout été touché de l'art. 32, qui permet à une veuve de continuer le métier, en prenant pour l'assister, « tel maître qui luy plaira. » Celui-ci jurait alors de veiller à ses intérêts, d'empêcher les compagnons de lui faire la loi, etc. S'il arrivait quelque dommage par sa négligence, il en était responsable. Il recevait un salaire en rapport avec ses peines. « Le maître qui seroit ainsi prié et requis par une veuve et qui refuseroit ladite commission, encourrera une amende de 5 l. au profit de la boîte, et sera toutefois contraint par le chef ou préposé de l'accepter, si la veuve l'exigeait, sans qu'un maître puisse estre tenu d'avoir cette charge plus d'une fois.»

La confrérie formait un certain nombre de sections ou de *boîtes* particulières. Elle se réunissait en assemblée générale, tous les ans, le 25 août, à Colmar ou à Schlettstadt alternativement. Assistaient à cette réunion les maîtres de la ville, deux délégués de chaque boîte et un membre du magistrat. On y élisait les quatre préposés qui, pendant trois ans, administraient la confrérie et réglaient tous les différends.

Chaque réunion était précédée d'une messe solennelle. Le lendemain et aux Quatre Temps, on célébrait une messe de requiem » pour le repos des âmes de tous les confrères. » Les maîtres qui n'appartenaient pas à la religion catholique, étaient dispensés d'assister aux messes. Mais à l'enterrement d'un confrère. « ils accompagnoient les restes jusqu'à l'église, et remettoient leur offrande à l'un des maîtres catholiques, pour être portée à l'autel. »

En dehors des articles que nous venons de citer ou d'analyser, il en est d'autres qui défendent d'embaucher les ouvriers d'un autre maître, de mépriser son travail, de lui causer du dommage, d'entrer dans son marché, d'accaparer l'ouvrage, de jurer, de blasphémer, etc. Il était cependant admis que, lorsqu'un maître qui s'était chargé d'une entreprise, ne mettait pas la main à l'œuvre dans les quatre semaines, un autre pouvait la prendre impunément.

L'article 33 et dernier reconnaît que ces statuts ne concernent pas les terres de l'Évêché, où maçons et charpentiers ont des règlements spéciaux. Mais ces règlements nous sont connus de même par les registres du Conseil Souverain, où ils furent transcrits en 1732 pour Soultz, en 1735 pour le Kochersperg, en 1740 pour Saverne, Dambach, Epfig et Eichhofen, en 1751 pour Rouffach, Bœrsch, Marckoltzheim. Leur teneur, comme on peut s'y attendre, ne diffère que par quelques détails [1] des prescriptions qu'on vient de lire.

Voici cependant quelques traits empruntés aux statuts de Soultz, qui nous représentent avec assez d'ensemble la physionomie grave de ces réunions ouvrières.

La confrérie se réunit chaque mois [2], et l'assemblée est annoncée à chacun par le plus jeune maître. Quand on est réuni au poêle ordinaire, « le maître de la confrairie d'office sera tenu et obligé, avant que l'on ne procède à quelque autre affaire, de colliger publiquement les suffrages et de demander, s'il y a quelqu'un dans cette confrairie qui sache quelquechose d'indécent contre son collègue ou compagnon, scavoir s'il a été injurié par quelqu'un, ou si peut-être il est contrevenu aux articles et statuts cy-après spécifiés, ou si d'ailleurs il s'est comporté induement et contre leur présente confrairie. Alors celuy qui aura notice ou connaissance de quelquechose le déclarera au corps de métier, à peine de 15 ß. (3 fr.) d'amende. »

Lorsqu'on est réuni, à l'ouverture de la boîte ou coffre, si quelqu'una quelquechose à remontrer, « il se lèvera et se servira de ces paroles et dira : Avec permission des maîtres et compagnons a l'ouverture de la boîte et du coffre, j'ay quelque motif à proposer à la confrairie. »

Si, la boîte ouverte, quelqu'un veut sortir, il dira : « avec permission, je me lève devant les maîtres et compagnons pour sortir. » Quand il rentre, il dit : « avec permission je me suis levé devant les maîtres et compagnons, avec permission je me rasseois auprès des maîtres et compagnons. »

1. Le nom du patron, qui est d'ordinaire S. Joseph ; le taux des amendes, des frais d'inscription et de maîtrise, etc.

2. « Ce qui se fait dans les vues, afin de pouvoir scavoir les garçons qui pourraient tomber malades chez leurs maîtres ou avoir d'autres malheurs dont Dieu nous garde. » Statuts de Saverne.

A-t-on quelqu'un à juger, « de sorte que celui que cela regarde soit obligé de se retirer, le plus jeune des maîtres lui ouvrira la porte du poêle et la refermera sur le champ après luy, avant que celui qui est sorti ait touché cette porte. » L'affaire décidée, le plus jeune maître sortira pour luy dire de rentrer, puis lui rouvrira la porte du poêle, mais ne rentrera qu'après lui et refermera la porte du poêle derrière lui.

« Aucun ne tutoyera l'autre à l'ouverture de la boîte et du coffre, ainsi qu'il convient, quand même ce seroit son propre fils. »

Malgré le silence de notre document, on pourrait sans doute compléter ce tableau par l'article suivant, tiré des statuts du Kochersperg[1]. « Pour que l'assemblée se fasse avec plus d'honneur, les maîtres se trouveront toutes les fois aux assemblées,... le manteau sur le corps, et laisseront les préférences aux anciens. »

Ces derniers statuts renferment divers détails assez piquants. Au lieu de laisser la répression des injures à l'arbitraire des juges, ils édictent un tarif minutieux :

Celui qui traite quelqu'un de voleur, paie	10 β.	ou	2 fr.
» » de coquin	» 5	»	1
» de J. F. ou semblables	» 5	»	1
de haillon (lump?), ravaudeur, vaurien	» 2	»	0 40
de *stockfisch*, lourdaud	» 1	»	0 20

Celui qui aura été insulté, sans le dénoncer, paiera le double du tarif. Celui-ci est doublé de même, si l'injure est faite à l'assemblée. Il y a aussi un tarif pour les blasphèmes et les jurons. Ainsi jurer

par mil sacre . . . . coûte	2 β. $^1/_2$ + 6 β. de cire ou	1 fr.	70
» cent	1 $^1/_2$	» 1	50
» les sept sacrements	1	» 1	40
» un sacrement . .	$^1/_2$	» 1	30

Notons encore la recommandation, que font les mêmes statuts, de ménager les matériaux et de veiller à leur bonté. Les maçons doivent s'assurer, si la chaux est assez cuite et si elle ne renferme ni cendres, ni sable; pour les tuiles et les briques, ils ont à voir si elles sont cuites à point, surtout celles

---

1. Même prescription à Dambach, Epfig et Eichhofen.

qui seront exposées à la tempête ou au jour. Les charpentiers tiendront à ce que les bois soient coupés au jour d'un véritable signe et de la lune, pour le bois blanc ; fort et épais, pour le bois dur.

Le chef d'œuvre semble plus facile ici que dans la Confrérie générale. Voici celui de Soultz.

Charpentier : poser sur place une toiture croisée ou un escalier dorse à limace sur trois colonnes dorses.
Maçon : une voûte croisée.
Tailleur de pierre : une colonne dorse avec huit canaux creux et avec un chapiteau propre dessus et dessous.

Bœrsch avait plus d'exigences :

Maçon : un ceintre surbassé ; un carré dans un carré avec la naissance et la clef de voûte ; un escalier à escargot.
Charpentier : un comble à retour dans un bâtiment, avec un pressoir et un escalier fait en triangle.

Nous n'avons rencontré aucune limite sur le nombre des compagnons, que pouvait employer le même maître. Mais il ne devait avoir qu'un apprenti, deux au plus ; l'apprenti était payé pendant la seconde moitié de son apprentissage. Le compagnon sans ouvrage était puni, s'il en cherchait de maison en maison ; il devait s'adresser à l'hôtellerie du métier, et au maître spécialement chargé de ces sortes de placements. Le compagnon congédié par un maître, ne pouvait être reçu par un autre maître de la même boîte, qu'après une absence de quinze jours, (de quatre semaines à Bœrsch). Les plaintes relatives au métier, les différends entre maîtres et compagnons, étaient réglés par le corps du métier et en assemblée publique. Dans les cas graves, le bailli conservait toutefois le droit d'intervenir, au nom de l'ordre public. Il intervenait de même, au besoin, pour assurer aux décisions du corps de métier prompte et loyale exécution.

Après tous les détails qu'on vient de lire, il est inutile d'insister sur l'*Articul Buch* des tailleurs de pierre, et maçons de Strasbourg.

L'apprentissage dure, à Strasbourg, cinq ans. Les étrangers qui n'ont fait que trois ans d'apprentissage, sont tenus de rouler cinq ans (au lieu de trois), avant de se présenter à la maîtrise. Aussi le chef-d'œuvre renferme-t-il de sérieuses difficultés.

Le programme qu'en donne l'*Articulbuch* comprend plusieurs pages, mais sa longueur même nous empêche de le reproduire.

Le candidat refusé pouvait se présenter une seconde fois au bout de six mois, et une troisième fois, un an après le second échec. Mais cette dernière épreuve était décisive. Les statuts de 1755, suppriment les *unvolkommene maister* ou maîtres imparfaits, qu'on tolérait jusque là.

Un même maître ne pouvait avoir, avant le milieu du siècle dernier, que 6 ouvriers. Un nouveau statut porta ce chiffre à 8, en considération des aggrandissements qu'avait reçus la ville, et de l'importance des travaux qu'on confiait aux entrepreneurs. Si ce nombre ne suffisait point, le maître en empruntait à ses confrères, en s'adressant d'abord aux veuves, et en leur payant 6 δ. ou 0 fr. 10 par jour et par homme. En cas de refus, il pouvait se plaindre à la chambre des XV et en obtenir l'autorisation d'avoir un chantier plus considérable.

Les habitants de Strasbourg étaient tenus de recourir aux maîtres de la ville, et chaque année, au *Schwörtag*, on leur rappelait la défense d'employer des *Stumpler*, des *Pfuscher*, des *Nichtmaister* du dehors. Une amende et la confiscation des matériaux frappaient toute infraction à cette loi. Il était même interdit aux maçons de faire venir des pierres façonnées hors ville par des étrangers.

LES CHARPENTIERS DE STRASBOURG.
Les charpentiers de Strasbourg ont un immense règlement de 1478, qui ne comprend pas moins de 63 articles. Mais il s'occupe surtout de la police des réunions et de l'administration de la tribu. Nous n'en extrairons que quelques remarques professionnelles.

Le charpentier (18) ne doit pas entreprendre plus d'un travail à la fois, à moins que le bois ne vienne à lui manquer ; ni (22) continuer un ouvrage commencé par un autre, à moins que celui-ci ne soit entièrement payé ; ni (25) employer un ouvrier étranger, s'il s'en trouve en ville qui manque d'ouvrage.

Un maître ne peut avoir qu'un ouvrier, compagnon salarié ou apprenti (*lonknecht* ou *lereknecht*). Le compagnon est engagé pour un an ou six mois au moins (28). S'il vient à se blesser, le maître pourvoit à ses besoins et se fait rembourser après la guérison (32). Celui qui quitte son maître avant terme, paie une amende de 1 ℔. ou 13 fr. 75, et n'est reçu chez un autre, qu'après s'être accommodé avec le premier (35,36).

L'apprentissage dure quatre ans. L'apprenti paie 4 *fl. s.* (55 fr.) ou sert gratuitement une cinquième année. Pendant ce temps, le maître lui fournit des souliers et des culottes blanches selon ses besoins, de plus par an 4 elen de drap gris pour un habit et 4 elen de treillis pour un tablier. Il lui donne en outre une hache, une hachette, un *tehsel*, une équerre et une vrille (37). L'apprenti aura de son maître 2 *s.* ou 0 fr. 11 par semaine pour ses menus plaisirs, et la cinquième année, 4 *s.* ou 0 fr. 22 (38).

En dehors de leur travail spécial, les charpentiers, ainsi que les bahutiers (*kistener*)[1], peuvent faire les buffets enfermés dans les murs, sous les escaliers ou sous les bancs; les tables grossières, qui ne sont ni pliantes, ni sculptées; les escabeaux ordinaires; les grilles en lattes pour caves, escaliers et portes; les mortiers pour épices, les bancs d'église, tous les meubles en bois qui deviennent immeubles par destination. Mais les sculptures et les peintures doivent être réservées aux sculpteurs et aux peintres.

A Molsheim, il est interdit aux charpentiers de faire « des portes, ni volets, non plus que des planchers dont les ais ne s'entreferment pas, et tout ce qui consiste en ouvrage colé, comme aussi point de lambris, n'y bans dans les poêles[2]. »

La condition sociale et professionnelle de ces ouvriers, maîtres et compagnons, décrite ainsi dans tous ses détails, il ne nous reste plus qu'à étudier leur condition économique.

Disons d'abord un mot des *werckmeister*, qui se trouvent dans une condition particulière.

De même que de nos jours les départements, les villes, ont leur architecte attitré, de même autrefois les villes et les cathédrales avaient leurs *werckmeister*, maçon, charpentier, tailleur de pierre, chargés de leurs travaux. Ils cumulaient, chacun pour sa spécialité, les fonctions d'architecte, d'entrepreneur et d'ouvrier, placés ainsi dans une sphère intermédiaire, qui n'a plus d'équivalent que dans les petites localités.

Outre le prix de leurs journées, ils recevaient des gratifications et des appointements fixes, qui les enlevaient aux incertitudes des chômages. Il ne leur était pas défendu, du reste,

---

1. Enquête de 1468. Archives de Strasbourg.
2. Statuts des menuisiers, etc. enregistrés le 6 nov. 1717.

de travailler pour le public. Enfin la confiance dont ils étaient investis, leur donnait un relief, qui devait faire de leurs fonctions des postes très-recherchés.

Quelques exemples vaudront mieux que nos explications.

En 1429, Colmar engage le tailleur de pierre Eberhart de Mayence, aux conditions suivantes :

> Qu'il travaille ou chôme (sans qu'il y ait de sa faute),
> Il a par jour : été, 24 $. ou 1 fr. 39; hiver, 18 $. ou 1 fr. 04;
> De plus, par trimestre 1 $a.$, par an 55 fr. 60;
> A Noël, comme étrennes, 2 $a.$ ou 27 fr. 80 et 6 *elen* de drap pour un habit.
> On lui fournit les outils.
> S'il devient incapable de travailler, il reçoit par semaine une pension de 5 $.$ ou 3 fr. 48, par an 180 fr. 70.

Le charpentier Jean Bruder jouit, dans les années 1520 et 1521, de conditions moins avantageuses :

> Il a le logement et le bois, est exempt des corvées et des gardes;
> Quand il travaille, il reçoit pour lui et ses ouvriers : Été, 2 $.$ ou 0 fr. 96; hiver, 18 $.$ ou 0 fr. 72;
> S'il ne travaille pas pour la ville, il n'a rien.

En 1664, le *zimmerwerckmeister* est de nouveau mieux traité :

> Il a le logement, l'exemption de toutes charges,
> 3 $a.$ par trimestre, par an . . . . 62 fr. 16
> 6 mesures de vin, environ 36 00
> 9 rézaux, ½ seigle et ½ orge, environ. . . . 50 00
> Quand il travaille pour la ville, 6 batzen ou 1 30
> Pour chacun de ses apprentis 4   »   0 86
>
> Il peut travailler pour le public, mais sans préjudice pour la ville.

— A Bergheim, le maître charpentier de la ville est exempt de toute charge, et selon qu'il travaille en ville ou au dehors, obtient :

> 1500 : lui, 20 à 24 $.$ ou 0 fr. 84 à 1,00; son ouvrier, 18 à 21 $.$ ou 0 fr. 75 à 1,00
> 1530 :   24 30   0 93 1,16   »   18 24   0 70 0,93
> Hiver 24 $.$ ou 0 fr. 93 sans nourriture »   18   0 70
> 1582 :   30   0 97   »   24   0 77
>
> Plus une $a.$ par trimestre ou 37 fr. 20 par an, comme *wartgeld*, qui doit, en cas de chômage, lui permettre *d'attendre* la reprise des travaux.

Mone (Zeitschrift, II, 211) cite une pétition, dans laquelle Paul Vesch, werckmeister de la cathédrale de Bâle, sollicite une augmentation de salaire (1512). A l'en croire, ses collègues ont par an :

A Mayence, 70 fl. ou 427 fr. et un habit ;
A Strasbourg, au moins 100 fl. ou 610 fr.
A Constance, environ 80 fl. ou 488 fr.
A Zurich, 20 fl. ou 122 fr., un habit et ses journées ;
A Berne, 32 fl. ou 195 fr., 28 muids de grains, un habit et ses journées ;
A Fribourg en Suisse, 5 fl. ou 30 fr. 50 de plus qu'à Berne ;
En outre l'usage est de leur laisser deux hommes qu'on paie comme des ouvriers.

Lui touche 10 fl. par an, 1 *fl.* par trimestre et ses journées :
    été, 4 β. ou 0 fr. 96 ; hiver, 3 β. ou 0 fr. 72, en bas
       5   1   22 » 4   0 96, sur la tour
en tout environ 50 fl. ou 305 fr.

On lui accorda en sus 4 saum ou 5 $^1/_2$ hectolitres de vin, 6 viernzel ou 11 hectolitres d'épeautre, un compagnon et un gâcheur.

Si les werckmeisters et leurs ouvriers étaient seuls sous la dépendance directe de l'autorité publique, les autres n'en étaient pas moins soumis à son contrôle.

Lorsqu'un bourgeois ou manant de Colmar, dit une ordonnance du 13 mai 1592, veut donner à forfait un travail de plus de 10 fl. (43 fr. 50), il ne le fera qu'en présence des visiteurs et des taxateurs (*schaw und tax herren*), sous peine de nullité de l'accord et d'une amende de 10 *fl.* (69 fr. 60). Les deux partis préviendront ces messieurs, et l'on se réunira au poêle de la tribu. Là le bourgeois exposera d'abord en détail ce qu'il désire. L'ouvrier reprendra ensuite ses idées, pour montrer qu'il les a bien saisies, et indiquera le prix qu'il demande. S'il était trop exigeant, ou si le propriétaire refusait de le payer convenablement, les visiteurs et taxateurs auraient à intervenir pour fixer un chiffre équitable, et l'on s'en tiendrait à leur décision [1]. »

Voilà comment s'adjugeaient les travaux à forfait. Quant aux autres, ils se faisaient à la journée et d'après un tarif arrêté d'office.

Nous ferons d'abord passer sous les yeux du lecteur un certain nombre de ces taxes officielles, avec l'indication des

---

1. S. E. L. 22. N° 10.

villes qui les ont édictées. Elles nous renseignent sur la durée de la journée, les diverses catégories d'ouvriers, la diminution subie par le salaire quand le client donne la pension, les raffraîchissements alloués par l'usage, alors même que l'ouvrier se défraie lui-même. Elles nous permettent ainsi de nous diriger, avec plus d'assurance, au milieu des données plus vagues des livres de comptes.

Celles-ci forment, avec quelques taxes moins explicites, la suite de nos tableaux. Jusqu'en l'année 1600, S. Thomas en constitue la base. Bien plus, dans nos moyennes, nous n'avons tenu aucun compte des renseignements fournis par S. Georges de Haguenau, par Eschau, ou par d'autres établissements de Strasbourg. Nous sommes sûr de la sorte d'avoir toujours affaire à des ouvriers placés dans des conditions identiques.

1319 Strasbourg.	Maître,	Eté [1], non n. 16 δ. ou 1 fr. 67 ; n. 12 δ. ou 1 fr. 25					
	»	Hiver	12	1	25	8	0 83
	Apprenti (1ʳᵉ année),	6	0	63	4	0 42	
	» (2ᵉ et 3ᵉ année),	8	0	83	6	0 63	
1357 Bâle.	Maître, non n. 20 δ. ou 1 fr. 09 ; nourri 12					0 fr. 65	
1407 Landser.	Maître,	48 δ. ou 1 fr. 56 et pour nourriture 2 δ. ou 0 fr. 78					
	Ouvrier,	24	0	78	»		
	Manœuvre,	24	0	78	»		
	plus du vin en suffisance 3 fois par jour.						
1422 Bâle.	Maître,	Eté, non n. 40 δ. ou 1 fr. 20					
	»	Hiver,	28	0	84		
	Garçon,	Eté, non n. 24	0	72 ; n. 16 ou 0 fr. 45			
	»	Hiver,	18	0	54 ; n. 12	0 36	
1425 Strasbourg.	Maître,	Eté, non n. 20	1	23 ; n. 14	0 86		
	»	Hiver,	16	0	99 ; n. 10	0 62	
	Amende de 1 ℔. ou 15 fr. pour qui refuse ce salaire.						
1435 Bâle.	Maître,	Eté, 40 δ. ou 1 fr. 10					
	»	Hiv. 32	0	88			

1. L'été s'étend :
A Strasbourg, du Carnaval (au xviiiᵉ siècle, du 22 février) à la S. Gall (16 octobre).
A Bâle et à Ensisheim, du 22 février à la S. Gall.
A Colmar, du 24 février à la S. Gall.
A Mulhouse, dix semaines après Noël jusqu'à la S. Gall.

TAXES DES JOURNÉES.

1439	Colmar.	Maître nourri, 18 d. ou 0 fr. 99						
		Ouvrier » 10 0 55						
1457	Mulhouse.	Maître nourri, Eté, 36 d. ou 0 fr. 99; Hiver, 24 d. ou 0 fr. 66						
		Ouvrier, 18 0 50 12 0 33						
		Les ouvriers charpentiers ont même salaire que les maîtres						
1487	Strasbourg.	Maître non n. 24 d. ou 1 fr. 32; nourri 16 d. ou 0 fr. 88						
		Ouvrier, 18 0 99 12 0 66						
1511	Roufach.	Maître, Eté, 36 0 72; Hiver, 24 0 48						
		Apprenti, 18 0 36 12 0 24						
		gâcheur, 24 0 48						
1528	Roufach.	Maître, Eté, 60 1 15; Hiver, 48 0 92						
		Compagnon, 48 0 92 48 0 92						
		Apprenti, 18 0 35 18 0 35						
1556	Strasbourg.	2 d. par heure, y compris les repas. En été, de 4 h. à 7 h.. 15 h., soit 30 d. ou 1 fr. 25.						
1585	Ensisheim.	Maître, Eté, non n. 72 d. ou 1 fr. 10; nourri, 30 d. ou 0 fr. 46						
		» Hiver, 48 0 73 24 0 37						
		Apprenti, Eté, 40 0 61 20 0 31						
		» Hiver, 36 0 55 20 0 31						
1592	Colmar.	Maître et ouvrier, Eté, n. n. 10 ou 1 fr. 16, n. 24 ou 0 fr. 70						
		Apprenti, 20 0 58 18 0 52						
		Manœuvre, 24 0 70 18 0 52						
		Maître et ouvrier, Hiver, n. n. 30 0 87 18 0 52						
		Apprenti, 15 0 44						
		Manœuvre, 18 0 52 12 0 35						
1623	Colmar.	Maîtres et ouvriers, 50 d. ou 1 fr. 30						
		gâcheurs et apprentis, 40 1 01						
1629	Bergheim.	Charpentier, Eté, 40 1 04; Hiver 25 d. ou 0 fr. 65						
		Maçon 30 0 78 20 0 52						
1631	Fribourg.	Maître, Eté, 74 2 00; Hiver 40 0 97						
		Manœuvre, 40 0 97 35 0 89						
		Apprenti, 30 0 73 25 0 60						
1646	Strasbourg.	Maçon, Maître, Eté, 56 1 81; Hiver 18 1 55						
		Ouvrier, 48 1 55 40 1 26						
		Manœuvre, 32 1 03 28 0 90						
		Apprenti, 24 0 78 20 0 63						
		Charp., maître, Eté. 56 1 81 18 1 55						
		» ouvrier, 56 1 81 18 1 55						
		» apprenti, 32 1 03 28 0 90						

1646	Maçon, non nourri	70 d.	ou 1 fr. 69	; nourri 30 d.	ou 0 fr. 72
Colmar.	Gâcheur,	40	0	96	25	0	60
	Apprenti,	30	0	72	18	0	43
	Charpentier,	75	1	81	40	0	96
1650	Maître, Eté,	90	2	07 ; Hiver 70	1	61
Breisach.	Ouvrier,	70	1	61	50	1	15
	Apprenti,	40	0	92	30	0	69

1671 *Bâle.* Maître, 10 β. ou 1 fr. 30 ; gâcheur 80 d. ou 0 fr. 87 ; et le goûter.

1702 Maître, Eté, 150 d. ou 1 fr. 13 ; Hiver, 120 ou 0 fr. 90
Mulhouse. Ouvrier, 120 0 90
Gâcheur, 96 0 72 ; plus le goûter jusqu'en 1706

1711 *Bâle.* Ouvrier, comme le maître, 150 d. ou 0 fr. 85

1753 Eté et Hiver, l'ouvrier a 12 β. ou 2 fr. 40 ; 10 β. ou 2 fr.
Strasbourg. s'il reçoit le déjeûner et le goûter.
Chacun de ces repas comprend 1 α. de pain et une chope
(½ litre) de vin.
En Hiver, le travail est interrompu de 11 h. à midi pour
le dîner.
En Eté (5-11, 12-6 h.), il y a de plus deux demi-heure pour
le déjeûner et le goûter.
L'ouvrier qui renonce à ces demi-heure, reçoit 8 d. ou
0 fr. 13, et le gâcheur 6 d. ou 0 fr. 10.
Le tailleur de pierre a en sus 1 β. ou 0 fr. 20 pour ses
outils.

1767 Même salaire pour l'été et l'hiver.
Bâle. Maître 90 d. ou 1 fr. 37 ; ouvrier 75 d. ou 1 fr. 15 ; apprenti
de 55 à 75 d., 0 fr. 84 à 1 fr. 15.
La journée dure en été, de 6 h. à 11 ½ h. ; de 1 à 3 et de
4 à 8 h. ; en hiver, du lever au coucher du soleil (sauf
midi à 1 h.)
Morgentrunck à 8 h., une chopine de vin et ¼ de pain.
Abendessen à 3 h., un demi pot et une livre de pain.

1782 Même salaire pour l'été et l'hiver.
Mulhouse. Maître, 24 s. ou 1 fr. 20 avec 3 chopes de vin ou 27 s.
sans vin.
Apprenti ou gâcheur, ½ fl. ou 0 fr. 66.
En hiver, on ne donne que 2 chopes ; 1 h. pour le dîner.
En été (5 h. du matin à 6 h. du soir), second repas de 1 h.
pour le goûter.

LA JOURNÉE EN δ. ET EN FRANCS.

Année	CHARPENT. Maître		CHARPENT. Ouvrier	Maçon		Gâcheur		CHARPENT. Maître		CHARPENT. Ouvrier	Maçon		Gâcheur	
	hiver	été	été	hiver	été	hiver	été	hiver	été	été	hiver	été	hiver	été
1389 S.-Tho.	24							1,68						
1392 »	28							1,82						
1395 Altkirch		48	36		48			1,56	1,17			1,56		
1401 S.-Tho.		18							1,23					
1407 »					24		14					1,64		0,96
1409 »	20							1,37						
1414 »					24		14					1,64		0,96
1415 »		24	14					1,61	0,96					
1417 »		24						1,64						
1419 »		24						1,64						
1420 »		24	16		24		14	1,64	1,10			1,64		0,96
1426 Belfort		52	38	46		30		1,52		1,11	1,34		0,87	
1427 S.-Tho.		24	14		24			1,49	0,86			1,49		
1428 »		24	14		24		14	1,49	0,86			1,19		0,86
1429 »		24						1,49						
1431 »		24			24			1,44				1,44		
1432 »					24		15					1,44		0,90
1435 »					24		14					1,44		0,84
1437 Schlest.	18			18				1,08			1,08			
1438 S.-Tho.					24							1,44		
1439 »		24			24			1,44				1,44		
1440 »					24		16					1,44		0,96
1441 »					24		16					1,44		0,96
1442 »		24			24		16	1,44				1,44		0,96
1443 Altkirch		64	64		64		48	1,76	1,76			1,76		1,32
1444 S.-Tho.					24		16					1,44		0,96
1445 »		22			24		15	1,32				1,44		0,90
1446 »					24		16					1,44		0,96
1448 Hague.					20							1,20		
1449 S.-Tho.		24						1,44						
1451 S.-Tho.					24		16					1,44		0,96
1455 Hague.					20							1,20		
1458 »					20							1,20		
1459 S.-Tho.		24						1,44						
1460 Hague.		20			20		16	1,20				1,20		0,96
1462 S.-Tho.					24		16					1,44		0,96
1463 Hague.		20			20		16	1,20				1,20		0,96
1466 »		20			20			1,15				1,15		
1467 S.-Tho.		24	16		24		16	1,38				1,38		0,92
1468 »	20	24			24		16	1,15	1,38			1,38		0,92
1469 »		24			24			1,38				1,38		
1470 »					24		16					1,38		0,92
1471 »				20		12				1,15	0,69			
1472 »		24		20	24	12	16	1,38		1,15	1,38	0,69	0,92	
1473 »				20		12				1,15	0,69			
1474 »		24			24		16	1,38				1,38		0,92
1475 »				20		12				1,15	0,69			

LA JOURNÉE EN δ. ET EN FRANCS.

Année.	CHARPENT. Maître hiver.	CHARPENT. Maître été.	CHARPENT. Ouvrier. hiver.	CHARPENT. Ouvrier. été.	MAÇON. Maître. hiver.	MAÇON. Maître. été.	Gâcheur hiver.	Gâcheur été.	CHARPENTIER. Maître. hiver.	CHARPENTIER. Maître. été.	CHARPENTIER. Ouvrier. hiver.	CHARPENTIER. Ouvrier. été.	MAÇON. Maître. hiver.	MAÇON. Maître. été.	Gâcheur. hiver.	Gâcheur. été.
1477 Hague.						20		16						1,15		0,92
1478 »	18		18			20			1,04		1,04			1,15		
1479 »		20		20	16	20	12	16		1,10		1,10	0,88	1,10	0,66	0,88
1480 »						20		16						1,10		0,88
1481 »						20		16						1,10		0,88
1482 »						20		16						1,10		0,88
1483 S.-Th.		20								1,10						
1484 Hague.						20		16						1,10		0,88
1485 S.-Arb.		20								1,10						
1486 Hague.		20		20	16	20	12	16		1,10		1,10	0,88	1,10	0,66	0,88
1487 S.-Th.				20		21	12	16				1,10	1,32		0,66	0,88
1488 »		24				20	24	12	16		1,32		1,10	1,32	0,66	0,88
1489 »						24		16						1,32		0,88
1490 »						24		16						1,28		0,85
1491 »						20	12					1,07		0,64		
1492 »		24				20	14			1,28		1,07		0,75		
1494 »		26								1,39						
1495 »		24				24		16		1,28				1,28		0,85
1496 »		24			25	28	15	18		1,28		1,34	1,59	0,80	0,96	
1497 S.-Arb.		24								1,21						
1498 S.-Th.		26								1,34						
1499 Hague.		20		20						1,03		1,03				
1500 »		20				20		16		1,03				1,03		0,83
1501 Hague.		20			16	16		16		1,03		0,83	0,83	0,83		
1502 S.-Th.						24		16						1,24		0,83
1503 Hague.		20		16		20		16		1,03		0,83		1,03		0,83
1504 »	16	20	12	16		20	16	20	0,80	1,00	0,60	0,80		1,00	0,80	1,00
1505 »	16				14	20		16	0,80				0,70	1,00		0,80
1506 »	16	20	14	18	14	20	12	16	0,80	1,00	0,70	0,90	0,70	1,00	0,60	0,80
1507 S.-Th.						24		16						1,20		0,80
1508 Hague.		20		16		20		16		1,00		0,80		1,00		0,80
1509 »		20				20		16		1,00				1,00		0,80
1510 »						20		20						1,00		1,00
1511 S.-Th.						25 1/2		18						1,23		0,87
1512 Hague.		20				20		16		0,97				0,97		0,77
1513 S.-Th.		24				24		16		1,16				1,16		0,77
1514 »					20	24	14	16					0,97	1,16	0,68	0,77
1515 S.-P.-le-v.		30				24		16		1,47				1,16		0,77
1516 S.-Th.		26								1,26						
1517 Hague.		20		19	16	20	12	16		0,97		0,92	0,77	0,97	0,38	0,77
1518 Hôp. Str.		24		20		24		16		1,16		0,97		1,16		0,77
1519 Hague.		20		18		20		18		0,97		0,87		0,97		0,87
1521 »		20				20		16		0,97				0,97		0,77
1522 »						20								0,97		
1523 Hôp. Str.		24				24		16		1,16				1,16		0,77
1524 Hague.						20								0,97		
1525 »	16				16	22	16		0,75				0,75	1,03		0,75

PRIX DES JOURNÉES.   419

LA JOURNÉE EN ♂. ET EN FRANCS.

Année.	Charp. hiver	Charp. été	Maçon. hiver	Maçon. été	Gâcheur. hiver	Gâcheur. été	Charpentier hiver	Charpentier été	Maçon. hiver	Maçon. été	Gâcheur. hiver	Gâcheur. été
1528 Eschau		24					1 fr.12					
1529 S.-Thomas		24					1 12					
1530 Eschau				24		18			1 fr.12		0 fr.84	
1531 S.-Thomas			20		14				0 fr.93		0 fr.66	
1532 Eschau				28		24			1 28		1 10	
1533 S.-Thomas	20	24	20	24	14	16	0 fr 92	1 10	0 92	1 10	0 64	0 74
1534 »				24		16				1 10		0 74
1535 »				24		16				1 10		0 74
1536 Eschau				32		28				1 47		1 28
1537 S.-Thomas		24	20	24	14	16		1 10	0 92	1 10	0 64	0 74
1538 Eschau		32		32		26		1 17		1 17		1 19
1540 S.-P.-le-v.	32	36		42			1 47	1 65		2 00		
1541 S.-Thomas	20			24		16	0 92			1 10		0 74
1542 »	20		20		14		0 92		0 92		0 64	
1543 »				24		16				1 10		0 74
1544 »			20	24	14	16			0 92	1 10	0 64	0 74
1545 »	20	24	20	24	14	16	0 92	1 10	0 92	1 10	0 64	0 74
1546 »				24		16				1 08		0 72
1547 »	20			24		16	0 90			1 08		0 72
1548 »				30		24				1 35		1 08
1549 »			20	24	14	16			0 90	1 08	0 63	0 72
1550 Eschau	24			24			1 08		1 08			
1551 Eschau		38		38				1 71		1 71		
1552 S.-Thomas	20	24	20		14		0 90	1 08	0 90		0 63	
1554 »		20		20			0 90		0 90			
1555 »		24		24		16		1 00		1 00		0 67
1556 »	24	30	24	28	16	18	1 00	1 25	1 00	1 17	0 67	0 75
1557 »				29		20				1 21		0 83
1558 »		28		28		20		1 17		1 17		0 83
1559 »		28						1 19				
1560 S.-Arbogast	24	28	24	28	16	18	1 02	1 19	1 02	1 19	0 68	0 77
1561 S.-Thomas		28		28		18		1 19		1 19		0 77
1562 S.-P.-le-v.	24	32					1 02	1 36				
1563 Eschau.		30						1 28				
1564 S.-Thomas		28						1 19				
1565 »	24	28	24	28	16		1 02	1 19	1 02	1 19	0 68	
1567 »	24	28	24	26	16	18	1 02	1 19	1 02	1 10	0 68	0 77
1568 »		28	24	28	16	18		1 19	1 02	1 19	0 68	0 77
1569 »				24		16				1 02		0 68
1570 »	24			28		18	1 02			1 19		0 77
1571 »	24	28	24	28	16	18	1 02	1 19	1 02	1 19	0 68	0 77
1572 »		28	24	28	16	18		1 19	1 02	1 19	0 68	0 77
1573 »				28		18				1 19		0 77
1574 »			24	28		18			1 02	1 19		0 77
1575 »		28						1 12				
1576 »		28		28				1 12		1 12		
1577 »		28		28		18		1 12		1 12		0 72
1578 »				28		16				1 12	0 64	
1579 »	24	28		28		18	0 96	1 12		1 12		0 72
1580 »			28	24	28	16 21		1 12	0 96	1 12	0 64	0 72

LA JOURNÉE EN δ. ET EN FRANCS.

Année.	Charpentier. hiver	Charpentier. été	Maçon. hiver	Maçon. été	Gâcheur. hiver	Gâcheur. été	Charpent. hiver	Charpent. été	Maçon. hiver	Maçon. été	Gâcheur. hiver	Gâcheur. été
1582 S.-Thom.		28	28	10	18	24		1,12	1,12	1,60	0,72	0,96
1583 »		28	24	32	16	18		1,12	0,96	1,28	0,64	0,72
1584 »			24	28	16	18			0,96	1,12	0,64	0,72
1585 »		28		28		18		1,12		1,12		0,72
1586 »	28	32	24		16		1,05	1,20	0,90		0,60	
1587 »	28	32	28		18		1,05	1,20	1,05		0,67	
1588 »	28	32	28	32	18	20	1,05	1,20	1,05	1,20	0,67	0,75
1589 »			28	32	18	20			1,05	1,20	0,67	0,75
1590 »				32		20				1,17		0,74
1591 »				32		20				1,17		0,74
1592 »	32	40	28	32	20	22	1,17	1,12	1,02	1,17	0,71	0,81
1593 »		32	28	32	20	22		1,15	1,00	1,15	0,72	0,79
1594 »		32						1,15				
1596 »				36		20				1,29		0,72
1597 »		36	28		18			1,27	0,99		0,64	
1599 »	28	36					0,99	1,27				
1601 H. de Str.		32		36	20	24		1,13	1,27	0,71	0,85	
1602 Haguen.	29						1,00					
1603 Eschau				40		32				1,38		1,10
1607 Haguen.	24		28				0,80		0,93			
1609 »				32						1,06		
1610 »		31	26	31				1,03	0,87	1,03		
1612 »				32		32				1,04		1,04
1613 »	27		29				0,88		0,94			
1614 »			28	36					0,91	1,17		
1623 Colmar				50	40					1,29	1,03	
1628 Haguen.				48						1,38		
1629 »				48						1,38		
1631 Strasb.		72		72				2,32		2,32		
1632 Mulhouse		100		100				1,29		1,29		
1643-5 Colmar		60		60				1,45		1,45		
1646 »	75	60	70	60	10		1,81	1,43	1,69	1,15	0,97	
» Strasb.	48	56	48	56	24	28	1,55	1,74	1,55	1,74	0,78	0,87
1647-8 Colmar	50	60	50		30	35	1,21	1,45	1,21		0,73	0,85
1650 Brisach	70	90	70	90	50	70	1,68	2,17	1,68	2,17	1,20	1,68
1651-4 Colmar	60		60		36		1,45		1,15		0,87	
1655 Wantzen.		60		60				1,93		1,93		
1658-62 Colm.	60		60		36		1,30		1,30		0,78	
1670 Hôp. Str.			32						1,68			
1672 Eschau		60		60				1,93		1,93		
1675 Munster	60						1,30					
1681 Eschau		60						1,93				
1693 Thierenb.			150						0,90			
1694 Haguen.		72		72				1,72		1,72		
1702-61 Mulh.	120	150	120	150		96	0,80	0,96	0,80	0,96		0,64
1765-70 »	12½	20s.	12½	20s.	15 s.		0,63	1,00	0,63	1,00		0,95
1771-72 »	20	20	20	20		15	1,00	1,00	1,00	1,00		0,75
1773-79 »	20	24	20	24		15	1,00	1,20	1,00	1,20		0,75
1780-88 »		30		30		15		1,50		1,50		0,75
1726-41 Colm.	20		20				1,00		1,00			
1746-49 »	24		24				1,20		1,20			

Année.	STRASBOURG.				MULHOUSE.	
	Charpentier été.	Maçon. été.	Menuisier. été.	Tailleur de pierre.	Charpentier. été.	Maçon. été.
1804	2 fr.50	2 fr.50	1 fr.90			
1810	2 50	2 50	1 90			
1820	2 40	2 40	1 90			
1825	2 05	2 05	1 60	2 fr.75		
1830	2 40	2 40	1 70	2 75		2 fr.20
1840	2 00	2 00	1 50	2 50	2 fr.05	2 20
1845	2 40	2 40	1 60	3 00	2 25	2 20
1850	2 40	2 40	1 60	3 00	2 35	2 20
1855	2 40	2 40	1 60	3 00	2 55	2 20
1860	2 40	2 40	1 60	3 00	2 75	2 75
1865	2 80	2 80	2 00	4 00	3 25	3 00
1870	2 80	2 80	2 00	4 00	3 75	3 75
1875	3 50	3 50	2 80	5 00	4 50	4 50

Ces chiffres nous ont été fournis, à Strasbourg, par M. Petiti, architecte-entrepreneur, et par les adjudications de la ville.

RÉCAPITULATION.

Années.	CHARPENTIER.				Maçon.		Gâcheur.	
	Maître.		Ouvrier.					
	hiver.	été.	hiver.	été.	hiver.	été.	hiver.	été.
1319	1 fr.25	1 fr.67			1 fr.25	1 fr.67		
1375—1400		1 68						
1401—1425	1 37	1 64		1 fr.09		1 fr.64		0 fr.94
1426—1450		1 45		0 97		1 45		0 95
1451—1475	1 18	1 42			1 18	1 42	0 fr.71	0 94
1476—1500	1 10	1 32	0 fr.97	1 10	1 10	1 32	0 66	0 88
1501—1525		1 20		1 00	1 00	1 20	0 70	0 80
1526—1550	1 00	1 20	0 70	0 90	1 00	1 20	0 70	0 80
1551—1575	1 10	1 25	1 10	1 25	1 10	1 25	0 73	0 83
1576—1600	1 07	1 23	1 07	1 23	1 07	1 23	0 69	0 77
1601—1625	1 20	1 37	1 20	1 37	1 20	1 37	0 70	0 82
1626—1650	1 60	2 07	1 60	2 07	1 60	2 07	0 72	0 96
1651—1675	1 35	1 95	1 35	1 95	1 35	1 95	0 81	
1676—1700		1 94				1 94		
1701—1725	0 92	1 15			0 92	2 15		0 77
1726—1750	0 70	1 00		1 00	0 70	1 00		0 75
1751—1775	0 70	1 00		1 00	0 70	1 00		0 75
1776—1800		1 50		1 50		1 50		
1801—1825				2 18		2 18		1 90
1826—1850				2 21		2 21		1 68
1851—1875				2 78		2 78		2 08

Le bâtiment occupe encore d'autres ouvriers. Mais que dire d'eux? Le couvreur, le plâtrier et le tailleur de pierre, quand ils ne travaillaient pas à forfait, avaient presque toujours le même salaire que le maçon. Le peintre était autrefois un artiste, dont les œuvres échappent à toute appréciation. Le vitrier et le serrurier ne sont employés à la journée que dans les temps modernes, et si, pour les siècles passés, vous rencontrez des prix de serrures, de meubles, etc., quelle conclusion tirer d'objets, dont vous ne connaissez ni la nature, ni la valeur?

D'après les Statuts des menuisiers, tourneurs, serruriers et vitriers de Molsheim [1], l'apprentissage dure trois ans et la maîtrise coûte 20 fl. ou 46 fr. 40 pour les étrangers, 6 fl. ou 13 fr. 92 pour les fils de maîtres.

Le chef-d'œuvre comprend, pour les menuisiers :

> Une armoire à pièces rapportées à trois colonnes.

Pour les serruriers :

> Une serrure de poêle longue de 12 pouces ; à la tête de la serrure le palastre doit être large de 6 pouces depuis la tête jusqu'à l'entrée, long de 6 pouces ; et elle doit avoir 4 pelles à têtes perdues comme aussi un loquet et un verrou au milieu, le tout en vis.
> Une serrure d'armoire, mêmes longueur et largeur, avec 3 verroux perdus, la garniture sera de 3 planches séparées, 2 étoiles et une croix au milieu par en haut et par en bas deux roues en monte.
> Les fils de maître ne font que l'une des 2 pièces.

Pour les vitriers :

> Un cadre commun de 50 carreaux de Venyse et coins entre carreaux, par en haut et par en bas des carreaux entiers et aux 4 coins des carreaux angulaires, le dedans soudé et le dehors noué.
> Un cadre dit en allemand *Rauthenstock* à carreaux de 6 coins renversés et parfait comme le précédent.

Du reste ces Statuts ne renferment rien de particulier. Comme partout, on retrouve ici des anniversaires, des assemblées périodiques et extraordinaires, des amendes pour les insultes et les jurons, la défense de mépriser le travail d'un autre, de lui débaucher ses ouvriers ou ses clients. Sur le produit des amendes, « il n'en sera dépensé que 2 β. (0 fr. 26) et le surplus livré et déposé dans la boîte ordinaire de la maîtrise, pour en assister et secourir les malades du corps. »

---

1. Enregistrés au Conseil Souverain, le 6 novembre 1717.

Les menuisiers ont aussi le même salaire que les charpentiers. Voici cependant quelques renseignements spéciaux :

1508	S.-Arbogast	16 ₰. ou 0 fr. 80 avec la nourriture.					
1509	Œ. Notre-Dame.	16	0	80	»		
1518	Hôpital Strasb.	16	0	78	»		
1531	Eschau	16—32	0	75	»	1 fr. 50 sans nourrit.	
1532	»	18	0	82	»		
1540	Hôpital Strasb.	16	0	73	»		
1573	Grand Chap.	18—34	0	77	»	1 45	»
1576	Eschau	18—42	0	72	»	1 68	»
1587	Œlenberg	40	0	62	»		
1590	S.-Arbogast	32			»	1 16	»
1592	Colmar (Été)	24—40	0	70	»	1 16	»
	» (Hiver)	18—30	0	52	»	0 87	»
1646	»	40—75	0	96	»	1 81	»
1646	Strasb. — maître	48	1	55	»	1 91	»
	» ouvrier	32	1	03	»	1 29	»
1618	Colmar	66			»	1 38	»
1650	Brisach	100			»	2 30	»
1739	Thierenbach	16 s. 9 ₰.			»	0 83	»
1740	Colmar	12	0	60	»		
1741	Thierenbach	12	0	60	»		
1745	Dom. Colmar	22			»	1 10	»

1825	Strasb. :	Menuisier 2 fr. 55 ; Serrurier, maître 4 fr. 00, ouvrier 2 fr 60 ; Vitrier 2 fr. 60							
1836—44	»	»	2	55	»	»	2 85	»	3 15
1845—54	»	»	2	90	»	» 4 00	» 3 00	»	3 00
1855—64	»	»	2	80	»	3 fr. 00		»	2 80
1865—72	»	»	3	00	»	3 00		»	3 00
1873—75	»	»	4	00	»	4 00		»	3 60

Citons comme curiosités, et sans y attacher d'autre importance, quelques extraits des tarifs colmariens de 1646. Ils nous renseignent d'ailleurs sur la compétence des métiers et sur la valeur de leurs produits.

Bois de lit commun	1 fl. ou 3 fr. 62		
porte double ou encadrée	21 b.	5	07
porte ordinaire	9	2	17
volet pour fenêtres élevées	6	1	45
volet ordinaire	4	0	96
bahut sur un pied	3 fl.	10	86
table pliée	3	10	86
table avec pied en croix	21 b.	5	07
chaise longue à dossier	7 ½	1	81
chaise courte	6	1	15
bois de lit verni avec ciel	4 ½ fl.	16	29
coffret à linge verni	18 b.	4	34
bahut à farine pour 6 rézaux	2 ½ fl.	9	01

VITRIER.	Cadre grand avec guichet (schalter)	9 b. ou 2 fr.		17
	cadre (rahm) moyen »	8	1	93
	cadre petit »	7	1	69
	cadre double avec 2 ailes de 6 à 7 pieds de haut, avec guichet	1 fl.	3	62
	le même, sans guichet	12 b.	2	90
	poser une vitre italienne avec le plomb	4 d.	0	096
	la même sans le plomb	3	0	072
	encadrer une vitre verte avec le plomb	3	0	072
	la même, sans le plomb	2 1/2	0	06
	un coin (zwickel)	1	0	024
	poser un verre carré avec le plomb	5	0	12
	un verre carré moyen	6	0	144
	une attache (haft)	1/2	0	012
	une attache d'église	1	0	024
	encadrer une vieille vitre	2	0	048
	poser un vieux verre carré avec le plomb	3	0	072
	encadrer dans du plomb une grande losange (raut)	4	0	096
	de même une petite	2	0	048
	mettre en couleur une petite tige	2 1/2	0	06
SERRURIER.	Forger un treillage, ouvrage plat, par tt.	24 d.	0	58
	si le client fournit le fer	12	0	29
	cadre de fenêtre avec 2 portières et ferrure étamée	15 b.	3	62
	avec ferrure noire	10	2	41
	une tigette de fenêtre	1	0	24
	une clef avec 4 rouets	4	0	96
	une grille carrée de tombe, par tt.	18 d.	0	43
	id., si le client fournit le fer	9	0	22
	ferrures aux portes, bahuts, loquets, verroux, par tt.	25	0	60
	serrure et clef ordinaires	12 b,	2	90
	démonter et remonter une serrure	18 d.	0	43
	une clef avec 2 rouets	24	0	58
	clef commune avec 1 rouet	15	0	36

les autres travaux plus fins ne sont pas taxés

LES TUILIERS. — Les tuiliers semblent avoir formé une de ces grandes corporations. qui, comme celle des ménétriers et des chaudronniers, s'étendaient sur toute la surface de la province. C'est du moins ce que nous avons conclu de certains indices, entre autres d'une autorisation accordée le 12 nov. 1703, par la corporation des tuiliers siégeant à Colmar et agréant l'établissement d'une tuilerie à Niederhaslach [1]. Un acte de juridiction exercé à pareille distance, ne saurait guère s'expliquer autrement.

---

1. Archives du Bas-Rhin. G. 5624.

A la campagne, les tuiliers recevaient d'ordinaire de la forêt commune le bois dont ils avaient besoin. En retour, ils accordaient aux habitants de l'endroit un prix de faveur. Ailleurs, ils cédaient à la communauté une partie de leurs produits. C'est ainsi qu'ils donnaient à Bergheim, en 1683, par fournée, 1 florin en argent et 600 ℔. de chaux, et par an 1000 tuiles[1].

Les règlements de Haslach défendent, au XIVᵉ siècle, de brûler dans les fours à tuiles du chêne ou quelque autre essence de valeur. On n'y doit user que de bois mort. Il est même interdit, sous peine de 30 β., de vendre aux tuiliers du bois de prix [2].

Mais ces prescriptions n'ont qu'une portée locale. Lorsqu'en 1715 le magistrat de Strasbourg voulut diminuer la taxe des tuiliers, il compara certains prix de l'année courante avec les prix correspondants de l'année 1712, date de la taxation antérieure. Il trouva que

le bois léger coûtait en 1712,	36—40 β.;	en 1715,	20—23 β.
le bois de chêne »	40—46		28—30
le froment »	80—90		40
le seigle »	68—74		22—24
l'orge »	40—45		15—21
l'avoine »	30—32		11—15

Ce tableau prouve évidemment, que le chêne et le sapin formaient le combustible normal des tuiliers.

Il nous montre en même temps que la taxe des tuiliers se basait sur le prix des bois et des grains. On devait cependant tenir compte encore de certains autres éléments. Voici les résultats d'une enquête de 1735 sur la tuilerie strasbourgeoise.

<small>Taxes.</small>

Elle consomme par an :

750 cordes de bois qui, à 6 fl., font	4500 fl.		9000 fr.	
61¼ toises de pierres à chaux .	861		1722	
180 quintaux de foin à 15 β. . .	276	6719 fl.	552	13198
101 quintaux d'avoine à 35 β. .	361		728	
120 bâteaux de terres à 4 β. . .	48		96	
prix de ferme	700		1400	

---

1. V. statuts de Bergheim. Archives de la ville.
2. V. Statuts de Haslach.

Dans le grand four on cuisait à la fois :

6000 murstein,	qui à 22 β. ou	4 fr.40 =	132 fl.		264 fr.		
3000 caminstein	16	3	20	48		96	
2000 rigelstein	16	3	20	32	598 fl.	64	1196
4000 besetzstein	11	2	20	44		88	
12000 ziegel	12	2	40	144		288	
180 viertel de chaux	11	2	20	198		396	

Dans le petit four :

1200 murstein	26 fl. 4 β.		52 fr. 80	
1200 caminstein	19 2		38 40	
600 rigelstein	9 6	236 fl.	19 20	472,10
1000 besetzstein	11		22	
5000 ziegel	60		120	
100 viertel de chaux	110		220	

On fait par an 9 fournées dans le grand, 15 fournées dans le petit four.

Ce qui fait pour les deux un produit de. . . . . 8925 fl. 17850 fr.

Différence . . . . 2176 4352 fr.

Voici, d'après une thèse du siècle dernier [1], quelles étaient les dimensions que les statuts de Strasbourg prescrivent aux tuiliers, pour leurs divers produits :

	Longueur.				Largeur.				Épaisseur.		
Mauerstein	1 p.	3 p.	9 l. ou	0 m. 40	0 p.	8 p.	0 l. ou	0 m. 23	2 p.	3 l. ou	0 m. 065
Caminstein	1	3	0	38	0	8	0	23	2	3	0 065
Riegelstein	1	3	2 0	38	0	5	6 0	17	4	0	0 116
Besetzstein		11	9 0	28	0	7	8 0	22	1	4	0 039
Breitziegel	1	7	9 0	51	0	7	0	20	0	9	0 022
Gewölbstein	1		0	29	0	6	0	17	1	3	0 038
Herdstein	1	3	0	38	0	3	0	38	3		0 086

Ces proportions variaient sans doute selon les lieux. Nous ne retrouvons même pas ailleurs, pour ces différentes espèces de briques, les mêmes dénominations.

---

1. Jus fornacum ad statuta argent. Fréd. Lud. Ehrmann.

En voici quelques exemples :

Taxes de Mulhouse.

briques (*bachstein*) doubles le cent, 1764 :	30 ₰.	ou 3 fr.33,	1767 :	55 ₰.	ou 3 fr.66
» simples »	25	1	66	28½	1	90
tuiles (*zigel*)......»	24	1	60	27	1	80
blaten (carreaux) grands, la p. . .	1.8 ₰.	0	11	2	0	13
» moyens, le cent. . . .	37 ½	2	50	42	2	80
» petits »	55	1	66	28½	1	90
holzigel, tuiles creuses, la p. . .	1½	0	10	1½	0	10
mundlöchstein, embouchures. . .	4	0	27	4½	0	30
chaux, les cent *a*., ...	10,100 k. 1	33		10,100 k. 1	33

Taxe de Colmar, du 30 octobre 1623.

flachdach, tuiles plates, le cent,	60 ₰. ou 1 fr. 55
holtach, tuiles creuses .	60	1	55
obertach.	42	1	08
besetzstein	42	1	08
riegelstein.	48	1	24
caminstein.	60	1	55
murstein, grose	132	3	41
» kleine	108	2	79
österreich	110	2	84
gefierte besetzstein . .	60	1	55
100 *a*. kalch	27	0	70
1 hörbstein	6	0	15
1 nachziegel	6	0	15
1 ofenstück	6	0	15
100 kesselstein	48	1	24

Taxe de Riquewihr en 1615.

chaux, 1 ome (¹/₂₂ fuder) ou cent *a*. à 20 ₰. ou les 100 k⁰⁰ 1 fr. 03
murstein, le cent à. 60	les cent	1	55
camin oder besetzstein, le cent à . 50		1	29
flachdach, le cent à 50		1	29
einfache schnitling, le cent à. . . 36		0	93
holdache, le cent à. 100		2	58
obdach (*doppelte holdach*), le cent à 100		2	58
1 fürstzigel. 6		0	15
1 halb fürstzigel. 2		0	05
1 kaal oder khönerzigel. 12		0	31
1 herdstein. 8		0	21

Il nous semble inutile de prolonger la démonstration. Même lorsque les dénominations [1] s'accordent entre elles, on peut

---

1. On rencontre aussi des *brotbeckerstein*. des *brunnstein*. des *uszledinge*, des *gefulsterstein*, etc.

hésiter sur l'identité de la marchandise. Aussi le tableau suivant ne comprend-il guère que des données relatives à Strasbourg. Elles sont presque toutes empruntées, soit aux taxes officielles du magistrat, soit à des établissements de la ville (S.-Thomas, S.-Arbogast, Notre-Dame, les Dominicains, S.-Claire) et au couvent voisin d'Eschau. Les autres renseignements ne doivent être regardés que comme des termes de comparaison, qui n'entreront pas dans nos moyennes.

Pour la chaux, il ne faut pas perdre de vue que si Strasbourg la débitait par viertel, elle se vendait ailleurs par quintal. La taxe de Riquewihr peut servir de trait d'union entre les deux systèmes. A Bâle, on comptait la chaux par vierzel, et le vierzel pesait, en 1362, 266 ℔.; le vierzel se payait 40 ₰. en 1366, soit les 100 kilos 2 fr. 46.

D'après les cahiers des charges des adjudications de la ville, on comptait à Strasbourg, en 1824, que 9 viertel font un mètre de chaux et 52 boisseaux un mètre cube de plâtre valant alors 28 fr. 60, Trois mètres cubes de chaux brute donnent 5 m. 40 de chaux éteinte. Les cahiers plus récents ne comptent le mètre cube qu'à 1 m. 30 de chaux éteinte.

LES PIERRES. Si nos renseignements sont nombreux et suivis sur la chaux et les diverses espèces de briques et de tuiles, nous n'avons rien sur la valeur historique des pierres. Il en est rarement question dans les livres de comptes. En second lieu, il est difficile de voir si ces mentions se rapportent à l'achat des pierres ou à leur transport, ou aux deux éléments réunis. Enfin ces mentions se trouvent conçues en termes vagues, ne permettant d'apprécier exactement ni les quantités, ni la qualité, des pierres achetées ou transportées.

Plutôt que d'enregistrer des indications fausses ou incohérentes, nous avons préféré ne rien dire. Le lecteur ne rencontrera donc plus loin que quelques données modernes, empruntées aux adjudications de la ville de Strasbourg.

LES BOIS. Des scrupules analogues nous ont arrêté pour les bois. On sait qu'autrefois presque toutes les communes possédaient des forêts considérables. Ceux qui voulaient construire en retiraient, gratuitement ou contre une légère rétribution, sinon la totalité, du moins la majeure partie des bois qui leur étaient nécessaires. Il en résulte que les comptes s'occupent surtout de l'abattage, de la façon, du transport des bois

Nos renseignements sont par suite trop clairsemés, pour se prêter à une comparaison régulière et sérieuse.

Commençons par quelques données générales.

En 1760, pour combattre un monopole que certains spéculateurs badois avaient établis à Neumuhl, et arrêter l'invasion de leurs mauvaises marchandises, le sénat de Strasbourg statue : 1° qu'en dehors du Vendredi il sera interdit d'amener du bois en ville ; 2° que les bois marchands devront avoir la longueur suivante :

planches et lattes ordinaires, 16 pieds d'Allemagne ou 5 m. 02
»   de Harmspach, 20 »   6   28
planches à planchéier   24 »   7   54

Peu de temps après, Strasbourg établit une scierie dans la forêt de Barr et annonce, par circulaire, (1772), les conditions auxquelles se vendent ses produits. Le *fuder* de planches comprenant 25 pièces, à 18 pieds ou 5 m. 65 de longueur, et un pouce français ou 0 m. 027 d'épaisseur, se débite à :

21 fr., quand elles ont au milieu une largeur de 13—14 pouces, 0 m. 353
26   »   15—16   0   406
28   »   17—18   0   458
30   »   19—20   0   510
32   »   21—22   0   563
34   »   23—24   0   615
36   »   25—26   0   668
38   »   27—28   0   720
40   »   29—30   0   772
42   »   31—32   0   825

Les madriers, longueur 18 pieds, largeur 13 — 14 pouces se paient :

21 fr. le fuder (18 pièces), s'ils ont 1 ½ pouces fr. d'épaisseur ou 0 m. 041
21   »   (12 »),   »   2   »   0   054

Le *fuder* (100) de lattes, même long, 1 pouce fr. ou 0 m. 027 d'ép. et 3 pouces all. de larg. ou 0 m. 078, coûte 24 fr.

Ces bois sont en sapin, le *fuder* coûterait 2 fr. de plus en hêtre et 4 fr. de plus en érable.

La scierie fera sur commande des planches de 30 à 40 pieds de longueur (9 m. 42 à 12 m. 56).

Les cahiers d'adjudication de la ville de Strasbourg renferment, pour l'année 1824, un travail très-long et très-intéressant sur le prix de revient des différentes espèces de bois. Nous n'en extraierons que quelques chiffres. Les prix sont plus élevés pour les menuisiers, parce que leurs bois doivent avoir trois ans, tandis qu'on n'exige qu'un an pour ceux des charpentiers.

Les planches de 4 mètres, avec une largeur moyenne de 30 centim., coûtent par mètre carré, avec une épaisseur de :

0 m. 027, en chêne, charp.	2 fr. 10,	men.	2 fr. 30			
0 033	2 50		2 75			
0 04	3 00		3 30			
0 05	3 70		4 05			
0 07	4 55		4 75			
0 08	4 95		5 40			
0 027, en sapin	1 10		1 30, long. 4 m. 20, larg. 0,33			
0 033	1 55		1 70	5 00		0,34
0 04	2 —		2 10	5 00		0,32
0 05	2 95			4 40		0,40

Les madriers en chêne, 11 cent. d'ép., mêmes longueur et largeur que les planches, se paient, le mètre carré 6 fr. 60.

Arrivons aux détails.

1571 Colmar, un arbre de 60 pieds,	4 fl. ou	19 fr. 36			
» »	50 »	3 ½	16 98		

Lattes. 1497 S.-Jean Schlestadt 50 lattes 8½ β. ou 6 fr. 12, la p. 0 fr. 12
1443 Ferrette . . . . 100 » 18 5 94 0 06
1577 Colmar, 1 fuder de lattes. 34 13 16 0 13
1668 Engelport. . . . . . . 150 » 6 ℓℓ. 15 54 0 10
1821 Strasbourg, 1 latte à 6 mètres de long . . . 0 30
1836-44   » » » . . . 0 35
1845-75   » » 4 » . . . 0 35

Planches. 1501 Haguenau, 1 planche . . . . . 7 δ. ou 0 fr. 168
1510 Riquewihr 1 fuder de planches . . . . . 30 β. 15 00
1544   »   » 35 11 34
        » 1 planche . . . . 18 δ. 0 60
1570 Colmar 1 fuder de planches en sapin . . . 5 β. 1 93
1574   » 1 flosz sechser . . . . 4 ℓℓ. 30 96
       »   »   sibner 2½ 19 35
       »   »   achter 2 15 48
       » 1 planche du Rhin . . . . 20 δ. 0 64
       » 1 Bruckflecklin 40 1 29
       » 1 tafeltylen 42 1 35
1577   » 1 fuder de planches. 34 β. 13 16
1580   »   » . . . 34 13 16
1612 S.-Thomas 100 planches . . . . 5 ℓℓ. 38 65
1613   »   » 5 38 65
1614   »   » 5 38 65
16 5   »   » . . . . 4 16 β. 36 21
1618   »   » 5¼ 38 06
1668 Engelport, 3 fuder (96 planches) . . . . 15 ℓℓ.; le f. 12 95

LES BOIS.

Années.	Planches en sapin à 0,027 mètre carré.	Madrier en sapin à 0,05 mètre carré.	Sapin mètre cube.	Chêne mètre cube.
1824			23 fr. 70	45 fr. 00
1836 — 44	1 fr. 35	3 fr. 50	46 00	76 50
1845 — 54	1 40	3 50	49 00	72 00
1855 — 63	2 00	4 00	50 00	100 00
1864 — 72	2 00	3 60	50 00	100 00
1873 — 75	2 00	3 60	55 00	110 00

100 Bardeaux.

1443 Ferrette . .	10 δ. ou	0 fr. 27	1602 S.-Thomas .	32 δ. ou	1 fr. 10
1478 Hôp. Colmar.	6	0 31	1613 »	32	1 04
1516 Hôp. de Str. .	6	0 29	1616 »	32	1 01
1542 Colmar . . .	2½	0 08	1618 »	32	0 96
1543 »	2½	0 08	1622 Isenheim . .	14	0 08
1544 S. M. Altkirch	12	0 20	1661 Engelport. .	14	0 15
1545 Colmar . . .	4	0 11	1678 »	12	0 13
1548 »	2½	0 08	1695 Munster . .	7½	0 13
1556 »	4½	0 15	1704 Engelport. .	12	0 10
1557 Eschau . . .	4	0 17	1713 Unterlinden	23½	0 21
1561 Massevaux .	4	0 07	1715 Thierenb. .	11 d.	0 06
»	16	0 27	1738 »	10	0 04
1563 Eschau . . .	3½	0 15	1740 »	14	0 06
1567 Colmar . . .	5	0 08	1741 Dom. Colm.	36	0 15
1574 S.-Thomas .	20	0 85	1745 Mulhouse .	120	0 50
1581 »	3½	0 14	1751 Thierenb. .	11	0 05
1587 »	6	0 22	1753 Dom. Colm.	24-29	0 10-0,14
» Œlenberg . .	60	0 92	1777 Mulhouse .	144	0 60
1596 S.-Morand. .	8	0 12	1791 Œlenberg .	9½	0 01
1602 »	8	0 11	1845-63 Strasb. . .		0 30

Voici quelques renseignements sur les clous, employés dans les constructions.

Cent lattnagel.

1426 Belfort . . .	29 δ. ou	0 fr. 83
1501 Œ. N.-Dame	5	0 26
1514 »	9	0 43
1533 Eschau . . .	10	0 16
1544 Altkirch . .	42	0 71
1628 Ribeauvillé .	25	0 65
1668 Engelport . .	60	0 65
1742 Dom. Colmar.	27	0 62
1744 »	13 s.	0 65
1770 Mulhouse . .	8	0 10
1836-44 Strasbourg		0 75

1815-72 Strasbourg		0 65
1873-75 »		0 70

Cent Spichernagel.

1392 S.-Thomas .	7 δ. ou	0 fr. 50
1414 Œ. N.-Dame.	11	0 75
1417 »	14	0 96

Cent Nurrenbergernagel.

1475 Œ. N.-Dame.	10½ δ. ou	0 fr. 61
1501 »	6½	0 31
1628 Ribeauvillé .	10	0 52

PRIX DES MATÉRIAUX.

Année.	Viertel. Kalch.	LE CENT. maurstein.	zigel.	baseldach.	ge-wölbstein.	Hect. Chaux	LE CENT. grosses briques.	tuiles.	baseldach.	briques à voûte.
1407 S.-Thomas			16 δ.					1 fr.09		
1412 »	17 δ.				14 δ.	1 fr.00				0 fr.96
1413 »	17		17			1 00		1 16		
1414 »	17		17			1 00		1 16		
1415 »	17	25 δ.	17		16	1 00	1 fr.71	1 16		1 09
1416 »	17					1 00				
1417 »	17					1 00				
1420 »	17	26	18	31 δ.	15	1 00	1 78	1 23	2 fr.12	1 03
1425 Œ. N.-D.	17	26	18			0 91	1 61	1 12		
1427 S.-Thomas	17	25	16			0 91	1 55	1 00		
1428 »	17	26		18		0 91	1 61		1 12	
1431 »	14	26		18		0 72	1 56		1 08	
1434 »	18					0 93				
1435 »	17					0 88				
1437 S.-J. Schl.	18	30	18			0 93	1 80	1 08		
1438 S.-Thomas	17					0 88				
1439 »	17	26	18		15	0 88	1 56	1 08		0 90
1440 »	18	28	20	20		0 93	1 68	1 20	1 20	
1441 »				18					1 08	
1442 S.-J. Schl.	19					0 98				
1444 »		27			16		1 62			0 96
1445 Œ. N.-D.	18		18		16	0 93		1 08		0 96
1446 Strasb.		27					1 62			
1449 S.-G. Hag.		30					1 80			
1450 S.-Thomas		27					1 62			
1451 »	18	27				0 93	1 62			
1454 S.-G. Hag.			20					1 20		
1455 »			21					1 26		
1456 »			21					1 26		
1458 S.-Thomas		27					1 62			
1459 S.-J. Schl.			18					1 08		
1460 »			18					1 08		
1464 S.-Thomas					16					0 96
1465 S.-Claire	18	27	19		15	0 93	1 62	1 14		0 90
1467 S.-Thomas			19		15			1 08		0 92
1469 S.-G. Hag.			20					1 14		
1471 S.-Thomas	18			28		0 89			1 60	
1474 S.-G. Hag.			21					1 20		
1475 »			21					1 20		
1480 »			24					1 31		
1482 S.-Thomas	18	32	21			0 85	1 75	1 16		
1483 S.-Arbog.	18					0 85				
1486 S.-Thomas	18					0 85				
1487 »	18	27	20	19	16	0 85	1 48	1 09	1 04	0 88
1488 »			20	19				1 09	1 04	
1489 »	18			19		0 85			1 04	
1490 »				19					0 99	
1491 »	18			19		0 82			0 99	
1492 »	18		21	19		0 82		1 06	0 99	
1493 S.-G. Hag.		30	21				1 59	1 06		
1494 »		30	25				1 59	1 32		

PRIX DES MATÉRIAUX.

Année.	Viertel. — Kalch.	LE CENT.				Hect. — Chaux	LE CENT.			
		maurstein.	zigel.	ba-eldach.	gewölbstein.		grosses briques.	tuiles.	baseldach.	briques à voûter.
1496 S.-Arbog.	18 ♃		22 ♃			0 fr.82		1 fr.13		
1497 S.-G. Hag.	17					0 75				
1498										
1499										
1500 »		30 ♃	21				1 fr.54	1 08		
1501 Eschau	18	27	19			0 80	1 39	0 98		
1502 »	18			16 ♃		0 80				0 fr.83
1503 »	18					0 80				
1504										
1505 S.-P.-le-v.	18					0 77				
1506 S.-Arbog.	18					0 77				
1507 »	18		24			0 77		1 20		
1508 S.-G. Hag.			21					1 05		
1509 »			21					1 05		
1510 »			21					1 05		
1512 S.-Arbog.	18		20			0 75		0 97		
1513 »	18					0 75				
1514 S.-P.-le-v.	18	27	18			0 75	1 31	0 87		
1515										
1516 S.-Thomas	18					0 75				
1517 Eschau		24					1 16			
1518 S.-Thomas	18		21	24 ♃		0 75		1 02	1 fr.16	
1519 »			19					0 92		
1520 S.-G. Hag.			22					1 07		
1522 »	18		21			0 75		1 02		
1523 Dom. Str.	18	27		24		0 75	1 31		1 16	
1525 S.-P.-le-v.			19					0 92		
1527 S.-G. Hag.			22					1 03		
1528 S.-Thomas	18					0 73				
1529 S.-P.-le-v.	18	24		24	16	0 73	1 13		1 13	0 75
1530 S.-G. Hag.			20					0 94		
1532 Eschau		26	19	25			1 19	0 87	1 15	
1533 »		27	19	26	16		1 24	0 87	1 19	0 73
1534 S.-Thomas		27	19		16		1 24	0 87		0 73
1535 »	18					0 71				
1536 »	19	30		24	18	0 75	1 37		1 10	0 82
1537 Eschau		31		30			1 13		1 37	
1538										
1539 S.-Thomas	20			21		0 79		1 10		
1540 »	19	30		28	18	0 75	1 37		1 28	0 82
1541 »	19	30	21	28	18	0 75	1 37	0 96	1 28	0 82
1542 Eschau	18	30				0 71	1 37			
1543 »	20		21			0 79		0 96		
1544 S.-Thomas	20	36	20		22	0 79	1 65	0 91		1 01
1545 »		36					1 65			
1546										
1547 Eschau		36	20				1 62	0 90		
1548 S.-Thomas		36					1 62			
1549 »	20					0 77				
1550 S.-G. Hag.										

28

434 CH. XI. — LE BATIMENT.

Année.	Viertel. Kalch.	LE CENT.				Hect. Chaux	LE CENT.			
		maurstein.	zigel.	baseldach.	gewölbstein.		grosses briques.	tuiles.	baseldach.	briques à voûte.
1551										
1552 S.-Thomas				30 d.	28 d.				1 fr.35	1 fr.26
1553 S.-Pierre				30					1 35	
1554 S.-Thomas	22 d.				22	0 fr.85				0 99
1555										
1556 Eschau	26	48 d.				0 94	2 fr.02			
1557 »		39					1 64			
1558 S.-Thomas	20	39		32		0 72	1 64		1 35	
1559 »	22	39		32		0 81	1 66		1 37	
1560 S.-Th. Arb.	22	39		32		0 81	1 66		1 37	
1561 »	21			36		0 88			1 54	
1562 »	21			40		0 88			1 71	
1563 S.-Th. Pier.	21	12		36	26	0 88	1 79		1 54	1 11
1564 » »	21				26	0 88				1 11
1565 » »	20	42		40		0 73	1 79		1 71	
1566 S.-Thomas	21	42		38	32	0 88	1 79		1 62	1 37
1567 »	21	42		36	25	0 88	1 79		1 54	1 07
1568 S.-Th. Hag.	21	42	21 d.	36	26	0 88	1 79	1 fr.02	1 54	1 11
1569 Notre-Dame	24			36		0 88			1 54	
1570 S.-Th. Hag.	26	42	21	36		0 95	1 79	1 02	1 54	
1571 »	24	42		36	26	0 88	1 79		1 54	1 11
1572 »	24			36	30	0 88			1 54	1 28
1573 »	28			42	30	1 03			1 79	1 28
1574 »	28			42	30	1 03			1 79	1 28
1575 » »	28		26	42	30	0 97		1 05	1 69	1 91
1576 »	28			42	36	0 97			1 69	1 45
1577 » »			26	50	30			1 05	2 01	1 21
1578 »	28	48		48		0 97	1 93		1 93	
1579 Soultzmatt	48			84					1 35	
1580 S.-Thomas	32	48			30	1 11	1 93		1 21	
1581 »				48	32				1 93	1 29
1582 »				48	34				1 93	1 37
1583 »				48					1 93	
1584 »				48					1 93	
1585 »				48					1 93	
1586 S.-Th. Hag.			36		32			1 34		1 20
1587 »					32					1 20
1588 Strasbourg	32	54		18	32	1 03	2 01		1 79	1 20
1589 »	36	60		54	34	1 15	2 23		2 01	1 98
1590 S.-Thomas	36	60			35	1 12	2 15		1 26	
1591 »	36					1 12				
1592 »	36			50		1 12			1 82	
1593 »			60		33	2 17			1 18	
1594										
1595										
1596 »	36	60			40	1 11	2 15		1 41	
1597 »										
1598 »	38	66		60	38	1 16	2 33	2 12	1 34	
1599 »	40				40	1 22			1 11	
1600 S.-Th. Hag.	41		42			1 25		1 18		

PRIX DES MATÉRIAUX.

Année.	Viert. — Kalch. end.	LE CENT EN d.			Hectol. — Chaux.	LE CENT.			
		maurstein.	camin et riegelstein.	zigel.	gewolbstein.		grosses briques.	briques à cheminée et à cloison.	tuiles.	briques à voûter.
1601 S.-Thomas.	40	72	50			1 fr.19	2 fr.48	1 fr.91		
1602 »	40		52			1 19		1 79		
1603 »			52	42				1 79		1 fr.15
1604 »				40						1 38
1605 »	40	72	52			1 13	2 38	1 72		
1608 »	40					1 13				
1609 »	40	72	53	40		1 13	2 38	1 75		1 32
1610 »	48					1 36				
1611 »	48					1 33				
1612 Strasbourg	48	96	34		48	1 33	3 96	1 10		1 55
1613 Mulhouse	144			144					1 fr.90	
1614 S.-Thomas		84	60		48		2 73	1 93		1 55
1615 Riquewihr	20	60	50			1 55		1 29		
1616										
1617 Ribeauvillé	24			60					1 51	
1621 Bâle		216		216	240		1 37		1 37	1 52
1622 »		360		240	360		1 54		1 03	1 51
1623 Colmar	27	132	60	42			3 11	1 55	1 09	
1624										
1625										
1627 S.-Morand				180					2 32	
1628 Gr. Chap.	30									
1631 OElenberg				180					2 32	
1646 Strasbourg	96	156	120	108	90	2 48	5 03	3 87	3 49	2 91
1655 S.-Thomas	72	156	120	84	96	1 98	5 03	3 87	2 71	3 10
1656 »	72	156	120	84	96	1 98	5 03	3 87	2 71	3 10
1660 Engelport				150					1 62	
1669 »	100			150					1 62	
1684 S.-Thomas	96	156	114	90	96	2 15	4 34	3 17	2 50	2 67
1685 »	90	156	114	90	96	2 15	4 34	3 17	2 50	2 67
1686 »	90	156	114	90	96	2 15	4 34	3 17	2 50	2 67
1687										
1689 »	84	156	114	90	96	2 01	4 34	3 17	2 50	2 67
1690 »	90	162	114	96	96	2 03	4 24	2 98	2 35	2 51
1691 »	96	168	120	96	102	2 16	4 10	3 11	2 51	2 67
1692										
1693 Strasbourg	108	180	132	114		2 37	4 29	3 15	2 71	
1694 S.-Thomas	108	180	132	108	132	2 21	4 29	3 15	2 57	3 15
1695 »	108	180	132	108	132	2 21	4 29	3 15	2 57	3 15
1696 Munster	15			90					2 11	
1697 Strasbourg	102	174	126	96		2 09	4 15	3 01	2 28	
1698 Thierenbach				150					1 20	
1699										
1700 Haguenau				84					2 10	

Les indications du Haut-Rhin, relatives à la chaux, se rapportent au quintal et non au rézal. Nous les avons reproduites, mais sans les traduire.

CH. XI. — LE BATIMENT.

Année.	Viert. — Kalch. en δ.	LE CENT EN δ.				Hectol. — ; Chaux	LE CENT.			
		maurstein.	caminstein.	besetzstein.	zigel.		grosses briques.	briques à cheminées et à cloisons.	carreaux à carreler.	tuiles.
1701 Munster					100					1 fr.67
1704 Ribeauvillé					100					1 50
1705 Thierenb.					138					1 05
1712 Strasbourg	120	180	132	96	114	1 fr.72	2 fr.91	2 fr.13	1 fr.55	1 84
1713 »	120	180	132	96	114	1 72	2 91	2 13	1 55	1 84
1714 »	120	180	132	96	114	1 73	2 91	2 13	1 55	1 84
1715 »	114	180	126	90	108	2 00	3 30	2 31	1 65	1 ,98
1716 »	81	168	120	84	96	1 40	3 25	2 32	1 62	1 86
1717 Unterlinden	62									
1718 Strasbourg	81	156	114	78	90	1 90	2 18	1 60	1 10	1 26
1719 »	84	168	120	84	96	1 05	2 35	1 68	1 18	1 34
1720 »	132	294	204	132	162	1 20	3 28	2 28	1 47	1 81
1721 »	126	252	180	126	144	1 20	2 81	2 01	1 38	1 61
1724 »	105	204	147	102	117	1 55	3 43	2 47		1 97
1725 »	98	192			108	1 75	4 03			2 25
1726 Thierenb.					150					0 70
1730 Unterlinden	50									
1731 Munster					90					1 00
1733 Thierenb.					150					0 70
1735 Strasbourg	120	250	192	192	132	1 72	4 17	3 20	3 20	2 20
1739 Œlenberg					300					1 66
1740 Thierenb.					196					1 99
1741 Œlenberg					240					1 33
1743 Thierenb.					180					1 00
1744 Strasbourg	120	250	192	132	150	1 72	4 17	3 20	2 20	2 50
1745 »	132	282	204	144	162	1 89	4 70	3 40	2 40	2 70
1746 »	132	294	216	156	174	1 89	4 90	3 60	2 60	2 90
1749 »	114	261	180	126	141	1 63	4 35	3 00	2 10	2 35
1751										
1759 Strasbourg	126	273	196	138	153	1 80	4 55	3 25	2 30	2 45
1756 Œlenberg					400					1 66
1760 Thierenb.					252					1 05
1763 Strasbourg	126	273	192	138	153	1 80	4 55	3 20	2 30	2 55
1767 Mulhouse	168									
1768 »	180				438					1 87
1791-2 Œlenberg					408					1 70
1825						2 70	10 38	9 85	6 30	
1835						2 20	10 00	7 75	5 00	
1840						2 20	10 00	7 75	5 00	
1845						2 40	10 50	8 00	6 00	5 50
1850						2 40	10 50	8 00	6 00	5 50
1855						2 40	10 00	8 00	6 00	5 50
1860						2 60	10 00	8 00	6 00	5 50
1865						2 60	12 00	8 50	6 00	5 50
1870						2 65	12 00	8 50	6 00	5 50
1875						2 75	12 00	8 50	6 00	6 00

PRIX DES MATÉRIAUX.

Année.	Pierre de taille m. cube.	Dalles 0,06 — 0,08 m. carré.	Dalles 0,10 — 0,12 m. carré.	Gros. briques réfractaires. 100.	Chaux éteinte m. cube.	Petit. briques à cloisons 100	Tuiles faîtières 100.
1825	43 fr.50			48 fr.00	19 fr.20		21 fr 80
1835							26 00
1840							20 00
1845	40 00				11 00		20 00
1850	40 00				14 00	6 fr.00	20 00
1855	40 00	3 fr.00			14 00	6 00	20 00
1860	40 00	3 00			11 00	6 00	20 00
1865	38 00	4 00	5 fr 00	50 00	13 00	6 70	18 00
1870	38 00	4 00	5 00	50 00	13 00	6 70	18 00
1875	50 00	4 00	5 00	50 00	11 50	7 00	20 00

RÉCAPITULATION.

Années.	Chaux. L'hect.	PRIX DU CENT.							
		Grosses briques.	Tuiles.	Baseldach.	Briques pour voûter.	Briques à cheminées.	Briques à cloisons.	Carreaux à carreler.	Plapperling
1401—1425	0 fr.99	1 fr.70	1 fr.15	2 fr.12	1 fr.03				
1426—1450	0 90	1 61	1 09	1 12	0 91				
1451—1475	0 92	1 62	1 16	1 60	0 91				
1476—1500	0 83	1 59	1 14	1 02	0 88				
1501—1525	0 77	1 26	1 03	1 16	0 63				
1526—1550	0 75	1 10	0 92	1 20	0 81				
1551—1575	0 88	1 76	1 03	1 35	1 18				
1576—1600	1 11	2 17	1 29	1 91	1 29				
1601—1625	1 22	2 79		2 05	1 43	1 fr.71	1 fr.61		1 fr.29
1626—1650	2 48	5 03	3 49		2 91	3 87	3 87	2 fr.71	2 32
1651—1675	1 98	5 03	2 71		3 10	3 87	3 87		
1676—1700	2 16	4 30	2 44		2 77	3 13	3 13	2 21	1 93
1701—1725	1 41	3 03	2 11	2 11		2 11		1 35	
1726—1750	1 72	4 16	2 54	2 54		3 28		2 50	
1751—1775	1 80	4 55	2 50			3 25		2 30	
1776—1800									
1801—1825	2 70	10 38			5 50	9 85	7 75	6 30	7 00
1826—1850	2 30	10 25	5 50			7 87	7 87	5 50	
1851—1875	2 60	11 20	5 60			8 30	8 30	6 00	6 00

CHAPITRE XII.

VÊTEMENTS ET CHAUSSURES.

Dans les chapitres qui précèdent, nos espérances ont été rarement déçues. Nous nous trouvions en face de mercuriales régulièrement constatées, ou de taxes officielles qui ne laissaient aucun doute, ni sur la portée générale des estimations, ni sur la nature des objets appréciés. Lorsque ces ressources nous faisaient défaut, il était facile d'y suppléer, du moins pour les questions vraiment importantes, à l'aide de renseignements aussi imposants par leur suite que par leur caractère. De là des conclusions souvent rigoureuses, presque toujours suffisamment motivées.

En sera-t-il de même ici?

Le lecteur qui songe à la variété infinie des chaussures, à la variété, plus infinie encore, des draps et des étoffes de toutes sortes, qui se rencontrent dans la société contemporaine, doit se dire : Mais comment se reconnaître au milieu de cette confusion? Dans le même magasin de confection, j'achète un habit pour vingt francs, tandis que tel autre me reviendrait a cent, à cent cinquante francs. Comment apprécier la valeur d'un vêtement, à moins de l'avoir sous les yeux, pour juger de sa grandeur, de sa façon, de la qualité des étoffes? Comment établir un parallèle entre les draps modernes, si difficiles déjà à comparer entre eux, et les draps anciens, dont vous ne connaissez ni la nature exacte, ni la largeur, ni la finesse, ni la force, ni la beauté.

Ces réflexions, nous les avons faites. Nous savons que le même raisonnement peut s'appliquer aux toiles, aux cotonnades, à toute espèce d'étoffe. Aussi avons-nous hésité longtemps, effrayé par les difficultés de la matière, et, avouons-le franchement, par la crainte que ce chapitre ne jette quelque discrédit sur l'ensemble de notre travail.

Les industries textiles font aujourd'hui la richesse et la gloire de l'Alsace. Un intérêt particulier s'attache donc aux pages que nous leur consacrons ici. Bien que secondaires pour le but que nous nous proposons — déterminer le pouvoir de l'argent — on les lira avec une curiosité légitime ; et, si elles ne répondent pas aux préoccupations du lecteur, il sera porté, même à son insu, à étendre cette impression fâcheuse sur l'ouvrage tout entier.

De là des tergiversations, funestes surtout à l'époque où nous rassemblions nos matériaux, parce qu'elles nous firent négliger plus d'une note, qu'il ne fut pas toujours possible de retrouver plus tard.

Une appréciation plus mûre et plus désintéressée de la question a fini par triompher de tous ces scrupules.

Quel était autrefois le prix des habits et des façons, le prix des draps, des toiles, la somme des frais de fabrication? Demandez-le à l'érudit le mieux au courant de nos anciennes traditions, au fabricant le plus versé dans l'histoire de son industrie. Ils ne sauront que répondre. Ils ne pourraient pas même indiquer de livre capable de les éclairer à ce sujet. N'est-ce donc pas rendre un véritable service à la science, que de réunir, de coordonner, d'élucider des notes perdues dans les arcanes des archives, où les hommes compétents ne les eussent peut-être jamais cherchées? Parce qu'il est impossible d'écarter tous les doutes, de dissiper tous les nuages, est-ce une raison pour ne pas dire ce que l'on sait? Le lecteur impartial s'en prendra-t-il à nous, s'il ne trouve pas dans notre ouvrage ce que nous même nous n'avons pas trouvé dans les documents dont nous disposions?

Quant à cette variété, qui effraie à bon droit la statistique moderne, elle était moins grande du temps de nos pères. Le régime des corporations entravait alors ces écarts, que la libre concurrence multiplie sans obstacle et souvent à dessein. Presque toujours, d'ailleurs, les livres de Comptes ajoutent aux achats qu'ils mentionnent, des indications qui peuvent éclairer notre conscience. Quand Colmar, par exemple, achète du drap, le comptable a soin de marquer, si ce drap est destiné aux sénateurs, à un maître ouvrier, ou à quelque valet de la ville, etc. Des renseignements de ce genre suffisent pour classer, d'une manière générale, la marchandise livrée. Ils nous apprennent ce que coûtaient, à une époque donnée, les diverses qualités alors connues de draps.

Ce résultat est d'une incontestable importance. Il ne permet pas de dire : telle espèce de drap, qui vaut aujourd'hui quinze francs, se payait tant au xve ou au xvie siècle. Mais vous pourrez dire : le drap dont s'habillaient au xve siècle les sénateurs, les chanoines, les ouvriers, etc., se vendait à tel prix ; aujourd'hui, le drap qui sert aux hommes appartenant aux mêmes classes de la société, coûte tant ; donc, au point de vue de l'habillement, les deux époques sont entre elles dans le même rapport.

Nos chiffres se prêtent ainsi, non à des conclusions mathématiquement rigoureuses, mais à d'ingénieux rapprochements, à d'intéressantes comparaisons. S'ils n'éclairent pas la matière dans tous ses détails, ils jettent une lumière inattendue sur les points essentiels. Ils aideront peut-être d'autres voyageurs, armés de ressources nouvelles ou mieux préparés que nous pour des explorations de ce genre, à pénétrer plus loin dans ces régions trop longtemps dédaignées.

Malgré ses imperfections, cette esquisse rapide rendra donc, dès maintenant, des services sérieux à la science économique et à l'histoire des industries textiles. En même temps, elle prépare la voie à d'autres études, qui, grâce à elle, arriveront dans l'avenir à des résultats plus complets et plus étendus. Une pareille perspective devait mettre fin à toute hésitation.

- Nous traiterons successivement des vêtements et des chaussures, en classant nos divers éléments de comparaison aussi méthodiquement que possible.

Aux chiffres se joindra une rapide analyse de quelques statuts de corporations. Les prescriptions techniques et morales qu'ils renferment, nous renseignent, tantôt sur la condition sociale des ouvriers, tantôt sur la valeur de leurs produits. Il est bon de ne jamais perdre de vue que ces conditions de liberté absolue, au milieu desquelles se développe l'industrie moderne, n'ont pas toujours existé.

Première Section.

Linge et Habits.

Les modes anciennes. — Lois somptuaires de l'Alsace. — de Strasbourg. — Chanvre, lin et laine. — Filature, salaires. — Chanvre, lin, laine, coton filés. — Blanchissage. — Tisserands, formiers de bas, bonnetiers, drapiers. — Les premières manufactures. — Salaires des ouvriers tisseurs. — Prix du tissage. — Coutils et treillis. — Toiles. — Cotonnades. — Soierie. — Étoffes en laine. — Draps. — Velours. — Doublures. — Prix modernes. — Couture. — Tailleurs. — Salaires — Façons. — Habits. — Culottes. — Bas. — Chapeaux. — Gants.

L'amour du changement, le désir de se distinguer de la foule par le choix des étoffes ou la coupe des habits, l'envie de se rapprocher, dans une mesure quelconque, des hommes et des peuples qu'un certain prestige élève au-dessus des autres : tels sont les mobiles qui provoquent les modes nouvelles. Le branle donné dans les sphères supérieures, les masses suivent, ne fût-ce que par esprit d'imitation, ou par esprit d'égalité, pour effacer de leur mieux toute distinction extérieure entre elles et ceux qui les dominent par leur rang ou leur fortune. Modes anciennes.

Naturels au cœur de l'homme, ces sentiments ont dû agir sur nos pères, comme ils agissent autour de nous. Il ne faut donc pas s'étonner, si les costumes varient avec les temps.

C'est un fait affirmé par les chroniqueurs, attesté par les dessins et les peintures que nous ont légués les siècles passés.

Quand les bandes anglaises envahirent l'Alsace au xive siècle, elles n'y laissèrent pas seulement les traces de leurs ravages et le souvenir de leurs cruautés. Elles avaient des habits longs, des pantalons, des cuirasses formées de plaques de fer et modelées sur le corps, des jambards ou jambières. La mode s'empara de ce modèle. De là, nous dit Königshoven [1] dans sa

---

1. a. 1365. *Da von kam der sitte us zu Strosburg, das man lange kleider, huszsecken, un beinharnisch, un spitze huben geriet machen, das vor zu Strosburg ungewonlich war.*

chronique, l'usage jusqu'alors inconnu à Strasbourg, des habits longs, des pantalons collants, des jambières et des bonnets pointus.

Au milieu du xve siècle, Strasbourg s'éprit des modes espagnoles. « C'est en cette année (1452), nous raconte Speckle, qu'on se mit à mettre au bout des souliers de longs becs (souliers à la poulaine); on adopta les manteaux courts, les capuces [1] retenus par un lacet, des pourpoints (*wams*) courts et des pantalons (*lange hosen*). Les élégants laissaient croître les cheveux et coupaient la barbe. Les femmes avaient de longues robes coûteuses, des voiles et des ceintures d'or [2]. »

Les pantalons disparurent au xvie siècle et furent remplacés par des culottes courtes, par des hauts de chausses bouffants tailladés. La guerre de Trente ans nous amena les modes suédoises : culottes courtes et étroites à jarretières, souliers relevés à hauts talons, bottes à revers, chapeaux ronds à petites têtes et larges bords retroussés d'un côté, veste longue et capote à pans élargis. Avec les conquêtes de Louis XIV triomphèrent l'habit à la française et le tricorne.

Ces innovations rencontraient pourtant autrefois une double barrière : les costumes nationaux et les lois somptuaires.

A la campagne, l'égalité presque complète de tous les habitants, le respect des traditions, l'empire des habitudes, la crainte de se singulariser, maintenaient assez facilement le costume national. Il n'en était pas de même en ville, surtout dans les classes élevées de la bourgeoisie. Elles étaient en rapport incessant avec les voyageurs, les négociants, les dignitaires de l'Empire, les ambassadeurs des puissances étrangères, que les plaisirs ou les affaires attiraient dans leurs murs. Elles-mêmes, elles quittaient souvent leurs foyers, faisaient au-dehors des séjours plus ou moins longs, et, dans ce

---

1. *Gugelhutt, die bande man mit einem nestel.*
2. Le magistrat de Strasbourg défendit, en 1471, aux valets de la ville de porter à leurs souliers des becs dont la longueur dépasserait la largeur de deux doigts. Il interdit aussi aux filles de mauvaise vie, pour les distinguer des honnêtes femmes, des manteaux avec du camelot, descendant à plus de trois doigts du sol, doublées de peaux vairées ou de soie. Elles devaient aussi s'abstenir, pour les autres parties de leurs vêtements, des mêmes doublures, des agrafes d'or, des ceintures dorées, des pierres précieuses, des longs voiles.

commerce journalier avec les nations voisines, trouvaient à la fois le goût des changements et la facilité de le satisfaire[1].

Aussi voit-on les diètes de l'Empire, les assemblées provinciales, les magistratures municipales, hostiles aux envahissements du luxe, attentives à maintenir les distinctions sociales, s'occuper sans cesse de ces questions d'habillement.

Citons, comme exemple, le paragraphe que leur consacre, en 1552, la *Policey ordnung* des États de l'Alsace :

« La *Police impériale* indique aux classes supérieures la modération qu'elles doivent garder en fait d'habits et de bijoux : les diverses autorités de cette province sont tenues de s'y conformer, en tant que cela les concerne. Elle demande aussi, que chaque seigneurie rédige pour ses sujets un bon et honnête règlement. Mais les députés trouvent qu'il n'est pas opportun de fixer une règle générale et commune. Les excès du luxe varient selon les localités. On décide cependant que les laboureurs et vignerons de condition inférieure, les journaliers et leurs familles, se contenteront pour leurs manteaux et leurs habits, de draps communs, comme ceux de Lymbourg, de Horb et de S. Nicolas du Port ; pour leurs culottes et leurs collets (*goll*) : draps de Londres (*lindisch*) ; pour leurs pourpoints (*wamessen*) et leurs gilets (*ubermiedern*), de futaine. Leurs vêtements ne seront ni découpés, ni garnis ou doublés de soie. Le prix maximum de leurs bonnets *(byret)* sera d'un demi florin (5 fr. 40), et celui de leurs chapeaux, cinq batzen (1 fr. 80).

« Comme les habitants des grandes et des petites villes ne se trouvent pas dans la même situation, et qu'on ne peut pas les soumettre à la même règle, chaque municipalité édictera pour la répression du luxe, selon les circonstances, un règlement particulier, et assurera de la sorte l'exécution de la *Police impériale*. »

Ces prescriptions furent religieusement suivies. La règle-

---

[1] Le costume national, économique par sa stabilité, était en lui-même fort coûteux. C'est ce qui inspira, en 1685, à l'intendant de la Grange l'idée de l'abolir et de le remplacer dès-lors par les modes françaises. Mais son ordonnance ne fut point observée. Les traditions locales, battues en brèche par l'exemple des classes supérieures et les exigences de la Révolution, ne disparaissent que de nos jours, sous l'influence du cosmopolitisme moderne.

mentation des habits occupe, à elle seule, une large place dans la *Policey ordnung* de Strasbourg, 15 pages in-folio dans l'édition de 1628, 22 pages du même format dans celle de 1708.

Analyser cette législation en détail serait une œuvre fort ennuyeuse, et surtout fort difficile pour un traducteur. Nous nous bornerons à indiquer ses dispositions générales, et à relever les renseignements économiques qu'elle présente.

Les habitants de Strasbourg sont partagés en six classes, et la *Policey ordnung* s'attache avec insistance à maintenir cette division.

La *première* renferme les servantes, les bonnes, les couturières, toutes les filles qui travaillent pour un salaire, quelle que soit la condition de leurs parents. A la *seconde* appartiennent les journaliers, les portefaix, les commissionnaires, les manœuvres, les valets de la ville. Les personnes de ces deux classes peuvent porter au maximum des :

chapeaux (*hut*) à					1708 : 8 β. ou 2 fr.32	
bonnets (*kappen*) à	1628 : 3 fl. ou	11 fr. 60		4 fl.	11	60
bonnets rabattus (*hauben*) à	1 ½	5	80	1 ½	4	35
ceintures à	12 β.	4	65	15 β.	4	35
fraises, tout compris, à	12	4	65			
cordons de cheveux, l'ele à	6 δ.	0	36 le m	4 δ.	0	18 le m.
Dreisznestel, l'ele à	4	0	24 »	6	0	27 »
cordons de souliers, l'ele à				12	0	54 »
drap commun, l'ele à	20 β.	14	40 »	20 β.	10	80 »

On leur permet des étoffes moins chères, du *hundskutt*, de la futaine, du *doppeltrott*, du bombasin, en 1628; du satin, du bombasin (à 6 β. l'ele, 3 fr. 24 le m.), du damas de laine (*burschet*) en couleur (5 à 6 β. l'ele), de la frise rouge (7 à 8 β. l'ele, 4 fr. 32 le m.), du cadis, de la serge, de la serge de prince, (10 à 12 β. l'ele, 6 fr. 48 le mètre), du *buffey* (damas de laine) ordinaire, en 1708. On leur interdit les souliers découpés ou à talons, tout ornement, sauf une bordure en soie à 8 δ. l'ele ou 0 fr. 36 le mètre.

La *troisième* classe — composée des artisans, des cabaretiers, des jardiniers, des marchands qui n'ont pas plus de mille florins dans leur commerce, des petits employés de la ville et de leurs familles — ont plus de latitude.

chapeau de campagne			1708:	15 β. ou 4 fr 35	
chapeau de ville	1628: 3 fl. ou 11 fr.60			3 ¹/₂ fl. 10 15	
bonnets de femme	4	15 50		12	34 80
bonnets rabattus	3	11 60			
fraise, tout compris	2 ¹/₂	9 68			
en pelleterie	20	77 50			
pelisses de cou				16 β.	4 51
en ornements d'or et arg., pesant	12 l.	175 gr.		21 l.	351 gr.
en bagues, les femmes seules,	20 fl.	77 fr.50		30 fl.	87 fr.00
franges en soie pesant l'ele	1 l.	27 gr. le m.		2 ¹/₂ l.	68 gr. le m.
cordons de cheveux, l'ele	8 δ.	0 fr.18 »		6 δ.	0 fr.27 »
Breisznestel, l'ele	5	0 30 »		12	0 54 »
drap, l'ele	3 fl.	21 60 »		3 fl.	16 20 »
dentelles blanches, l'ele	10 δ.	0 60 »		4 β.	2 08 »

Les personnes de cette catégorie peuvent avoir des revers en velours, des collets de soie, et, depuis 1708, des souliers en cuir bronzé (*gerüchte leder*).

La *quatrième* classe, subdivisée en 1708 en deux sections, comprend : dans la première, les échevins tirés des classes inférieures, le moyen commerce, les hôteliers, les horlogers, les orfèvres et les greffiers de la ville; dans la seconde, les procureurs, les professeurs, les intendants, les notaires immatriculés et les employés de la ville. Son maximum est pour :

	1628.		1708.	
chapeaux	3 ¹/₂ fl. ou 13 fr.56		4 ¹/₂ fl. ou 13 fr.00	
bonnets de femme	5	19 37		
bonnets rabattus			5	11 50
fraise, tout compris	3 ¹/₂	13 56		
ornements d'or et d'arg. travaillé, pes.	21 l.	351 gr.	30 l.	439 gr.
franges de soie, pesant l'ele	2	51 le m.	3 ¹/₂	95 le m
bagues	10 fl.	155 fr.00	50 fl.	115 fr.00
dentelles blanches, l'ele	20 δ.	1 20 »	8 β.	4 32 »
cordons de cheveux, l'ele	12	0 54 »		
Breisznestel, l'ele	6	0 27 »	20 δ.	0 90 »
drap, l'ele	1 fl.	28 80 »	1 ¹/₂ fl.	21 30 »

En dehors des robes et jupes de femmes qui ne doivent pas être en soierie, les étoffes mi-soie, le taffetas double, le *tobin*, le *Zendeldort* et le *Terzenel* sont accordés à cette classe, comme les bas de filoselle, et même, depuis 1708, les bas de soie.

La *cinquième* classe, distinguée aussi au siècle dernier en deux sections, est formée par les gros négociants, les échevins tirés de la quatrième classe, les licenciés et docteurs, les descendants d'anciens membres du magistrat. Elle doit s'abstenir des habits de velours ou doublés de velours, des galons et passementeries d'or ou d'argent (sauf un galon sur la camisole), des agrafes d'or, de certaines pierres précieuses. Ce luxe est réservé à la *sixième* classe, à laquelle on se contente de recommander la modération et le bon exemple. On y comptait le magistrat, le grand conseil, les membres de la noblesse et les avocats de la ville.

La toile de Hollande n'était tolérée que pour les deux classes supérieures ; les autres devaient s'en tenir à la toile du pays.

Ces distinctions peuvent guider le lecteur au milieu des détails qui vont passer sous ses yeux.

Nous commençons naturellement par les matières premières.

CHANVRE. LIN.
L'Alsace a de tout temps produit en abondance le lin et le chanvre A en croire le rapport opposé en 1787 au discours du ministre de Calonne, la région entre Schletstadt et Haguenau, donnait à elle seule, tous les ans, de 25 à 30 mille quintaux de chanvre. L'industrie strasbourgeoise en absorbait environ dix mille :

4 à 5000 quintaux de chanvre blanc peigné.
2 à 3000   »   de chanvre blanc broyé
2 à 3000   »   de chanvre gris peigné.

Le reste était consommé à Bischwiller, à Brumat et à Haguenau. Strasbourg tirait en outre du Brisgau :

6 à 8000 quintaux de chanvre tillé et broyé.
3000   »   de chanvre peigné.

En revanche notre province en fournissait aux pays voisins, comme l'atteste le mémoire déjà cité plus haut (page 315). « L'Alsace, y lit-on, pourroit plus aisément qu'aucune autre province, non seulement du royaume, mais même de Suisse et autres, servir à l'établissement d'une manufacture considérable de toiles, treillis, canevas, coutils, etc. Elle produit toutes les matières premières, qui y croissent si abondamment, que la Suisse les tire pour la grande partie de l'Alsace. »

Les étoupes de chanvre étaient filées et se vendaient aux tisserands, qui en faisaient de la toile d'emballage et des mèches de chandelles. C'était surtout l'industrie de Plobsheim, d'Illkirch et d'Eschau.

On compte aujourd'hui par arpent environ 200 kilos de chanvre. Le chanvre brut, après peignage, donne :

```
20 à 35 %  filasse 1re qualité.
20 à 30    »       2e     »
40 à 25    étoupe.
Le reste n'est que déchet.
```

En 1523, S. Morand payait 1 β. par jour ou 0 fr. 23, pour battre le chanvre. L'hôpital de Strasbourg donnait par jour, en 1590, 1 β. ou 0 fr. 44 pour le bleuir *(blauen)*, et en 1593 16 δ. ou 0 fr. 57 pour le sérancer *(hechlen)*.

Le lecteur concevra sans peine, que, dans nos tableaux, nous ne puissions indiquer la qualité précise du chanvre et du lin mentionnés. La distinction serait utile, si les documents la permettaient. Elle entraîne de grandes différences dans les prix, surtout à en croire les statistiques du siècle dernier. Mais ces statistiques méritent-elles une confiance absolue? Faut-il admettre qu'à la même époque, les prix de la même espèce de chanvre ou de lin aient présenté, dans des localités voisines, tous les écarts qu'elles signalent? Voici du reste les chiffres officiels, chacun pourra les apprécier. Les cent livres, poids de mars, coûtent

		Lin fin.	commun.	Chanvre fin.	commun.
1764	Strasbourg	176 l. 16 s.	78 l.	79 l. 0 s. 9 d.	52 l.
	Wissembourg	64	42 13 s. 4 d.	42 13 4	23 9 s. 4 d.
	Haguenau			52	37 8 9
	Schlestadt	104 3 4 d.	83 6 8	37 10	25
	Colmar	100	80	50	40
	Belfort			50	30
1767	Strasbourg	171 14 5	70 14 5	78	48 17 7
	Haguenau			52	20 16
	Schlestadt	104 3 4	83 6 8	46 17 6	37 10
	Colmar	100	80	55	15
	Belfort			65	15

Les mêmes écarts se rencontrent pour la laine. Les cent livres de laine brute doivent avoir coûté, en 1764 : 83 l. 4. s. à Strasbourg, 106 l. 13 s. à Wissembourg, 104 l. à Haguenau, 67 l. 14 s. à Schlestadt, 120 l. à Colmar, et 125 l. à Belfort. A la même date le prix de la laine filée était à Strasbourg de 197 l. 12 s., à Wissembourg de 206 13 s., à Haguenau de 166 l. 8 s., à Schlestadt de 104 l. 3 s. 4 d., à Belfort de 300 l.

Autres faits étranges. L'écart entre la laine brute et la laine filée qui est à Strasbourg, en 1764, de 114 l. pour le quintal, descend en 1767 à 75 l. A Schlestadt au contraire, la différence n'est que de 37 l. en 1764 et monte à 94 l. en 1767.

Des variantes parfois sérieuses, parfois insignifiantes, se remarquent pour le prix des laines de Pâques (*osterwolle*) et celui des laines d'automne (*herbstwolle*). Voici quelques chiffres tirés des comptes de la ville de Colmar :

	Laines de Pâques,				Laines d'automne.		
1538,	262 1/2	₫. 323 1/2 β. ou le kilo	1 fr.15	293	₫. 366 β. ou le kilo		1 fr.20
1539,	400	450	0	94	480	519	0	90
1540,	495	500	0	84				
1541,	603	603	0	83	450	339	0	63
1542,	410	376	0	76	400	429	0	89
1543,	400	550	1	14	421	527	1	04

Indiquons encore, d'après les comptes d'un fabricant de Mulhouse, les diverses espèces de laines qu'il travaillait en 1789 et les prix qu'il payait pour chacune d'elles. Il estime le quintal

laine d'hiver, à 180 l. . . . . le kilo		3 fr. 57
laine d'été de Bohême, 168 à 208 l.	2 fr. 14 à 4	13
laine d'hiver de Bohême, 203 à 225 l. . . .	4 03 à 4	47
laine d'été de Bohême extrafine, 218 l. . . .	4	33
laine française, 123 à 127 l.	2 41 à 2	52
laine de trame (*eintragwolle*), 134 l.	2	66
laine de lisière (*grentzwolle*), 110 l.	2	78
laine grossière et longue pour matelas, 130 l.	2	58

Si au siècle dernier, l'Alsace cherchait ainsi au loin la laine nécessaire à son industrie, cette nécessité s'impose surtout à elle de nos jours. Avec les cent mille moutons qu'elle élève, comment suffire à une manipulation, qui occupait, avant la guerre, plus de 7000 ouvriers et provoquait un chiffre d'affaires de plus de 30 millions ?

Quand au coton, il n'a jamais été produit dans le pays, et, avant notre siècle, il n'y arrivait qu'à l'état de filé. Il ne saurait donc figurer parmi les matières premières indigènes des industries textiles.

MATIÈRES PREMIÈRES.

Année.		hanf.	flachs.	werck.	wolle.	chanvre	lin.	œuvre.	laine.
1350	S.-Etienne				1 1/3 ð.				0 fr.91
1420	ŒE. N.-D.	2 ð.				0 fr 29			
1421	»	2 1/3				0 31			
1423	»	2 1/2				0 33			
1424	»	2				0 28			
1426	»	2				0 28			
1459	»		7 4/5 ð.				0 fr.85		
1465	S-Claire		6				0 76		
1486	»		7	1 3/4 ð.			0 81	0 fr.20	
1487	»	3 1/2	5 1/2	3		0 40	0 63	0 35	
1489	»	3	5 1/4		6	0 35	0 63		0 69
1491	»		5				0 62		
1495	»	5				0 55			
1496	S.-J.Schl.		6 1/2					0 72	
1499	S.-Claire	5				0 55			
1501	ŒE. N.-D.		4 1/2				0 49		
1504	»		5				0 53		
1506	S.-Claire	5	5			0 53	0 53		
1513	ŒE. N.-D.	2 1/2	6			0 25	0 61		
1515	S.-Barbe	3				0 30			
1527	Evêche			10					1 25
1530	Schlestadt.			11 2/3					1 13
1531	»			10					1 00
1534	Eschau	6				0 58			
1535	»	4				0 39			
1538	Colmar			15					1 18
1539	»			13 1/5					0 92
»	ŒE. N.-D.	5				0 18			
1540	Hôp. Str.			13					1 27
»	Schlestadt			15					1 46
»	Colmar			12					0 84
1541	»			11 2/3					0 73
1542	»			12					0 83
1543	»			15 2/3					1 09
»	ŒE. N.-D.		8				0 84		
1548	Hôp. Str.			3				0 29	
1550	»	6		3		0 57		0 29	
1551	»	7		3		0 67		0 29	
1552	»	7		3		0 67		0 29	
1553	»	7		3		0 67		0 29	
1554	»	7		3		0 67		0 29	
1555	»	7		3		0 67		0 29	
1557	Schlestadt			10					0 89
1557-8	Hôp. Str.	8				0 71			
1573	Gr. Chap.	8				0 72			
1580	Hôp. Str.	8		1		0 67		0 31	
1581	»	5				0 45			
1582	»	6		2		0 51		0 17	
1583	»	12		3		1 02		0 25	
1584	»			1				0 44	
1589	»			4 1/2				0 39	
1590	»	14				1 08			
1591	»			3				0 21	
1592	»			1				0 36	
1593	»			4				0 25	
1596	»	11		5 1/4		1 06		0 10	
1597	»			5				0 37	

Année.	hanf.	flachs	werck.	wolle.	chanvre	lin.	œuvre.	laine.
1623 Evêché	16 ∂.	24 ∂.			1 fr.09	1 fr.64		
1646 Strasbourg	16		6 ∂.		1 09		0 fr.41	
1647 Colmar				50 ∂.				2 fr.41
1670 Hôp. Str.				22				1 31
1693 Mulhouse	84				1 34			
1695 Engelport				174				2 77
1697 »				180				2 85
1701 Roufach	80d.				0 88			
1705 Thierenb.				189d.				2 00
1706 Engelport		320d.				3 75		
1707 »				192				2 30
1709 Unterlinden		125				1 62		
1711 »		252				1 95		
1712 »		266				2 23		
1713 »		208				1 68		
1714 »		240				2 91		
1715 »		253				2 31		
1718 »		120				1 20		
1719 »		171				1 30		
1722 »		253				1 42		
1723 Colmar	96	252		288	0 54	1 41		1 61
1724 Unterlinden		213				1 44		
1725 »		200				2 13		
1727 »				160	·	1 70		1 33
1732 »		200						
1737 Œlenberg				264				2 20
1739 »		168		252		1 40		2 10
1740 »		200		258		1 70		2 15
1741 »				282	0 90			2 35
1742 »	108			264				2 20
1743 »				276				2 30
1744 »				276				2 30
1745 »				300				2 50
1746 »				252				2 10
1747 »				240				2 00
1748 Dom. Colm.				264				2 20
1749 Œlenberg				240				2 00
1750 »				240				2 00
1751 »				240				2 00
1752 »				246				2 05
1753 »				264				2 20
1754 »				264				2 20
1757 »					0 83			
1761 Pairis	100			288	0 90	1 80		2 40
1764 Colmar	108	216		288	1 00	1 80		2 40
1765 »	120	216		336				2 80
1788 Mulhouse				432				3 60
1789 »				384				3 20
1791 Œlenberg					1 48			
1796 Hôp. Str.	168				1 57			
1797 »	178				1 80			
1798 »	192							

Voir la suite, pages 454 et 455.

La filature mécanique, essayée en 1767, ne s'introduisit en Alsace qu'en 1803, et n'employa la vapeur que depuis 1812. Mais elle règne aujourd'hui sans partage. On ne voit plus filer à bras que le lin et le chanvre. Encore cette besogne est-elle abandonnée à quelques bonnes femmes, qui la font pour charmer leurs loisirs ou pour mériter l'assistance d'une société de secours.

Il n'y a donc, au point de vue industriel, aucune comparaison possible entre la filature de notre époque et celle des temps passés. Notons cependant les prix que nous avons rencontrés, soit pour la main d'œuvre, soit pour les filés.

Année.		FILER UNE *ll.*				FILER LE KILO.			
		fil.	laine.	étoupe.	coton.	fil.	laine.	étoupe.	coton.
1500	Œ. N.-Dame	4²/₁₃ d.				0 fr.51			
1518	Grand Chap.		2 d.				0 fr.20		
1537	Strasbourg			6 d.					0 fr.83
1606	Mulhouse			12					0 34
1621	Reichshoffen		8			0 51			
1663	Engelport	48				1 04			
1664	»		60			1 30			
1670	»		30			0 65			
1671	»	40		24 d.		0 87		0 fr.52	
1674			60	24			1 30	0 52	
1693	Thierenb.			60 d.				0 71	
1706	Engelport	64 d.	81 d.	40		0 71	0 95	0 47	
1707	»			35				0 45	
1709	Mulhouse	80		40		0 71		0 37	
1710		80		40		0 74		0 37	
»	Unterlinden			60				0 57	
1711	Mulhouse	80		40		0 70		0 35	
1715	»	80		40		0 84		0 42	
1716	»	80		40		0 80		0 40	
»	Unterlinden	64		40		0 80		0 40	
»	Thierenb.			45				0 45	
1717	Unterlinden		85			0 83			
1718	»			32				0 32	
1719	»		80	35		0 58		0 25	
»	Thierenb.			40				0 29	
1721	Unterlinden		128			0 72			
»	Thierenb.			48				0 27	
1722	Unterlinden	80-160	82			0,45-0,90	0 46		
1723	»	200		38		1 12		0 24	
1724	»	80	80	53		0 68	0 68	0 44	
1725	»			42				0 41	
»	Thierenb.	72		36		0 76		0 38	
1728	»			36				0 30	
1736	»			65				0 59	
1737	»			86				0 71	
1739	Engelport	96		60		0 80		0 50	
1741	»			48				0 40	
»	Thierenb.			48				0 40	
1785	Œlenberg	96				0 80			
1825						1 80			
1850						2 00			

RÉCAPITULATION.

Années.	PRIX PAYÉ POUR FILER UN KILOGRAMME DE			
	fil.	laine.	étoupe.	coton.
1501 — 1525	0 fr. 51	0 fr. 20		
1526 — 1550				0 fr. 83
1601 — 1625		0 51		0 31
1651 — 1675	0 95	1 08	0 fr. 52	
1676 — 1700			0 71	
1701 — 1725	0 77	0 70	0 38	
1726 — 1750	0 84			
1776 — 1800	0 96		0 58	
1801 — 1825	1 80			
1851 — 1875	2 00			

Il faudrait tout un volume pour saisir, dans ses nuances infinies, ce que coûte aujourd'hui la façon d'un kilogramme de laine, de coton, etc. Ce volume, nous n'avons ni le loisir, ni les moyens, de le faire ici. Il n'aurait d'ailleurs qu'un rapport très-éloigné avec le but principal de ce travail.

On en peut dire autant des filés. Ils varient sans cesse et de nature et de prix. Nous citerons cependant plus loin quelques données empruntées à l'hôpital de Strasbourg, en y rattachant la récapitulation des prix anciens.

Qu'on nous permette de signaler ici, d'après les notes que nous a fournies M. Auguste Dollfus, les variations survenues depuis une quarantaine d'années, dans les salaires des filatures de Mulhouse.

	1835	1840	1845	1850	1855	1860	1865	1869	1875
contre-maître	2 fr.91	3 fr.75	3 fr.50	4 fr.00	4 fr.37	4 fr.58	4 fr.58	5 fr.20	6 fr.25
régleur	1 88	2 00	2 30	1 93	2 17	2 73	2 88	3 35	3 50
graisseur	1 50	1 80	1 80	1 58	1 58	2 50	2 50	3 50	4 10
sellier	1 50	1 83	1 83	1 92	2 42	2 42	2 50	3 35	4 00
rép. de cardes et port. de bobines	1 33	1 42	1 42	1 50	1 83	2 00	2 22	2 40	2 70
batteur	0 96	1 06	1 01	1 01	1 06	1 18	1 33	1 50	1 70
soigneuse carderie	0 87	0 98	1 00	1 00	1 01	1 17	1 31	1 50	1 60
» bancs à broches	1 50	1 46	1 50	1 58	1 59	1 67	1 78	2 10	2 40
fileur à bras	1 75	2 25	2 60	2 79	3 75	4 08	4 12		
» automate					2 50	3 17	3 52	3 70	4 25
rattacheur	0 65	0 69	0 75	0 79	1 25	1 40	1 42	2 00	2 30
bobineur					0 92	1 00	1 08	1 50	1 60
débourreur					1 79	1 83	1 96	2 25	2 35

FILATURE.

Année.	UNE ℔			1 lot	LE KILO.			
	coton.	filé.	étoupe.	Soie.	coton.	filé.	étoupe.	soie.
1440 Hag. S.-G.				30 d.	6 fr.07			131 fr.32
1443 »	48 d.				2 63			
1458 »	20				4 04			
1459 Œ. N.-Dame	32				4 55			
1460 S.-G. Hag.	36			18				32 94
1462 Clingenthal					0 fr.51			
1465 S.-Claire		4 d.		18				66 48
1482 S.-J. Schl.					0 67			
1492 Œ. N.-Dame		6		18				62 40
1499 S.-G. Hag.								54 60
1502 »				16				58 56
1504 »				18				
1543 Œ. N.-Dame		12			1 16			
1548 Hôp. de Str.		12			1 14			
1549 »		24			2 27			
1550 »		24			2 27			
1551 »		24			2 27			
1552 »		24			2 27			
1558 Eschau				40				91 34
1585 S.-Thomas				32				86 72
1586 Eschau				36				90 24
1615 Roufach				120				96 89
1625 Ribeaup.				60				96 89
1628 »	165				4 26			84 02
1672 Munster				60				111 90
1693 Thierenb.				220				
1701 Thierenb.				18 S.				90 00
1704 Engelport		120			1 97			
1705 »		132			1 95			
1706 »	267				4 60			
1713 Unterlinden			5 d.				0 fr.49	
1722 »	230	90			3 41	1 31		
1723 »		75				1 22		
1724 »	160	42			3 60	1 20		
1725 »	180				5 00			
1726 »				9			0 90	
1738 Munster				15				48 00
1740 Thierenb.				20				64 00
1741 »				20				64 00
» Œlenberg				15 ½			1 55	
1742 »				9			0 90	
1744 Thierenb.				20				64 00
1747 »				20				64 00
1750 Dom. Colm.				20				64 00
1754 Thierenb.				24				76 80
1756 »				20				64 00
1760 »				20				64 00
» Pairis				17				54 40
1781 »		20 S.			2 00			
1785 Œlenberg		8			0 80			
1792 »		22	12		2 20	1 20		

PRIX DU KILO.

Année.	Chanvre.	Laine pour matelas.	Laine filée	Coton filé.	Crin pour matelas.	Plumes pour lit.	Duvet.
1801	1,12—1,52						
1806	0,98—1,64						
1807							
1808	1 90	3 fr.60			4 fr.20		
1809	1,10—1,90		6 fr.00			8 fr.00	
1810	1,10—2,05		6 50				
1811	1,10—2,00		5 00				
1812			5 00				
1813	1,10—2,00		5 00				
1814	1,50—1,95		3 90				
1815			4 60				
1816			6 00				
1817			5 50				
1818			4 50				
1819							
1820							
1821	1 80		5,75—7,50				
1822	1 80	4 40	7 50		4 40		
1823	1 75		7 50				
1824			4 95				
1825			4 95				
1826							
1827							
1828		2 60	7 00		1 70		
1829			8 75				
1830		3 20			3 70		
1831		3 40			3 70		
1832		3 20	8 40		3 60		
1833			8 40				
1834			9 35				
1835			10 00				
1836			10 00				
1837			10 00				
1838			8 50	6 fr.20			
1839			9 00	6 20			
1840			8 90	6 19			
1841		4 20	8 60	4 98	4 90	5 80	
1842		3 55	8 50	4 96	4 35	5 79	
1843		3 54	8 50	5 50	4 49	5 80	13 fr.90
1844		3 25	8 50	5 70	4 49	5 80	13 90
1845		3 34	8 49	4 82	4 35	5 79	13 90
1846		3 20	9 31	4 58	4 35	5 70	13 80
1847	2 00	3 25	8 15	4 59	3 93	5 90	13 75
1848	2 10	3 14	8 35	4 50	3 95	5 65	13 25
1849	2 04	3 19	7 99	4 45	4 35		
1850	2 02	3 49	8 18	4 95	4 49	5 80	

Aujourd'hui, dans les magasins, le prix des laines varie de 6 fr. 50 à 23 fr.; et celui du coton filé, de 4 fr. 50 à 14 fr. le kilo, selon les qualités.

FILATURE.

PRIX DU KILO.

Année.	Chanvre.	Laine pour matelas.	Laine filée à 4 brins.	Coton filé à 8 brins.	Crin pour matelas.	Plumes pour lit.	Duvet.
1851	1 fr.99	3 fr.49	8,99—9,80	5 fr.60	4 fr.19	5 fr.95	
1852	1 96	2 89	8,99—9,90	4 46	3 71	5 96	
1853	1 94	2 99	8,90—9,80	4 97	3 71	5 94	
1854	1 98	3 00	8,95—9,85	4 94	4 10	5 96	
1855	1 98	3 10	8,74—9,80	4 80	4 10	6 00	
1856	2 00	3 60	8,99—9,79	4 71	4 95	7 00	
1857	2 15	3 75	9,19—10,61	4 60	5 00	7 00	
1858	2 18	4 00	9,60—9,99	5 50	5 20	7 56	
1859	2 20	4 40	9,89—9,99	5 95	4 77	7 75	
1860	2 10	4 00	9,89—9,99	5 95	5 00	7 50	
1861	2 20	4 00	9,60—9,60	5 55	5 20	7 50	13 fr.00
1862	2 25	4 10	9,54—9,54	5 74	5 30	7 50	
1863	2 30		9,58—9,58	6 90		8 15	15 00
1864	2 30	3 93	9,25—9,15	7 42	5 00	7 48	
1865	2 30	4 00	9,10—9,30	6 77	4 90	7 50	
1866	2 29	3 84	8,85—8,85	6 75	3 90	7 21	15 00
1867	2 27	3 89	7,95—8,69	6 40	4 57	7 17	13 89
1868	2 38	3 78	7,85—8,60	4 82	4 53	6 87	13 33
1869	2 25	3 54	7,70—8,25	5 05	4 63	6 73	13 00
1870		3 42	7,48—7,79	5 45	4 62	6 73	13 32
1871	2 46	3 42	8,50	5 45	4 62	6 73	13 32
1872	2 60	4 08	7,09—8,18	5 28	4 69	7 20	11 78
1873	2 40	4 25	7,72—8,22	4 72	5 50	6 99	11 90
1874	2 80	3 89	7,50—8,00	4 44	5 79	7 50	11 98
1875	2 40	3 73	7,80—8,48	4 60	5 50	7 10	15 17

RÉCAPITULATION PAR KILO.

Années.	Chanvre.	Laine.	Filé.	Laine filée.	Coton filé.	Étoupe.	Soie.	Crin.	Plumes.	Duvet.
1350		0 fr.91								
1401—1425	0 fr.30									
1426—1450	0 28				6 fr.07		131 fr.32			
1451—1475			0 fr.51		3 71		32 94			
1476—1500	0 46	0 69	0 67				61 14			
1501—1525	0 36						56 58			
1526—1550	0 51	1 07	1 71				91 31			
1551—1575	0 69	0 89	2 27				88 48			
1576—1600	0 80						96 89			
1601—1625	1 09									
1626—1650		2 4'			4 26		81 02			
1651—1675		1 31					111 90			
1676—1700	1 34	2 81								
1701—1725	0 71	1 97	1 54		4 15	0 fr.19	90 00			
1726—1750	0 90	2 13				0 90	61 33			
1751—1775	0 91	2 18				1 22	64 80			
1776—1800	1 62	3 20	1 66			1 20				
1801—1825	1 57	4 00		5 fr.63				4 fr.30	8 fr.00	
1826—1850	2 04	3 32		8 71	5 20			4 03	5 78	13 fr.75
1851—1875	2 24	3 71	4 30	9 21	5 47		120 00	4 75	7 01	14 17

BLANCHIS-SAGE. Sur le blanchissage du fil nous ne connaissons que quelques taxes strasbourgeoises des deux derniers siècles. Elles comprennent aussi les toiles, classées selon leur largeur, qui varie de 3 à 8 quarts, et les rubans, dont la pièce compte de 40 à 50 elen. Pour éviter d'inutiles répétitions, nous les donnons ici en entier, avec leur traduction en style moderne.

Le chiffre marqué pour 1875 est celui que paient les dames, qui font travailler pour les pauvres. C'est sans doute un prix de faveur.

PRIX EN δ.

Année.	Une ell. de Fil.	Rubans 40—50 elen.	ELE DE TOILE, LARGEUR EN QUARTS.			
			8.	7.	5—6.	3—4.
1646	8 δ.	5 δ.	2 δ.	2 δ.	1 1/2 δ.	1 δ.
1666 mars	12	8	3	2 1/2	2	1 1/2
1690 juin	12 1/2	8 1/2	3 1/2	3	2 1/2	2
1715 septemb.	12	8	3	2 1/2	2	1 1/2
1720 mars	13	9	3 1/2	3	2 1/2	2
1734 juillet	13 1/2	9 1/2	3 3/4	3 1/4	2 3/4	2 1/2
1770 »	16 1/2	12 1/2	4 1/2	4	3 1/2	3

PRIX EN FRANCS.

Année.	Fil. le kilo.	Rubans. 21 à 27 m.	MÈTRE DE TOILE, LARGE DE			
			1,08.	0,94.	0,67 à 0,81.	0,40 à 0,54.
1646	0 fr.54	0 fr.17	0 fr.13	0 fr.13	0 fr.10	0 fr.06
1666	0 82	0 27	0 19	0 16	0 13	0 10
1690	0 69	0 22	0 17	0 13	0 12	0 10
1715	0 55	0 17	0 12	0 10	0 08	0 06
1720	0 26	0 09	0 06	0 05	0 04	0 03
1734	0 48	0 16	0 12	0 10	0 09	0 08
1770	0 58	0 21	0 14	0 13	0 11	0 10
1875					0 15	

TISSERANDS. Les tisserands forment des corporations dont les règlements ne présentent rien de particulier [1]. Comme tous les corps de

---

1. Nous avons sous les yeux ceux de la seigneurie de Landser (avec adhésion des tisserands d'Ensisheim, d'Eschentzwiller, de Bruebach, d'Ober et Niedersteinbrunn), de Saverne, de Dambach, d'Epfig, de Châtenois et du Comte Ban, enregistrés au Conseil Souverain dans les années 1701, 1717 et 1751.

métiers, ils ont leurs fêtes (la Visitation à Landser, S. Ulrich dans les terres de l'évêché, S. Séverin à Châtenois, etc.), leurs chefs élus, leurs visiteurs, leur caisse commune, alimentée par des amendes, par des droits d'inscription et des cotisations fixes (Saverne : maître 2 β. par an, compagnon 1 δ. par semaine). Pour être admis au chef-d'œuvre, il faut avoir fait un apprentissage de trois ans (à Landser deux), voyagé pendant trois ans et travaillé deux ans chez un maître du pays. A Saverne, le chef-d'œuvre comprend :

> une pièce de double toile de Cologne à 12 marches et 2400 fils, de 6 quarts de largeur.
> 16 aunes de treillis à 4 marches et 2400 fils.
> 16 aunes de droguet à 5 marches et 1300 fils, d'une aune de largeur.

A Dambach se rencontrent quelques variantes :

> une pièce de cutty simple à trois carreaux, la seconde partie bleue, liez neuf fois et tramez à 21 fils ;
> 16 aunes pour une taye de lit, larges de 6 quarts de 2000 fils ;
> 16 aunes de double cutty pour une taye de lit, larges de 6 quarts à raye, façonnés de 3000 fils ;
> et pour ce travail fera les outils de ses mains.

Les fils de maître, celui qui épousait la fille ou la veuve d'un maître, étaient dispensés de deux de ces trois épreuves. On diminuait aussi en leur faveur la durée des voyages et la quotité des frais de réception.

Le Chef-d'œuvre de Châtenois se contente de :

> 16 aunes de toile barrée damassée travaillée à 16 marches en 4 compartiments séparés sur les marches, de $6/4$ de largeur en fils de chanvre ou de lin ;
> 10 aunes de treillis à fils qui se rapportent, aussi de la largeur de $6/4$.

Tout tissu était visité. S'il présentait un défaut, l'ouvrier payait 1 β. d'amende, 2 δ. par fil rompu de la longueur d'une aune ; si l'ensemble était défectueux, on le coupait aux frais du tisserand. A Landser, les visiteurs réglaient le salaire « d'accord avec le bailli, selon la qualité du fil, sa grosseur, etc. » Là l'habitant est « libre de porter son fil hors de ce bailliage où bon luy semblera, soit dans une ville ou dans d'autres endroits, ce qui sera en tout temps permis à un chacun de faire. » Mais à Saverne, il est dit au contraire, que les bourgeois ne feront pas travailler au-dehors, et que des étrangers ne pourront travailler pour le bailliage.

Ajoutez à cela la défense d'avoir plus de trois métiers, d'embaucher les ouvriers d'un confrère, de lui enlever ses pratiques, et vous connaîtrez dans ses détails la législation des tisserands.

<small>FORMIERS DE BAS AU MÉTIER.</small> On trouve un peu plus de renseignements techniques dans le règlement que le prince Louis de Hesse sanctionne pour les *maîtres formiers de bas au métier* du comté de Hanau-Lichtenberg [1]. Voici leur chef-d'œuvre, dont la première partie est seule exigée des fils de maître :

> Remonter un métier de bas, après qu'il aura été démonté en plein par les maîtres jurés. Sur ce métier, l'ouvrier fera une paire de gants de femme à fleurs avec une paire de bas de femme avec des coins et fleurs, le tout de laine fine et propre.

Si dans ce travail se rencontrent, « quelques fautes légères, elles seront amendées en argent, et celles qui seront plus grossières, en défendant à l'aspirant d'avoir des compagnons ou en rejetant tout à fait le chef-d'œuvre. »

Pour faiblesse de vue ou autre cause légère, on peut dispenser du chef-d'œuvre. Cette dispense coûte à un étranger 15 fl., et 10 fl. à un fils de maître. On exige toutefois les trois années d'apprentissage, les 3 années de voyage et 2 années de travail dans le pays.

Le même maître ne peut avoir que quatre compagnons ou 3 compagnons et un apprenti. « Dans le plat pays, il sera permis d'avoir 3 métiers, savoir, l'un monté en 16 plombs, un autre en 18 et un autre en 22, portant chacun deux aiguilles dans la jouge de trois pouces de Roy d'étendue, et point davantage. » A Bouxwiller, on tolérait un quatrième métier en 27 plombs, pour le service des personnes de considération. Les métiers fins à trois aiguilles ne sont pas limités, « quoi qu'il soit défendu aux maîtres de cette confrérie de faire des ouvrages grossiers, qui sont proprement de la seule compétence des tricoteurs. »

Défense est faite d'employer « des laines de pelletiers, de chamoiseurs, d'agnelins, » ils ne doivent se servir que « de bonnes laines mures, tondues en tems ordinaires des tontes. » Ils sont tenus également « de faire et tisser leurs ouvrages de laine, de soye, de coton, de castor et de fil d'une égale force

---

1. Enregistré au Conseil souverain le 7 février 1757.

et beauté, sans ouverture ni mailles doubles, comme aussi à l'égard des ouvrages de laine fabriqués sur le métier, de ne les fouler qu'avec du bon savon blanc ou verd ; pareillement, quand les bas de laine seront dégraissés, leur donner pour le moins encore deux eaux fraîches et ne point se servir pour les apprêter de Pommelles et cardes de fer, mais seulement de cardons fins, et ne point donner d'apprêt aux ouvrages peignés. »

Après la mort d'un maître, sa veuve peut continuer le métier avec des compagnons, mais sans former d'apprenti. « Il luy sera même permis de prendre et garder pour elle le meilleur compagnon d'un autre maître à son choix. »

Les ouvriers qui faisaient des bas au métier, ne devaient fabriquer que des marchandises d'été et non des bas foulés, sous peine de confiscation et de 30 l. d'amende, « attendu que le public est trompé par leurs marchandises épaisses foulées, en ce qu'on ne peut connaître si elles ont été faites au métier ou si elles ont été tricotées, le bas étant cousu par derrière. » Cette restriction nous est révélée par les Statuts *des bonnetiers de la Haute et Basse-Alsace*[1].

Ces statuts remontaient aux empereurs et avaient été confirmés par la France en 1653 et 1682, avec des variantes que nous ne connaissons pas. Tous les bonnetiers de l'Alsace formaient deux grandes sections, dont l'une se réunissait à Strasbourg, et l'autre à Colmar ou à Schlettstadt, alternativement. L'assemblée se compose de deux magistrats de la ville, de 12 assesseurs du métier, du porte enseigne, d'un maître délégué par chaque ville et chaque seigneurie, des maîtres nouvellement reçus, enfin des maîtres de la localité. On y vérifie les comptes et l'on décide toutes les difficultés relatives au métier.

Un enfant naturel non légitimé, un homme qui épouse une femme publique, ne sera pas reçu au corps. Le chef-d'œuvre comprend :

> Une couverture à fleurs de diverses couleurs, 3 ¼ aunes d'Allemagne (1 m. 83) de long sur 3 (1 m. 61) de large.
> une camisolle.
> un bonnet.
> une paire de gants d'homme, le tout fait en 13 semaines[2].

---

1. Enregistrés au Conseil souverain d'Alsace le 7 sept. 1739.
2. Les *hosenstricker* de Strasbourg ont le même chef-d'œuvre.

« Art. 33. On ne payera à un compagnon que 10 s. pour le prix de 6 tâches, qu'il est tenu de faire par semaine chez son maître, attendu qu'il le nourrit ; mais si le travail du compagnon excède le nombre de 6 tâches, chacune de celles qu'il fera au-delà, luy sera payée sur le pied de 5 s. 4 d. » prix de la tâche. Le même maître ne peut avoir que quatre siéges ; un apprenti compte pour un compagnon.

En dehors des foires, les merciers et marchands ne peuvent vendre la qualité de marchandises qui se fabrique par les maîtres bonnetiers. Ils font l'ouvrage épais ou foulé, excepté celui fait de laine, pelleterie et chamoiserie. Chaque maître peut vendre ce qu'il confectionne lui-même avec ses compagnons, sans le colporter de maison, ni l'exposer aux *kilb* et aux simples marchés, après l'avoir soumis à la visite.

Il a le droit de suivre les foires ; mais là, aucune boutique n'aura plus de 8 pieds de longueur et la vente commencera à 8 heures en été, à 9 heures en hiver. S'il y avait deux foires le même jour, le même maître ne pourrait envoyer des marchandises qu'à l'une d'elles. « Cette disposition ayant uniquement pour objet de mettre une espèce de balance entre les maîtres aisés et les maîtres mal aisés, en ce qu'il arriveroit que, si les premiers étaloient dans toutes les foires en un même jour, ils s'empareroient de toute la vente et que les derniers ne feroient rien, en trouvant les aisés étalés par tout. »

DRAPIERS. Des dispositions analogues se rencontrent dans les Statuts *des drapiers et cardeurs de Saverne*[1]. Ils vendent eux-mêmes en détail. Les forains peuvent étaler aux foires, mais non colporter de maison en maison.

Après trois ans d'apprentissage, 3 ans de voyage et 3 ans de travail chez un maître de Saverne, le compagnon est admis au chef-d'œuvre :

« Une pièce de drap sur un métier qu'ils dresseront et monteront à neuf pour cet effet ; pour laquelle pièce il ne pourra être pris que 21 *lt.* de laine pour la chaîne ou les fils tendus ou disposés en long, et 3 ¹/₄ *lt.* pour la trame ou les fils qui passent en travers. La chaîne ou les fils en long auront été marqués, chaque marque étant de 5 ³/₄ (3 m. 09) aunes d'Allemagne, faisant en tout 80 ¹/₂ aunes (43 m. 31) en longueur et

---

1. Enregistrés au Conseil souverain 23 janvier 1753.

44 portées en largeur (chaque portée à 32 fils). Sur la droite de la pièce seront travaillées au même métier les armes de l'évêché de Strasbourg, au dessus desquelles seront la mitre, la crosse et l'épée et sur la gauche les armes et le nom de la ville de Saverne, le tout en couleurs assorties.»

Le corps des *groutücher*, des tisseurs en laine, de Colmar avait des règles qui remontent au xive siècle [1]. On leur défend de mêler des poils à la laine, sous peine de perdre le métier et de voir leurs produits confisqués et brûlés. Les pièces destinées au commerce doivent avoir une longueur de 72 elen ou 39 $^1/_3$ mètre et une largeur de 3 elen moins 1 quart ou 1,50 mètres. On demande en outre que :

    les draps blancs frappés (*geschlagen*) aient au moins 7 *gebunden*
    les draps cardés (*gekembt*)   »   9   »
    les draps moyens (*mitteltuch*)   »   5 $^1/_2$ »
    les draps d'agneau (*lemberin*)   »   6   »

A Strasbourg (1514) les *wollen weber* doivent faire une chaîne de

    81 elen ou 45 m. 19 et une trame de 12 gebunden pour le drap fin.
    81   »   45   19   »   10   »   pour le drap moyen.
    66   »   30   51   »   8   »   pour le gros drap.

Les trois espèces sont en bonne laine du pays, mais de finesse différente. Leur largeur entre les lisières est de 2 elen ou 1 m. 08.

Les règlements des corporations n'avaient pas une inflexibilité, qui excluât les changements ou les progrès. En voici quelques preuves, empruntées aux drapiers de Strasbourg. En 1521, tout en maintenant les anciennes règles pour les doublures de Strasbourg, *strasburger futter*, on permet aux drapiers de faire des draps façon Ypres. Ils seront à 2 branches (*zweischäftig*) et auront : les moindres, 8 gebunden, et les meilleurs, 9 gebunden.

    1re longueur 46, largeur 3 $^1/_4$ el., après foulure, 40 et 2 $^1/_4$ ou 21 m. 52 et 1 m. 14
    2e »   46   »   3 $^1/_2$ »   40   2 $^1/_4$ 21   52   1   21

La chaîne est en fil fin (*handgarn*) et la trame, en fil plus gros (*radgarn*).

---

1. A 1392. V. livre Rouge, fol. 68.

Les 8 gebunden sont réduits à 7, en 1729, et les drapiers peuvent donner à leurs produits la couleur qui leur semble la plus avantageuse. Pour les étoffes strasbourgeoises, elles ont

drap long, 36 elen ou 19 m. 37, largeur 6 geb. après foulure 2 elen ou 1 m. 08
demi-drap, 18 » 9 68 » { 8—10 » 2 ¹/₄ » 1 21
{ 11—13 » 2 ²/₈ » 1 28

Une ordonnance de 1589 autorise la fabrication des baignes, (*bayen*), genre peu connu jusque là, mais dont l'usage commence à se répandre. Une autorisation analogue est accordée, la même année, pour les draps à trois branches (*dreischäflige*).

Avec le cours des années une tolérance plus large s'étend aux matières à employer. Dans le principe, on n'admettait que la bonne laine, et encore devait-on réserver la fine pour la chaîne et la grosse pour la trame. En 1529, on permet de mélanger à volonté la laine fine et grosse, la laine d'été et d'hiver, la laine de première et de seconde tonte. On ne défend que les laines qui proviennent des pelletiers ou des chamoisiers, les poils des jambes (*beinscher*) et les bourres de laine (*schnap* ou *flock*). Cette défense est-elle même levée, pour les laines des pelletiers et des chamoisiers, en 1629; pour les *beinscher*, en 1630.

Voici encore quelques notes sur la longueur et la largeur des pièces. En 1590, les futaines, fines ou communes, doivent avoir au moins 24 elen ou 13 mètres. En 1629, la largeur des draps communs est réduite à 5 *gebunden*; foulés, ils mesureront encore 7 ¹/₂ quarts ou 1 mètre.

Nous avons cherché en vain la valeur exacte du mot *gebunden*, il doit être l'équivalent de 160 ou 180 fils. Nous le voyons en comparant l'ordonnance de 1630 à un autre règlement daté de 1658. Ce dernier rappelant que l'habitude de compter par fils a remplacé les estimations par *gebunden*, décide que les draps communs auront au moins 800 fils. Quand ils ont été foulés, leur largeur doit être pour les draps

de : 800 fils 1 elle ³/₄ ou 0 m. 91
900 1 ⁷/₈ 1 00
1000 2 1 08
11 et 1200 2 ¹/₈ 1 14
13 1400 2 ¹/₄ 1 21
1500 2 ¹/₂ 1 34

A cette date de 1658. Strasbourg fabriquait beaucoup de velours à 4 branches (*vierschäflig*), avec une largeur de 7 quarts ou 0 m. 94.

Ces notes relatives aux anciennes corporations, auraient pour suite naturelle l'histoire des manufactures modernes. Mais cette matière si riche et si intéressante, exigerait toute une monographie. Nous nous contenterons d'en rappeler ici les très-modestes débuts, tels qu'ils sont racontés dans le Mémoire officiel déjà plusieurs fois cité (V. p. 315).

« En 1684, les sieurs Harff et Horer établirent à Strasbourg une manufacture de draps, en conséquence d'un arrêt du dernier décembre 1683. Leur privilége étoit pour 20 années. Ils étoient obligés de fournir des draps de leur fabrique suffisamment pour la consommation de la province, et de fournir aux drapiers, fabricants, dans toute l'étendue d'icelle, les laines nécessaires pour leur travail, et lesdits Harff avoient non seulement l'exemption de tous droits pour leurs laines et draps, mais par le même arrêt on avoit encore établi un droit de 12 s. par aune sur les draps venant des pays étrangers, à leur entrée dans la province. Ces draps étoient de 6 livres à l'aune de Paris, et cette manufacture a eu un succès si favorable pendant 20 années, que plus de 200 maîtres drapiers établis à Strasbourg, Barr, Wasselonne et S. Marie, employoient un nombre considérable d'ouvriers, et subsistoient commodément avec leurs familles, sans compter que le sieur Harff avait toujours 300 ouvriers dans la seule manufacture établie à Strasbourg. Mais le privilége expiré en 1703 n'ayant point été renouvelé, et le sieur Harff père étant mort, ses fils ont laissé tomber cette manufacture.

« Les derniers sieurs Harff et autres associés font seulement fabriquer à Strasbourg des tapisseries de point d'Hongrie et Bergame et des couvertures de laine.

« Comme on ne travaille à ces manufactures qu'à proportion de la consommation et du débit qu'ils en ont, on compte pourtant qu'il se fabrique, année commune, dans les dites manufactures 5000 aunes de tapisseries qu'ils envoyent en Allemagne, en Suisse, en Italie ; l'aune de Paris évaluée à 8 l., cela peut produire 40000 l.

« Pour ce qui est des couvertures de laine, non compris ce qui est fourni chaque année pour les casernes et hôpitaux des troupes, on en envoye environ 1000 pièces en Lorraine et dans le pays messin, lesdites couvertures évaluées, selon leur différente qualité, sur le pied de 12, 13, jusqu'à 35 l. Si la consommation et le débit de ces marchandises étoient plus forts, on pourroit y en faire fabriquer une bien plus grande quantité. Les matières premières employées à ces ouvrages se prennent partie en Alsace, partie dans les pays étrangers; la plus grande part des laines se tire de Bohême, du Palatinat et de Hesse. Les droits d'entrée à Strasbourg sont environ de 2 % et les autres sont peu considérables. Les entrepreneurs ne peuvent pas dire positivement ce qu'il en coûte pour la main d'œuvre.

« Il y a en Alsace plusieurs tisserands et surtout à Strasbourg, qui y font des toiles, treillis, canevas, et coutils, d'assez bonne qualité. Ceux de Strasbourg seuls en fabriquent environ 45000 aunes, chaque année, dont partie se consomme dans la province et le reste s'envoye en Allemagne. On ne comprend pas même dans cette quantité les toiles qui se fabriquent pour les ménages des particuliers, qui fournissent aux tisserands les matières et leur payent les façons. »

L'auteur du mémoire propose à cette occasion l'établissement d'une grande manufacture de toiles, etc., et s'offre à présenter au Conseil d'état un mémoire plus détaillé, si celui-ci agrée ses vues. Puis il continue :

« Il y avait encore anciennement à Strasbourg une manufacture de bas au métier qui est tombée ; c'étaient des bas de filot et du capilon. Cette manufacture fut établie en 1683, en conséquence d'une lettre du ministre écrite au sieur Obrecht, lors prêteur royal de Strasbourg, elle a subsisté jusqu'en 1703. L'entrepreneur était le sieur Jean-George Deucher, marchand en gros, négociant en étoffes d'Angleterre et en bas. Ceux qu'il faisoit fabriquer étoient certainement de qualité au moins égale à ceux des autres fabriques ; le débit en étoit considérable et la province en tiroit une grande utilité, tant par rapport à la consommation qui s'y en faisoit, que parcequ'il en passoit beaucoup à l'étranger.

« On prétend qu'une des raisons qui a fait tomber cette manufacture, est qu'en 1703 les nouveaux droits établis sur les marchandises étrangères furent ôtés à l'entrée enfin permise à cette province. Ce qui causa tout d'un coup une cessation dans la vente des bas du sieur Deucher. Il ne put envoyer par rapport à la guerre ses bas en Allemagne et il ne lui fut plus permis de les débiter dans le royaume, ainsi il fut obligé de quitter, avec beaucoup de pertes, cette entreprise. »

Les données que nous avons rencontrées sur les salaires des ouvriers tisseurs, sont si vagues et si rares, qu'elles ne méritent guère d'être rapportées. Nous les publions néanmoins. Elles serviront à éclaircir d'autres renseignements, que des chercheurs plus heureux que nous pourront mettre au jour.

Une ordonnance colmarienne de 1453, provoquée sans doute par les plaintes des ouvriers tisserands, statue qu'ils continueront à travailler pour l'ancien salaire, jusqu'à ce que celui-ci soit augmenté, d'un commun accord, par les maîtres établis entre Strasbourg et Bâle. De toute antiquité, y lit-on encore, le maître garde le quart de ce que gagne l'ouvrier.

En 1537, les tisseurs de futaine *(barchet weber)* ont 6 kr. par pièce, environ 60 centimes. Ils paient 4 δ. (0 fr. 16) pour leur pension; mais la chandelle, le pain et le vin (s'ils en veulent boire) restent à leur charge.

Chez les bonnetiers, nous venons de le voir, l'ouvrier qui fait ses six tâches par semaine, ne reçoit, au siècle dernier, que 10 s. ou 0 fr. 50. De plus il a 5 s. 4 d. ou 0 fr. 22 par tâche faite en sus. Mais quelle était l'importance de ces tâches?

D'après ce que nous tenons d'un vieux tisserand, le tissage d'une *ele* de toile moyenne se payait à Strasbourg, avant 1825, 15 centimes. Le maître en gardait 10; il logeait et nourrissait l'ouvrier, mais sans pain et sans vin. Un ouvrier ordinaire confectionnait, dans sa journée, une quinzaine d'*elen*. Vers 1830, le tissage de l'*ele* monta à 20 centimes, et la part de l'ouvrier fut de 7 ½ centimes. Aujourd'hui la façon de la même qualité de toile est de 35 centimes, soit 65 cent. par mètre. Mais il n'y a plus d'ouvrier.

Le tissage mécanique attire et absorbe les générations nouvelles[1]. Voici les salaires moyens qu'il leur assure, à Mulhouse, depuis une cinquantaine d'années :

1. Métiers mécaniques, 1830 : 2000 ; à la main, 20000
   1846 : 20000   15000
   1857 : 31000   11000
   1860 : 38000   9000

SALAIRES MOYENS DE LA MAISON DOLLFUS-MIEG.

Année.	Contre-maître.	Tisseurs.	Pareurs.	Ourdisseurs.	Bobineurs.
1831	2 fr. 58	1 fr. 00	3 fr. 00	1 fr. 15	0 fr. 90
1835	2 40	1 20	3 02	0 90	0 80
1840	2 50	1 20	3 04	1 45	1 20
1845	3 02	1 50	3 33	1 60	1 30
1850	3 05	1 60	3 33	1 70	1 35
1855	3 60	1 65	3 50	1 90	1 40
1860	3 96	1 74	3 62	1 30	1 40
1865	4 20	1 97	3 63	1 89	1 40
1869	4 37	2 20	4 51	2 12	1 56
1875	5 00	2 30	4 72	2 75	1 67

PRIX DU TISSAGE. Nous sommes plus riche en renseignements sur les prix payés aux maîtres. Ils pouvaient varier à l'infini, selon la largeur, mais surtout selon la finesse des tissus. On en trouvera la preuve dans la taxe suivante, édictée par le magistrat de Strasbourg en 1646. La première colonne indique le nombre des fils de la chaîne. Viennent ensuite les salaires, d'abord en hellers ou oboles, puis en centimes. En tête des colonnes est marquée la largeur du tissu, qui va de 1 à 2 elen, de 0 m. 54 à 1 m. 08.

Fils.	1 ele.	5/4	6/4	7/4	2 elen.	0,54.	0,67.	0,81.	0,94.	1,08.
800		5					0 fr.15			
900		5	4				0 15	0 fr.12		
1000	6	5	4			0 fr.18	0 15	0 12		
1100	7	6	5			0 21	0 18	0 15		
1200	11	6	6			0 33	0 18	0 18		
1300	13	7	7			0 39	0 21	0 21		
1400	15	11	8	9	9	0 45	0 33	0 24	0 fr.27	0 fr.27
1500	17	15	9	11	10	0 51	0 45	0 27	0 33	0 30
1600	19	17	11	13	12	0 57	0 51	0 33	0 39	0 36
1700		19	11	13	13		0 57	0 33	0 39	0 39
1800		27	13	15	14		0 81	0 39	0 45	0 42
1900			15	16	15			0 45	0 48	0 45
2000			21	19	19			0 63	0 57	0 57
2100			27	19	19			0 81	0 57	0 57
2200			35	23	21			1 05	0 69	0 63
2300			39	27	23			1 17	0 81	0 69
2400			46	31				1 38	0 93	
2500				39					1 17	
2600				43					1 29	

Malgré toutes ces variantes, les tissus avaient en général une largeur de 6 quarts ou 0 m. 80, et les frais de tissage affectent un chiffre assez uniforme. Les voici :

1415	O.-N.-Dame.	82 ele toile de lin à	15 β. 8 δ., le mètre	0 fr 29
1465	S.-Claire,	24 ele toile bigarrée (? *bintten*) à	69 δ.	0 29
		70 ele à $^5/_4$ de largeur . . .	96	0 11
1486	»	1 ele étoffe pour robe . . .	$1^1/_2$	0 15
1487	»	1 ele toile pour nappes . .	$1^1/_2$	0 15
		2 ele moitié laine, moitié lin.	$2^1/_2$	0 18
1488	»	1 ele étoffe pour voiles . .	2	0 20
		1 ele toile pour nappes. . .	$1^1/_2$	0 15
		70 ele toile ordinaire.	70	0 10
1488	Reichshofen,	38 ele toile (*leinwand*).	47	0 12
1489	S.-Claire,	1 ele de lainage pour robe .	1	0 10
		84 ele toile pour draps de lit.	78	0 095
		1 ele étoffe pour voiles. . .	2	0 20
1515	S.-Barbe,	1 ele *halbtuch*	$1^1/_2$	0 14
		1 ele *mitteltuch*.	2	0 18
		1 ele *tuch*	3	0 27
1517	Schletstadt,	2 ele toile de lin	$1^1/_4$	0 11
1540	Hôp. de Str.,	123 ele toile de lin à $^5/_4$ de larg.	2 fl.	0 17
		107 » $^5/_4$ »	8 β. 8δ.	0 09
1144	S.-Morand,	96 ele de toile	19 β.	0 09
1604	Mulhouse,	1 ele de toile	10 δ.	0 26
		1 ele de treillis.	6	0 16
1605	»	1 ele de toile	6.	0 16
1606, 7	»	1 ele de toile	4	0 10
1608-12	»	1 ele de toile	6	0 15
1609	»	1 ele de treillis	8	0 21
1612	»	1 ele de treillis	6	0 15
1613-16	»	1 ele de toile	6	0 15
1618	»	1 ele de toile	6	0 14
1619	»	1 ele de toile	6	0 13
1621	Saverne,	1 ele de lainage	$5^2/_3$	0 23
1658	»	1 ele de toile	$3^2/_3$	0 22
1663	Engelport,	380 ele de toile à	5 *ff*.	0 18
1706	»	47 ele de toile à	15 β.	0 16
1709	Unterlinden,	910 ele de toile à	9 fl. 6 b.	0 14
1710	»	41 ele toile de lin à	11 β.	0 26
		64 ele de treillis à	64	0 26
		100 ele toile d'étoupe	10 b.	0 09
1710	Mulhouse,	1 ele de treillis à	1 β.	0 135
1711	Unterlinden,	63 ele toile d'étoupe	19 b. 4 δ.	0 06
		83 ele treillis à	84	0 20
1712	Mulhouse,	1 ele treillis à	1 β.	0 12
1715	Unterlinden,	163 ele toile d'étoupe à	$138^1/_2$ b.	0 23
		60 ele toile à	60	0 27
		96 ele toile à	18 β.	0 16
1716	»	231 ele toile à	$125^1/_4$ b.	0 12
1718		52 ele treillis à	15 b. 2 δ.	0 15
	Thierenbach,	1 ele de toile fine à	2 s. 6 d.	0 19

1718	Thierenbach	1 ele toile d'étoupe		16 d.	le mètre 0 f. 11
1719	»	7 ½ ele de toile à		20 s.	0 20
1723	Unterlinden	130 ele demi fil (*halblin*)		11 fl. 14 b.	0 25
1724		100 ele toile à		63 b.	0 12
»	Thierenbach	100 ele toile à		8 l. 18 d.	0 23
1725	»	1 ele de treillis à		2 s.	0 23
1731	Unterlinden	1 ele de treillis à		4 s.	0 37
	»	114 ele toile d'essuie-mains,		14 fl. 8 ½ b.	0 27
1745	Dom. Colm.	1 ele de toile		2 s.	0 19
1751	Thierenbach	45 aunes de toile		6 l. 7 ½ s.	0 26
1753	Dom. Colm.	1 ele de toile		2 ½ s.	0 23
		1 ele toile pour nappes		2 s.	0 19
1761	Pairis	117 aunes de toile à		40 l. 19 s.	0 29
1781	»	1 aune de toile		6 ½ s.	0 27
1785	Œlenberg	1 ele toile de chanvre		2 s.	0 19
		1 ele treillis		2 ½ s.	0 23
1798	Hôp. Strasb.	1 aune de treillis		5 s.	0 21
		1 aune de toile		36 à 44 d.	0 14

Strasbourg, toile fine		1834, 6 s. le m. 0 fr.55; 1875, 8 s. le m.			0 74
»	» moyenne	5	0 46	7	0 65
»	» grosse	4	0 37	6	0 55
»	treillis 3schäftig	6	0 55	8	0 74
»	coutil 4 »	8	0 74	10	0 93
»	essuie-mains damassés	8	0 74	10	0 93
»	serviettes nappées			16 à 18 s.	1 58

RÉCAPITULATION.

TISSAGE D'UN MÈTRE.

Années	Toile	Demi fil.	Lainage.	Treillis.	Toile d'étoupe.
1401 — 1425	0 fr.29				
1451 — 1475	0 14				
1476 — 1500	0 13	0 fr.18	0 fr.10		
1501 — 1525	0 11	0 11			
1526 — 1550	0 15				
1601 — 1625	0 15		0 23	0 fr.17	
1651 — 1675	0 20				
1701 — 1725	0 19	0 25		0 19	0 fr.12
1726 — 1750	0 23			0 37	
1751 — 1775	0 24				
1776 — 1800	0 20			0 22	
1801 — 1825	0 28				
1826 — 1850	0 46			0 65	
1851 — 1875	0 65			0 84	

Voici quelques chiffres, empruntés aux taxes strasbourgeoises de 1646, sur les teinturiers et les tondeurs de drap.

Teinturiers en noir.

Une pièce de futaine, en brun griotte	7 β. ou	2 fr. 71
» noir et bleu	7	2 71
une pièce commune, noir et bleu	3	1 16
une pièce de treillis de 20 elen	4	le mètre 0 14
en noir, l'ele toile de lin de ⁶/₄	2½ δ.	0 15
» » de ⁴/₄	1½	0 09
» demi lin de ⁵/₄	4	0 24
en bleu, l'ele » de ⁵/₄	7	0 42
» » de ⁶/₄	8	0 48
» » de ⁸/₄	10	0 60
bleu et vert, l'ele demi lin de ⁶/₄	8	0 48
vert com. l'ele toile de lin de ⁵/₄ et ⁶/₄	4	0 24
» mi laine de ⁵/₄	7-8	0,42-0 48
bleu et noir, l'ele bombasin	8	0 48
en noir »	4	0 24
gris de fer, l'ele toile de lin de ⁵/₄ ou ⁶/₄	4	0 24
bleu de Cologne, la livre de filé	32	2 37
noir, le ℔ de fil	6	0 41
bleu »	16	1 19

Teinturiers en laine.

Couleur cendre ou argent, l'ele baignes à ⁸/₄	3 δ.,	le mètre 0 fr. 18
» » l'ele à ¹⁰/₄, dit 1500 et 1700	4	0 24
l'ele drap jaune à ⁸/₄	7	0 42
» » à ¹⁰/₄	8	0 48
en bleu, rouge, vert, vert clair ou suisse, incarnat, brun, brun violet, jaune d'or, l'ele de ⁸/₄	10	0 60
» l'ele de ⁷/₄ et ⁶/₄	10	0 60
» l'ele de ¹⁰/₄, dit 1500 et 1700	14	0 84
drap noir de ⁸/₄ teint avec de la noix de galles	8	0 48
» ⁶/₄ et ⁷/₄ »	8	0 48
» ⁹/₄ »	10	0 60
» ¹⁰/₄ dit 1500 et 1700 »	10	0 60
» ¹⁰/₄ » couleur ordinaire	6	0 36
» étroit, couleur ordinaire	5	0 30
gris d'acier, l'ele large et encore bleue	22	1 32
» ⁸/₄ si le drap est bleu	18	1 08

Tondeur de drap.

Tondre et catir à chaud l'ele drap de Limbourg et semblables ⁸/₄	3 δ.,	le mètre 0 fr. 18
tondre et catir à l'ele ⁹/₄ et ¹⁰/₄	3	0 18
plier et catir à chaud l'ele drap à ⁸/₄	2	0 12
» l'ele ¹⁰/₄	2½	0 15
tondre et ratiner, l'ele baignes cramoisies	5	0 30
tondre l'ele baignes communes et de Franckenthal	4	0 24
carder, tondre et catir l'ele bombasin, futaine et autres draps étroits	1	0 06
catir à chaud l'ele serge, *hunskutt*, et drap de ⁶/₄, ⁷/₄, ⁸/₄	1½	0 09

COUTILS ET TREILLIS. Passons maintenant au prix des tissus eux-mêmes, en les groupant de notre mieux.

1111	O. N.-Dame	69 elen coutil à	43 β. 9 δ.,	le mètre	0 fr. 91
1116	»	73½ elen pour tablier à	46 4		0 94
1138	S.-Thomas	l'ele coutil à	8 δ.		0 89
1112	Strasbourg	80 elen coutil blanc pour nappes de l'emp. Frédéric	53 β. 10 δ.		0 90
1113	S.-Thomas	l'ele coutil à	8 δ.		0 89
1446	»	l'ele coutil à	7½ δ.		0 84
1448	»	l'ele coutil à	7³/₄		0 86
1449	S.-G. Hag.	l'ele coutil à	10		1 11
1451	S.-Thomas	l'ele coutil à	6		0 67
1459	O. N.-Dame	50 elen à	33 β. 4 δ.		0 89
1460	»	60 elen à	27 ½		0 61
1461	»	52 elen à	54 7		1 44
1461	S.-Thomas	toile pour sacs l'ele à	4½ δ.		0 50
1462	O. N.-Dame	77 elen à	54½ β.		0 95
1481	S.-Thomas	toile pour sacs l'ele à	4½ δ.		0 46
1488	Reichshofen	l'ele coutil à	8½		0 87
1492	O. N.-Dame	l'ele coutil à	7		0 69
1500	»	198 elen zwilch à	96½ β.		0 81
1502	»	51 aunes treillis à	25½		0 57
1516	S.-P.-l.-v,	l'ele coutil pour sacs	6 δ.		0 51
1523	S.-Morand	l'ele coutil pour sacs	18		0 63
1523	Dom. Str.	6 elen treillis	4 β.		0 72
1530	Colmar	46 elen toile pour sacs	32 β. 5 δ.		0 58
1531	»	161 elen pour sacs à	9 δ.		0 64
1538	»	110 elen pour sacs	110 β.		0 84
1541	»	41 elen coutil à	29 5		0 50
1549-51	Hôp. Str.	l'ele coutil à	10 δ.		0 83
1552	S.-G.-Hag.	l'ele coutil à	12		1 00
1570	S.-Thomas	l'ele coutil à	15		1 19
	Gr.-Chap.	l'ele coutil à	11		0 87
1580	Ribeaup.	l'ele treillis à	12 δ. str.		0 95
1587	Œlenberg	l'ele à	3 β.		1 00
1597	S.-Morand	l'ele treillis pour sacs	4		1 23
1603	Ribeaup.	l'ele coutil à	10 kr.		1 29
1611	S.-Morand	3 ele treillis pour sacs	12 β.		1 22
1620	Roufach	l'ele treillis pour sacs	10 kr.		1 00
1626	Œlenberg	l'ele treillis	4 à 5 β.	1,15—	1 44
1633	»	l'ele treillis	12 à 15 kr.	1,44 à	1 80
1643	Colmar	l'ele treillis pour sacs	4½ b.		1 96
1643	Bas.-Alsace	1 ele pour domestiques	1 β.		1 46
1644	Colmar	l'ele treillis pour sacs	16 à 24 kr.	1,75 à	2 61
1646	»	l'ele coutil pour habits	4 b.		1 76
1647	»	l'ele coutil pour sacs	15 à 16 kr.	1,64 à	1 75
1655	Wantzenau	l'ele pour domestiques	16 δ.		1 95

1669	Engelport	31 ele treillis pour sacs . . .	204 β.	le mètre	1 fr.12
1690	Haguenau	24 ele treillis pour sacs . . .	72		1 59
1706	Engelport	28 ele treillis	11 ß. 11 β.		1 52
1710	Unterlinden	5 ele treillis	15 b.		0 66
1713	»	l'ele treillis noir	40½ δ.		0 91
1722	Thierenbach	l'ele treillis pour sacs. . . .	10 s. 4 δ.		0 68
1740	Engelport	1 ele treillis	7 s.		0 64
1751	Horbourg	l'ele treillis pour sacs à . .	7 s.		0 64
1771	Pairis	l'ele treillis pour sacs à . . .	10 s. 4 d.		0 95
1772	»	l'ele treillis pour sacs à . . .	6½		0 59
1777	»	100 elen treillis à	55 l.		1 00

TOILES.

1417	O. N.-Dame	132 elen de lin large p. literie	90β. 9 δ.	le mètre	1 fr.03
1420	S.-Jean Schl.	32 elen pour nappes	224 δ.		0 85
		223 elen toile de lin	99 β. 8 δ.		0 63
1422	»	70 ½ elen toile de lin large	53 β. 9 δ.		1 04
1427	O. N.-Dame	31 elen toile de lin à	9 δ.		1 01
1432	S.-Jean Schl.	200 elen toile de chanvre . .	83 β. 4 δ.		0 56
1439	O. N.-Dame	53 elen toile de lin	28 2		0 72
1440	»	29 elen pour nappes	267 δ.		1 03
1442	S.-Jean Schl.	7 elen toile de lin	49		0 77
1445	S.-G. Hag.	l'ele toile de lin à	9¼		1 03
1447	»	l'ele toile de lin à	10		1 11
1448	O. N.-Dame	12 elen toile de lin	114		1 06
1449	S.-G. Hag.	l'ele toile de lin à	10		1 11
1450	»	l'ele toile de lin à	5½		0 61
1460	O. N.-Dame	31 elen toile de lin à	21 β.		0 91
1462	»	49 el. toile de lin p. draps de lit	34 8½ δ.		0 95
1468	S.-Jean Schl.	50 elen toile de lin pour aubes	37		0 96
1469	»	46 elen pour chemises et draps	32		0 88
1471	»	toile pour draps à	3½ δ.		0 37
1472	»	l'ele toile pour nappes . . .	7 à 8		0,74-0 85
		l'ele toile pour serviettes . .	8		0 85
1483	S.-G. Hag.	l'ele toile de lin	8		0 82
1486	S.-Claire	30 elen toile de lin à . . .	232		0 79
	»	55 elen toile de lin à . . .	358		0 66
1489	»	l'ele toile de lin	5		0 51
1491	S.-Arbogast	l'ele toile pour nappes à . .	8		0 78
1492	O. N.-Dame	l'ele toile	3-5½		0,29-0 54
1498	Évêché	l'ele toile rouge à	6		0 57
		l'ele toile pour doublure à .	10½		1 00
1503	S.-Arbogast	54 elen toile de lin pour draps	20 β.		0 43
1505	S.-G. Hag.	l'ele toile de lin à	6½ δ.		0 60
1512	S.-Arbogast	102 el. toile p. lits de domest.	31½ β.		0 33
1515	S.-Barbe	5 elen toile de lin grossière .	18 δ.		0 31
1517	S.-Jean Schl.	l'ele toile pour essuie-mains	2½		0 23
		l'ele *mitteltuch* à	7½		0 68
1523	Dom. de Str.	20 el. pour tabliers de cuisine	110		0 50

472   CH. XII. — S. I. — LINGE ET HABITS.

1527	Évêché	toile à car. (*gewürfelt*) p. nap.	13 ð.	le mètre	1 fr 14
1533	Hôp. de Str.	48 elen toile de lin à ⁵/₄ de larg.	3 fl.		0 67
1539	»	l'ele toile pour draps de lit à	3½ ð.		0 30
		l'ele toile de lin de	7½–8	0,64–0	68
		l'ele toile pour tabliers à	2½		0 21
		l'ele *mitteltuch* à	7		0 60
1540	»	l'ele *mitteltuch* à	7½		0 64
		l'ele *halbtuch* à	8		0 68
		l'ele toile à	4		0 34
1544	S.-Morand	l'ele toile pour oreillers	1 ð		0 56
1559	Colmar	l'ele toile de lin p. sacs à argent	1 ꞵ.		0 74
1577	S.-Morand	3 elen toile à	1 b.		0 38
1580	Ribeaupierre	14 à 16 elen toile de lin pour	1 fl.	0,54–0	62
1587	Œlenberg	l'ele toile à ⁶/₄ de largeur	27 ð.		0 74
1601	Hôp. de Str.	l'ele toile de chanvre à ⁶/₄ larg.	18 ð.		1 15
		l'ele toile pour draps de lits.	16 ð.		1 03
1626	Œlenberg	l'ele toile à	6 kr.		0 72
1628	Ribeaup.	l'ele toile pour chemises à	1 b.		0 46
		9 elen toile blanche à	1 fl.		0 77
		12 elen toile blanche à	1 fl.		0 58
		8 elen grosse toile à	1 fl.		0 87
		1 ele doublure blanche	3½ b.		1 66
1631	Roufach	121 elen toile de Brabant à	18 kr.		2 11
»	Grand Chap.	l'ele toile fine de lin à	3 ꞵ.		2 16
1633	Œlenberg	l'ele toile de.	6–8 kr.	0,72–0	96
1643	Colmar	l'ele toile pour servante	6 kr.		0 67
1646	»	l'ele toile pour servante	6 kr.		0 67
1675	Mulhouse	l'ele toile pour nappes.	5 b.		2 00
		l'ele toile pour serviettes	7½ ꞵ.		1 80
1681	S.-G. Hag.	l'ele toile pour amicts à	40 ð.		2 40
1682	»	42 ele toile fine de lin p. 3 aubes à	40 ð.		2 07
1692	Thierenbach	l'ele toile pour caleçons	6½ s.		0 82
1693	»	l'ele toile pour mouchoirs	5 b.		1 42
	S.-G. Hag.	toile fine de lin pour aubes à	48 ð.		2 12
1696	Thierenbach	l'ele toile pour caleçons à	6 s.		0 76
1703	Pairis	45 elen toile pour rideaux	11 l. 15 s.		1 34
		toile de matelas à	12 s.		1 57
	Thierenbach	l'ele toile pour caleçons à	7 s.		0 90
1728	S.-G. Hag.	l'ele toile fine de lin p. surplis à	9 ꞵ.		2 33
1736	Thierenbach	toile de Hollande à	40 s.		3 57
1741	»	l'ele toile blanche à	7 s.		0 63
	»	l'aune toile de Hollande à	66 s.		2 77
1759	»	12½ aune de toile écrue	22 l. 10 s.		1 53
1764	Pairis	19½ ele de toile nappée à	12 l. 13½ s.		1 25
1766	»	l'ele toile de Flandre à	40 s.		3 63
	Thierenbach	l'ele toile pour l'église à	18 s.		1 60
1769	Pairis	l'aune toile p. chemises d. recev.	33 s. 1 d.		1 39
		» » de religieux à	41 s.		1 72

		100 aunes toile grise p. domest.	77 l. 10 s.,	le mètre	0 fr.65
		121 elen toile nappée à . . .	100 à 6 s. 9 d.		1 50
1780	Hôp. Str.	l'ele toile à	6 β.		2 20

Mone (Zeitschrift, xx, 298) cite un billet de l'évêque de Strasbourg Frédéric II (1375—1393), qui charge quelqu'un de lui acheter 2 lt. de coton et de la bonne toile de coton blanche *(wisʒ bowelin duch)*. Il paraît qu'à cette époque la cotonnade n'est pas une rareté. En effet

COTONNADES

1416	O. N.-Dame.	10 el. *bowelintuch* pour robe	11 β. 8 δ.	le mètre	1 fr.75
1419	»	11 el. tuch p. 1 *bowelin* röck	11 11		1 63
1429	S.-Jean Schl.	16 el. *swartʒ baumwollentuch*	16		1 38
1498	Évêché	l'ele futaine blanche d'Augsb.	9 δ.		0 86
1626	Œlenberg	l'ele futaine pour literie . . .	5 ½ b.		2 61
		l'ele autre futaine	60-80 δ.		1,33-1 77
1669	Engelport	l'ele futaine blanche . . .	22 ½ β.		5 20
1729	Thierenbach	une aune de doublure . . .	25 s.		1 05
1732	Mulhouse	l'ele indienne	30		2 77
	Unterlinden	2 aunes d'indien. p. couvert.	11 fl. 14 b.		7 91
1764	Pairis	l'ele de siamoise	12 s.		4 00
1777	»	l'ele futaine à	20		1 83

1414	O. N.-Dame	7 ½ elen de soierie anglaise . .	76 β.	le mètre	16 00	SOIERIES.
1418	S.-Thomas	13 ¼ elen *damint* (damas) . . .	140		13 51	
1498	Évêché	4 elen de damas noir	7 fl.		21 07	
	»	3 ½ el. de satin p. un pourpoint	3 ½ fl.		12 04	
1501	O. N.-Dame	l'ele damas pour ornements . .	1 ½		18 00	
1502	S.-G. Hag.	l'ele damas blanc à	12 ¼ β.		11 29	
1513	S.-Thomas	l'ele damas vert à	14		15 15	
1522	Colmar	1 ¾ dam. bleu p. bann. de la ville	20		10 26	
1527	Évêché Str.	l'ele de damas à	18 β. 5 δ.		19 34	
1562	Colmar	20 el. dam. rouge p. dais de l'emp.	22 b.		12 76	
1612	S.-Morand	l'ele taffetas bleu	8 β.		2 33	
1615	Ribeaupierre	l'ele taffetas de Genève à . . .	1 fl.		7 16	
1631	Grand-Chap.	l'ele taffetas noir à fleurs . . .	31 b.		16 32	
	»	l'ele taffetas double à	32		15 36	
1739	Engelport	l'ele *seidenʒig* (?) à	20 s.		1 79	
1711	Thierenbach	une aune de taffetas violet . .	5 ½ l.		1 62	
	»	une aune de damas	8 l.		6 72	

1662	Engelport	l'ele laine blanche à . . .	20 β.		1 63	ÉTOFFES DE LAINE.
1665	»	4 elen laine blanche . . .	70		4 05	
1667	»	l'ele laine blanche à . . .	20		1 63	
1668	»	l'ele laine blanche	20-22 ½		4,63-5 21	
1672	Munster	l'ele flanelle blanche . . .	1 fl.		5 89	

1703	Thierenbach	l'aune de serge		45 s.	le mètre 2 fr. 70
1711	»	l'aune serge de Caen à		3 l.	2 43
1715	»	l'aune serge de Caen à		3	2 77
1718	»	l'aune de serge blanche de Caen		44 s.	2 14
1732	Mulhouse	l'ele de droguet		38	3 52
1741	Thierenbach	l'aune droguet d'Angleterre		45	1 89
	»	l'aune de serge blanche		20-21	0,84-1 00
1747	»	l'aune de serge blanche écrue		26	1 09
		l'aune droguet d'Angleterre		50	2 10
1754	»	l'aune droguet d'Angleterre		48	2 01
		l'aune serge blanche		26	1 09
		l'aune serge noire		13	0 55
1757		l'aune de droguet noir		46	1 93

1721	Thierenbach	couverture en laine fine		22 l. 10 s, ou 15 fr. 00	
1749	Dom. Colmar	»		19	19 00
1766	Thierenbach	couverture ordinaire		6	6 00
1798	Hôp. de Str.	la livre couverture à		50 s. le kilo	5 30
1809	»				7 10
1812	»				7 50
1829	»				7 30
1840	»				7 20
1841	»				8 25
1842	»				7 95
1843	»				8 50
1844	»				8 33
1845	»	à 3 kilos	23 fr. 94		7 98
1846	»		24	50	8 17
1847	»		23	94	7 98
1848	»		23	25	7 75
1849	»		23	24	7 75
1850	»		23	37	7 79
1851	»		23	75	7 92
1852	»		23	20	7 73
1853	»		23	49	7 83
1854	»		24	74	8 25
1855	»		24	60	8 20
1856	»	à 3 kilos 50	26	14	7 47
1857	»		26	85	7 67
1858	»		27	47	7 85
1859	»		26	71	7 64
1860	»		26	72	7 63
1861	»		25	49	7 28
1862	»		25	95	7 41
1863	»		26	24	7 70
1864	»		27	50	7 86
1865	»		27	00	7 71
1866	»		27	90	7 97
1867	»		27	69	7 91
1868	»		27	42	7 83
1869	»		26	45	7 56
1870	»		25	20	7 20
1871	»		25	20	7 20
1872	»		27	50	7 86
1873	»		26	15	7 47
1875	»	à 3 kilos 75	29	00	7 73

DRAPS. Un tarif de douane édicté à Strasbourg en 1461, nous fait connaître en même temps les diverses espèces de draps qui figuraient alors sur nos marchés et leur valeur relative. Le voici, avec l'indication des droits à payer :

bruckesch, de Bruges	} 18 δ.	*von butzbach*, de Bouchain ?	
lempersch, de Lombardie		*von lorich*, de Lorsch	
bellhart		*von meigen*, de Menin ?	
		von Trier, de Trèves	} 1 δ.
mechel, de Mâlines	} 12 δ.	*von Spir.* de Spire	
pruessel, de Bruxelles		*von Kirsot*, d'Ecosse	
ypersch, d'Ypres		*von lymberg*, de Limbourg	
lang duoch von Louffen, de Louvain		*von feldenberg*, de Feldenberg	
linisch			
		von hómbourg, de Hombourg	
engellant, d'Angleterre	} 6 δ.	» *usingen*, d'Usingen (Nassau)	
herental, de Herenthal		» *wetzlar*, de Wetzlar	
drap court de Louvain		» *oche*, d'Aix la Chapelle	} 1 δ.
von leyd, de Leyde		» *ülle*, de Lille ?	
brabansch, du Brabant		» *magdeburg*, de Magdeb.	
von arras, d'Arras 3		» *wesel*, de Wesel	
		» *lutzeburg*, de Luxembourg	

De ce document rapprochons un tarif colmarien de 1456.

La pièce de Mâlines, paie . . . . . 24 δ.
» *linisch* ou d'Angleterre . . 24
» de Herental ou du Brabant . 12
» de Lorsch ou autre du Rhin 6
» de Luxembourg (*lutzelburg*) . 6
» *lutterer* (de Lorraine ?) . . . 4
» drap blanc de Strasbourg . 6
un vardel *schnelatztuch* (mouchoirs ?) 66
chaque *schnelatztuch* 1½

1404	Colmar	l'ele drap pour les gardes (*wächter*)	36 δ.	le mètre 4 fr.72	
1415	O. N.-Dame	10 ele drap pour l'habit du cuisinier	6 β.	9	00
1415	Colmar	l'ele drap pour les culottes du sénat	108 δ.	12	85
	»	» pour les ouvriers de ville	78	9	28
		» pour les gardes	60	7	14
1416	»	» pour les culottes du sénat	108	12	85
1417	»	» pour les culottes du sénat	120	14	28
1418	»	» pour les culottes du sénat	103	11	31
1419	»	» pour les culottes du sénat	107	11	75
		» pour les ouvriers . . .	70	8	33
		» pour les gardes	60	7	14
1420	»	» pour les culottes du sénat	108	11	86
	»	» pour les ouvriers . . .	72	8	57
		» pour les gardes	60	7	14
1421	»	» pour les culottes du sénat	111	12	52
1422	»	» pour les culottes du sénat	108	11	86
	S.-Thomas	12 elen drap noir à	12	4	85
	S.-J. Schlet.	l'ele drap pour manteau à . . .	10	4	60
1425	Colmar	» pour les ouvriers de vil'e	76	8	09
		pour les gardes	60	6	39

1427	Colmar	l'ele drap p. les ouvriers de la ville	84 ð.	le mètre	8 fr 95
		» pour les gardes	60		6 39
1429	S.-Jean Schl.	27 elen de drap pour culottes ..	18 β. 9 ð		2 50
		l'ele drap pour capuce à	5		6 90
		7 elen *gro* (drap gris ?) à	36 ð		7 27
		6 elen *kirsot* (cariset ?) à	24 '		5 54
1438	Colmar	l'ele drap pour culottes du sénat à	10		12 09
1439	»	» pour soldat	¹/₁₀ fl.		2 78
	S.-Thomas	» noir à	52 ð.		5 80
1442	S.-Jean Schl.	l'ele *gro* à	4 β.		5 35
	Colmar	2 el. drap donnés à un contre-maître	8		4 60
1443	»	drap pour culottes du sénat ..	10		12 09
	»	11 elen drap de Luxembourg p. le fermier du buffet	30		13 65
1447	»	drap pour culottes du sénat ..	10		12 06
1448	»	drap pour culottes du sénat ..	10		12 09
1449	»	drap pour culottes du sénat ..	10		12 09
1452	Bâle	4 elen pour habit d'un *wachtmeister*	36		5 50
1458	»	l'ele drap à	8		4 89
1465	S.-Claire	5 elen pour habit d'un maire ..	12 ¹/₂		8 35
1471	S.-Jean Schl.	l'ele drap pour manteau à ...	50 ð.		5 32
	»	» pour *rittrock* à	54		5 73
	»	» de Luxembourg p. habit de dessous	3 β.		3 83
	»	» de Herenthal à ...	50 ð.		5 32
1472	»	37 elen pour manteau de couvent	164 β.		5 61
1475	O. N.-Dame	18 ³/₄ el. drap de Mâlines p. culottes	7 ℓℓ. 10 β.		10 18
1492	»	l'ele drap d'Amsterdam à	6 ¹/₂ β.		7 67
		l'ele drap noir *lyndisch* à ...	9		9 44
		drap noir commun à	4		1 72
1498	Evêché Str.	drap noir de Lamprechtstal à ..	1 ¹/₂		13 . 19
1500	O. N.-Dame	22 ¹/₂ elen *lynisch* tuch p. culottes du Chapitre.	165 ¹/₂		8 41
1502	»	15 elen *lyrstuch* p. culot. des archip.	27 ¹/₂		7 46
1505	Eschau	5 elen pour l'habit d'un maire ..	25		5 57
		1 ele *linischtuch* à	82 ð.		7 61
1508	Colmar	20 ele drap rouge ou vert p. employ.	8 ℓℓ.		7 27
1509	»	50 ele *lynisch* p. culottes des sénat.	33 fl.		7 56
		12 el. drap r. et vert pour employés	102 β.		7 79
1512	S.-Pierre-le-v.	5 elen pour l'habit d'un maire .	25		5 11
1513	Grand-Chap.	6 elen *lindischtuch* pour l'habit d'un charpentier	6 ¹/₂		, 03
		9 elen drap noir de Mâlines [1] à .	7 ¹/₂		8 11
	Colmar	52 elen drap rouge et vert ...	20 ℓℓ. 16 ð.		7 03

1. Le compte ajoute : *habent v. h. geschenckt* mag. Jacobo Wimpflingen, *als er das* Cataloge episcoporum *gemacht hat*. Actum et solutum 3 oct. Laurentii. Note curieuse à plus d'un titre.

DRAPS. 477

1514	Colmar	12 elen pour le coureur et le garde	9 β. le mètre	7 91
	»	l'ele drap gris *(grow tuch)* à . . .	22 δ.	1 60
1515	»	60 elen drap rouge et vert pour les serviteurs à	8¹/₂ β.	7 17
	S.-Barbe	l'ele drap gris pour culottes à . .	40 δ.	3 61
1516	S.-Pierre-le-v.	4 elen pour l'habit d'un maire,	27 β.	7 30
	Colmar	8 ¹/₄ elen de drap pour le syndic .	85	8 79
		4 elen *altz* pour maitre Matisel .	40	8 79
1519	»	48 elen drap rouge et vert pour les serviteurs à	9	7 91
		60 elen drap p. valets *(underknecht)*	121 ¹/₄	1 90
1520	»	36 elen *lindisch* pour les serviteurs	8	7 03
1521	»	4 elen drap rouge et vert à . . .	32	7 03
1523	»	60 elen drap pour les serviteurs à	8¹/₄	7 01
		57 elen drap pour les valets . . .	29 δ.	2 05
1533	Variolés Str.	4 elen *grow welschduch* pour justaucorps du directeur	1 fl.	2 65
1542	Colmar	4 elen drap pour l'habit du weibel	34 β.	8 38
	S.-Thomas	l'ele *lindisch* noir pour un maire à	94 δ.	8 00
	»	couleur de girofle pour le grangier à . .	84	7 13
		l'ele *lindisch* couleur cendre p. maire	18	1 07
1547	Colmar	4 el. p. l'habit de Georges Wickram	9 β.	8 75
1549	Hôpit. Str.	l'ele drap gris pour domestique à	30 δ.	2 51
1550	»	»	36	3 01
1551	»	»	30	2 51
1552	»	»	32	2 67
1567	S.-Thomas	l'ele drap noir de Luxembourg à	1 β.	3 81
1568	Colmar	2 ¹/₄ elen drap rouge de Limbourg	12 δ δ.	3 89
1570	S.-Thomas	l'ele drap de Limbourg à	1¹/₄	1 28
		5 ele *lindisch* noir à	13 b.	8 24
1571	Colmar	6 ele *linisch* noir pour l'habit du tailleur de pierre	75 β.	8 86
1574	»	6 elen *lindisch* rouge et vert p. habit	12	8 51
»	»	5 elen *puy* à	70 δ.	4 12
1577	»	l'ele *lindisch* noir	13¹/₄ β.	7,09-9 57
1579	»	6 elen drap rouge et vert pour le tailleur de pierre à	1 fl.	8 86
1580	»	15 elen *lindisch* noir pour le carrosse du sénat à	15¹/₂ β.	10 87
1590	Hôpit. Str.	l'ele drap pour le forestier à . .	30 δ.	2 02
1611	Ribeaupierre	9 elen drap vert à	16 b.	8 17
1612	Roufach	5 elen pour habit d'été	125 β.	– 18
		6 elen pour habit d'hiver	37 ¹/₂	1 85
		3 ¹/₂ elen drap *lindisch*	87 ¹/₂	6 96
1623	Ribeaupierre	l'ele drap médiocre à	2 ¹/₂ fl.	17 88
		l'ele drap fin de.	3-4	21,16-28,60
1631	Roufach	5 elen pour habit d'été	125 β.	7 16

		5 elen pour habit d'hiver	37¹/₂ β.	le mètre 2 fr.15
		7 ½ elen *lindischtuch*	87¹/	6 75
1631	Grand-Chap.	l'ele bon drap façon d'*espaugié*	9 thal.	32 34
1633	Œlenberg	l'ele drap bleu, culottes et veston du supérieur	20 b.	9 55
1643	Basse-Alsace	l'ele drap pour domestiques	4	4 81
1646	Colmar	»	11	5 00
1672	Munster	l'ele drap pour robe du supérieur	23	9 20
		l'ele *serge* noire	13	5 20
		drap pour soutane de frère	13	5 20
1691	S.-G. Hag.	7 elen drap pour l'habit du sacrist.	15 β.	8 75
1701	Thierenbach	4 aulnes drap pour habit	18 l.	8 60
1703	»	1 aune drap à	5 ½	6 70
1706	»	1 aune drap à	5 ½	6 50
1715	»	l'aune drap pour soutane à	6	6 00
1728	»	l'aune drap noir à	5 l. 5 s.	4 10
1729	»	l'aune drap à	5	4 20
1731	S.-G. Hag.	5 elen drap noir pour soutane à	55 β.	4 07
1741	Thierenbach	l'aune drap noir à	5 l. 15 s.	4 82
1747	»	l'aune drap du Nord à	6	5 01
1753	Dom. Colm.	l'ele serge d'Anglet. (*cronras*) blanc.	3 6	5 89
		» noire	3	5 36
1754	Thierenbach	l'aune drap noir de 7 l. à 7 l. 13 s.	5,88-6	41
1756	»	l'aune drap noir à	7	5 88
1766	»	l'aune drap noir à	6 ½	5 47
1778	Mulhouse	l'aune drap fin à	19 l. 3 s.	16 27
		l'aune drap moyenne qualité à	11	9 25
		l'ele drap commun à	3 3	5 85

VELOURS.
1533	Hôp. Strasb.	1 ½ elen velours noir pour culottes	8 β.	le mètre 8 fr.18
1586	Grand-Chap.	l'ele velours vert à	22	18 20
	«	l'ele velours de Nurenberg à	30	25 00

DOUBLURE.
1422	S.-Thomas	14 elen étoffe blanche pour doublure	18 β.	le mètre 2 fr.08
1498	Evêché	l'ele doublure à	10 ½	1 50
1570	S.-Thomas	l'ele *ursler* vert pour doublure à	40	3 17

PRIX MODERNES. Pour les temps modernes, faute de mieux, nous recourrons aux adjudications de l'Hôpital de Strasbourg. Il est évident pour nous que les marchandises mentionnées varient souvent de nature et de valeur. Mais il nous semble difficile de rencontrer une base plus fixe et plus digne de confiance. Un spécialiste serait seul en état d'éviter toute confusion.

Année.	LE M. TOILE BLANCHE POUR				LE MÈTRE TOILE JAUNE POUR				
	draps de 0,80.	chemises et taies 0,76.	essuie-mains 0,51	nappes et serviettes 0,80.	tabliers 0,80	tabliers 1,06.	essuie-mains 0,51.	nappes et serviettes 0,80	paillasses 0,87.
1824	1 fr.30	1 fr.26	1 fr.01						
1825	1 15	1 14	1 15	1 fr.39					
1826		1 45	1 30					1 fr.50	
1827	1 50	1 45	1 28	1 57		1 fr.35			
1829		1 45	1 28	1 57	1 fr.24	1 16		1 80	0 fr.85
1830	1 39	1 15	1 12	1 40		1 31	0 fr.90		
1831	1 48	1 45	1 20	1 60		1 30			
1832	1 45	1 10	0 95	1 23		1 35	0 93		
1834	1 50	1 46			1 15	1 46			
1835	1 48	1 46	1 20						
1836	1 55	1 53				1 90			
1837	1 55	1 54	1 27			1 55			
1838	1 41	1 42	1 26	1 26		1 40			0 78
1839	1 38	1 35	1 17	1 45		1 22	0 82		0 82
1840	1 33	1 29		1 10		1 19	0 74		
1841	1 38	1 15	1 14			1 23	0 77		0 78
1842	1 28	1 12		1 35		1 00	0 73		
1843	1 39	1 39	1 03	1 04		1 01	0 73	1 01	
1844	1 34	1 30	1 32	1 08	0 92	1 13	0 74	1 15	
1845	1 54	1 49	1 19	1 43	0 92	1 22	0 85	1 09	0 88
1846	1 49	1 49	1 19	1 19	0 94	1 28	0 81	1 12	
1847	1 47	1 47		1 56	0 99	1 25	0 81	1 11	0 95
1848	1 55	1 50	1 25		0 95	1 24	0 83	1 15	0 95
1849	1 54	1 45	1 05		0 98	1 28	0 83	1 20	0 98
1850	1 58	1 49	1 14		0 96	1 25	0 80		0 95
1851	1 67	1 60	1 15		0 92	1 20	0 77		0 92
1852	1 59	1 50	1 11		0 90	1 18	0 75		0 89
1853	1 60	1 50	1 10		0 88	1 16	0 73		0 86
1854	1 58	1 18	1 07		0 85	1 14	0 70		0 84
1855	1 46	1 36	1 04		0 81	1 07	0 64	0 93	0 79
1856	1 69	1 59	1 00		0 79	1 05	0 59		0 77
1857	1 66	1 56	1 06		0 80	0 81	0 60		0 79
1858	1 79	1 69	1 03		0 83	1 07	0 58		0 78
1859	1 76	1 66	1 02		0 83	1 15	0 61		0 79
1860	1 74	1 62	1 09		0 86	1 19	0 66	1 07	0 81
1861	1 79	1 69	1 06		0 83	1 11	0 67	1 01	0 79
1862	1 83	1 73	1 09	1 23	0 86	1 22	0 67	1 05	0 81
1863	1 90	1 86	1 02		0 99	1 31	0 79	1 18	0 99
1864	1 64	1 59	0 99		0 98	1 35	0 78	0 98	0 98
1865	1 50	1 45	0 90	1 50	1 10	1 48	0 84	1 20	1 10
1866	1 49	1 43	0 83	1 50	1 08	1 06	0 78	1 18	1 08
1867	1 43	1 38	0 80	1 40	1 05	1 27	0 75	1 17	1 06
1868	1 37	1 32	0 87	1 38	1 03	1 29	0 78	1 20	1 02
1869	1 33	1 28	0 85	1 26	1 03	1 29	0 70	1 10	1 03
1870	1 27	1 22	0 77	1 29	1 01	1 21	0 68	1 09	0 99
1871	1 27	1 22		1 29	1 20	1 30	0 80	1 09	1 15
1872	1 37	1 32	0 89	1 31	1 04	1 35	0 80	1 18	0 98
1873	1 24	1 19	0 88	1 28	1 02	1 28	0 76	1 15	1 04
1874	1 15	1 08	0 85	1 20	0 98	1 26	0 79	1 14	0 98
1875	1 13	1 00	0 83	1 18	0 91	1 23	0 75	1 12	0 95
1826-50	1 42	1 38	1 17	1 39	1 00	1 29	0 81	1 21	0 89
1851-75	1 53	1 45	0 97	1 33	0 96	1 20	0 72	1 11	0 91

Année	TOILE A CARREAUX.		Toile à suaires 0,90	ÉTOFFE			Treillis pour tabliers 0,85.	Coutil à matelas 1,06.	Percale blanche 1,10.
	paillasses et matelas 0,75.	fil et coton 0,80.		rayée p. robes 0,80.	bleue p. tabliers.	à carreaux p. taies 1 mètre.			
1824								1 fr.26	
1827			0 fr.45					1 15	
1829			0 45					1 45	
1830								1 31	
1831			0 42					1 65	
1832		1 fr.25	0 50					1 63	
1834			0 52						
1835	1 fr.32						1 fr 82	1 84	
1836	1 92		0 58						
1837	1 86	1 88	0 58					1 86	
1838		1 30	0 50				1 59	1 60	
1839	0 75	1 30	0 49				1 40	1 50	
1840	0 62	1 29		1 fr.35			1 40	1 44	
1841	1 25						1 39		0 fr.75
1842	0 79	0 78	0 45	1 20			1 29	1 42	0 74
1843	0 89	1 18	0 43	1 20			1 21	1 59	0 95
1844	0 89	1 18	0 45	1 16			1 25	1 58	0 84
1845	0 88	1 17	0 50	1 09	1 fr.17		1 54	1 50	0 50
1846	0 93	1 20	0 52	1 07	1 24	0 fr.84	1 49	1 70	0 70
1847	0 99	1 20	0 49	1 07	1 19	0 86	1 49	1 69	0 70
1848	0 95	1 20	0 49	0 99	1 20	0 99	1 46	1 66	
1849		1 19	0 48	1 00	1 19	0 90	1 37	1 63	
1850		1 16	0 50	0 99	1 04	1 04	1 34	1 60	
1851		1 19	0 50	0 98	1 08	1 04		1 52	
1852		1 14	0 50	0 89	1 07	1 03	1 29	1 49	
1853		1 12	0 50	0 88	1 05	1 12		1 47	
1854		1 11	0 50	0 86	1 03	1 02		1 43	
1855		1 09	0 50	0 84	1 01	0 99	1 34	1 37	
1856		1 00	0 52	0 82	1 00	0 93	1 33	1 25	0 68
1857		1 05	0 55	0 82		0 80	1 36	1 37	
1858		1 05	0 60	0 83	1 15	0 98	1 33	1 34	
1859		1 05	0 68	0 93	1 24		1 37	1 37	
1860		1 09	0 72	0 95	1 28		1 36	1 38	0 85
1861		1 07	0 72	0 94	1 24	1 00	1 34	1 36	
1862		1 06	0 73	1 04	1 28	1 09	1 38	1 39	
1863	0 85	1 25	0 73	1 35	1 40	1 45	1 45	1 48	1 18
1864	0 84	1 30	0 74	1 31	1 43	1 53	1 44	1 46	
1865	1 09	1 28	0 74	1 28	1 47	1 47	1 50	1 58	1 50
1866	0 90	1 25	0 67	1 26	1 42	1 42	1 48	1 55	1 35
1867	0 88	1 24	0 63	1 23	1 40	1 39	1 35	1 51	
1868	0 80	0 93	0 63	0 93	1 19	1 16		1 19	0 75
1869	0 79	0 92	0 70	0 92	1 16	1 13	1 17	1 49	0 98
1870	0 72	0 89	0 70	0 90	1 16	1 09	1 25	1 15	0 93
1871	0 85	0 95	0 70	0 65	1 16	1 10	1 40	0 90	
1872	0 83	0 93	0 72	0 93	1 14	1 14	1 30	1 48	0 99
1873	0 71	0 89	0 71	0 90	1 09	1 09	1 30	1 40	0 87
1874	0 78	0 91	0 69	0 90	1 19	1 10	1 30	1 39	0 85
1875	0 79	0 90	0 67	0 93		1 09	1 27	1 05	0 82
1826-50	1 08	1 23	0 45	1 11	1 17	0 93	1 43	1 57	0 74
1851-75	0 83	1 07	0 64	0 96	1 20	1 14	1 34	1 40	0 99

PRIX MODERNES.

Année.	CRETONNE		Futaine 0,76.	Tiretaine	DRAP		Flanelle 0,75.
	écrue 1,20.	blanche 1,15.			gris 1,30.	bleu 1,30.	
1826					8 fr.00		
1827					7 00	9 fr.00	
1828				2 fr.15	7 00		
1829				2 45	7 50	8 40	
1830			3 fr.50				
1831			2 15			8 00	
1832			2 36	2 50			2 fr.63
1834			2 50	2 55	9 40		2 40
1835				2 55	9 40	11 00	2 80
1836				2 55	9 00	10 00	
1837				2 55		10 00	
1838				2 18	6 00	6 39	2 50
1839			1 60	2 17	6 50	7 00	2 40
1840	0 fr.90		1 53	2 10	6 00	7 00	2 40
1841	0 85	0 fr.90	1 39	1 95	6 40	7 40	2 00
1842	0 84	0 90	1 39	2 00	6 24	7 25	
1843	0 98	1 00	1 44	1 95			2 18
1844	0 97	0 98	1 43	1 93			2 16
1845	0 95	1 05	1 43	1 94	6 50	10 00	
1846	0 84	0 88	1 42	1 94	6 50	10 00	
1847	0 90	0 89	1 42	1 94	6 50	10 00	
1848	0 90	0 94	1 41	1 95	6 50	10 00	
1849	0 99	0 93	1 39	1 89	6 50		
1850	0 96	0 96	1 44	1 95	6 50	10 60	2 80
1851	1 10	1 10	1 49	2 15	6 90	10 19	2 72
1852	1 08	1 08	1 48	2 05	6 87	9 97	2 67
1853	1 07	1 07	1 48	2 08	6 87	9 92	2 72
1854	1 02	1 03	1 47	2 07	6 84	9 90	2 77
1855	0 99	0 99	1 41	2 10	6 25		3 08
1856	0 94	0 96	1 39	2 02	6 45		2 87
1857	0 92	0 96	1 40	2 07	6 90		3 22
1858	0 91		1 44		6 95	10 38	
1859	0 90		1 44		7 25	10 75	3 17
1860	0 97		1 49	2 10	7 32	10 70	3 14
1861	0 97	0 99	1 43	2 40	7 12	10 75	2 95
1862	1 09	1 14	1 49	2 60	6 50	10 25	2 89
1863	1 50	1 59	1 71	2 90	6 24	10 37	2 82
1864	1 82	1 90	1 80	3 00	6 10	10 50	2 83
1865	1 75	1 84	1 70	2 90	6 00	10 50	
1866	1 55	1 65		2 90	5 85	9 75	2 90
1867	1 45	1 55	1 49	2 70	5 82	10 00	3 00
1868	0 97	1 26	1 42	2 60	5 75	10 50	2 97
1869	1 05	1 26	1 41	2 50	5 62	10 00	2 90
1870	1 03	1 14	1 39		5 18		2 77
1871	1 03			2 60		10 25	3 00
1872	1 04	1 10	1 38	2 70	6 47	11 00	2 98
1873	0 93	1 07	1 24			9 40	3 19
1874	0 85	1 10	1 31				3 29
1875	0 94	1 15	1 29		7 40		3 30
1826-50	0 99	0 94	1 74	2 18	7 08	8 91	2 43
1851-75	1 12	1 24	1 46	2 39	6 50	10 27	2 96

31

RÉCAPITULATION.

PRIX DU MÈTRE.

Années	Coutil.	Toile.	DRAP		
			fin.	moyen.	ordinaire.
1401 — 1425	0 fr.94	0 fr.89	12 fr.41	7 fr.90	4 fr.72
1426 — 1450	0 92	0 93	12 09	7 54	4 35
1451 — 1475	0 85	0 81	10 18	5 40	3 59
1476 — 1500	0 71	0 66	10 35	7 67	4 72
1501 — 1525	0 61	0 45	8 05	7 06	9 29
1526 — 1550	0 72	0 59	8 75	6 89	2 72
1551 — 1575	1 02	0 74		8 54	3 55
1576 — 1600	1 06	0 62	10 87	8 51	2 02
1601 — 1625	1 17	1 09	25 03	10 12	1 85
1626 — 1650	1 70	1 10	32 34	14 40	4 68
1651 — 1675	1 69	1 90		9 20	5 20
1676 — 1700	1 59	0 97		8 75	
1701 — 1725	0 70	1 27	25 00	10 80	
1726 — 1750	0 64	0 63			4 51
1751 — 1775	0 73	1 38			5 81
1776 — 1800	1 00	2 20	16 27	9 25	5 85
1801 — 1825	1 26	1 28			
1826 — 1850	1 50	1 40			
1851 — 1875	1 37	1 39	24 00	14 00	8 00

COUTURE. Les couturières étaient nourries par ceux qui les employaient. Voici quelques salaires :

1523 S.-Morand,	coudre des sacs, la journée	1 β.	ou	0 fr. 23
1619 Bergheim,	journée d'une couturière	1 b.		0 26
1634 Ribeaupierre,	»	1 β.		0 31
1685 Bâle,	couturière ordinaire	6-8 rap.		0,13-0,17
	» habile	9		0 20
1686 »	couturière ordinaire	6-8		0,13-0,17

La façon d'un *sac* se paie :

1431-35 S.-Thomas	2 ʒ.	ou	0 fr. 12
1566 Colmar	4	0	13
1597 S.-Morand	12	0	17
1641 Colmar	10	0	24
1696 S.-G. de Hag.	9	0	22

En 1566 Colmar, 20 sacs absorbent 54 elen treillis, chacun 1 m. 50
1597 S.-Morand, 1 sac exige 3 elen 1 66
Un sac neuf coûte (1423 Notre-Dame), 23 ʒ. ou 1 fr. 12.
Un *drap de lit* renferme (S. G. Hag. 1440) 5 elen ou 2 m. 69, et coûte à S. Arbogast : en 1470, 21 ʒ. ou 1 fr. 37 et en 1471, 16 ʒ. ou 0 fr. 92.
La façon d'une *aube* (S. G. Hag. 1491) est de 21 ʒ. ou 1 fr. 28. Celle d'une *chemise* (Thierenbach, 1748—56), n'est que de 4 s. ou 0 fr. 20.

Une chemise confectionnée se paie :

1481	S.-G. de Hag.	25 d. ou	1 fr.	29
1486	»	26	1	34
1493	S.-Jean de Schl.	36	1	92
1498	»	39	2	01
1643	B.-Alsace, homme	10 β.	3	87
1703	Thierenbach	30 s.	2	15
1710	»	36	1	90
1826	Hôpital de Strasb. homme		4	85
	» femme		4	35

Voici, pour notre siècle, les prix que l'hospice de Strasbourg a payés pour les trousses des orphelins.

	Garçons.	Filles.		Garçons.	Filles.
1827	53 fr. 00	53 fr. 00	1835	55 fr. 00	54 fr. 00
1828	48 50	48 50	1836	55 00	55 00
1829	52 00	52 00	1837-8	49 75	47 00
1830	52 00	52 00	1842	39 80	38 80
1831	54 00	52 00	1843-8	46 00	43 00
1832	48 50	52 00	1849-51	52 00	48 50
1833	53 90	52 00	1852-62	67 00	53 00

Nous sommes plus riche en renseignements sur les tailleurs. TAILLEURS.
Mais disons d'abord quelques mots de leur organisation.

Les registres du Conseil souverain renferment, pour les tailleurs, les statuts d'un certain nombre de Confréries[1]. Ces règlements contiennent peu de dispositions, que ceux des maçons, des tisserands, etc. ne laissent entrevoir. Nous en donnerons néanmoins une analyse rapide.

Les tailleurs ont leur fête (S.-André à Châtenois, S.-Jean-Baptiste à Thann, Ste-Catherine à Saverne et à Marckholtzheim, la Nativité à Landser, etc.), dont la célébration est obligatoire sous peine d'amende. A Châtenois, « si l'un ou l'autre des confrères se trouve dangereusement alité, et qu'il est administré du S.-Sacrement de l'Autel, les frères et sœurs de la Confrérie (s'il leur est possible), doivent accompagner le S.-Sacrement jusqu'à la maison du malade et de retour à l'Église, dont ils seront avertis par le son de la cloche. » Tous,

---

1. Bailliage de Landser, 4 mai 1700; Mutzig et Bailliage de Schirmeck, 14 juin 1718; Bailliage de Marckholtzheim, 2 juillet 1717; Ville de Colmar, texte revu et modifié le 25 février 1715; Bailliage de Thann, 13 juin 1745; Ville de Saverne, 19 mai 1751; Châtenois et Comtesban (val de Villé), 20 septembre 1751.

est-il dit à Thann, doivent assister à l'enterrement d'un confrère et faire dire une messe pour chaque membre trépassé, sous peine de 13 sous 4 d. d'amende, applicables à des messes pour le défunt. La Confrérie fait célébrer en outre des messes aux Quatre-Temps, avec assistance obligatoire. A Mutzig et dans le val de Schirmeck, si un tailleur ou sa femme vient à mourir, les quatre plus jeunes maîtres portent le cercueil.

La conduite privée n'est pas soustraite à la surveillance des statuts. Châtenois : « Ny le maître, ny le compagnon ne doivent faire compagnie avec des gens infâmes, ni leur donner à boire et à manger, ny encore moins danser avec eux sur des places publiques ny en d'autres endroits; ils ne leur donneront non plus à boire dans un pot ou verre de la Confrérie. » Thann : « Un maître ou garçon qui aura commis une action deshonnête et en sera convaincu, sera obligé de se racheter de nouveau dans la Confrérie ; » en d'autres termes, il en sera exclu et n'y rentrera qu'en payant de nouveau les droits de réception. En rapprochant cette citation de la précédente, nous sommes amené à croire qu'il ne s'agit pas seulement ici de ces faits de déloyauté professionnelle qui entraînent l'exclusion à Colmar (mettre en gage l'ouvrage d'un client, acheter de l'étoffe au compte d'un maître à son insu, etc.). Notons, comme détail de mœurs, qu'à Marckholtzheim, les tailleurs ne devaient « point travailler dans les maisons des maîtres des hautes œuvres, ny des juifs, à peine de 10 ₰. (2 fr. 32) d'amende. »

L'apprentissage dure trois ans (deux ans à Landser), le compagnon roule ensuite pendant trois ans (quatre ans à Thann), et se présentera au chef-d'œuvre, après un séjour de 2 ans au moins dans le pays.

A Thann, les tailleurs qui veulent s'établir en ville, font pour chef d'œuvre :

> Un talare ou robe de chanoine ;
> un habit d'homme complet ;
> une chasuble ;
> une chappe ;
> une tunique ;
> un bonnet de prêtre carré à la mode ;
> un manteau d'homme ;
> un corps pour femme à la française ;
> une robe de femme plissée ;

Le chef-d'œuvre pour les tailleurs de village comprend :

> Un manteau et un habit d'homme complet ;
> une robe de femme plissée ;
> un bonnet de prêtre carré à la mode.
> Si ensuite ils veulent passer en ville, ils parachèvent le chef-d'œuvre.

Châtenois a moins d'exigences :

> un manteau et un habit à la mode à marquer et dessiner comme il faut sur la table.

Marckholtzheim s'exprime en termes analogues :

> couper exactement une robe et un capuchon de recolet sur du papier et démontrer ce qui est requis pour cela ; parfaire un bonnet quarré.

A Colmar, on n'en est pas quitte à si bon marché. Le candidat marquera sur de l'étoffe avec de la craie et fera en dix jours :

> une robbe de prêtre avec un collet y attaché ;
> une robbe de ministre ;
> un justaucorps de trompette ;
> une robe de palais ;
> un manteau long de deuil pour femmes ;
> un habit à la mode et un habit de femme ;
> un manteau ;
> une veste de femme avec des manches à plis comme on les porte à Brisach ;
> une veste avec manches unies et
> une paire de culottes avec les bas en une pièce.
> Il sera aussi interrogé sur d'autres façons d'habits, comme on les porte présentement, afin qu'on puisse sçavoir s'il sçait le métier, comme un maître le doit sçavoir. »

Le candidat refusé peut recommencer son chef-d'œuvre, après trois mois d'intervalle, à trois reprises, s'il est étranger ; à l'indéfini, s'il est de l'endroit même.

La Confrérie de Marckholtzheim accordait dispense du chef-d'œuvre, moyennant une compensation en argent. Mais le Conseil Souverain biffa cette partie de l'article.

Un candidat évincé pouvait travailler en chambre et pour son compte personnel, mais non prendre des garçons et des apprentis. Les maîtres eux-mêmes étaient limités, On leur accordait deux ouvriers à Thann, trois à Colmar, à Marckholtzheim ; aucun règlement n'en permet plus de quatre. Sur ce chiffre, l'apprenti comptait pour un ouvrier. Il était interdit d'avoir plus d'un apprenti, et, un apprentissage terminé, il fallait attendre un an avant d'en reprendre un autre.

A cette époque les tailleurs travaillaient beaucoup dans la maison de leurs clients. Voici les salaires *minima* indiqués dans nos règlements :

Landser, 1700 : 4 ß. ou sols d'Allemagne par journée, soit 0 fr. 40.
Marckoltsheim, 1717 : 2 ß. par jour ou 0 fr. 46.
Mutzig et Schirmeck, 1718 : la journée va de 6 h. du matin à 9 heures du soir et se paie 30 δ. ou 0 fr. 42.
Thann, 1745 : en ville, maître 10 s., garçon 8 s. ; à la campagne 8 et 6 s.

Par les pièces des chefs-d'œuvres on a pu voir que les tailleurs travaillaient pour les femmes. Leurs statuts excluent les couturières de toute concurrence. A Châtenois, » à toutes les couturières il sera défendu de travailler au monde en drap ou autres ouvrages pareils, dont elles se feraient payer. » A Mutzig et dans le val de Schirmeck, aucune couturière ne peut faire un travail de tailleur, sous peine de 5 ß. (1 fr.). La confrérie de Saverne porte cette amende à 12 ß. (2 fr. 40).

On rencontre du reste des précautions analogues contre les gens du métier. Saverne interdit à tout tailleur étranger de travailler pour le bailliage. Thann est moins sévère; il n'est défendu aux tailleurs étrangers qui font des habits pour la vente, d'exposer aux marchés ordinaires, que s'il y a des tailleurs de la localité qui font le même commerce. A Colmar, un maître étranger, un frippier, ou un autre marchand ne peut vendre des habits neufs qu'aux foires de l'Ascension ou de la S. Martin ; mais la vente des vieux habits est toujours permise. Indigènes et étrangers étaient soumis à une surveillance sévère. Deux inspecteurs nommés par la Confrérie visiteront chaque semaine les marchés et les foires pour voir si aucun maître ne met en vente quelque objet défectueux. La même Confrérie interdisait aux tailleurs de vendre, même à leurs pratiques, de la soye, des boutons ou autres marchandises pareilles.

L'assemblée de la Confrérie, ou ses jurés, connaissait de tous les abus contre le métier, de tous les différends que les maîtres pouvaient avoir entre eux, avec leurs ouvriers ou avec leurs clients, fixait les dommages intérêts dus aux pratiques dont on gâtait l'étoffe. Les statuts de Landser n'exceptent de la juridiction que « le criminel, dont la connaissance est seule réservée au juge ordinaire. » On pouvait cependant toujours en appeler à ce dernier, si l'on se croyait lésé par la sentence de la Confrérie.

« Le décédé d'un maître arrivant, si sa veuve veut continuer le mestier et entretenir compagnon, elle jouira pendant qu'elle sera veuve de tous les droits et priviléges de la Confrérie et sera traitée comme les autres maîtres. » Cet article des statuts de Landser est plus accentué encore à Marckoltzheim : « La veuve d'un maître défunt peut demander d'une boutique tel compagnon qu'elle veut, et celuy qui est ainsy demandé lui travaillera moyennant des gages raisonnables et, en cas de refus, aucun maître de cette tribu ne le gardera ni le prendra pendant un mois. Cependant, ce temps passé, un honnête maître pourra luy donner à travailler. » Thann n'admet aucun terme pour cet ostracisme : « La veuve d'un maître aura la préférence à tout maître du garçon du lieu qui luy conviendra le plus pour contenter ses pratiques ordinaires, et, au cas du refus de la part de ce garçon, il quittera le lieu. »

Les statuts de Saverne sont les seuls dans lesquels nous ayons rencontré l'intention avouée de restreindre le nombre des maîtres. L'art. 10 est conçu en ces termes : « afin qu'il n'y ait pas trop de maîtres dans le métier, on en fixe, par les présentes, le nombre à douze maîtres, et n'en sera reçu aucun au-delà de ce nombre, à l'exception des fils de maîtres ou de ceux qui épousent la fille ou la veuve d'un maître. » L'art. 20 revient encore sur la même question. Il incorpore à la Confrérie tous les tailleurs du bailliage, « afin que chacun puisse se marier et devenir maître... et que de cette façon il n'y ait pas trop de maîtres et que le métier ne soit pas gâté. »

Pour achever ce résumé, il nous suffira de rappeler sommairement certaines prescriptions qui ont surtout pour but le maintien de la concorde entre les membres d'une même Confrérie. Telles sont la défense de débaucher les clients ou les garçons d'un confrère, celle de travailler pour une nouvelle pratique qui n'aurait pas soldé complètement son tailleur primitif, celle d'achever un travail commencé par un autre, celle de mépriser ou critiquer l'ouvrage d'un autre, l'interdiction faite aux compagnons de quitter leur maître avant le temps. Celui-ci, de son côté, dit le règlement de Landser, « traittera et entretiendra le compagnon ou apprenti d'une manière, suivant la coutume du métier, qu'ils n'ayent lieu et sujet de le quitter. »

SALAIRES. Voici quelques salaires de tailleur, presque tous empruntés à des taxes officielles.

SALAIRE AVEC NOURRITURE.

Années.	Maître.	Ouvrier.	Jeune ouvrier.	Apprenti.	Maître.	Ouvrier.	Jeune ouvrier.	Apprenti.
1457 Mulhouse	24 d.	18 d.	-		0 fr.66	0 fr.50		
1465 Strasbourg		8				0 49		
1498 S.-Arbog.		8				0 42		
1511 Roufach	20	18		12 d.	0 40	0 36		0 fr.24
1515 S.-Barbe		8				0 39		
1526 Strasbourg		8				0 38		
1549 S.-G.-Hag.	18				0 81			
1554 »	12				0 54			
1586 Eschau	12				0 45			
1620 Colmar		14	12 d.	10		0 30	0 fr.26	0 22
1621 Mulhouse	30	24		12	0 25	0 20		0 10
1623 Colmar	15	14	12	10	0 39	0 36	0 31	0 26
1629 Bergheim	15	12		6	0 39	0 31		0 15
1631 Evêché Str.	24	18		12	0 78	0 59		0 36
1632 Fribourg	18	15	12	10	0 46	0 39	0 31	0 26
1646 Colmar	24	20	18	13	0 58	0 50	0 44	0 39
» Strasbourg	32	20		12	1 03	0 65		0 39
1648 Colmar	20	15		12	0 24	0 18		0 14
1693 Thierenbach		60 d.				0 40		
1700 »		60				0 40		
1701 »		80-96				0,33--0,10		
1702 »		80				0 33		
1703 Pairis		64-80				0,27--0,33		
1705 Thierenb.		144				0 60		
1714 »		80				0 33		
1737 »		72				0 30		
1744 Dom. Colm.		60				0 25		
1746 Thierenb.		82				0 31		
1754 »		88				0 37		
1756 »		96				0 40		
1760 »		82				0 34		

1465 Strasbourg permet de donner un pourboire de 6 d. ou 0 fr. 36 par semaine, dispense de la taxe les habits de soie ou d'autre étoffe précieuse.

1629 Bergheim. Le tailleur a chaque jour à midi 2 ou 3 heures de liberté, dîne le dimanche dans la maison où il a travaillé la semaine.

Journée sans nourriture.

1554 Saint-George Haguenau 32 d. ou 1 fr. 41
1571 Eschau 38   1   61
1586   »   36   1   35

1840—49 Strasbourg : ouvrier médiocre	1 fr. 56,	bon	2 fr. 50
1850—59 » »	1	75	3	00
1860—69 » »	2	00	4	00
1870—75 » »	3	00	5	00

Ces chiffres se complètent par des données relatives aux façons.

Façons.

Taxe de Mulhouse 1457 [1].

Habits d'homme. Un pourpoint (*wambetsch*)	18 ₰	ou 1 fr.	32
Un habit (*rock*, ordinaire doublé	18	1	32
» non doublé (*ungefüttert*)	36	0	99
Un justaucorps (*anligende liprock*), non doublé	24	0	66
» doublé	36	0	99
Une tunique (*schurlütz*) doublée	36	0	99
Une tunique non doublée	24	0	66
Un capuce double (*zwyfalten Kugelhüt*)	18	0	50
Un capuce simple	12	0	33
Une paire de culottes avec brayette et 3 aiguillettes	12	0	33
Une paire de culottes ordinaires d'une pièce (? *gantze*)	16	0	44
» » non doublées	4	0	11
» de culottes longues à la française doublées	24	0	66
Une casaque (*gippen*) ordinaire	18	0	50
Une casaque découpée (*zugesnitten*) doublée en haut	24	0	66
Un manteau ordinaire, doublé en entier	36	0	99
» doublé en haut	24	0	66
Un long habit de prêtre, doublé en entier	96	2	64
Un habit de prêtre court, doublé	60	1	65
Un habit long, analogue	48	1	32
Une baigneuse (*badhembdt*) ordinaire avec collet	48	1	32
Habits de femmes. Robe ordinaire en quatre pièces, manches étroites	72 ₰	ou 1 fr.	98
Une robe en 4 ou 8 pièces, avec manches larges	84	2	31
Un manteau ordinaire	48	1	32
» garni (*besetzt*) en bas	60	1	65
Un mantelet court	20	0	55
Une tunique en 10 pièces	36	0	99
» ordinaire	24	0	66
» serrée (*geprissnen*)	18	1	32
Un jupon (*underrock*) ordinaire	24	0	66
Une casaque ordinaire	24	0	66
» rabattue (? *abgeschlagen*)	36	0	99
Un manteau en drap d'Arras	60	1	65
Une robe en drap d'Arras	84	2	31
Une jupe au-dessous de 20 elen (10 mètres 82)	60	1	65
Une jupe au-delà de 20 elen	84	2	31

1. Communiquée par M. Ehrsam.

Celui qui veut couvrir ses vêtements d'ornements[1] plus nombreux payera en conséquence.

1568 Colmar	façon d'une paire de culottes	30 d.	ou	0 fr. 97
1570 S.-Thomas	façon d'un habit avec fournitures	20		3 85
1629 Bergheim,	façon d'une veste en coutil	30		0 78
	» d'une paire de culottes	20		0 52
	» d'un corsage	20		0 52
	» de *häckher strümpf*	12		0 31
	» de bas en lin	10		0 26
1631 Ribeaup.,	façon de 2 paires de bas 32 d., la paire	16		0 41
1635 Œlenberg,	façon de 1 paire de culottes	200		2 40
1646 Strasbourg,	manteau avec passementerie et entièrement doublé	14 β.		5 12
	manteau ordinaire en drap doublé	10		3 88
	mant. bordé d'un cordon (*angestossen*)	12		4 65
	manteau de drap, façon ordinaire	7½		2 90
	manteau de deuil	8		3 10
	manteau en étoffe (*zuegin*) 2 foi piqué	10		3 88
	» ordinaire	7½		2 90
	habit de satin, de soie ou de serge avec dentelles et passementeries	20		7 75
	habit deux fois piqué	15		5 81
	habit de deuil	12		4 65
	manteau de cavalier ou de voyage avec passementerie	14-15		5,12-5,81
	manteau sans passementerie	10		3 88
	une veste (*schoopen*)	7½		2 90
	pantalon et manches avec dentelles et galons	12-15		4,65-5,81
	pantalon ordinaire sans passementerie	4		1 55
	couper un collet de cuir	7½		2 90
	chemise en laine ou camisole	3		1 16
	bas en drap (guêtres ?)	12-16 d.		0,39-0,18
	doubler des bas en drap	4-6		0,13-0,19
	Dames nobles. Robe de dessus avec 2 ou 3 rangées de dentelles ou passement.	24 β.		9 30
	oberrock ordinaire	18		6 98
	robe et *ungerling* (dolman ?)	24		9 30
	un *ungerling* en velours, avec 4 ou 6 basques, *schössen*,	22		8 52
	un *ungerliug* en étoffe ord. 4 ou 6 basq.	16-18		6,20-6,98
	robe de dessous, *underrock*,	6-7		2,32-2,71

---

1. *Kluger werck oder glutterwerck mit snetzloten.* Ces mots qui ne se rencontrent pas dans Schertz sont expliqués, en partie, par la note suivante, que nous tirons des Comptes de S. Jean de Schlestadt : 1469. *Allerley Kluterot*, videlicet *staal, nestel, ougenspiegel, schlüssel, messer.*

1646 Strasbourg,	corset à baleine	8 β.	ou 3 fr. 10
	corset sans baleine	3	1 16
	camisole de femme, avec basque cond	5-6	1,91-2,32
	Femmes ord. Robe à col avec 3 cordons brodés et des ailes de satin . . .	35	13 56
	robe à col, *kragenrock*, avec cord. ord.	26	10 07
	robe à col pour deuil	20	7 75
	robe à corsage, *brustrock*, garnie de velours et de passementerie . . .	35	13 56
	schaube en drap simple sans doublure	20	7 75
	schaube en bourrette avec passement.	30	11 62
	collet, *goller*, avec velours et passem.	7	2 71
	collet en drap avec col en velours ou soie et passementerie	6-7	2,32-2,71
	collet en drap doublé en peau . . .	5	1 91
	robe de damas ou soie avec passem.	10	3 88
	robe en taffetas double ou en bourrette sans passementerie	6	2 32
	veston en damas ou satin avec franges et passementerie, col compris . .	6	2 32
	veston ordin., *übermüder*, avec franges et passementerie	5	1 91
	veston ordinaire sans franges . . .	36-40 δ.	1,16-1,29
	corsage, *leiblin*, avec passementerie .	18-20	0,58-0,65
	un corsage, *brust*, en soie ou en damas garni de dentelles d'or ou d'argent	20	0 65
	un corsage ordinaire	12	0 38
	tablier avec cordons	1 fr.	1 55
	tablier sans passementerie	16 δ.	0 52
1646 Colmar,	manteau le plus simple	12 b.	2 90
	hab. bourg., pourp. et culot. sans cord.	18	4 31
	hab. piqué 1 fois, *gestept od. geschniert*	18	4 31
	habit piqué deux fois	24	5 80
	une paire de culottes en coutil . . .	24 δ.	0 58
	un pourpoint en coutil	50	1 21
	bas en drap avec des points croisés .	24	0 58
	» sans points croisés . .	12	0 29
	une paire de manches et tablier avec cordons et franges	1 fl.	3 62
	une cotte piquée ou bordée, *kutte*, .	¼	1 81
	une cotte ordinaire	6 b.	1 45
	un corsage, *brust*, ...	24 δ.	0 29
1650 Brisach,	un habit ordinaire	18 b.	4 31
	une paire de culottes	6	1 15
	un manteau	12	2 90
1691 S.-G. Hag.,	façon de l'habit du sacristain . . .	12 β.	3 76
1696 Thierenb.,	façon d'une soutane de frère . . .	15 s.	1 19
1718 »	façon d'un habit	13 4 d.	0 66
1751 »	façon de culottes et d'une soutane .	36	1 80

Ces prix comprennent la main-d'œuvre, mais non les fournitures faites par le tailleur. On le voit par l'exemple suivant :

1570 S.-Thomas, habit pour le maire d'Eckolsheim					32 fr. 89
5 elen lindisch tuch à	. . . . .	13 b.	22	20	
4 elen ursler vert p. doublure à	.	40 *d*.	6	84	
façon et fournitures	. . . . . .	70	3	85	

Cela se remarque surtout dans les détails que nous tirons du journal de F. Comté, tailleur de la cour de Bouxwiller.

1772 façon de culottes	. . .	24 s.	ou 1 fr. 20	
1778 »	.	24 à 26	1	25

Prix de revient d'un habit en 1773.

façon		7 l.		
mouiller le drap		10 s.		
2 3/4 aunes drap vert	30	5	le mètre à	9 fr 25
3 aunes demi Challons vert . .	4	16	»	1 35
2 aunes « bleu . .	3	4	»	1 35
3 elen toile blanche	1	10	»	0 93
2 elen calamander rouge . . .	12		»	11 15
4 elen de toile brune	1		»	0 46
1 1/4 aunes de bougran fin . . .	1	10	»	1 00
1/2 loth de soie		14	le gramme à	0 10
2 loths de fil		6	»	0 01
2 » poil de chameau bon teint.	1	8	»	0 05
2 1/2 douzaines grands boutons . .		4		
2 1/2 » petits boutons . .		2		

70 l. 3 s. ou 70 fr. 15

façon		7 l.		
mouiller le drap		12 s.		
3 aunes drap fins	57	15	le mètre à	16 fr. 27
3 aunes de tanis teint	11	10	»	1 95
2 aunes de tanis blanc	11	10	»	1 95
3 elen toile blanche	1	7	»	0 84
3 elen toile de lin grise	1	10	»	0 93
1 1/4 aunes de bougran fin . . .	1	10	»	1 00
1/2 loth de soie		14	le gramme à	0 10
2 loths de fil		6	»	0 01
2 » poil de chameau demi soie	1	4	»	0 04
2 1/2 douzaine grands boutons . .	4	10		
4 » petits boutons . . .	3	12		

91 l. 10 s. ou 91 fr. 50

1773 Une capote, façon et fournitures 5 l. 8 s. 9 d. ou 5 fr. 44
1775 une camisolle pour un ouvrier menuisier :

	façon	2 l.					
3 1/4	elen de drap bleu . . .	10	4 s.	9 đ.	le mètre à	5 fr.	85
2	elen challon blanc . . .	4			»	3	72
1/4	elen bougran		5		»	1	86
3/4	elen toile blanche . . .		7	6	»	0	93
1/2	loth de poil de chameau		5		le gramme à	0	034
1/8	loth de soie		3	6	»	0	10
1 1/2	douzaine de boutons . .		18				
		18 l.	3 s.	9 đ.	ou	18 fr.	19

Habits.

Aux xve et xvie siècles, on compte d'ordinaire pour un habit, *gewand* ou *rock*, 6 elen (3 m. 23) de drap, 7 à 9 elen (3 m. 77 à 4 m. 84) de doublure. Parfois, cependant, les dépensiers ne marquent que 5 (Colmar 1439, S.-Claire 1465, S.-Pierre-le-vieux 1505, 1512, 1516, Roufach 1612, 1631) et même 4 elen de drap (Colmar 1521, 1542, 1547, Bâle 1452). Le sacristain de Haguenau en a 7 en 1691. Un *rittrock* en coûte 10 (1475 S.-Jean Schl.), autant qu'une robe de femme (1416 Œuvre N.-Dame). Tout cela variait selon la largeur des étoffes, l'ampleur des vêtements et la taille des personnes habillées.

Voici les quantités d'étoffes indiquées, en 1715, pour le chef-d'œuvre des tailleurs de Strasbourg. Ce sont évidemment des moyennes.

habit d'homme à manches ouvertes, habit, camisol et culottes, ...	larg. 2 1/2 aun.,	long. 4 aunes.	1 m	35	et 4 m.	75
habit d'homme, manches en bottes .	5 1/4	8 1/4 elen,	1	48	4	44
robe de trompette en velours . . .		12 1/2			6	72
robe de sergent de ville	2 1/2 elen	6 aunes	1	35	7	13
robe de ministre	2 1/2	10 3/4 elen	1	35	5	78
habit de religieux	2 1/2	7 1/2	1	35	4	03
soutane	3	6 1/2	1	61	3	50
soutane en estamine	1/2 aune	16 3/4	0	59	9	01
habit de religieux	2 1/2 ele	7 1/2	1	35	4	03
Roquelor	2 1/2	5 3/4	1	35	3	09
robe de geôlier	2 1/2	5	1	35	2	69
scoppe en camelotte, veste, ...		2 3/4			1	48
casaque de mousquetaire	3	4	1	61	2	15
corps, corsage, à la franç. drap d'arg.		3/4 aune			0	89
pantalon	6 1/2 quarts	4 3/4 ele	0	87	2	55
manteau de deuil, long de 2 1/2 et 3/16	2 1/2	11 1/2	1	35	6	19
manteau de deuil, long de 2	9/4	7 7/8	1	21	4	21
manteau de deuil, »	1/2 aune	15 1/4	0	59	8	20

Les chiffres qui suivent se rapportent, tantôt au drap seul, tantôt au drap et à la doublure, tantôt au vêtement confectionné. Nous avons été aussi précis que les textes le permettaient.

1404	Bâle	un habit pour un garde	1 ℓ.	ou 8 fr.60
1411	»	un habit pour un garde	2 ℓ.	15 60
1415	O. N.-Dame	l'habit, *gewand*, du cuisinier . . .	3 ℓ.	49 20
1416	»	l'habit d'été, *gewand*, du chapelain	5 ℓ.	82 00
1421	»	habit d'été pour le régisseur . . .	5 ℓ.	74 50
1422	»	étoffe et doublure p. un habit, *rock*.		46 93
1425	S.-J. Schlet.	drap pour un habit, *rock*, ...	13 β.	9 92
1427	Colmar	habit, *rock*, pour le fou	18 β.	12 96
1433	O. N.-Dame	habit d'été du régisseur.	5 ℓ.	72 00
»	Hôp. de Bâle	un habit d'été.	11 ℓ. 3 β.	73 59
»	»	habit d'hiver avec pelisse	7 ℓ.	46 20
»	Colmar	habit, *rock*, p. le tonnelier de l'hôp.	12 β.	7 92
1439	»	habit militaire, 5 elen, en drap de Luxembourg	1 fl.	7 50
1465	S.-Claire	habit d'un maire, 5 ele à	12½ β.	9 31
1471	S.-J. Schlet.	drap pour un *rittrock*, habit de cavalier, 10 elen	45	30 94
1473	»	un *liprock*, justaucorps, ...	13	8 94
1483	Evêché Str.	un habit militaire	1 fl.	6 90
1486	Colmar	habit d'un garde.	21 β.	12 60
1583-6	S.-Arbogast	habit, *rock*, pour un vigneron . .	20 β.	13 16
1495	Colmar	habit d'un garde.	23 β.	13 80
1498	Evêché	habit d'un tailleur de pierre . . .	1 fl.	6 25
1500	Colmar	habit doublé p. les gardes de la tour	37 β.	18 50
1503	Eschau	habit pour le berger	1 fl.	6 25
1504	S.-Arbogaste	un habit à	1 fl.	6 25
1507	Colmar	un habit à	36 β.	9 00
1509	Eschau	habit pour le régisseur	1 fl.	6 25
1512	S.-Arbogast	un habit à	1 fl.	6 10
1513	O. N.-Dame	habit du sacristain	30 β.	17 47
»	Colmar	habit pour le messager	18 β.	8 64
»	»	habit pour un garde	32 β.	15 36
1519	»	habit pour le messager	20 β.	9 60
1528	»	habit pour un garde	34 β.	15 81
1561	S.-P.-le-v.	habit d'un maire	39 β. 4 δ.	20 16
1566	Colmar	un habit à	75 β.	29 00
«	»	habit en *linisch* pour le corneur . .	54½ β.	21 09
1570	S.-Thomas	habit du maire d'Eckbolsheim . .	64 β. 2 δ.	32 89
1573	Gr. Chap.	habit d'un schultheiss	13 β.	6 15
»	Colmar	habit d'un soldat, drap et doublure	5 ℓ. 4½ β.	42 00
1574	»	habit pour le flotteur de bois, drap et doublure	55 β.	21 28
1577	«	habit de soldat, drap et doublure .	5 ℓ. 11 β.	42 95
1581	»	habit d'un soldat, drap et doublure	5 ℓ. 19 β. 5 β.	46 11
1582	»	habit d'un soldat, drap et doublure	5 ℓ. 11½	43 15

1588 Ribeaupierre	habit d'été d'un piqueur	. . . . 13 fl.	59 fr. 54
» »	habit d'été d'un autre valet	. . . 12 fl.	55 00
» »	habit d'hiver des mêmes	. . . 5 fl.	23 00
1628 Gr. Chap.	habit du maire de Geispolsheim	. 24 β.	9 30
» »	habit de sa femme	. . . . . . 15 β.	5 81
1633 Œlenberg	habit du supérieur	. . . . . 12 fl. 48 kr.	49 56
» »	habit d'un religieux	. . . . . 10 fl. 8 kr.	39 22
» »	culottes et gilet du supérieur.	. . 20 b.	5 16
1666 Gr. Chap.	habit du bailli d'Erstein	. ' . . 35 β.	13 52
» »	habit d'un messager	. . . . . 24 β.	9 30

En 1408, Colmar comptait 1 ½ elen ou 0 m. 85 pour les CULOTTES. culottes d'un sénateur, 2 elen ou 1 m. 09 pour celles d'un membre du magistrat. L'Œuvre N.-Dame ne donnait que 18 ¾ elen pour 15 paires de culottes de chanoine (1475) soit 0 m. 67 chacune.

Voici quelques prix pour le xve et le xvie siècle :

1415	Œ. N.-Dame,	une paire de culottes blanches	. . 27 β.	ou 1 fr. 85
1418	»	une paire de culottes	. 31	2 12
1419	»	une paire de culottes blanches	. . 36	2 46
1420	»	une paire de culottes pour forestier	24	1 64
	»	une paire de culottes p. archiprêtre	114	7 79
1421	»	une paire de culottes pour chanoine	120	7 40
1423	»	» »	120	7 40
		une paire de culottes blanches	. . 36	2 22
1427	»	une paire de culottes	. 120	7 40
1444 Colmar,		une paire de culottes	1 fl.	– 59
1449 Œ. N.-Dame,		une paire de culottes	120 β.	7 20
1451 S.-Claire,		culottes en cuir pour le régisseur .	1 fl.	7 50
1460-1 Œ. N.-Dame,		une paire de culottes	. . . . 5 β.	3 60
1461 Landser,		une paire de culottes	6	1 98
1465 S.-Claire,		culottes pour le boulanger . . .	18 β.	1 08
1470 S.-Arbogast.		culottes pour un maire	16	0 92
1473 S.-Jean Schl.,		une paire de culottes	. 51	3 09
1475 Œ. N.-Dame,		culottes pour le chapitre	10 β.	6 90
1484-7 S.-Arbogast,		culottes pour un maire	21 β.	1 32
1488	»	une paire de culottes	18-24	0,99-1,32
1489-92	»	une paire de culottes	24	1 32
1509 Eschau,		culottes pour le charretier . . .	30	1 50
1518 Hôp. de Str.,		une paire de culottes	21	1 16

1631 Gr. Chap.	longs bas en soie de Milan. . .	8 thaler ou 46 40	BAS.
1634 Ribeaupierre	3 p. bas de laine pour le seigneur	4 fl. 6½ β.	8 73
1666 Engelport	une paire de bas à	25 β.	3 22
1663 »	une paire de bas à . . . . 15 à 22½ β.	1,90 à 2 90
1670 »	une paire de bas à	22½ β.	3 90
1672 »	3 paires de bas à	65 β. la paire	2 84

1674	Engelport	2 paires de bas à	50 β. la paire	3 fr. 22
1704	»	2 paires de bas	60 s.	2 00
1705	»	9 paires de bas à	12 l. 19 s.	1 90
1706	»	8 paires de bas à	12 l. 4 s.	2 15
»	»	une paire à	40 s.	2 70
1711	Unterlinden	une paire de bas à	38 β. 2 δ.	4 90
1713	»	une paire à	24 b.	2 64
1714	»	une paire à	22½ β.	3 00
1718	»	une paire à	191 δ.	1 76
1719	»	une paire à	18—24 batz. 1,70 à	2 30
1732	Mulhouse	bas tissés pour homme	30 s.	1 50
»	»	bas tissés pour femme	25—55 s. 1,25 à	2 75
»	»	bas tissés pour garçon	13½ s.	0 66
»	Unterlinden	une paire de bas	17 batzen	1 92
1733	»	bas de laine	14 batzen	1 59
1740	Engelport	une paire de bas	40 s.	2 00
1759	Thierenbach	une paire de bas	58 s.	2 90
1826-7	Hôp. Str.	bas de laine pour homme		4 00
«	»	bas de laine pour femme		3 50

CHAPEAUX.	1429 Schlettstadt,	un chapeau	12 δ. ou	0 fr. 74
	»	drap pour kugelhut, l'ele	5 β.	
	1474 »	un *kugelhut*	39 δ.	2 14
	1570 Grand-Chap.,	un chapeau	4 β. 8 δ.	2 39
	1633 Œlenberg,	un chapeau pour le supérieur	3 fl.	11 61
	1634 Ribeaupierre	un chapeau noir de laquais	1½	5 80
	1646 Strasbourg,	laine de Bohême, grand chapeau de paysan	10 β.	3 88
		laine de Bohême, moindre	8	3 10
		laine moyenne, grand chapeau	6	2 32
		» plus petit	5	1 94
		laine moindre, grand chapeau	4	1 55
		» plus petit	3	1 16
	1693 Thierenbach,	un chapeau	45	4 70
	1695 »	un chapeau	72 s.	5 15
	1702 »	un chapeau	45	3 10
		un chapeau pour un religieux	60	4 10
	1706 »	un chapeau	60-80	4,26-5,36
		repasser un chapeau	10	0 70
	1708 »	un chapeau	60	4 40
	1711 »	»	60	3 00
	1723 »	»	60	2 10
	1730 »	»	9 l.	9 00
		trois chapeaux, ensemble à	8 la pièce	2 66
	1733 »	un chapeau	4	4 00
	1739 »	»	5	5 00
	1741 »	»	90 s.	4 50
	1759 »	»	5½ l.	5 50

GANTS

1426	Œ. N.-Dame,	12 paires de gants 8 β.; la paire	8 d.	ou 0 fr.	50
1479	S.-Jean Schl.,	1 paire de gants	12	0	66
1491	»	»	12	0	64
1492	N.-Dame,	gants noirs pour hommes	5	0	32
	»	gants blancs pour femmes	3 ½	0	19
1609	S.-Morand,	1 paire de gants	17¼ β.	2	90
1612	»	»	4 β. 9 d.	0	89
1626	»	»	17	2	64
1692	Thierenbach,	gants pour un religieux	15	1	37
1708	»	une paire de gants	12 s.	0	88
1709	»	»	12	0	90
1710	»	»	13	0	68
1737	»	»	35	1	75
1741	»	»	12	0	60
1771	Munster,	»	3 l.	3	00

Seconde Section.

Cuirs et Chaussures.

Les peaux. — Tanneurs. — Leurs salaires. — Prix des cuirs. — Pointes et clous. — Les cordonniers. — Façons. — Prix des chaussures.

LES PEAUX.

Des mains du boucher, les peaux passaient d'ordinaire entre celles des tanneurs. Quelquefois cependant elles rencontraient en route quelqu'un de ces monopoles municipaux, si communs dans les siècles passés. Voici quels étaient, en 1750, les prix payés par la ville de Strasbourg :

Peau de bœuf nettoyée, de 60 ℔., la livre 7½ s.,	le kilo	0 fr.	79
» moins lourde	6½	0	69
Peau de vache non séchée	5½	0	58
» sèche	10-17	1.06-1,80	

Citons quelques chiffres glanés çà et là.

1488	Reichshoffen,	peau de bœuf,	52 d.	ou 2 fr.	86
1559	Strasbourg,	»	31½ β.	16	40
1631	Basse-Alsace,	»	15	5	81
1771	Strasbourg,	»	10 fl.	20	00

1631	Basse-Alsace,	peau de vache,	8 β.	ou 3 fr. 10
1704	Pairis,	»	3 fl. 9 b.	7 77
1738	Thierenbach,	»	4 l.	4 00
1539	Schletstadt,	peau de veau,	38 δ.	1 74
1587	Œlenberg,	»	7 β.	1 28
1631	Basse-Alsace,	»	2	0 78
1646	Strasbourg,	»	6	2 32
1754	Colmar,	»	30 s.	1 50
1581	Massevaux,	peau de mouton,	2 b.	0 64
1631	Basse-Alsace,	»	1 β.	0 39
1646	Strasbourg,	»	4	1 55
1737	Œlenberg,	»	10 s.	0 50
1750	»	»	12-15	0,60-0,75
1745	»	peau d'agneau,	13	0 65
1747	»	»	12	0 60
1631	Basse-Alsace,	peau de cheval,	10 β.	3 87
1741	Engelport,	peau de ?,	la tt. 6 s., le kilo	0 60
1741	Œlenberg,	peau de bœuf,	» 5½.	0 55

LES TANNEURS. Les prescriptions relatives à la tannerie que nous avons rencontrées dans les archives, sont rares et sans importance. On leur défend d'acheter des peaux gâtées, de vendre du cuir humide ou vert (*grün oder nass*), de l'étirer (*struchen noch fullen*) [1]. Que les morceaux soient grands ou petits, ils doivent être attachés de façon qu'on puisse facilement apprécier de la main la valeur de chacun d'eux. Des inspecteurs, pris moitié parmi les tanneurs, moitié parmi les cordonniers, veillaient à l'exécution de ces règlements.

LEURS SALAIRES. On taxait naturellement le salaire des tanneurs et le prix des cuirs. Schletstadt décrète en 1486 que les tanneurs auront pour tanner une peau :

de 4 β. ou 2 fr. 63,			2 β. ou 1 fr. 32	
de 7	4	60	2½	1 64
de 10	6	58	3	1 97
de 11	7	23 et au-dessus	4	2 63
d'une bête de 2 ans			18 δ.	0 98
» de 1 an			12	0 66
de veau, belle			7	0 38
» ordinaire			5	0 27
de chèvre, belle			8	0 44
» ordinaire			6	0 33

1. Ord. de Colmar, 1390, 1440, de Schletstadt, 1486. Cependant s'il leur est interdit de prendre des *vollig hut* chez l'équarrisseur, ils peuvent en acheter chez les particuliers, à condition que le cuir soit mis à part et l'acheteur averti.

Les taxes strasbourgeoises de 1646 allouent pour préparer :

une bonne peau de bœuf *eingesetzt*, en cuir de semelles	30-35 β.	ou	11,69-13,56
» une très-belle peau	40		15 fr. 50
une peau de cheval ou de vache *eingesetzt*	12		4 65
» une très-belle	16		6 20
une peau de chèvre et de mouton	12-16 δ.		0,39-0,52
graisser et noircir une peau de veau	3 β.		1 16
» » de cheval ou de vache	8-10		3,10-3,88

A la même date Colmar édictait une taxe analogue.

passer en mégie une grande peau de bœuf	48 b.	ou	11 fr. 58
» une moindre	45		10 86
« une petite peau de taureau	37 1/2		9 05
une grande peau de vache *weisz eingesetz und schwartz bereit*	45		10 86
une moindre peau de vache	36		8 69
une grande peau de vache préparée avec du tan	18		4 31
une moindre peau de vache préparée avec du tan	14 1/2		3 42
préparer une peau de cheval	15-18		3,62-4,34
préparer une peau de veau	36 δ.		0 87
corroyer une peau de veau	36		0 87

Cette taxe est modifiée en 1660 :

préparer à la hollandaise une peau de	36 à 40 α.,	48 b.	ou	10 fr. 37
» » 24 à 36		45		9 72
« » plus petite		37 1/2		8 10
corroyer en noir une grande peau de vache		35		7 56
» une moyenne »		30		6 48
» une petite »		24		5 19

Si le suif est fourni par le client, ce prix n'est que de :

7 1/2 b.	pour les grandes peaux de vache	ou	1 fr. 62
9	pour les moyennes »		1 30
22 1/2	p. préparer une peau de cheval (? *Rohlhaut*)		4 86
18	pour préparer une peau moindre		3 89

Quant au cuir, il se payait :

1646 Strasbourg,	la livre		40 δ., le k°.	2 fr. 70
1646 Colmar,	la vache graissée	la *ll.*	7 b.,	3 43
»	le veau		6	2 74
»	cuir du cou		5 1/2	2 51
1660 »	*Bogenleder* de petites peaux		7	3 07
»	cuir du cou		4 1/2	1 99
»	retailles (*afterleder*)		5	2 19
»	cuir préparé à la hollandaise		6	2 64

1660 Colmar,	cuir graissé à beaux grains.	la *tt.* c b., le k°.	2 fr. 64
»	cuir moindre à gros grains	5	2 19
1704 »	le meilleur cuir	18 s.	2 63
»	cuir médiocre	17	2 48
»	bonne vache	22 ½	3 26
1711 Unterlinden, la livre		½ fl.	1 75
1750 Strasbourg,	bœuf au-dessus de 25 *tt.*, les 100 *tt.*	48	2 04
»	bœuf au-dessous de 25	46	1 95
»	la livre de cheval	14 s.	1 48

Et le cuir pour semelles :

1646 Strasbourg,	100 *tt.* à 36 fl., le kilo	2 fr. 94
1652 Königsbruck,	la *tt.* à 4 β.	3 28
1702 Engelport	11 β. 5 δ.	2 05
1712 Unterlinden	9 b.	1 98
1715 »	65 ½ δ.	1 97
1717 »	81	2 06
1720 »	124	1 85

PRIX DES CUIRS A L'HOPITAL DE STRASBOURG.

Année.	Cuir fort.	Cuir de veau.	Année.	Cuir fort.	Cuir de veau.
1804	2 fr. 55	4 fr. 20	1842	2 fr. 90	4 fr. 80
1805	3 00	6 00	1845	2 80	4 80
1806	3 00	6 00	1846	2 80	4 80
1807		6 05	1847	2 80	4 80
1808	3 22	6 22	1848	2 50	4 00
1809	3 05	5 10	1849	2 40	3 80
1810	3 15	5 70	1850	2 48	3 99
1811	3 32	5 80	1851	2 50	4 00
1812	3 40	4 80	1852	2 55	4 15
1813	3 35	5 75	1853	2 60	4 20
1814	2 40	4 35	1854	3 00	5 00
1815	3 00	5 70	1855	3 00	5 00
1816	2 80	5 70	1856	3 49	4 98
1817	2 60	5 70	1857	3 59	5 60
1818	2 60	5 50	1858	3 98	5 50
1821	2 70	5 50	1859	3 80	5 40
1822	2 70	5 50	1860	3 98	5 30
1823	3 00	5 50	1861	3 91	5 25
1824	2 65	4 30	1862	3 80	5 20
1825	2 59	3 68	1863	3 49	5 20
			1864	3 40	5 60
1826	2 48	4 00	1865	2 32	5 78
1827	2 48	4 00	1866	3 10	5 72
1828	2 48	4 00	1867	3 15	6 00
1829	2 48	4 00	1868	3 22	6 69
1830	2 60	4 50	1869	3 20	6 68
1831	2 70	4 80	1870	3 19	6 67
1832	2 60	4 60	1871	3 19	6 67
1834	2 50	4 40	1872	3 99	7 49
1835	2 50	4 40	1873	4 60	7 80
1836	2 50	4 40	1874	4 72	
1837	2 80	4 40	1875	4 59	8 50
1838	2 80	4 40			
1839	2 48	4 00	1801—1825	2 90	5 35
1840	2 60	4 20	1826—1850	2 61	4 35
1841	2 80	4 60	1851—1875	3 45	5 77

Les clous et les pointes servent avec les cuirs de matière première aux cordonniers. Nous placerons donc ici quelques chiffres fournis par l'hôpital de Strasbourg. Après avoir baissé jusqu'en 1848, ils ont repris un mouvement de hausse.

CLOUS ET POINTES.

Année.	LES CENT CLOUS		LES CENT POINTES			
	à talons.	à semelles.	à talons.	à semelles.	à 20 mill.	à 12 mill.
1838	4 fr. 00	2 fr 00		0 fr. 90		
1839	3 00	1 75	0 fr. 50	0 80		
1840	2 48	1 49	0 40	0 70		
1841	2 45	1 28	0 40	0 70	0 fr. 55	0 fr. 40
1842	2 39	1 24	0 39	0 69	0 55	0 40
1845-47	2 21	1 24	0 31	0 65	0 50	0 30
1854-55	2 26	1 28	0 33	0 69	0 54	0 33
1856-70	2 30	1 31	0 35	0 71	0 57	0 35

Sur les six règlements de cordonniers que nous avons rencontrés dans les registres du Conseil Souverain, il y en a deux qui leur sont communs avec les tailleurs. Ce qui les concerne en particulier, se borne à certaines prescriptions techniques, et au chef-d'œuvre, qui comprend à Marckholtzheim :

LES CORDONNIERS.

une paire de bottes de cavalier
et une paire de souliers courroyés (*reimenschuh*).

A Châtenois et dans le Comtes ban :

une paire de bottes molles,
une paire de souliers d'homme et une paire pour femmes,
un seau à incendie.

Dans ces dernières localités, les statuts déclarent confiscables, comme défectueux :

les souliers dont les courroyes fussent recousues et composées de quatre pièces,
ceux dont la première semelle seroit de cuir de mouton,
ceux à talons tout patés qui fussent cirés ou enduits au joint,
ceux dont les deux semelles fussent de cuir de cheval.

A Marckoltzheim, les cordonniers du bailliage peuvent exposer aux foires plustôt que les étrangers. Toutes les marchandises sont visitées avant d'être mises en vente, et l'on n'admet pas comme loyales, celles où les premières semelles sont en cuir de veau et de mouton, sauf pour enfants au-dessous de quatre ans.

Le cuir de cheval est permis pour des premières semelles, mais non pour des semelles doubles, sauf pour enfants au-dessous de 12 ans.

Les souliers qui ont des pièces sont déloyaux, de même que les oreilles qui sont attachées avec l'aiguille, pour ce qui concerne les souliers de paysan.

Des prescriptions analogues se rencontrent dans les autres [1] statuts. Le chef-d'œuvre est tantôt simple, comme à Dambach :

>une paire de souliers à trois points renversés et un seau de cuir,

tantôt plus compliqué, comme à Rouffach :

>une paire de bottes à la mode,
>une paire de souliers à la mode et à talons couverts,
>une paire de souliers vulgairement dits *verborgene löcherschuh*,
>une paire de souliers en façon de bottines qui viennent jusqu'au dessous du gras de la jambe, se fermant à côté de la jambe à lasset [2].

ou à Thann :

>une paire de bottes de cavalier,
>une paire de bottes de pêcheur,
>une paire de souliers à la mode,
>une paire de souliers de paysan [3].

Aux prohibitions déjà mentionnées il faut ajouter celles de se servir de vieux cuir, pour en faire les quartiers,

employer des semelles retournées pour en faire les premières ;

coudre avec aiguille la coupure des souliers, qui ne passe outre et que la couture paraisse de l'autre côté,

prendre du cuir de cheval pour semelles ou empeignes ;

mettre des talons collés ou des pièces de vieux talons, etc.

Il peut être utile de noter les modifications que le Conseil Souverain imposait aux anciens statuts. A Rouffach, il supprime le repas qui se faisait à la réception du maître, aux frais du candidat. Il déclare que l'illégitimité de naissance n'est pas un cas d'exclusion, et que deux ans de voyage ou de travail dans le pays (au lieu de trois) suffisent l'appren-

---

1. Thann. 1698 et 1743 ; Dambach et Epfig, 1717 et 1731 ; Rouffach et le mundat supérieur, 1723 ; Ferrette 1700.

2. En place des 2 dernières pièces, les fils de maîtres ne fesaient qu'une paire de souliers à courroies.

3. Les fils de maîtres n'étaient tenus qu'à la moitié du Chef-d'œuvre.

tissage terminé, pour se présenter à la maîtrise. Il réduit le chiffre d'un assez grand nombre d'amendes. Au lieu d'un maximum de deux compagnons pour un même maître, il autorise celui-ci à prendre autant d'ouvriers qu'il voudra, lorsqu'il travaille pour le service du roi. Dans le même cas, il permet aux cordonniers d'acheter des souliers faits auprès de maîtres étrangers. Il rejette l'article qui permet aux cordonniers de la campagne de se racheter du chef-d'œuvre par une somme d'argent (50 l.).

Rien de nouveau du reste à tirer de ces règlements. Partout nous retrouvons une fête patronale (S. Crépin), l'obligation d'assister aux enterrements et aux services célébrés pour les confrères défunts, un apprentissage de 3 ans, un voyage ou un travail de deux à trois ans avant de se présenter à la maîtrise, la défense de mépriser l'ouvrage d'un confrère, de lui débaucher ses garçons ou ses clients, de travailler ou vendre le dimanche ou un jour de fête, à moins qu'il n'y ait une foire.

Contrairement à ce qui se pratiquait chez les tailleurs, le règlement de Ferrette statue que (art. 27), « aucun maître ne travaille chez ses chalands à la journée ou par pièce. » Celui de Dambach défend qu'un maître se fasse payer plus qu'un autre. (art. 22). Celui de Rouffach n'admet pas d'ouvrier qui travaille à la pièce.

Non seulement on exclue la concurrence des cordonniers du dehors, mais la Confrérie de Rouffach, qui s'étend à tout le mundat, défend à ceux de la ville de colporter des chaussures à la campagne, et à ceux des villages d'en apporter en ville. La concurrence n'est admise que pour les jours de foire. Alors étrangers et indigènes exposent en toute liberté. Cependant s'il n'y a pas d'étranger, les cordonniers de l'endroit ne doivent exposer que devant leur boutique.

« Aucun ne s'avisera, à l'avenir, disent les statuts de Rouffach, de raccommoder des souliers, mais sera seulement permis aux vieux maîtres, qui ne peuvent point faire d'autres ouvrages, de faire ce travail. » Les savetiers peuvent fréquenter les marchés, comme il leur plaît ; mais ils doivent avoir soin de placer les souliers neufs sur un banc, et les vieux à terre. Une pensée de charité édictait évidemment une partie de ces mesures.

Les prescriptions que nous venons de citer, expliquent

pourquoi nous n'avons rencontré dans les livres de Comptes aucune indication sur les journées des cordonniers. Cependant la taxe édictée à Colmar en 1646 admet qu'ils travaillent chez le client et fixe la journée pour :

  un maître ou un compagnon à . 4 b. ou 0 fr. 97
  un *junge* ou apprenti déjà formé à 3 0 72

La taxe publiée à Bergheim, en 1629, suppose même qu'ils peuvent travailler à la pièce chez le client.

Voici les salaires à la pièce alloués par les taxes ou payés de nos jours par les maîtres à leurs ouvriers.

FAÇONS. Commençons par la façon des *souliers*.

Année	Lieu	Article			à domic.	
1629	Bergheim	souliers à 2 semelles	20 d.	ou 0 fr.52	13 d.	ou 0 fr.31
»		souliers à 1 semelle	17	0 46	10	0 26
1631	Évêché	s. pour enfants de 6-16 ans	8	0 26		
		» avec trépointes	12	0 39		
		soul. pour pers. plus âgées	12	0 39		
		» avec trépointes	18	0 59		
1631	Fribourg	soul. d'homme à 3 semelles	15	0 39		
		» ordinaires	12	0 31		
		soul. de femme avec talons	14	0 36		
		» sans talons	12	0 31		
		souliers de garçon ou fille	8	0 21		
		souliers d'enfant de 3-6 ans	6	0 16		
1646	Colmar	soul. d'homme avec talons	45	1 08		
		souliers d'homme doubles	30	0 72		
		soul. de femme avec talons	36	0 87		
		» avec trépointes	30	0 72		
1650	Brisach	souliers pesant 3 ℔.	60	1 45		
		souliers » 2	50	1 21		
		souliers » 1	40	0 96		
1666	Engelport	une paire de souliers	7½ β.	0 97		

Année	Lieu	Article	avec talons	sans talons
1860	Strasbourg	soulier de femme avec talons	1 fr.40,	sans talons 1 fr.20
1870	»	»	2 00	1 40
1875	»	»	2 50	2 00
1860	»	pantoufles de femme	2 00	1 60
1870	»	»	2 50	2 00
1875	»	»	3 00	2 50
1860	»	soul. d'homme à 1 semelle	3 50	2 75
1870	»	»	4 00	3 50
1875	»	»	4 50	4 00
1860	»	pantoufles d'homme	2 00	
1870	»	»	3 00	
1875	»	»	3 25	

Bottes.	1631 Fribourg,	bottes de messieurs	30 δ. ou	1 fr.	29
	» »	bottes pour l'eau	30	0	77
	» »	bottes ordinaires	10	1	03
	1650 Brisach,	bottes pesant 10 ℔	21 b.	5	50
	» »	» 8	20	1	59
	» »	» 6	15	3	67
Semelles.	1523 S.-Morand,	pour souliers	2 β. ou	0 fr.	46
	1626 Ribeaupierre,	»	7 b.	1	81
	1631 Fribourg,	»	3 β.	0	93
	1633 Œlenberg,	»	30 kr.	1	95
	1634 Ribeaupierre,	»	6 β.	1	86
	1636 »	»	56-87 δ.	1,36-2,10	
	1646 Strasbourg,	»	40	1	30
	» »	pour bottes de caval.	18	1	56
	» Colmar,	»	5-6 b.	1,21-1,45	
	1703 Pairis,	»	60 rap.	0	98
	1716-53 Dom. Col.	»	24 s.	1	20
	1781 Mulhouse,	pour homme	20-26	1,00-1,30	
	»	pour femme	18	0	90
	1799 Heimsbrunn,	pour homme	24	1	20
	1844-51 Strasbourg,	femme 2 fr. 25,	homme	3	00
	1855-65 »	2	50	3	50
	1866-70 »	2	75	4	00
	1871-75 »	3	00	4	50
Resemelage	1629 Bergheim	. . . .	8 δ. ou	0	21
sans le cuir.	1631 Fribourg	. . . .	8	0	21
	1646 Strasbourg	. . . .	8	0	27
	»	pour bottes (2 sem.)		0	40
	» Colmar	homme	10	0	26
	»	fille	6-8	0,15-0,20	
	1650 Brisach,	homme	12	0	27
		enfant	8	0	18
	1860 Strasbourg,	homme 1 fr. 10;	femme	0	75
	1870 »	»	1 20	1	00
	1875 »	»	1 55	1	20

Pour le prix des chaussures, nous pouvons nous appuyer, non seulement sur les taxes municipales, mais encore sur une foule de renseignements fournis par les livres de Comptes.

Souliers.	1411. Œ. N.-Dame,		2 β.	ou 1 fr.	61
	1420 Œ. N.-Dame,		2	1	61
	1440 Colmar,	*buntschuhe*, grands	38 δ.	2	09
	»	» ordinaires	26	1	13
	»	hommes à boucles (*gerinkelt*)	20	1	10
	»	femmes à boutons (*geknöpfelt*)	1.	1	32
	»	servantes (*gebrisen* à lacets)	20	1	10

1461	Landser,	. . . .	3 β.	ou 0 fr.99
1472	S.-Arbogast,	pour valet	18 δ.	1 03
1488	Königsbruck,	femme	14½	0 80
1503	Œ. N.-Dame,	fille	13	0 67
1507	»	homme	48	2 40
1515	S.-Barbe,	femme	18	0 37
1518	Hôp. Strasb.,	homme	24	1 16
	»	servante	18	0 87
1533	»	homme	20-24	0,92-1,10
	»	fille	16	0 74
1544	S.-Morand,	cuisinière	48	0 82
1568	Colmar.	souliers hauts	5 β.	1 93
1570	Gr. Chap.	. . . .	4	2 05
1577	S.-Morand,	homme	8½	1 64
1580	Colmar,	servante	3	1 09
1585	Gr. Chap.	messager	6	2 88
»	S.-Arbogast,	. . . .	6	2 88
1587	Œlenberg,	garçon	12	2 20
	»	servante	40-80 δ.	0,62-1,24
»	Haguenau,	pour l'administrateur . . .	6 β.	2 70
1593	»	. . . .	7 β.	3 01
1601	Gr. Chap.	geschmerte	6	2 48
	»	doubles en cuir de Cordoue	8	3 31
1603	Ribeaupierre,	. . . .	8	2 71
1604	S.-Morand,	. . . .	17	2 88
1605	Ribeaupierre,	garçon d'écurie	7½	2 54
1621	Isenheim,	garde de nuit	25	2 31
1626	Ribeaupierre,	. . . .	24 b.	6 71
1631	Evêché,	enfant de 4 ans	4 β.	1 56
	»	enfant de 7 à 8 ans	7	2 72
	»	enfant de 8 à 12 ans	9	3 49
	»	en cuir de Cordoue	15	5 81
»	Fribourg,	en cuir à 3 semelles	1 fl. 4 β. 2 δ.	5 16
	»	en cuir moyenne grandeur	15 β.	4 64
	»	de femme	1 fl.	3 87
	»	à trépointes (rhamenschuh)	11 β. 8 δ.	3 61
	»	» moins forts et plus petits	10	3 10
	»	» de femmes	7½	2 32
	»	enfant de 3 à 4 ans	2 à 2½	0,62-0,78
	»	» de 6 à 8 ans	50 à 60 δ.	1,20-1,55
1633	Œlenberg,	pour maître	21 b.	5 42
	»	pour valet	56 kr.	3 61
1634	Ribeaupierre,	. . . .	1 fl. 2. β.	4 49
1635	Œlenberg,	. . . .	72 kr.	4 34
1638	Unterlinden,	pour le régisseur	1 fl.	3 62
	»	pour une sœur	1 fl.	3 62
1643	Basse-Alsace,	souliers d'homme	10-12 β.	3,88-4,65
1646	Ribeauvillé,	souliers pour femme . . .	15 b.	3 62

PRIX DES SOULIERS.

Année	Lieu	Description	Prix	(francs)
1646	Strasbourg,	cuir de Cordoue, 1re qualité	13-15 β.	5,04-5,81
	»	cuir de Bâle ou de Lyon	12-14	4,65-5,43
	»	en cuir sec graissé ou de bœuf	12-14	4,65-5,43
	»	en cuir préparé, *gerichten*	12-14	4,65-5,43
	»	paysan et soldat, en cuir enchâssé (*eingesetzt*) à 3 sem.	11-12	3,76-4,65
	»	paysan, en cuir tanné	8-10	3,10-3,88
	»	femme, en *gerichtleder* ou bon cordouan	8-10	3,10-3,88
	»	femme, en cordouan ordinaire	7-8	2,71-3,10
	»	paysan, en veau	6-8	2,32-3,10
	»	enfant de 10 à 12 ans, en cuir de Cordoue	6-8	2,32-3,10
	»	enfant de paysan	5-7	1,94-2,71
	»	enfant de 2 à 4 ans	3-4	1,16-1,55
	Colmar,	pour fille, en veau 2 semelles	12-14 b.	2,90-3,38
	»	pour femme	15	3 62
	»	p. femme avec semelles en bois	14	3 38
	»	pour femme avec demi talons	13	3 14
	»	à trépointes pour enfant 4-8 ans	5-9	1,21-2,17
	»	d'homme, en bœuf à triple sem.	21 b.	5 07
	»	d'homme, en bœuf à double sem.	18	4 35
	»	jeunes gens de 10 à 14 ans	10-14	2,42-3,38
	»	d'homme, en veau, 3 semelles	18	4 35
	»	d'homme, en veau, 2 semelles	15	3 62
	»	de jeunes gens de 8 à 12 ans	6-10	1,44-2,42
1655	Ribeauvillé,	servante	14	3 21
1660	Engelport,	pour garçon	34 β.	4 41
	»	pour fille	25	3 24
1681	»	pour garçon	26	3 37
	»	pour fille	25	3 24
1682	»	pour garçon	33 1/2	4 31
1664	»	pour homme	41	5 31
1667	»	pour homme	35	4 53
1672	Munster,	pour l'abbé	2 fl.	6 48
	»	pour valet de chambre	27 b.	5 83
	»	pour autre valet	24	5 18
1675	»	pour un religieux	23	4 96
1678	Engelport,		27 1/2 β.	3 56
1693	Thierenbach,		55	5 23
1695	»	pour maître	55	5 23
	»	pour valet	42	4 00
1699	Thierenbach,		52	4 95
1700	»		51 1/2	4 32
1701	»		60 s.	4 70
1702	»		66 s. 8 d.	4 80
1703	»		70	5 04
»	Pairis,		27 b. à 2 fl.	4,38-4,80

1704 Colmar,	les meilleurs	70 s.		5 04
1712 Thierenbach,	pour valet	45	8 d.	2 23
»	pour religieux	55		2 68
1713 »	pour valet	48		2 33
»	pour religieux	70		3 43
1714 »	pour valet	48		2 33
1718 »		60		2 40
1720 »		90		2 70
1721 »	pour religieux	75		2 51
1724 »	pour valet	60-70		2,40-3,00
1730 »	pour valet	70		3 50
1734 »		65		3 25
1740 Engelport.	pour fille	44		2 20
1742 Dom. Colmar.		70		3 50
1743 »	pour le cuisinier	66 s. 8 d.		3 31
1743-46 »		70		3 50
1751 Thierenbach,	pour valet	72		3 60
1753 Dom. Colmar,		70		3 50
1754 Thierenbach,	pour valet	72 s.		3 60
	pour fille	50		2 50
	pour le prieur	72		3 60
1778 Mulhouse,	pour servante	60		3 00
1779 Mulhouse,	pour homme,	65 à 72		3,25-3,60
	pour femme	60		3 00
	bundschuh	45		2 25
1781 »	pour homme	75		3 75
1783 »	pour homme	75 à 80		3,75-4,00
1784-87 »	pour homme	75 à 90		3,75-4,50
1787 »	pour femme avec talons	50		2 50
1789 »	id.	70		3 50
1790-92 »	en cuir de Cordoue	88 à 100		4,10-5,00
1792 »	pour un valet de la ville	88		4 40
1838-39 Heimsbrun	pour servante			4 50
1840 »	pour valet			6 50
1844-54 Strasb.	pour femme			5 00
1855-60 »	»			5 50
1861-65 »	»			6 00
1866-70 »	»			6 50
1870-75 »	»			7 50
1860-70 »	» avec talons			8 00
1871-75 »	» »			9 00
1844-54 »	pour homme			11 00
1855-60 »	»			12 50
1861-65 »	»			14 00
1866-70 »	»			15 00
1871-75 »	»			17 50
Bottines. 1454 S.-J. Schl. *botschu* pour le prieur		6 β.		4 32
» » petites		12 δ.		3 52

PRIX DES CHAUSSURES.

Bottines. 1491 S.-J. Schl. *tagbotschu* . . . . . . 1 ß. ou 2ᶠʳ 54
    1715 Thierenbach, ... 10 l.   12 00
    1719 Colmar,   pour officier . . . . . . .113 s.   4 75
    1771 Munster,   pour homme . . . . . . 15 l.   15 00

présentent aujourd'hui trop de variétés.

Bottes. 1414 Œ. N.-Dame, 1 paire . . . . 9 ß.   7 38
- 1416 Œ. N.-Dame, au régisseur . . . . 10 ß. 2 δ.   8 33
  1417-19 »   . . 10   8 20
  1423-27 »   . . 10   7 10
  1433-35 »   . . 10   7 20
  1448 »   . . 1 fl.   7 50
  1449 Clingenthal,   pour un valet . . . . 16 δ.   5 28
  1465 S.-Claire,   au régisseur 7   5 04
  1492 Œ. N.-Dame, à un valet 5   3 20
  1498 Evêché, ... 6½   4 05
    »   au cuisinier 14   8 65
  1527 »   pour l'évêque 15   8 48
    »   pour Ph. de Wangen 10½   5 93
  1528-31 Colmar,   pour garde champêtre. . . . 10   4 65
  1588 Ribeaup.,   pour sergent, forgeron . . . . 2 fl.   9 16
  1631 Evêché,   taxe . . . . 30 ß.   11 62
  1631 Fribourg,   pour messieurs avec 3 semelles 4¼-5 fl. 17,42-19,35
    »   imperméables pour pêcheur . . 6-7   23,22-27,09
    »   de paysan . . . . 45-46 ß. 13,67-11,19
  1646 Strasbourg, »   jusqu'aux genoux . 2½-3½ fl. 10,12-14,48
    »   de cavalier, cuir de Metz 5-6   20,85-24,82
    » Colmar,   de cavalier, 3 semelles 6   21 72
    »   de paysan 4   14 48
  1719 »   . . 13 l.   11 00
  1736 Mulhouse, ... 13½ fl.   18 00
  1781 »   . . 11¼   15 00
  1875 Strasbourg,   bottes de paysan 30 00
    »   bottes de cavalier   65,00-70,00

Pantoufles. 1631 Fribourg, pour homme . . . . 11 ß. 8 δ.   3 6.61
  1631 Fribourg,   pour femme 10   3 10
  1646 Strasbourg,   de paysan 4-6   1,55-2,32
    »   d'homme en cordouan 8-9   3,10-3,49
    »   de femme 6-8   2,32-3,10
    » Colmar   pour grandes personnes . . . 10-12 b. 2,12-2,90
  1660 Engelport, ... 1 fl.   2 59
  1743 Thierenbach, ... 55 s.   2 75
  1787 Mulhouse, ... 48-58   2,10-2,90
  1792 »   pour homme 72   3 60
    »   pour femme 48   2 10
  1810-54 Strasb.,   pour femme 4 50
  1855-60 »   »   5 00
  1861-65 »   »   6 00

CH. XII. — S. II. — CUIRS ET CHAUSSURES.

Pantoufles. 1866-70 Strasb., pour femme 6 fr.50
   1871-75 »   «   avec talons 8 50
   1840-54 »   pour homme 8 00
   1855-60 »   » 8 50
   1861-65 »   » 9 50
   1866-70 »   » 10 00
   1871-75 »   » 12 00

Sabots. 1491 S.-Jean Schl., pour le prieur . . . . . 4 d.   0 21

RÉCAPITULATION.

Années.	SOULIERS		PANTOUFLES		BOTTES	
	homme.	femme.	homme.	femme.	grandes.	de paysan.
1401 — 1425	1 fr.64				7 fr.56	
1426 — 1450	1 59	1 fr.21			7 32	5 fr.28
1451 — 1475	1 01				5 04	
1476 — 1500		0 80			6 35	3 20
1501 — 1525	1 78	0 80				
1526 — 1550	1 01	0 78			7 20	4 65
1551 — 1575	1 99					
1576 — 1600	2 73	0 98			9 16	
1601 — 1625	2 71					
1626 — 1650	4 50	3 41	3 fr.28	2 fr.74	20 83	13 14
1651 — 1675	4 94	3 24		2 59		
1676 — 1700	4 55					
1701 — 1725	3 42				11 00	
1726 — 1750	3 45	2 20	2 75		18 00	
1751 — 1775	3 58	2 50				
1776 — 1800	4 04	2 81	3 25	2 40	15 00	
1801 — 1825						
1826 — 1850	11 00	5 00	8 00	4 50		
1851 — 1875	14 06	6 12	9 62	6 00	67 50	

CHAPITRE XIII.

DOMESTIQUES ET JOURNALIERS.

« De nos jours les domestiques poussent partout si loin leur orgueil, leur esprit d'indépendance et d'insolence, qu'ils refusent d'obéir, non-seulement aux bourgeois leurs maîtres, mais encore à l'autorité publique. De là, depuis quelques années, parmi les valets, les charretiers et les servantes, des nouveautés et des abus qui deviennent chaque jour plus intolérables. En vérité, si l'autorité ne vient en aide à ses sujets, la bourgeoisie, surtout celle qui cultive la vigne et vit de ses produits, se verra réduite à une ruine inévitable. Nous recourons donc à vous, comme à l'autorité que Dieu a mise à notre tête, pour vous demander remède et protection. Veuillez arrêter ces abus par des règlements sages et sévères, étendus à toute la contrée.

« Il y a huit ou dix ans, un valet de labour, un garçon vigneron, demandait par semestre 6, 7, au plus 8 fl.; mais depuis ce temps leurs prétentions haussent chaque année. Ils se sont concertés, et personne ne veut plus servir à moins de 13, 14 et même 15 fl. par semestre. Et cependant les grains, les denrées alimentaires, les fournitures qu'on leur fait en souliers, cuir et toile, ont atteint, de leur côté, des prix excessifs. De même les servantes, qui n'avaient que 2 ou 2 $^1/_2$ fl. par semestre, réclament maintenant 5 à 6 fl., sans préjudice pour les distributions de souliers, d'étoffes, etc. qu'elles croient d'obligation.

« Malgré ces prétentions exagérées, les domestiques ne connaissent plus ni respect ni obéissance. Se sont-ils entendus pour fêter le carnaval, ont-ils à manger l'oie de la moisson ou le rôti de la vendange, ils ne se contentent plus, comme autrefois, d'une journée ; il leur en faut trois et quatre chaque fois. Cela revient trois fois par an, sans compter les fêtes patronales et les autres occasions de réjouissances. On les voit alors tabler dans les auberges, courir où bon leur semble, ne s'inquiéter en rien des travaux urgents qui les peuvent appeler aux vignes ou ailleurs. Si un maître, bien qu'il n'ait que trop de motifs de mécontentement, se permet à ce propos quelque observation, aussitôt le valet, poussé et monté par les autres, réclame son congé et son salaire.

« Le maître fermera donc les yeux sur ces débauches, et entretiendra son valet pendant l'hiver, où il ne peut s'en servir dans les vignes et dans les champs. Qu'arrive-t-il au printemps ou en été, quand le valet peut gagner réellement son salaire, quand on a besoin de lui et qu'il rend des services sérieux ?. Le valet profite du prétexte le plus frivole, d'une parole un peu vive qu'il n'a que trop méritée, de la moindre lenteur à lui servir ce qu'il réclame (car il veut être traité, en fait de nourriture et de boisson, mieux qu'un bourgeois); aussitôt il demande son congé, pour travailler comme journalier, sans dépendre de personne.

« Le maître est ainsi réduit à engager de nouveaux valets entre temps à des conditions onéreuses, ou à cultiver ses terres avec des journaliers. De plus il se voit encore condamné par les juges à payer au déserteur son salaire proportionnel, bien qu'il n'ait pu l'employer pendant l'hiver. Force est donc à celui qui veut conserver ses domestiques jusqu'au terme, de se taire sur leurs débauches, quelque préjudiciables qu'elles soient, et de leur donner à manger ou à boire tout ce qu'ils désirent.

« Mêmes désordres chez les servantes. Elles courent les fêtes, pendant qu'à la maison la maîtresse est obligée de soigner les bêtes et de faire le ménage. Au moindre reproche, elles menacent de partir et s'excitent les unes les autres à l'insolence et à l'insubordination.

« Si l'on n'y trouve aucun remède, ces abus ne feront que grandir. Les domestiques voudront avoir par semestre autant qu'ils recevaient naguère pour toute l'année, et leurs dérèglements n'auront plus de frein.

« Par suite, la bourgeoisie, riches et pauvres, surtout celle qui s'occupe de la culture des vignes, gagne à peine de quoi payer la domesticité, même quand le vin atteint un prix convenable. Les domestiques s'enrichissent et deviennent des messieurs, tandis que les bourgeois, forcés d'entamer leur capital, descendent à la condition de valets et de journaliers. Grâce aux exigences des domestiques, nous marchons à notre ruine et on nous verra laisser nos terres en friche, les abandonner, tomber dans la misère avec femmes et enfants, forcés de prendre à la main le bâton de mendiant. La seigneurie elle même subira la diminution, sinon la perte complète, des contributions, des impôts, des corvées, des rentes foncières que nous lui devons.

« Le seul remède à cette déplorable situation est dans l'entente commune de tout le pays. Déjà les sujets de Wurtemberg et des Ribeaupierre, la ville de Kaysersberg et d'autres localités voisines, qui ne souffrent pas moins que nous de ces abus, ont promis leur concours. Mais il est difficile d'arriver à des résultats sérieux, sans l'assistance des deux villes impériales de Colmar et de Schletstadt. Nous vous supplions donc instamment de prendre notre cause en main, et d'écrire à ces deux cités, de concert avec les seigneuries de Wurtemberg et de Ribeaupierre, qui reçoivent de leurs sujets une supplique analogue à celle-ci. Colmar et Schletstadt, dont les habitants gémissent comme nous de ces misères, accueilleront certainement avec empressement vos ouvertures et se montreront prêtes à s'entendre avec vous.... »

Ces pages, qui semblent l'écho des plaintes qui retentissent sans cesse à nos oreilles, sont la traduction littérale d'une pétition que les sujets du Haut-Landsberg adressaient à leur gracieux seigneur le 31 octobre 1579 [1]. Comme les temps ont peu changé depuis trois siècles, ou comme ils sont redevenus les mêmes !

L'autorité s'émut alors de la situation. Les députés des seigneurs de Horbourg, du Haut-Landsberg, de Ribeaupierre, de Hatstat, des villes de Kaysersberg, Turckheim et Colmar se réunirent, en 1580, dans la dernière de ces cités. On édicta en commun un tarif de salaires pour domestiques et journaliers, que nous publions plus loin. En même temps satisfaction était donnée aux doléances de la bourgeoisie :

---

1. Archives du Haut-Rhin, IE Horbourg, L. 24.

Défense d'embaucher. Cependant comme les filles ne doivent pas rester à l'auberge, on peut les engager un mois avant le terme. Tout domestique qui n'entre pas en service immédiatement au terme, doit payer par jour de retard : les hommes, en été 3 β. ou 1 fr. 16, en hiver 2 β. ou 0 fr. 77 ; les filles, en été 1 ½ β. ou 0 fr. 58, et en hiver 1 β. ou 0 fr. 39.

Défense de donner, pour arrhes, plus de 2 ½ β. ou 0 fr. 96 à un garçon, et de 1 β. ou 0 fr. 39 à une fille. Le domestique qui exigera davantage, paiera une amende de 1 ℔. rappen (7 fr. 74).

Toute insubordination sera sévèrement réprimée.

Les domestiques auront au carnaval, à l'oie de la moisson et au rôti de la vendange, un jour de liberté, et 2 jours au plus s'ils sont invités à une noce honnête. Celui qui en prendra davantage, subira une retenue de gages. Toute danse clandestine (*winckel däntz*) est interdite.

Première Section.

Les Domestiques.

Règlements. — Valets de labour. — Charretiers. — *Rebknecht*. — Jardiniers. — Porchers. — Vachers. — Boulangers. — Cuisiniers. — Professions diverses. — Servantes. — Cuisinières.

Règlements.   En dehors du règlement général de 1580, nous avons rencontré, au sujet des domestiques, dans les *Policeyordnungen* et ailleurs, de nombreuses ordonnances manuscrites ou imprimées, isolées ou réunies en corps. Elles se proposent d'inculquer aux domestiques, aux servantes en particulier, la modestie dans la toilette, l'esprit de respect et de soumission, la discrétion, la fidélité, le dévouement, l'activité, enfin toutes ces qualités intellectuelles et morales, que les maîtresses des temps passés rêvaient sans toujours les rencontrer[1], comme les rêvent encore les maîtresses de notre siècle. Aux exhortations paternelles, les *Gesindordnungen* joignent les menaces d'amendes et de peines corporelles, tout en promettant appui et protection contre les maîtres trop durs dans leurs procédés, ou trop immodérés dans leurs exigences.

Mais leur objet principal est d'arrêter la hausse sans cesse croissante des salaires. Elles accusent les femmes, surtout les jeunes mariées qui entrent en ménage *(junge angehende Eheweiber)*, de se montrer trop larges. En conséquence on taxe non-seulement les gages proprement dits, mais aussi les arrhes, les fournitures faites aux servantes ; on défend sévèrement de tourner la loi par des cadeaux en nature ou en argent, par des avantages indirects, quelle qu'en soit la portée ou la valeur.

Sans échapper toujours à ces taxes officielles, les salaires des domestiques mâles sont plus rarement tarifés. On les abandonne d'ordinaire à l'appréciation des parties.

Il nous semble inutile de nous arrêter aux prescriptions des *Gesindordnungen* ou *Gesindmandaten*, qui défendent de sortir de condition avant terme, sans prévenir un certain temps d'avance, de débaucher les domestiques, de s'adresser ailleurs qu'aux placeuses légalement autorisées, etc. Avec un peu de bonne volonté, le lecteur reconstituera sans peine toute cette législation.

Nous n'emprunterons donc à ces règlements que les taxes elles-mêmes, en les marquant sous le nom de la ville ou du territoire qui les a édictées.

Il est souvent difficile de se rendre un compte exact du salaire des domestiques, parce qu'il comprenait autrefois, pour les servantes surtout, une foule d'articles fournis en nature. Nous essaierons d'y arriver de notre mieux, en nous aidant des taxes officielles, plus précises et plus explicites que les livres de Comptes. Le lecteur aura du reste sous la main tous

---

1. Citons, comme preuve, ce début de la *Gesindordnung* de Strasbourg (1708) : *Nachdem nun eine zeithero, fast bey männiglichen in allhiesiger Statt, sowohl über allzuhoch gestiegenen Gesind-lohn, als der Dienstbotten, vornemlich der Mägd, Ungehorsamb, Unfleiss, Untreue, Fahrlässigkeit, Trutz, Pracht, Hochmuth, Verleumbd- und Verachtung der Herr- und Meisterschaft, hefftig geklagt worden....*

les éléments de nos calculs, et, il lui sera toujours loisible de les rectifier, s'il y a lieu.

Quand nous évaluons en argent, pour notre récapitulation, les souliers, chemises, etc. donnés en nature, il est bien entendu que ces évaluations seront faites, non d'après le prix actuel de ces objets, mais d'après celui qu'ils avaient aux dates indiquées. Plusieurs taxes mentionnent elles-mêmes ce prix. Si ce renseignement nous fait défaut, nous nous basons sur les résultats obtenus dans le chapitre précédent.

Notre récapitulation ne comprend que les servantes et les valets de labour, parce que ce sont les seules catégories sur lesquelles nous possédions des données suivies.

VALETS DE LABOUR.	1436 Steinen	280 β.	ou 92 fr. 10	soul. nécessaires, 1 p. culottes, 1 p. bottes	
	1442 »	220	72 60	» 2 »	
	1463 Haguenau	101	72 72	plus accessoires	
	1493 Unterlind.	120	72 00	3 paires souliers, 4 elen toile	
	1503 Eschau	70	46 31		
	1510 Unterlind.	120	60 00		
	»	100	50 00		
	1580 Colmar	175	67 72	arrhes 5 β. ou 1 fr. 90, 4 limmel	
	1587 Œlenberg	400	73 40	arrhes 5 , 0 90, 3 paires souliers à 12 β. ou 6 fr. 61	
	»	193	35 42		
	1604 Mulhouse	440	74 58	moindre : 240 β. ou 40 fr. 68	
	1605 »	480	81 36	240 40 68	
	1606-7 »	560	95 00	320 54 24	
	1608 »	560	92 68	330 54 61	
	1609 »	560	92 68	290 48 00	
	1610 »	560	92 68	300 49 65	
	1611 »	560	92 68	320 52 95	
	1612 »	560	90 44	320 51 68	
	1613 »	560	88 48	320 50 56	
	1614 »	580	91 64	322 ½ 50 96	
	1615 »	560	86 80	290 45 00	
	1616 »	560	86 80	320 49 60	
	1617 »	560	84 56	320 48 32	
	1618 »	560	81 20	320 46 40	
	1619 »	580	80 62	340 47 26	
	1620 »	560	72 52		
	1623 Kaysersb.	175-212½	60 00	137 ½-162½ β. ou 46 fr. 50, 87½-100 ou 29,07	
	1631 B.-Alsace	200	77 50	162 β. ou 62 fr. 00, 120 β. ou 16 fr. 50	
	1643 B.-A. villes	250-300	106 60	3 elen drap (7 fr. 75), 1 chemise (3 fr. 87), 2 p. souliers (9 fr. 30), 8 limmel (3 fr. 10), arrhes ½ thaler (2 fr. 90)	
	»	150-200	67 80	2 elen drap (5 fr. 17), plus id.	
	»	80-120	38 75	2 elen drap (5 fr. 17), 2 elen coutil (1 fr. 55), 2 p. soul. (7 fr. 75), 8 limmel (1 fr. 94)	
	B.-A. camp.	200-240	85 25		
	»	150-180	63 94	Comme ci-dessus, selon la catégorie	
	»	50-80	25 20		
	1643 Colmar	400	116 00	3 p. soul., 12 limmel, 3 ele drap, 3 ele coutil	
	»	250	72 50	3 » 12 » 3 »	
	»	150	43 50	2 » 8 » 2 »	
	1646 »	350-375	105 12	3 p. soul. (10 fr. 86), 12 limmel à 7 b. la fr., 3 elen drap (11 fr. 58), 3 elen coutil (2 fr. 90), arrhes 6 b. ou 1 fr. 45	

Année	Lieu	Col 3	Col 4	Col 5	Col 6	Col 7	Col 8
1646	Colmar	200-225 ß. ou 61 fr 62		plus id.			
»		100-125	32 62	2 p. soul. (6 fr. 96), 8 *limmel*, 2 elen drap			
	Ribeaup.	400	116 00	2 »	8 » arrhes 6 b. ou 1,15		
»		250-300	79 25	1 paire souliers, 4 *limmel*			
»		150-200	50 25	1 »	4 »		
1650	Brisach	300	82 50	2 »	8 »		
»		150	41 25	2 »	8 »		
	B.-A. ville	200-250	87 20	comme en 1643, sauf que les arrhes sont de 5 ß. ou 1 fr. 94			
»		140-160	58 12				
»		80-100	34 87	»			
	B.-A. camp.	180-200	73 62	»			
»		120-140	50 37				
»		50-80	25 20	»			
1655	Wantzen.	260-300	108 50	2 p. souliers, 8 *limmel*, 3 elen coutil ou 4 ß. (1 fr. 55), 1 p. bas, 1 p. culottes, 2 chemises, drap pour 8 ß.			
»		240	93 00	plus id.			
»		140-150	56 18	plus id.			
	Ribeauv.	250-375	86 00	2 p. souliers, 8 *limmel*, arrhes 6 b. ou 1 fr. 38			
»		125-200	44 70	2 »	8 »	» 4	0 92
1668	Mulhouse	845	109 43	moindre : 470 ß. ou 60 fr. 87			
1669	»	840	108 78		430	55	69
1709	»	900	90 00				
1710	»	860	60 20		400	28	00
1711-12	»	870	56 12				
1713		968	62 44		360	23	22
1713	Thierenb.	48 l.	46 56		27 l.	26	19
1714	»				32	8 s. 32	72
1715	Mulhouse	914 ß.	73 60		394 ß.	32	00
1717	»	900	69 75		415	32	12
1718	»	900	69 75		420	32	52
1719	»	900	54 00		420	25	20
1728	Thierenb.				45 l.	45	00
1730-40	Mulh.	60 l.	60 00		33 1/3	33	33
1740	Engelport				33	33	00
1741-48	Mulh.	60	60 00		33 1/3	33	33
1749	»	65	65 00		43 1/3	43	33
1797	»	150	150 00		135	135	00
1850-54	Colmar		220 00				
1855-60	»		240 00				
1861-65	»		250 00				
1866-69	»		280 00				
1870-71	»		300 00				
1872-73	»		325 00				
1874-75	»		350 00				

L'intéressante série qui va suivre, est tirée de *Hausbücher* qui nous ont été communiqués par M. l'abbé Stromeyer, et qui appartiennent à sa famille. Ils se rapportent au village de Heimsbrunn. Des ménagères diligentes y inscrivaient, chaque année, les contrats qu'elles concluaient avec leurs domestiques, hommes ou femmes. Ils nous permettent de suivre pas à pas toutes les variations qu'a rencontrées, depuis un siècle, le salaire des domestiques de la campagne.

On trouverait sans doute ailleurs, à la ville comme au village, des notes analogues. Puisées dans les archives d'une même famille, relatives à des personnes qui vivent dans des conditions toujours les mêmes, elles nous édifieraient beaucoup mieux que des moyennes fournies par des bureaux de placement sur la question économique des domestiques. Mais nous les avons vainement cherchées. Puissent le regret que nous exprimons ici et l'exemple de la famille Stromeyer inspirer aux possesseurs inconnus de pareils renseignements la généreuse pensée de les livrer à la publicité.

An.	Salaire.	Arrhes	En nature.	Total.
1773	53 fr. 33	3 fr.	2 chemises, 1 p. soul. et semelles, 2 p. culottes en coutil, 2 paires bas en coutil, 1 habit en coutil (moins la doublure)	90 fr.
1776	54	3	2 chemises, etc.	94
1779	60	3	4 chemises, 3 paires de bas en coutil, etc . .	104
1780	60	6	id.	107
1781	54	3	comme en 1773	92
1782	66		id.	101
1783	60		id. avec doublure de l'habit . . .	100
1784	60		comme en 1773	95
1786	60		»	95
1787	63		»	98
1788	63		»	98
1789	66		4 chemises, 1 chapeau, etc.	113
1790	48		comme en 1773	86
1791	48		2 chemises, 1 paire souliers et semelles, etc.	86
1792	72		4 chemises, etc.	116
1793	60		comme en 1773	98
1794	66		4 chemises, etc.	102
1795	78	6	id.	120
1796	81	6	id. plus 1 paire de pantalon en coutil	128
1797	84	6	id.	131
1798	108	6	4 chemises, culottes remplacées par pantalons	138
1799	120		7 elen de coutil	130
1800	81	6	comme en 1773 (sauf 1 culotte remplacée par pantalon), 1 gilet de coutil	130
1801	90	6	4 chemises, 2 pantalons, etc.	140
1802	90		id.	134
1803	78		3 chemises, etc., plus un chapeau de 6 fr., une paire pantalon demi-fil	124
1804	90		4 chemises, 2 paires de pantalons, etc. . . .	134
1805 -8	120		id. sauf 1 p. de bas, mais 2 p. souliers	105
1809	114		4 chemises, 2 pantalons, etc.	165
1810	120		id. sauf 2 paires de souliers	170
1811	120		id. id.	170
1812	126	6	id. id.	176
1813	120		4 chemises, 2 p. soul. 1 p. semelles, 8 elen coutil	165
1814	135		id.	180
1815 -22	138		comme en 1801	180
1823	114	6	»	165
1824	114	6	»	165
1825	114	6	»	165

VALETS DE LABOUR.

An.	Salaire	Arrhes	En nature.	Total.
1826	114 fr.	6 fr.	3 chemises, etc.	160 fr.
1827	114	6	»	160
1828	114	6	»	160
1829	120	7	3 chemises, 1 p. soul. et sem., 8 ele coutil et façon [d'un habit	160
1830	120	6	3 1 9	158
1831	120	6	4 1 9	159
1832	120	6	4 1 9	165
1833	108	5	3 chemises, 1 p. soul. et sem., 8 ele coutil et façon [d'un habit	148
1834	120	5	3 1 8	160
1835	126	5	2 1 veste et pantal. de coutil	170
1836	120		3 1 6 elen coutil . .	154
1837	126		3 1 6	160
1838	126	5	3 1 6	165
1839	126		3 1 8	161
1840	120		3 1 8	155
1841	123		3 1 8	158
1842	120		3 1 8	155
1843	132		4 1 8	167
1844	132		3 1 8	167
1845	160		rien	160
1846	150		divers voiturages, etc.	170
1847	115	5	3 chemises, 5 elen coutil bleu	155
1848	115	5	3 5 plus un voiturage	155
1849	126		3 5	161
1850	135		3 5	170
1851	125		3 3 avec façon des habits	170
1852	125		3 2 p. pantalons, 1 p. souliers . . .	180
1853	125		3 2 1	180
1854	135		3 2 1	190
1855	120		2 1	150
?856	200			200
1857	130		3 2 1	185
?858	135		3 2 1	190
1859	234			234
1860	120	5	1 2 1 l'usufruit d'un champ de pommes de terre	250
1861	225		»	300
1862	260			260
1863	192		»	250
1864	232			232
1865	156		2	170
1866	275			275
1867	215		2 1	240
1868	216		1	230
1869	204		3 1 1	250
1870	325			325
1871	247		1 1	265
1872	325			325
1873	325			325
1874	350			350
1875	350			350

1471 Steinen	220 β.	ou 68 fr. 75	4 p. souliers, 2 p. culottes, 1 p. bottes		CHARRE-
1493 Unterl.	160	96 00	4 » 4 elen étoffes		TIERS.
1496 Hohenack	126 ½	75 60	2 » 1 p. culottes, 5 β. ou 3 fr. pour limmel		

520   CH. XIII. — S. I. — LES DOMESTIQUES.

	1527 Evêché	84	48 93	
	»	63	36 70	
	1580 Colmar	275	106 48	arrhes 5 β. ou 1 fr. 93, 4 limmel
	1587 Œlenb.	400	73 40	1 p. souliers, arrhes 3 β. ou 0 fr. 55
	»	347	63 68	
	1588 Ribeaup.	200	73 40	
	1606 Mulhouse	440	74 58	souliers et cuir
	1607 »	380	64 41	
	1608 »	320	52 96	
	1609 »	380	62 89	
	1610 »	430	71 17	
	1612 »	400	64 60	
	1613-14 »	400	63 20	
	1615-16 »	400	62 00	
	1617 »	400	60 40	
	1618 »	420	60 90	
	1619 »	400	55 60	
	1668-69 »	720	93 24	
	1703 Pairis	25 écus	62 50	
	1730-48 Mulh.	60 l.	60 00	
	1749 »	65	65 00	
	1797 »	150	150 00	
REBKNECHT.	1491 Unterl.	126 1/2 β. ou	75 fr.60	3 paires souliers, 4 elen toile
	1493 »	120 3/4	72 45	3 » 4 »
	1500 »	117 1/2	58 75	3 » 4 » 1 chemise
	1510 »	137 1/2	68 75	4 »
	1580 Colmar	275	106 48	arrhes 5 β. ou 1 fr. 93, 4 limmel
	1631 B.-Alsace	200	77 50	avec accessoires
	1643 Colmar	450	130 50	2 p. souliers, 8 limmel
	1646 »	350-375	104 98	3 p. ou 10 fr. 86, 12 limmel, 3 elen lainage blanc ou 7 fr. 96, 3 elen coutil ou 2 fr. 90, arrhes 6 b. ou 1 fr. 45
	» Ribeaup.	400	116 00	1 p. souliers ou 4 fr. 84, 4 limmel, arrhes 2 1/2 β. ou 0 fr. 72
JARDINIERS.	1491 Unterl.	90 β. ou	54 fr.00	4 p. souliers et 4 elen de toile
	1527 Evêché	105	59 38	
	1588 Ribeaup.	250	91 60	
	1703 Pairis	25 écus	72 50	
PORCHERS.	1491 Unterl.	75 β. ou	45 fr.00	3 p. de souliers et limmel
	1494 »	55	33 00	2 » 4 elen de toile
	1500 »	70	35 00	3 » 4 »
	1510 »	70	35 00	3 » 4 »
VACHERS	1493 Unterl.	73 β. ou	43 fr.80	2 p. souliers, 4 elen toile, 1 p. bottes
	1500 »	70	35 00	3 » 4
	1587 Œlenb.	220	40 37	1 » (12 β. ou 2 fr. 20), arrhes 1 β. ou 0,18
	1605 Ribeaup.	125	12 40	2 » 1 p. bottes
BOULAN- GERS.	1436 Steinen	104 β. ou	34 fr.32	6 p. de souliers et limmel
	1461 S.-Claire	60	13 20	2 p. culottes ou 3 β. (2 fr. 16), etc.
	1471 Steinen	170	53 12	1 » 4 pains par cuisson
	1491 Unterl.	104	62 40	moindre 48 β. ou 38 fr. 80
	1496 Hohenack	92	55 20	29 17 40
	1510 Unterl.	104	52 00	52 26 00
	1523 Dom. Str.	80	46 60	
	1527 Evêché	84	47 46	

PROFESSIONS DIVERSES.   521

Année	Lieu	Montant	fr.	c.	Notes
1588	Ribeaup.	200 β. ou	73	40	
1605	»	150	55	05	
1604-7	Mulh.	433 1/2	73	48	
1608-11	»	433 1/2	71	74	
1612	»	433 1/2	70	01	
1613-14	»	433 1/2	68	49	
1615-16	»	433 1/2	67	19	
1617	»	433 1/2	65	46	
1618	»	433 1/2	62	86	
1619	»	433 1/2	60	26	
1668-69	»	650	84	17	
1709	»	650	45	50	
1712	»	670	43	22	
1713	»	640	41	28	
1715	»	670	56	95	
1719	»	780	46	80	
1730-48	»	52 l.	52	00	
1749	»	66	66	00	
1797	»	127	127	00	

CUISINIERS.

Année	Lieu	Montant	fr.	c.	Notes
1487	S. Arbog.	45 β. ou	30 fr.	60	
1491	»	45	28	78	
1496	Hohenack	92	55	20	
1498	Évêché.	135	83	36	14 β. pour bottes ou 8 fr. 65.
»	»	120	71	10	
1527	»	210	122	32	
1588	Ribeaup.	200	73	40	habits 12 fl. ou 55 fr. 05.

PROFESSIONS DIVERSES.

Année	Lieu	Profession	Montant	fr.	c.	Notes
1401	Colmar.	arquebusier	12 fl. ou	103 fr.	20	
1465	S.-Claire.	cordonnier	45 β.	32	40	
»	»	écrivain	60	43	20	
»	»	sacristain	20	11	40	4 p. souliers, 2 p. culottes.
1471	Steinen	hofmeister	240	75	00	
1487	S.-Arbog.	keller	30	19	73	
1491	»	»	30	19	73	
1496	Ribeaup.	keller	92	55	20	
»	»	husknecht	86 1/4	51	75	
»	»	tailleur	92	55	20	
»	»	marsteller	80 1/2	48	30	
»	»	chasseur	46	27	60	
»	»	id. valet	23	13	80	
1498	Évêché.	tonnelier	106	65	45	
»	»	charpentier	136 1/2	84	29	
»	»	tail. de pierre	147	90	77	plus un habit de 1 fl. ou 6 fr. 25.
»	»	v. de la burg	65	40	14	
»	»	organiste	126	77	80	
»	»	pêcheur	52 1/2	32	42	
1500	Unterl.	fromager	120	60	00	3 p. souliers et limmel, 4 elen de toile.
1510	Unterl.	cordonnier	87 1/2	43	75	
»	»	fromager	110	55	00	3 p. souliers, 1 elen drap, 1 chemise.
»	»	valet	70	35	00	3 p. souliers, 1 elen drap.
»	»	mattenmeister	70	35	00	2 p. souliers, 4 elen drap, 1 p. demi-bottes.
1527	Colmar.	piqueur	75	35	00	
»	Évêché.	organiste	132	74	58	
»	»	chapelain	126	71	19	
»	»	pêcheur	73 1/2	41	58	
»	»	boucher	105	59	33	
»	»	tonnelier	94 1/2	53	40	

CH. XIII. — S. 1. — LES DOMESTIQUES.

1527	Evêché	keller	52 ½ β. ou 29 fr.66		
»		arquebusier	63	35 60	
1528	Colmar.	piqueur	75	35 88	
1587	Œlenb.	fromager	450	82 58	2 p. souliers, ou 24 β. (4 fr. 40) arrhes 2 β. ou 0 fr. 37.
»		meunier	1040	190 84	arrhes 10 ½ β. ou 1 fr. 93.
1588	Ribeaup.	hofmeister	1000	367 00	
»		page	500	183 50	
»		mar.-ferrant	200	73 40	habit d'été 12 fl., d'hiver, 5 fl., bottes 2 fl. ou 87 fr. 15
»		piqueur	200	73 40	habit d'été 13 fl., d'hiver, 5 fl., bottes 2 fl., ou 82 fr.75.
»		valet »	150	55 00	souliers et chemise 4 fl. ou 18 fr. 35.
»		tailleur	125	45 80	habits 17 fl. ou 78 fr.
1620	Sultzmatt.	baigneur	62 ½ ℔.		plus 7 ½ ℔ p. logement (saurbrunnmeister).
»	Isenburg.	jardinier	75 ℔.		au château.
1703	Pairis	»	20—25 écus.		

SERVANTES.

1436	Steinen	100 β. ou	33 fr.00	2 chemises, 1 tablier, souliers néces.	
1442		80	26 40	1 » 1 » »	
1463	Haguenau	48	34 56	plus accessoires.	
1465	S.-Claire	46	32 60		
1471	Steinen	70	21 87	1 chemise, 1 tablier, 3 paires souliers	
1489	Reichshof.	36	23 67		
1500	Unterlind.	44	22 00	kellerin, 3 paires souliers.	
1507	N.-Dame	45	27 00		
1540	Hôp. Str.	40	22 00	2 paires souliers.	
1580	Colmar	75	29 04	4 p. soul. ou 12 β. (4 fr. 64), 2 voiles ou 5 β. (1 fr. 94), 12 elen toile de lin.	
		50	19 35		
1588	Ribeaup.	100	36 64		
»		75	27 48		
1604	Mulhouse	160	27 12		
1605	Ribeaup.	100	32 92	1 p. souliers, 4 limmel, 12 elen toile	
»		75	25 44		
1605-07	Mulh.	150	27 12		
1608-11	»	160	26 48		
1612	»	160	25 84		
1613	»	180	28 44		
1614	»	160	25 28		
1615-16	»	180	27 90		
1616	»	180	27 18		
1618	»	200	29 00		
1619	Mulhouse	160	22 24		
1628	Strasb.	120	46 50	arrhes 2 β. ou 0 fr. 78	
1631	B.-Alsace	80	31 00	plus accessoires	
1643	B.-A. camp.	80	31 00	3 p. soul., 6 limmel, 6 elen t. d'étoupe 12 elen toile de chanvre, arrhes 2 β.	
»		60	22 25	2 p. soul., 6 limmel, 6 elen t. d'étoupe, 8 ele toile de chanvre	
»	Colmar	125	36 20	4 p. soul., 8 limmel, 12 el. toile ou 72 kr. (4 fr. 10	
	»	100	29 00	» » »	
	»	75	21 75	» » »	
	»	50	14 50	» » »	
1646	»	125	36 20	2 p. souliers à 12 b. (5 fr. 80), 8 limmel, 12 elen toile ou 4 fr. 35	
	»	100	29 00	id.	
	»	75	21 75	id.	
	»	50	14 50	id.	
1646	Ribeauv.	125	36 20	2 p. soul. ou 7 fr. 24, 12 elen toile de lin ou 4 fr. 35	

SERVANTES.

1646	Ribeauv.	100 ß. ou	29 fr. 00		id.
»		40	11	60	» 8 ele toile de lin
1649	Bâle	280	38	50	entendue ou s. de labour, arrhes 2 ℔. ou 5 fr. 50.
»		180	24	75	bonne d'enfant ou peu entendue, arrhes 1 ℔. ou 2 fr. 55
1650	Brisach	100	27	50	2 p. soul., 8 racommodages, 6 ele toile
»	B.-A. camp.	80	31	00	comme en 1643
»		60	23	25	id.
1654	Bâle	320	44	00	
1655	Ribeauv.	125	34	40	2 p. souliers ou 6 fr. 42, 8 limmel, 12 elen toile, arrhes 5 b. ou 1 fr. 15
»		87 ½	24	08	id.
»		50	13	76	2 p. souliers ou 6 fr. 42, 8 limmel, 6 elen toile, arrhes 3 b. ou 0 fr. 69
1660	Engelport	300	38	85	
1668	Mulhouse	270	34	96	
1669	»	250	32	37	
1685	Bâle	360	46	62	arrhes 1 thal. ou 5 fr. 83, serv. entendue
»		320	41	44	» 2 ℔. ou 5 fr. 18, ord. et viehmagd
»		160-240	20,72-31,08		» 12-20 ß. ou 1,49-2,59 geringe et kindmagd; 2 th. par mois pour nourrices ou 11 fr. 60
1689	»	360	46	62	arrhes 1 thal. ou 5 fr. 83
»		320	41	44	» 40 ß. ou 5 fr. 18, cuisinière
»		160-240	20,72-31,08		» 12-20 1,49-2,59, bonne d'enfant
1708	Bâle	360 ß.	38	16	arrhes 1 thaler ou 4 fr. 73
»		320	33	92	» 40 ß. 4 24
»		160-240	12,96-25,44		» 12-20 ß. 1,27-2,12
1708	Strasb.	120-160	35,04-46,72		» 2 ß. ou 0 fr. 58
1709	Mulh.	260	18	20	
1710	»	265	18	55	
1712	»	260	16	77	
1713	»	280	18	06	
1714	»	280	19	60	
1715	»	280	26	88	
1717	»	260	20	15	
»	Colmar	250	38	60	
1730-34	Mulh.	36 l.	36	00	
1735	»	40	40	00	
1737-46	»	22 ½	22	33	
1740	Engelp.	48	48	00	2 p. souliers ou 4 fr. 40
»		24	24	00	
»		17 ½	17	33	
1747	Mulh.	24	24	00	
1749	»	30	30	00	
1778	»	52	52	00	2 p. souliers ou 6 fr.
1779	»	54,12	54	60	
1850-55	Colmar		150	00	
1856-57	»		160	00	
1858-59	»		170	00	
1860-63	»		190	00	
1864-69	»		200	00	
1870-72	»		250	00	
1873-75	»		260	00	

Les salaires qui suivent se rapportent au village de Heimsbrunn, et font le pendant de ceux que nous avons donnés plus haut pour les valets de labour.

Jusqu'en 1850 ils consistent surtout en pièces d'habillement, fournies en nature. Ordinairement la servante reçoit chaque année deux vêtements complets, robes, tabliers, fichus, bas, etc. l'une en étoffe ordinaire, l'autre pour les dimanches et fêtes. Comme le livre de famille qui nous sert de guide, mentionne très-souvent le prix de ces fournitures, il nous a été facile de les évaluer en argent pour nos moyennes. Les bas de laine coûtent 3 fr. 50 à 4 fr.; les bonnets 3, 4 et 5 fr.; le tablier fin, 3 à 3 fr. 50 ; le fichu fin 3, 4 et 5 fr ; etc.

Année	salaire.	arrhes.	chemises.	souliers.	bas.	fichus.	tabliers.	bonnets.	elen étoffe.	
1773	16 fr.		2	1	2	2	2	1		3 el. laine
1779	8		2	1	2	2	2	1	12	
1796	16			1	2	1	2	1	11	
1799	14		2	1	2	1	2	1	13	
1800	21		3	1	2	1	2	1	13	
1801	24	1,50	3	1	2	2	2	1	15	pantoufles
1802	24		3	1	2	2	2	1	14	
1803	24		3	1	1	1	2	1	14	
1804	24		3	1	2	1	2	1	16	8 elen toile
1805	30		3	1	2	1	2	1	16	
1806	27		3	1	2	2	2	1	14	veste
1807	24		3	1	2	1	2	1	16	jupe
1808	21		2	1	2	2	2	1	12	robe
1809	15		2	1	2	2	2	1	12	»
1810	21		2	1	2	1	2	1	12	jupe
1811	30		3	1	2	1	2	1	16	2 rézauz méteil
1812	57		3	1	2	2	1	1	18	robe
1813	36		3	1	2	2	2	1	18	sabots
1814	36		3	1	2	2	2	1	18	»
1815	30		3	1	2	2	2	1	16	
1816	96			1						
1817	90			1			1			
1818	90			1			1			
1819	36		3	1	2	2	2	1	17	robe
1820	30		3	1	2	2	2	1	17	2 robes
1821	36		3	1	2	1	1			»
1822	57		3	1	2	1	1	1		»
1823	57		3	1		1	1	1		corsage, paillasse
1824	30		3	1	1	2		1		2 robes
1825	30			1	2	2	2	1		»
1826	72		2	1	2		1			jupe, sabots
1827	36			1	2	1	1			» habit
1828	36		3	1	2		1	1	16	» corsage
1829	24		3	1	2	2	2	2		2 habits
1830	30		3	2	2	2	1	1	16	jupe, corsage
1831	30		3	2	2	2	2	1	8	» plus 8 fr.
1832	30		2	1	2	1	2	1		2 robes
1833	36		3	1	2	1	2	1		» sabots
1834	36		3	1	2	1	2	1		» »
1835	72		2	1		1	1	1		»
1836	48	3 fr.	3	2	2	1	2	2		»
1837	110		1	1						
1838	110		2	1		1				

SERVANTES.

Année.	salaire.	arrhes.	chemises.	souliers.	bas.	fichus.	tabliers.	bonnets.	elen étoffe.		
1839	45 fr.		3	2	2	2	2	2		»	»
1840	80		3	2		1	1	1		»	
1841	54	..	3	2	2	2	2	2	19	»	charrois
1842	18		2	2	2	2	2	2		»	
1843	50		3					1		1 robe	»
1844	30		3	2	2	2				2 robes, sabots	
1845	110		2	1							»
1846	100		3	1							charrois
1847	100		3	2						jupe	»
1848	100		3	2						»	»
1849	40		3	2	2	2	2	2		2 robes	
1850	50		3	2	2	2	2	2		»	
1851	84	3 fr.	2								
1852	84	3	2								
1853	100		3	1							
1854	100		3	1							
1855	100		3	1							
1856	96		3	1							
1857	96		3	1							
1858	106		3	1							
1859	108		3	1							
1860	108		3	1							
1861	120		3	1							
1862	132		3	1							
1863	120		2	1							
1864	120		2	1							
1865	144		2	1							
1866	144		2	1							
1867	144		2	1							
1868	144		4								
1869	144		2								
1870	144		3								
1871	144		3	1							
1872	168		2	1							
1873	168		2	1							
1874	192		2	1							
1875	192		2	1							robe

CUISINIÈRES

1500 Unterl.	46 β. ou 23 fr.00	6 p. souliers et limmel
1507 »	32	16 00	4 »	12 elen toile, 8 limmel
1510 »	40	20 00	4 »	12 » 2 voilettes
1587 Œlenb.	40	20 00	4 »	12
1604 Mulh.	240	44 04	2 »	ou 1 fr. 83
1605 Ribeaup.	140	23 73		
1605-7 Mulh.	75	25 44		
1608-10 »	180	30 51		
1612 »	160	26 48		
1613 »	140	22 26		
1615 »	160	25 38		
1616 »	180	27 90		
1617 »	200	31 00		
1618 »	200	30 20		
1619 »	220	31 90		
1668-9 »	220	30 58		
	300	38 85		

```
1709-10  Mulh.   320       22  40
1711-13    »     320       20  64
1714       »     320       22  40
1715       »     320       30  72
1730-38    »     21 1/8 l. 21  33
1739-48    »     24        24  00
1749       »     30        30  00
1797       »     118       118 00
```

RÉCAPITULATION.

Années.	VALET DE LABOUR		SERVANTE.	
	entendu.	moindre.	entendue.	moindre.
1426 — 1450	106 fr.	83 fr.	41 fr.	33 fr.
1451 — 1475	85		40	27
1476 — 1500	80			24
1501 — 1525	70	60	30	
1526 — 1550	70	58		24
1551 — 1575				
1576 — 1600	75	40	38	27
1601 — 1625	100	65	42	34
1626 — 1650	118	84	50	40
1651 — 1675	120	87	48	36
1676 — 1700			52	46
1701 — 1725	85	63	44	35
1726 — 1750	83	70	48	36
1751 — 1775			56	
1776 — 1800	108		58	
1801 — 1825	166		84	
1826 — 1850	160		105	
1851 — 1875	243 campagne, 266 ville		142 campagne, 196 ville	

SECONDE SECTION.

Les journaliers de la Campagne.

Règlements des vignerons. — Leurs taxes. — Les journaliers, — à Bâle. — Evaluation des salaires. — Salaires des vignerons. — Moissonneurs. — Batteurs en grange. — Faucheurs et faneuses. — Journaliers.

RÈGLEMENT DES VIGNERONS. Parmi les ouvriers qui cultivent la terre, les vignerons occupent une position spéciale. On les assimile à un corps de métier. On leur impose des statuts, un apprentissage, un chef-d'œuvre, en un mot, toute la réglementation ordinaire des corporations d'artisans.

Telle est la portée d'une ordonnance du magistrat de Colmar, édictée le 2 novembre 1605[1]. Il entend remédier aux négligences et aux infidélités qui se rencontrent dans la culture des vignes. Bien des gens, dit-il, qui n'y entendent rien se chargent de travailler les vignes à forfait, d'autres en acceptent plus qu'ils n'en peuvent soigner, le tout au grand préjudice des propriétaires et des ouvriers habiles et expérimentés. Pour supprimer ces abus on statue que :

« Tout homme qui veut devenir vigneron (*Rebman*) et entreprendre à forfait la culture des vignes *(in verding bauwen)*, devra subir les épreuves suivantes : 1° Il doit savoir à quelle espèce appartient chaque pied ; il prouvera en particulier qu'il sait reconnaître et distinguer le gentil (*edel*), le bourgeois (*burgers*, alias *hanisch*), l'*olber* et le rouge ; 2° Il doit provigner au moins trois pièces, creuser les fosses et y planter des chevelus (*würtzlin*). Il peut creuser les fosses (*die cräfftzen delben*) en l'absence des examinateurs (*schauwer*), mais il plantera sous leurs yeux les chevelus et les échalas ; 3° enfin le candidat devra tailler (*schneiden*) environ un demi *schatz*, y enfoncer les échalas et lier la vigne. »

Ces épreuves faites, les trois examinateurs désignés par la tribu des vignerons lui en rendront compte; « si elles ne sont pas satisfaisantes, le candidat sera invité à perfectionner son instruction, et on lui interdira provisoirement de cultiver des vignes à forfait. »

« Si au contraire l'avis des juges lui est favorable, les maîtres demanderont au candidat, chez qui il a appris la culture des vignes, combien de temps il l'a pratiquée et s'il peut affirmer sur l'honneur qu'il a fait seul et de ses propres mains les travaux exigés par l'épreuve. En cas de réponse satisfaisante, il sera reconnu pour vigneron et déclaré apte à cultiver des vignes à forfait. »

Avant l'examen l'impétrant, colmarien ou étranger, paiera le *schawgeld*, le salaire des maîtres chargés de surveiller l'épreuve. Les étrangers donneront ensuite tous les ans 3 b. (0 fr. 85), sous peine de perdre leur droit de culture à forfait. Une amende de 10 ß. (3 fr. 40) frappe l'homme qui accepterait

---

[1]. Archives de la ville. S. E. L. 24, R. n° 2.

une culture à forfait sans avoir subi l'examen, ou sans payer la cotisation annuelle, s'il est étranger.

Un vigneron ne peut apprendre le métier à un autre dans des vignes cultivées à forfait, à moins d'y être autorisé par le propriétaire. Il doit les cultiver par lui-même, ou au moins surveiller de ses yeux les journaliers qui l'aident dans ce travail. Il ne peut ni en emporter du bois, ni y tailler des branches destinées à des replants *(kleben)*.

Cette ordonnance forme-t-elle le plus ancien règlement des vignerons de Colmar? Il est difficile de le croire. Elle fut littéralement renouvelée, considérants et dispositif, le 9 février 1661. Elle résume certainement la condition générale des anciens vignerons dans les pays vignobles.

La culture des vignes se fait à forfait ou à la journée. Dans le premier cas, on paie au vigneron une certaine somme fixée par les règlements, ou le propriétaire lui abandonne le tiers de la récolte, *la troisième mesure*, comme disent les Statuts de Bergheim¹. La plupart des ordonnances concernent surtout le travail à la journée.

LEURS TAXES.

Citons, en détail, quelques taxes officielles. Elles feront connaître au lecteur l'économie de ces documents, et lui prouveront en même temps, que la culture des vignes ne s'est guère modifiée depuis des siècles.

A Colmar, en 1433, la journée du vigneron sera :

Hiver : *sticken* et *usziehen,* fixer ou enlever des échalas   9 d. ou 0 fr. 25
    sniden, tailler 12   0   33
    grüben et *ufwerfen,* creuser des fosses et décaper légèrement le sol 13   0   36
Été : *usziehen* et *sniden,* enlever les échalas, tailler . 18   0   50
    hacken, piocher 22   0   60
    sticken, fixer les échalas 23   0   63
    grüben, creuser des fosses 23   0   63
    rüren, biner 19   0   52
    binden et *biegen,* lier et courber 18   0   50
    »   une femme 12   0   33
    rümen, nettoyer, garçon 12   0   33
    »   femme 8   0   22

---

1. Ces statuts déterminent en même temps l'époque où les divers travaux doivent être terminés. On aura fini de *schniden, sticken, biegen et hacken,* pour la S. George; *erbrechen, heften* et *rüren,* pour la S. Jean Baptiste; *schoben* et *rümen* pour la S. Barthélemi.

Eté : *heften* et *erbrechen*, pallisser et ébourgeonner . 18 d. ou 0 fr. 50
» une femme 12 0 39
Vendange : un vendangeur 8 0 22
une vendangeuse 6 0 16
un porteur (*träger*) 16 0 44

Dans la même ville, en 1643, on paie à forfait par *acker* (6 schatz, 31 ares 23 centiares), selon le sol, 18 ou 26 fl., 65 à 94 fr.; en détail, par schatz ou 520 m. carrés :

taillcr et placer les échalas . 75 d. ou 1 fr. 81
lier et courber 30 0 72
piocher 75 1 81
biner 70 1 69
pallisser et ébourgeonner . . 30 0 72
nettoyer, *räumen*, et pallisser 24 0 58

La journée se paie :

Été : avec nourriture, 30 d. ou 0 fr. 72, sans nourriture, 60 d. ou 1 fr. 45
garçon » 24 0 58
femme » 18 0 44 » 36 0 87
Vendange : pressureur . 40 0 97
porteur . . 28 0 68
vendangeur . 18 0 44
» enfant 10 0 24
Hiver : creuser et piocher, av. nourrit. 30 d. ou 0 fr.72, sans nour. 50 d. ou 1 fr. 21
moindres travaux . . . . . 24 0 58 . » 48 1 16

Vers la même époque (1641), Mulhouse payait pour le *tawen* (495 m. c.) de vignes à forfait, outre un boisseau de seigle *(korn)*, 2 fl. ou 7 fr. 24. En détail :

tailler . . . . 150 d.; pour 5 ares 1 fr. 81
fixer les échalas 80 0 97
piocher 200 2 42
courber 80 0 97
biner (1re fois) et ébourgeonner 120 1 45
pallisser (1re fois) 72 0 86
biner (2me fois) 80 0 97
pallisser (2me fois) 48 0 58

En 1479, le magistrat de Mulhouse avait édicté le tarif suivant, qui devait entrer en vigueur dix semaines après Noël et durer jusqu'à la S.-Gall (16 octobre). C'était par conséquent un salaire d'été. La journée

snyden	se paie 28 s.	ou 0 fr.	71
hacken	28	0	71
gruben	36	0	92
nuw held flahen und uffrichten	36	0	92
sticken	36	0	92
mist laden in den reben	24	0	61
rüren (première fois)	24	0	61
rüren (seconde fois)	20	0	51
binden, biegen, femme ou garçon	14	0	36
mist tragen	12	0	31
heften, femme	12	0	31
band abhowen	20	0	51
stüd machen, avec souper	18	0	46
mist laden en ville »	20	0	51

Les ordonnances colmariennes des XVe et XVIe siècles ne se contentent pas de soumettre les vignerons à la taxe officielle. Il leur est défendu de s'engager d'avance. Ils devaient se rendre tous les matins sur le cimetière, qui entourait l'Eglise S. Martin. C'est là que les propriétaires venaient les recruter.

Pour prévenir les coalitions, on ne permet l'accès du cimetière qu'aux propriétaires qui demandent des journaliers, et aux journaliers qui consentent au tarif du magistrat. Ceux qui le repousseraient et iraient travailler au dehors, sont bannis de la ville pour un mois et n'y peuvent rentrer qu'avec l'autorisation préalable du sénat.

Défense était aussi faite aux propriétaires d'éluder la taxe par des dons en nature (pain, vin, etc.).

LES JOURNALIERS. En dehors des prescriptions particulières aux vignerons, les ouvriers des champs sont encore aujourd'hui ce qu'ils étaient autrefois. Malgré tous les progrès survenus dans la culture des terres, leur condition ne s'est guère modifiée. S'ils rencontrent sur quelques points la concurrence et le concours des machines, ils continuent, en général, à remplir la même tâche, avec les mêmes instruments et la même fatigue. On exige et on a toujours exigé d'eux la même somme de travail et d'intelligence. Rien donc de plus exact et de plus facile, sous ce rapport du moins, que de comparer entre eux le présent et le passé.

La difficulté est ailleurs, dans l'estimation des salaires. On a pu l'entrevoir par les taxes citées plus haut. Tantôt le journalier ne reçoit que de l'argent ; tantôt on lui donne une partie de ses repas ; le plus souvent il est défrayé complètement. Ici le patron lui sert à boire, mais non à manger. Là il mange et ne boit pas. Tel usage qui existait hier, est aboli aujourd'hui, et peut être rétabli demain.

Une courte revue de la législation bâloise sur les journaliers donnera une idée complète de ces tergiversations, de ces variations incessantes. Elle prouvera en même temps aux partisans du progrès continu, que leur système, si simple en apparence, ne soutient pas l'examen. Qu'il s'agisse de bien-être, de bonnes mœurs ou de liberté publique, l'humanité ne suit pas une voie constante et progressive. Tour à tour elle avance et recule. Dans la période que nous allons parcourir, c'est un recul général que nous avons à constater.

En 1422, le vigneron reçoit, l'été 28 $. ou 0 fr. 84, l'hiver, 20 $. ou 0 fr. 60. De plus on lui donne : le matin, un demi pot de vin, et plus tard, du pain ; à midi, une purée (*muss*), avec un morceau de viande, un pot de vin, sans pain (les jours d'abstinence, la viande est remplacée par deux œufs, et pendant le carême, par un demi hareng et des choux confits, *gumpost*), au goûter (*abendessen*), un demi pot de vin, mais point de pain ; en tout, par conséquent, trois litres de vin et environ la moitié de sa pension. Le salaire des femmes n'est que de 1 $. ou 0 fr. 36, et leur contingent de vin est réduit d'un demi pot ($^3/_4$ de litre). Il ne reste donc à chacune d'elles que deux litres par jour.

Cette allocation de vin est diminuée, en 1430, d'un demi pot pour les hommes et les femmes. La rétribution des hommes tombe en même temps à 24 $. ou 0 fr. 70 pour l'été et à 16 $. ou 0 fr. 44 pour l'hiver. Le vin est même complètement supprimé en 1434, et remplacé par un supplément de 4 $. ou 0 fr. 11. Ce supplément disparaît à son tour. En 1482, le salaire d'été n'est que de 2 $. ou 0 fr. 60, sans vin, mais avec les distributions traditionelles de pain, de légumes et de viande. Nous retrouvons le salaire de 28 $. ou 0 fr. 68, en 1487, mais sans aucune autre explication.

On revint cependant, paraît-il, aux anciennes habitudes. Peut-être même n'y dérogeait-on que transitoirement ? Du moins voyons-nous une ordonnance de 1513 se baser sur la cherté du vin, pour défendre d'en donner aux journaliers. En compensation leur salaire est porté à 14 rappen pour les

hommes et 8 rappen pour les femmes (0 fr. 56 et 0 fr. 32).
— Une convention faite peu de temps après, la même année sans doute, remplace les 14 rappen par 6 kreutzers ou 0 fr. 60.
— Défense est faite en 1518 de donner plus de 24 δ. par homme et 12 δ. par femme (0 fr. 48 et 0 fr. 24). Il est probable que les distributions de vin étaient reprises en même temps, car une ordonnance de 1521 les interdit de nouveau, remettant les salaires à 6 et 3 kreutzer (0 fr. 60 et 0 fr. 30).

En 1522, malgré la cherté, du vin surtout, nous retrouvons, avec les salaires de 24 et 12 δ., trois demi pots de vin (2 litres), sans distinction de sexe.

Dans les cent années qui s'écoulèrent de 1422 à 1522, les journaliers de Bâle avaient ainsi perdu un demi pot de vin et 4 δ. en argent. C'était peu de chose en apparence. Mais, vu la diminution intrinsèque subie par les espèces monnayées, leur salaire était tombé de 0 fr. 84 à 0 fr. 48.

En 1533, nouvelle suppression du vin et élévation du salaire à 32 et 16 δ. (0 fr. 62 et 0 fr. 31). En 1539, liberté de choisir entre les 32 et 16 δ. sans vin, ou 24 et 12 δ. avec trois demi pots de vin. Notons toutefois qu'en ce moment les 32 δ. ne valaient plus que 0 fr. 54, et les 24, 0 fr. 40. Le salaire d'hiver n'était que de 20 et 10 δ., soit 0 fr. 33 et 0 fr. 17, avec vin.

En 1543, point de vin, mais 32 et 16 δ. (0 fr. 54 et 0 fr. 27). En 1547, 24 et 12 δ., 40 et 20 centimes, avec passablement de nourriture et un *sechsling* de vin [1]. L'année suivante et en 1549, 24 et 12 δ., avec trois repas, déjeûner, dîner et goûter [2], chaque fois un demi pot. Le vin peut être remplacé par un supplément de 4 rappen (0 fr. 14) pour les hommes et de 2 rappen pour les femmes. Les journaliers semblent encore avoir réclamé, vers cette époque, le souper (*nachtmahl*). Une ordonnance de 1556 défend de l'accorder.

Une hausse, insignifiante en réalité, survient en 1566. Le salaire est de 5 β. par homme (0 fr. 96) et de 3 β. par femme (0 fr. 58), sans pension, ou de 36 et 18 δ. (0 fr. 58 et 0 fr. 29), avec trois repas. Les mêmes chiffres sont rappelés en 1586, mais les 5 β. ne valent plus alors que 0 fr. 89 et les 3 β., 0 fr. 55.

---

1. *Zimlich essen und trincken, und khainem mer dann ein sechslin win.*
2. *3 mol, morgensuppe, ymbs und abendbrot.* Cette dernière expression prouve que le goûter comprenait aussi du pain.

Dans les années 1592, 1593, 1594, les salaires restent les mêmes pour les ouvriers défrayés par le patron, 36 et 18 δ. (alors 0 fr. 52 et 0 fr. 26); mais ils sont augmentés d'un β. pour ceux qui se nourrissent chez eux, 6 et 4 β. ou 1 fr. 04 et 0 fr. 70. Cette innovation suppose nécessairement une hausse dans le prix des denrées alimentaires. La pension d'un journalier, estimée en 1586 à 34 centimes, est comptée maintenant à 52 centimes.

La crise monétaire qui sévit au commencement du xviie siècle, exerça sur le bien-être des ouvriers une influence désastreuse. Une ordonnance du 22 février 1622 alloue aux hommes 10 β. ou 120 δ. avec le goûter et le vin, 15 β. ou 180 δ. en tout. Ces chiffres paraissent une augmentation notable. Mais la dépréciation des monnaies les transformait en pertes. Les 10 β. valaient 0 fr. 47 et les 15 β., 0 fr. 70. Les femmes recevaient dans les mêmes conditions, 6 ou 8 β., soit 0 fr. 28 ou 0 fr. 38.

A ne considérer les choses que d'une manière superficielle, la situation ne semble pas avoir changé de 1522 à 1623. Le journalier nourri obtient, aux deux époques, le même salaire en argent. Mais cet argent a-t-il le même pouvoir ? A Bâle, de 1501 à 1525, l'hectolitre d'épeautre égrugé était estimé en moyenne à 3 fr. 60; de 1601 à 1625, il valut 10 fr. 81. De 1501 à 1525, l'hectolitre de vin nouveau se comptait en moyenne à 4 fr. 80; de 1601 à 1625, il se payait 13 fr. Et ces données, ne l'oublions pas, sont empruntées à des taxes officielles, faites chaque année dans des conditions identiques d'impartialité.

Les chiffres ne sont pas moins éloquents, si nous comparons les seules années 1522 et 1622. L'hectol. d'ép. égrugé est taxé en 1521 à 2 fr. 80, et l'hectol. de vin nouveau à 6 fr. 31 ; en 1622 à 15   40   »   à 15   40.

Ainsi augmenté en apparence, parcequ'il s'évalue en un plus grand nombre de deniers, le salaire des journaliers est resté le même, parceque la valeur intrinsèque de ces deniers a baissé dans la même proportion. Leur bien-être au contraire a diminué de beaucoup, parce que le prix des denrées de première nécessité a plus que doublé dans le même intervalle.

Mais revenons à la question générale. Cette esquisse rapide, que l'absence de documents officiels ne nous permet pas de pousser plus loin, a dû prouver au lecteur, qu'en dehors du salaire en argent se rencontrent des éléments parfois difficiles à préciser.

Voici un réglement de Roufach (1511), qui présente à la fois toutes ces variétés. Il taxe de la manière suivante les journées des vignerons :

tailler et creuser des fossés en hiver, sans nourriture, mais vin selon l'usage	2 β.	ou 0 fr. 48
tailler, courber, lier et pallisser, en été, avec nourriture et vin sauf le souper	2	0 48
creuser des fossés en été, avec mang. et boire jusqu'au lit [1]	2 ½	0 60
fixer les échalas, avec pension et vin sauf le souper	3	0 72
nettoyer, avec pension et vin sauf le souper	20 δ.	0 40
piocher et biner, avec pension et vin jusqu'au lit	24	0 48
retirer les échalas après la vendange, sans pension, mais vin	18	0 36

Il y a là, on doit le reconnaître sans peine, une cause de fréquentes hésitations, et une source féconde d'erreurs, si l'on ne procède avec beaucoup de circonspection. Nous tenions à signaler ces obstacles, mais nous ne les croyons pas insurmontables. Pour se guider, l'économiste a d'abord les taxes officielles, qui sont d'ordinaire assez explicites et qui se succèdent avec une régularité suffisante. Le lecteur vient de le voir à Bâle. A Colmar, elles présentent une suite encore plus complète pour le XVIIe et les premières années du XVIIIe siècle.

D'un autre côté, les livres de Comptes ne sont pas toujours aussi laconiques qu'on pourrait le croire. En mentionnant le salaire, ils indiquent souvent si la pension y est comprise ou non. Il n'est même pas rare de trouver marqué le chiffre auquel s'estime la nourriture.

Enfin, même sans explication spéciale, certaines situations sont claires par elles-mêmes. Il est évident qu'en règle générale les ouvriers employés par une ville ne sont point défrayés. Il est évident aussi que les vendangeurs, les pressureurs, etc. sont toujours nourris par le propriétaire qui les emploie.

Grâce au concours de ces diverses circonstances, nous espérons saisir la vérité d'assez près.

---

1. *Essen und drincken bis in das bett,* c'est-à-dire souper compris.

SALAIRES DES VIGNERONS.

CULTURE A FORFAIT PAR SCHATZ.

Année.		EN RAPPEN.					EN FRANCS.				
		tout.	schniden und sticken.	hacken.	rüren.	menus travaux.	tout.	tailler et fixer les échalas.	piocher.	biner.	menus travaux.
1580	H.-Als.	300	60	75	70	71	9 fr.68	1,93	2,41	2,25	2,28
1610	Rib.	237					6 56				
1628	Kays.	375-300	62 ½	87 ½	137 ½	62 ½	9,67-7,74	1,61	2,25	3,55	1,61
»	Mulh.	300	84	60	84	72	9 80	2,17	1,55	2,17	1,87
1629	Bergh.	375-300	100	112 ½	75-60	40	9,67-7,74	2,58	2,90	1,75	1,03
1641	Mulh.	300	115	100	123	118	10 10	2,77	2,42	2,97	2,85
1643	Colmar	450	75	75	70	84	10 86	1,81	1,81	1,69	2,03
»	Turckh.	450	80	96	84	100	10 86	1,93	2,31	2,03	2,42
1644	Colmar	450-650	90	85	70-60	90	10,86-15,69	2,17	2,05	1,57	2,17
1645	Mulh.	240	96	75	100	96	7 80	2,31	1,81	2,42	2,31
1646	Kays.	338-300	75	81	60-50	60	8,14-7,24	1,81	1,95	1,33	1,45
»	Colmar	350	85	70	105	54	8 45	2,05	1,69	2,54	1,31
1648	»	325	70	60	40	90	7 48	1,61	1,38	0,92	2,07
1649	»	325-350	75	60	40	84	7,48-8,03	1,73	1,38	0,92	1,91
1650	»	378					8 67				
»	Mulh.	270	108	75	100	100	10 50	2,48	1,73	2,30	2,30
1652	Colmar	375-400					8,60-9,17				
1653	»	389					8 95				
1654	»	345					7 92				
1655	»	345					7 92				
1656	»	325-350					7,48-8,03				
1657	»	325-350					7,48-8,03				
1658	»	325-350					7,48-8,03				
1659	Kays.		75	75	90	40		1,62	1,62	1,95	0,87
1660	Colmar	325-350					7,02-7,56				
1661	»	325-350					7,02-7,56				
1662	»	375-400					8,10-8,64				
1663	»	350-400					7,56-8,64				
1664	»	350-400					7,56-8,64				
1665	Mulh.	240	90	60	90	118	7 08	1,95	1,30	1,95	2,56
1676	»	270					6 87				
1682	»	240	84	60	78	108	5 46	1,56	1,12	1,45	2,01
1683	»		78	60	75	102		1,15	1,12	1,39	1,90
1684											
1685											
1686											
1689	Turckh.	312-412					5,81-7,67				
1691	»	312-412					5,44-7,18				
1692	»	312-412					5,44-7,18				
1693	»	312-412					5,44-7,18				
1694	»	362-462					5,65-7,24				
»	Mulh.	270	102	72	90	100	7 36	1,63	1,11	1,43	1,72
1695	Turckh.	337-412					5,36-7,24				
1696	»	337-412					5,36-7,24				
1697	Mulh.		102	72	90	108		1,63	1,14	1,43	1,72

CULTURE A FORFAIT PAR SCHATZ.

Année.	le tout.	le tout.	tailler et fixer les échalas.	piocher.	biner.	menus travaux.
1701 Turckh.	300-400 d.	5,12-6,83				
1711 Colmar	450	5 fr.25				
1713 Turckh.	425	4 81				
» Colmar	450	4 95				
1717 »	450	5 79				
1724 »	450	5 04				
1725						
1726 Katzenthal	475	5 38				
1731 Turckh.	450	5 10				
» Colmar	5 l.	5 00				
» Katzenth.	5 l. 6½ s.	5 33				
1732 Turckh.	375-450 d.	4,25-5,10				
» Colmar	400	4 54				
1748 »	5 l. ou 450	5 00				
1750 »	5 l.	5 00				
1751 »	5	5 00				
1759 Thierenb.	2 fl.	3 33				
1764 Pairis	2½	4 25				
1778 Mulhouse	3½	5 50				
1853-1856 Colm.		11 00	3 fr.50	3 fr.50	3 fr.50	3 fr.50
1857-1863 »		12 00	3 50	3 50	3 50	3 50
1864-1865 »		13 00	3 50	3 50	3 50	3 50
1866 »		13 00	4 00	4 00	4 00	4 00
1867-1869 »		14 00	4 00	4 00	4 00	4 00
1870-1872 »		15 00	4 00	4 00	4 00	4 00
1873-1875 »		16 00	4 00	4 00	4 00	4 00

Le règlement général de 1580 accorde une mesure (50 litres) de piquette par juchert ou 30 ares, en dehors du salaire en argent.

Les taxes de 1646 et 1659, communes aux villes de Kaysersberg, Ammerschwihr, Kientzheim, Ribeauvillé, Turckheim, ne comptent que un pot par schatz, un litre pour piocher et un litre pour biner.

A Mulhouse, on donne, outre l'argent, un boisseau de seigle par schatz, ou une miche de 2 kilos en détail, moitié pour ceux qui piochent, moitié pour ceux qui binent.

Dans les tableaux qui suivent, nous avons distingué, autant que possible, les salaires des journaliers *nourris* (n.) de ceux que recevaient les ouvriers qui se défraient eux-mêmes (nn. non nourris). Ils sont marqués dans deux colonnes distinctes.

Les données modernes, relatives à Colmar, nous ont été fournies, comme pour la section précédente, par l'obligeance de M. Schnitzler, dont la compétence en pareille matière est si bien établie.

JOURNÉE DU VIGNERON EN ₰. ET EN FRANCS
D'APRÈS LA NATURE DES TRAVAUX.

Année.	rüren.	gruben.	hacken.	menus travaux.	biner.		faire des fosses.		piocher.		menus travaux.	
					₰	fr.	₰	fr.	₰	fr.	₰	fr.
1438 Colmar	19	23	14 22	18 12	1,05		1,65	0,77	1,59		0,99	0,66
1440 »		20	16 20	18			1,10	0,88	1,10		0,99	
1451 S.-Claire	16		20	12	0,96				1,20		0,72	
1470 S.-Arbog.			16						0,92			
1478 Colmar		20	18	14 15			1,01		0,92	0,71	0,90	
1479 Mulh.	24	36	28		0,61		0,92		0,71			
1481 S.-Arbog.	19				1,05							
1483 »	19	17	22		1,05		0,93		1,21			
1484 »	16	13		12	0,88		0,72				0,66	
1485 »	17			12	0,94						0,66	
1486 »	16				0,88							
1488 »	18		20	15	0,99				1,10		0,82	
1489 »	20			14	1,10							
1492 »	20	18	20	18	1,07		0,96		1,07		0,96	0,75
1493 »	20	18	20	18 14	1,07		0,96		1,07		0,96	0,75
1494 »	20	18	20	18 14	1,07		0,96		1,07		0,96	0,75
1495 »	19	17	19	17 11	1,01		0,91		1,01		0,91	0,59
1497 »	19	17	19	17 11	0,98		0,88		0,98		0,88	0,57
1499 »	19	17	19	17 13	0,98		0,88		0,98		0,88	0,67
1500 »	21	19	21	19 15	1,09		0,98		1,09		0,98	0,77
1501 »	21	24	24		1,09		1,24		1,21			
1502 »			23						1,19			
1507 »		19		12			0,95					0,60
1508 »	20	17	21	17 13	1,00		0,85		1,05		0,85	0,65
1512 »	21		24	18 14	1,01				1,16		0,87	0,68
1513 »	20			12	0,96							0,58
1527 S.-P.-l.-v.		16	18 20	10	0,75		0,81			0,94		0,17
1529 S.-Arbog.	24		28	15	1,12				1,31			0,70
1530 Colmar		20	20 20	16	0,81		0,81			0,81		0,62
1531 S.-P.-l.-v.		16	18 21	10	0,75		0,84		1,12			0,47
1532 Colmar			20 20	16			0,81			0,81		0,62
1536 S.-P.-l.-v.		16	18 24	10	0,73		0,82		1,10			0,46
1538 »		16	18 24		0,73		0,82		1,10			
1540 »		16	18 24		0,73		0,82		1,10			
» S.-Arbog.	22		24	16	1,01				1,10		0,73	
1542 S.-P.-l.-v.		16	18 24		0,73		0,82		1,10			
1543 »		16	18 24		0,73		0,82		1,10			
1546 »		16	18 24		0,72		0,81		1,08			
» Colmar			33						1,13			
1517 »		24	26	12	0,82				0,89			0,41
1548 S.-P.-l.-v.		16	18 24		0,72		0,81		1,08			
1550 S.-			27		1,01				1,21			
1552 S.-P.- v.			18 26				0,81		1,17			
1561 »		16	18 21		0,68		0,77		1,02			
1564 »		16	28		0,68				1,19			

JOURNÉE DU VIGNERON EN ₰ ET EN FRANCS D'APRÈS LA NATURE DES TRAVAUX.

Année.	rüren.	gruben.	hacken.	menus travaux.	biner.		faire des fosses.		piocher.		menus travaux.	
					nn.	n.	nn.	n.	nn.	n.	nn.	n.
1579 Colmar	36		36	18	1,16				1,16		0,58	
1580 H.-Als.		20		18	12		0,64			0,58		0,39
1583 Roufach		40	40		30		0,61		0,61			0,45
1604 S.-Mor.				48							0,68	
1609 Colmar.			40						1,02			
1623 »		50					1,29					
1646 Colmar	60	60		36	1,45		1,45				0,87	
1646 Kaysers.			66						1,60			
1647 Colmar			36	36	32		0,87			0,87	0,77	
1648 »			36	24			0,82			0,55		
1650 »	70			70	50	1,61			1,61		1,15	
1651 »			48	48					1,10	1,10		
1652 »			48 75	48	36				1,10	1,72	1,10	0,82
1653 »			48 75	48	36				1,10	1,72	1,10	0,82
1654 »		60	70				1,38		1,61			
1655 »		60 48	70 45		36		1,38	1,10	1,61	1,03		0,82
1656 »			60	48					1,38		1,04	
1657 »			60	48	36				1,20		1,04	0,78
1658 »			48 60	48 48	36		1,04	1,30	1,04	0,78		
1659 »			48 60	48 48			1,04	1,30	1,04	1,04		
1660 »			48 60	48 48			1,04	1,30	1,04	1,04		
1661 »		60 40	60 40	48	36		1,30	0,87	1,30	0,87	1,04	0,78
1662 »		60 40	60 40		36		1,30	0,87	1,30	0,87		0,78

RÉCAPITULATION.

Années.	CULT. A FORF. DE 5 ARES					JOURN. SELON LA NATURE DES TRAV.							
	le tout.	tailler et fixer les échalas.	piocher.	biner.	menus travaux.	biner.		creuser des fosses.		piocher.		menus travaux.	
						nn.	n.	nn.	n.	nn.	n.	nn.	n.
1426—1450						1,07		1,37	0,82	1,35		0,99	0,66
1451—1475						0,96				1,06		0,72	
1476—1500						0,98		0,92		1,02		0,88	0,69
1501—1525						1,02		1,01		1,16		0,86	0,63
1526—1550						1,06	0,75	0,82	1,11	0,85	0,73	0,55	
1551—1575							0,68		0,79	1,13			
1576—1600	9,68	1,93	2,41	2,25	2,28	1,16	0,61		0,63	1,16	0,58		0,12
1601—1625	8,44	1,89	1,90	2,86	1,74			1,29		1,02		0,68	
1626—1650	9,35	2,09	2,07	1,84	1,99	1,53		1,45	0,85	1,61	0,71		
1651—1675	7,93	1,79	1,56	2,05	1,73			1,34	1,02	1,44	1,03	1,05	0,80
1676—1700	6,40	1,57	1,28	1,58	1,81								
1701—1725	5,41												
1726—1750	4,97												
1751—1775	4,19												
1776—1800	5,50												
1801—1825													
1826—1850													
1851—1875	12,96	3,70	3,70	3,70	3,70								

JOURNÉE DU VIGNERON EN ß. ET EN FRANCS
D'APRÈS LA SAISON.

Année.	HOMME.		FEMME.		HOMME.		FEMME.	
	été.	hiver.	été.	hiver.	été.	hiver.	été.	hiver.
	nn. n.	nn. n.	nn. n.	nn. n.	nn. n.	nn. n.	nn. n.	nn. n.
1422 Bâle	28	20	12		0,84	0,60	0,36	
1430 »		24		16	0,70	0,44		
1438 Colmar	23	14	12	8	1,26	0,77	0,66	0,44
1439 »	30	18			1,65	0,99		
1440 »	20	14	16	8	1,10	0,77	0,88	0,44
1445 »	24				1,32			
1482 Bâle	24				0,60			
1486 S.-Arb.			8				0,44	
1487 Bâle	24				0,60			
1499 »			9				0,46	
1502 S.-P.-l.-v.		16	10			0,83	0,52	
1504 »	18				0,90			
1505 »	19				0,95			
1511 Roufach	30	24			0,60	0,48		
» S.-P.-l.-v.	18		10		0,87		0,48	
1512 »	19		10		0,92		0,48	
1513 Bâle	30		16		0,60		0,32	
1514 S.-P.-l.-v.	19		10		0,92		0,48	
1516 »	19				0,92			
1521 Bâle	30		15		0,60		0,30	
1522 »	24		12		0,48		0,24	
1525 S.-P.-l.-v.	21		10		1,02		0,48	
1530 Colmar	24	20	12		0,92	0,77	0,46	
1533 Bâle		32		16		0,62	0,31	
1539 »		24	20	12	10	0,40	0,33	0,20	0,27
1543 »		32		16		0,54	0,27	
1547 »		24		12		0,40	0,20	
1548 »		24		12		0,40	0,20	
1549 »		24		12		0,40	0,20	
1566 »	60	36	36	18	0,96	0,58	0,58	0,29
1579 Colmar	36	20	18		1,16	0,64	0,58	
1586 Bâle	60	36	36	18	0,89	0,55	0,55	0,28
» Ensish.	72	30	40	20	40	16	1,10	0,45	0,60	0,30	0,60	0,21
1590 S.-Mor.	72				1,07			
1592 Bâle	72	36	48	18	1,04	0,52	0,70	0,26
1593 »	72	36	48	18	1,04	0,52	0,70	0,26
1594 »	72	36	48	18	1,04	0,52	0,70	0,26
1596 S.-Mor.	72		48		1,04			
1603 Ribeauv.	20				0,56			
1604 S.-Mor.	72		48		1,02		0,68	
1609 Colmar	40	24			1,10	0,66		

JOURNÉE DU VIGNERON EN δ. ET EN FRANCS
D'APRÈS LA SAISON.

Année.	HOMME. été. nn. n.	HOMME. hiver. nn. n.	FEMME. été. nn. n.	FEMME. hiver. nn. n.	HOMME. été. nn. n.	HOMME. hiver. nn. n.	FEMME. été. nn. n.	FEMME. hiver. nn. n.
1622 Bâle	180		96		0,70		0,48	
1623 Kays.	06 28			15	1,55 0,72			0,13
» Colmar	50 30				1,29 0,77			
1641 »		60 30		30 24		1,45 0,72		0,72 0,58
1643 »	60 30	50 30	36 18	15	1,45 0,72	1,21 0,72	0,87 0,43	0,36
» Turckh.	60 30		36 15		1,45 0,72		0,87 0,36	
1644 Colmar	75 30	55	36 18		1,81 0,72	1,33	0,87 0,43	
1645 »		50 30		80 15		1,21 0,72		0,72 0,36
1646 »	60 30	36 20	36 20	20 12	1,45 0,72	0,87 0,48	0,87 0,48	0,48 0,29
1647 »		36 24		20 12		0,87 0,58		0,48 0,29
1648 »		36 24		24 15		0,82 0,55		0,55 0,34
1649 »		36 27		15		0,82 0,62		0,34
1651 »		48 24		24 15		1,10 0,55		0,55 0,34
1652 »	75 30	48 24		24 15	1,74 0,69	1,10 0,55		0,55 0,34
1653 »	75 30	48 24		24 15	1,74 0,69	1,10 0,55		0,55 0,34
1654 »	70 30		36 18		1,60 0,69		0,82 0,41	
1655 »	70 30	48 24	36 18	24 15	1,60 0,69	1,10 0,55	0,82 0,41	0,55 0,34
1655 »	60 24		36 18		1,38 0,55		0,82 0,41	
1656 »	60 24		36 18		1,38 0,55		0,82 0,41	
1657 »	60 24		36 18		1,30 0,52		0,78 0,39	
1658 »	60 24	48 24	36 18	24 15	1,30 0,52	1,04 0,52	0,78 0,39	0,52 0,32
1660 »	60 24	48 24	36 18	24 15	1,30 0,52	1,04 0,52	0,78 0,39	0,52 0,32
1661 »	60 24	40 24	36 18	24 15	1,30 0,52	0,87 0,52	0,78 0,39	0,52 0,32
1662 »	60 30	40 24	36 18	24 15	1,30 0,65	0,87 0,52	0,78 0,39	0,52 0,32
1663 »	60 30		36 18		1,30 0,65		0,78 0,39	
1664 »	60 30	40 24	36 18		1,30 0,65	0,87 0,52	0,78 0,39	
1671 »	55 25		30 15		1,19 0,54		0,65 0,32	
1675 Mulh.		48		36		0,52		0,39	
1682 »		48	40	36	30		0,44		0,37	0,33	0,28
1694 »	120 60		84 36		0,96 0,48		0,67 0,29	
1696 Colmar	70 36				1,11 0,57			
1697 Mulh.	120 30		84 36		0,96 0,18		0,67 0,29	
1728 Pairis.	18 s.				0,90			
1731 »	16 8				0,83			
1733 »	19				0,90			
1735 »	18 ½				0,93			
1739 »	19				0,95			
1741 »	16				0,80			
1754 »	20				1,00			
1854-64					3,50 1,50	2,50 1,25	1,75 1,00	1,20 0,75
1865-67					3,50 1,50	2,50 1,25	2,25 1,00	1,20 0,75
1868-69					3,50 1,50	3,00 1,50	2,25 1,20	1,50 1,00
1870-75					4,00 1,75	3,00 1,50	2,25 1,20	1,50 1,00

SALAIRES DES VENDANGES.

Année.	EN δ.				EN FRANCS.			
	Leser.	Leserin.	Trager.	Trottknecht.	Vendangeur.	Vendangeuse.	Porteur.	Pressureur.
1138 Colmar	8	6	16		0 fr.14	0 fr.33	0 fr.88	
1440 »		9	20			0 50	1 10	
» Clingenth.	26	18	36		0 71	0 50	1 00	
1448-9 S.-Thom.	6	4		18	0 36	0 24		1 fr.08
1151 S.-Claire	6				0 36			
1465 »	7			12	0 42			0 72
1470 S.-Arbog.		6	14			0 35	0 80	
1471 »		6	18			0 35	1 04	
1472 »		6	16			0 35	1 92	
1476 »		6	16			0 35	0 92	
1478 »		6	16	12		0 35	0 92	0 70
» Colmar.	12	7	12	12	0 61	0 36	0 61	0 61
1481 S.-Arbog.		4				0 22		
1483 »		5	14	15		0 28	0 77	0 82
1484 »		4 ½	14			0 25	0 77	
1485 »		5	12			0 28	0 66	
1486 »		5	12			0 28	0 66	
1487 »		5	12			0 28	0 66	
1488 »		6	13	15		0 33	0 71	0 82
1490 »		4 ½	12			0 24	0 64	
1492 »		5	15			0 27	0 80	
1496 »		5	15			0 27	0 80	
1504 S.-Cather.		6	12			0 30	0 60	
1513 G.-Chap.		5	12			0 25	0 60	
1575 S.-Mor.		8	36			0 13	0 57	
1590 Roufach.		24	48			0 36	0 72	
1596 S.-Mor.			48				70	
1610 Ribeauv.	18				0 50			
1623 Colmar.	20	15	30	36	0 52	0 39	0 78	0 93
1624 »	20	15	30	36	0 52	0 89	0 78	0 93
1626 Ribeauv.		12		37 ¼		0 31		0 97
1634 Oelenb.		22				0 28		
1642 Colmar.	15	15	24	36	0 36	0 36	0 58	0 87
1643 »	18	18	28	40	0 43	0 43	0 68	0 97
» Mulhouse		30	48	60		0 36	0 58	0 72
1644 Colmar	20	15	30	40	0 48	0 36	0 72	0 97
1645 »	15	12	24	36	0 35	0 28	0 55	0 83
1649 »	15	12	24	36	0 35	0 28	0 55	0 83
1650 »	15	12	24	36	0 35	0 28	0 55	0 83
1651 »	18	15	30	36	0 42	0 35	0 69	0 83
1652 »	18	15	30	40	0 42	0 35	0 69	0 92

SALAIRES DES VENDANGES.

Année.		Leser.	Leserin.	Träger.	Trottknecht.	Vendangeur.	Vendangeuse.	Porteur.	Pressureur.
		EN δ.				EN FRANCS.			
1653	Colmar	18	15	30	40	0 fr.42	0 fr.35	0 fr.69	0 fr.92
1654	»	15	12	24	36	0 35	0 28	0 55	0 83
1655	»	15	12	24	36	0 35	0 28	0 55	0 83
»	Mulhouse	24	24		60	0 28	0 28		0 65
1656	Colmar	15	12	24	36	0 35	0 28	0 55	0 83
1657	»	15	12	24	36	0 33	0 26	0 52	0 78
»	Mulhouse	24	24		60	0 28	0 28		0 65
1658	Colmar	15	12	24	36	0 33	0 26	0 52	0 78
1659	»	15	12	24	36	0 33	0 26	0 52	0 78
1660	»	15	12	24	36	0 33	0 26	0 52	0 78
1661	»	15	12	24	36	0 33	0 26	0 52	0 78
1662	»	15	12	24	36	0 33	0 26	0 52	0 78
1663	»	15	12	24	36	0 33	0 26	0 52	0 78
1664	»	15	12	24	36	0 33	0 26	0 52	0 78
1671	»	12	10	20	30	0 26	0 22	0 44	0 65
1673	»	12	10	24	36	0 26	0 22	0 52	0 78
1674	Turckh.	18	15		30	0 39	0 33		0 65
1688	Turckh.		18	30	36		0 39	0 65	0 78
1692	»	18	15		36	0 31	0 26		0 63
1693	»	18	15		36	0 31	0 26		0 63
1695	»	18		27	36	0 29		0 43	0 57
1697	»	18	20		36	0 29	0 32	0 57	
1700	Colmar		20	30	40		0 33	0 50	0 67
1704	»	24	18	30	40	0 35	0 26	0 43	0 58
1707	»	18	15	30	40	0 29	0 24	0 48	0 64
1727	Thierenb.		4s.	8d			0 20	0 49	
1741	Thierenb.		3s,8				0 19		
1743	Dom. Col.		7		13s,4		0 35		0 66
1748	Colmar		14s. n.n.				0 70		
1753	Dom. Col.		6	12 s.			0 30	0 60	
1760	Thierenb.		5		12		0 25		0 60
1761	Pairis.				14				0 70
1764	»				14				0 70
1778	Pairis.				14				0 70
1781	»				14				0 70
1783	»								
1854-67	Colmar						0 75	1 50	1 50
1868-69	»						1 00	1 50	1 50
1870-75	»						1 00	1 75	1 75

SALAIRES DES VIGNERONS.

Voici des salaires de vendangeurs, qui se rapportent aux environs de Bâle, et que nous tirons d'un registre déjà mentionné plus haut (p. 329).

Années.	Vendangeur.	Porteur.	Pressureur.	Vendangeur.	Porteur.	Pressureur.
1746—1755	50 ½ ð.	120 ð.	120 ð.	0 fr.43	1 fr.02	1 fr.02
1756—1762	50	120	120	0 41	0 98	0 98
1763—1779	51 ½	120	120	0 40	0 91	0 91
1780—1785	50—60	120	120	0,38—0,46	0 91	0 91
1795—1797	80	160	160	0 61	1 22	1 22
1798—1803	80	160	160	0 60	1 20	1 20
1804—1819	80	160	160	0 59	1 18	1 18
1820—1836	80	160	160	0 57	1 14	1 14
1838—1870	100	180	180	0 71	1 29	1 29
1871	24 kr.	42 kr.	42 kr.	0 85	1 50	1 50
1872	26	42	42	0 91	1 50	1 50
1873	28	56	56	1 00	2 00	2 00
1874	40	56	56	1 43	2 00	2 00
1875	1 m. 20	2 m.	2 m.	1 50	2 50	2 50

RÉCAPITULATION EN FRANCS.

Années.	JOURNÉE DE VIGNERON.						SALAIRE DES VENDANGES.			
	HOMME.				FEMME.		vendangeur.	vendangeuse.	porteur.	pressureur.
	été.		hiver.		été.	hiver.				
	nn.	n.	nn.	n.	nn. n.	nn. n.				
1401—1425	0,84		0,60		0,36					
1426—1450	1,33	0,70	0,84	0,44	0,77	0,44	0 fr.50	0 fr.39	1 fr.00	1 fr.08
1451—1475							0 39	0 35	0 99	0 72
1476—1500	0,60				0,45		0 61	0 29	0 71	0 75
1501—1525	0,93	0,57	0,63	0,48		0,41		0 27	0 60	
1526—1550	0,92	0,50		0,33	0,46 0,23	0,17				
1551—1575	0,96	0,58			0,58	0,99		0 13	0 57	
1576—1600	1,03	0,51	0,60	0,30	0,65 0,26			0 36	0 71	
1601—1625	1,11	0,65			0,58	0,41	0 51	0 39	0 78	0 93
1626—1650	1,54	0,72	1,07	0,65	0,87 0,43	0,59 0,36	0 39	0 33	0 60	0 86
1651—1675	1,41	0,56	1,01	0,53	0,78 0,39	0,54 0,33	0 34	0 28	0 55	0 78
1676—1700	1,01	0,50		0,37	0,67 0,31	0,28	0 36	0 31	0 55	0 65
1701—1725							0 32	0 28	0 47	0 63
1726—1750	0,89							0 25	0 49	0 66
1751—1775	1,00						0 41	0 41	0 99	0 99
1776—1800							0 48	0 48	1 06	1 06
1801—1825							0 59	0 59	1 17	1 17
1826—1850							0 65	0 65	1 22	1 22
1851—1875	3,54	1,56	2,66	1,33	2,08 1,06	1,30 0,83	0 80	0 80	1 51	1 51

SALAIRES DES BATTEURS EN GRANGE.

Année.	Journée d'hiver.	PAR RÉZAL.		Journée d'hiver.	PAR HECTOL.	
		F. ou S.	O. ou A.		F. ou S.	O. ou A.
1416 S.-Thomas		8–7 δ.	7–6 δ.		1 fr.44	1 fr.41
1420 »		10	6		1 59	1 35
1440 »		6	5 ½		1 31	1 28
1455 »		8	6 ½		1 41	1 33
1459 N.-Dame		11			1 57	
1478 S.-Arbog.		8			1 38	
1483 »			6			1 28
1484 »			6–7			1 31
1487 »		7	5		1 33	1 24
1488 »			5			1 24
1490 »		7	4		1 32	1 18
1503 Roufach		20			1 38	
1512 S.-Arbog.		8			1 33	
1513 »		8 ¼			1 34	
» S.-Thomas		7	3		1 29	1 13
1516 »		7			1 29	
» S.-P.-le-v.		9	4		1 37	1 17
1517 Eschau		7			1 29	
1520 »		7–8	4		1 31	1 17
1530 Eschau	16 δ.			1 fr.74		
1539 N.-Dame		9	8		1 36	1 32
1552 Eschau	12	12		1 54	1 46	
1565 Haguenau			14			0 51
1575 S.-Morand	32—14			1,51–1,22		
1577 »	14			1 22		
1579 Haguenau			16			0 55
1580 »			16			0 55
1596 S.-Morand		60			1 72	
1598 Gr.-Chap.		24	16		1 73	1 51
1603 S.-Morand		6			1 71	
» Ribeauv.		30	15		1 75	1 38
1606 Mulhouse	41—21			1,56–1,28		
1607 »	41—25			1,56–1,35		
1608 »	41—21			1,56–1,28		
1609 »	41—18			1,56–1,25		
» Munster		24	15		1 59	1 37
1610 »		30	15		1 74	1 37
» Mulhouse	41—20			1,56–1,28		
1612 »	41—20			1,54–1,27		
1613 Munster		30	15		1 71	1 35
1614 Mulhouse	41—20			1,53–1,27		
1615 »	41—20			1,52–1,26		
1616 »	41—20			1,52–1,26		
1621 Munster		30	18		1 45	1 27

En 1420, S.-Thomas donne en outre du vin.

SALAIRES DES BATTEURS EN GRANGE.

Année.	Journée d'été. nn. n.	Journée d'hiver. nn. n.	PAR RÉZAL.		Journée d'été. nn. v.	Journée d'hiver. nn. n.	PAR HECTOL.	
			F. et S.	O. et A.			F. et S.	O. et A.
1628 G.-Chap.			24	14			0 fr.67	0 fr.39
1631 Evêché			24	16			0 67	0 44
1632 Fribourg		40-20				1,03-0,52		
1636 Colmar			24	12			1 28	0 64
1640 Strasb.	24		48	32	0 fr.78		1 32	0 88
1643 Colmar	90-40	60-30			2,12-0,96	1,44-0,72		
1643 Strasb.		75-30	23	16		1,81-0,72	0 77	0 44
1644 Colmar	90-40	15	1/54	1/18	2,19-0,96	0,36	1 20	0 50
1645 »	90-40		30	15	2,19-0,95		0 92	0 46
1646 »	50-30		18	9	1,20-0,72		0 60	0 30
» B.-Als.			28	12			0 77	0 33
1647 Colmar	48-24	30-18	15	7 1/2	1,16-0,58	0,73-,044	0 46	0 23
1648 »	36-20	30-20	15	7 1/2	0,82-0,46	0,69-,046	0 46	0 23
1649 »	36-20		20	10	0,82-0,46		0 60	0 30
1650 »	40-30	30-20	30	15	0,91-0,69	0,69-0,46	0 86	0 43
» B.-Als.			28	14			0 74	0 37
1651 Colmar	65-36	36-20	36	18	1,49-0,82	0,82-0,46	1 12	0 56
1652 »		40-20	30	15		0,91-0,46	0 76	0 38
1654 »		36-18	30	15		0,82-0,41	0 72	0 36
1655 »	36-20	36-20	20	10	0,82-0,46	0,82-0,46	0 54	0 27
1656 »	40-24	40-24	20	10	0,91-0,55	0,91-0,55	0 48	0 24
1657 »	36-20	36-20	18	9	0,78-0,13	0,78-0,43	0 44	0 22
1658 »	36-18		20	10	0,78-0,39		0 50	0 25
1659 »	36-20		20	10	0,78-0,43		0 50	0 25
1660 »	36-20	36-18	20	12	0,78-0,43	0,78-0,39	0 56	0 28
1661 »	36-20	36-16	20	12	0,78-0,13	0,78-0,39	0 66	0 33
1662 »	36-20	40-18	20	12	0,78-0,43	0,87-0,39	0 69	0 34
1663 »		40-18	30	15		0,87-0,39	0 68	0 34
1664 »	30-20	40-20			0,65-0,43	0,87-0,43		
1670 »		30-15				0,65-0,32		
1671 »	30-20	30-15			0,65-0,43	0,65-0,32		
1674 Munster	60				0,65			
1682 Colmar		30-24				0,56-0,45		
1684 »		48-24				0,90-0,45		
1698 »			1/15	1/16			0 76	0 34
1702 »			1/14	1/15			0 85	0 40
1713 Thierenb.		80 d				0,28		
1715 »		160				0,80		
1719 »		96				0,53		
1741 »		15 s.				0,75		
1742 »		15 1/2				0,78		
1745 »		15				0,75		
1750 D. Colm.		16				0,80		
1753 Thierenb.		16				0,80		
1765 »		15				0,80		
1791 Œlenb.		10				0,50		

A Colmar, 1636 et suiv., au salaire par rézal de grains s'ajoute une miche de pain. En 1650, dix de ces miches sont l'équivalent d'un boisseau de seigle. — En 1659, 2 batzen avec pain, 2 ʃ. sans pain.

Dans notre siècle le batteur en grange reçoit par jour 10 litres de froment ou 20 litres d'orge.

SALAIRES DES MOISSONNEURS EN δ. ET EN FRANCS.

Année.	Moissonneur.	Moissonneuse.	Couper un journal	Faucher un journal	Moissonneur.	Moissonneuse.	Couper blé d'hiver.	Faucher blé d'été.
	nn.	nn.	n.		nn. n.	nn. n.	10 ARES.	
1438 Colmar	20	12			1,10	0,66		
1410 »	20				1,10			
1411 S.-Thom.			20				0,65	
1472 S.-Arb.			24	9			0,75	0,26
1478 »			30	8			0,90	0,23
1483 »				12				0,53
1488 »			21	9			0,70	0,25
1507 N.-Dame	16	12	8		0,80	0,60 0,40		
1511 S.-Arb.			23 vin				0,65	
1512 »			30				0,75	
1513 »			36				0,90	
1530 Eschau			30				0,70	
1604 Mulh.	54	38			0,82	0,54		
1606 »		40	16	330		0,56	0,21	0,94
1607 »		40	16	300		0,56	0,21	0,85
1608 »		40	16	360		0,56	0,21	1,02
1609 »		40	16			0,56	0,21	
1610 »				360				1,02
1612 »		40	18			0,54	0,24	
1614 »		40	18			0,53	0,24	
1615 »		40	18			0,52	0,23	
1616 »		40	18			0,52	0,23	
1622 Colmar	120	90			1,03	0,77		
1626 Colmar	75	60	180	40	1,93	1,55	1,32	0,30
1636 »	80	60	180	60	1,92	1,15	1,20	0,40
1637 »	100	40	60	30 216	50	2,41 0,97	1,45 0,72	2,00	0,40
1638 »	84	36	60	24 168	50	2,03 0,87	1,45 0,58	1,75	0,40
1639 »	84	36	60	24 168	50	2,03 0,87	1,45 0,58	1,60	0,39
1640 »	84	36	60	24 168	50	2,03 0,87	1,45 0,58	1,25	0,34
1641 »	90	40	60	30 180	50	2,17 0,97	1,45 0,72	1,31	0,35
1642 »	75	36	50	24 180	50	1,81 0,87	1,21 0,58	1,27	0,33
1643 »	90	40	70	30 260	50	2,17 0,97	1,97 0,72	1,33	0,32
1646 »	66	30	45	24 160	37 ½	1,59 0,72	1,09 0,58	0,95	0,22
» Strasb.	48	24		72	26	1,55 0,77		1,20	0,41
1647 Mulh.		48		30 360	100	0,58	0,36	1,05	0,29
1648 Colmar	48	30	36	24 170	60	1,10 0,69	0,82 0,55	0,94	0,39
1649 »	50	36	40	30 200	60	1,15 0,82	0,92 0,69	1,18	0,34
1650 »	60	36	48	30 180	60	1,38 0,82	1,10 0,69	1,16	0,35
» B.-Als.				72	20			1,20	0,36

A Colmar, les moissonneurs qui travaillent à la tâche, reçoivent en dehors du salaire en argent, $\frac{1}{10}$ rézal de seigle par juchert de blé d'hiver, et $\frac{1}{8}$ miche ou 2 livres de pain, par juchert de blé d'été (orge et avoine). Nous avons tenu compte de ces suppléments dans nos évaluations en francs.

A Mulhouse, un boisseau de seigle s'ajoute au salaire en argent par juchert de blé dur à moissonner.

A Strasb., le moissonneur recevait une miche de pain par acker (20 ares).

MOISSONNEURS.

Année.	Moissonneur. nn.	n.	Moissonneuse. nn.	n.	Couper un journal.	Faucher un journal.	Moissonneur. nn.	n.	Moissonneuse. nn.	n.	Couper blé d'hiver (10 ARES)	Faucher blé d'été (10 ARES)
1651 Colmar	75	40	50	30	190	60	1,72	0,92	1,15	0,69	1,96	0,36
1652 »	70	42	50	30	170	60	1,60	0,96	1,15	0,69	1,02	0,34
1653 »	70	42	50	30	170	60	1,60	0,96	1,15	0,69	0,97	0,31
1654 »	70	42	50	30	170	60	1,60	0,96	1,15	0,69	0,94	0,33
» Wantz.		32		24				0,91		0,78		
1655 Colmar	60	36	48	30	180	60	1,37	0,82	1,10	0,69	0,99	0,33
1656 »	60	36	48	30	160	60	1,37	0,82	1,10	0,69	0,87	0,33
1657 »	60	36	48	30	165	60	1,30	0,78	1,04	0,65	0,85	0,32
» Mulh.					480	100					1,19	0,25
1658 Colmar	60	36	48	30	150	60	1,30	0,78	1,04	0,65	0,86	0,32
1659 »	60	36	48	30	150	60	1,30	0,78	1,04	0,65	0,87	0,32
1660 »	60	36	48	30	150	60	1,30	0,78	1,04	0,65	0,91	0,33
1661 »	60		48		168	60	1,30		1,04		1,11	0,33
» Engelp.					360						0,97	
1662 Colmar	60		48		150	60	1,55		1,04		0,99	0,33
1663 »	60		48		160	60	1,30		1,04		0,91	0,32
1664 »	60		48				1,30		1,04			
1668 Mulh.		48		36				0,52		0,39		
1671 Colmar	48		40				1,04		0,87			
1675 Mulh.		48		36		100		0,72		0,39		0,21
1682 »						80						0,15
1694 »						108						0,17
1694 Colmar	80	40					1,27	0,64				
1695 »	75	36					1,19	0,57				
1696 »	70	36					1,12	0,57				
1697 »	70	40	50	30			1,12	0,64	0,80	0,48		
1698 »	70	40	50	30			1,12	0,64	0,80	0,48		
1699 »	75	40	50	30			1,19	0,64	0,80	0,48		
1700 »	75	40	60	36			1,19	0,67	1,00	0,60		
1707 »	75	40	60	36	190		1,20	0,64	0,96	0,58	0,84	
1708 »	90	50	75	40	230		1,45	0,71	1,20	0,65	1,08	
1709 Unterl.					240						1,28	
» Mulh.		60		36				0,35		0,21		
1710 »		60		48				0,35		0,28		
1711 Unterl.					230						0,85	
» Mulh.		60		43				0,32		0,25		
1712 »		60		48				0,32		0,25		
» Unterl.					278						0,81	
1717 »					195						0,74	
1718 »					200	40					0,79	0,17
» Thier.		69 d.						0,10				
1719 Unterl.					190						0,50	
1721 »					257						0,46	
1722 »					236						0,45	
1730 Mulh.		80		54				0,45		0,30		
1731 »		80		54				0,45		0,30		
1732 »		60		36				0,34		0,20		
» Unterl.					270	50					0,18	0,19
1733 Mulh.		60		36				0,34		0,20		
1734 »		60		36				0,34		0,20		
1737 »		90		80				0,50		0,45		
1738 »		72		63				0,40		0,35		
1739 »		72		63				0,40		0,35		
1740 »		72		63				0,40		0,35		
» Engelp.						60						0,16

Année.	Moissonneur.	Moissonneuse.	Moissonneur.	Moissonneur.		Moissonneuse.		10 ARES.	
								Couper blé d'hiver.	Faucher blé d'été.
	nn.	n.	nn.	nn.	n.	nn.	n		
1741 Thierenbach		8 s.				0 fr.40			
» Mulhouse	8 s.	7		0 fr.40		0	35		
1742 »	8	7		0	40	0	35		
1743 »	8	7		0	40	0	35		
1744 »	8	4		0	40	0	20		
1745 »	8	4		0	40	0	20		
1746 »	8	4		0	40	0	20		
» Thierenb.	9 ½			0	40				
1747 Mulhouse	8	4		0	40	0	20		
1760 Thierenb.	8		45 s.	0	40			0 fr.55	
1797 Mulhouse	24			1	20	0	60		
1851-55 Colmar				3 fr.50	1 50	1 fr.75	1 00	2 00	0 fr.90
1856-58 »				3 50	1 50	1 75	1 00	2 80	0 90
1859-64 »				3 50	1 50	1 75	1 00	3 00	1 00
1865-67 »				3 50	1 50	2 25	1 00	3 00	1 00
1868-69 »				3 50	1 50	2 25	1 20	3 20	1 00
1870-72 »				4 00	1 75	2 25	1 20	3 60	1 10
1873-75 »				4 00	1 75	2 25	1 20	4 00	1 20

RÉCAPITULATION EN FRANCS.

Année.	Moissonneur.		Moissonneuse.		DIX ARES BLÉ		BATTEUR EN GRANGE.		BAT. 1 HECT.	
					d'hiver	d'été	Été.	Hiver.	F. S.	O. Av.
	nn.	n.	nn.	n.			nn.	nn. n.		
1401—1425									0,52	0,28
1426—1450	1,10		0,66		0,65				0,31	0,28
1451—1475					0,75	0,26			0,49	0,33
1476—1500					0,80	0,27			0,34	0,25
1501—1525	0,80	0,60	0,40		0,77				0,33	0,16
1526—1550					0,70			0,74	0,36	0,32
1551—1575								0,53-0,22	0,46	
1576—1600								0,22	0,73	0,50
1601—1625	0,93	0,54	0,66	0,22	0,96			0,55-0,28	0,66	0,35
1626—1650	1,81	0,83	1,34	0,61	1,29	0,34	1,41-0,73	1,07-0,53	0,81	0,42
1651—1675	1,40	0,81	1,07	0,64	0,98	0,32	0,82-0,48	0,81-0,42	0,64	0,32
1676—1700	1,17	0,62	0,85	0,51		0,16		0,73-0,46		
1701—1725	1,33	0,44	1,08	0,37	0,78	0,17		0,80-0,40		
1726—1750		0,41		0,29	0,48	0,18		0,78		
1751—1775		0,40						0,78		
1776—1800		1,20		0,60	0,55			0,50		
1801—1825								1,91		
1826—1850								2,10		
1851—1875	3,54	1,56	2,08	1,06	2,98	1,00		2,50		

SALAIRES DES FAUCHEURS ET FANEUSES.

Année.	JOURNÉE EN δ.		Faucher une fauchée.	JOURNÉE EN FR.		Faucher 10 ares.
	Faucheur.	Faneuse.		Faucheur.	Faneuse.	
	nn. n.	nn. n.		nn. n.	nn. n.	
1386 S.-Thom.	20			1,26		
1438 Colmar	20	12		1,10	0,66	
1440 »	20	12		1,10	0,66	
1449 N.-Dame			16 δ.			0 fr.33
1478 Colmar	20	10		1,03	0,51	
1507 S.-Arbog.			12			0 20
1508 »	23	16		1,15	0,80	
1509 Eschau		7-8			0,38	
1512 S.-Arbog.	24			1,16		
1517 »			16			0 26
1534 G.-Chap.	24	6		1,10	0,27	
1576 S.-Morand		36		0,58		
1601 Mulhouse		40 16		0,56	0,21	
1606 »		40 16	90	1,56	0,21	0 33
1607 »		40 16	90	0,56	0,21	0 33
1608 »		40 16		0,56	0,21	
1609 »			80			0 30
1610 »		40 16	80	0,56	0,21	0 30
1612 »		40 18		0,54	0,24	
1614 »		40 18		0,53	0,24	
1615 »		40 18		0,52	0,23	
1616 »		40 18		0,52	0,23	
1636 Colmar			95			0 55
1638 »		36	90	0,87		0 49
1639 »		36	90	0,87		0 49
1640 »		36	90	0,87		0 49
1641 »		18	90		0,44	0 49
1642 »		18	90		0,44	0 49
1645 »		36 18	90	0,87	0,44	0 49
1646 »		30 30 15	70	0,72	0,72 0,36	0 40
» Strasb.	48	24	36	1,55	0,77	0 38
1647 Mulhouse			120			0 32
» Colmar		21 12	60	0,58	0,29	0 34
1648 »		21 15	60	0,55	0,31	0 32
1649 »		24 18	60	0,55	0,41	0 32
1650 »		21 18	60	0,55	0,41	0 32
» Strasb.		36		0,99		

A Colmar, le faucheur, par fauchée, outre son salaire en argent, reçoit une miche de pain de quatre livres ou 2 kilos.

La même chose avait lieu pour Mulhouse.

SALAIRES DES FAUCHEURS ET FANEUSES.

Année.	JOURNÉE EN ₰.		Faucher une fauchée.	JOURNÉE EN FR.		Faucher 10 ares
	Faucheur.	Faneuse.		Faucheur	Faneuse.	
	nn.	n.	nn.	n.	nn.	n.		
1651 Colmar		30	18	60 v.		0,69	0,41	0 fr.30
1652 »		33	18	60		0,76	0,41	0 30
1653 »		33	18	60		0,76	0,41	0 30
1654 »		33	18	60		0,76	0,41	0 30
1655 »		30	15	50		0,69	0,34	0 27
1657 »		30	15	50		0,65	0,32	0 27
1658 »		30	18	55		0,65	0,39	0 27
1659 »		30	18	55		0,65	0,39	0 28
1660 »		30	18	-- 55		0,65	0,39	0 28
1661 »		30	18	55		0,65	0,39	0 . 28
1662 »		30	18	55		0,65	0,39	0 28
1663 »	50	30	18		1,30	0,65	0,39	
1664 »	50	30	18		1,30	0,65	0,89	
1670 G.-Chap.	36	20			1,17	0,65		
1671 Colmar	50	24	15		1,25	0,52	0,33	
1672 »			20	60			0,44	0 30
1675 Mulhouse				120				0 28
1682 »				100				0 28
1694 »				120				0 29
1695 Colmar			18	60			0,29	0 . 30
1700 »		36	20	75		0,60	0,33	0 34
1701 Colmar		36	20	60		0,64	0,35	0 30
1703 Pairis	40				0,63			
1708 Colmar		40	24	75		0,65	0,39	0 . 34
1709 Mulhouse	60		36		0,50		0,30	
1710 »	60		48		0,35		0,28	
» Unterl.				90				0 31
1711 »				115				0 34
» Mulhouse	60	56	36		0,32	0,30	0,20	
1712 »	60	56	36		0,32	0,30	0,20	
» Unterl.				63				0 22
1713 Mulhouse	60		48		0,32		0,26	
1714 »		60				0,32		
» Unterl.				80				0 27
1716 Thierenb.			40 d.				0,20	
1717 Unterl.				76				0 29
1718 »				78				0 22
1719 Thierenb.			52				0,19	
1721 Unterl.				64				0 18
1722 »				96				0 24
» Thierenb.	179 d.		36		0,50		0,10	
1724 Unterl.				52				0 21
1726 Thierenb.	176		48		0,75		0,20	
1728 »	176		48		0,75		0,20	
1730 Mulhouse		80	48	160	0,31		0,20	0 21

Aux salaires des faucheurs de Mulhouse, il faut sans doute ajouter la miche de pain traditionnelle.

SALAIRES DES FAUCHEURS ET FANEUSES.

Année.	JOURNÉE EN d.			Faucher une fauchée.	JOURNÉE EN FR.			Faucher 10 ares.
	Faucheur.		Faneuse.		Faucheur.		Faneuse.	
	nn.	n.	nn.	n.	nn.	n.	nn.	n.
1731 Mulhouse		80		48	160 d.		0,34	0,20	0 fr.21
1732 »		80		48	160		0,34	0,20	0 21
» Unterl.					75				0 26
1733 Mulhouse		80		48	160		0,34	0,20	0 21
1734 »		80		48	160		0,34	0,20	0 21
1735 »		80		54	160		0,34	0,22	0 21
1736 »		86		66	160		0,36	0,27	0 21
1737 »		80		48	160		0,34	0,20	0 21
» Pairis					20 s.				0 27
1738 »		80		48	160		0,34	0,20	0 21
1739 »		80		54	160		0,34	0,22	0 21
1740 »		80		48	160 d.		0,34	0,20	0 21
» Engelport					27 s.				0 27
1741 Mulhouse		80		48	160 d.		0,34	0,20	0 21
» Pairis					20 s.				0 27
1742 Mulhouse		80		48	160 d.		0,34	0,20	0 21
» Thierenb.	192					0,80			
1743 »	18 s.					0,90			
» Mulhouse		80		48	160		0,34	0,20	0 21
1744 Pairis					20 s.				0 27
» Mulhouse		80		48	160 d.		0,34	0,20	0 21
1745 Pairis					20 s.				0 27
1745 Dom. Col.		13 s.					0,65		
» Mulhouse		80 d.		48	160 d.		0,34	0,20	0 21
1746 »		80		48	160		0,34	0,20	0 21
« Thierenb.		9 s.					0,48		
1747 Mulhouse		80 d.		48	160		0,34	0,20	0 21
1748 »		80		48	160		0,34	0,20	0 21
1749 »		80		48	160		0,34	0,20	0 21
1750 Thierenb.				4 s.				0,20	
1753 »				4				0,20	
1760 »				4				0,20	
1797 Mulhouse		24		12	50 s.		1,20	0,60	0 50
1854-60 Colmar						3,50	1,50	1,75	1,00	0 90
1861-64 »						3,50	1,50	1,75	1,00	1 00
1865						3,50	1,50	2,25	1,00	1 00
1866-67 »						3,50	1,50	2,25	1,00	1 10
1868-69 »						3,50	1,50	2,25	1,20	1 10
1870-75 »						4,00	1,75	2,25	1,20	1 20

SALAIRES DES JOURNALIERS EN δ. ET EN FRANCS.

Année.	HOMME. été. nn. n.	HOMME. hiver. nn. n.	FEMME. été. nn. n.	FEMME. hiver. nn. n.	HOMME. été. nn. n.	HOMME. hiver. nn. n.	FEMME. été. nn. n.	FEMME. hiver. nn. n.
1407 Landser	48 24				1,56 0,78			
1442 Colmar		14				0,77		
1445 »	24				1,32			
1446 »		12				0,66		
1451 S.-Claire		10				0,60		
1451 S.-Thom.		12				0,72		
1466 S.-Claire		12				0,69		
1475 S.-Arb.		14				0,80		
1478 Colmar		12				0,61		
1488 »	20 16	14 12	10	8	1,00 0,80	0,70 0,60	0,50	0,40
1495 S.-Tho.		16 10				0,85 0,53		
1500 Colmar	18				0,75			
1505 Hôp. Str.	16				0,80			
1507 N.-Dame	8				0,40			
1508 S.-Tho.	18				0,90			
1510 Riquew.	20				0,84			
1511 Rouffach		12				0,24		
1513 S.-Arb.	8				0,39			
1515 G. Chap.	10				0,48			
1517 Eschau.	12				0,58			
1518 Hôp. Str.	16				0,77			
1528 Eschau	24				1,13			
1530 »	24				1,13			
1534 G. Chap.	16		8		0,73		0,37	
1546 Eschau.	24	16			1,08	0,72		
1547 »	26 8				1,17 0,36			
1548 »	30 12				1,35 0,54			
1550 »	30 12				1,35 0,54			
1551 Eschau	28 10				1,25 0,45			
1553 Colmar	20				0,68			
1554 G. Chap.	24				1,08			
1556 Colmar	27				0,92			
» Eschau	24 12				1,00 0,50			
1557 »	28 8				1,15 0,33			
1558 »	28 8				1,15 0,33			
1560 Schletst.		12				0,51		
1572 Eschau	20				0,84			
1575 »	20				0,80			
» S.-Mor.	30		12		1,02		0,41	
1577 Eschau	20				0,80			
1578 »	20				0,80			

SALAIRES DES JOURNALIERS EN ₰. ET EN FRANCS.

Année.	HOMME été. nn. n.	HOMME hiver. nn. n.	FEMME été. nn. n.	FEMME hiver. nn. n.	HOMME été. nn. n.	HOMME hiver. nn. n.	FEMME été. nn. n.	FEMME hiver. nn. n.
1587 Œlenb.	20	12			0,62	0,37		
1590 H. Str.	24				0,87			
1591 S.-Mor.	60				0,87			
1596 »	60				0,87			
1597 »	66		48		0,96		0,70	
1598 G. Ch.	24				0,85			
1601 H. Str.	22				0,76			
1603 S.-Mor.	66				0,94			
1604 Mulh.	40	20			0,57	0,28		
1605 S.-Tho.	28				0,92			
1606 Mulh.	36		16		0,51		0,23	
» Eschau	30				0,99			
1607 Mulh.	30	20			0,43	0,28		
» Eschau	30				0,99			
1608 Mulh.	40		16		0,56		0,23	
1609 »	40	20	16		0,56	0,28	0,23	
1610 »	40	20			0,56	0,28		
1612 »	40	20	18		0,53	0,27	0,24	
1613 S.-Tho.	32				1,03			
1614 Mulh.	40		16		0,52		0,21	
» S.-Tho.	32				1,03			
1615 Mulh.	40		18		0,51		0,23	
» S.-Tho.	32				1,02			
1616 Mulh.	40	20	18		0,51	0,26	0,23	
1618 »	40	20	16		0,49	0,25	0,19	
1619 »	40	20			0,47	0,24		
1623 »	40		20		0,51		0,26	
1626 Mulh.	40				0,51			
1631 Evêché	18	14			0,59	0,12		
1633 Strasb.	30		24		0,97		0,77	
1634 Ribeau.		36				0,93		
1636 Colmar	80		60		1,93		1,45	
1637 »	100 60	40 20	60 30	24 14	2,11 1,15	0,96 0,48	1,45 0,72	0,58 0,33
1639 »	84 36		60 24		2,03 0,87		1,45 0,58	
1640 »	84 36		60 24		2,03 0,87		1,45 0,58	
1641 »	90 40	50 24	60 30	30 12	2,17 0,96	1,21 0,58	1,45 0,72	0,72 0,29
» Mulh.	60		48		0,72		0,58	
1643 Colmar		48 24		15		1,16 0,58		0,38
1644 »	90 40	60 30			2,17 0,96	1,45 0,72		
1645 Mulh.	48		30		0,58		0,36	
1646 Colmar		32 18		20 12		0,78 0,43		0,49 0,29
» Horb.	55 24	40 18	50 20	30 10	1,33 0,58	0,98 0,43	1,20 0,49	0,72 0,24
» Strasb.	48 24	36 18			1,55 0,77	1,16 0,58		
1647 Mulh.	48		30		0,58		0,36	

SALAIRES DES JOURNALIERS EN δ. ET EN FRANCS.

Année.	HOMME. été. nn. n.	HOMME. hiver. nn. n.	FEMME. été. nn. n.	FEMME. hiver. nn. n.	HOMME. été. nn. n.	HOMME. hiver. nn. n.	FEMME. été. nn. n.	FEMME. hiver. nn. n.
1650 B.-Als.	40 20	32 16			1,30 0,65	1,04 0,52		
» Mulh.		18	30		0,55		0,34	
1657 »		10	30		0,45		0,34	
1660 Engel.		60			0,65			
1670 G. Ch.	32	24	18		1,06	0,78	0,59	
1671 Engel.		60	36		0,65		0,39	
1672 Eschau	40				1,30			
1672 »		60	36		0,65		0,39	
1675 Mulh.		48	36		0,52		0,39	
1681 Eschau	18				1,32			
1682 Mulh.		48	40	86 30	0,45	0,37	0,88	0,28
1683 »		48	40	36 30	0,45	0,37	0,33	0,28
1694 Turck.	90				1,43			
» Mulh.	120 60		84 36		0,96 0,48		0,67 0,30	
1696 Thier.		100			0,60			
1697 »		152	72		0,91	0,43		
» Mulh.	120 60		84 36		0,96 0,46		0,97 0,30	
1698 Thier.		120			0,71			
1702 Engel.		96			0,55			
1705 »			48				0,26	
1716 Thier.		160			0,73			
1721 »		160			0,42			
1725 Unterl.		200			0,52			
1741 Thier.		15 s.			75			
1742 D. Col.		12	6		60		0,30	
1743 »			6				0,30	
1753 »		10			0,50			
1761 Pairis.	20				1,00			
1763-4 Mulh.	16 2/3	12 1/2			0,84	0,62		
1764 Pairis.	20				1,00			
1765-6 Mulh.	20	12 1/2			1,00	0,62		
1767-80 »	20	16 1/3			1,00	0,84		
1777 Pairis.	20				1,00			
1781-88 »	20	15			1,00	0,75		
1795 »	24				1,20			
1803 Strasb.					2,00		1,50	
1850-64 Colm.					3,50 1,50	2,50 1,25	1,75 1,00	1,20 0,75
1865-67 »					3,50 1,50	2,50 1,25	2,25 1,00	1,20 0,75
1868-69 »					3,50 1,50	3,00 1,50	2,25 1,20	1,50 1,00
1870-75 »					4,00 1,75	3,00 1,50	2,25 1,20	1,50 1,00

RÉCAPITULATION EN FRANCS.

Années.	faucheur mn.	n.	faneuse mn.	n.	faucher dix ares	JOURNALIER été mn.	n.	hiver mn.	n.	JOURNALIÈRE été mn.	n.	hiver mn.	n.
1376—1400	1,26												
1401—1425						1,56	0,78						
1426—1450	1,10		0,66		0,33	1,32	0,72						
1451—1475							0,70						
1476—1500	1,03		0,51			0,88	0,61	0,78	0,53	0,50		0,40	
1501—1525	1,16	0,80		0,38	0,23	0,83	0,46		0,24				
1526—1550	1,10			0,27		1,13	0,46	0,72		0,37			
1551—1575						1,02	0,47			0,41			
1576—1600		0,58				0,86	0,62		0,37	0,70			
1601—1625		0,55		0,22	0,32	0,97	0,52		0,27		0,23		
1626—1650	1,55	0,85	0,64	0,39	0,42	1,88	0,74	1,06	0,51	1,41	0,55	0,63	0,29
1651—1675	1,25		0,66	0,39	0,29	1,18	0,60	0,78	0,34	0,59	0,39		
1676—1700			0,60	0,31	0,30	1,17	0,59		0,39	0,67	0,32		0,28
1701—1725		0,42	0,44	0,25	0,27		0,53				0,26		
1726—1750	0,80	0,36		0,21	0,22			0,68			0,30		
1751—1775				0,20		1,00	0,50	0,80					
1776—1800		1,20		0,60	0,50	1,10		0,80					
1801—1825						2,00				1,50			
1826—1850													
1851—1875	3,54	1,56	2,08	1,06	1,02	3,54	1,56	2,46	1,33	2,08	1,06	1,30	0,83

CHAPITRE XIV.

VARIÉTÉS.

Entretien des troupes. — Armes. — Armuriers. — Munitions, boulets, poudres, salpêtre, soufre. — Chevaux. — Foin et paille. — Éperonniers. — Selliers. — Maréchaux-ferrants. — Statuts — Charrons. — Location des chevaux. — Postes. — Chaises à porteurs. — Carrosses et voitures de place. — Ports de lettres. — Les métaux, fer, cuivre, plomb, étain, fil de fer, fil de laiton. — Taillandiers. — Potiers d'étain. — Manuscrits. — Livres. — Reliure. — Papier. — Plumes. — — Éclairage public. — Verre. — Bains. — Ramoneurs. — Tabac.

Manger, boire, se vêtir, se loger, constituent les besoins premiers de l'homme, et tout ce qui contribue à les satisfaire doit fixer, avant tout, l'attention des économistes. Mais nous avons d'autres besoins encore, qui, pour être moins impérieux, n'en occupent pas moins une large place dans le budget des États et dans celui des particuliers. Ce n'est pas abuser de la patience du lecteur, que de leur consacrer quelques pages.

La matière est riche et variée. Elle défraierait, à elle seule, un travail aussi neuf qu'intéressant. Si nous méritons un reproche, nous le sentons bien, ce ne sera pas d'en avoir parlé, mais de l'avoir fait si souvent d'une manière trop rapide et trop superficielle.

Notre excuse sera dans l'ensemble même de ces Études. Ce que nous dirons suffira pour jeter quelque lumière sur plus d'un problème dédaigné de l'histoire. Les esprits curieux, qui désireront davantage, peuvent creuser à leur gré le sillon que nous avons tracé. L'instrument qui leur manquait jusqu'ici, est aujourd'hui entre leurs mains.

Il était difficile de coordonner avec rigueur des notes forcément disparates. Nous y avons renoncé.

Nous commençons par les dépenses militaires. La guerre coûte assez cher à l'humanité pour obtenir ici le premier rang.

1331	Strasb.	Chaque *gleve* (lance), coûte par jour . . Elle comprend, outre le chevalier, un écuyer ou un arbalétrier.	¼ fl. ou 2 fr. 26		
1395	Ribeaup.	Bruno env. en Suisse 20 *gleven*, chac. coûte	6	51	60
		par semaine d'entretien, et pour menus frais	⅕	1	72
		L'écuyer Kunyn d'Altencastel, pour pertes à Sempach (cheval, cuirasse, arbalète, épée), a	75	615	00
1414	Colmar	Les 4 servants d'une gleve ont par jour	1	8	35
1420	»	équipement de 3 capitaines, 3 fl. et . . .	36	325	80
	»	½ cavalier *(halbeinspenniger)* a pour 23 sem.	29	227	65
1420	Bâle	chaque lance a pour solde par mois . .	28	219	80
	»	» pour équipement	2	15	70
	»	un capitaine obtient par mois	60	471	00
	»	» pour équipement . . .	30	235	50
1421	»	le capit. qui commande 9 spiesse a par mois	100	785	00
		la spiesse reçoit par mois	50	392	50
		le soldat a par jour	7 β.	2	52
1423	Bâle	chaque lance a 5 chevaux. L'entretien de 3 chevaux est de	1 fl.	7	85
		un fantassin armé d'une pique a par jour	48 δ.	1	41
		id. armé d'une arbalète et d'une arqueb.	52	1	56
1424	Colmar	7 varlets détachés à Guémar coût. par sem.	57 β. 2 δ.	41	16
		chacun d'eux par jour	11 δ.	0	84
1444	»	Un varlet à pied touche par mois . . .	4 fl.	30	00
1451	Strasb.	chaque lance compte 4 chev., et 5 hommes, 2 val., 1 écuyer armé d'une pique, 1 écuyer armé d'une arbalète et le chevalier. L'équipement coûte	30	235	00
		et la solde se monte par semaine à . . .	2	15	00
1466	Mulhouse	chaque suisse en garn. à M. touche par m.	3	21	30
1476	Porentruy	solde d'un cavalier	6 β.	1	86
	»	d'un fantassin	37 ½ δ.	0	97
»	Hohenack	chaque *burgknecht* reçoit par an . . .	7 fl.	49	70
1478	Strasb.	chaque soldat a par jour	18 δ.	1	03
1506	Colmar	treize fantassins coûtent en 9 mois . . .	458 fl.	2862	50
		donc chacun par jour		0	80
1508	»	seize *knecht* coûtent en 6 mois	384	2400	00
		chacun par jour		0	82
1517	»	chaque sold. envoyé à Wormbs coûte par m.	4	24	00
		puis à cause de la cherté	4 ½	27	00
1541	»	le soldner qui suit les députés à la diète a par jour	5 b.	1	70
1620	Roufach	le soldat qui garde Isenbourg a par an .	75 fl.	112	50
1631	Mulhouse	solde du capitaine, par mois	44	136	40
		solde d'un lieutenant »	30	93	00
		solde d'un simple soldat »	10	31	00
1653	»	solde d'un lieutenant »	25 th.	115	00
		solde d'un enseigne »	15	87	00

1696 Colmar   équipement et armement de 9 miliciens   550 ₶. ou 2101 fr.00
1702   »   Règlement royal pour les étapes. On doit au
         fantassin : 24 onces de pain (734 gr.)cuit et rassis, entre bis et blanc
                   1 pinte de vin (0,931 litre) crû du pays, 1 livre (489,51
                   grammes) de viande ;
         dragon,   id., mais au lieu d'une livre, il a 1 ½ ₶. de viande ;
         cavalier de la garde, 3 ₶. de pain, 2 ½ ₶. de viande et 2 pintes de vin,
                   par cheval 20 ₶. de foin et ½ boisseau (6 litres 50), d'avoine.
         les brigadiers et sous-brigadiers ont autant que 2 cavaliers
         les exempts   »   3   »
         les enseignes   »   6   »
         les lieutenants   »   8   »
         le lieutenant-colonel   »   10   »
         le colonel ou maistre de camp   »   12   »

On ne lira peut être point sans intérêt l'organisation que les États de l'Alsace adoptèrent, en 1572, pour la défense de la province. Voici les contingents en fantassins, cavaliers et pièces d'artillerie, que chacun d'eux s'engageait à fournir.

En cas de besoin, tous les nobles devaient servir de leur personne, avec autant d'hommes et de chevaux que leur permettait leur fortune.

	Fantassins.	Fenlin.	Cavaliers.	Faucon.	Double fauconneau.	Fauconneau.	Demi fauconneau.	Directeur d'artillerie.
Archiducs d'Autriche . . .	3000	6	100					
Prévoté de Haguenau . .	800		50	2		2	2	1
Comte de Linange	40	2	4				2	
» de Westenburg .	50		8					
Seigneurie de Fleckenstein	50		6					
Evêque de Strasbourg . .	2000	4	75	1	2			
Comte de Wurtemberg . .	150		12		1			
Prévoté de Kaysersberg . .	60	1	3					
Seigneurie du val de Villé .	200							
Comtes de Hanau	900	2	70			4		
Pet. noblesse de la B.-Alsace	300	1	30					
Couvents »	200		20					
Pet. noblesse de la H.-Alsace			40					
Couvents »			20					
Strasbourg	1500	3	50	2		4		1
8 villes impériales	1000	2	20	2		2	2	
	10250	21	508	7	3	12	6	2

Deux colonels (*oberst*) commandaient les contingents des deux parties de la province, assistés de 5 ou 6 officiers, qui leur servaient de conseil de guerre.

ARMES.

La cavalerie formait deux escadrons, placés sous les ordres de deux *Rittmeister*. Chaque *fenli*, commandé par un capitaine (*hauptmann*), comprenait 300 tireurs (*schütze*) couverts d'un casque (*sturmhut*), et 200 piquiers (*spieser*), pourvus d'un équipement (*rüstung*) dont le détail n'est pas indiqué.

On leur fournissait les vivres, la poudre et le plomb (*kraut und loth*) et une solde de

4 fl. ou	20 fr. 48	par mois,	0 fr. 68 par jour	pour les tireurs
5	25 60	»	0 83 »	pour les piquiers
12	61 44	»	2 05 »	pour les cavaliers

La solde des officiers n'est pas indiquée.

1411 Schletst.	L'armure d'un bourgeois, *harnisch* . . .	3 *fl.* ou 49 fr.	20
»	» d'un *soldner* ou manant	2	32	80
1382 Colmar	Un haubert (*panzer*) est rachetable pour .	4 fl.	36	20
1410 Bâle	25 hauberts pour les sénateurs 110 fl., chacun		37	10
1426 Colmar	un haubert coûte	2 *fl.*	27	80
1527 Év. Str.	un haubert se paie 39 β. 1/2 δ.		29	31
1423 Œ.-N.-D.	un long couteau 10 β. 3 δ.		7	61
1587 Oelenb.	une hallebarde . . . . 30 β.		5	50
1506 Bâle	200 *spiese* à 40 *fl.*, chacune		1	00
1552 Colmar	6 *spies* (pique) à 2 β.		0	82
1553 »	100 piques à 10 *fl.*, chacune		0	82
1518 »	318 longues piques à 15 δ. pièce		0	60
1519 »	une longue pique à 15 δ. »		0	60
1526 »	256 longues piques à 21 δ. »		0	91
1535 »	100 longues piques à 10 *fl.* chacune, . .		0	92
1516 »	100 » » 7 1/2 *fl.* » . . .		0	61
15.8 »	100 » » 16 fl. » . . .		0	82
1567 »	100 » » 20 fl. » . . .		0	97
1541 »	100 fers de piques à 13 fl.		0	66
1545 »	100 » à 2 fl.		0	10
1440 »	76 lances (*stritstangen*) 5 *fl.*, chacune . .		0	87
1448 Bâle	12 carquois (*kocher*) 36 β., chacun . . .		0	99
1401 Colmar	1050 flèches à 3 fl. (25,80), chacun . . .		0	024
» »	4 douz. de *gescheffter pfil* à 4 β., la pièce .		0	022
1409 Ferrette	8 mille flèches à 15 *fl.* 2 β.		0	12
1443 Colmar	100 pfilscheft à 4 β.		0	026
1444 »	1000 » avec les fers à 70 β.		0	016

1446	Colmar	100 pfilscheft à 6 β.	0 fr.	04
1447	»	100 » à 1 β.	0	026
»	»	2000 fers de flèches à 20 β.	0	007
»	»	700 » à 49 β.	0	046
1392	»	40 *armbrost* (arbalètes) à 12 ₵., la pièce	4	83
1394	»	4 » à 4 ₵.	15	20
1409	Ferrette	Une arbalète à 3 ½ ₵.	27	30
»	Bâle	21 arbalètes à 82 fl. et 30 ₵. 5 β., chacune	41	23
1415-24	Colmar	une arbalète à une ₵.	15	60
1424	»	» à une ₵.	14	40
1425-28	»	» à une ₵.	13	90
1430	Bâle	3 arbalètes à 7 ₵. 3 β., chacune	16	56
1432	Colmar	1 arbalète à une ₵.	13	90
1434	»	» »	13	20
1441	Bâle	40 arbalètes à 124 ₵., 15 ½ β, chacune	20	59
1446-47	Colmar	une arbalète à une ₵.	13	20
1411	Bâle	six arquebuses à 10 ₵. 3 ½ β., la pièce	13	23
1420	Altkirch	une *püchsen* 4 fl.	91	40
1416	Colmar	22 *büchsen* neuves 8 ₵. 3 β. 8 d.	4	91
1523	»	22 *hackenpuchsen* à 19 ₵. 5 β.	8	14

ARMURIERS   En 1403, le maître arquebusier (*büchsenmeister*), Jean d'Oppenheim, s'engage à servir la ville de Haguenau jusqu'à sa mort, pour tout ce qui concerne son art. Il reçoit un salaire général de 20 ₵. (328 fr.) par an; 1 β. (0 fr. 82) par jour, quand il travaille pour la ville; un cheval et son entretien, quand il sort pour un service public. De plus, si les Haguenauiens s'emparent avec son concours de quelque forteresse, il a droit au meilleur cheval et à la meilleure armure du butin.

En 1433, Les arbalétriers *(armbruster)* de Strasbourg reçoivent une solde annuelle de 4 ₵. (57 fr. 60), plus 2 β. (1 fr. 44) par jour, quand ils sont au service de la ville, et la nourriture, s'ils se trouvent en campagne.

La taxe que Strasbourg édicte en 1646 pour les armuriers, ne s'occupe que de détails Nous la rapportons néanmoins. La citation des termes allemands corrigera ce que notre traduction peut avoir de vague ou d'inexact.

Bois de mousquet de tir (ʒiel-m), en poirier ou cerisier,	14 β,	ou	5fr. 42
» en noyer	15-16		5,81-6,20
Bois de mousquet de voyage (*Reis*-m.) en poirier ou ceris.	8	3	10
» en noyer	10	3	88
» en hêtre	6	2	33

Bois de mousquet de chasse (*Bürsz-m*) long en poir. ou cer.	12-14 β.	4,65-5,42
» en noyer	10-12	3,88-4,65
Bois de pistolet, en cerisier ou poirier	10-12	3,88-4,65
» en noyer,	12-14	4,65-5,42
corps de platine à un m. de chasse	16-20	6,20-7,75
fusil à déclin, *stechschlöszlin*	4-5	1,55-1,94
corps de platine ordinaire avec détente	12-15	4,65-5,81
une bonne paire de pistolets	9 fl. ou	34 fr. 87
une paire de pistolets moindres	7½	29 06
Réparation. Un rouet (*rad*)	2-3 β.	0,78-1,16
un bassinet (*zündpfann*)	16-20 β.	0,52-0,65
une platine (*deckel*)	12	0 39
un grand ressort (*schlagfeder*)	32	1 03
ressort de chien (*hanenfeder*)	16	0 52
chien de mousquet	20	0 65
chien à un *Bürsz-schlosz*	48-60	1,55-1,94
vis de chien	4-6	0,13-0,19
tigette sur le rouet avec 2 vis	16	0 52
un arbre (*wendelbaum*)	20	0 65
une chaîne	20	0 65
cramponnet (*studel*)	20	0 65
gachette avec le ressort	20	0 65
un *drucknagel*	2-4	0,06-0,13
ressort de la batterie	6	0 19
vis qui traverse le bois	8	0 26
vis plus petite	3-4	0,09-0,13
un tire balle	6-8	0,19-0,26
moule à balles,	8-30	0,26-0,96

1483	Év. Str.	une *schlangenbuchsen* (coulevrine)	8 fl. ou	25 90
1521	Colmar	2 canons pèsent ensemble 111 quint.		
1546	»	canon pesant 507 *ll*. à	11 *ll*. 7½ β.	363 87
15'6	»	boulets, le quintal à	2 fl. les 100 k^os	24 31
1521	»	boulets grands, le quintal à	1¾	21 28
»	»	» petits »	2	24 31
1531	»	boulets, le quintal à	30 β.	28 30
1534	»	» » à	30 et 22	28,30-20,76
1535	»	cent livres de fer en grands boulets	1½ fl.	17 45
1536	»	cent livres de fer en petits boulets	1¾	20 10
1414	Bâle	100 *ll*. buchsenpulver à	27 *ll*. 6 β., le kilo 4	31
1494	»	80 *ll*. de poudre à	9	1 37
1543	Colmar	100 *ll*. de poudre à	12 fl.	1 25
1553	»	100 *ll*. de *schiespulver*	25 β.	0 21
»	»	» *zindpulver*	50	0 42
1574	»	cent livres de poudre à	20 fl.	1 96
1581	»	» »	7½ *ll*.	1 18

1581 Roufach	cent livres de *mittlen pulver* à		25 fl.,	le kilo	2 fr. 36
1582 Colmar	»	*schiespulver* à	15 ₰.		2 36
1592 G.-Chap.	une livre à		5 β.		4 58
1603 Ribeaup.	»		6 β. 8 δ.		4 31
1623 Évêché	»	bonne poudre à	5 β.		4 08
1633 Mulhouse	»	poudre à	5 b.		2 58
1634 Ribeaup.	»	poudre à	4 β. str.		3 14
1636 Mulhouse	»	poudre à	6 β. 8 δ.		1 88
1640 »	»	poudre fine à	13 4		3 77
» »	»	poudre grosse	16		4 14
1659 »	cent livres poudre à		24 fl.		1 65
1667 Planchier 1 ₰. de poudre			10 β.		2 59
» Lièvre	cent livres poudre de mine à		55 ₰.		5 77
1669-70 Planch. la livre à			1/2 fl.		3 24
1671 »	la livre à		9 β.		2 34
1672 Mulhouse les cent livres 30 fl. plus 43 β. de frais					2 06
1672-3 Planch. une livre à			10 β.		2 59
1675 Mulhouse les cent livres à			30 fl.		2 06
1676 Planchier la livre à			9 1/2 β.		2 46
1677 »	la livre à		10 β.		2 59
1678 Mulhouse les cent livres à			30 fl.		2 06
1679 »	la livre büxenpulver à		7 β.		1 81
» Planchier la livre poudre de mine			10 1/2 β.		2 72
1680 »	une livre »		9		2 34
1689 Mulhouse la livre de poudre à			7 1/2		1 67
1714 Courtelev.	»		20		2 58
1738 Munster	six livres à		6 l.		2 00
1742 D. Colm.	la livre à		20 s.		2 00
1744 »	la livre à		24		2 40
1746 Thierenb. la livre à			18		1 80
1756 »	la livre à		12		1 20
1760 Pairis	la livre à		18		1 80
1766 Thierenb. la livre à			26		2 60

		1819	1835	1851	1859	1864
Poudre de chasse	extrafine			15 fr. 50		
	superfine	8 fr. 00	10 fr. 00	12 00		
	fine ou ord.	6 50	8 00	9 50		
» exportée	extrafine			5 00		
	superfine			4 50		
	fine			4 00		
Poudre de mine	lente					2 fr. 00
	ordinaire	3 40		2 50	2 fr. 50	2 50
	forte					2 85
» exportée		3 20		1 60	1 30	
Poudre de guerre		3 40				

MUNITIONS.

1518	Colmar	fabrication de 32¹/₂ q. de poudre à Str..	65 fl. les 100 kᵒˢ	21 fr. 94	
1525	»	fabrication de cent livres à	20 ß.	18	60
1518	»	fabrication de 3 ¹/₄ quintaux à . . .	4 ℔. 15 ß.	19	29
1395	Colmar	cent livres de salpêtre à	14 ℔. 16 ß. les 100 kᵒˢ	227	00
1409	Bâle	333 ℔. salpêtre à	61 fl. 11 ß.	315	00
1410	»	350 livres salpêtre à	63 ℔. 19 ß. 3 d.	290	00
1416	Colmar	cent livres de salpêtre à . . .	19 fl.	302	00
1425	Bâle	200 livres salpêtre à	21 ¹/₂ fl.	166	00
1435	»	121 livres salpêtre à	20 ℔. 19 ß. 8 d.	230	00
1449	»	une livre à	6 ß.	396	00
1497	»	10 livres de salpêtre à	4 ℔.	480	00
1518	Colmar	cent livres achetées au dehors .	8 fl.	96	09
	»	cent livres fabriquées en ville .	5 ¹/₂ fl.	66	00
1521	»	cent livres de salpêtre à . . .	5 ³/₄	69	00
1525	»	cent livres achetées au dehors .	8	93	00
1526	»	cent livres de salpêtre à . . .	8	93	00
1532	»	cent livres de salpêtre à . . .	7	82	00
1550	»	132 livres à	8 ℔. 9 ß. 4¹/₂ d.	81	00
1553	»	187 livres à	11 3 11	102	06
1555	»	cent livres de salpêtre à . . .	2 ¹/₂ fl.	26	96
1574	»	cent livres de salpêtre à . . .	12 fl.	115	00
1833	Strasb.	chez les épiciers	le kilo	3	60
1841	»	»		2	00
1847	»	»		1	60
1864-69	»	»		1	60
1870-75	»	»		1	40
1493	Bâle	562 ¹/₂ livres de soufre . . .	23 ℔. 14¹/₂ ß. les 100 kᵒˢ	51	00
	»	250 livres à	12 16 ß. 8 d.	61	00
1518	Colmar	cent livres à	2 ³/₄ fl.	34	00
1571	»	cent livres de soufre à	8 fl.	78	00
1821	Strasb.	les cent kilos soufre à		43	00
1822	»	»		42	00
1826	»	»		46	00
1834	»	»		105	00
1842	»	»		80	00
1875	»	»		70	00

CHEVAUX

Comme montures pour la cavalerie, comme instruments de transport et de labour, les chevaux ont de tout temps joui d'une estime méritée. C'était le seul commerce, nous l'avons vu ailleurs, que le magistrat de Strasbourg tolérât pour les Juifs dans le ressort de la ville.

Mais il y a cheval et cheval. Sans parler des guerres et des épizooties qui peuvent amener des renchérissements momentanés, le prix des chevaux varie à l'infini, pour une même époque et un même lieu, selon leur âge, leur force, leur race, leur éducation. Aussi n'avons-nous pas la prétention de présenter des moyennes. Nous nous bornerons à citer et à traduire les notes que nous avons prises.

Cette variété de prix est marquée déjà dans une ordonnance que le magistrat de Strasbourg édicta en 1360. Tous les bourgeois aisés sont tenus de se monter. Ceux qui, en dehors de leurs meubles *(husrat)*, ont une fortune de :

600 tl.	ou 12360 francs,	auront un cheval de	6 tl.	ou 123 fr.	60
800	16480	»	6	123	60
1000	20600	»	8	164	80
1200	24720	»	10	206	00
1400	28840	»	12	247	20
1600	32960	»	14	288	40
1800	37080	»	16	329	60
2000	41200	»	20	412	00

Ce dernier est appelé *meyden* ou cheval de bataille. Ceux qui ont :

1500 marcs	ou	78000 fr.,	fournissent 1 *meyden* et un cheval de 10 tl.
2000	»	104000	»	2	»
3000	»	156000	»	3	» etc.

Ceux qui sont tenus à deux ou plusieurs *meyden*, peuvent remplacer l'un d'eux par deux chevaux valant ensemble 20 tl.

Les renseignements fournis par les archives ne sont guère moins divergents.

Chevaux de selle.

1338	Bâle	20 marcs	ou 1000 fr.	1420	Colmar	10-28 fl.	ou 78-220 fr.
1362	»	14 ½ tl.	281	1421	»	14	110
1370	»	30	468	1423	»	28 et 37	220 et 290
1393	Colmar	34 ½	524	1424	»	29 [1]	228
1400	»	15 ½ et 20	172 et 222	1428	»	28 [2]	220
1405	Bâle	15	129	1431	»	26 [3]	205
1406	»	24	206	1432	»	19 [4]	150
1415	Colmar	9 tl. 12/7.-16 tl.	150-250	1434	»	28	210
1417	»	22	173	1437	Bâle	35 en moyenne	262
»	O.-N.-D.	25	196	1442	»	44-51	330-382
1419	Colmar	14	110	»	Colmar	30 et 36	225 et 270

1. Appartenant à Welchin de Bebelnheim.
2.   »   à Marquart de Rust.
3.   »   à un stettmeister.
4.   »   à Dietrich de Balgau.

1443	Colmar	23 fl.	ou 172 fr.	1520	Colmar	21 fl 8 ½ β. ou	132 fr.
1446	»	27 et 31	202 et 232	1526	»	12 et 22 fl.	75 et 138
1447	»	32	210	1529	»	24	151
1459	O. N.-D.	22	165	1531	»	32	202
1460	Strasb.	28	202	1538	»	12 ℓ. 14 β. 4 ½ d.	118
1484	Colmar	33	228	1543	»	16 ℓ.	131
1486	»	21	145	1551	»	30 ℓ. 11 β. 8 d.	251
1495	»	24 ½ et 28	159 et 182	1552	»	31 ℓ. 17 d.	255
1496	»	20	182	1554	»	24 ℓ. 2 β. 5 d.	197
1499	»	32	200	1555	»	26 ℓ. 18 β. 9 d.	221
1504	O. N.-D.	23 fl. 4 β.	146	1561	»	39 ℓ.	320
1506	Colmar	23 ½ 2	151	1650	Gr. Ch.	75 fl.	258
1519	»	16 ℓ. et 21 ½ 154 et 208					

Chevaux de trait.

1362	Bâle	6 ℓ.	ou 116 fr.	1713	Unterl.	133 fl.	ou 220 fr.
1370	»	12	187	1714	Thier.	100 l.	97
1417	O. N.-D.	10 fl.	79	1715	»	160 ½ et 104 l., 121 et 186	
1416	»	20	157	»	Unterl.	132 et 151 fl.	261 et 300
1451	S.-Claire	6	45	1716	»	100	193
1467	S.-J.-Sc.	14 et 15	99 et 106	1722	»	106 et 132	119 et 148
1551	Colmar	19 ℓ.	136	1719	Engelp.	96 l.	96
1553	»	18 ℓ. 18 d.	118	1743	D. Col.	230	230
1568	»	31 ℓ.	240	1760	Mulh.	127 et 216 ℓ.	170 et 288
1572	»	14	108	1764	»	200	267
1670	H. Str.	25	194	1765	»	268 ½	358
1677	Engelp.	74	212	1767	»	199 et 288	265 et 384
1701	Thierenb.	75 l.	105	1769	Pairis	303 l.	303
1703	Pairis	193 fl. 6 b.	464	1777	»	267	267
1710	Unterl.	50 et 90 fl.	87 et 157	1783	»	180 p. carrosse	180
1711	Colmar	75 ℓ.	105				

Au prix des chevaux se rattache d'abord celui du foin et de la paille.. Le commerce de ces denrées, leur achat avec intention de les revendre, était défendu à Strasbourg par de nombreuses ordonnances (1686, 1695, 1699, 1705, 1730, 1740, etc.). Le magistrat intervenait en outre par des taxes officielles, dont ses registres nous offrent pour le dernier siècle de nombreux exemples. Fidèle à des errements souvent constatés, on ne se contentait pas de supprimer tout intermédiaire entre le producteur et le consommateur, on limitait d'office, par des prescriptions plus ou moins arbitraires, les exigences du premier.

Jusqu'en 1681 toutes les données pour le foin sont évaluées en *futer* ou *enger* ; les taxes postérieures à cette date se rapportent au quintal. La voiture de foin, d'après une note de la douane de Strasbourg, valait de 16 à 20 quintaux. Nous avons pris, dans nos conversions, le terme moyen de 900 kilos.

En dehors des renseignements colmariens de 1723 et 1724, la paille est toujours vendue par bottes. Les cent bottes, telles qu'on les faisait dans le pays, pesaient 800 kilos.

Année.	Voiture de foin.	100 bottes paille.	LES 100 K⁰ˢ foin.	paille.	Année.	Voiture de foin.	100 bottes paille.	LES 100 K⁰ˢ foin.	paille
1352 S.-Étien.		48 d.		0 fr.55	1580 H. Str.	60		3 fr.11	
1353 »		42		0 48	1581 »	50		2 68	
1354 »		48		0 55	1582 »	55		2 95	
1358 »		60		0 68	1585 »	15		0 80	
					1591 G.-Ch.		10		0 fr.54
1416 O.-N.-D.	300 d.	30	2 fr.28	0 26	1592 »		20		1 09
1418 »		29 ½		0 25	1593 »		25		1 34
1420 S.-Thom.	189	64	1 43	0 55	1598 »		22 ½		1 19
1422 O.-N.-D.		41		0 32	1609 Munst.		42		1 74
1423 S.-J.Sch.	180		1 24		1612 »		25		1 01
					1623 Colmar	75	50	2 58	1 94
1438 S.-Thom.	204		1 36		» Evêché	65	50	2 80	2 42
1446 S.-J.Sch.		48		0 36	1634 Strasb.	45	10	1 86	0 47
1451 »	195	48	1 29	0 36	1636 Ribeauv.	160		5 16	
1461 Landser		72		0 25	1644 Colmar		50		1 81
1463 S.-J.Sch.	126		0 84		1645 »		50		1 81
1466 »	201		1 28		1646 Strasb.		60		2 89
1467 »	168		1 07		1648 Colmar		9		0 31
1468 »	162		1 03						
1469 »	159		1 01		1672 Munst.		42		1 36
1471 »	126	48	0 80	0 35					
1472 S.-Arb.		46		0 33	1681 Strasb.	40 s.		6 95	
1474 S.-J.Sch.	132		0 84		1685 »	22		3 82	
					1686 »	18		3 13	
1492 O.-N.-D.	141		0 85		1688 »	17		2 95	
1493 S.-J.Sch.	134	56	0 79	0 37	1693 »	12		1 78	
1496 »	177	32	1 07	0 21	1694 »	30		4 46	
1498 »	148		0 85		1695 »	18		2 67	
					1696 »	12		1 78	
1501 O.-N.-D.		42		0 28	1697 »	18		2 67	
1507 »	126		0 70		1698 »	27		4 01	
1530 Colmar		106		0 51					
1531 G.-Chap.		96		0 55	1703 Eschau	93		13 83	
1535 Eschau		72		0 41	1707 Thier.		133 s.		0 85
1539 O.-N.-D.		76		0 43	1709 Colmar	18		2 70	
1541 Colmar		200		0 83	1713 Strasb.	20		1 95	
1543 O.-N.-D.		96		0 55	1715 »	16		1 90	
1545 Hôp.Str.	21 β.		1 28		1716 »	22		2 55	
1547 »	73 ½		4 41		1717 »	24		2 78	
1548 »	52 ½		3 15		1718 »	24		2 05	
					1720 »	21	400	1 58	1 15
1555 »	63		3 53		1721 »	17	180	1 15	0 75
1569 »	52 ½		2 97		1722 »	20	160	1 35	0 67
1573 G.-Chap.		25–33		1 85	1723 Colmar	40	15 q.	2 70	1 00

FOIN ET PAILLE.

Année.	100 vt. foin.	100 bottes paille.	LES 100 K^os		Année.	100 vt. foin.	100 bottes paille.	LES 100 K^os	
			foin.	paille.				foin.	paille.
1724 Colmar	45	21 q.	1 fr 50	2 fr.40	1752 D. Col.		300		1 fr.90
1728 Thier.		133			1753 Thier.	20	220	2 fr.00	1 10
1730 Strasb.	16		0 85		1754 »	20	400	2 00	2 50
1731 »		200	1 60		1755 G Chap.	30	240	3 00	1 50
1732 Thier.		160	1 25		1756 »	30	300	3 00	1 90
1734 Strasb.	40		1 00	1 00	1758 Thier.	20		2 00	
1736 Thier.	27		2 70		1760 »		250		1 55
1737 »	25		2 50		1761 Thier.	20		2 00	
1738 Œlenb.		133	0 85		1762 Strasb.		400		2 50
1740 Engel.		240	1 50		1763 »		300		1 90
1741 Thier.		353	2 20		1761 »	39½	23¼ q.	3 95	2 35
1742 »		220	1 40		1764 Colmar	37½	19 q.	3 75	1 90
1743 »		250	1 55		1766 Strasb.	50	480	5 00	3 00
1744 »	20	200	2 00	1 25	1767 »	35½	23¼ q.	3 55	2 35
1745 »	20		2 00		1767 Colmar	40	20 q.	4 00	2 00
1746 Thier.	21	105	2 10	0 65	1785 Oelenb.		320		2 00
1747 »	24	200	2 40	1 25	1789 G. Chap.	44	720	4 40	1 50
1749 G. Chap.	32	240	3 20	1 50	1790 »	60	600	6 00	3 75
1750 »	32	270	3 20	1 70	1791 »	40	480	4 00	3 00
					1792 Oelenb.		475		2 97
1751 Thier.	30	200	3 00	1 25					

PRIX DES 100 KILOS.

Année.	STRASBOURG.		Année.	STRASBOURG.		MULHOUSE.	
	foin.	paille.		foin.	paille.	foin.	paille.
1801	6 fr.10	3 fr.70	1822	5 fr.82	1 fr 54		
1802	6 58	6 00	1823	6 90	5 02		
1803	8 64	5 80	1824	5 21	2 94	2 fr.47	1 fr.33
1804	5 92	3 30	1825	4 66	2 93	4 37	2 58
1805	6 46	4 80					
1806	7 20	5 40					
1807	5 80	4 52	1826	6 91	4 72	7 00	5 11
1808	6 26	4 24	1827	6 78	4 92	6 00	4 96
1809		4 26	1828	5 55	4 54	4 29	2 69
1810	8 88	5 04	1829	6 25	4 92	5 15	3 00
1811	7 00	7 00	1830	4 15	5 65	6 92	4 55
1812	8 00	7 00	1831	7 39	5 25	5 60	3 92
1813	8 22	4 40	1832	7 40	4 70	5 95	3 86
1814	7 80	3 86	1833	8 25	4 62	7 50	4 61
1815	7 80	4 76	1834	9 30	6 10	7 97	5 21
1816	8 16	6 04	1835	8 37	6 04	7 13	5 02
1817	7 44	4 00	1836	7 04	4 17	7 03	4 02
1818	7 48	5 24	1837	6 54	1 65	6 13	4 01
1819	7 80	6 08	1838	6 22	1 83	5 88	3 99
1820	6 76	5 90	1839	7 63	5 19	6 63	4 03
1821	5 74	4 72	1840	11 19	7 03	8 94	5 17

PRIX DES 100 KILOS.

Année.	STRASBOURG.		MULHOUSE.		Année.	STRASBOURG.		MULHOUSE.	
	foin.	paille.	foin.	paille.		foin.	paille.	foin.	paille.
1841	8 fr.94	6 fr.38	6 fr.31	4 fr.92	1858	13 fr.50	5 fr.20	10 fr.90	5 fr.11
1842	8 86	7 26	6 70	5 55	1859	8 00	6 16	8 11	4 61
1843	8 69	6 28	5 86	5 51	1860	13 00	6 16	5 63	4 64
1844	5 79	4 60	4 76	3 21	1861	8 28	4 14	8 50	7 26
1845	6 76	4 85	5 72	4 56	1862	12 06	5 46	10 55	7 63
1846	8 03	6 21	6 55	5 71	1863	9 08	13 34	6 26	4 74
1847	8 80	6 05	7 76	6 50	1864	10 22	4 16	6 06	3 72
1848	7 78	5 15	6 57	4 28	1865	19 60	9 60	9 55	6 05
1849	6 24	4 08	4 55	3 37	1866	9 66	5 52	7 62	7 90
1850	6 18	4 12	4 80	3 19	1867	9 66	5 52	5 50	5 40
					1868	9 66	5 52	7 49	5 87
					1869	9 66	5 52	7 29	4 56
1851	7 10	5 04	4 88	2 88	1870	12 73	6 68	9 26	5 86
1852	8 14	5 54	6 10	4 72	1871	13 30	7 67	12 65	6 66
1853	7 02	4 62	5 96	5 40	1872	7 58	5 19	6 23	4 41
1854	6 82	4 70	4 92	3 57	1873	8 28	4 71	6 04	4 85
1855	9 00	4 82	5 15	3 68	1874	10 73	7 20	7 10	6 14
1856	7 42	5 56	7 10	5 22	1875	14 65	11 16	9 37	7 43
1857	7 76	5 44	8 50	4 32					

RECAPITULATION.
PRIX DES 100 KILOS.

Année.			BAS-RHIN.		HAUT-RHIN.	
			foin.	paille.	foin.	paille.
1351	—	1375		0 fr.56		
1401	—	1425	1 fr.65	0 35		
1426	—	1450	1 36	0 36		
1451	—	1475	1 00	0 35		0 fr.25
1476	—	1500	0 89	0 29		
1501	—	1525	0 70	0 28		
1526	—	1550	2 95	0 49		0 67
1551	—	1575	3 25	0 85		
1576	—	1600	2 39	1 04		
1601	—	1625	2 80	2 80	2 fr.58	1 56
1626	—	1650	1 86	1 68	5 11	1 31
1651	—	1675				1 36
1676	—	1700	3 42			
1701	—	1725	3 18	0 86	3 30	1 42
1726	—	1750	3 00	1 48	2 30	1 25
1751	—	1775	3 50	2 22	2 00	1 79
1776	—	1800	4 00	3 75		2 49
1801	—	1825	6 94	4 86	3 42	1 96
1826	—	1850	7 57	5 30	6 31	4 45
1851	—	1875	10 12	6 19	7 47	5 27

Une association naturelle d'idées nous amène à parler des éperonniers (*sporer*), des selliers et des maréchaux-ferrants. Voici ce que nous apprend sur les deux premières industries la taxe strasbourgeoise de 1646 :

ÉPERON-N.ERS.

Branches, vissées ou non, avec mors couvert et gourmette	20 β. ou	7 75
Branches avec chaperon, mors à pas d'âne	16	6 20
Branches doubles pour cheval de course	12	4 65
une paire de petites branches	8	3 10
un mors	32 δ.	1 03
gourmette neuve	12-16	1,65-6,20
une paire de sous-pied avec coquilles et tournant	15 β.	5 81
» des meilleurs	12	4 65
» moindres	8	3 10
» ordinaires	80 δ.	2 58
éperons creusés à la lime, avec grands anneaux et agrafes	12 β.	4 65
» plats, id.	80 δ.	2 58
» communs id.	60	1 91
bon fer à étrilles	40	1 29
limer des étrilles	8	0 26
chaîne de licou	40	1 29

SELLIERS.

Selle pour un grand cheval	6 fl. ou	23 25
» moyen, av. ornem. 45 β. ou 17 44 ; sans ornement, 30 β.		11 62
» de femme 45		17 44
coussin dans une selle 4-5		1,55-1,94
housse de selle en cuir		
de Cordoue . . 16-20 6,20-7,75, en mouton . . 10-12		3,88-4,65
une paire de fontes . . 10-16		3,88-6,20
une bride 5-8		1,94-3,10
mettre une muserolle . 1		0 39
devant et derrière de la		
bride 10-15		3,88-5,81
sangles avec 4 attaches 40 δ. 1 29, avec le surfaix 3-4		1,16-1,55
une paire d'étriers . . 4-5 β.		1,55-1,94
un chapelet 4-5		1,55-1,94
une croupière . . . 24-32 δ.		0,78-1,03
un coussin de valise . 16-20		0,52-0,65
un poitrail 18		1 55
un licou 36-40		1,16-1,29
une bride de licou . . 8-12 0,26-0,39, chaîne de licou 4-5		1,55-1,94
selle de paysan . . . 12-16 β.		4,65-6,20
barde avec sangles . . 5 1 94, sans sangles . 3-4		1,16-1,55
garnir un coussin . . 8 δ.		0 26
rênes en cuir . . . 40-48		1,29-1,55
licou en cuir p. paysan 24-32		0,78-1,03
collier de selle . . . 6-8 β.		2,32-3,10

collier	5-6	1,94-2,32,	coussinet de c.	4-6 ♂. ou	0,13-0,19
un bourrelet	10-11	3,88-5,43,	le remplir . .	8-12	0,26-0,39
coussin de bourrelet .	24-30♂.	0,78-0,97,	bois de b.	20-24	0,65-0,78
un *haltzling*	3-4 β.				1,16-1,55
l'attirail de derrière .	12-15				4,65-5,81
une *leichte*	12-15				4,65-5,81
1 p. de gaînes (*scheiden*)	40-48 ♂.				1,29-1,55
une paire de surdos .	12-16 β.				4,65-6,20
dossière avec l'attache	20-40♂.	0,65-1,29,	2 tirants	. . 24-32	0,78-1,03
une courroie (*nähriemen*)	1-2				0,03-0,06
garnir une selle de crins	16-32				0,52-1,03
2 tiges de renfort (*beinleder*)	5-6 β.				1,94-2,32

LES MARÉCHAUX-FERRANTS.   Avant de rapporter la taxe des maréchaux-ferrants, citons quelques données sur le prix des fers.

1414	S.-Thomas	un fer de cheval		5 ♂. ou	0 fr. 34		
1488	Reichshof.	ferrer un cheval		6	0 33		
1510	Eschau.	un fer		5	0 25		
1515	Hôp. de Str.	un fer		5	0 24		
1641	Strasbourg	un petit fer pour paysan, vieux	7♂. ou	0 fr. 23,	neuf	14 ♂. ou	0,45
	»	mettre un fer moyen, vieux .	8	0 26	»	16	0,52
	»	fer vieux pour cavalier . . .	10	0 32	»	20	0,65
	»	un fer vieux				12	0,39
	»	un fer neuf sans crampons .				16	0,52
	»	fer neuf pour meunier et charretier				24	0,78
1646	»	fer neuf avec crampons pour meunier				18	0,58
	»	fer vieux sans crampons pour meunier	7	0 23	»	14	0,45
	»	fer vieux pour cavalier . . .	6	0 19	»	14	0,45
	»	» de moy. grandeur .	6	0 19	»	12	0,39
	»	» pour paysan . . .	5	0 16	»	10	0,33
1646	Colmar	un petit fer pour paysan . .				12	0,29
	»	un grand fer neuf				15	0,36
	»	le même avec crampons . . .				20	0,49
	»	un grand fer de cavalier (*Reut-Rosseisen*)				18	0,44
	»	mettre un vieux fer				6	0,15
	»	» avec crampons . . .				10	0,24
1708	Thierenb.	un fer à cheval				5 s.	0,36
1719	»	id.				6	0,25
1875	Strasbourg	fer vieux		0 50	»		1,00
	»	crampons					1,25

Les détails rapportés aux années 1641 et 1646 sont extraits de trois tarifs officiels, tous très-étendus. Voici les autres articles de l'ordonnance colmarienne. Ils nous donnent une idée complète du cercle, dans lequel se déployait l'industrie des maréchaux-ferrants (*hufschmidt*).

ferrer une paire de roues avec du fer neuf	10 fl. ou 36,20 ; façon seule 27 b. ou 6,59			
ferrer une paire de roues avec du fer vieux			18	4,34
» une charrue (*schlittenpflug*) av. fer neuf	15 b.	3,62	7 ½	1,81
accessoires (*geschirr*) neufs d'une charrue	10	2,41	7 ½	1,81
ferrer un palonnier (*ortscheidt*) av. fer neuf	12	2,90	6	1,45
ferrer un timon (? *zitterstange*) »	12	2,90	6	1,45
ferrer une voiture »	112 ½ à 120	28,96	37 ½	9,05
une anille (*mühleisen*) avec fournit. d'acier	12	2,90		
percer une bande (*ein schien lochen*) . .	12 ᵭ.	0,29		
embattre une roue	12	0,29		
mettre une frette de moyeu (*speichenring*), neuve	24	0,58, vieille	6 ᵭ.	0,15
met. une boîte de roue (*radbüchsen*) neuve	18	0,44	6	0,15
mettre un anneau de la chaîne du timon neuf	24	0,58	6	0,15
met. une plaque (*blech*) neuve sur le timon	24	0,58	6	0,15
une chainette avec crochet, *scheibkett und haft*)	24	0,58		
met. une plaque d'essieu (*exenblech*) neuve	30	0,73	12	0,29
» de devant (*vorderhalb*) . .	12	0,29	6	0,15
» de derrière	12	0,29		
un *stocklohn* neuf	6	0,15		
un *legeisen band* neuf	10	0,24		
une esse (*lohnen*) neuve	10	0,24		
Une bande de roue grande et double .	20	0,48		
» ordinaire	12	0,29		
Un *leys* ou *zugband*	12	0,29		
Une clavette (*spannagel*) grande	90	2,18, moyenne	60	1,45
» petite	24	0,58		
affiner (? *gerben*) un fer de charrue . . .	40	0,96		
met. une tête de charrue (*pflugsohl*) neuve	24	0,58, vieille	6	0,15
mettre un fer de charrue	10	0,24		
Un *mittelklaff* avec l'anneau	50	1,21		
Un *ortklaff*	12	0,29		
Un ressort (*feder*) neuf	4	0,10		
Un *laufring*	6	0,15		
un anneau de *zieterstangen* av. la plaque .	60	1,45		
deux plaques à la *zieterstangen* av. collier	60	1,45		
ferrer un siège	30	0,72		
ferrer la *krett*	50	1,21		
ferrer un *welterschied*	50	1,21		

une fourche à fumier neuve	50 d. ou	1,21
un croc à fumier	40	0,96
un *lohnschieb*	14	0,35
un *reiteleisen*	6	0,15
un *kettengleich* forte	5	0,12, petite 4 0,10
Une pioche neuve	60	1,49
aiguiser une pioche neuve	20	0,48, vieille 15 0,36
ajouter une dent	6	0,15
la pointer	4	0,10

LEURS STATUTS.

Ce tarif nous fait voir les liens intimes qui unissaient les maréchaux-ferrants aux charrons. Les premiers avaient surtout pour mission de ferrer les bois façonnés par les derniers. Nous ne pouvons donc être surpris de rencontrer les deux métiers réunis à Saverne[1] dans une même confrérie.

Les maréchaux-ferrants ont pour chef-d'œuvre :

un train de devant d'un chariot, sans défaut ;
ferrer un cheval aux quatre pieds avec des fers neufs forgés par le candidat, sans prendre la mesure, quoiqu'il lui soit permis de lever un pied de devant et un de derrière ;
ne prendre la mesure que d'une bande sur chaque roue et il forgera à neuf tous les cercles, sans qu'il lui soit permis de prendre plus d'une fois la mesure.

Pour les charrons, le chef-d'œuvre consiste en un chariot entier et une charrue avec ses deux rouettes.

Les fils de maîtres ne font qu'une partie de ces épreuves.

L'art. 17 nous apprend que les compagnons recevaient habituellement un surnom dans la confrérie, et cette cérémonie était, semble-t-il, un prétexte à libations. Il y est dit qu' « ils ne s'obligeront pas les uns les autres d'achepter un surnom sous peine d'une amende de 10 d. ; ils n'achepteront des noms qu'au poêle commun, sous peine d'amende à arbitrer par les compagnons à leur profit. Le compagnon qui achepte un surnom en donnera 6 d. à la cassette commune, et le surplus, ils l'employeront à leur volonté. »

C'est tout ce que nous trouvons à noter dans ces statuts, les seuls de ces métiers que nous ayons rencontrés. Les autres articles défendent de se mal conduire au poêle ou aux assemblées, de manquer aux offices de la confrérie, de débaucher les ouvriers ou les clients d'un autre, de se présenter à la

---

1. Statuts de 1737, homologués au Conseil Souverain en janvier 1747.

maîtrise avant d'avoir roulé trois ans et travaillé deux ans à Saverne, de terminer les différends qui concernent le métier ailleurs que devant l'assemblée, etc. etc. Le lecteur connaît toutes ces prescriptions, communes à toutes les corporations.

Pour achever de mettre en relief les rapports signalés plus haut, et exposer les attributions spéciales des charrons, il suffit de reproduire la page que le tarif colmarien de 1646 leur a consacrée.

une paire de roues	30 b. ou	7,24
une charrue	18	4,34
les accessoires d'une charrue (*pfluggeschirr*)	18	4,34
une herse	15	3,62
un train *hochgestell* avec l'essieu	30	7,24
un tombereau avec l'essieu	36	8,68
un char pour 6 ou 7 cuves (*bittich*) de raisins	30	7,24
un essieu pour voiture	6	1,45
échelles de voiture	24	5,77
les accessoires du devant du timon, l'essieu et le *Griesbrett*	24	5,77
les accessoires de derrière (*hinder geschirr*)	15	3,62
le siége *schämel* de devant	24 δ.	0,58
le siége de derrière	30	0,72
le *krett*	60	1,45
un timon	50	1,21
une paire de bras (*arm*)	104	2,52
le *grieszbrett*	30	0,72
une paire de *holtzbaum*	120	2,90, façon seule 60 δ. ou 1,45
le *karchbaum*	60	1,45
le *leysz*	18	0,44
le *pfulbe*	24	0,58
le *bodenschwing*	8	0,20
l'*ober bäumlein*	18	0,44
l'*ober spole*	6	0,15
façonner deux roues	12	0,29
deux petites roues de charrue	120	2,90
un essieu de charrue	24	0,58
un *egenripp*	18	0,44
mettre les dents, *zahnen*, d'une herse	30	0,72
un palonnier	10	0,24
un *einspenle*	4	0,10
un *veig* dans une roue	18	0,44
un rayon, *speich*, dans une roue	12	0,29
manche de pioche ou de hache	4	0,10, façon seule 2 0,05
un cric, *wagenrind*	24	0,58
un joug pour deux bœufs	30	0,72, pour un 6 0,15

En 1631, dans les terres de l'évêché, avait été édicté le tarif suivant :

un *lastwagen*, voiture de transport	90β.	ou 34 fr.	87
une voiture ordinaire	60	23	25
un chariot	28	10	45
un *hochgestell*, train	20	7	75
un *pflugkärchel*	6	2	32
un essieu, *âxt*	4	1	55
une roue dans la montagne	7	2	71
» la plaine	8	3	10

LOCATION D'UN CHEVAL. — Voici quelques données sur les prix qu'on payait autrefois pour la location des chevaux (*Rosselon*) et des voitures. Un cheval se paie par jour :

1431	Colmar	18 δ.	ou 0 fr. 99	1593-96	S.-G. Hag.	24 δ.	ou 0 fr. 86
1514	»	18	0 72	1597-99	»	24	0 81
1523	Dom. de Str.	14	0 68	1607-10	»	36	1 20
1529	S.-Pierre-le-v.	18	0 81	1654-83	»	60	1 01
1540	»	18	0 82	1670	S.-Thomas	60	1 94
1542	S.-Thomas	17	0 77	1678	Mulhouse	150	1 62
1554	S.-Pierre-le-v.	18	0 81	1680	»	180	1 95
1569-74	S.-G. Hag.	24	1 02	1682	S.-Thomas	120	3 34
1575-85	»	24	0 96	1683	»	90	2 50
1586-89	»	24	0 90	1695	»	72	1 74
1590-92	»	24	0 88				

1741-53	Mulhouse	la *schese*, chaise	20 β.	ou 1 fr.	33
1742-63	»	la *kutsche*, carrosse	25	1	66

1529	S.-Pierre-le-v.	voit. avec 2 chev. et cocher	52 δ. ou	2 fr. 45
1763	Mulhouse	»	150	2 49
1535	S.-Pierre-le-v.	voit. avec 3 chev. et cocher	72	3 30
1543	»	»	60	2 75

Rapprochons de ces données le tarif suivant, édicté à Mulhouse en 1457 pour les charrois :

1 *Karrich* avec 1 cheval, été	5 β.	ou 1 fr. 65						
1		2		7	2 31 ; hiver,	6 β.	ou 1 fr.	98
2		2		8	2 54	7	2	31
2		3		10	3 30	8	2	54

Les adjudications de la ville de Strasbourg comptent la voiture à un collier, chargeant

1500 k°, en 1821 : 8 fr. ; 1836-44 : 8,00 ; 1845-63 : 8,00 ; 1864-72 : 10 ; 1871-77 : 12					
750	5	5,40	4,50	6	8
400			3,20	4	5,50

Aujourd'hui que l'Alsace est sillonnée en tout sens par des chemins de fer, que la vapeur vous transporte en un instant à des distances considérables, on a peine à se figurer qu'il n'en a pas toujours été de même. Cependant il fut un temps, et il n'est pas loin de nous, où le voyageur ne rencontrait dans notre pays ni railway, ni diligence, ni même de poste.

C'est sous le règne de Maximilien Ier (1493—1519) que fut établie en Allemagne la première route postale. Elle allait de Vienne à Bruxelles et passait à Rheinhausen, près de Spire. De Rheinhausen, un service particulier la rattachait à Strasbourg.

Au XVIIe siècle, Strasbourg était en communication directe et régulière avec Bâle, Heidelberg, Francfort, Nancy et Paris. En 1671, l'entreprise des postes strasbourgeoises appartenait à quatre bouchers, qui entretenaient à cet effet 70 chevaux. Voici quelques traits de leur tarif :

Strasbourg à Colmar . . .	le cheval	12 β. ou	4 fr.	65
» à Brisach . . .	»	24	9	30
» à Bâle	»	35	13	56
» à Montbéliard .	»	50	19	37
» à Nancy . . .	»	60	23	25
» à Paris	»	150	58	12
une calèche par jour 3 batzen			0	77
un carrosse » 5 β.			1	94
le conducteur par semaine, 1 thaler			5	80

Plus instructif et plus explicite est le tarif contemporain (1673) de la poste impériale de Rheinhausen et de ses ramifications à travers l'Alsace. Pour une voiture de deux chevaux, il compte, par relai, 3 fl. ou 10 fr. 85, plus un pourboire de 10 kr. ou 0 fr. 60. Sur cette base on paie :

de Heidelberg à Nancy (140 fr. 70)				
de Heidelberg à Rheinhausen,	1	poste 3 fl. ou	10 fr.	85
de Rheinhausen à Linckenheim,	1	3	10	85
de Linckenheim à Rastatt,	1 ½	4 ½	16	15
de Rastatt à Lichtenau,	1	3	10	85
de Lichtenau à Strasbourg,	1	3	10	85
de Strasbourg à Saverne,	2	6	21	70
de Saverne à Sarrebourg,	1 ½	4 ½	16	15
de Sarrebourg à Blamont,	1 ½	4 ½	16	15
de Blamont à Lunéville,		3 ¾	13	55

de Lunéville à S.-Nicolas,	2 ¹/₄	8	15
de S.-Nicolas à Nancy,	1 ¹/₂	5	45
de Strasbourg à Belfort (66 fr. 95)			
de Strasbourg à Colmar,	3 postes 9 fl. ou 32 fr. 55		
de Colmar à Roufach,	2	7	24
de Roufach à Isenheim,	1 ¹/₂	5	44
d'Isenheim à Cernai,	2	7	24
de Cernai à Belfort,	4	14	48
de Strasbourg à Brisach (49 fr. 70)			
de Strasbourg à Schlestadt,	2 postes 6 fl. ou 21 fr. 70		
de Schlestadt à Ribeauvillé,	1	3	11 85
de Ribeauvillé à Brisach,	1 ¹/₂	4 ¹/₂	16 15

Retour par eau, la personne 123 kr. ou 7 fr. 42.
Retour de Belfort à Strasbourg avec 3 chevaux 43 fr.

de Belfort à Cernai,	5 fl. ou 18 fr. 10		
de Cernai à Isenheim,	2 ¹/₂	9	05
d'Isenheim à Roufach,	2 ¹/₂	9	05
de Roufach à Colmar,	3	10	85
de Colmar à Ostheim,		5	45
d'Ostheim à Schlestadt,	2	7	24
de Schlestadt à Grafenstaden,	3	10	85 par eau
de Grafenstaden à Strasbourg,	¹/₂	1	20 à cheval [1]

Nos pères, on le voit ne négligeaient pas les cours d'eau. Quand ils pouvaient descendre le Rhin ou l'Ill, ils s'empressaient d'en profiter. Depuis longtemps on a abandonné cette voie, soit par suite de l'amélioration des communications terrestres, soit par suite de changements survenus dans le niveau des eaux [2].

COCHES. Sur terre même, on possédait des moyens de transport plus accessibles que les chaises de poste, pour les bourses plébeiennes. En 1500, S. Thomas expédiait une lettre à Neubourg par le *roller*. Vers la même époque, Georges Wickram nous l'apprend dans son *Rollwagen*, un hôtelier de Colmar établissait un service régulier entre cette ville et Strasbourg, pendant la

---

1. V. Mone, *Zeitschrift*, XII, 138.

2. Quand on parcourt les anciens documents, il est impossible de ne pas s'étonner de l'importance qu'avait autrefois la navigation pour le commerce de Schlestadt, de Colmar, etc. Il se rencontre même des cours d'eau, comme le *Schiffgraben*, qui ne nous semblent point navigables, sur lesquels les transports étaient réglementés avec soin. Voir Silbermann, *Beschreib.* von Hohenburg, p. 74 et 75.

durée de la foire [1]. Il dédie même son recueil d'anecdotes aux voyageurs que pourrait ennuyer la lenteur de ce coche. C'est la première ébauche de l'idée qui inspira de nos jours la *Bibliothèque des chemins de fer*.

S'ils marchaient lentement, ces véhicules n'étaient pas trop exigeants. Tandis qu'une chaise de poste coûtait 12 fr. 65 de Colmar à Schlestadt, le coche vous permettait de faire le même voyage pour la modeste somme de 12 sous ou 60 centimes. C'est ce que nous apprennent les comptes des dominicains de Colmar, en l'année 1746.

Pour le service intérieur des villes, on rencontre, du moins à Strasbourg, des carrosses de louage, dès le xviie siècle. Les selliers, les maréchaux-ferrants, les maîtres d'hôtel, tenaient de ces voitures et les mettaient au service du public. Le magistrat de Strasbourg édicta, en 1671, une ordonnance chargée non de créer, mais de régler cette institution.

Au xviiie siècle, les carrosses se trouvent en face d'une double concurrence : les chaises à porteur et les fiacres.

D'après un arrêté de 1726 (16 mai), les chaises à porteur devaient stationner au nombre de 16, sur les places S.-Thomas, S.-Pierre-le-Jeune et S. Étienne. On leur payait :
3 *ll.* pour la journée (Été 6—10 h. ; hiver 7—9 h.).
6 s. pour une course, 10 s. si elle était longue, 15 s. jusqu'à la citadelle.

En 1741, il n'y a plus que 15 chaises (30 oct.). La journée est de 4 livres ; la course, de 8 s. ; 12 s. hors du quartier ; 16 s. dans les faubourgs. Chaque heure d'attente se paie 6 s.

Peu après (22 déc. 1749), huit fiacres numérotés stationnent sur les places. Ils vous transportent pour 15 s. la course et 20 s. par heure. Le prix est le même pour une ou pour quatre personnes.

Cette taxe est portée en 1782, à 16 s. par course et 22 s. par heure, sans compter le pourboire. Depuis 1751 le nombre des fiacres était fixé à 12.

En 1791 (23 mai), la course est de 18 s., l'heure de 24 s. (la première, 20 s. les heures suivantes), pourboire compris. L'an x (6 fructidor), la course est de 1 fr. 50 en ville, l'heure 2 fr.

---

1. *So dann ist auch in ewerem Gebrauch, alle Strasburger mes; einen eigenen Rollwagen anzurichten.*

(la première, 1 fr. 50 les suivantes). La course est de 3 fr. jusqu'à Schiltigheim, de 4 fr. 50 jusqu'au Jagerhof, de 3 fr. jusqu'au Neuhof.

De nos jours, les citadines, héritières des anciens fiacres, sont soumises au tarif suivant (30 août 1867) :

	de jour	le soir	la nuit
la course,	0 fr. 75	1 fr. 00	1 fr. 50
» au dehors	1 25	1 75	2 50
l'heure	2 00	2 50	3 00
³/₄ l'heure	1 50	2 00	2 50
¹/₂ »	1 25	1 50	2 00
¹/₄ »	0 75	1 00	1 50

Ces intrus provoquèrent des entraves pour l'industrie des loueurs de carrosses (22 nov. 1751). On leur défendit d'en avoir plus de deux chacun, de stationner sur une place, de voiturer à l'heure. Leur taxe fut, comme en 1726, 6 livres par jour, 3 livres par demi-journée. Par mesure somptuaire, la police se réservait l'autorisation des carrosses pour noces et enterrements.

Plus tard intervinrent encore d'autres réglementations. En 1769, on réforma un certain nombre de carrosses, les autres furent inscrits sur une liste et durent servir à tour de rôle. Comme objet de luxe, chaque carrosse d'enterrement paya 4 livres à la caisse des aumônes. Il coûtait en outre 3 livres pour la voiture, 16 s. pour le crêpe, et 8 s. pour pain et vin. Les demi-journées finissaient à midi et à 10 heures du soir ; chaque heure en sus se payait 20 s.

« Le nombre des carrosses de remise devenant de jour en jour plus considérable », la police les fit enregistrer et numéroter en 1776. Mais en 1782, on porta la journée à 7 livres, et la demi-journée à 3 ½ livres, pourboire non compris. Trois ans après, la journée fut mise à 8 livres et la demi-journée à 4 livres, « non compris les guides fixés à 24 s. par jour. » D'après ce dernier règlement, la matinée finit à 1 heure, et l'après-dîner va de 1 heure à 9.

Les personnes qui voudront se servir du même carrosse après le souper, payeront 24 s. jusqu'à minuit, et, ce terme passé, 20 s. par heure, « à moins qu'on n'ait commencé à se servir du carrosse que vers le temps du spectacle, dans quel cas il ne serait pas juste de payer la course faite après le souper. »

Les ports de lettres indiqués par les Comptes sont presque toujours des pourboires. Voici ceux que nous avons notés :

PORTS DE LETTRES.

```
1500 S.-Thomas  Port d'une lettre par le roller, pour Neubourg  5 d ou 0 fr. 31
1734 Thierenb.  Affranchir une lettre pour Paris . . . . 3 l.  3  00
1751 Dom. Colm. Port d'une lettre de Paris . . . . . . . 10 s.  0  50
1753      »     Port d'une lettre de Porentruy . . . . .  9    0  15
```

Dans notre premier volume, en parlant des mines d'argent, nous avons déjà dit ce que les Archives nous apprennent sur la production du cuivre et du plomb. Ces différents métaux se recueillaient dans les mêmes localités, dans des conditions, avec des alternatives de succès et de revers, que nous avons déjà longuement exposées.

LES MÉTAUX.

Les mines de fer, les forges, les hauts fourneaux pourraient au contraire former l'objet d'une étude aussi neuve, à certains égards, qu'intéressante en général. Mais lorsque les évènements vinrent nous fermer à peu près l'accès des dépôts publics, nous n'avions réuni sur ce point, fort secondaire dans notre travail, que des notes assez clairsemées. Force nous est donc de remettre cette notice a d'autres temps, et de renvoyer le lecteur aux renseignements publiés par M. de Dietrich et par les laborieux auteurs des *Descriptions géologiques et minéralogiques* de nos deux départements.

La plupart des villes de l'Alsace concentraient dans leurs entrepôts le commerce en gros du fer. Colmar établit ainsi, ou plutôt rétablit, en 1561, ce monopole assez lucratif. Elle tirait alors ses fers de Schirmeck, d'Etueffont (*Stouffen*), et d'Angeot (*Ingelsot*). Ces deux derniers noms méritent d'être relevés. Ils ne figurent point dans les pages que la *Description* du Haut-Rhin consacre aux *mines et minières de fer*. Elle va même jusqu'à dire, que dans ce département, « il n'est fait mention d'aucune exploitation sérieuse avant la seconde moitié du XVIIe siècle. »

Il est vrai qu'à la fin du XVIe et dans le cours du XVIIe siècle, il n'est question ni d'Etueffont, ni d'Angeot. Colmar s'approvisionne alors à Neubourg, à Schirmeck, à Framont, à Rothau, à Fraize, à Montbéliard, à Chagny; ou en termes plus vagues, en Champagne *(schempan)*, en Lorraine, en pays français.

Voici quelques chiffres sur l'importance de la vente :

1583 :	1024 quintaux		1606 : 1076 quintaux	
1585 :	1212	»	1607 : 1402	»
1586 :	850	»	1608 : 1250	»
1588 :	862	»	1609 : 1344	»
1590 :	965	»	1610 : 957	»
1591 :	989	»	1611 : 1110	»
1603 :	1033	»	1612 : 1217	»
1604 :	1125	»	1613 : 1051	»
1605 :	931	»	1614 : 845	»

L'agent de la ville, l'*eisenschaffner*, recevait, en 1591, pour salaire 40 fl. ou 175 francs. Le bénéfice était d'environ ¹/₂ fl. par quintal, 4 fr. 40 pour les cent kilos. Pendant quelque temps le bénéfice net de ce monopole, qui formait une caisse spéciale, s'accumulait sans qu'on y touchât. Il monte en

1582 à	2305 fl. ou	11156 fr.	1592 à	3809 fl. ou	16569 fr.
1583	2507	11482	1593	3708	16130
1584	2603	12197	1594	2774	12067
1585	2832	12970	1595	2055	8939
1586	2987	13680	1596	2325	10114
1587	2956	13538	1597	2520	10962
1588	3123	14813	1598	2742	11932
1589	3306	14745	1599	2991	12682
1590	3459	15427	1600	3233	13708
1591	3689	16047	1601	3443	14598 etc.

De 1579 à 1670, les Comptes nous donnent le bilan annuel de l'entreprise. Mais ces chiffres n'auraient aucun intérêt pour le lecteur.

La ville affermait parfois une partie de son monopole. C'est ainsi qu'en 1622, elle le cède pour cinq ans à Hieronymus Liechteisen, à l'exception des clous et des bandes de charrue *(pflugschienen)*. Le fermier profite des traités conclus par la ville avec les forges et perçoit un demi-florin de profit par quintal (1 fr. 50 par cent kilos).

Le dernier acte que nous ayons rencontré à ce sujet, est une admodiation analogue de 1679. Elle est faite en faveur de Jean Andres et comprend, en dehors du fer, le beurre fondu, le fromage et le lard ; mais elle excepte, comme précédemment, les bandes de charrue, les clous, et de plus les barres de fenêtre, les fourneaux en fonte, les semelles *(stusz)*, l'acier.

L'administration française ne fut sans doute pas étrangère à la suppression de ce monopole, qui se retrouve, nous l'avons déjà dit, dans les autres villes de l'Alsace.

Passons maintenant au prix des métaux.

1400 Colmar	2 pf. à 75 fl., le k°	0 fr.16		1550 Colmar	100 ℔ à 26 ð., le k°.	0 fr. 22
1417 O.-N.-D.	½	174 ß.	0 15	1552 »		26	0 22
1424 »	1	362	0 14	1553 »		27½	0 23
1425 »	25 ß.	432	0 13	1554 »		30	0 25
1426 »	1 ß.	18	0 14	1556 S.-G. Hag.		18	0 19
1428 Colmar	1 pf.	42 fl.	0 16	1557 Colmar		32	0 27
1442 »	18 ß.	46 fl. 18 ß.	0 19	1558 »		31	0 26
1472 »	100 ℔.	30 ß.	0 18	1559 »		30	0 25
1475 O.-N.-D.		14	0 19	» Eschau		17	0 18
»	1 ß.	28	0 19	1560 Colmar		31½	0 26
1492 »	100 ℔.	11	0 15	1561 »		37½	0 31
» S.-G.Hag.		10⅓	0 14	» S.-G. Hag.		27	0 29
1498 Évêché		12½	0 16	1563 Colmar		38	0 30
1499 Bâle	1169	399	0 17	1564 Eschau		20	0 22
1500 O.-N.-D.	100	11	0 14	1565 Colmar		38	0 30
1501 S.-G.Hag.		11	0 14	1567 »		39	0 31
1502 Roufach	225	67½	0 16	1568 »		40½	0 32
» O.-N.-D.	100	10½	0 14	1569 »		40½	0 32
1504 »		10	0 13	1570 »		40½	0 32
1507 »		11	0 14	1571 »		46½	0 35
1509 Roufach	150	51	0 17	1572 »		46	0 35
1512 S.-G.Hag.	100	12½	0 15	1573 »		45	0 34
1518 Colmar		15	0 15	1574 »		42	0 33
» S.-G.Hag.		13	0 16	1575 »		42	0 33
1519 »		12½	0 15	1576 »		42	0 33
1521 Colmar	1873	276	0 11	1577 »		42	0 33
1527 »	100	17½	0 16	1578 »		42	0 33
» Évêché		14	0 17	1579 »		47½	0 36
1531 S.-P.-le-v.		15	0 18	1580 Colmar		47½	0 36
1533 Colmar		19½	0 15	1581 »		49	0 39
1535 »		20	0 16	1582 »		49	0 39
1536 »		19	0 15	1583 »		41	0 33
1539 O.-N.-D.		16	0 19	1584 »		41	0 31
1541 S.-G.Hag.		18	0 21	1585 »		41	0 33
1542 Colmar		21	0 17	1594 »		43	0 30
» Schletst.		18	0 21	1595 »		41	0 31
1543 Colmar		27	0 22	1596 »		45	0 32
1544 »		27	0 22	1597 »		47½	0 33
1545 »		25	0 21	1598 »		49	0 35
1547 »		21	0 20	» S.-G. Hag.		26	0 23
1548 »		26½	0 22	1599 Colmar		46	0 32
» S.-Thom.		16	0 18	1600 »		47	0 32
1549 Colmar		26	0 22	1601 »		46	0 32
1550 S.-Arbog.		16	0 18	1602 »		48	0 33

1602	Ribeauv.	100 œ. à 60 β., le k° 0 fr.10			1645	Colmar	100 œ. à 77 β., le k° 0 fr.45	
1603	Colmar		51	0 35	1646	»	77	0 45
»	Ribeaup.		38	0 26	»	Strasb.	52½	0 41
1604	Colmar		51	0 35	1647	Colmar	77	0 45
1605	»		51	0 35	1648	»	75	0 42
1606	»		50	0 34	1649	»	67	0 37
1607	»		52	0 36	1650	»	69	0 38
1608	»		58	0 39	1651	»	70	0 39
»	Mulhouse	1	14 δ.	0 39	1652	»	71	0 39
1609	Colmar		59 β.	0 40	1653	»	72	0 40
»	Mulhouse	1	15 δ.	0 41	1654	»	75	0 42
1610	Colmar		59 β.	0 40	1655	»	80	0 45
»	Mulhouse	1	16 δ.	0 44	1656	»	81	0 45
1611	Colmar		58 β.	0 39	1657	»	80	0 42
1612	»		58	0 38	1658	»	72	0 38
»	Mulhouse	1	13 δ.	0 35	»	S.-G. Hag.	1 7 δ.	0 48
1613	Colmar		59 β.	0 38	1659	»	1 7	0 48
»	Mulhouse	1	15 δ.	0 39	»	Colmar	72 β.	0 38
1614	»	1	15	0 39	1660	»	72	0 38
»	Colmar		59 β.	0 38	1661	»	72	0 38
1615	»		59	0 37	1662	»	68	0 37
1616	»		59	0 37	»	Engelp.	1 20 δ.	0 49
1617	»		59	0 36	1663	Colmar	68 β.	0 37
1618	»		59	0 35	1664	»	64	0 34
1619	»		60	0 34	1665	»	64	0 34
1620	»		61	0 33	1666	»	64	0 34
1622	»		267	0 55	1667	»	64	0 34
1623	Évêché		50	0 41	1668	»	64	0 34
1624	Colmar		75	0 47	1669	»	64	0 34
1625	»		64	0 44	1670	»	64	0 34
1626	»		80	0 50	1672	Munster	1 10	0 43
»	Ribeauv.	1	10 δ.	0 26	1699	Giromag.	100 9 l.	0 25
1627	Colmar		78 β.	0 49	1713	Unterl.	180 180 β.	0 26
»	Planch.		150	0 46	1742	D. Colm.	1 36 d.	0 30
1628	Colmar		76	0 47	1745	»	1 36	0 30
1629	»		50	0 31	1750	»	100 18 l.	0 36
1630	»		62	0 39	1752	D. Colm.	1 42 d.	0 35
1631	»		73	0 46	1753	»	36	0 30
»	Ensish.		75	0 97	1764	Strasb.	100 302 s.	0 90
1632	Colmar		71	0 45	1767	»	291	0 30
1633	»		71	0 45	1771	Munster	1 36 d.	0 30
1634	»		69	0 43	1770-72	Mulh.	42	0 35
1635	»		71	0 42	1785	Dietrich	100 18½ l.	0 29
1636	»		57	0 39	1836-44	Strasb.		0 90
1639	»		67	0 39	1855-63	»		0 45
1640	»		75	0 44	1864-72	»		0 85
1642	»		75	0 44	1873-75	»		0 55
1643	»		67	0 39				

PLOMB.

1401	Colmar	100 ℔. à 3 fl., le k° 0 fr. 51			1518	Eschau	1 ℔. à 3 δ., le k° 0 fr. 31		PLOMB.
1414	S.-Thom.	1	3½ δ.	0 80	1519	S.-Thom.	3	0 31	
1415	O.-N.-D.	100	443	0 61	»	Colmar	100	25 β.	0 21
1417	»		359	0 52	1524	S.-G. Hag.		24	0 29
1418	»		325	0 47	1525	Colmar		26	0 25
1419	»		296	0 43	1531	S.-Thom.	1	3 δ.	0 30
1420	»		271	0 39	1532	»	100	21 β.	0 24
1423	S.-Thom.	1	4	0 52	1533	»	1	2½ δ.	0 25
1424	O.-N.-D.	100	331	0 41	»	Eschau		4	0 39
1425	»		299	0 39	1536	Colmar	100	18 β.	0 17
1426	»		353	0 46	1545	»		30	0 25
1427	»		321	0 43	1569	Colmar		3½ fl.	0 33
1430	»		385	0 50	1570	»		3½	0 33
1434	»		378	0 43	1572	»		44 δ.	0 33
1435	Bâle	310	296 β.	0 44	1573	S.-Thom.	26	126 δ.	0 44
1436	»	229	198	0 52	1575	Colmar	100	53 β.	0 42
1437	»	327	222	0 45	1581	Roufach		5 fl.	0 48
1438	»	304	214	0 43	1583	S.-Thom.		48	0 48
1440	Haguenau	1	4 δ.	0 52	1590	S.-G. Hag.	1	4 δ.	0 31
»	Bâle	106	64 β.	0 40	1594	Giromag.	100	4¼ fl.	0 39
1441	S.-Thom.	1	4 δ.	0 52	1623	Évêché		80 β.	0 65
1442	Bâle	642	514 β.	0 53	1630	Colmar	1	15 δ.	0 39
1444	Colmar	700	266	0 50	1616	Strasb.	100	84 β.	0 69
1447	Bâle	500	400	0 53	1660	Engelp.		262	0 68
1448	»	1000	714	0 47	1669	»	4	15	0 97
1456	Haguenau	1	3½ δ.	0 45	1670	»	1	43 δ.	0 93
1459	Schletst.	100	300	0 39	1671	»		42	0 91
1460	S.-J. Schl.	1	3	0 39	»	Munster		15	0 65
1464	S.-Thom.	73	219	0 38	1685	S.-G. H.		12	0 66
1465	S.-Claire	6	21	0 45	1699	Thieren.	100	300 β.	0 57
1472	S.-Thom.	1	3½	0 42	1711	Unterl.	1	31 δ.	0 65
1481	»		3½	0 39	1714	Thierenb.	22	152 s.	0 67
1487	»		3½	0 39	1718	Unterl.	1	27 δ.	0 50
1492	S.-G. Hag.	100	20 β.	0 27	1720	»	4	1 fl.	0 46
1500	»		21	0 27	1721	»	1	30 δ.	0 45
1501	»		19½	0 25	1723	Courtelev.		65	0 50
»	S-Thom.	1	3 δ.	0 32	1724	Unterl.		27	0 50
1509	O.-N.-D.	100	21 β.	0 27	1731	»		25	0 58
»	S.-G Hag.		20	0 25	1733	Giromag.	100	23 l.	0 46
1512	»		25	0 31	1748	»		22 15 s.	0 45
1513	O.-N.-D.		23	0 28	1789	Lièvre		26-29	0 55
1516	Colmar	1220	307	0 25	1815-63	Strasb.			0 80
1517	S.-G. Hag.	1	3 δ.	0 31	1864-75	»			0 90
1409	Bâle	100	1160½	0 76	1518	S.-G. H.	1	13 δ.	1 33	CUIVRE
1415	Colmar	568	544 β.	0 77	1519	Colmar	100	65 β.	0 63
1426	Bâle	100	7 fl.	1 10	1526	Schlest.		7¼ fl.	0 91
1436	Colmar	600	48	1 20	1532	S.-G. H.	1	12	1 16
1461	S.-G. H.	1	6 δ.	0 76	»	Colmar	100	7¾	0 97
1498	Evêché	100	630	0 68	1547	S.-G. H.		12¼	1 46

584   CH. XIV. — VARIÉTÉS.

	1549	S.-G. H.	100 ℔ à	14 fl. le k°	1 fr.71	1701 Giromag.	100 ℔ à	80 l., le k°	2 fr.38
	1560	S. Arb.	1	22 ₰.	1 98	1733	»	143 l. 13 s.	2 87
	1589	Eschau		28 ₰.	2 19	1740	»	100	2 00
	1590	Roufach		72	2 14	1748	»	109	2 18
	1594	Giroma.	100	14 fl.	1 22	1789 Lièvre		100	2 00
	1605	Ribeaup.	1	40	2 26	1845-55 Strasb.			3 60
	1673	Giroma.	100	60 l.	2 10	1855-75 »			3 40
	1699	»		80	2 29				
Fil	1530	S.-G. H.	1	16 ₰.	1 59	1601 Hôp. St.	1	52 ₰.	3 77
DE LAITON.	1531	S.-P.-l.-v.	26	441	1 68	1770-72 Mulh.		36 s.	3 60
Etain.	1196	Bâle	100	10³/₄ fl.	1 75	1699 Thier.	1	9 b.	2 88
	»	O. N.-D.		10¹/₂	1 72	1757 Seltz		13 s.	1 30
	1142	»		13	1 95	1836-44 Strasb.			2 50
	1478	S.-G. H.	1	12 ₰.	1 45	1845-54 »			2 00
	1498	Évêché	100	110 ₰.	1 43	1855-63 »			1 70
	1547	S.-Tho.	1	21 ₰.	2 00	1864-72 »			2 00
	1631	Roufach		10 ₰.	3 10	1873-75 »			2 50
	1637	Colmar		20	5 80				
Fil	1492	S.-G. H.	1	10 ₰.	1 10	1559 Eschau	1	20	1 67
DE FER.	1498	»		9	0 99	1703 Pairis		45	1 44
	1499	»		8¹/₂	0 93	1770-72 Mulh.		16 s.	1 60
	1501	Eschau		11	1 21	1836-45 Strasb.			2 00
	1517	S.-G. H.		9	0 92	1864-72 »			1 20
	1518	»		9	0 92	1873-74 »			1 30
Acier.	1414	O. N.-D	50	18 ₰.	0 62	1440 S.-G. H.	1	4 ¹/₂ ₰.	0 58
	1416	»	50	19	0 66	1502 O. N.-D.	100	29 ₰.	0 38
	1425	»	360	106	0 46	1699 Giroma.		35 l.	0 70
	1426	»	12	58 ₰.	0 63	1770-72 Mul.	1	10¹/₄ s.	1 05

RÉCAPITULATION PAR KILO.

Année.	Fer.	Plomb.	Cuivre.	Etain.	Fil de fer.	Acier.	Fil de cuivre.
1401—1425	0 fr.14	0 fr.51	0 fr 84			0 fr.58	
1426—1450	0 16	0 68	1 20	1 fr.81		0 60	
1451—1475	0 19	0 42	0 76				
1476—1500	0 15	0 33	0 68	1 44	1 fr.01		
1501—1525	0 15	0 28	1 00		1 02	0 38	
1526—1550	0 19	0 27	1 25	2 00			1 fr.64
1551—1575	0 28	0 37	1 98		1 67		
1576—1600	0 33	0 39	1 85				
1601—1625	0 38	0 65	2 26				3 77
1626—1650	0 42	0 54		4 45			
1651—1675	0 39	0 83	2 10				
1676—1700	0 25	0 62	2 29	2 88		0 70	
1701—1725	0 26	0 53	2 38		1 44		
1726—1750	0 32	0 46	2 35				
1751—1775	0 32			1 30	1 60	1 05	3 60
1776—1800	0 29	0 55	2 00				
1801—1825							
1826—1850	0 65	0 90	3 85	2 63	1 18	2 77	
1851—1875	0 44	0 69	2 90	3 54	0 69	1 80	

PRIX DU FER A MULHOUSE.

		1827	1829	1831	1833	1835	1837	1840	1844	1847	1852	1858	1861	1865	1870	1873	1877
fer laminé au bois	le kilo	0 fr.75	0 fr.64	0 fr 62	0 fr.60	0 fr.65	0 fr.66	0 fr.50	0 fr.40	0 fr.49	0 fr.40	0 fr.36	0 fr.28	0 fr.27	0 fr.28	0 fr.53	0 fr.30
» au coke	»										0 30	0 28	0 24	0 24	0 43	0 20	0 20
fer fin forgé	»							0 60	0 54	0 60	0 48	0 60	0 50	0 50	0 58	0 58	0 51
fer fin martiné	»	0 90	0 78	0 72	0 70	0 74	0 80	0 70	0 61	0 70	0 58	0 63	0 60	0 58	0 55	0 68	0 65
tôle douce au bois	»	1 10	0 92	0 90	0 88	0 90	0 94	0 88	0 79	0 80	0 72	0 78	0 70	0 68	0 68	0 93	0 61
» ordinaire	»							0 89	0 70	0 50	0 50	0 45	0 36	0 42	0 60	0 21	
cuivre jaune	»	4 80	4 00	4 00	3 80	4 40	4 40	3 40	3 10	3 00	2 70	3 15	2 60	2 50	2 20	3 40	2 50
» rouge	»			4 00	4 10	4 60	4 40	3 60	2 80	3 25	3 10	3 70	3 20	2 85	2 25	3 15	2 50
zinc laminé	»	0 80	1 00	0 85	0 85	0 85	0 94	0 90	0 85	0 90	0 75	0 85	0 70	0 73	0 70	0 90	0 66
plomb laminé	»	1 10	0 80	0 78	0 80	1 10	1 01	0 90	0 75	0 80	0 70	0 80	0 68	0 62	0 62	0 71	0 6
pointes nº 20 et au-d.	»	1 60	1 35	1 30	1 20	1 40	1 12	1 00	0 75	0 75	0 60	0 50	0 45	0 32	0 30	0 60	0 30
» de moyen. gros.	»	1 85	1 60	1 60	1 40	1 50	1 25	1 10	0 90	0 90	0 80	0 60	0 55	0 45	0 45	0 75	0 4
fil de fer nº 20 et au-d.	»	1 40	1 30	1 30	1 10	1 60	1 15	1 10	0 80	0 90	0 70	0 75	0 70	0 60	0 55	0 85	0 55
étain	»	2 60	2 10	2 60	2 40	2 30	3 60	2 70	2 15	3 00	2 75	3 50	3 30	2 70	1 60	4 40	2 05
acier forgé	»	2 10	2 20	2 40	2 20	2 20	2 40	2 20	1 55	1 70	1 55	1 50	1 45	1 25	1 25	1 55	1 25
acier fondu	»	4 50	4 30	4 00	3 00	3 00	3 00	3 00	2 85	2 90	2 90	2 20	1 90	2 00	2 00	2 10	1 90
vis à bois à tête plate	les 12 douzain	6 35															
nº 55																	1 70

Ces chiffres nous ont été communiqués par M. Dolfus, pour lequel ils avaient été relevés sur les registres d'un marchand de fer de Mulhouse.

Ils diffèrent sur quelques points de ceux que nous avons donnés plus haut, et que nous avons extraits des registres servant de base aux adjudications de la ville de Strasbourg. Les deux séries de renseignements méritent, du reste, la confiance de lecteur.

On a vu plus haut (p. 569—572) quelques détails relatifs à des artisans qui travaillent les métaux. En voici d'autres.

TAILLAN-DIERS.

D'après les taxes strasbourgeoises de 1646, on doit payer :

une large hache de charpentier	26 β. ou	10 fr. 07
une bésaiguë (zwerch-axt)	16-18	6,20-6,97
un tire-boucher (bund-axt)	12	4,65
une cognée de bûcheron (waldaxt)	8-10	3,10-3,88
une équerre (winckeleisen)	5-6	1,94-2,32
un couteau de tonnelier avec dos d'acier	5-6	1,94-2,32
une herminette large	10-12	3,88-4,65
une aisette (sthrot-dexei)	8-10	3,10-? 88
un débordoir droit ou courbe	2-3	0,78-1,16
une hache de charron	12-14	4,65-5,42
grande hache à jantes	9-12	3,49-4,65
une herminette de charron	5-6	1,94-2,32
une hache de meunier	10-13	3,88-5,04
une faucille	12-16 δ.	0,39-0,52
une faux	4-5 β.	1,55-1,94
outils à chapler (dengelgeschirr)	4-5	1,55-1,94
bonne hache de fendeur	5-6	1,94-2,32
une serpette	16 δ.	0,52
une hachette	2-3 β.	0,78-1,16
un faucillon	24-40 δ.	0,78-1,29
une houe	5-6 β.	1,94-2,32
un ritton (? stech-schar)	10-12	3,88-4,65
un soc (baurenschar)	5-6	1,94-2,32
une pioche de vigneron	5-6	1,94-2,32
une pioche de jardinier	4	1 fr. 55
une pioche de moyenne grandeur	32 δ.	1 03
une serfouette	12	0 39

POTIERS D'ÉTAIN.

A en croire la *Policey-Ordnung* publiée par les États d'Alsace en 1552, les potiers d'étain ou *kannengiesser* ne devaient travailler que l'étain pur. L'alliage n'était toléré que pour le commerce extérieur. Il était alors de ¹/₁₀, ce qu'on appelait le mélange de Nuremberg, ou de ¹/₄. La même ordonnance édicte le tarif suivant :

plats pesant plus d'une livre	par u. 3 δ., le kilo	0 fr. 28
plats pesant moins d'une livre	4	0 38
ouvrage frappés (geschlagen)	4	0 38
pots sans couvercles (? zublen)	12	1 14
pots sans couvercles, en laiton	9	0 85
grands pots de 3 à 4 mos en laiton, sans pieds ni couvercle	3	0 28

les mêmes avec des pieds hauts . . . . . par *n*. 4 d., le kilo 0			38
les mêmes avec couvercle	5	0	47
bouteilles lourdes	4	0	38
bouteilles autres	5	0	47

L'emploi de l'alliage se répandit par la suite, comme on peut le voir par le tarif strasbourgeois de 1646 :

plats, soucoupes, assiettes à $^1/_{10}$ . . . . . la *n*. 10 d., le kilo 2 fr.			80
plats, soucoupes, assiettes à $^1/_4$	36	2	52
si l'étain est fourni, la façon par livre . . .	10	0	69
vaisselle creuse à $^1/_{10}$	44	3	05
vaisselle creuse à $^1/_4$	36	2	52
vaisselle creuse, façon par livre	12	0	84
objets découpés (*blatterarbeit*)	36	2	52
objets découpés, façon par livre	14	0	98

Si nous possédions les comptes anciens de Murbach, de la Cathédrale, ou de quelque autre de ces communautés qui se distinguèrent par leur amour pour les lettres, nous trouverions sans doute, sur le prix des manuscrits et des livres, des détails curieux et nouveaux. Mais hélas! ces ressources nous manquent et nous en sommes réduit à glaner de tous côtés des renseignements épars et clairsemés, qui ne présenteront au bibliophile qu'un intérêt secondaire. Nous disons tout ce que nous savons. Nous publions tout ce que nous avons rencontré. Telle sera notre excuse, et si elle ne satisfait pas les exigences des amateurs, elle suffira du moins pour nous disculper.

MANUSCRITS

1107 S.-Jean	Pour un *antiphonaire*, 18 sextern, chacun 6 *β*. ou 1 fr.92 (236,16)			
de	» rubriques et *lasure* . . .	9 *β*. 3 d.	ou 7 fr.	58
Schletstadt	au copiste Bregentzer	26 *β*. 4 d.	91	59
	au même	3*n*. et 1 fl.	57	80
	pour or et encre	2$^1/_2$ *β*.	2	05
	pour couleurs, bleu et carmin . .	2$^1/_2$	2	05
	au premier copiste	21	19	68
	pour la première légende . . .	112	116	11
	pour la seconde légende . . .	181	150	88
1408 S.-Jean	pour un *Collectaner*, parchemin . .	28 $^1/_2$	23	37
de	» frais de copiste	50 $^1/_2$	11	41
Schletstadt	» reliure et garniture	6	1	92
	Summa Pisani et sermonaire . . .	35	28	70
1111	» *Graduale*, parchemin et copie . .	175	113	50
	» majuscules	48 $^1/_2$	39	77
	» reliure	18 $^2/_3$	15	31

1411	S.-J. Schl.	Psautier neuf	150 β.	ou	123 fr.	00
1412	»	Nicolas de Lire, reliure	5		4	10
1416	S.-Thom.	Parchemin, 6 sextern	18		14	76
		à Heinrich Altdorf, p. copier 5 sext.	25 ½		20	77
		reliure du psautier	4		3	28
		copier 1 sextern de Nocturnes	20		16	40
		enluminer (floriren) 7 lettres	3 ½		2	87
1420	S.-Jean	Liber de laudibus B. Virginis, copier	10		8	20
	de	copier *de libro B. M. Virginis*	25		18	62
	Schletstadt	le missel qui est à Honcourt	35		26	07
1425	O.-N.-D.	parchemin pour un missel	35		26	07
		parchemin, 1 ½ sextern	74 δ.		4	59
1430	S.-Jean	écrire 1 glose *super I et II Nocturnum*	20 β.		14	90
	de	chaines et barres pour suspendre à				
	Schletstadt	la bibliothèque les livres de feu				
		frère Pierre Brenner	24		17	88
1442	»	parchemin, 2 sextern	10		7	20
1448	Bâle	parchemin, 50 peaux	172 ½		56	92
1454	S.-Jean	parchem. pour un missel, 30 sextern	121 ⅓		88	36
1455	»	écrire un sextern du missel	10 ½		7	56
1462	Bâle	50 parchemins	92		28	75
1466	S.-Claire	6 peaux de parchemin	6		4	12
		relier deux volumes	7 ½		5	50
1467	S. Jean	1 sextern de parchemin	4		2	75
1472	»	les *Moralia* achetés à Strasbourg	73 ½		50	53
		illuminiren les Moralia	6		4	12
1513	S. Tho.	20 peaux de parchemin	2 fl.		12	20
1628	Ribeaup.	12 peaux de parchemin	8		30	96

— Livres.

1465	S. Jean	Une bible en papier	4 fl. et 3 ℔.	11 β.	81	26
1489	S. Claire	un diurnal imprimé	3 ½ β.		2	30
		reliure du diurnal	2		1	31
1490	S.-Jean	relier la *Summa Angelica*	42 d.		2	22
1491	»	Liber dictus *Ortus sanitatis*	8 β.		5	08
1531	S. Tho.	un almanach	5 δ.		0	23
»	G.-Chap.	relier une rhétorique allemande	32		1	47
1551	Colmar	reliure d'un Plutarque	10 β. 10 δ.		4	44
1585	G.-Chap.	un almanach	4 δ.		0	16
1624	S. M. Rib.	un missel romain	5 fl.		19	35
1634	Ribeaup.	deux journaux imprimés	8 δ. str.		0	25
1692	Thierenb.	un almanach	3 β.		0	30
1693	Thierenb.	un directoire du diocese	5		0	50
1695	»	un catéchisme	3		0	30
1696	»	un almanach	2 ¼		0	25
1715	»	un almanach	2 s. 8 d.		0	14
1739	Engelport	un missel	27 l. 5 s.		27	25
1745	Dom. Col.	un calendrier	3 ½ s.		0	17
1751	Thierenb.	un almanach	5 s.		0	25

Nous venons d'indiquer quelques prix de reliures. Plusieurs des ouvrages mentionnés, comme le Plutarque de Colmar, existent encore et permettraient d'apprécier la valeur du travail. Il est plus facile cependant de se rendre compte des prix alloués par la taxe strasbourgeoise de 1646.

Un moyen folio,	peau de porc, planches et fermoirs .	22-24 β.	ou 8,52-9.30	
»	en parchemin blanc de veau, tranche en couleur avec rubans	12	1 fr.	65
In-folio ord.	en peau de porc	16-18	6,20-6.97	
»	en parchemin de veau	10	3	88
»	en parchemin de mouton	5	1	94
»	si le parchemin fourni par le client	4	1	55
In-quarto	en peau de porc, planches et fermoirs	6	2	32
»	en parchemin de veau	44 δ.	1	11
»	en parchemin de mouton	32	1	03
»	si le client donne le parchemin . .	20	0	65
In-octavo	peau de porc, planches et fermoirs, .	40	1	29
»	en parchemin de veau	32	1	03
»	en parchemin de mouton	24	0	77
»	si le client fournit le parchemin . .	16	0	52
In-12 et in-16	en cuir, bien doré	40	1	29
»	en parchemin de veau	20	0	65
»	en parchemin de mouton	16	0	52
»	si le client fournit le cuir ou le parche	10	0	32
In-18, 24 et 32	en cuir (cordouan)	28	0	90
»	en parchemin de veau	16	0	52
»	en parchemin de mouton	12	0	39
»	si le client fournit le parchemin . .	8	0	26

Les papiers pourraient fournir matière à une intéressante monographie. Mais cette tâche revient à un homme du métier. Par une exception dont il ne se rencontrerait pas ailleurs de second exemple, le même registre lui présenterait très-souvent, avec le prix du papier, un spécimen authentique de la marchandise livrée. Cette étude comparative expliquerait à la fois, et les diverses phases traversées par l'industrie des papetiers, et les circonstances particulières qui déterminèrent certaines variations dans leur valeur.

Dépourvu des connaissances spéciales requises pour un pareil travail, nous nous contenterons de noter et de traduire les renseignements économiques qui se sont trouvés sur nos pas.

PRIX DU PAPIER.

Année.	riz.	buch.	rme.	main.	Année.	riz.	buch.	rame.	main.
1380 Bâle	35 β.		19 fr. 80		1502 »	70 δ.		3 fr. 41	
1416 O. N.-D.	147 δ.		10 04		1504 »	68		3 62	
1417 »	148		10 11		1505 Gr.-Ch.		5 δ.		0 fr. 25
1418 »		8 δ.		0 fr. 54	1506 S. Cl.		6		0 30
1420 »	120	10	8 20	0 68	1507 O.-N.-D.	72		3 60	
1421 S.-Tho.		8		0 50	1509 »	63		3 15	
1422 O. N.-D.		8		0 50	1511 S. Tho.	84		4 08	
1423 S.-Tho.	96		5 96		1512 »	84		4 08	
1424 »	81		5 03		1513 O.N.-D.	72		3 49	
					1514 Colmar	108		4 32	
1430 O. N.-D.	120		7 45		1515 »	96		3 84	
1431 »	132		7 93		1516 »	150		6 00	
1433 »	146		8 78		1517 S.-Tho.	84		4 08	
1434 »	144		8 64		1518 »	80		3 89	
1435 »	144		8 64		1520 »	72		3 49	
1436 »	133		7 99		1521 »	72		3 49	
1437 »	136		8 16		1524 S.-Mor.		6		0 24
1438 »	127		7 62						
1439 »	120		7 20		1526 Colmar	120		1 65	
1440 »	126		7 56		1527 »	63		2 44	
1444 »	144		8 64		1528 »	64		2 48	
1446 S.-Tho.	126		7 56		1529 »	120		4 65	
1448 »	132	6	7 92	0 36	1530 »	55		2 13	
1449 »	126		7 56		1531 »	53		2 05	
1450 »	120		7 20		1532 Eschau	68		3 12	
					1533 H.-Str.	72		3 30	
1453 Bâle	228		6 27		1534 G.-Ch.		5		0 23
1456 »	261		7 26		1535 Colmar	120		1 60	
1458 S.-Tho.	126		7 56		1539 H.-Str.	72		3 30	
1459 S.-G. H.		8		0 48	1540 S.-Arb.	78		3 57	
1462 S.-J. Sc.	108		6 48		1541 Colmar	120		4 10	
1463 Bâle	180		4 65						
1464 S.-J. Sc.	120		7 20		1554 S.-P.-le-v.	120		5 40	
1465 S.Claire	98	6	5 88	0 36	1555 »	144		6 48	
1466 Clingen.	290		7 60		1558 Colmar	147		5 62	
1467 S.-J.-Sc.	120		6 90		1559 »	120		4 10	
1469 S.-Tho.	96		5 51		1560 »	120		4 10	
1471 S.-J.-Sc.	96		5 51		1561 Eschau	120		5 12	
1475 O. N.-D.	126		7 24		1562 »	120		5 12	
					1563 »	144		6 15	
1476 S.-Arb.		7		0 44	1564 Colmar	135		4 35	
1481 »		7		0 58	1565 S.-Tho	132		5 63	
1483 S. Claire		6		0 32	1566 Colmar	135		4 35	
1484 Colmar.	156		7 80		1567 G. Cha.		8		0 31
1485 »	118		7 40		1569 Eschau	144		6 15	
1487 S.-J. Sc.	84		4 02		1570 »	144		6 15	
1489 S.Claire		6		0 35	1572 Colmar	156		4 03	
1490 S.-J. Sc.	150		7 93		1573 »	165		4 32	
1492 S.-Tho.	90		4 48		1574 »	180		5 80	
1494 Colmar	150		7 50		1575 »	198		6 38	
1496 S.-J. Sc.	84		4 41						
1498 S.-Tho.	72		3 72		1576 »	120		3 87	
1499 S.Claire		6		0 31	1579 »	162		4 24	
1500 S.-Tho.	72		3 72		1580 »	200		6 44	
1501 O. N.D.	144		7 41		1581 Eschau	168		5 95	

PRIX DU PAPIER.

Année.	riz.	buch.	rame.	main.	Année.	riz.	buch.	rame.	main
1586 G.-Ch.	164		5 fr.35		1691 S.-G. H.		24 d.		0 fr.63
1589 Eschau	180		6 70		1692 Thier.		48		0 42
1591 »	192		6 96		1693 »		42		0 33
					1695 Mulh.	45 ß.		1 fr.30	
1602 »	20 ß.		8 28		1696 Thier.		36		0 29
1603 »	20		8 28						
1604 »	22		9 11		1705 »		64 d.		0 35
1606 »	25		11 88		1706 Engelp.		65		0 36
1607 Mulh.		48		0 fr.68	1710 Unterl.	28		3 92	
1608 »		30		0 12	1712 »	24		3 24	
1609 »		30		0 42	1714 »		192		0 80
1610 »		36		0 50	1715 »		120		0 60
1612 »	40		6 46		1716 G.-Ch.	18		1 18	
1613 S.-Mor.	38		6 00		1717 Unterl.	25		3 49	
1617 Ribeauv.	20		6 04		1718 G.-Ch.	25		4 21	
1620 Munst.		15		0 29	1719 Unterl.		80		0 29
1624 Ribeauv.		36		0 93	1720 Thier.		108		0 28
1625 »		40		1 03	1722 Unterl.		56		0 14
					1723 »	37½		3 36	
1626 »		22		0 57	1725 »	30		5 04	
1628 S.-G. H.		24		0 77					
1633 Œlenb.	50		7 25		1731 »		72		0 30
1636 Ribeauv.	37½		10 86		1732 »	96 s.		4 80	
1637 Strasb.	29-33		9 60		1741 Engelp.	70		3 50	
1649 Mulh.	42¹		6 05		1743 D.Colm.	100		5 00	
					1746 »	100		5 00	
1656 »	60		8 25		1747 Thier.		72		0 30
1657 »	60		7 77		1750 D.Colm.	70		3 50	
1661 »		36		0 39					
1662 Engelp.		48		0 52	1753 »	110		5 50	
1664 Mulh.	40		5 18		1754 Munst.		72		0 30
1665 »	40¹/₂		5 24		1755 Thier.	100		5 00	
1668 »	56²/₃		7 33		1768 Mulh.		54		0 23
1670 »	50		6 47		1769 »		54		0 23
1671 Munst.	22½		5 81		1771 Munst.		72		0 30
1673 »		20		0 43					
1674 »		20		0 43	1782 Mulh.			9 00	
1675 »		20		0 43	1791 Œlenb.			9 90	
1682 S.-G. H.		16		0 11	1796 Hôp.Str.			8 50	
1689 »		24		0 67					

RÉCAPITULATION.

Années.	rame.	main.	Années.	rame.	main.
1376 — 1400	19 fr.30		1601 — 1625	8 fr.01	0 fr.61
1401 — 1425	7 87	0 fr.56	1626 — 1650	8 11	0 67
1426 — 1450	7 92	0 36	1651 — 1675	6 58	0 44
1451 — 1475	6 50	0 12	1676 — 1700	4 30	0 16
1476 — 1500	5 73	0 36	1701 — 1725	3 92	0 11
1501 — 1525	4 13	0 26	1726 — 1750	4 46	0 30
1526 — 1550	3 37	0 23	1751 — 1775	5 25	0 26
1551 — 1575	5 22	0 54	1776 — 1800	8 83	
1576 — 1600	5 64				

PLUMES.   Au papier se rattachent naturellement les plumes. Quoique clairsemées, nos données intéresseront peut être quelque lecteur.

1628	Ribeaup.	200 plumes		12 et 18 b., le cent	1,55-2,32
1634	»	à Str. 100 plumes hollandaises			
		»	bande verte	10	2 58
		»	bande rouge	6	1 55
		»	ordinaires	3-1	0,78-1,03
1713	Dom. Col.	douze plumes		4 s. 4 d.	1 80
1741	»	un paquet de plumes		6	1 20
1719	»	cent plumes		18	0 90
1753	»	cent plumes		30	1 50
»	Mulhouse	cent plumes		4 ℓ.	5 33
1758	»	cent plumes		45 β.	3 00
1760	»	cent plumes		54	3 60
1780	H. de Str.	cent plumes		48 à 80 s.	2,40-4,00
1782	Mulhouse	cent plumes		4 l.	4 00

ÉCLAIRAGE PUBLIC.   L'éclairage de la capitale de l'Alsace, de Strasbourg, ne date que de la fin du siècle dernier. Avant cette époque, la ville ne s'illuminait qu'en cas d'incendie. Alors chaque propriétaire était tenu d'allumer une torche devant sa maison, et de la renouveler tant que durait le désordre. Ceux qui voulaient sortir le soir devaient se munir de lumières, après neuf heures en hiver, après dix heures en été, « à peine d'amendes arbitraires, même de prison, » C'est ainsi que s'exprimait encore une ordonnance de 1730 (18 septembre), renouvelée de règlements antérieurs (1615, 1657, 1665, etc.).

A cette date cependant le magistrat avait ordonné depuis deux ans (10 janv. 1728), l'établissement de 800 lanternes, éclairées par des chandelles de suif pur, du 20 octobre au 21 mars. Un nouvel impôt, variant de 1 fr. 50 à 15 fr. par maison, devait pourvoir à cette dépense [1].

Mais cette ordonnance n'eut pas de suite. Un premier pas fut fait en 1769 (13 février). On prescrivait à tous les cafés, billardiers, hôteliers, aubergistes et brasseurs de suspendre une lanterne à l'extérieur de leur maison, du 1er octobre au 31 mars, depuis le commencement de la nuit jusqu'à onze heures. La mesure se basait sur ce que devant ces établisse-

---

1. Il servait aussi à faire chaque année 1300 toises de pavé neuf et à augmenter, de six au moins, le nombre des tombereaux destinés à l'enlèvement des boues.

ments éclataient assez souvent des rixes, dans lesquelles des passants inoffensifs étaient enveloppés, *à cause de l'obscurité.* Parfois aussi des ivrognes restaient couchés devant ces maisons, sans que les passants, *faute de lumière*, pussent les remarquer et les secourir.

Enfin l'installation de lanternes à reverbères, à l'instar de celles qui éclairaient Paris, fut décidée pour le 1er janvier 1779, mais ne semble avoir été terminée que le 1er janvier 1780. Les frais de premier établissement étaient comptés à 33 142 l. 4 s. 6 d. ou 33 142 fr. 225; les frais d'entretien et d'éclairage à 26,000 fr. En conséquence chacune des 26000 toises de façade que présentaient les différentes constructions de la ville, fut taxée à 2 fr. 25 pour la première année, à 1 fr. pour les années suivantes.

Dans les comptes de Mulhouse nous avons vu que cette ville fit venir, en 1769, deux reverbères de Strasbourg. Ils coûtèrent avec le port 108 l. ou francs. En 1782, elle s'en fit expédier un troisième, qu'elle ne paya que 25 l. 11 s., dont 5 l. 11 s. de frais. Ainsi dans ce court espace de temps, le prix des reverbères avait baissé de plus de moitié.

En 1839, avant l'établissement du gaz, Strasbourg avait 523 lanternes à 1243 becs, dans les rues; et 72 lanternes à 142 becs, devant les édifices publics. Leur entretien coûtait à la ville 52000 francs par an.

1500	O. N.-Dame	100 vitres de Venise	63 d. ou 3 fr. 25		
1490	S.-J. Schl.	une bouteille	6 ¼	0	35
1703	Pairis	une bouteile en verre	81 rap.	0	57
1745	Thierenb.	une bouteille	3 s. 4 d.	0	17
1619	Gr. Chap.	12 verres en cristal	32 β, les 12 à 11	0	60
1631	Ribeaup.	12 verres à	2 fl.	7	71
1490	S.-J. Schl.	25 verres à	12 d.	0	30
1563	Colmar	12 petits verres à	12	0	39
1564	Riquewihr	100 verres à	1 β.	0	19
1603	Gr. Chap.	12 verres ordinaires	51 d. ½	0	76
1609	»	12 verres ordinaires	51	0	76
1627	»	12 verres ordinaires	1 β.	0	62
1740	Colmar	12 verres à	30 s.	1	50
1743	Dom. Colm.	12 verres pour hôtes (*gastgleser*)	18	2	40
1753	»	un verre de domestique (*gesindglas*)	2	1	20

BAINS. Au moyen-âge, les bains semblent avoir été plus en honneur que de nos jours. Les archives nous montrent l'existence d'une foule de *badstuben,* même dans des localités qui, quoique agrandies depuis, n'en possèdent plus aujourd'hui. Le désir de prendre un bain est le prétexte dont les ouvriers couvrent partout leurs chômages (p. xxxv).

Nous n'avons cependant que de rares données sur le prix des bains, parceque les maisons dont les registres nous servent de guides, ne recouraient pas aux établissements publics Vers 1500, Bergheim louait ses bains municipaux pour un fermage annuel de 4 fl. ou 24 fr. Le fermier touchait :

```
    2 d. ou 0 fr. 04   par bain d'enfant
    3    0    06    »       d'adulte
    4    0    08    pour ventouser.
```

Voici une série de taxes strasbourgeoises, qui ne se rapportent qu'à des années de cherté.

```
1622  6 nov.  enfant 6 d. ou 0 fr.05, adulte 8 d. ou 0 fr.07, ventouses 12 d. ou 0 fr.10
      30 nov.         12     0  10           20    0  16              20     0  16
1623 14 juin           12     0  10           16    0  13              24     0  20
     19 nov.          3-6     0  15           10    0  32              10     0  32
1624 12 fév.                                   8    0  26              10     0  32
1631 oct.              3     0  10             6    0  20               7     0  23
1632 oct.                                       7    0  23               8     0  26
```

Ajoutons, comme trait de mœurs, que les personnes mariées étaient admises à se baigner ensemble. En 1631, à la suite d'attaques qu'un prédicateur de Strasbourg avait élevées contre cette coutume, le sénat fit faire une enquête. Mais rien ne fut décidé, « parce que les maris tiennent à être avec leurs femmes, pour pouvoir, au besoin, s'entr'aider l'un l'autre. »

RAMONEURS. Les comptes de la ville de Strasbourg fixent la journée de ramoneur à 3 fr. de 1865–74, à 3 fr. 50 en 1875.

Le ramonage d'une cheminée coûte :

```
1111 Œ. N.-Dame   6 d. ou 0 fr. 41  | 1478 Hôp. Colmar     5 d. ou 0 fr. 26
1431    »         6        0    36  | 1505 Hôp. Strasb.    5        0    25
1441 S.-Thomas    9        0    54  | 1512 S.-Pierre-le-v. 8        0    39
1450    »         8        0    48  | 1514    »           10        0    48
1451    »         8        0    48  | 1516    »            8        0    39
1462    »         7        0    42  |  »   Hôp. Strasb.    6        0    29
1465 S.-Claire    3        0    18  | 1523 Dom. Strasb.    8        0    39
```

1533	Hôp. Strasb.	6 ð.	ou	0 fr. 28	1716	Thierenbach	80 d.	ou	0 fr. 39
1539	Œ. N.-Dame	4	0	18	1743	Dom. Colm.	80	0	34
1540	S.-Pierre-le-v.	8	0	37	1744	»	96	0	40
1544	Riquewihr	6-9	0	25	1746	Thierenb.	80	0	31
1554	Eschau	12	0	54	1753	»	80	0	31
1565	Hôp. Strasb.	8	0	34	1756	»	80	0	34
1576	Eschau	16	0	64	1791	Œlenberg	96	0	40
1588	»	16	0	60					
1589	»	16	0	60	1825	Strasbourg		0	40
1607	»	16	0	53	1835-44	»		0	60
1646	Strasbourg	20	0	65	1845-54	»		0	50
	» ch. basse	16	0	52	1855-64	»		0	30
1693	Thierenbach	48	0	41	1865-74	»		0	30
1710	»	84 d.	0	36	1875	»		0	30
1713	»	48	0	20					

RÉCAPITULATION.

1401—1425	: 0 fr. 41		1626—1650	: 0 fr. 58
1426—1450	0 46		1675—1700	0 41
1451—1475	0 36		1701—1725	0 32
1476—1500	0 26		1726—1750	0 36
1501—1525	0 37		1751—1775	0 34
1526—1550	0 27		1776—1800	0 40
1551—1575	0 41		1801—1825	0 40
1576—1600	0 61		1826—1850	0 55
1601—1625	0 53		1851—1875	0 30

D'après une note de l'*Alsatia illustrata,* la culture du tabac fut introduite en Alsace dès l'année 1620, par le strasbourgeois Robert Königsmann. En 1629, ajoute la *Description du Bas-Rhin,* un colon français établi à Bischwiler, préparait le *Tabac indien,* cultivé dans cette localité, avec tant d'habileté, qu'il se vendait jusque dans les Pays-Bas, et faisait concurrence au tabac des colonies.

L'importance de cette culture ne nous est connue que pour le xviii° siècle. Mais antérieurement, les protocoles de la Chambre des XV s'occupent plus d'une fois des fabricants de tabac, des *tabackmacher* ou *tabackspinner,* comme on les appelait alors.

Avant 1657 il leur était permis de vendre en gros, par rôle, par quintal, moitié et quart de quintal, devant la Douane, aux jours de marché hebdomadaire. Dès cette année (2 mai), quelques bourgeois se plaignent de la concurrence, que leur font, sur le terrain de la fabrication et du commerce, un certain nombre de soldats et d'étrangers, placés sous la protection de la ville (*schirmverwandte*). Mais ces doléances, souvent renouvelées (mars 1658, septembre 1666, 1669,1670, 1691,etc.), ne semblent pas avoir eu de résultat.

En 1664 (mars), les fabricants de tabac se réunirent et rédigèrent, en commun, une série d'articles qu'ils soumirent à la ratification du magistrat. Mais celui-ci, considérant « qu'ils ne formaient point de métier » et voyant de graves inconvénients à *limiter* leur industrie, se refusa à leur demande [1]. Il leur accorda toutefois, en 1672, un règlement dont nous ne connaissons guère qu'un point, relevé par des discussions postérieures. Fidèle aux errements de l'époque, il soutenait la petite industrie et entravait l'approvisionnement des grandes manufactures.

Malgré tous ces obstacles, ces dernières se développèrent néanmoins. Si en 1669 quelques *schirmverwandte* étaient accusés par leurs concurrents, parce qu'ils fabriquaient du tabac, non-seulement avec femme et enfants, mais avec une dizaine ou une quinzaine d'ouvriers, ces proportions se trouvaient largement dépassées en 1691. A cette époque, Jean Dreher, au lieu des trois agents (*einkäuffer*) tolérés par le règlement, en avait vingt Ils lui suffisaient à peine, disait-il, pour l'achat des feuilles; sa fabrique renfermait plus de trente tables et la guerre avait développé outre mesure la consommation du tabac. Malgré tous les efforts de ses adversaires, Dreher fut autorisé à continuer sur le même pied jusqu'à la fin de la guerre, et, comme celle-ci se prolongea pendant plusieurs années encore, il est probable qu'une certaine prescription fut acquise à la grande industrie.

A l'occasion du discours prononcé par M. de Calonne dans l'Assemblée des Notables (1787), le commerce strasbourgeois publia un Mémoire, qui renferme les détails les plus intéressants sur le commerce et l'industrie des tabacs.

Voici d'abord, en quintaux, d'après les Registres de la

---

1. *Weilen dieses tabacspinnen kein handwerck und da mann auch solche handlung allererst mit articullen, wie supplicanten begehren, einschräncken solte* . . . .

Douane[1], le tableau des tabacs en feuilles, consommés à Strasbourg, par les fabriques de la ville, de 1726—1785.

1726 :	51138	1746 :	48804	1766 :	17592
1727	60300	1747	42858	1767	13524
1728	19770	1748	15660	1768	42171
1729	33180	1749	62400	1769	37704
1730	42396	1750	15258	1770	36744
1731	18234	1751	33240	1771	41742
1732	70311	1752	50838	1772	59874
1733	84738	1753	51048	1773	39704
1734	65442	1754	58530	1774	41188
1735	15012	1755	53538	1775	39736
1736	70701	1756	50361	1776	45410
1737	21900	1757	45378	1777	40956
1738	62358	1758	63426	1778	42126
1739	85206	1759	30414	1779	57901 $^{1}/_{2}$
1740	44544	1760	86844	1780	65110 $^{1}/_{2}$
1741	46212	1761	59190	1781	31169
1742	44550	1762	59754	1782	47533
1743	62886	1763	48948	1783	44685
1744	54906	1764	39411	1784	53721
1745	34470	1765	41184	1785	39967
	1051590		1017090		898887
moyenne :	52579 $^{1}/_{2}$		50854 $^{1}/_{2}$		44943 $^{1}/_{2}$

De ces chiffres — qui, notons-le en passant, impliquent plutôt une diminution[2], qu'une augmentation dans la fabrication strasbourgeoise — les auteurs du Mémoire concluent que les fabriques de la ville font, par an, une consommation moyenne de 50000 quintaux, qu'il faudrait porter à 65000, parce que la Douane accorde indûment une tare de 30 %, pour *prétendus* déchets.

A ces 65000 quintaux, on aurait à ajouter
30000 q. pour les autres fabriq. de la prov.,
10000 quintaux expédiés à l'étranger, et
17000 quint. livrés à la ferme française ; et
l'on obtiendrait la somme de 122000 quint. pour la production totale de la culture alsacienne. Ces 122000 quintaux, au prix le plus bas, à 12 l. (25 fr. les 100 kilos), rapportaient à l'agriculture un million et demi[3].

1. Tous les tabacs amenés à Strasbourg étaient conduits à la Douane, où ils payaient un droit d'entrée (d'abord 1 kreutzer par quintal, 2 kr. après 1687, plus tard probablement davantage). A partir de 1689 (30 décembre), ils étaient soumis à l'inspection d'un *tabackschauer,* qui livrait aux flammes les feuilles de trop mauvaise qualité (1690).

2. Il serait cependant difficile d'en conclure, comme on l'a fait, que l'impôt de 1 fr. 30 par quintal, mis sur le tabac de 1749 à 1774, ait été bien funeste à cette industrie.

3. A la douane de Strasbourg on payait le quintal de feuilles 32 $^{1}/_{2}$ fl. en 1721, 25 fl. en 1724, soit 9 fr. et 13 fr. 55 les 100 kilos.

La manipulation du tabac occupait à Strasbourg, en 1787, de 1500 à 1600 personnes. On y comptait 53 fabriques, dont 37 avec 71 tables pour le tabac en carottes et en poudre, et 16 avec 33 tables pour le tabac à fumer. L'Alsace consommait elle-même environ 4300 quintaux, et le chiffre de ses exportations s'élevait à 2 millions et demi.

Lorsque les feuilles s'achetaient à un prix modique, le quintal de tabac fabriqué se vendait :

```
en carottes de .  20 à 38 l., soit 42 à 80 fr. les 100 kilos
en poudre    . .  12   45        25   95    »
tabac à fumer .   10   30        21   64    »
```

Les prix de détail variaient à l'infini. Cependant la moyenne est de :

```
6 à 8 s. la ℔. ou 0 fr. 75 le kilo, pour les carottes
4 à 12            0    85   »    le tabac en poudre
3 à 8             0    58   »    le tabac à fumer
```

Ces résultats étaient surtout dus à la position particulière de l'Alsace. Elle n'avait point été comprise dans la ferme des tabacs; et ce privilège, dont elle jouit dès l'origine, lui fut confirmée par arrêt du Conseil d'État, le 11 décembre 1736. Mais en 1787, les visées de la centralisation moderne la menaçaient dans cette franchise traditionnelle. Le Mémoire auquel nous avons fait tant d'emprunts, avait pour principal objet de détourner cet orage. Vains efforts! On peut lire dans Hermann (II, 120 et suiv.) la série des mesures restrictives, qui finirent par soumettre l'Alsace à la loi commune.

---Les guerres de la Révolution et de l'Empire, en entravant l'importation des denrées coloniales, développèrent beaucoup la culture du tabac indigène. Mais l'établissement du monopole (1811) réduisit, dans le Bas-Rhin, la culture de 4000 à 1700 hectares. Elle reprit après 1816, quand on permit l'exportation. Bornée encore en 1836 à 2389 hectares, elle était revenue en 1858 à 4713. Le rapport moyen de l'hectare, qui était, de 1836 à 1845, 670 fr. 35, monta, de 1850 à 1859, à 1156 fr. 50.

D'après la *Description du Bas-Rhin*, le Régie a payé pour le quintal métrique de tabac :

	surchoix	1re classe	2e classe	3e classe	non marchand
1811		74 fr.	70 fr.	60 fr.	
1821		60	55	42	
1837		62	52	42	32 à 5 fr.
1847	80 fr.	70	60	50	36 à 10
1855	85	75	65	55	50 à 10
1856-59	100	90	80	70	50 à 10

L'emploi du tabac — pour les fumeurs au moins — n'était cependant pas encouragé par les autorités locales. En 1651 (18 sept.), la ville de Strasbourg prohiba les pipes *(pippen)*, les cigares *(? lundten*, mèches), et en général l'habitude de fumer *(taback trincken)*, répandue en Alsace pendant la guerre de Trente ans. En 1668 (14 mars), les brasseurs de Strasbourg sollicitent, sans obtenir de réponse favorable, l'autorisation de laisser fumer dans leurs débits.

Mais nulle part cette lutte ne fut poursuivie avec plus d'acharnement, et continuée plus longtemps, que dans la république de Mulhouse.

Dès 1649 (28 juillet), elle défendait à tout pharmacien ou négociant, sous peine de 5 *tt.* d'amende (13 fr. 75), d'introduire du tabac en ville ; et tout fumeur, indigène ou étranger, « surpris avec une pipe et du feu, devait être frappé sans merci d'une amende d'une *tt.* (2 fr. 75), pour qu'aucun incendie ne fût provoqué par ce *honteux abus* [1]. » Ces derniers mots montrent que, si la police se préoccupait des dangers que les fumeurs pouvaient faire courir à la sécurité publique, elle entendait flétrir en même temps leur conduite même.

L'usage de fumer *(tabac zu trincken)* fut de nouveau interdit le 20 juillet 1659, et les bourgeois étaient tenus par leur serment de se dénoncer les uns les autres. Tout contrevenant payait une amende de 12 batzen (2 fr. 60), s'il était bourgeois ; de 3 batzen (0 fr. 65), s'il était étranger.

Une ordonnance, du 1er septembre 1717, ne vise que ceux qui fumeraient dans une grange ou dans une écurie [2], avec

---

1. *So mit der tabackh pfeyffen und feur ergriffen, ohne gnad umb 1 tt. stebler abgestrafft werden, damit auch durch diesen schändlichen missbrauch keine feuers noth enstehe.*

2. Strasbourg punissait à la même époque (17 mai 1721) d'une amende de 10 *tt.* (26 fr. 80), dont moitié au dénonciateur, quiconque fumerait dans une écurie.

une amende de 18 batzen (2 fr. 27) et pour les fumeurs, et pour les témoins qui ne les dénonceraient point. Mais un dernier mandement édicté à la veille de la Révolution, le 16 déc. 1784, atteint même ceux qui fument dans la rue.

Comme les Comptes des couvents forment notre source principale de renseignements, c'est au tabac à priser que doivent se rapporter la plupart des prix que nous avons pu réunir

Le tabac haché servait cependant encore de médicament. C'est ainsi que nous lisons dans les Comptes de Thierenbach, 1701 : 1 ₶. tabac pour panser le pied de la cabale. Dès 1606, les chirurgiens de l'hôpital de Strasbourg employaient le jus de la nicotiane comme un remède très-efficace pour la guérison de certaines blessures.

Pour mettre un peu de clarté dans nos chiffres, nous classerons, aussi bien qu'il sera possible, les différentes espèces de tabac que nous rencontrerons.

Tabac de S.-Vincent en carottes.

1715	Thierenb.	20 s., le k°. 1 fr. 95	1766	Mulhouse	26 s., le kᵍ. 2 fr. 51
1751	»	21	2 05	»	Pairis	30	2 92
1755	»	23	2 25	1776	Mulhouse	24	2 34
1759	Pairis	22	2 15	1777	»	26	2 51
1764	»	30	2 92	1778	»	26	2 54
1765	Mulhouse	26	2 54	1806	Str. le quint. 38	3 80

Tabac de Hollande en plomb.

1634	Strasb. foire 1th..le k° 12 fr. 10	1767	Mulhouse	30 s., le k°. 2 fr. 92
1759	Pairis	48 s.,	4 70	1776	»	28	2 72
1764	»	48	4 70	1777	»	29	2 82
1765	Mulhouse	32	3 12	1778	»	30	2 92
1766	Pairis	48	4 70	1806	Str. en gros 39	3 90
»	Mulhouse	32	3 12			

Tabac du pays ou commun.

1745	Thierenbach	8 s., le k° 0 fr. 40	1768	Mulhouse	6 s., le k°. 0 fr. 30
1747	»	10	0 49	1770	»	5	0 25
1751	»	10	0 49	1797	Hôp. Str.	8	0 40
1755	»	10	0 49	1798	»	8	0 40
1760	»	10	0 49	1806	Strasbourg 11	0 69
1766	Mulhouse	9	0 44			

Tabac d'une qualité incertaine.

1691	Colmar	6 s., le k° 0 fr. 84	1715	Thierenbach 16 s., le k° 2 fr. 60
1693	Thierenbach 15	6 37	1751	Munster	30	2 94
1701	»	20	3 02	1759	Thierenbach 36	3 53

CHAPITRE XV.

CONCLUSION.

Notre enquête et ses lacunes. — Résumé général. — Les coefficients. — Pouvoir de l'argent en général, — pour le XIXᵉ siècle. — Autres conclusions.

Nous voilà au terme de notre enquête économique. Est-elle complète ?

A certains égards, oui. Mais, pour bien des détails, il s'y rencontre de regrettables lacunes, que nous sommes le premier à reconnaître et qu'il n'eût pas toujours été impossible de combler. Nous n'avons rien négligé de parti pris. Nous avons puisé à toutes les sources qui nous étaient accessibles, frappé à toutes les portes que nous espérions voir s'ouvrir devant nous. Que de documents ont pu et dû néanmoins échapper à nos recherches !

Il existe certainement, pour notre siècle, des livres de Comptes, tenus par des négociants ou par d'intelligentes ménagères, qui remontent peut-être jusqu'à la Révolution, qui embrassent au moins une longue période d'années. Avec leur concours, il serait facile de suivre, pas à pas et avec une précision mathématique, une foule de prix, sur lesquels nous n'avons pu réunir que des données générales et approximatives.

Il existe aussi, nous en sommes convaincu, dans des dépôts publics ou particuliers, des renseignements isolés ou collectifs, qui, sur bien des points, eussent complété avec bonheur, parfois même rectifié, les chiffres que nous publions. Le plus important de nos documents sur le vin, le *schlag* de Châtenois, ne nous a été signalé que pendant l'impression du Chapitre où il figure. Que de matériaux de ce genre, d'une incontes-

Notre inquiétude et ses lacunes.

table valeur, ne restent pas ignorés dans des lieux, où personne ne songe à les chercher !

Les évènements qui pèsent sur l'Alsace depuis quelques années, n'ont pas d'ailleurs été sans contre-coup pour nous. Nos investigations ont été entravées. Force nous a été de les suspendre souvent, même là où nous avions l'espérance, la certitude de trouver.

Enfin, nous devons l'avouer, il nous est arrivé ce qui était peut-être inévitable dans une grande entreprise, commencée un peu au hasard, sans plan nettement tracé, et poursuivie pendant de longues années. Au début, nous ne sentions que vaguement quels seraient le fruit de nos recherches et le cadre de notre travail. Borné d'abord à quelques traits saillants, notre programme s'est successivement élargi, et, si nous avons copié des milliers de notes devenues plus tard inutiles, nous avons dû aussi à l'origine en négliger beaucoup, qui nous eussent rendu dans la suite de grands services.

Il y a donc dans cette seconde partie de nos *Études* des lacunes et des imperfections, dont le nombre pouvait être diminué. Bien qu'elles ne portent guère que sur des détails accessoires, nous eussions hésité devant l'impression de notre travail, sans la persuasion intime que notre enquête reste ouverte et qu'elle sera continuée.

Notre premier volume, nous ne craignons pas de l'affirmer, ne sera jamais refait. L'Alsace n'aura plus de monnaie à elle, ni d'atelier monétaire particulier. L'avenir ne fournira donc aucune suite à l'histoire que nous avons retracée. Et quant au passé, la seule époque sur laquelle de nouvelles découvertes puissent peut-être jeter une lumière véritable, est celle des bractéates, antérieure au xive siècle, que nous n'avons pas traitée.

Il n'en est pas de même du prix des denrées et des salaires. Il se modifie chaque jour. Il a changé pendant que ce volume était sous presse, et la situation, constatée par nous pour 1875, n'est déjà plus la situation d'aujourd'hui. La grande question de l'équilibre des budgets, du rapport entre les dépenses et les recettes des familles, cette préoccupation instinctive ou réfléchie des économistes de tous les âges, ne cessera donc d'imposer aux esprits sérieux l'obligation de noter toutes ces variations.

Notre œuvre sera reprise dans quelque temps d'ici, dès que ces changements auront acquis de l'importance. Qui empêchera alors de revenir sur le passé, de compléter, de rectifier, s'il y a lieu, les renseignements que nous avons fournis ?[1]

Les lacunes, dont nous venons de parler, nous ont parfois embarrassé pour le calcul des moyennes, qui, comme on l'a vu, embrassent toujours une période de 25 ans. Lorsque nos données sont suivies, ou très-nombreuses, ces moyennes doivent répondre à la vérité. Mais peut-on leur accorder la même confiance, quand elles ne se basent que sur un petit nombre de renseignements ? Pour bien des détails par exemple, la période si désastreuse de 1626—1650 ne nous est connue que par les taxes officielles de 1646, édictées après de longues années de cherté, au retour de temps meilleurs. Des moyennes calculées sur ces indications sont évidemment fausses.

Que fallait-il faire ?

Il nous a paru impossible de les négliger, et même impossible encore de les modifier arbitrairement. Nous nous sommes donc décidé à les insérer dans nos tableaux, tout en nous promettant de n'en user qu'avec discrétion. Le lecteur est prié d'imiter cette réserve. Si donc il rencontre, dans nos récapitulations, un chiffre qui ne suit pas le mouvement général de hausse ou de baisse, qu'il ne se presse point d'en rien conclure. Qu'il se reporte tout d'abord aux tableaux de détail, pour voir si ce phénomène ne tiendrait pas à la cause que nous venons d'indiquer.

Ces réflexions faites, examinons nos moyennes de plus près.

Pour faciliter la comparaison, nous avons procédé à un travail préliminaire. Nous avons commencé par diminuer le nombre des séries, par confondre ensemble celles que réunissait une affinité naturelle, comme les diverses espèces de

RÉSUMÉ GÉNÉRAL.

---

[1]. Pour ce qui nous concerne, nous ne croyons pas avoir rempli notre tâche par l'impression de ce volume. Cette publication terminée, nous nous remettrons à l'œuvre, et nous accepterons avec reconnaissance tous les matériaux que nos lecteurs voudront bien nous communiquer. Que notre travail soit continué par nous même ou par d'autres, les lumières que pourront fournir ces communications, ne seront pas perdues pour la science.

grains, de viandes, de légumes, etc. Puis, divisant le chiffre des années 1851—1875, pris comme unité, par les chiffres des périodes antérieures, nous avons amené ces séries à ne plus exprimer toutes qu'une seule et même idée, le rapport entre les prix anciens et le prix moderne.

POUVOIR DE L'ARGENT
PAR CATÉGORIE DE DENRÉES.

Années.	Grains.	Pain.	Viande.	Légumes.	Assais.	Laitage.	Vin.	Éclairage.	Chauffage.	Matériaux de construction.
1301—1325				3,81						
1326—1350				6,83						
1351—1375	4,19		4,30	3,52						
1376—1400	5,06	3,39	5,26	5,61				1,38		
1401—1425	5,94	4,18	5,01	5,27	4,52	3,64		1,84	5,13	4,70
1176—1450	5,11	3,39	5,55	6,92	3,99	4,19		1,84	6,32	3,95
1451—1475	7,48	1,18	6,94	4,70	3,86	3,87	6,30	2,08	8,56	3,86
1476—1500	6,66	3,74	6,10	4,80	4,30	3,49	4,63	2,23	10,40	5,19
1501—1525	7,39	4,18	5,74	4,64	4,62	4,49	5,10	2,37	10,29	5,90
1526—1550	4,80	2,87	5,30	3,86	3,95	3,92	3,85	2,21	8,98	5,85
1551—1575	2,66	1,96	4,44	2,79	3,18	2,39	3,14	1,72	6,03	4,92
1576—1600	2,08	1,77	3,54	1,83	2,30	2,51	1,52	1,29	5,05	3,93
1601—1625	1,99	1,69	2,89	1,75	2,12	1,49	1,51	1,06	9,12	3,08
1626—1650	1,08	1,02	1,99	1,01	1,75	1,45	1,35	0,89	4,71	1,63
1651—1675	2,93	2,61	2,79	3,21	2,56	1,66	2,00	1,13	4,10	1,87
1676—1700	1,67	1,40	2,33	2,15	1,32	1,50	1,58	1,01	2,62	2,00
1701—1725	2,15	1,67	2,87	3,01	1,94	1,92	2,53	1,28	1,73	2,73
1726—1750	2,60	1,87	2,94	2,86	2,05	2,00	2,70	1,31	3,23	2,07
1751—1775	2,21	2,85	2,42	2,18	2,00	2,45	2,43	1,08	3,42	2,05
1776—1800	1,85	2,02	1,85	1,71	0,96	1,41	1,83	1,01	2,00	
1801—1825	1,24	1,26	1,53	1,15	0,54	1,25	1,24	0,83	1,31	1,02
1826—1850	1,24	1,21	1,30	1,10	0,94	1,21	1,55	0,94	1,31	1,08
1851—1875	1,00	1,00	1,00	1,00	1,00	1,00	1,00	1,00	1,00	1,00

De ce tableau il résulte clairement, que le renchérissement des denrées n'a pas suivi une marche constante et régulière. Les prix du xive siècle ont fléchi au xve, et la baisse s'est maintenue, sans changement notable, jusqu'en 1525. Alors commence une hausse, légère d'abord, accentuée à partir de 1550, qui, se développant successivement, atteint son maximum dans la période 1626—1650. Survient ensuite une baisse, qui, un moment arrêtée à la fin du xviie siècle, se prolonge jusqu'à la Révolution, point de départ d'un nouveau renchérissement.

Nous constatons ces faits, sans en étudier les causes multiples. Remarquons seulement que la circulation des métaux précieux, avec laquelle trop souvent on prétend tout expliquer, est loin de suffire à cette lourde mission. Le XVIII siècle possède évidemment plus d'or et plus d'argent que le XVII, et cependant tout y est moins cher.

Les diverses séries de notre tableau, quoique d'accord dans leurs tendances générales, ne marchent pas toujours de front. Le chauffage, par exemple, est aujourd'hui dix fois plus cher qu'en 1500, l'éclairage, au contraire, ne coûte guère que le double.

Il n'y a là rien d'étonnant. On conçoit sans peine que malgré la concurrence de la houille, le prix du bois ait continué à augmenter, tandis que la stéarine, le pétrole et le gaz diminuaient celui des bougies, des chandelles et de l'huile à quinquet.

Naturelles et faciles à comprendre, ces divergences n'en sont pas moins pour nous la source de graves difficultés.

Si nos diverses séries se développaient d'une manière parallèle, si les dépenses qu'elles représentent avaient la même importance dans le budget social, rien ne serait plus facile que de trouver la moyenne qui exprime le Pouvoir de l'argent. Mais il n'en est pas ainsi, et, avant d'aller plus loin, nous avons à fixer la valeur relative de chaque ordre de dépenses.

Pour atteindre ce but, nous avons consulté d'abord les budgets si consciencieusement et si laborieusement dressés, que la science économique doit aux *Ouvriers européens* et aux *Ouvriers des deux-mondes*. Voici les conclusions qu'ils nous semblent autoriser pour un ménage d'ouvrier, de journalier ou de petit paysan :

Les coefficients.

Nourriture	60 pour %
Vêtements	17
Chauffage	3 1/4
Eclairage	1 1/4
Logement	7
Mobilier	1
Objets divers	10

Pour la bourgeoisie, les fonctionnaires, les employés de commerce, etc., pour les budgets de 3 à 6000 fr., ces chiffres présentent quelques variantes. D'après les comptes particuliers que nous avons pu examiner, nous les fixerons de la manière suivante :

Nourriture 50 pour %
Vêtements 20
Chauffage 4
Éclairage 2
Logement 11
Mobilier 2
Objets divers 11

Lorsqu'on monte plus haut, on entre dans le domaine de la fantaisie, qui échappe à toute appréciation. Nous croyons qu'on peut admettre comme moyenne générale :

Nourriture 55 pour %
Vêtements 18
Chauffage 3 $\frac{1}{2}$
Éclairage 1 $\frac{1}{2}$
Logement 9
Mobilier 1 $\frac{1}{2}$
Objets divers 11 $\frac{1}{2}$

Quant à la nourriture elle-même, elle nous paraît pouvoir se décomposer d'une manière analogue.

Pain et farine,	ouvriers 35 p. % ;	bourgeois 16 p. % ;	moyenne 25 p. %
Laitage et graisses	18		18	18
Viandes	15		21	18
Légumes et fruits	16		17	16
Boissons fermentées	8		12	10
Épices	8		16	13

Les dépenses pour logement, mobilier et objets divers, qui forment les 22 centièmes d'un budget moyen, échappent à nos calculs. Mais nous ne pensons pas qu'il faille s'en préoccuper trop : leur valeur a dû toujours se régler sur le prix général et ordinaire des choses. Il n'en est pas tout-à-fait de même des vêtements, qui répondent à 18 centièmes. Rappelons toutefois qu'en dépit des progrès de l'industrie moderne, le prix des étoffes est encore à peu près le double de ce qu'il était au xve et au xvie siècle, et que, jusqu'à nos jours, ses variations suivaient assez régulièrement la hausse et la baisse des denrées alimentaires. A en croire d'ailleurs certaines gens, les étoffes auraient perdu en solidité ce qu'elles ont gagné en éclat et en bon marché ; si renouveler fréquemment sa garde-robe est un agrément accordé à la fashion contemporaine, ce serait aussi et surtout une nécessité, que la taxe élevée des façons rendrait assez onéreuse. Quoique empreintes d'une évidente exagération, ces observations ont leur part de vérité, et, s'il est possible de savoir ce que coûtaient, à une époque donnée, les habits et les chaussures, il est plus difficile de dire quelle place l'habillement occupait dans les budgets d'autrefois. Nous préférons négliger cette partie du problème.

Restent donc 60 centièmes, dont 55 pour la nourriture et 5 pour l'éclairage et le chauffage. Ici nos renseignements sont assez précis et assez complets pour autoriser l'approximation que peuvent exiger, mais dont doivent aussi se contenter, l'historien et l'économiste.

En théorie, l'économiste démontrera très-bien qu'il est impossible de *tout* saisir, de *tout* évaluer, de comprendre *tous* les éléments d'une comparaison scientifique. En pratique, il fera comme le vulgaire, il évaluera, il comparera sans cesse entre eux les divers pays d'une même époque, les diverses époques d'un même pays. Que conclure de là? Qu'il y a un point au-delà duquel les théories des savants, quoique vraies en elles-mêmes, touchent au raffinement et à la subtilité. Or ce point, si nous ne nous abusons pas sur les résultats de nos recherches, nous espérons l'avoir entrevu de près.

En multipliant les chiffres cités plus haut par les coefficients de chaque série, nous trouvons comme moyenne générale pour le

POUVOIR DE L'ARGENT.

1351—1375 :	4,04
1376—1400	4,92
1401—1425	4,69
1426—1450	5,00
1451—1475	5,40
1476—1500	5,11
1501—1525	5,78
1526—1550	4,36
1551—1575	3,11
1576—1600	2,44
1601—1625	2,35
1626—1650	1,58
1651—1675	2,60
1676—1700	1,84
1701—1725	2,44
1726—1750	2,46
1751—1775	2,45
1776—1800	1,66
1801—1825	1,19
1826—1850	1,21
1851—1875	1,00

608 CH. XV. — CONCLUSION.

POUR LE XIXᵉ SIÈCLE. La base de ces calculs, nous l'avons dit, se trouve dans les prix de 1851-75, considérés comme unité. C'est la seule qui nous ait paru convenable pour des rapprochements historiques avec les siècles passés. Si la comparaison s'arrêtait aux temps modernes, notre mesure ne présenterait pas assez de sensibilité, Il faudrait alors prendre comme point de départ les prix de 1871—75. Pour des études contemporaines, on aurait ainsi comme

POUVOIR DE L'ARGENT
PAR CATÉGORIE DE DENRÉES.

Année.	Grains.	Pain.	Viandes.	Légumes.	Épices.	Laitage.	Vin.	Bois.	Éclairage.
1801--1810	1,52	1,63	1,89	1,69	0,57	1,11	1,85	1,63	0,71
1811--1820	1,06	1,10	1,61	1,32	0,54	1,36	1,50	1,11	0,71
1821--1830	1,50	1,46	1,95	1,89	0,61	1,55	1,96	1,17	0,96
1831--1840	1,31	1,38	1,59	1,58	0,67	1,11	1,69	1,37	0,85
1841--1850	1,21	1,28	1,46	1,35	0,81	1,10	2,16	1,85	0,89
1851--1860	1,09	1,12	1,10	1,22	0,91	1,37	1,34	1,10	0,87
1861--1870	1,11	1,17	1,20	1,29	0,99	1,23	1,48	1,18	0,94
1871--1875	1,00	1,00	1,00	1,00	1,00	1,00	1,00	1,00	1,00

POUVOIR MOYEN DE L'ARGENT.

1801--1810 :	1,51	1811--1850 :	1,35
1811--1820	1,21	1851--1860	1,23
1821--1830	1,56	1861--1870	1,20
1831--1840	1,38	1871--1875	1,00

Encore une fois, ces chiffres sont calculés sur les prix de 1851—75 pour la première, de 1871—75 pour la seconde série. Si plus tard un économiste adoptait une base différente, par exemple les périodes de 1876—1900 ou 1881—90, il suffirait de la comparer à celle que nous avons suivie, et de multiplier nos chiffres par le rapport obtenu. Admettez ainsi que les prix, qui ont haussé d'un cinquième de 1851 à 1875 sur ceux des 25 années antérieures, continuent à suivre la même progression dans les années 1876—1900, il faudra augmenter tous nos chiffres d'un cinquième, pour avoir le Pouvoir de l'argent à la fin du siècle.

AUTRES CONCLUSIONS Ces conclusions sur le Pouvoir de l'argent, objet direct et spécial de nos recherches, ne sont pas les seules que l'on puisse tirer de nos *Études*. On pourrait se demander, quelles sont les diverses causes, guerres, mauvaises récoltes, maladies, dépréciations de l'argent, altérations monétaires, préjugés économiques des autorités administratives, etc. qui, de concert ou isolément, modifièrent tant de fois le cours normal des choses, et quelle part d'influence revient à chacun de ces éléments. On pourrait aussi comparer, entre eux, dans leur développement historique, les prix des productions indigènes et ceux des marchandises importées du dehors, la valeur des matières premières et celles des objets fabriqués, les salaires des différentes catégories d'ouvriers et leur rapport avec la cherté de la vie. Intéressantes pour l'historien, des dissertations de ce genre ne le seraient pas moins pour l'économiste, qui trop souvent néglige les faits, pour planer dans les régions plus sereines des théories abstraites.

Mais ces *Etudes*, déjà trop longues au gré de plus d'un lecteur, recevraient par là un développement excessif. Il ne faut pas d'ailleurs dénaturer le caractère que nous avons tenu à leur donner. Ce n'est qu'un recueil d'observations, faites consciencieusement, coordonnées avec soin, exposées sans aucun souci des conséquences qui peuvent en découler.

TABLEAU ALPHABÉTIQUE

DES PRIX ET DES SALAIRES.

Acier, 584.
Agneau (un), 185.
Alcool, 358—360.
Alun, 250.
Amandes, 256—258.
Amidon, 264—266.
Anis, 250.
Armes, 559—560.
Armurier, 560—561.
Avoine, 82—103, 113.

Bains, 594.
Bardeaux, 431.
Bas, 495—496.
Batteur en grange, 544—548.
Beurre, 286—290.
Bière, 359—360.
Blaireau, 202.
Blanchissage, 456.
Bœuf (un), 178, 179, 184.
 » (le), 178—197.
Bois, 386—401, 430.
Bonnets, 444, 445.
Bottes, 509.
Bougies, 382—383.
Boulanger, 116, 126—157.
Boulanger (garçon), 132—152.
Briques, 427, 432—437.
Brochets, 218—224.

Café, 261—266.
Canards, 205, 209—212.
Canards sauvages, 204—208.
Cannelle, 251—253.
Carpes, 215, 218—224.
Carreaux, 435—437.
Carrosses, 578.
Cerfs, 202.
Chaises a porteurs, 577.

Chandelles, 374—383.
Chanvre, 447—455.
Chapeaux, 444—445, 496.
Chapons, 205, 209—212.
Charbon, 394—401.
Charpentier, 414—421.
Charron, 573.
Chaux, 427, 431—437.
Chemises, 482.
Cheval, 563—565.
Chèvre (une), 185.
Chevreuils, 202.
Choux, 235—245.
Cierges, 373—383.
Cire, 373—383.
Citadines, 578.
Citrons, 256—258.
Clous, 431, 501.
Cochon de lait, 186.
Colle, 254.
Cordonnier, 504—505.
Cordons, 444, 445.
Coriandre, 250.
Coton filé, 452—455.
Cotonnade, 473.
Coutil, 470—482.
Couturière, 482.
Cretonne, 481.
Crin, 454—455.
Cuir, 500.
Cuivre, 583.
Culottes, 495.

Damas, 444.
Dentelles, 445.
Domestiques, 516—526.
Draps, 444, 445, 475—482.
Draps de lit, 482.
Duvet, 455.

EAU-DE-CERISES, 356.
Eau-de-vie, 357—360.
Écrevisses, 218—224.
Encens, 254, 255.
Épeautre, 82—86, 102, 154—157.
Éperonniers, 569.
Escargots, 218—224.
Étain, 584, 585.
Étoupes, 449—455.

FAISANS, 204—208.
Faneuse, 549—555.
Farine, 113. 114, 130—159.
Farine d'avoine, 233—234.
Farinier, 113.
Faucheur, 549—555.
Fendeur de bois, 393.
Fer, 581—585.
Fèves, 235—245.
Fiacres, 577.
Figues, 256—258.
Fil, 452—455.
Fil-de-fer, 584.
Filature, 451.
Fileur, 453.
Flanelle, 481.
Foin, 565—568.
Fraise, 444, 445.
Fressure, 180, 195.
Fromage, 283—290.
Froment, 86—103, 113, 114.
Futaine, 481.

GACHEUR, 414—421.
Gants, 497.
Gaz, 392.
Gibier, 203—208.
Gingembre, 251—253.
Girofle, 251—253.
Gomme, 250.
Graine de paradis, 250.
Grenouilles, 218—220.
Grives, 203—208.
Gruau, 113.

HABITS, 493—485.
Harengs, 221—224.
Houille, 400—401.
Huile, 373—383.
Huile d'olive, 274—279.

JOURNALIER, 552—555.

LAINAGE, 473.
Laine, 445—455.
Lait, 286—290.
Lentilles, 235—245.
Lies, 356—360.
Lièvres, 204—208.
Lin, 447.
Livres, 588.

MAÇONS, 414—421.
Manuscrits, 587, 588.
Maréchaux-ferrants, 570.
Mélasse, 261—266.
Menuisiers, 423.
Merles, 206—208.
Merluches, 221, 224.
Meunier, 112.
Meunier (garçon), 110.
Miel, 274—279.
Millet, 114. 234.
Moissonneur, 546—548.
Morue, 222—224.
Moutarde, 273—279.
Mouton (un), 185.
Mouton (le), 180—197.
Munitions, 561.
Muscade, 251—253.

NAVETS, 233—234, 245.
Noix-de-galle, 252—253.

ŒUFS, 286—290.
Oies, 203, 209—212.
Oignons, 274—279.
Oranges, 256—258.
Orge, 86—103, 113, 114, 234.

PAILLE, 565—568.
Pain, 116, 123—162.
Pantalons, 495.
Pantoufles, 509.
Papier, 590, 591.
Pavots, 373.
Peaux, 498.
Pensions d'ouvriers, 297—300
Perdrix, 203—208.
Pierres de taille, 437.
Pigeons, 203, 209—212.
Plomb, 582, 583.
Plumes, 592.

PLUMES POUR LIT, 454—455.
POIS, 235—245.
POISSONS, 218—224.
POIX, 254.
POIVRE, 251—253.
POMMES DE TERRE, 233, 241—246.
PORC (un), 185.
PORC (le), 180—197.
PORTS-DE-LETTRES, 579.
POSTES, 575.
POTIER D'ÉTAIN, 586.
POUDRE, 561—562.
POULES, 205, 209—212.
POULETS, 205, 209—212.
PRUNEAUX, 255, 257—258.

RAISINS-DE-CAISSE, 256—258.
RAISINS-DE-CORINTHE, 256—258.
RAMONEURS, 594.
RELIURES, 589.
RIZ, 233, 234, 239, 240, 242—245.

SAC, 482.
SAFRAN, 250, 255.
SALPÊTRE, 563.
SANGLIERS, 202.
SAUCISSES, 180, 195.
SAUMONS, 215—224.
SAVON, 263—266.
SCIEUR DE BOIS, 393.
SEIGLE, 82—103.
SEL, 268—279.
SELLIERS, 569.
SERGE, 444.
SERRURIERS, 424.
SERVANTES, 522—526.
SOIE, 452—455.
SOIERIES, 473.
SOLDATS, 557—559.

SOUFRE, 563.
SOULIERS, 505—508.
SUCRE, 259—266.
SUIF, 374—375.

TABAC, 597—600
TABLES D'HÔTES, 296.
TAILLANDIERS, 586.
TAILLEUR, 486—493.
TANNEUR, 498—499.
TAUREAU (un), 183.
TEINTURIERS, 469.
THYM, 250.
TIRETAINE, 481.
TISSAGE, 465—466.
TISSERAND, 465.
TISSEUR, 466.
TOILE, 471—482.
TONNEAUX, 355.
TONNELIERS, 355.
TREILLIS, 470—482.
TRUITES, 218—224.
TUILES, 427, 432—437.

VACHE (une), 184.
VACHE (la), 179.
VEAU (un), 184.
VEAU (le), 180—197.
VENAISON, 202.
VENDANGEURS, 541—543.
VERMICELLES, 242—244.
VERRE, 593.
VIGNERON, 528—543.
VIN, 320, 327—339.
VINAIGRE, 357—360.
VITRIER, 424.
VOLAILLE, 205.

WERCKMEISTER, 412—413.

TABLE DES MATIÈRES.

	Pages.
INTRODUCTION :	I—XXXVI

Un problème économique. — Le pouvoir de l'argent. — Le blé comme mesure. — Le salaire comme mesure. — Éléments de comparaison. — Sources auxquelles nous puisons. — Division de notre travail. — Les corporations. — Les confréries. — Assistance des malades. — La confrérie et les grèves. — La confrérie comme société d'amusement. — Causes des grèves d'autrefois. — Les confréries et la Réforme. — La confrérie au siècle dernier.

CHAPITRE Ier. — Mesures de l'ancienne Alsace . . . . . 1—23

Variétés des mesures anciennes, 1. — Les tables de réduction, 2. — Documents divers, 4. — Mesures de longueur, 5. — Mesures de superficie, 8. — Mesures caves pour les grains, 12. — Mesures caves pour les liquides, 16. — Mesures cubiques pour bois, etc., 19. — Poids, 21. — Mesures diverses, 23.

CHAPITRE II. — Histoire et statistique . . . . 24—60

Section I. — *Les Chroniques*, 27.
Section II. — *Statistique*, 53.

CHAPITRE III. — Les grains . . . . 61—103

Section I. — *Législation des Grains*. Condition ancienne du commerce des grains, 63, — à Strasbourg, 64, — à Colmar, à Schletstadt, 65. — Défense d'accaparer. 65. — Règlement pour les chertés, 67. — Achats faits par l'étranger, 69. — Le maximum, 71. — Réserves des villes, 73. — Réserves des monastères, 75. — Réserves des seigneurs, 76. — Résultats de ces précautions, 77.

Section II. — *Prix des grains*, 78. — Prix dans la Haute-Alsace, 82, — à Strasbourg, 91. — Rapports des diverses espèces de grains, 103.

CHAPITRE IV. — Pain et farines 104-162

Section I. — *Meunerie, fariniers, boulangerie*. Machines à moudre, 107. — Concurrence des meuniers, 109. — Coalition des meuniers en 1361, 110. — Règlement des meuniers, 110. — Règlement des fariniers, 113. — Règlement ancien des boulangers, 115. — Règlement du xviie siècle, 117. — Boulangers d'Obernai, 120, — de Colmar, 121.

Section. II. — *Panification et taxes du pain.* Prix du pain sous Charlemagne, 123. — Panification au xiiie siècle, 123, — au xive, 125, — en 1437, 126, — en 1460 et 1474, 127. — Manière de calculer la taxe, 128. — Essais de 1691, 130, — de 1699, 131. — Pain de ménage, 132. — On taxait le poids du pain, 133. — Réforme de 1752, 135. — Tarif de 1770, 136. —Panification au xixe siècle. 139.—Tableaux comparatifs des taxes, 143. — Panification à Schletstadt, 146, — à Colmar, 147, — à Bâle, 154. — Prix du pain, 160.

CHAPITRE V. — Viande, Volaille, Gibier, Poissons . . . 163-224
Section I. — *La viande.* Une grève de bouchers, 167. — Règlement de la boucherie, 171. — Abstinence maintenue par les protestants, 172. — Lois somptuaires, 173. — Commerce du bétail, 175. — Taxe de la viande, 178. — Prix des bêtes, 183. — Prix de la viande, 186.

Section II. — *Gibier et Volaille.* Le droit de chasse, 198. — Police des marchés, 201. — La venaison, 202. — Tarifs officiels de Strasbourg, 204. — Prix du gibier, 206. — Prix de la volaille, 209.

Section III. — *Les Poissons.* Les poissons de l'Alsace, 213. — Règlements de pêche, 214. — Taxes particulières, 215. — Prix des poissons d'eau douce, 216. — Prix de la marée, 221. — Tarifs officiels de Colmar, 224.

CHAPITRE VI. — Les légumes 225-245
Légumes de l'Alsace, 225. —Légumes verts, 226.—Farinages, 227.—Légumes secs, 227.—Riz, 227.— Riz économique, 228. — Vermicelles, 230. — Choucroute, 230. — Navets, 231. — Pommes de terre, 231. — Prix des légumes, 234.

CHAPITRE VII — Épices et laitage. 246-290
Section I.—*Épicerie.* Les würtz, 247. — Composition et prix 248. — Poivre, gingembre, muscade, cannelle, girofle, 251. —Poix, colle, encens, 254. — Raisins de Corinthe, de caisse, amandes, pruneaux, figues, oranges, citrons, 256, — Sucre, 259. — Café, 261. — Savon, 263.—Amidon, 264. — Sel, 267. — Huile d'olive, 272. — Huile ordinaire, 272. — Oignons, miel, moutarde, 273.

Section II. — *Œufs et Laitage.* Œufs, lait, 280. — Beurre, 281. — Fromage, 282.

CHAPITRE VIII. — La Table en Alsace 291-312
La table au point de vue économique, 291. — Repas de noces, 292. — Tables d'hôtes, 293.— Pension des ouvriers, 297.—Pension des Hospices, 304.—Budgets culinaires, 309.

CHAPITRE, IX. — Les Boissons. 313-360
Section I. — Le *Vin.* La culture de la vigne en Alsace, 314.

— Elle est entravée au xviiie siècle, 315. — Principaux crus. 317. — Médicamentation du vin, 317. — Règlements des aubergistes, 318. — Taxes du vin vendu en détail, 319. — Droits sur le vin. 321. — Achats au vignoble, 323. — Conservation du vin, 323. — Les *schlag*, 325. — Mulhouse au xviiie siècle, 326. — Nos tableaux, 329.

Section II. — *Bière et eau-de-vie.* — Origine des brasseries, 340. — Taxation de la bière, 341. — Les Bierschauer, 345. — Quantités fabriquées, 346. — Droits sur la bière, 348. — Frais et composition, 348. — Diverses espèces d'eaux-de-vie, 350. — Distillateurs, 351. — Les tonneliers, 353. — Leurs salaires, 355. — Prix des lies, 356. — du kirsch, 356. — de l'eau-de-vie, 356. — du vinaigre, 357. — de la bière, 359.

CHAPITRE X. — Éclairage et Chauffage. 361-401

Section I. — *Éclairage.* Cire et cierges, 362. — Suif et chandelles, 364. — Fabrication des chandelles, 366. — Huile, 369. — Frais de fabrication, 372. — Diverses espèces d'huile, 372. — Tableaux des prix, 373.

Section II. — *Chauffage.* Bois, 384. — Taxes, 385. — Commerce du bois, 387. — Le charbon, 389. — La houille, 390. — Façon du bois, 392. — Prix du combustible, 394.

CHAPITRE XI. — Le Batiment 402-437

Objet de ce chapitre, 402. — Les ouvriers en bâtiment, 403. — Leurs statuts généraux, 403. — dans les terres de l'évêché, 407. — Les maçons à Strasbourg, 409. — Les charpentiers de Strasbourg, 410. — Les werckmeister, 411. — Travaux à forfait, 413. — Taxes des journées, 413. — Tableaux des salaires, 417. — Tailleurs de pierre, couvreurs, peintres, vitriers, serruriers, menuisiers, 422. — Tuiliers, 424. — Taxes, 425. — Les pierres, 428. — Les bois, 428. — Les clous, 431. — Tableaux des prix, 435.

CHAPITRE XII. — Vêtements et Chaussures 438-510

Section I. — *Linge et habits.* — Les modes anciennes, 441. — Lois somptuaires de l'Alsace, de Strasbourg, 443. — Chanvre, lin et laine, 446. — Filature, salaires, 451. — Les filés, 453. — Blanchissage, 456. — Tisserands, formiers de bas, bonnetiers, drapiers, 456. — Les premières manufactures, 463 — Salaires des tisseurs, 465. — Prix du tissage, 466. — Teinturiers, 469. — Coutils et treillis, 470. — Toiles, 471. — Cotonnades, 473. — Soieries, 473. — Étoffes en laine, 473. — Draps, 474. — Velours, 478. — Doublures, 478. — Prix modernes, 478. — Couture, 482. — Tailleurs, 483. — Salaires, 488. — Façons, 489. — Habits, 493. — Culottes, 495. — Bas, 496. — Chapeaux, 496. — Gants, 497.

Section II. *Cuirs et chaussures.* Les peaux, 497. — Tanneurs, 498. — Leur salaires, 498. — Prix des cuirs, 500. — Pointes et clous, 501. — Les cordonniers, 501. — Façons, 504. — Prix des chaussures, 505.

CHAPITRE XIII. — Domestiques et Journaliers 511-555
  Section I. — *Les domestiques.* Règlements, 514. — Valets de labour, 516. — Charretiers, *Rebknecht,* jardiniers, porchers, vachers, boulangers, 520. — Professions diverses, 521. — Servantes, 522. — Cuisinières, 525.
  Section II.—*Les Journaliers.* Règlements des vignerons, 526. — Leurs taxes, 528. — Les journaliers, 530, — à Bâle, 531. — Évaluation des salaires, 533. — Salaires des vignerons, 535. — Batteurs en grange, 544. — Moissonneurs, 546. — Faucheurs et faneurs, 549. — Journaliers, 552.

CHAPITRE XIV. — Variétés 556-600
  Entretien des troupes, 557, — Armes, 559.—Armuriers, 560. — Munitions, boulets, poudre, salpêtre, soufre, 561.—Chevaux, 563. — Foin et paille, 565. — Selliers, 569. — Éperonniers, 569. — Maréchaux-ferrants, 570. — Statuts, 572. — Charrons, 573. — Location des chevaux, 574. — Postes, 575. — Chaises à porteurs, carrosses et voitures de places, 577. — Ports de lettres, 579. — Les métaux, fer, cuivre, plomb, étain, fil de fer, fil de laiton, 579. — Taillandiers, 586.—Potiers d'étain, 586. — Manuscrits, 587.— Livres, 588. — Reliures, 589. — Papier, 589. — Plumes, 592. — Éclairage public, 592. — Verre, 594. — Bains, 594.— Ramoneurs, 594. — Tabac, 595.

CHAPITRE XV. — Conclusion 601–661
  Notre enquête et ses lacunes, 601. — Résumé général, 603. — Les coefficients, 605. — Pouvoir de l'argent en général, 607, — pour le xixe siècle, 608.— Autres conclusions, 609.

Tableau alphabétique des prix et des salaires 610-612

COLMAR, IMPRIMERIE ET LITHOGRAPHIE M. HOFFMANN.

www.ingramcontent.com/pod-product-compliance
Lightning Source LLC
Chambersburg PA
CBHW050129240426
43673CB00043B/1606